LE SARI ROSE

JAVIER MORO

LE SARI ROSE

Traduit de l'espagnol par François Rosso

ÉDITIONS FRANCE LOISIRS

Titre original : EL SARI ROJO

Édition du Club France Loisirs,
avec l'autorisation des Éditions Robert Laffont.

Éditions France Loisirs,
123, boulevard de Grenelle, Paris.
www.franceloisirs.com

ISBN : 978-2-298-04158-3

Avertissement

Ceci est une version romancée de la vie de Sonia Gandhi. Ni Sonia Gandhi ni aucun membre de la famille Gandhi, Nehru ou Maino n'a fourni d'informations ou n'a collaboré à la rédaction de ce livre. Les dialogues, conversations et situations sont le fruit de l'interprétation de l'auteur et ne reflètent pas nécessairement la stricte réalité.

Remerciements

Il n'a pas été facile de rencontrer des amis de Sonia Gandhi ou des vieilles connaissances prêtes à partager leurs souvenirs car elle déteste que l'on parle d'elle. C'est pourquoi je suis particulièrement reconnaissant à tous ceux qui ont osé braver l'« omerta » imposée par la famille Gandhi. En premier lieu, je tiens à remercier, à Orbassano, le journaliste Josto Maffeo, ancien camarade des sœurs Maino à l'adolescence, mais aussi Danilo Quadri, le meilleur ami de Stefano Maino, qui a bien voulu me raconter ses souvenirs au cours de longs après-midi dans ce café où il jouait aux dominos avec le père de Sonia, et un grand merci à Pier Luigi Sacchi, patron dudit café, ami et voisin de la famille Maino. Toute ma reconnaissance à Christian von Stieglitz, l'ami qui présenta Sonia à Rajiv au temps de leurs études à Cambridge et qui a bien voulu me confier les détails de leur histoire d'amour. Merci également à Usha Bhagat, secrétaire d'Indira Gandhi pendant presque deux décennies (et auteur du livre *Indiraji*), pour m'avoir conté anecdotes et souvenirs des années passées à travailler dans la résidence de la famille de Mme le Premier ministre. Merci aux sœurs Domenica Rosso et Giovana Negri, professeurs de Sonia au pensionnat des sœurs salésiennes de Giavenno où les filles Maino effectuèrent une bonne partie de leurs études. Toute ma reconnaissance à Michelguglielmo Torri, maître de conférences en histoire moderne et contemporaine de l'Asie à l'université de Turin. En tant qu'éminent spécialiste et amoureux de l'Inde, il m'a généreusement dispensé son savoir et ses conseils, et ce à chaque fois que j'en ai eu besoin pour dissiper mes doutes ou corriger mon texte.

Je tiens à remercier Ashwini Kumar, qui m'a rapporté une foule d'anecdotes sur l'époque où Indira Gandhi était au pouvoir ; merci au major Dalbir Singh, secrétaire national de l'All India Congress Commitee. Je n'oublie pas non plus Mani Shankar Aiyar, compagnon de Rajiv et actuel ministre du gouvernement. Merci aussi à nos vieux amis Francis Wacziarg, Aman Nath, Alex Ehrlich, Farah Khan, Josefina Young et Nello del Gatto pour leur aide, leur compagnie et leur hospitalité.

Pour la raison précitée, nombre de ceux qui m'ont aidé au cours de cette longue enquête, en Italie et en Inde, préfèrent rester anonymes. Je les remercie de tout cœur pour les informations qu'ils m'ont apportées. Sans elles, je n'aurais pu écrire ce livre.

Cette aventure aurait été beaucoup plus ardue sans l'enthousiasme, le concours efficace et courageux de mon éditrice Elena Ramírez à Seix Barral, mes éditeurs Luca Formenton à Milan et Leonello Brandolini à Paris, aux Éditions Robert Laffont. À vous, mes plus sincères remerciements.

En Inde, je tiens à honorer la mémoire de Kamal Pareek, qui nous a quittés en septembre 2007. Je regretterai toujours ses explications, sa disponibilité, sa manière simple de décrypter pour moi des réalités indiennes qu'un Occidental a du mal à saisir. Et, surtout, la chaleur de son amitié.

Enfin, je veux tout spécialement exprimer ma profonde gratitude à ma femme Sita : son soutien sans faille, sa compagnie et sa bonne humeur m'ont accompagné au cours de mes investigations et de mes longs mois d'écriture.

Tu es née avec ce livre
et c'est à toi que je le dédie,

Olivia

OUVERTURE

Conduis-moi des ténèbres vers la lumière,
de la mort vers l'immortalité.

Oraison védique

1.

New Delhi, 24 mai 1991.

Sonia Gandhi n'arrive pas à croire que l'homme de sa vie est mort, qu'elle ne sentira plus ses caresses, ni la chaleur de ses baisers. Qu'elle ne reverra plus le sourire si doux qui, un jour, a ravi son cœur. Tout a été si rapide, si brutal et inattendu qu'elle ne peut encore le concevoir. Son mari est tombé dans un attentat terroriste il y a deux jours. Il s'appelait Rajiv Gandhi, il avait été Premier ministre et, selon les enquêtes, il aurait pu l'être de nouveau si sa campagne électorale ne s'était si tragiquement interrompue. Il avait quarante-six ans.

Aujourd'hui, la capitale de l'Inde se prépare à faire ses adieux à ce fils illustre de la patrie. Le cercueil qui contient le corps est exposé dans le grand salon de Teen Murti House, la résidence officielle où il a passé son enfance au temps où son grand-père, Jawaharlal Nehru, était le Premier ministre. C'est un petit palais colonial, blanc, entouré d'un parc planté de grands tamarins et de flamboyants, dont les fleurs rouges se détachent sur le gazon jauni par la forte chaleur. À l'origine destiné à héberger le commandant en chef des forces britanniques, il est devenu la résidence du plus haut mandataire de la nouvelle nation indienne après l'indépendance. Nehru s'y est installé, avec sa fille Indira et ses petits-enfants. Les jardiniers, les cuisiniers et le reste du personnel qui, avec des milliers de leurs compatriotes, viennent aujourd'hui rendre hommage au leader assassiné, ont peine à croire que le corps qui gît dans cette chapelle ardente est celui de l'enfant qui, autrefois, jouait à cache-cache dans ces chambres vastes comme des grottes, avec leurs plafonds de six mètres de haut. L'écho de ses rires semble encore résonner lorsqu'il courait à la poursuite de son frère dans les couloirs tandis que, dans l'un ou l'autre des salons, son grand-père et sa mère recevaient un chef de gouvernement.

Une grande photo de Rajiv ornée d'une guirlande blanche est placée sur le cercueil, lui-même couvert d'un drapeau safran, blanc et vert – les couleurs nationales. Son sourire plein de fraîcheur est la dernière image qu'emportent dans leur souvenir les milliers de personnes qui défilent à Teen Murti House malgré les quarante-trois degrés qu'indique le mercure. C'est l'image que garderont aussi les membres de la famille : les médecins ne sont pas parvenus à redonner une apparence humaine à la masse informe de chair laissée par l'explosion de la bombe. On dit qu'au cours de leurs efforts pour embaumer son corps l'un d'eux s'est évanoui. Si bien qu'ils se sont contentés de l'envelopper de coton et de bandages et de le placer dans une grande quantité de glace pour qu'il résiste jusqu'au jour de la crémation.

« Je vous en prie, faites attention, ne l'abîmez pas », dit sa veuve avec un visage crispé de douleur à ceux qui viennent remettre de la glace dans le cercueil, car la chaleur monte, inexorable, et continuera de monter jusqu'aux premiers jours de juillet, jusqu'à la mousson et ses pluies battantes. Penser qu'elle aurait pu finir de la même façon si, comme à son habitude, elle l'avait accompagné ne lui est d'aucun secours. En ce moment, elle voudrait mourir aussi. Être auprès de lui, toujours avec lui, ici et dans l'éternité. Elle l'aimait plus qu'elle-même.

Bien sûr, elle a ses enfants. La cadette, Priyanka, a dix-neuf ans. C'est une grande jeune fille brune, forte de caractère comme de constitution. Elle s'est occupée des préparatifs des funérailles et ne quitte pas sa mère un instant. Elle insiste pour qu'elle mange quelque chose, mais l'évocation de la moindre nourriture donne la nausée à Sonia. Depuis deux jours, elle n'a avalé que de l'eau, du café et du jus de citron vert. L'asthme, son fidèle compagnon depuis la petite enfance, a refait son apparition. L'avant-veille au soir, quand on est venu lui annoncer que son mari avait été victime d'un attentat, elle a été prise d'une crise si violente qu'elle a failli perdre connaissance. Priyanka est allée lui chercher ses médicaments antihistaminiques, mais n'a pas réussi pour autant à la consoler. Elle craint que, sous l'effet de la chaleur et du chagrin, sa mère n'étouffe de nouveau.

Rahul, le fils aîné, a vingt et un ans. Il vient d'arriver de Harvard où il poursuit ses études. Elle reconnaît son mari en lui : les mêmes traits doux, le même sourire, la même expression de bonté. Elle le regarde avec une infinie tendresse. Qu'il lui semble jeune pour allumer le bûcher funéraire de son père, comme l'exige la tradition hindoue !

À une heure de l'après-midi, l'arrivée de trois généraux portant leurs armes respectives signale le commencement officiel des funérailles d'État. À l'instant où les militaires s'apprêtent à emporter le cercueil avec l'aide de Rahul et d'amis de la famille, Priyanka s'en approche pour le caresser, comme si elle voulait dire adieu à son père avant qu'il entreprenne son dernier voyage. Sa mère, qui a dû saluer toutes ces personnalités, reste à une certaine distance et regarde la scène les larmes aux yeux. Elle est vêtue d'un sari blanc immaculé, comme il est d'usage pour les veuves en Inde. Elle a passé plus de la moitié de sa vie dans ce pays, et se sent indienne à présent. En février dernier, elle a célébré ses vingt-trois ans de mariage avec Rajiv dans un restaurant à Téhéran, où elle l'accompagnait en voyage officiel. Elle est restée très belle, comme à ses dix-huit ans, quand elle l'a connu. Ses cheveux noirs, d'où se détachent quelques fils blancs, sont soigneusement coiffés en arrière et réunis en un chignon que recouvre une extrémité du sari. Ses grands yeux, gonflés par les larmes, sont d'un brun sombre, avec de longs sourcils finement épilés. Elle a le nez droit, les lèvres charnues, la peau très blanche et la mâchoire bien dessinée. Aujourd'hui, elle ressemble à l'héroïne affligée d'une superproduction du cinéma indien, quoique sa silhouette et son port altier évoquent plutôt une déesse du panthéon romain, peut-être parce que le sari qu'elle porte avec grand naturel rappelle les tuniques des femmes de l'Antiquité. Ou peut-être à cause de son physique. Elle est née et a grandi en Italie. Son nom de jeune fille est Sonia Maino, mais c'est sous celui de Sonia Gandhi, désormais veuve de Rajiv, qu'elle est connue de tous.

Plus d'un demi-million de personnes défient la chaleur pour voir passer le cortège funéraire. Il se dirige vers le lieu de la crémation, à une dizaine de kilomètres, derrière les murailles érigées par les empereurs moghols pour protéger l'antique Delhi, dans de splendides jardins sur les berges de la rivière Yamuna. Escortée par cinq pelotons de trente-trois soldats chacun, la plate-forme qui transporte le cercueil orné de soucis est tirée par un camion militaire, couvert de fleurs lui aussi. Les chefs de l'état-major ont pris place à l'intérieur. Le camion est suivi par les voitures de la famille. Quelques curieux parviennent à voir Sonia ôter ses énormes lunettes de soleil pour passer un mouchoir sur son visage et essuyer ses larmes, d'une main tremblante. Le cortège s'engage dans l'avenue Rajpath, bordée de jardins soignés où des générations de Delhiites se sont promenés à l'ombre des grands arbres : des jamblons de plus de cent ans pour la plupart, aux fruits noirs comme des figues. Plantés pour lutter contre la chaleur, ces arbres datent presque tous de l'époque où les Britanniques avaient décidé de faire de Delhi la nouvelle capitale de l'empire, au détriment de Calcutta. Ils avaient bâti une agréable cité-jardin aux larges avenues et aux perspectives grandioses, comme il convenait à une capitale impériale. L'avenue Rajpath où s'amasse une foule portant des œillets orange, la couleur sacrée des hindous, rappelle à Sonia les souvenirs d'un bonheur passé, si proche et pourtant si lointain… C'est sur cette même avenue, devant la porte de l'Inde – version locale de l'Arc de triomphe parisien –, qu'elle se trouvait aux côtés de Rajiv le 26 janvier dernier, jour de la fête nationale, lors du défilé militaire… Combien de fois y avait-elle assisté avec lui ? Autant ou presque que d'années vécues en Inde. Toute une vie. Une vie qui s'achève.

Pour ajouter l'ironie à la tragédie, sa voiture s'arrête et ne parvient pas à redémarrer. Les moteurs souffrent sous une telle chaleur et à pareille allure. Sonia et ses enfants doivent monter à bord d'un autre véhicule ; la foule s'avance aussitôt vers eux, obligeant les *Black Cats* – commandos spéciaux de sécurité en costume noir – à se déployer aussitôt et former une chaîne humaine pour les protéger. Aussitôt, le convoi repart, au rythme mesuré des gardes d'honneur. Plus tard, dans les rues étroites aux alentours de Connaught Place, la foule se transforme en une marée humaine prête à tout recouvrir, comme si elle voulait engloutir le cortège même ; les hommes de la sécurité ont grand-peine à la contenir. Les visages de cette multitude, ruisselants de sueur, trahissent son épuisement : les regards s'arrêtent sur quatre camions militaires occupés par des journalistes du monde entier. Ces hommes et ces femmes, ces enfants et ces vieillards aux yeux remplis de larmes jettent des pétales de fleurs vers le cercueil.

Le cortège arrive sur le lieu de la crémation à quatre heures et demie de l'après-midi, avec une heure de retard sur l'horaire prévu. Il y a tant de monde qu'on ne voit plus les parterres fleuris : seulement les grands arbres, sentinelles de l'éternité, qui projettent leurs ombres bienveillantes sur l'assistance. Beaucoup sont vêtus de noir, comme John Major et le prince de Galles, ou portent parfois un uniforme militaire comme Yasser Arafat. Tous dégoulinent de sueur. Édifié à l'aide de dix quintaux de bois, le bûcher funéraire est prêt. Les parents les plus proches prennent place sur l'estrade qui le surplombe. À quelque trois cents mètres plus au nord se trouvent les mausolées de Nehru et de sa fille Indira, construits à l'emplacement même où s'est déroulée leur crémation ; on ne pourra plus jamais les destiner à un autre usage, comme le veut la tradition. Rajiv aura bientôt le sien, une pierre taillée en forme de feuille de lotus. La famille réunie dans la mort.

Des soldats retirent le corps de Rajiv du cercueil : conformément au rituel, ils le placent sur le bûcher, la tête orientée vers le nord. Puis les généraux des trois armes plient soigneusement le drapeau qui enveloppe le cadavre mutilé, et coupent les cordelettes du linceul blanc qui le recouvre. La famille est debout, coude contre coude. Vieillard à la longue barbe, blanche comme neige, le prêtre semble sorti d'un conte ancien ; il exécute les rites védiques et prononce une courte oraison : « Conduis-moi de l'irréel au réel, des ténèbres à la lumière, de la mort à l'immortalité… » C'est un vieil ami de la famille ; il a officié lors des funérailles d'Indira. Il tend à Rahul, vêtu d'une *kurta* blanche, une petite jarre remplie d'eau sacrée du Gange. Pieds nus et tête baissée, le jeune homme recueilli derrière ses lunettes à monture noire fait trois fois le tour du bûcher en versant des gouttes d'eau sur son père, et accomplit ainsi le rite purificateur de l'âme. Puis il s'agenouille devant la dépouille et pleure en lui-même, sans que personne le voie. Il pleure un père qui s'est toujours montré tolérant et compréhensif, un père qui adorait ses enfants. Ses larmes sèches s'écoulent d'une blessure qui ne se refermera jamais, il le sent. Sa mère et sa sœur Priyanka, dont la dignité bouleverse toute l'assemblée, s'approchent du bûcher et placent avec soin des troncs de bois de santal et des grains de rosaire hindou sur le corps du défunt. Des gestes qu'enregistrent les télévisions du monde entier.

Vient l'heure des adieux. Sonia dépose une offrande sur la dépouille, à hauteur du cœur. Elle est faite de camphre, de cardamome, de girofle et de sucre, et doit contribuer à effacer les imperfections de l'âme. Puis elle touche les pieds du mort en signe de vénération, comme il est de coutume en Inde, joint les mains sur sa poitrine, s'incline pour la dernière fois devant son mari et se retire. Par le biais des caméras, le monde découvre cette femme stoïque qui rappelle Jacqueline Kennedy, vingt-huit ans plus tôt, au cimetière d'Arlington. Il est cinq heures vingt.

Cinq minutes plus tard, Rahul, sérieux et déterminé, fait trois fois le tour du bûcher avant de planter la torche en feu qu'il tient dans sa main parmi les troncs de bois de santal. Cette main ne tremble pas : c'est son devoir de bon fils d'aider l'âme de son père à se libérer de son enveloppe charnelle pour s'élever vers le ciel. Durant quelques secondes, il semble que le temps s'arrête. On ne voit ni fumée ni flammes, on n'entend que les chants védiques qui montent parmi la foule. Sonia protège de nouveau son visage derrière ses lunettes noires. On ne doit pas la voir pleurer. Elle doit garder courage comme elle l'a fait jusqu'ici, coûte que coûte. Garder courage comme Rajiv au moment d'embraser le bûcher de sa mère Indira Gandhi, il y a seulement sept ans, tandis que le petit Rahul pleurait entre ses bras. Et comme Indira elle-même quand elle a assisté à la crémation de son père Jawaharlal Nehru, puis de son fils Sanjay, la prunelle de ses yeux, son héritier désigné, mort dans l'accident de son petit avion au matin d'un dimanche ensoleillé, voilà onze ans. Une date que Sonia ne peut oublier car, à compter de ce jour, rien n'a plus été comme avant.

Il lui a fallu puiser des forces au plus profond d'elle-même pour se trouver ici aujourd'hui : les prêtres hindous préféraient qu'elle ne soit pas présente à la crémation. Il n'est pas d'usage que la veuve y assiste, surtout si elle appartient à une autre religion. Mais, sur ce point, Sonia s'est montrée inflexible. Elle a réagi comme l'aurait fait sa belle-mère Indira. Aucun argument n'aurait pu la décider à rester chez elle pendant que le monde entier assistait à la seconde mort de son mari. C'est ce qu'elle a déclaré aux organisateurs des funérailles. Devant la force de sa détermination, ils n'ont pu que s'incliner.

Mais à présent, il lui faut être à la hauteur. Ne pas chanceler, ne pas s'évanouir, ne pas déchoir. Continuer à vivre, aussi pénible que cela puisse être lorsqu'on n'a qu'un désir : mourir. Et qu'il est difficile de ne pas se laisser suffoquer par l'émotion quand les psalmodies védiques sont couvertes par les salves de canon et que les soldats, parfaitement synchronisés, présentent leurs armes et les pointent vers le sol en signe de deuil, au son des clairons. Quand, d'un même mouvement, se lèvent les dignitaires venus des quatre coins du monde, les généraux aux uniformes étincelants de décorations et les représentants du gouvernement indien, aux costumes de coton froissés et humides et qu'ils restent immobiles, comme pétrifiés, en un bref et dernier hommage. Quand les amis, venus d'Europe et d'Amérique, ne parviennent pas à contenir leurs sanglots. Parmi eux, Sonia reconnaît Christian von Stieglitz, celui qui l'a présentée à Rajiv lorsqu'ils étaient étudiants à Cambridge. Il est venu accompagné de Pilar, son épouse espagnole.

Et puis, la rumeur enfle soudain : comme une lame de fond venue de loin, des confins de la ville et peut-être des quatre coins de l'immense pays, elle se mue en un cri unique, effrayant, guttural. Le cri d'une multitude qui semble comprendre enfin, au moment où s'embrase le bûcher, que Rajiv ne reviendra jamais. En quelques minutes, les hautes flammes enveloppent le linceul dans une étreinte fatale. Rahul fait quelques pas en arrière. Sonia vacille. Sa fille lui passe un bras autour des épaules et la soutient jusqu'à ce qu'elle retrouve des forces. À travers le mur de flammes, tous trois assistent au terrible spectacle d'un être cher qui se consume et se réduit en cendres. Une autre mort, lente, pénétrante, pour que les vivants se rappellent toujours que nul n'échappe à son destin. Cette mort, ils la perçoivent de tous leurs sens : l'odeur de brûlé, les couleurs diaphanes des vivants derrière l'air surchauffé qui s'élève du foyer avec son cortège de poussières, le goût de sueur et de fumée qui reste collé aux lèvres, puis les cris – « Vive Rajiv Gandhi ! » – qui jaillissent de la foule. Une scène à la fois neuve et éternelle. Tandis que les flammes montent vers le ciel, Rahul s'apprête à accomplir la fin du rituel. Armé d'un pieu en bambou d'environ trois mètres de long, il donne un coup symbolique sur le crâne de son père pour libérer son âme avant sa prochaine réincarnation.

Pour Sonia, il n'y a pas de mots pour décrire ce qui se déroule sous ses yeux : une atroce mise en scène qui la déchire de l'intérieur. C'est en cet instant seulement qu'elle saisit la signification d'une coutume ancestrale. Elle se rappelle avoir réagi par une grimace de dégoût quand, à son arrivée en Inde, elle avait appris l'existence du *sati*. Quelle horreur, quelle barbarie ! avait-elle pensé alors. Autrefois, le peuple vénérait les veuves qui avaient le courage de se jeter dans le bûcher funéraire de leur mari pour entreprendre avec lui le voyage vers l'éternité. Celles qui se livraient héroïquement aux flammes accédaient au statut de divinité et on les adorait pendant des années, parfois des siècles. Le rite du *sati*, qui tire son origine des familles nobles des Rajput, la caste guerrière de l'Inde du Nord, s'était répandu par la suite parmi les plus humbles, et avait fini par se corrompre. En raison des abus commis en son nom, les Anglais l'avaient interdit, tout comme le premier gouvernement démocratique élu après leur départ. Mais à l'origine, il s'agissait d'une preuve d'amour suprême que seule une femme qui voit brûler son mari peut comprendre. C'est ce que se dit Sonia en ce moment, que le feu pourrait la libérer, lui permettre d'en finir avec la douleur absolue qui s'est emparée de son âme.

« Reprends-toi », pense-t-elle soudain. Elle ne doit pas se laisser happer par la mort. La vie est un combat, elle le sait bien. La présence physique de ses enfants la réconforte. Alors, avec les forces qui lui reviennent surgissent des sentiments neufs : un désir ardent de justice et de vengeance, une profonde révolte, car ce qui s'est produit est inacceptable. Aurait-on pu l'éviter ? se demande-t-elle sans cesse. Elle avait bien cherché à déjouer le destin avec ses faibles moyens, scrutant le visage de tous ceux qui s'approchaient de Rajiv lors des meetings électoraux, traquant le renflement d'une arme sous une chemise, ou le geste suspect d'un assassin potentiel. Car elle avait toujours su qu'il pouvait arriver quelque chose. Elle le savait depuis le jour où il avait cédé à l'insistance de sa mère, Indira Gandhi, alors Premier ministre, et s'était lancé en politique. Voilà pourquoi, quand, il y a deux jours, le téléphone avait sonné à onze heures moins dix, une heure très inhabituelle de la soirée, Sonia s'était retournée dans son lit et s'était bouché les oreilles comme pour se protéger d'un coup qu'elle devinait fatal. Au fond, la pire nouvelle de sa vie était une nouvelle attendue. Elle l'était d'autant plus car le gouvernement avait privé Rajiv de la protection rapprochée à laquelle il avait droit en tant qu'ancien Premier ministre. En jargon bureaucratique, il appartenait à la catégorie Z, ce qui lui donnait accès aux services du SPG (Special Protection Group) et le mettait à l'abri de l'attentat terroriste. Rajiv avait été privé de cette protection malgré les protestations de sa femme. Pourquoi ? Par négligence ? Ou ce prétendu « oubli » satisfaisait-il les desseins de ses adversaires politiques ?

Un bruit sec, dur, indescriptible, rappelle Sonia à la réalité. On dirait un coup de feu. Ou une petite explosion. Tous ceux qui ont assisté à une crémation savent de quoi il s'agit. Certains baissent la tête, d'autres regardent le ciel, d'autres encore sont si fascinés par le spectacle qu'ils semblent hypnotisés. Le crâne a éclaté sous l'effet de la chaleur. L'âme du défunt est libre, maintenant. Le rituel est terminé. Tandis qu'on lance des pétales de fleurs vers le bûcher, une autre image poignante surgit des flammes : les longues mains fines qui savaient aussi bien caresser un enfant que réparer un appareil électronique ou signer des accords internationaux se dressent et se tordent, les doigts noircis, dans un adieu déchirant depuis l'au-delà. Adieu, pour toujours.

Sonia éclate en sanglots. Où trouver le réconfort ? Et chez quel Dieu le chercher ? Quel Dieu permet qu'un homme bon comme Rajiv soit déchiqueté en mille morceaux à cause du fanatisme d'autres hommes, qui eux aussi ont une famille, des enfants, qui savent eux aussi caresser et aimer ? Quel sens donner à une telle tragédie ? Rahul et Priyanka se placent aux côtés de leur mère : ils craignent que la chaleur, la cendre et l'intense émotion ne lui provoquent une nouvelle crise d'asthme. Tandis qu'elle se calme, Sonia contemple son rêve – vivre de longues années de bonheur auprès de son mari – s'envoler en fumée. *Ciao, amore*, dans une autre vie. Toute l'Inde se souviendra d'elle ainsi, debout, figée comme une statue, stoïque, étrangère aux cris de la foule exaltée, alors que le feu consume les restes de son époux. La douleur et la dignité incarnées.

Le vrombissement d'un hélicoptère de l'armée assourdit les cantiques et les cris. La foule lève les yeux vers un ciel blanchi par la chaleur et la poussière pour recevoir une pluie de pétales de rose qui tombe de l'appareil et voltige autour du bûcher. Tandis que le corps finit de se consumer, la famille descend les marches de l'estrade. Tous ont le pas chancelant et le visage décomposé lorsqu'ils reçoivent les condoléances du président de la République. Dans un désordre très indien, les autres personnalités s'attroupent. Chacun veut dire quelques mots à Sonia : le vice-président des États-Unis, le roi du Bhoutan, les Premiers ministres du Pakistan, du Népal et du Bangladesh, l'ancien Premier ministre britannique Edward Heath, les vice-présidents de l'Union soviétique et de la Chine, la vieille amie Benazir Bhutto, et bien d'autres encore. Mais aucun ne parvient à s'approcher de la veuve, car le chaos s'installe aussitôt. Le cadavre n'appartient pas seulement à la famille ou aux dignitaires étrangers. La foule, menée par les militants et les responsables du parti de Rajiv, a le sentiment qu'il lui appartient tout autant. Ces gens ne représentent qu'une infime portion des quarante millions d'inscrits au parti. Car, derrière l'appellation banale de « parti du Congrès », se cache la plus importante organisation politique démocratique au monde. Elle est née au milieu du XIXe siècle. Au départ, elle coordonnait l'action de quelques groupuscules politiques militant pour l'égalité des droits entre Indiens et Britanniques. Plus tard, Gandhi la transformerait en un parti solide, destiné à conquérir l'indépendance par la non-violence. Nehru en serait le président, suivi de sa fille Indira puis de Rajiv. Malgré l'air brûlant et irrespirable, les militants veulent maintenant voir de près la dépouille de leur leader réduite en cendres. Tous sont résolus à braver les flammes dans un ultime hommage. Ils arrachent les barrières métalliques comme s'il s'agissait de brindilles de paille et se jettent vers le brasier au cri de « Rajiv Gandhi est immortel ! ». Les *Black Cats*, les commandos d'élite, sont contraints d'intervenir. Ils forment une barrière humaine autour de la famille et décident de battre en retraite, pas à pas, parmi les clameurs hystériques d'une foule déchaînée, jusqu'aux voitures où ils mettent Sonia et les siens en sécurité.

Les jours suivants, Sonia, en état de choc, se renferme sur elle-même. Elle se réfugie dans le souvenir de Rajiv. Mais chaque fois qu'elle sort de ses rêveries et se trouve confrontée à la terrible réalité, elle éclate en sanglots. Elle ne peut cesser de penser à son mari, et ne souhaite d'ailleurs pas le faire ; comme si penser à autre chose, c'était l'assassiner de nouveau. Elle refuse même de se séparer des deux urnes qui contiennent les cendres du défunt. Le rituel exige pourtant que les funérailles soient le prélude d'un retour à la vie.

Le 28 mai 1991, quatre jours après la crémation, Sonia, accompagnée de ses enfants, monte dans le compartiment spécial du train à destination d'Allahabad, la ville des Nehru, là où tout a commencé il y a plus de cent ans. Dans le wagon entièrement tapissé de toile blanche parsemée de marguerites et de jasmin, les urnes sont placées sur une sorte d'estrade près de la photo encadrée d'un Rajiv souriant. Sonia, Priyanka et Rahul voyagent assis sur le sol. Le train s'arrête dans un chapelet de gares envahies de gens venus rendre hommage à la mémoire de leur leader. Ces débordements d'émotion épuisent Sonia, mais pour rien au monde elle ne renoncerait à saluer ces pauvres dont les visages maigres ruissellent de sueur et de larmes, et qui lui sourient malgré tout pour la consoler. Leurs sourires sont pour elle un cadeau précieux qui lui va droit au cœur. Nehru, Indira et Rajiv le disaient : la confiance du peuple, la chaleur des inconnus, la vénération et, pourquoi pas ? l'amour qu'ils vous portent valent bien tous les sacrifices. C'est ce qui nourrit vraiment celui ou celle qui a la politique dans le sang, justifie tous ses déboires, donne un sens à son labeur et à sa vie. Au cours des vingt-quatre heures que le train, baptisé par la presse *Heartbreak Express* – « l'Express du cœur brisé » –, met à parcourir les six cents kilomètres du trajet, Sonia a tout loisir de mesurer le degré d'affection que le peuple voue à sa famille politique, « la famille », comme l'appellent les Indiens, si populaire qu'il n'est pas besoin de préciser de laquelle il s'agit. Une famille qui a gouverné l'Inde durant plus de quatre décennies, mais qui n'est plus au pouvoir depuis quatre ans. Sonia contemple son fils Rahul qui s'est endormi entre deux arrêts. Puisse la famille ne jamais revenir au pouvoir. Priyanka a les yeux dans le vague, elle aussi est épuisée. Elle ressemble beaucoup à Indira : même port de tête, mêmes yeux brillants et intelligents. Que Dieu nous protège…

À Allahabad, les cendres sont déposées à Anand Bhawan, la demeure ancestrale des Nehru, qu'Indira, une fois nommée Premier ministre, avait transformée en musée ouvert au public. Elle possède une cour de style mauresque construite autour d'une fontaine. En 1900, son premier propriétaire, un juge musulman de la Cour suprême vendait la maison à Motilal Nehru, l'arrière-grand-père de Rajiv, un avocat brillant qui gagnait tant d'argent que, si l'on en croit la légende, il envoyait ses vêtements par bateau à une teinturerie de Londres. Cet homme corpulent à l'épaisse moustache, qui s'habillait en gentleman anglais, était extraverti, prodigue, bon vivant et plein d'humour. Il adorait son fils Jawaharlal, peut-être parce qu'il était le seul enfant qui lui restait, ayant perdu deux fils et une fille. Cet amour intense et réciproque allait mettre un sixième de l'humanité sur le chemin de son indépendance. Motilal voulait que son fils développe tout son potentiel, ce qui supposait de lui donner la meilleure éducation possible quitte à se séparer de lui : « Jamais, jusqu'au jour où j'ai dû te laisser pour la première fois en Angleterre dans ton internat je ne m'étais rendu compte que je t'aimais autant », lui écrivit-il. Il ne pouvait se consoler de l'avoir laissé seul, si loin, à tout juste treize ans. Ce que gagnait Motilal en un an aurait suffi à l'établir comme négociant et à lui assurer une sécurité financière. Mais pour le père, ce choix était trop facile et trop égoïste : « Je pense, sans vanité aucune, que je suis le fondateur de la fortune des Nehru. Je te vois, mon fils bien-aimé, comme l'homme qui saura construire sur ces fondations que j'ai posées, et j'espère avoir la satisfaction de voir surgir un jour une noble entreprise qui s'élèvera jusqu'au ciel… » La noble entreprise allait devenir la lutte pour l'indépendance du pays, dans laquelle père et fils s'engagèrent avec toute la force de leurs convictions.

La vie des Nehru prit un tour nouveau le jour où Jawaharlal présenta à son père un avocat qui venait de rentrer d'Afrique du Sud. Cet homme singulier, toujours vêtu d'un *dhoti*, un pantalon en coton cru tissé à la main, était le chef de la résistance au pouvoir colonial des Britanniques. Ses bras et ses jambes d'une longueur disproportionnée lui donnaient l'allure d'un héron. Quand se dessinait sur ses lèvres son sourire singulier, un mélange de malice et de bonté, ses petits yeux noirs se plissaient derrière des lunettes à monture métallique. Vénéré comme un saint par ses disciples, il n'en était pas moins un habile politique dont l'art des gestes simples allait toucher l'Inde au cœur. Le jeune Nehru le considérait comme un génie.

C'est ainsi que le mahatma Gandhi entra en relation avec cette famille et la transforma pour toujours. L'extravagant Motilal troqua la sophistication pour la simplicité, changea ses costumes en flanelle de Savile Row et ses chapeaux melon pour un *dhoti*, comme celui de Gandhi. Il offrit sa demeure et sa fortune à la cause de l'indépendance, convertit l'immense salon en salle de réunion pour le parti du Congrès. Au fil des jours, la maison des Nehru devint celle de l'Inde tout entière. Il y avait toujours à la grille une foule de sympathisants désireux de voir le père et le fils. Ils voulaient capter leur *darshan*, selon l'antique tradition d'origine religieuse qui consiste à chercher le contact visuel avec une personne hautement révérée pour recevoir sa bénédiction, ou, à défaut, lui toucher les pieds ou les mains. À la fin de sa vie, Motilal, rongé par la fibrose et le cancer, partagea sa cellule de la prison de Nainital avec son fils, qui le soigna du mieux qu'il put. Le patriarche disparut sans voir l'indépendance et sans savoir que son fils, que le monde allait connaître sous le seul nom de Nehru, serait élu Premier ministre de la nouvelle nation. Il mourut auprès de sa femme, dans la maison d'Anand Bhawan, un jour de février 1931, la tête sur les genoux de Jawaharlal.

Les chambres peintes en bleu ciel et en crème ont conservé les meubles, les livres, les photos et les souvenirs de leurs habitants. Dans celle du mahatma Gandhi, on peut voir un coussin sur le sol, une commode et un rouet dont il se servait pour filer le coton, le symbole de sa résistance contre les Britanniques. Dans celle de Jawaharlal Nehru, un simple lit en bois, un tapis, beaucoup de livres et une statuette des trois singes qui représentent les trois commandements bouddhistes : ne vois pas le mal, n'écoute pas le mal, ne dis pas le mal.

Sonia se rappelle sa première visite. C'est sa belle-mère Indira qui lui avait servi de guide. Ce jour-là, la jeune femme n'avait pas mesuré combien cette demeure possédait une puissante charge symbolique pour le peuple indien. Elle croyait simplement découvrir la maison de famille d'une dynastie politique. L'endroit où d'abord Nehru, puis sa fille Indira étaient nés et s'étaient mariés. Elle n'avait pas saisi combien ces pièces étaient chargées de sens, bien qu'Indira lui ait ouvert la salle de réunion secrète du sous-sol, là où se cachaient Nehru et ses compagnons d'un parti du Congrès naissant pour échapper aux rafles de la police britannique. À présent qu'elle y revient avec les cendres de son mari, elle la voit avec de tout autres yeux. Cette grande demeure victorienne n'a pas simplement servi de décor à une vie de famille haletante ; ses murs racontent les intrigues, les rêves, les espoirs et les revers de la lutte pour l'indépendance. Ses murs *sont* l'Inde moderne. L'urne qui contient les cendres de Rajiv, le dernier objet qui vient s'ajouter à tant d'autres aujourd'hui, met un point final à la longue phrase que Motilal Nehru a commencée au XIXe siècle, quand il fondait ici la section locale du parti du Congrès. Le cercle se referme.

À midi, Sonia et ses enfants, suivis d'un petit cortège, quittent la maison familiale en direction des faubourgs. Ils font route vers Sangam, l'un des lieux les plus sacrés de l'hindouisme où les eaux brunes de la Yamuna rencontrent les eaux claires du Gange et celles d'un fleuve imaginaire, le Sarasvati. Ils parviennent à une immense étendue de sable qui rejoint la berge. Plus haut, un ancien fort musulman aux murs couverts de lierre abrite un figuier du Bengale centenaire qui, selon la légende, peut libérer du cycle des réincarnations toute personne qui sauterait de ses branches. C'est sur cette esplanade qu'on célèbre tous les trois ans la Kumbha Mela. Au cours de ce rassemblement religieux, l'un des plus importants au monde, des milliers de pèlerins viennent de l'Inde tout entière pour laver leurs péchés. Aujourd'hui, il y a aussi beaucoup de monde, mais l'endroit est si vaste qu'il paraît désert. Sur une plate-forme à la surface des flots, un prêtre ami de la famille, le pandit Chuni Lal, fait une offrande. Il entonne quelques oraisons par-dessus le tintement de milliers de clochettes et l'écho des conques. Il confie ensuite l'urne de cuivre à Rahul. Le jeune homme s'en saisit, s'avance vers la rive et répand lentement son contenu dans les eaux tranquilles. Les mêmes eaux qui ont accueilli les cendres de Motilal, celles du mahatma Gandhi et celles des Nehru. Sonia et Priyanka, les traits crispés, observent d'abord la scène à distance ; puis elles s'approchent de Rahul et s'accroupissent pour caresser l'eau de leurs mains. Le secrétaire de Rajiv, comme tous les témoins du rituel, gardera toujours en mémoire l'image du trio réuni au bord de l'eau : Rahul sanglotant contre sa mère, Priyanka appuyée à l'épaule de Sonia et, au centre, une Sonia inconsolable. Son visage est traversé d'un torrent de larmes, comme un autre affluent du Gange, le grand fleuve de la vie.

2.

« Madame, voici les horaires des vols pour Milan. »

Sonia ne se rappelle pas avoir demandé ce renseignement au secrétaire de son mari. Peut-être, dans la confusion qui a suivi le drame et devant l'énormité de la tragédie, a-t-elle cherché à se mettre à l'abri. Peut-être a-t-elle cherché à fuir. C'est auprès de sa famille qu'elle serait allée chercher du réconfort, dans la sécurité de la petite ville d'Orbassano, aux environs de Turin, là où elle a vécu jusqu'au jour de son mariage. Elle se souvient qu'aussitôt revenue du lieu de l'attentat, dans le sud de l'Inde, avec la dépouille de son mari, elle a téléphoné à sa famille en Italie. Ils étaient tous morts d'inquiétude. Sa sœur aînée Anushka lui a confié qu'elle ne décrochait plus le téléphone : des journalistes du monde entier appelaient pour connaître les circonstances exactes du drame et elle ne savait que répondre. « On ne peut encore rien dire, a expliqué Sonia. C'est peut-être un coup des sikhs qui ont assassiné Indira, des fondamentalistes hindous qui ont assassiné Gandhi, ou encore des extrémistes musulmans du Cachemire… Impossible de savoir. Il était sur la liste noire d'au moins une douzaine d'organisations terroristes… » Et Sonia se reproche de ne pas avoir obligé son mari à réclamer une protection renforcée. Mais Rajiv était sceptique : « Quand ils veulent te tuer, ils te tuent », disait-il.

Sonia s'est effondrée dès qu'elle a eu sa mère au bout du fil. Celle-ci se trouvait à Rome, chez Nadia, sa fille cadette, qui est séparée d'un diplomate espagnol.

« Le mieux serait peut-être que tu rentres en Italie », a-t-elle suggéré.

Sonia n'a rien répondu, tant elle sanglotait.

Les doutes qui l'assaillent sont si nombreux ! Il lui semble que partir serait comme renoncer à toute une partie de son être. Mais, si elle est venue en Inde, si elle a adopté les coutumes de ce pays et s'est prise d'affection pour son peuple, c'était par amour pour Rajiv. À présent, à quoi bon rester ? N'est-elle pas lasse de vivre entourée de gardes du corps qui, à l'heure cruciale, se montrent incapables d'éviter le pire ? Elle se souvient de l'époque où Rajiv, inquiet pour la sécurité de Rahul et Priyanka, songeait à les envoyer faire leurs études à l'École américaine de Moscou. Mais Sonia ne voulait pas se séparer de ses enfants. La tradition britannique, vite adoptée par les puissants de l'Inde, d'envoyer ses enfants étudier dans un internat, heurtait son instinct de *mamma* italienne. Si bien que Rahul et Priyanka sont restés à la maison, à New Delhi. Dans un premier temps, on les a confiés à un précepteur qui leur faisait la classe tous les matins. Plus âgés, on les a conduits sous escorte au collège pour s'y instruire dans un environnement « normal ». Un geste que la société indienne a perçu comme courageux, tant les menaces qui pesaient sur la famille du Premier ministre étaient lourdes.

La suggestion de sa mère – rentrer en Italie – ravive une plaie ancienne. Sonia se trouve confrontée à un dilemme qu'elle est pour le moment bien incapable de résoudre. Un dilemme cruel qui lui intime de choisir entre sa préoccupation principale, la sécurité de ses enfants, au nom de laquelle s'impose un retour en Italie, et la tradition familiale de son mari, le prestige des Nehru et des Gandhi. D'un côté la sécurité, la vie anonyme et le déracinement d'un exil volontaire ; de l'autre, reprendre le flambeau, ce qui pourrait un jour conduire un de ses enfants au pouvoir mais peut-être aussi à la mort. Comme Indira, comme Rajiv. Alors, Sonia se dit que oui, il vaudrait mieux changer de vie, changer de vie pour se sauver, oublier la politique qu'elle déteste, fuir ce monde du pouvoir qu'elle a toujours méprisé et qui la détruit...

Mais... peut-on lutter contre le destin ? Sonia se sent très indienne ; elle a appris à aimer les gens de ce pays, et elle se sait aimée d'eux. Comment rompre ce lien qui l'unit à la mémoire de son mari et que lui rappelle l'affection des amis, des compagnons de route, du peuple indien ? Elle aurait l'impression de rendre les armes. De surcroît, le corps ne ment pas : ses gestes, sa démarche, sa manière de secouer la tête de droite à gauche et de gauche à droite pour dire oui en ayant l'air de dire non – si typique des Indiens –, sa façon de joindre les mains, de regarder, d'écouter, son accent aussi… tout chez elle évoque l'Indienne authentique. Que ferait-elle en Italie ? En dehors de sa famille la plus proche, quelle vie l'attend à Orbassano ? C'est ici que sont ses amis, son monde. C'est ici qu'elle a vécu vingt-trois années d'une vie intense et heureuse. D'autre part, Rahul et Priyanka ne sont plus des enfants. Ont-ils seulement envie de partir vivre dans un pays qu'ils n'ont visité qu'en vacances ? Après avoir grandi aux côtés de deux Premiers ministres, d'abord leur grand-mère Indira puis leur père Rajiv, pourraient-ils s'habituer à une existence anonyme dans une petite ville de province italienne ? Certes, ils parlent couramment l'italien, ils sont même à moitié italiens, mais ils se sentent indiens par toutes leurs fibres. C'est ici qu'ils ont grandi, ici qu'ils ont appris de leur père à aimer ce pays immense, difficile et fascinant ; ici encore qu'ils ont intégré les valeurs de leur arrière-grand-père Jawaharlal Nehru, le grand héros de l'indépendance et le bâtisseur de l'Inde moderne : l'intégrité, la tolérance, le mépris de l'argent et la solidarité, surtout avec les plus démunis. Ici qu'ils ont reçu leur éducation, celle qu'on dispense dans les grandes familles indiennes. C'est dans cette maison que leur grand-mère Indira les serrait dans ses bras tout en prenant le thé avec Andreï Gromyko ou Jacqueline Kennedy ou encore qu'elle les aidait à faire leurs devoirs sur la table de la cuisine. Pourraient-ils s'adapter à une vie prospère et confortable dans le meilleur des cas, mais éloignée de tout ce dont ils ont été nourris depuis leur naissance ? Et pour Sonia, ne serait-ce pas un échec de revenir dans la bourgade qu'elle a quittée il y a si longtemps ?

« Je crois que ma vie est ici, maman…, finit par répondre Sonia quand elle parvient à articuler quelques mots.

— Madame, vous avez de la visite. »

Le secrétaire qui l'a interrompue reste dans l'encadrement de la porte. Il attend pour se retirer que Sonia lui fasse signe. Celle-ci prend congé de sa mère et raccroche en séchant ses larmes. En se relevant, elle rajuste les plis de son sari et se dirige vers le bureau de son mari, au rez-de-chaussée de la villa coloniale où ils vivent depuis qu'ils ont quitté la résidence du Premier ministre. Tous les effets de Rajiv sont à leur place : les appareils photo, les livres, les revues, les papiers, la radio. L'espace d'un instant, Sonia a l'impression que son mari est toujours en vie, qu'il s'apprête à rentrer de voyage. Ce malheur ne serait-il qu'un mauvais rêve ? La vie, parce qu'elle est plus forte que la mort, va-t-elle reprendre son cours ? Mais ce n'est pas Rajiv qui entre par la porte, souriant, fatigué et prêt à l'embrasser : ce sont trois de ses compagnons du parti du Congrès, trois vétérans au visage triste. Deux d'entre eux portent des chemises indiennes, le troisième une sorte de saharienne. Car si l'attentat a dévasté la famille, il a aussi décapité le parti. Il lui faut un nouveau leader. Qui succédera à Rajiv Gandhi ? Telle est la question que les hiérarques venus rendre visite à Sonia se posent depuis qu'ils ont appris la tragédie.

« Soniaji, dit le porte-parole du groupe en usant du suffixe *ji* qui exprime l'affection et le respect, nous sommes là pour t'informer que le comité exécutif du parti du Congrès, réuni sous la présidence du vieil ami de ton mari Narashima Rao, t'a choisie pour présider l'organisation. L'élection a été unanime. Toutes nos félicitations. »

Sonia les dévisage longuement, impassible. La peine n'est-elle donc pas quelque chose de pur et de sacré ? Elle n'a pas eu le temps de pleurer son mari que voilà déjà venu le temps de la politique ? La vie continue, mais qu'elle est cruelle. Incapable de sourire, elle n'a ni l'envie ni la force de feindre qu'elle est honorée par le résultat du vote.

« Je ne peux pas accepter. Mon monde n'est pas celui de la politique, vous le savez bien. Je ne veux pas.

— Soniaji, je ne sais pas si tu te rends compte de ce que le comité exécutif te propose. La direction du plus grand parti du monde ! Voilà ce qu'il t'offre, et sur un plateau d'argent. Avec la possibilité de conduire un jour ce grand pays. Et surtout celle d'assumer l'héritage de ton mari pour qu'il ne soit pas mort en vain…

— Je ne crois pas que ce soit le moment d'en parler.

— Le comité exécutif a délibéré de longues heures avant de te faire cette proposition. Je t'assure que nous avons beaucoup réfléchi. Tu auras les mains libres et tu pourras compter sur tout notre soutien. Nous te demandons de poursuivre la tradition familiale. C'est ton devoir de fille de l'Inde.

— Tu es la seule à pouvoir combler le vide laissé par Rajiv, ajoute un autre.

— L'Inde est un très grand pays, répond Sonia. Je ne peux pas être la seule parmi mille millions de personnes.

— Tu es la seule Gandhi… »

Sonia lève les yeux au ciel, comme si elle s'attendait à cet argument.

« … sans compter tes enfants, bien sûr.

— Mes enfants sont encore très jeunes, et en ce moment eux non plus ne sont pas disposés à parler de politique.

— Ce n'est pas rien, en Inde, de s'appeler Gandhi…, intervient le troisième.

— Je sais ce que tu veux me dire, interrompt Sonia. C'est un honneur de s'appeler Gandhi. Mais c'est aussi une malédiction. Regarde donc ce qui vient de se passer. »

Si Sonia porte ce nom illustre, elle le doit non à un lien de parenté avec le père de la nation, le mahatma, mais au mariage de sa belle-mère Indira avec un parsi du nom de Firoz Gandhi. Elle aurait pu s'appeler Kumar, ou Bosé, ou Kapur : n'importe lequel des noms très répandus en Inde. Mais le hasard a voulu que le nom de famille de Firoz coïncide avec celui du plus célèbre des Indiens, l'homme le plus aimé du peuple, l'homme qui l'a conduit sur le chemin de la liberté. L'homme qui était devenu un intime des Nehru au point d'être considéré comme un membre de la famille. Ensemble, Gandhi et les Nehru avaient conquis l'indépendance. Ils y étaient parvenus avec l'aide d'un instrument puissant, le parti du Congrès, qui était à présent orphelin. Une situation qui confère aux Gandhi, Sonia comprise, une popularité dont la valeur est inestimable pour les politiciens.

« Regarde. Tu es l'héritière de cette photo. »

L'un des trois hommes lui montre une photo sur une table basse à côté du canapé. Dans un cadre d'argent, Indira enfant est assise auprès du mahatma.

« Je vous remercie beaucoup d'avoir pensé à moi. C'est un grand honneur, mais je ne le mérite pas. Vous savez que je déteste la notoriété. Et, de surcroît, je n'appartiens pas à la famille directe, je ne suis que la belle-fille…

— Tu as été mariée à un Indien et tu sais bien qu'ici la bru est automatiquement intégrée à la famille de son mari. Tu t'es pliée à nos coutumes religieuses. Tu es donc aussi indienne que n'importe qui. Mais n'importe quelle Indienne n'est pas la femme d'un Nehru-Gandhi. Regarde cette autre photo. Ce sari rose que tu portais le jour de ton mariage, n'est-ce pas celui que Nehru a tissé dans sa prison ?

— Si, mais il n'empêche, je suis étrangère...

— Le peuple se fiche bien du lieu de ta naissance. Tu ne serais pas la première étrangère à être présidente du parti, interrompt l'homme. Souviens-toi qu'Annie Besant, un de ses premiers leaders et la première à le diriger au niveau national, était irlandaise. L'idée n'a rien d'extravagant.

— C'était une autre époque. Et je suis trop vulnérable pour occuper ce poste. Vous imaginez les attaques de l'opposition ? Elle monterait le peuple contre moi et ce serait un désastre pour tout le monde.

— Soniaji, nous vous avons fait une offre sans conditions, dit le plus grand des trois, un politicien astucieux connu pour ses talents d'orateur, qui paraît sur le point de tirer un as de sa manche. Et, détail qui a sans doute son importance, tu bénéficieras désormais du degré de protection maximal, comme au temps où Rajiv était Premier ministre.

—Je regrette, mais vous avez sonné à la mauvaise porte. Je n'ai aucune ambition, le pouvoir ne m'intéresse pas et le monde de la politique m'a toujours déplu. Je m'y sens mal à l'aise, je déteste être le centre de l'attention. C'était pareil pour Rajiv. S'il s'est lancé dans la politique, c'est seulement sous la pression de sa mère. Sans elle, il serait resté pilote d'Indian Airlines, il serait vivant aujourd'hui et nous serions probablement très heureux...

— Tu es la seule à pouvoir empêcher le parti de s'effondrer. Et s'il s'effondre, nous avons toutes les raisons de craindre que le pays ne parte à la dérive. Qui a maintenu l'unité de l'Inde depuis l'indépendance ? Notre parti. Qui est le garant des valeurs qui permettent à toutes les communautés de cohabiter en paix ? Le parti du Congrès. Depuis que nous ne sommes plus au pouvoir, regarde comme les vieux démons ont regagné du terrain : la haine inter-communautaire, inter-religieuse, les tentations séparatistes... Le pays court à sa perte, toi seule peux nous aider à le sauver. Tu as du prestige et les Indiens t'aiment. Voilà pourquoi nous sommes venus personnellement en appeler à ton sens des responsabilités.

— Des responsabilités ? Pourquoi faut-il que cette famille paie avec son sang un tribut permanent au pays ? Indira et Rajiv, cela ne vous suffit pas ? Il vous en faut d'autres ?

— Penses-y, Soniaji. Pense à Nehru, à Indira, à Rajiv… Ta famille est aussi intimement liée à l'Inde qu'une liane entourant le tronc d'un arbre. Vous êtes l'Inde ! Sans vous, nous ne sommes rien. Sans vous, il n'y a pas d'avenir pour cette grande nation. C'est le message que nous sommes venus te transmettre. Nous savons que ce sont des heures douloureuses et nous te demandons pardon de faire intrusion dans ton deuil, mais ne nous abandonne pas. Ne jette pas par-dessus bord tant de sacrifices et de luttes. Tu tiens entre tes mains le flambeau des Nehru-Gandhi. Ne l'éteins pas. »

Encore de belles paroles de politiciens… Avec eux, il y a toujours un objectif majeur à poursuivre, une raison d'aller plus loin, un dessein plus noble, une justification pour masquer la fin ultime, la conquête du pouvoir. Ils trouvent toujours des arguments et des excuses pour parler de la seule chose qui les intéresse : le pouvoir. Après avoir vécu toutes ces années dans l'ombre de deux Premiers ministres, Sonia sait de quelle étoffe ces gens sont faits. Elle imagine parfaitement la consternation de toutes les têtes de liste qui allaient se présenter aux élections et qui, aujourd'hui, se sentent aussi orphelines. L'assassinat de son mari a brisé non seulement ses rêves, mais ceux de beaucoup d'autres. Elle imagine tous les calculs, les manœuvres, les ruses, les fourberies de ceux qui, au sein du parti, s'affrontent déjà pour la succession de Rajiv. L'enjeu est de taille ; voilà pourquoi les gros bonnets viennent lui prêter allégeance, sans perdre un instant. Même en ces heures sombres, ils ne la considèrent pas comme un être humain : elle n'est à leurs yeux qu'un instrument pour conserver les rênes du pouvoir. Il est urgent de prendre position au sein du parti, car le pouvoir ne supporte pas le vide. Dans un pays aux maigres ressources, où il est difficile de s'élever dans la société, la politique est la clef de la prospérité d'un très grand nombre.

Grâce à Indira et à Rajiv, Sonia a appris à tenir les politiciens à distance, à ne pas se laisser abuser par eux. Mais ils sont malins ; ils pensent qu'elle finira par céder, qu'elle le fera sinon pour elle, du moins pour ses enfants, pour que se perpétue le nom de sa famille. Le pouvoir est un aimant irrésistible. N'est-ce pas ce qu'affirment les poètes védiques, que même les dieux ne peuvent résister aux éloges ?

Le lendemain, Sonia envoie une lettre au comité exécutif du parti : « Je suis profondément émue de la confiance que me témoigne le comité exécutif. Mais la tragédie qui s'est abattue sur mes enfants et sur moi ne me permet pas d'accepter la présidence de notre grand parti. » C'est une douche froide pour les fidèles qui n'admettent pas son refus et décident de continuer à faire pression sur elle par tous les moyens. Chaque matin, des sympathisants du parti se présentent devant sa villa coloniale au numéro 10 de l'avenue Janpath, une large artère du centre de New Delhi. Ils portent des pancartes et crient des slogans : « Vive Rajiv Gandhi ! Soniaji présidente ! » Sonia, irritée, prie le secrétaire de son mari de chasser les manifestants, de mettre fin à ce spectacle qui lui paraît ridicule et dénué de sens. « Qu'ils se cherchent un autre successeur, pense-t-elle. Ma famille en a assez fait. »

À Orbassano, l'annonce de son refus publiée dans la presse rassure ses proches. « En ville, nous respirons tous avec soulagement, déclare une voisine. Heureusement qu'elle n'a pas accepté le poste de son mari. Elle et ses enfants auraient couru un trop grand risque. »

ACTE I

La déesse Durga chevauche un tigre

Le propre du pouvoir est de protéger.
Pascal

3.

Sonia avait dix-huit ans et elle était venue en Angleterre pour apprendre l'anglais quand elle tomba amoureuse de Rajiv. Elle était si ravissante que les gens se retournaient dans la rue pour la regarder. Elle se tenait très droite. Des cheveux bruns et lisses encadraient son visage de madone. En fin de semaine, son camarade Josto Maffeo faisait avec elle le trajet en autobus entre le bourg d'Orbassano où elle vivait avec sa famille et le centre de Turin. Maffeo, devenu un journaliste connu depuis, se la rappelle comme « une des plus jolies femmes que j'aie rencontrées de ma vie. Outre sa beauté, c'était une personne intéressante, dévouée à ses amis, paisible et équilibrée. Elle n'aimait pas prendre part aux fêtes où trop de gens se pressaient, et elle gardait toujours une certaine réserve ».

Rien d'étonnant, donc, si le père de Sonia, un homme bâti en force dont le visage de montagnard trahissait de longues années passées à travailler en plein air et par tous les temps, se soit opposé avec tant de véhémence à ce que sa fille parte apprendre l'anglais à Cambridge. Avec ses cheveux courts coiffés en arrière et son épaisse moustache qui chatouillait ses filles quand il les embrassait sur les joues, Stefano Maino était un père à l'ancienne. Des années plus tôt, lorsqu'il s'était installé avec les siens à Orbassano et qu'il avait découvert que l'école du bourg était mixte, il avait refusé que ses filles la fréquentent. Il avait préféré les envoyer à Sangano, une autre commune à une dizaine de kilomètres, dans un établissement strictement féminin. Plus tard, quand elles avaient grandi, il exigeait toujours de savoir où et avec qui se trouvaient les trois adolescentes. Il n'aimait pas beaucoup qu'elles sortent le week-end, même pendant la journée, et n'aurait pas toléré la moindre sortie nocturne. Seules les promenades à Turin, à une demi-heure de train ou d'autobus, pour aller goûter entre amies dans une des célèbres pâtisseries de la ville, recevaient son assentiment. Stefano était un homme de principes, ce qui lui valait de fréquents démêlés avec ses filles. Le plus souvent avec Anushka, l'aînée, une forte tête. À côté d'elle, Sonia était un ange. La plus jeune, Nadia, ne posait pas encore de problèmes.

La mère de Sonia, Paola, une femme aux traits réguliers, au sourire franc et aux manières plus raffinées, compensait la sévérité de Stefano par sa souplesse. Elle était plus ouverte, plus tolérante, plus compréhensive. Peut-être parce qu'elle était une femme, elle comprenait mieux ses filles, même si sa propre adolescence avait été très différente. Elle avait grandi dans un village de montagne d'à peine six cents habitants à une époque où l'Italie était un pays très pauvre. Ses filles n'avaient pas été obligées de garder les vaches, de participer aux travaux des champs ou de servir dans le café familial. Enfants de l'après-guerre, elles étaient nées avec le plan Marshall, l'expansion économique, au moment où l'Italie reprenait son rang parmi les États européens. Comme tous les Italiens après la guerre, elles n'avaient cependant pu ignorer les infirmes et les indigents qui demandaient la charité appuyés au mur de l'église, en plein soleil. Et ces images les avaient marquées pour toujours, surtout Sonia. À Vicenza, la ville principale la plus proche, la pauvreté s'étendait bien au-delà du centre : dans les bidonvilles, les enfants jouaient nus ou en guenilles.

« Pourquoi leurs mamans les laissent-elles sortir comme ça, tout nus ? demandait la petite Sonia.

— Parce qu'ils n'ont pas de vêtements. Ce n'est pas pour le plaisir, c'est parce qu'ils n'ont pas le choix. Parce qu'ils sont pauvres. »

La fillette avait alors pris conscience du drame de la pauvreté. Sa mère avait ajouté que certaines familles souffraient de la faim. D'ailleurs, dans leur village, le curé passait tous les mois pour récolter du lait en poudre, de la nourriture et des vêtements, qu'il répartissait ensuite entre les plus nécessiteux. Il savait bien, ce curé, qu'il pourrait toujours compter sur la charité des Maino, car, même s'ils ne roulaient pas sur l'or, ils étaient de fervents catholiques.

« L'Évangile dit que les pauvres seront les premiers à entrer dans le Royaume des cieux… On ne t'a pas appris ça au catéchisme ? »

Sonia hochait la tête en aidant sa mère à préparer un paquet de vêtements usagés. Chez les Maino, on ne jetait rien, on ne gaspillait rien. Les plus petites héritaient des plus grandes, et on donnait aux pauvres ce dont on n'avait plus besoin. Le souvenir de la guerre était trop douloureux pour oublier la valeur des choses.

Les parents de Sonia étaient originaires de Vénétie, plus précisément du village de Lusiana qui se niche dans les monts d'Asiago, au pied des Alpes. Cette région agricole a donné son nom à l'un des fromages les plus appréciés d'Italie, mais elle est également connue pour ses carrières de marbre. Les Maino, la famille paternelle de Sonia, étaient des gens francs, très travailleurs et respectés malgré leur rudesse. Des qualités qui n'avaient pas échappé à la mère de Sonia, Paola Predebon, la fille d'un ancien carabinier qui avait repris le café de son père dans le village de Comarolo di Conco, au fond de la vallée. Stefano et Paola s'étaient mariés dans la jolie église de Lusiana, consacrée à l'apôtre saint Jacques. La tour de l'église, pointée vers le ciel, évoquait un minaret. Sans doute le reste de l'influence des Ottomans qui ont jadis vécu dans la région.

Sonia naquit à neuf heures et demie du soir un 9 décembre 1946 à l'hôpital civil de Marostica, une petite ville fortifiée très ancienne au pied des monts d'Asiago. « *È nata una bimbaaaa !* » La bonne nouvelle était parvenue sans tarder au village de Lusiana, et son écho avait ricoché sur les murs de pierre des maisons et des étables, sur les escarpements rocheux et les montagnes des alentours, jusqu'à se perdre au loin, en cascade. Pour saluer l'arrivée de la petite fille et conformément à la tradition, les voisins nouèrent des rubans roses aux volets de leurs fenêtres et aux portes du village. Quelques jours plus tard, elle fut baptisée par le curé de Lusiana. Elle s'appelait Edvige Antonia Albina, en l'honneur de sa grand-mère maternelle. Mais Stefano voulait un autre prénom pour sa fille. La première, baptisée Anna, était devenue Anushka. Il décida qu'Edvige Antonia Albina porterait le nom de Sonia. Il tenait ainsi la promesse qu'il s'était faite à son retour du front russe. Comme beaucoup d'Italiens cernés par la pauvreté, Stefano s'était laissé séduire par les idées fascistes et la propagande de Mussolini. Au début de la guerre, il s'était enrôlé dans la 116e division d'infanterie de Vicence, le régiment des bersagliers, un corps très renommé de l'armée italienne dans lequel le Duce avait servi. On reconnaissait les bersagliers à leur manière de défiler – plus de cent trente pas par minute – et surtout à leur casque à large bord orné d'un panache de plumes de coq noires brillantes qui tombait sur le côté. Ils étaient précédés d'une réputation de bravoure et d'invincibilité que la campagne de Russie eut tôt fait d'effacer. Le premier affrontement avec les Soviétiques coûta à la division les trois quarts de ses hommes. L'Armée rouge fit des milliers de prisonniers, parmi lesquels Stefano, qui parvint à s'évader avec d'autres survivants. Le petit groupe se réfugia dans une grange de la steppe russe, où il vécut plusieurs semaines sous la protection d'une famille de paysans. Les femmes soignaient leurs blessures, les hommes leur apportaient des vivres. Grâce à ces gens, ils eurent la vie sauve, mais l'expérience les changea du tout au tout. Comme des milliers de soldats italiens, ils rentrèrent au pays déçus par le fascisme et reconnaissants aux Russes de les avoir sauvés. De ce jour, Stefano ne parla plus de politique : pour lui, ce n'était que mensonges. En hommage à la famille qui l'avait maintenu en vie et protégé, il décida de donner à ses enfants des prénoms russes. Et pour éviter toute discussion avec sa famille politique et le curé de la paroisse, pour qui le prénom Sonia ne faisait pas partie du calendrier des saints – Sofia à la rigueur, mais Sonia non –, Stefano accepta de donner à sa fille des prénoms strictement catholiques. Après le baptême, les Maino invitèrent famille, amis et voisins à partager le traditionnel plat de morue à la vicentine qu'il faut servir avec beaucoup de polenta pour absorber la sauce. C'était un luxe de se procurer de la morue, car tout manquait dans l'après-guerre. Même à Vicence, la capitale de la province située au sud, dans la plaine, à cinquante kilomètres de Lusiana.

Le bonheur des Maino aurait été complet sans les difficultés que rencontrait Stefano pour faire vivre femme et enfants. En ces années-là, il était difficile d'échapper à la misère. Ils avaient de quoi manger et se vêtir, mais guère plus. Ils possédaient peu de terres, surtout des vaches et une maison de pierre que Stefano avait bâtie de ses mains, la dernière de la via Maino, la rue où avaient vécu des générations de ses ancêtres originaires d'Allemagne. La vue sur la vallée était magnifique. Des fenêtres, on voyait les murets qui séparaient les prés où paissaient les vaches. L'élevage était la ressource principale de la région, car la terre, trop pierreuse et trop escarpée, se prêtait mal aux cultures. Sonia et ses sœurs grandirent devant le spectacle superbe de la vallée de Lusiana, qui changeait de couleur au gré des saisons. Toutes les nuances de vert et de brun défilaient sous leurs yeux, de la teinte émeraude des arbres au printemps au jaune des champs en été, aux teintes cuivrées de l'automne et à la blancheur de l'hiver. Pour les enfants, les premières neiges de l'année étaient l'occasion d'une grande fête qu'ils célébraient dans la joie, en faisant des bonshommes et en se jetant des boules dans les rues recouvertes d'un épais manteau blanc. Mais, associé au froid, l'exercice physique était très vite oppressant pour Sonia et l'obligeait à rentrer. Elle aimait se réfugier dans la chaleur du poêle en fonte de la cuisine lorsque le vent sifflait par l'embrasure des fenêtres.

Les dimanches matin, le tintement des sonnailles des vaches se mêlait à celui des cloches de l'église, tandis que la famille sur son trente et un se rendait à la messe que les Maino ne manquaient sous aucun prétexte. Ils priaient pour que Stefano trouve un meilleur travail, pour que l'asthme de Sonia cesse de la faire souffrir, pour que la situation générale s'améliore, pour que les fillettes ne manquent jamais de rien et grandissent heureuses et en bonne santé. Au début des années 1950, Stefano trouva un emploi, mais de l'autre côté des Alpes, en Suisse. Son expérience de maçon et son sérieux lui valurent d'être embauché plusieurs saisons à la suite. Il partait pour un minimum de deux mois et revenait les poches remplies de lires qui duraient moins que ce qu'il avait espéré.

En 1956, Stefano prit la décision d'émigrer, comme ses trois frères et de nombreux paysans. Le pôle industriel turinois qui s'était développé autour des usines Fiat attirait des millions d'Italiens désireux de fuir la pauvreté des campagnes. Les Maino traversèrent en train tout le nord de l'Italie et s'installèrent à Orbassano, une bourgade industrielle proche de Turin. Ils suivaient ainsi les conseils de Giovanni, l'un des frères de Stefano, qu'on appelait « le Maure » à cause de sa peau brune ; il s'était marié avec une fille des alentours et assurait que l'essor du bâtiment entraînait une forte demande en main-d'œuvre. D'ailleurs,

Stefano connaissait la région : dans les années 1930, il avait travaillé pour l'armée à la réhabilitation de forts militaires à la frontière avec la France, dans les Alpes. Il aimait bien les Piémontais, peut-être parce qu'eux aussi étaient des montagnards, des gens francs et directs qui ne perdaient pas leur temps à rêvasser.

Travailler, travailler et encore travailler. C'était la recette de Stefano pour prospérer rapidement. Il ne faisait rien d'autre. On ne lui connaissait pas de passe-temps, et s'il aimait regarder les finales de la Juventus à la télévision dans le bar de Pier Luigi, le sport ne le passionnait pas. Ce petit bar accueillait souvent sa fille Sonia, car Pier Luigi vendait les meilleures glaces des environs. « Elle était très vive, très mignonne », se souviendrait-t-il plus tard.

Quand il arriva à Orbassano, Stefano était déjà contremaître. Peu de temps après, il montait sa propre entreprise de construction immobilière. Il commença par des rénovations, puis il bâtit des pavillons, de petits immeubles et plus tard des chalets cossus. « Un homme très droit », disait Danilo Quadra, un mécanicien qui réparait les moteurs de ses bétonnières et de ses autres machines. Avec le temps, Danilo devint le grand ami de Stefano. Les deux hommes se voyaient tous les jours à l'heure du café au bar de Nino, sur la place de la mairie, un bâtiment à deux étages soutenus par une arcade, avec une horloge sur la façade et un drapeau italien au balcon. À sa gauche se dressait l'église Saint-Jean-Baptiste, avec son clocher pittoresque et ses clochetons pointus couleur turquoise, où ils assistaient à la messe le dimanche avec leurs familles respectives. Stefano aimait les horaires fixes et la régularité. Après son rendez-vous quotidien avec son ami Danilo, il rentrait chez lui en passant par la via Frejus, une rue sans grâce ni style où les immeubles modernes côtoyaient les villas anciennes, mélange typique de l'urbanisme populaire d'après-guerre. Sa maison se trouvait au 14 de la via Bellini, à environ un kilomètre et demi de la place de la mairie. Cette maison de trois étages entourée d'un petit jardin avait été le rêve de sa vie. Une fois remboursées les dettes contractées pour fonder son entreprise, il avait cherché un terrain à bon prix qu'il avait trouvé entre la gare du *trenino* de banlieue et celle des autobus. Il l'avait acheté comptant. Il avait construit sa maison en un temps record. Au rez-de-chaussée, il avait installé une *taver-*

netta. Toute maison digne de ce nom avait sa *tavernetta*, une pièce de réception munie d'un bar et d'une cheminée. On y célébrait les anniversaires et parents et enfants y conviaient leurs amis. Stefano avait voulu une grande maison, pour la partager entre ses filles quand elles seraient grandes. Car, en bon Italien, il considérait la famille et le travail comme des valeurs fondamentales. La religion aussi bien sûr. Des valeurs qu'il partageait avec sa femme Paola et que tous deux s'efforçaient de transmettre à leurs filles.

Sonia avait dix ans lorsque la famille arriva à Orbassano. Passer d'un village de montagne à la banlieue d'une grande ville comme Turin la marqua profondément. La vie y était plus facile, plus amusante, et semblait offrir des possibilités infinies d'épanouissement. Ses origines semblaient la seule ombre au tableau. Sonia était une *paesana* : c'est ainsi qu'on désignait les immigrants venus de la campagne dans le nord de l'Italie. Ce sobriquet leur donnait un sentiment d'infériorité qui durait souvent toute la vie. Au village, personne ne se sentait différent ; mais ici, ce n'était plus la même chose. Sonia en souffrit à sa rentrée à l'école, où ses camarades la traitaient de *paesana*, tout ça parce qu'elle n'était pas habillée à la mode, ou qu'elle portait des vêtements ordinaires. Orbassano n'échappait pas aux préjugés de classe propres à Turin, une ville conservatrice où le déjeuner est à midi pile, où le *cappuccino* se prend à cinq heures dans une de ces grandes pâtisseries Art déco, et où l'on dîne à sept heures. À Turin, les dames ne sortent que bien coiffées et manucurées et les hommes tirés à quatre épingles. Quand à l'ouvrier turinois, il aspire à vivre comme son patron et l'imite de son mieux pendant que ledit patron imite le riche bourgeois et le bourgeois imite l'aristocrate qu'il admire en secret. À cette époque, il n'était pas question de faire la révolution. Personne ne songeait à s'en prendre à son chef : au contraire, tout le monde voulait lui ressembler. L'expansion économique semblait illimitée et permettait à chacun de poursuivre son rêve d'ascension sociale. Peu à peu, et à mesure que l'entreprise de Stefano prospérait, la famille Maino gagnait en respectabilité. De filles de maçon, Sonia et ses deux sœurs étaient devenues les filles d'un petit patron du bâtiment relativement prospère. Le maçon, le paysan immigré s'était fait entrepreneur. Paola, la mère, plus sensible au jeu social que son mari, capta bientôt les goûts vestimentaires et les usages de la bourgeoisie turinoise qu'elle transmit à ses filles. Sous peu, celles-ci étaient devenues de vraies demoiselles. Mais jamais au point de renier leurs origines, elles avaient trop de fierté pour cela. Et elles savaient qu'elles ne pourraient jamais prétendre au statut de Turinoises de souche, faute d'être nées au bon endroit.

Après avoir terminé sa scolarité à l'école primaire pour filles du village de Sangano, Sonia aurait voulu continuer ses études à l'école d'Orbassano, mais son père s'y opposa. « Aucune de mes filles n'ira à l'école publique. Pour elles, je veux ce qu'il y a de mieux. » Ce qui signifiait, pour Stefano, les envoyer en pension au collège religieux de Marie Auxiliatrice à Giaveno, une jolie cité médiévale à une vingtaine de kilomètres. Dans cet établissement éducatif bien connu de nombreux Turinois, Anushka, Sonia et Nadia auraient l'occasion de fréquenter des filles d'un « meilleur milieu » qu'à l'école publique d'Orbassano. Non seulement l'enseignement religieux était très prisé, mais elles se débarrasseraient de l'étiquette de *paesane.* Aussi les parents Maino prirent-ils l'habitude de quitter leurs filles le lundi matin et de les retrouver le vendredi en fin d'après-midi. Ce n'était pas un internat sévère : il était tenu par des religieuses salésiennes aimables qui se prirent très vite d'affection pour Sonia. « L'aînée avait un caractère assez difficile, mais Sonia était la bonté même », se rappelle sœur Domenica Rosso, qui devint sa tutrice. « *Che bella personalità, sempre gioviale* », commente sœur Giovanna Negri, avant d'ajouter : « Elle étudiait juste assez pour avoir la moyenne, mais elle était très gaie et toujours serviable. » Sonia manifestait déjà une qualité qui devait se révéler très importante à l'âge adulte : son sens de la conciliation. « Elle n'avait pas son pareil pour apaiser les disputes ou mettre un groupe d'accord. C'était une fillette très sereine dès son jeune âge, peut-être à cause de son problème qui l'avait fait mûrir précocement… » Le problème auquel faisait allusion sœur Giovanna était l'asthme. Elle se souvenait de crises si fortes qu'il avait fallu installer Sonia dans une chambre individuelle. Elle était la seule pensionnaire à dormir seule, et elle gardait sa fenêtre ouverte même en hiver malgré le vent glacé qui soufflait des Alpes. Le collège, qui comptait environ deux cents élèves, se trouvait sur une colline surplombant la ville de Giaveno. Les clochers de ses églises médiévales se dressaient parmi une mosaïque de toits anciens. De l'autre côté de la rivière, le sommet des hautes falaises était souvent couvert de neige. Quand les crises de toux cessaient, Sonia, sous son édredon de plumes, contemplait ces montagnes ; légèrement éclairées par les lumières de la ville, elles lui rappelaient ses monts d'Asiago où elle était née.

Sonia apprit à skier, comme tous les Piémontais, pour lesquels le ski est le sport par excellence. Mais elle ne se passionna jamais ni pour le ski ni pour aucune autre discipline, car elle avait peur que l'effort physique ne déclenche une crise. En revanche, elle développa un goût pour la lecture qui ne la quitta plus jamais. Au début, comme toutes les jeunes pensionnaires, elle s'intéressa à la vie des saints. Elle aimait surtout les histoires de missionnaires qui abandonnaient leur vie pour s'occuper de pauvres dans des pays lointains. Devenir missionnaire lui semblait un engagement héroïque : à la fois exaltant car il rimait avec aventure, et plein de sens puisqu'il était don de soi. Les sœurs de l'internat projetaient régulièrement des films qui racontaient les grandes histoires du christianisme – la vie de saint François d'Assise, par exemple – et qui laissaient les pensionnaires transies d'émotion, surtout Sonia. Mais le plaisir que lui procuraient les livres était de plus longue durée. On pouvait les relire et s'amuser en même temps que s'instruire grâce aux expériences et aux réflexions des personnages. La lecture ouvrait à Sonia de nouveaux horizons. Grâce à elle, et à sa curiosité innée, la jeune adolescente développa un sentiment que les religieuses appelaient *amor mundi*, « l'amour du monde », que saint Augustin avait si finement décrit.

En classe, elle eut l'occasion de se familiariser avec la biographie des grandes figures de l'histoire moderne de son pays, comme Mazzini, le patriote philosophe qui avait tant contribué à faire de l'Italie un État démocratique, ou l'étonnant Garibaldi, idéaliste et guerrier, qui s'était battu pour l'unification du pays. On lui apprit ce qu'était le *Risorgimento*, le mouvement nationaliste du XIXe siècle, et d'autres grandes dates italiennes. Mais sur le reste du monde, les sœurs n'enseignaient pas grand-chose. Par exemple, Sonia n'entendit jamais parler de l'Inde, de sa lutte pour l'indépendance et de son accession au rang des États modernes. Le nom de Gandhi lui disait vaguement quelque chose, mais elle aurait été bien incapable d'en dire davantage, comme la plupart des étudiants non seulement italiens, mais européens d'ailleurs. Elle en savait un peu plus sur Nehru. Elle avait parfois aperçu la silhouette de cet homme élégant, coiffé de son bonnet caractéristique, en allant dire bonne nuit à ses parents qui regardaient les nouvelles à la télévision.

De toute manière, l'histoire n'intéressait pas particulièrement Sonia, pas plus que les matières scientifiques ou les sciences politiques. Ce qui lui plaisait depuis son jeune âge, c'étaient les langues, pour lesquelles elle avait de réelles facultés. Son père l'avait encouragée à apprendre le russe et lui avait offert des cours particuliers. Sonia le comprenait et le parlait mais le lisait mal. Elle avait aussi appris le français, avec un autre précepteur. Et puis, les langues facilitaient les voyages, les rencontres avec d'autres peuples et la découverte des lieux dont parlaient les vies des missionnaires.

Plus tard, après avoir quitté le pensionnat de Giaveno et s'être inscrite dans un institut préuniversitaire à Turin, ses rêves d'enfant s'adaptèrent petit à petit à la réalité. L'idée de devenir hôtesse de l'air à Alitalia, de gagner sa vie en voyageant, la séduisait. Une fois le baccalauréat obtenu et sans trop d'effort, elle satisferait à presque toutes les exigences : la présentation, les bonnes manières, la maîtrise du russe et du français… D'emblée, elle avait tout. Sauf l'anglais.

« Papa, je voudrais aller en Angleterre pour bien apprendre l'anglais.

— Pas question. »

L'idée que sa fille passe sa vie entre deux hôtels et deux avions ne plaisait pas du tout à Stefano. Elle lui paraissait farfelue. Si Sonia voulait apprendre l'anglais, elle pouvait suivre des cours dans une école de langues sans quitter la maison. N'avait-elle pas appris le russe avec un professeur particulier ? Et le français sans jamais mettre les pieds en France ? Sonia, qui connaissait l'entêtement de son père, évitait les confrontations directes, mais, au fond, elle était aussi obstinée que lui quand elle avait une idée en tête. Un trait de famille.

Sonia travaillait de temps à autre pour Fieratorino, l'organisme chargé des congrès et des foires industrielles, comme le fameux Salon de l'automobile de Turin. Elle fit ses débuts d'hôtesse, et même d'interprète de russe, à l'occasion d'un tournoi de golf. Elle aimait le contact avec des gens différents. Elle n'avait pas seulement le goût des langues étrangères, elle se passionnait aussi pour l'esprit et la culture de ceux qui les parlaient. Aucun doute, le monde était beaucoup plus vaste que la bourgade d'Orbassano, et ces brefs voyages élargissaient son horizon. Peu à peu, plutôt qu'hôtesse de l'air, elle rêvait d'être professeur de langues, ou, mieux encore, interprète dans une institution internationale comme les Nations unies.

En bon montagnard, Stefano était autoritaire et rigide, mais pas au point de négliger les désirs profonds de ses filles. Il était pris dans un dilemme propre aux gens de sa génération : d'un côté, il était tenté de les garder sous son contrôle et de les élever de manière traditionnelle (à l'inverse des garçons, les filles ne pouvaient faire que certaines choses) ; de l'autre, il voyait bien que l'époque avait changé et qu'il ne suffisait plus d'attendre qu'elles se trouvent un mari. Aussi, il valait mieux qu'elles soient indépendantes du point de vue économique afin d'éviter de vivre sous la botte d'un homme. De sorte que sous la pression de sa femme, qui tenait à ce que les filles aient une profession, Stefano accepta finalement de prendre en charge le voyage et les études de Sonia en Angleterre. Il y mit néanmoins une condition : Sonia ne serait pas fille au pair n'importe où. Elle irait à Cambridge, le berceau d'une des universités les plus prestigieuses du monde. À l'âge de Sonia, on devait baigner dans le meilleur environnement possible… Sonia remercia son père en l'embrassant et en l'étreignant comme au temps où elle était petite, les joues chatouillées par sa moustache.

Le 7 janvier 1965, elle dit au revoir à ses sœurs et caressa longuement le vieux chien Staline, son compagnon de jeu depuis l'enfance. Ses parents la conduisirent à l'aéroport de Milan, à une petite heure de voiture. Le brouillard du matin se dissipait : la journée était froide mais ensoleillée. Sonia était partagée entre l'excitation de voyager toute seule pour la première fois et la peur de l'inconnu. Elle avait dix-huit ans et la vie devant elle. Une vie que même dans ses rêves les plus fous elle n'aurait jamais pu imaginer.

4.

« Pour elles, je veux ce qu'il y a de mieux. » Stefano n'avait jamais lésiné avec ses filles. La Lennox Cook School était l'école de langues la plus réputée de Cambridge, et une des plus coûteuses. Elle était située dans une jolie rue un peu à l'écart du centre. Elle se vantait d'avoir compté parmi ses professeurs de littérature le grand romancier E.M. Forster, même s'il n'y avait enseigné qu'à la fin de sa vie. À tous les étudiants qui en faisaient la demande, l'école s'engageait à trouver une famille anglaise où ils pourraient loger comme hôtes payants.

Comparé à celui de Turin, le climat de Cambridge parut franchement déprimant à Sonia : le froid humide vous glaçait jusqu'aux os, un crachin tombait continuellement et il faisait nuit à quatre heures de l'après-midi. Ce froid était d'autant plus pénétrant que, par souci d'économie, les radiateurs de la maison restaient éteints la plus grande partie de la journée. Sonia découvrit avec surprise que celui de sa chambre ne fonctionnait qu'avec des pièces. Elle avait pensé que, vivant au sein d'une famille anglaise, elle partagerait tout avec ses hôtes, comme elle le ferait avec une famille italienne. C'était méconnaître les mœurs de Cambridge. Héberger des hôtes payants y était un commerce comme un autre où tout était compté. Elle découvrit avec horreur qu'il lui faudrait aussi payer chaque fois qu'elle voudrait prendre un bain : conserver le degré d'hygiène auquel elle était habituée lui reviendrait cher. Mais le pire, c'était les repas. Elle n'avait jamais mangé de chou bouilli ni de viande avec de la gelée de groseilles. Sans parler de l'omelette aux pommes de terre accompagnée de…

pommes de terre. Se lever le matin et se trouver devant une tartine grillée aux haricots blancs baignant dans la sauce tomate lui coupait l'appétit. Et le jour où on lui servit une tartine recouverte de spaghetti flasques et collants, elle crut à une plaisanterie de mauvais goût, jusqu'à ce qu'elle vît les autres y mordre avec appétit. Elle dut se faire à l'idée que les choses étaient ainsi dans ce pays bizarre. À tout cela s'ajoutaient des difficultés de communication : elle était incapable de soutenir une conversation digne de ce nom avec sa famille d'accueil. En réalité, elle maîtrisait moins l'anglais qu'elle ne l'avait pensé.

Au début, elle crut qu'elle ne s'habituerait jamais. Sa timidité l'empêchait de se faire de nouvelles relations. Elle évitait de fréquenter d'autres Italiens, car elle était venue à Cambridge pour apprendre et non pour s'amuser. Elle consacra les premiers jours à découvrir la ville. L'église gothique de King's College et la rivière que les touristes descendaient dans des barques à fond plat étaient parmi ses lieux préférés. Mais Cambridge abritait d'autres trésors : la chapelle de Trinity College dont les statues et les plaques commémoraient les travaux de grands hommes comme Isaac Newton, Lord Byron et même Nehru. Ou le « pont mathématique », le premier pont du monde dessiné d'après l'analyse des forces à l'œuvre dans sa structure. Et bien d'autres endroits encore. Sonia ne s'étonnait pas que Cambridge soit considérée comme une des plus belles villes d'Angleterre ; mais ses charmes ne suffisaient pas à la consoler de sa solitude. En sortant de cours, elle déambulait dans le centre, sans but. De temps à autre, elle entrait dans une des nombreuses librairies, surtout celles qui vendaient la presse étrangère, pour feuilleter une revue ou un journal italien. Ce contact fugace avec son pays agissait comme un baume. Elle ressentait un tel cafard et ses proches lui manquaient tant qu'en rentrant dans sa chambre glacée, elle avait envie de pleurer. Quel démon m'a poussée à venir étudier dans un endroit pareil ? se demandait-elle en aspirant une forte bouffée de son inhalateur.

Mais si timide qu'ait été Sonia, il était impossible de ne pas se faire d'amis à dix-huit ans dans une ville comme Cambridge, où un habitant sur cinq était étudiant. Il y en avait de toutes les nationalités, de toutes les cultures et, durant leur temps libre, ils se consacraient à toutes sortes d'activités, du sport à l'art dramatique en passant par la musique ou les pique-niques à l'Orchard Tea Garden. Ce jardin idyllique semblait tout droit sorti d'un roman de Thomas Hardy et on pouvait y déguster le délicieux *cheesecake* en vente à la cafétéria. Les étudiants donnaient à la ville son atmosphère cosmopolite, à la fois captivante et amusante, et Cambridge leur devait d'être mondialement connue. Beaucoup d'entre eux étaient comme Sonia : des étrangers sans famille ni amis. Ils avaient tous besoin les uns des autres.

C'est un jeune Allemand qui lui parla le premier d'un restaurant où la nourriture était convenable. Christian von Stieglitz était étudiant en droit international à Christ's College. Grand et beau garçon, aux yeux d'un bleu intense et au regard espiègle, il était en réalité à moitié allemand et à moitié anglais. Il parlait plusieurs langues mais affichait une préférence pour l'italien et le français autant que pour les Italiennes et les Françaises… Et quelle meilleure manière de joindre l'utile à l'agréable que de flâner dans les écoles de langues, qui regorgeaient de jolies étudiantes ? Il fit ainsi la connaissance de Sonia, et la persuada d'essayer le seul endroit de Cambridge où l'on mangeait correctement. Ni très cher ni très éloigné de son école, le Varsity était connu pour être le plus ancien restaurant de la ville et se vantait d'avoir compté parmi ses clients illustres et réguliers le prince Fayçal d'Arabie et le duc d'Édimbourg du temps de leurs études. Dix ans plus tôt, il avait été racheté par une famille de Grecs chypriotes et, depuis lors, il proposait des plats méditerranéens à sa clientèle nombreuse, qui comptait autant de professeurs que d'élèves. Le restaurant était installé dans un vieil édifice de briques peintes en blanc. Au premier étage, deux grandes fenêtres à petits carreaux et une enseigne discrète en lettres noires en signalaient l'existence. Les deux salles étaient étroites, et depuis les fenêtres qui donnaient sur la rue, on apercevait les bâtiments d'Emmanuel College, une autre institution prestigieuse où avait étudié Mr. Harvard en personne – avant de s'en inspirer pour fonder l'université qui porte son nom près de Boston.

Pour Sonia, cet endroit fut une vraie révélation, et une consolation pour ses papilles si durement éprouvées. Depuis son arrivée à Cambridge, elle n'avait pas goûté de plats plus proches de la cuisine italienne que ceux servis au Varsity. Elle devint une inconditionnelle des *mezze*, les hors-d'œuvre composés de tarama et de petites tranches de viande grillées au feu de bois. Elle raffolait aussi de l'agneau au four, qui fondait dans la bouche comme du beurre, la spécialité de la maison. Et puis, elle aimait l'ambiance. On pouvait se rendre au Varsity en solitaire sans pour autant se sentir seul. Plus d'une fois, elle y aperçut un garçon qui boitait déjà un peu à l'époque et ne se déplaçait jamais autrement que chargé de livres. Ce jeune homme faisait des recherches en cosmologie qui, des années plus tard, changeraient notre conception de l'univers : c'était Stephen Hawking, un des nombreux habitués.

Un autre aficionado allait devenir mondialement connu, mais pour de tout autres raisons. Sonia l'avait déjà remarqué car il occupait une grande table proche de la sienne avec un groupe d'étudiants tapageurs. « Il sortait du lot, devait se rappeler Sonia. Il était beaucoup moins exubérant que les autres, plus réservé, plus aimable. Il avait de grands yeux noirs et un sourire merveilleux, à la fois innocent et déconcertant. »

Quelques jours plus tard, alors que Sonia déjeunait avec une amie suisse à une table d'angle dans la salle du haut, elle le vit s'approcher avec Christian von Stieglitz, son ami allemand. Après les salutations et les plaisanteries d'usage, Christian lui dit :

« Je voudrais te présenter un bon ami. Il est indien, il s'appelle Rajiv... »

Ils se serrèrent la main.

« Quand nos regards se sont croisés, devait confier Sonia, j'ai senti mon cœur s'emballer. »

Rajiv l'avait observée pendant tout le déjeuner, captivé par sa beauté sereine.

« Elle te plaît ? lui avait demandé Christian. Elle est italienne, je la connais...

— Alors, présente-la-moi. »

Le jeune Allemand fut surpris, car Rajiv n'était pas particulièrement coureur. Plutôt timide et distant, même. Pourtant...

« La première fois que je l'ai vue, j'ai su qu'elle était la femme de ma vie », devait raconter Rajiv.

Ce même après-midi, ils décidèrent de se rendre tous les quatre à Ely, une petite ville à une vingtaine de kilomètres, célèbre pour sa superbe cathédrale romane construite entre les murs d'un monastère bénédictin. Ils firent le trajet dans la vieille

Volkswagen bleue de Christian dont le toit était tout bosselé. Un souvenir du jour où Rajiv était sorti faire un tour et lui avait fait faire deux tonneaux. Conduire était l'une de ses passions. Mais comme Christian et Rajiv manquaient d'argent pour porter la voiture chez un carrossier qui l'aurait réparée et repeinte, ils n'avaient trouvé d'autre moyen pour aplanir les bosses que de se mettre à l'intérieur et de redresser le plafond à coups de poing. Mais, même cabossée, avoir une Coccinelle était le rêve de tous les étudiants, trop heureux d'avoir un moyen de transport privé qui leur permette de sortir de la routine et d'explorer le pays à leur guise.

La promenade à Ely n'avait rien de très original, et pourtant elle marqua profondément Rajiv et Sonia. Ils ne devaient jamais l'oublier. La pluie avait cessé : on aurait dit que les rayons du soleil caressaient la mousse sur les murs et illuminaient les toits d'ardoise luisants d'humidité. Ely était une merveilleuse petite ville, connue pour abriter le plus grand ensemble d'édifices médiévaux encore intacts de toute l'Angleterre. Un lieu magique, où il était facile de se perdre entre les vieilles maisons et les jardins anciens. Du haut des clochers, Sonia et Rajiv admirèrent un panorama exceptionnel sur la campagne anglaise. Tel un magicien faisant apparaître des prodiges, Christian qui était déjà venu à plusieurs reprises, faisait office de guide et leur montrait les coins les plus jolis et les plus romantiques. L'après-midi fut tranquille. Rajiv et Sonia parlèrent peu et se laissèrent envahir par un sentiment de plénitude qui semblait les dépasser. « C'est à cet endroit même et à ce moment même qu'a commencé l'amour de Rajiv et de Sonia, dans les jardins de la cathédrale. Un coup de foudre. Je n'ai jamais vu une telle harmonie entre deux personnes. Depuis cet après-midi-là et jusqu'au jour de la mort de Rajiv, ils furent inséparables », devait se rappeler Christian.

L'amour peut-il surgir de manière aussi instantanée, presque insolente ? Quand Rajiv lui prit la main alors qu'ils marchaient à l'ombre des vieux murs de la cathédrale, Sonia n'eut pas la force de la lui reprendre. Elle y pensa, mais n'en fit rien. Cette main chaude et douce lui communiquait une impression de sécurité et, pourquoi ne pas le dire ? un plaisir immense et profond. Comme si elle avait vécu toute sa vie dans l'attente de ce contact enveloppant. Et, même si sa conscience lui dictait de le faire, elle ne put retirer sa main.

Dans les jours qui suivirent, elle tenta de lutter contre ce sentiment qui faisait battre la chamade à son cœur, mais qui l'angoissait aussi tant il était incontrôlable. Elle s'efforçait de le dominer, de ne pas se laisser consumer par ce feu que le sourire de Rajiv avait allumé en elle. Les femmes ne cèdent pas aux avances du premier venu : c'était ce qu'on lui avait enseigné depuis sa plus tendre enfance. Or, elle avait bien cédé, ne serait-ce qu'en abandonnant sa main et en se promenant avec lui comme avec un fiancé. Ne devait-elle pas se contenir, dissimuler ses émotions, mettre le prétendant à l'épreuve ? Mais toutes ses résolutions s'évanouissaient au contact de ce sourire, de la douceur de ce regard, de cette voix tendre et souvent étouffée, car Rajiv était presque aussi timide qu'elle.

« Tu veux venir à l'Orchard cet après-midi ?

— Non, merci, pas aujourd'hui », répondit Sonia.

Elle avait la gorge nouée et ne parvenait à détacher ses yeux des siens.

« Pas longtemps. Nous rentrerons de bonne heure… »

Elle refusa de nouveau, cette fois d'un signe de tête, et sourit comme pour ne pas le décourager, car au fond, bien sûr, elle désirait lui dire oui. Rajiv n'insista pas et resta planté là, sans savoir quelle contenance adopter ni que faire de ses mains, comme un enfant honteux qui ne sait comment réagir à un refus. Il n'était pas le prototype du dragueur à l'italienne, bien au contraire. Il se montrait un peu maladroit, mais, au lieu de lui nuire, cette maladresse ajoutait à son charme. Rajiv ne connaissait ni la roublardise ni la vulgarité, et baratiner les filles n'était pas du tout son genre. C'était un garçon sérieux, au sourire franc et honnête. Mais Sonia avait quand même un doute… Et s'il voulait profiter d'elle ?

Elle décida de ne plus retourner au Varsity pendant quelque temps pour ne pas céder à la tentation de le revoir. Mieux valait trancher net. Mais sa vie redevint morne. Une vie sans saveur ni couleur. L'attirance pour ce garçon, était-ce un effet de sa solitude ? se demandait-elle dans sa chambre glacée en croquant une pomme. Comment un sentiment peut-il être authentique quand on s'est à peine parlé ? Comment peut-on aimer ce qu'on ne connaît pas ? Toutes ces questions se bousculaient dans sa tête et elle tentait de se convaincre que non, c'était impossible, son imagination lui jouait un mauvais tour, elle ne ressentait rien pour cet Indien. Et justement : dans ses moments de plus grande lucidité, elle se disait aussi qu'il devait être différent d'elle sur tous les plans. Il venait d'un autre pays… et pas n'importe lequel ! Pas un pays européen, ni même les États-Unis, mais une contrée lointaine, exotique, dont elle ne savait presque rien… Un Indien ! Un homme d'une autre ethnie, à la peau sombre. Un homme dont la religion était sans doute différente de la sienne, qui devait avoir été élevé dans d'autres valeurs, selon des coutumes presque médiévales… Ce serait une folie de tomber amoureuse d'un garçon comme lui. Sonia n'avait-elle pas entendu toutes ces histoires d'Indiens ou d'Africains qui faisaient la cour à des Européennes pour, une fois séduites, les enlever et les réduire en esclavage ? Sonia en venait à se voir comme le caprice passager d'un satrape venu de quelque pays sauvage, ou quelque chose dans ce genre. Et l'espace d'un instant, elle oubliait Rajiv et redevenait elle-même, une étudiante italienne perdue à Cambridge, qui attendait les vacances avec impatience et voulait en finir avec le vertige de la solitude et l'incertitude qui, à son insu, la transformait peu à peu en adulte.

Mais sa seule volonté ne suffisait pas à effacer le souvenir du sourire de Rajiv. Comme si une simple pression sur un bouton pouvait commander à son cœur. Son image s'infiltrait dans son esprit, et, pour peu qu'elle fût distraite un moment, reprenait une place centrale dans ses rêveries. Comme il était beaucoup plus agréable de songer à ce sourire que de lutter contre ses sentiments, elle finissait par se laisser emporter par ses pensées. Qu'avait-il, ce sourire, pour la séduire autant ? Était-ce le raffinement des manières de Rajiv, était-ce la douceur de son expression qui lui allait droit au cœur ? Son allure de prince oriental ? Rajiv parlait un anglais parfait, comme s'il avait vécu toute sa vie à Cambridge. Il était courtois et galant, un peu à l'ancienne, des qualités rares chez les autres étudiants. Christian, qui le connaissait depuis plusieurs mois, avait appris tout récemment qu'il était le petit-fils de l'ancien Premier ministre de l'Inde. Ce qui n'avait manqué de piquer leur curiosité, voire les impressionner, d'autant que Rajiv n'en avait jamais parlé auparavant. À ceux qui lui posaient la question, il expliquait que son nom de famille n'avait aucun lien avec celui du mahatma, mais il s'abstenait de mentionner sa parenté avec Nehru. En Angleterre, Rajiv appréciait tout particulièrement la tranquillité que lui conférait son anonymat. Toute son enfance et son adolescence, il avait été le petit-fils du premier chef de gouvernement de l'Inde indépendante : une icône vénérée par des centaines de millions de personnes. À présent qu'il pouvait être lui-même, il voulait en profiter au maximum.

Malgré sa position sociale, Rajiv n'avait pas d'argent pour sortir. Il aurait aimé inviter Sonia aux Fleurs du Mal, l'une des rares boîtes de nuit où l'on jouait de la musique *live*, mais il n'en avait pas les moyens. Christian s'étonnait du gouffre qui existait entre les deux grandes familles d'étudiants asiatiques de Cambridge, les Pakistanais et les Indiens. Les premiers avaient beaucoup d'argent et le dépensaient sans compter, alors que les autres étaient presque tous sans le sou. Le gouvernement indien imposait alors des restrictions à ses citoyens pour limiter l'achat de devises : ils ne pouvaient changer plus de six cent cinquante livres quand ils partaient en voyage. « Cambridge était un gigantesque *melting pot* social, devait se rappeler Christian, c'était l'un de ses charmes. »

À Cambridge, la vie nocturne était presque inexistante, car les portes des *colleges* fermaient à onze heures. Il fallait sortir la journée ou en début de soirée et les distractions étaient des plus simples : on se promenait, on faisait un tour en barque à fond plat sur la Cam, on passait l'après-midi chez l'un ou chez l'autre… La deuxième fois où Rajiv proposa à Sonia de passer un moment avec lui, ils allèrent écouter de la musique dans le minuscule appartement d'étudiant qu'il partageait avec Christian, envahi par les amis et encombré de disques. À la fin de l'après-midi, Sonia était certaine que Rajiv l'aimait vraiment. Cela lui était presque pénible de le voir si amoureux et si impuissant à exprimer ses sentiments. Sonia sentait que, comme elle, Rajiv était la proie d'un tourbillon d'émotions. Ce jour-là, comme il pleuvait, ils n'avaient pas pris leurs bicyclettes : il la raccompagna à pied chez elle, sur un long trajet, car elle vivait plus près du centre. Ils étaient si absorbés par leur conversation qu'ils se perdirent dans la ville déserte tandis qu'il lui ouvrait son cœur. Il lui confia qu'il était ravi de vivre en Angleterre, car il s'y sentait libre pour la première fois de son existence. Il lui raconta que, depuis son enfance, il avait vécu entouré de gardes du corps dans la demeure du centre de New Delhi où son grand-père exerçait ses fonctions de Premier ministre. Le plus pénible était d'être reconnu comme un rejeton de la famille, car cela limitait sa liberté de mouvement. Et il ne savait jamais qui étaient ses vrais amis, car nombre d'entre eux recherchaient sa compagnie en raison de sa proximité avec le pouvoir. Il évoqua la sensation délicieuse qu'il avait éprouvée la première fois qu'il avait conduit la vieille Coccinelle de Christian : il s'était senti libre comme jamais auparavant. Il lui parla aussi de la mort de son père, quatre ans plus tôt. De celle de son grand-père l'année précédente : elle lui avait causé plus de chagrin encore, car il l'aimait comme un second père. « Oui, dit Sonia timidement, je m'en souviens. » Elle se rappelait vaguement avoir vu au journal télévisé les images des obsèques grandioses, solennelles et tristes de Nehru.

Rajiv abordait un peu tous les sujets dans le désordre, évoquant pêle-mêle ses souvenirs, ses regrets et ses espoirs. Sonia comprenait que ce qui la séparait de Rajiv était bien plus profond qu'une simple différence de nationalité ou de culture : le jeune homme appartenait à un monde auquel elle n'avait jamais eu accès, dont elle n'aurait même pas pu soupçonner l'existence. Il évoluait dans un cercle aussi éloigné du quotidien d'une famille ordinaire de la région de Turin que la Terre de la Lune. À vrai dire, tout les séparait, et pourtant (peut-être pour cette raison même) leur attirance mutuelle se faisait plus forte d'heure en heure. Sonia incarnait tout ce à quoi il aspirait : une vie normale. Elle n'était pas indienne, ni même anglaise. On ne pouvait la ranger à aucun échelon de la hiérarchie sociale. Elle représentait l'anonymat de la petite bourgeoisie ; autrement dit, la liberté, ce à quoi aspirait plus que tout ce garçon de vingt et un ans qui avait grandi dans une tour d'ivoire.

Il lui parla de son goût pour la photographie. Il aimait les musiciens de jazz – Stan Getz, Zoot Sims, Jimmy Smith – mais aussi les Beatles et Beethoven. Sa vraie passion était l'aviation. Elle datait du jour où son grand-père Nehru l'avait emmené faire une promenade en planeur. Il avait quatorze ans : « Le bruit du vent, la sensation de totale liberté, l'impression d'échapper à toute contrainte… C'est fabuleux. Je ne l'oublierai jamais. » Et puis, le spectacle vu du ciel des plaines du nord de l'Inde, leurs rivières sinueuses, leurs villages entourés de prairies vertes et brunes où le moindre lopin de terre était cultivé, était à couper le souffle… L'expérience l'avait convaincu de s'inscrire à l'Aéroclub de New Delhi, et, chaque fois qu'il rentrait en Inde pour les vacances, il partait se promener en planeur pour se changer les idées. Ces derniers temps, il avait eu envie de monter dans un avion à moteur et caressait le projet de devenir pilote.

Ce garçon laissait entrevoir à Sonia un monde inconnu, étincelant. Il était chaleureux, pragmatique, quoique un peu rêveur parfois. Mais, surtout, il lui inspirait confiance. Il parlait avec naturel, sans la moindre affectation. Il n'en avait pas besoin. Il était le contraire d'un fanfaron, le contraire de l'homme à femmes italien qu'elle connaissait par cœur. Quand elle marchait à son côté, il lui semblait que les rues n'étaient pas comme d'habitude : elle se trouvait dans une autre ville, une ville beaucoup plus belle que la Cambridge où elle étudiait. Rajiv la faisait rêver, la tirait hors de sa coquille, lui faisait oublier qui elle était, oublier même la nostalgie qu'elle avait éprouvée jusqu'alors. Ce soir-là, en la quittant à la porte de chez elle, il lui fit une déclaration à sa manière un peu gauche. Il lui dit qu'elle était la première femme qui lui plaisait vraiment et qu'il espérait qu'elle serait la seule. Il le dit avec tant de candeur qu'il était difficile de ne pas le croire.

Pourtant, Sonia continua de lutter pour chasser Rajiv de son esprit : elle était têtue et son cœur balançait comme un pendule entre la raison et le désir. En proie à des sentiments contraires, elle était saisie de vertige et vacillait comme au bord d'un précipice. Elle redoutait de tomber amoureuse : quelle place aurais-je dans le monde de ce garçon ? Qu'ai-je à voir avec un enfant gâté que son célèbre grand-père emmenait se promener en planeur ? Suis-je folle de me laisser éblouir ? Sonia pouvait se targuer d'avoir les pieds sur terre. Mais plus elle se raisonnait, plus elle se montrait distante avec Rajiv et plus cette apparente froideur l'encourageait. En réalité, elle pensait à lui jour et nuit. Il lui était devenu aussi indispensable que l'air qu'elle respirait. Quand elle n'était pas avec Rajiv, elle cherchait la compagnie des filles de sa classe uniquement pour parler de lui et de son charme irrésistible. Elle désirait tant être à la hauteur et ne rien perdre de la conversation de Rajiv qu'elle se mit à l'anglais avec une ardeur renouvelée. Rien de tel que l'amour pour apprendre une langue étrangère ! se dit-elle, surprise de remarquer qu'elle comprenait soudain presque tout, les nouvelles à la télévision, les articles dans les journaux.

Mais Sonia ne supportait plus d'être partagée entre les espoirs et les doutes que lui inspirait sa nouvelle passion. Lassée de ce va-et-vient entre euphorie et mélancolie, elle cessa un jour de lutter et s'abandonna dans les bras de Rajiv, bercée par la musique de Gerry Mulligan qui leur parvenait du bar qu'ils venaient de quitter sur Sydney Street.

5.

Au bras de Rajiv, la vie prenait une autre tournure, une autre saveur. Les promenades sur la rivière dans la barque qu'il pilotait en gondolier aguerri, la vue du haut de l'église St. Mary qu'ils admiraient depuis son clocher herbeux en dégustant un sandwich, l'odeur des parcs après la pluie… Les choses les plus anodines prenaient un relief inattendu. Certains soirs, ils se rendaient aux Fleurs du Mal pour écouter de la musique et danser le twist, la nouvelle danse à la mode que Sonia maîtrisait parfaitement. Du jour au lendemain, Cambridge était devenue la ville la plus romantique du monde. Inutile de chercher leur bonheur ailleurs. Il suffisait à Sonia et Rajiv de se voir tous les jours, de se rendre l'un chez l'autre à bicyclette, de partir en pique-nique et faire des projets pour le week-end… Rajiv était passionné de photographie. Il n'allait nulle part sans son appareil Minox : en Sonia, il avait trouvé la muse parfaite et il ne se lassait pas de la photographier. Leur histoire s'emballa si vite que le patron du Varsity, Charles Antoni, déclara n'avoir « jamais vu un couple aussi amoureux. On se serait cru dans un conte de fées ».

Leur bonheur était fait aussi de promenades dans la Coccinelle que Rajiv avait fini par acheter à son ami Christian pour une poignée de livres sterling. Ils parcouraient la campagne anglaise, visitaient Londres et jouissaient d'une liberté qui, pour le moment du moins, semblait infinie. Quand, un jour, le pare-brise se brisa, plutôt que de renoncer à leurs expéditions, ils reprirent la route emmitouflés dans des manteaux.

Rajiv vivait comme n'importe quel étudiant anglais et travaillait pendant les vacances pour avoir un peu plus d'argent. Un été, il avait vendu des glaces ; une autre année, il avait récolté des fruits et chargé des camions ; une autre encore, il avait fait partie de l'équipe de nuit d'une boulangerie. « Cambridge m'a fait découvrir un monde dont je n'aurais jamais rien su si j'étais resté en Inde », devait-il se rappeler ensuite. Et en Sonia, il avait trouvé une parfaite alliée. Elle aussi détestait le tapage et les extravagances. Elle n'aspirait qu'à une vie tranquille et stable, sans imprévus et sans drames. La vie qu'elle avait toujours vécue. Si elle avait conscience de ce qui la séparait de Rajiv, elle voyait aussi leurs points communs. Tous deux étaient d'un naturel timide et ne cherchaient jamais à se mettre en avant. Les sirènes de la réussite sociale et de la notoriété ne les tentaient ni l'un ni l'autre, au contraire. « Ils ne s'intéressaient ni aux apparences ni aux mondanités. Ils n'attachaient de valeur qu'à la vie privée », devait dire Christian. Tous deux avaient une conception très proche de la vie de famille, peut-être parce que, dans leurs cultures respectives, la famille était la valeur suprême. Rajiv n'avait aucune ambition politique, il était passionné de technologie et de bricolage. Il avoua à Sonia qu'il avait fait l'effort d'intégrer Trinity College pour faire plaisir à son grand-père, lequel y avait fait ses études et nourrissait l'espoir qu'un de ses petits-enfants lui emboîterait le pas. Mais à présent que Nehru était mort, Rajiv pensait sérieusement à quitter Trinity College pour se consacrer à sa véritable vocation : devenir pilote d'avion. Il ne savait pas encore comment l'annoncer à sa mère.

Il n'eut aucun mal, en revanche, à écrire dans une lettre à Indira en mars 1965 – un mois et demi après la rencontre au Varsity – qu'il avait fait la connaissance de Sonia : « Tu m'interroges souvent sur les femmes que je fréquente, tu me demandes s'il y en a une qui m'attire en particulier. Je peux maintenant te répondre que j'ai rencontré quelqu'un d'exceptionnel. Je ne lui ai pas encore fait ma demande, mais c'est celle que je voudrais épouser. » Dans sa réponse, sa mère lui fit observer que la première jeune femme dont on s'éprend n'est pas forcément la bonne. Elle s'efforça de modérer les ardeurs de son fils. Après tout, il n'avait que vingt et un ans. Mais, dans la lettre suivante, Rajiv lui confiait : « Je suis certain d'être amoureux d'elle. Je sais bien qu'elle est la première que je fréquente, mais qui dit que j'en rencontrerai une autre qui vaudra mieux qu'elle ? » Par retour de courrier, Indira lui annonça qu'elle venait d'accepter son premier poste officiel. Elle ne l'avait pas fait de gaieté de cœur, mais à présent c'était acquis : elle était ministre de l'Information du gouvernement indien. Dans le cadre de ses nouvelles fonctions, elle projetait d'effectuer un voyage officiel à Londres à la fin de l'année. Elle espérait profiter de l'occasion pour connaître Sonia. À cette nouvelle, celle-ci sentit son estomac se nouer. Pour sa part, elle était bien incapable de parler de Rajiv à ses parents. Elle ne voulait même pas imaginer quelle serait la réaction de son père…

L'annonce de la visite d'Indira faisait peser une menace sur le bonheur de Sonia. Elle distinguait de gros nuages sombres à l'horizon. De nouveau, elle prit peur et se demanda si son histoire d'amour avait un avenir. Tout cela était trop beau pour durer. Elle ne doutait plus de ses sentiments – au contraire, elle était folle de Rajiv et n'avait jamais connu pareille exaltation – mais elle devinait que tout ce qui les séparait finirait par nuire à leur relation, voire y mettre un terme définitif. Le peu qu'elle savait de l'Inde, elle l'avait appris d'un ami qui la lui avait décrite comme un pays immense, peuplé de charmeurs de serpents et d'éléphants avec leurs cornacs. Un pays arriéré, accablé par la pauvreté, qui manquait du confort le plus élémentaire, souffrait d'un climat implacable, d'une saleté omniprésente. En Inde, les vaches étaient plus respectées que les membres des castes inférieures. Pour résumer, ce pays difficile était certainement passionnant… pour un anthropologue ou un yogi, mais non pour une jeune femme aspirant à travailler dans un organisme international et à vivre une vie de famille ordinaire. Et où se situait Rajiv dans ce tableau ? Les Nehru, lui avait expliqué un ami qui n'était pas non plus très au courant, étaient d'origine aristocratique, issus de la noblesse du Cachemire. D'une certaine façon, ils dominaient la société indienne. Leur influence s'était même étendue aux affaires internationales… Qui étaient les Maino en comparaison ? Des *paesani*, rien de plus. Que pouvait apporter à Rajiv la fille d'un petit entrepreneur de la province italienne ? Elle était certaine que la mère de Rajiv se poserait la même question, et elle en concevait une certaine amertume. Sonia savait que leurs deux familles

« ne pouvaient être plus différentes », pour reprendre ses propres mots. Elle ne pouvait non plus s'imaginer annonçant à son père qu'elle était tombée amoureuse d'un jeune homme d'une autre couleur de peau, un Indien qui pratiquait, du moins officiellement, la religion hindoue. Non, c'était une couleuvre que Stefano Maino n'avalerait pas sans peine, que le grand-père du jeune homme en question eût été ou non Premier ministre.

Son naturel introverti l'empêchait d'aborder ces sujets avec Rajiv. Elle ne voulait pas briser leur bonheur, aussi fragile que le cristal le plus fin. Avec Rajiv, Sonia se montrait douce et réservée. Il ne cessait de l'étonner. Il était indien, mais dans ses gestes et sa manière de parler, c'était un Anglais qu'elle voyait. Il était distingué mais se comportait avec une simplicité étonnante. Sonia, à vrai dire, subissait une étrange et définitive transformation : elle acceptait aveuglément tout ce qui venait de Rajiv. Dans son for intérieur, elle sentait que tout avait été fixé depuis longtemps par le destin. Avant même sa naissance.

Un week-end, Sonia fit la connaissance de Sanjay, l'unique frère de Rajiv ; il avait deux ans de moins que lui et était en stage chez Rolls-Royce à Crewe, une ville industrielle à trois heures de route. Il venait de temps en temps à Cambridge pour se distraire. Il était très beau comme son frère, mais avait un charme différent. Le visage ovale, les lèvres plus épaisses et sensuelles, il avait commencé à perdre ses cheveux autour des tempes. Comme Rajiv, il avait des manières irréprochables et parlait d'une voix douce, avec un accent britannique parfait. Les deux frères avaient des mœurs frugales. Sanjay mangeait peu et s'habillait modestement. Mais, alors que Sanjay parlait sans cesse de politique et aimait beaucoup sortir, Rajiv ne touchait ni au tabac ni à l'alcool et ne s'intéressait pas du tout à la politique, un monde qu'il abhorrait. Quant aux *parties* bruyantes, il leur préférait de beaucoup un dîner tranquille entre amis. Sanjay ne dégageait pas la même impression de sérénité, de chaleur et de bonté naturelle qui rassurait tant Sonia chez Rajiv. Et leurs expressions étaient différentes : avec ses yeux en amande, Rajiv semblait vous caresser du regard. Alors que Sanjay semblait plus hautain, et même un peu insolent. Il paraissait très content de lui, à la différence de son frère.

Sonia et Rajiv vivaient des mois merveilleux, peut-être les plus heureux de leur vie, si l'on conçoit le bonheur comme l'absence quasi totale de soucis et de problèmes. Mais l'année touchait à sa fin, et les vacances d'été allaient interrompre l'idylle de Cambridge.

En juillet 1965, Rajiv et Sonia se séparaient pour la première fois. Sonia regagna l'Italie. Elle en était partie jeune fille, elle y revenait en femme bien décidée à faire sa vie avec Rajiv. Elle ne savait ni quand ni comment, mais elle était déterminée. Les deux amants se quittaient à la fois optimistes et inquiets, car, s'ils étaient sûrs de se retrouver, Sonia craignait la réaction de ses parents. L'avenir était bien incertain.

Elle fut ravie de constater l'étendue de ses progrès en anglais quand on lui proposa quelques travaux d'interprète aux salons de Turin. Quelle différence, quelle aisance à présent… Au moins, le *signor* Maino n'avait pas gaspillé son argent. Pour ses parents, la nouvelle était excellente. Mais quand il s'agissait de partager avec eux l'autre nouvelle, la plus importante, Sonia ne pouvait se résoudre. Elle avait beau se préparer mentalement, les mots ne sortaient pas. « Je voudrais vous dire que je suis amoureuse d'un garçon… Non, pas comme ça, c'est ridicule ! » se répétait-elle, avant de tenter une nouvelle phrase : « J'ai fait la connaissance d'un jeune homme exceptionnel et je voudrais me marier avec lui… Mais comment leur annoncer la suite ? » se demandait-elle avec désespoir. Chaque fois que le moment était favorable, elle restait paralysée. « Nous étions une famille très unie, écrirait plus tard Sonia, mais mes parents étaient des gens très traditionnels, surtout mon père, un patriarche à l'ancienne. Dans ce genre de famille, les contacts entre garçons et filles étaient surveillés très sérieusement. »

Rajiv ne comprenait pas l'appréhension de Sonia. Elle tentait de s'expliquer : comment annoncer du jour au lendemain à ses parents qu'elle avait vécu une histoire d'amour passionnée ces derniers mois alors qu'elle ne leur en avait jamais parlé ? Elle ne savait comment aborder le sujet. « On dirait qu'elle est incapable de le leur dire, écrivit Rajiv à sa mère. Pour moi, c'est incompréhensible. Elle vient certainement d'un milieu très particulier. Tout ce qui compte, c'est ce que dit le père. » Mais Rajiv ne connaissait pas Stefano Maino : il n'avait jamais vu son visage rougeaud, ses traits rugueux de montagnard, il n'avait jamais entendu le ton rude et cassant qu'il prenait quand il était contrarié.

« Il me fallut longtemps pour trouver le courage de parler à mes parents, de leur faire part de mes sentiments pour un jeune homme qui était pour eux un parfait étranger. » L'occasion se présenta après le mariage de Pier Luigi, le patron du bar-tabac de la via Frejus. Pier Luigi, qui avait vu grandir Sonia, lui avait demandé d'être son témoin. Ces noces avaient été le grand événement de l'été dans le quartier. Une belle fête, avec de la musique et de l'alcool en abondance : le bar était plein comme chaque année lors de la retransmission télévisée du festival de chanson de San Remo.

« Je suis amoureuse, je l'aime, leur avait-elle dit après avoir expliqué qui était Rajiv et comment ils s'étaient connus.

— Quel âge dis-tu qu'il a ?

— Vingt et un ans.

— C'est trop jeune, déclara sa mère.

— Et par-dessus le marché, il vient d'un pays impossible ! » ajouta son père.

Sonia l'avait prévu, ils ne manifestèrent pas le moindre enthousiasme. Ils réagirent même avec un certain mépris, comme si leur fille était en proie à un accès de folie passagère. Dans cette relation, il n'y avait rien pour leur plaire : le garçon n'avait que deux ans de plus que Sonia, qui elle-même était encore très jeune. Et Rajiv était un étranger ; pas un Anglais ou un Français ou quelqu'un d'un pays voisin, mais un garçon d'une contrée dont on ne parlait aux nouvelles que pour annoncer des catastrophes. Pire qu'un *terrone*, ces immigrants venus du sud de l'Italie, puisqu'il n'était même pas italien. Et il avait un autre défaut important : il n'était pas catholique. À leurs yeux, Sonia, qui s'était trouvée seule pour la première fois dans un pays étranger, avait simplement trompé sa solitude en tombant dans les bras du premier venu.

« Ça lui passera… »

Mais non, ça ne lui passait pas. Même le facteur plaisantait avec la famille lorsqu'il apportait, chaque jour, des lettres en provenance d'Angleterre, toutes pour Sonia. La « petite » passait de longues heures dans sa chambre à répondre à cette volumineuse correspondance, ou à attendre avec anxiété un appel téléphonique. Et puis, il y avait ses deux sœurs, qui comprenaient qu'elle était vraiment amoureuse. Aux « ça lui passera » des parents, Anushka et Nadia répondaient par « et si c'était sérieux ? ». Paola, la mère, ne parut s'adoucir que quand elle prit conscience que le garçon était « de bonne famille » ! Il n'avait donc pas été vain d'envoyer Sonia dans une des écoles les plus chères de Cambridge ! Que Rajiv soit le petit-fils de Nehru et que sa mère fasse partie du gouvernement indien laissait Stefano indifférent. Seule sa femme et ses filles y étaient sensibles. Celles-ci se voyaient déjà défiler à dos d'éléphant dans les jardins d'un palais indien. Pour elles, cette histoire avait quelque chose d'un conte de fées : un prince oriental était tombé amoureux de leur sœur… C'était grisant.

L'ambiance se gâta à la rentrée. Le père de Sonia ne voulait pas qu'elle reparte à Cambridge. Selon lui, son anglais était déjà bien assez bon. En réalité, il entendait mettre un terme définitif à son idylle avec Rajiv. Mais Sonia tenait à obtenir son diplôme, le *proficiency in english*, et il lui fallait étudier un an de plus. Comme toujours, l'influence de Paola fut décisive. Son mari et elle savaient parfaitement que Sonia voulait repartir parce qu'elle était amoureuse, mais Paola insista sur l'importance du diplôme. Et Sonia était déterminée. S'ils ne voulaient pas l'aider, leur déclara-t-elle tout net, elle était décidée à faire comme beaucoup de filles de son âge qui étudiaient l'anglais à Cambridge : elle trouverait un travail et deviendrait indépendante. Personne n'a envie d'affronter ses parents, et Sonia moins qu'une autre, vu son caractère docile. Mais quand on aime…

Stefano et Paola finirent par céder. Ils se disaient qu'en s'opposant aux sentiments de leur fille, ils ne feraient que les exacerber. Autant qu'elle retourne en Angleterre, pensaient-ils. Au moins, elle reviendra avec un diplôme. Ils étaient convaincus que cette histoire d'amour, dans laquelle ils ne voyaient qu'une excentricité, ne résisterait pas à l'usure du temps… Tout ce qu'ils pouvaient faire, c'était conseiller Sonia : attention à ne pas t'engager, ne te laisse pas emporter.

Sonia était suffisamment respectueuse des traditions familiales et peu friande des confrontations pour leur promettre de les tenir au courant de tout. Si bien qu'à son retour à Cambridge, comme la venue d'Indira approchait, elle pensa qu'il valait mieux les en informer. Rajiv, qui désirait prendre contact avec les Maino, profita de l'occasion pour leur écrire et leur demander la permission de présenter leur fille à Indira Gandhi. La lettre était si digne et si déférente que les Maino en furent stupéfaits. Que pouvaient-ils faire ? Refuser ? Stefano n'aurait pas hésité un instant, mais sa femme parvint à le convaincre de donner son autorisation.

6.

C'était l'hiver, et la pluie faisait briller la chaussée. Sonia et Rajiv faisaient route vers Londres dans la Coccinelle cabossée quand elle fut prise d'un accès de panique. Tout à coup, la perspective d'assister à une réception à l'ambassade de l'Inde et de rencontrer la mère de son bien-aimé dans un environnement inconnu la terrorisait, la paralysait. « Que vais-je faire dans cette ambassade, devant cette dame ? » se demandait-elle. Une foule de questions sérieuses ou triviales lui venaient à l'esprit. Comment faut-il s'adresser à elle ? Suis-je habillée comme il faut ? Que dois-je lui dire ? Et si je lui déplais ? Si elle se montre agressive ?

« Ne dis pas de bêtises », lui répétait Rajiv.

Mais ses paroles n'étaient d'aucun secours pour Sonia car, soudain, le ciel lui était tombé sur la tête. Il lui semblait que les mois passés aux côtés de Rajiv n'avaient été qu'un rêve qui menaçait de se briser. Elle n'était pas prête. D'ailleurs, rencontrer Indira donnait une tournure plus officielle à leur engagement. Or comment envisager une suite quand ses propres parents s'étaient montrés si hostiles à son idylle ?

« Mais puisqu'ils sont au courant, puisque ton père t'a donné la permission… Tu ne vas pas reculer maintenant ? »

Rajiv n'y comprenait rien. Sonia était terrifiée. Elle se disait que son père avait peut-être raison et que le moment était venu de freiner les choses, de prendre du temps pour réfléchir, voire de faire marche arrière…

« Sonia, nous sommes en retard, ils nous attendent…

— Excuse-moi, mais je n'y vais pas. Je ne peux pas. »

Sonia perdait pied, elle ne parvenait plus à se contrôler. Les efforts de Rajiv pour la rassurer furent sans effet, si bien qu'il dut appeler sa mère et inventer une excuse pour annuler le rendez-vous.

Celui-ci fut reporté à quelques jours, quand Sonia se sentirait mieux. Cette fois, elle se promit de garder son calme, mais la rencontre restait une épreuve très difficile. Ses jambes tremblaient tandis qu'elle montait les marches de la résidence de l'ambassadeur, où logeaient Indira et sa grande amie Pupul Jayakar, qui l'avait aidée à organiser l'hommage à Nehru. Toutes deux étaient déjà très excitées, car la veille au soir, après un récital de poésie d'Allen Ginsberg et d'autres poètes de la *beat generation*, elles s'étaient attardées jusqu'à une heure du matin dans un restaurant espagnol où elles avaient mangé des tapas en admirant des danseurs de flamenco. À leur retour, elles avaient trouvé l'ambassadeur très inquiet : craignant qu'il ne leur soit arrivé quelque chose, il était sur le point d'appeler la police.

Indira les reçut dans sa chambre où flottait un léger parfum d'encens. Sonia se trouvait devant une femme d'aspect fragile, enveloppée d'un élégant sari de soie. Dans ses yeux noirs en amande, elle reconnut ceux de Rajiv. Ses cheveux étaient coiffés en chignon et, à quarante-huit ans seulement, une abondante mèche blanche dominait son front. Cette mèche, qui devait devenir son signe distinctif, lui donnait un air distingué. Elle avait un sourire plein de charme, des manières délicates et un long nez qu'elle cherchait à dissimuler par un adroit maquillage sous les yeux pour en atténuer les ombres. En réalité, comme elle l'avait confié à son amie Pupul, elle aurait aimé faire opérer ce nez.

« Je me suis trouvée en face d'une personne parfaitement normale, une femme chaleureuse et accueillante, raconterait Sonia. Elle fit tout son possible pour que je me sente à l'aise. Elle me parla en français quand elle s'aperçut que je le maîtrisais mieux que l'anglais. Elle voulait que je lui parle de moi, de mes études. » Rajiv lui avait sans doute dit deux mots de sa crise de nerfs quelques jours plus tôt, car Indira avoua à Sonia qu'« elle aussi avait été jeune, terriblement timide, et amoureuse, et qu'elle me comprenait parfaitement ».

Sonia, enfin détendue, prit plaisir à cette première rencontre, qui s'acheva de la manière la plus décontractée possible. En effet, le jeune couple devait se rendre à une fête étudiante et Sonia demanda si elle pouvait se changer dans une chambre de la résidence. Mais, au moment de partir, elle trébucha et son talon déchira l'ourlet de sa robe longue. « La mère de Rajiv prit une aiguille et du fil noir et, fidèle à son style tranquille que je devais observer de près plus tard, elle se mit à recoudre l'ourlet. N'était-ce pas exactement ce qu'aurait fait ma propre mère ? Tous mes doutes se dissipèrent, pour le moment au moins. »

Un courant de sympathie passa immédiatement entre ces deux femmes que tout séparait, excepté leur amour pour Rajiv. Indira n'en avait rien dit à son fils, mais la perspective d'avoir un jour une belle-fille étrangère l'avait un peu déconcertée. Maintenant qu'elle l'avait rencontrée, ses réserves s'étaient évanouies. « Non seulement elle est jolie, écrivit-elle à son amie américaine Dorothy Norman, mais c'est une fille saine et franche. »

Dorothy se réjouit de ces bonnes nouvelles. Il semblait qu'Indira sortait enfin de la profonde crise existentielle dans laquelle elle se débattait depuis quatre ans : elle avait eu à affronter la mort de son mari Firoz, puis celle, plus récente, de son père Nehru. D'abord veuve, elle était ensuite devenue orpheline. Et comme ses fils étudiaient à l'étranger, elle s'était retrouvée seule. Le jour où Rajiv était parti pour Cambridge, Indira avait écrit à Dorothy : « Je me sens triste. C'est un moment déchirant pour une femme que celui où son fils devient un homme. Elle sait qu'il ne dépend plus d'elle et que, désormais, c'est à lui de construire sa vie. Et même si parfois il la laisse jeter un regard sur cette vie, c'est toujours de l'extérieur. À distance d'une génération. Mon cœur en souffre. »

Indira avait eu beaucoup de mal à se remettre de la mort de Nehru, survenue par un après-midi brûlant, le 27 mai 1964. Les derniers jours, elle ne l'avait pas quitté, pas même une minute. Attentive à ses moindres besoins, elle lui administrait ses médicaments, surveillait son régime, écartait les visiteurs. Sur la dernière photographie qui les montre ensemble, Indira est accroupie à son côté : son visage exprime une profonde tristesse et une tendresse infinie. Toujours auprès de lui, elle avait passé les dernières années à organiser son emploi du temps, à coordonner les visites de dignitaires étrangers comme le shah d'Iran, le roi Saoud d'Arabie, Hô Chi Minh ou Nikita Khrouchtchev. Elle était même devenue le principal relais de communication entre Nehru et ses ministres. C'était Nehru lui-même, lorsqu'il avait été nommé Premier ministre de l'Inde indépendante, qui l'avait priée d'assumer le rôle de « première dame », car son épouse était décédée et il avait besoin d'une personne de confiance à ses côtés. Quoique réticente au début, Indira avait accepté et s'était acquittée de sa tâche avec le plus grand dévouement. Elle l'avait fait non seulement parce qu'elle était une vraie fille indienne qui obéissait à son père, mais parce que son mariage battait de l'aile. Elle était lassée des infidélités de Firoz. Pour tout dire, comme ils vivaient presque séparés depuis un certain temps déjà, elle s'installa avec ses fils à Ten Murti House, la jolie résidence du Premier ministre au centre de New Delhi. La première chose qu'elle fit en arrivant fut de décrocher la collection de portraits des héros de l'époque impériale : elle en fit cadeau au ministère de la Défense. Puis elle remplaça ces tableaux par des œuvres d'artisans indiens. Et elle troqua les épais rideaux français pour des voilages en coton cru, l'étoffe que le rouet de Gandhi avait transformée en symbole de l'indépendance. Elle aménagea la chambre de son père avec un lit bas entouré de ses livres et de ses photographies préférés. Un jour, elle avoua qu'elle aurait aimé être décoratrice d'intérieur. Mais la vie lui réservait un autre destin.

Si la mort de Nehru avait privé le monde d'un géant – il avait été le leader incontesté du mouvement des pays non alignés qui regroupait plus de la moitié de la population mondiale –, si elle avait privé l'Inde d'une figure de l'indépendance, de son Premier ministre, et le parti du Congrès de sa plus haute autorité, elle avait laissé Indira au centre d'un vide immense, comme si sa mort, telle une déflagration, avait tout balayé sur son passage. Nehru avait occupé une place primordiale dans la vie de sa fille : il en avait été la force tutélaire, le phare qui avait guidé ses pas. Son activisme politique lui avait fait passer plus de temps derrière les barreaux que chez lui et la passion d'Indira pour son père venait sans doute de ces absences répétées où elle le regrettait tellement. Mais, une fois libéré, sa présence emplissait de joie la demeure familiale d'Anand Bhawan, à Allahabad. Déjà une légende vivante à cette époque, Nehru était toujours détendu malgré la tension qui l'entourait sans cesse. Son visage semblait sculpté au ciseau, il avait le corps bien proportionné, un regard timide et curieux à la fois, un rire franc et une élégance naturelle qu'il rehaussait en portant une rose à la troisième boutonnière de son *sherwani*. Sa grande culture, son humour incisif et ses talents d'orateur lui attiraient la sympathie partout où il se trouvait, et il paraissait autant à son aise dans les salons de la haute société que dans les prisons de Sa Gracieuse Majesté. Car il avait eu dans sa vie toutes sortes d'interlocuteurs : ses professeurs à Cambridge, les chefs de gouvernement étrangers, les derniers vice-rois, ou même le roi d'Angleterre en personne (et quelques-uns de ses geôliers), sans compter les chefs de tribu afghane et les miséreux de son pays.

Après que son père, le grand Motilal, l'eut laissé dans son pensionnat anglais à tout juste treize ans, Nehru passa sept années à faire des études de sciences politiques et à s'intéresser aux progrès technologiques les plus récents. Il rentra chez lui en 1912, devenu un parfait gentleman britannique. Il commença par travailler dans le cabinet de son père, très satisfait des substantielles rentrées d'argent que lui apportait désormais son fils. Il partageait le reste de son temps entre la bibliothèque du collège des avocats et le club, cette institution incontournable dans toute ville de l'Inde coloniale : il y passait de longues heures à s'ennuyer, assis dans les fauteuils en cuir des salons lambrissés, et à discuter de sujets juridiques avec les vieux représentants de l'administration britannique. Une vie que Nehru lui-même jugeait fastidieuse. Elle changea du tout au tout à partir d'un incident *a priori* insignifiant, le jour où il reçut la visite d'un groupe de paysans. Ils étaient venus lui demander son soutien vis-à-vis des grands propriétaires qui usaient de méthodes cruelles et expéditives pour les expulser de leurs terres. Nehru accepta de les accompagner dans leur village pour mieux s'informer sur l'affaire. Ce voyage de trois jours transforma l'avocat réservé et hautain qui, de son propre aveu, ne savait rien des conditions dans lesquelles vivaient et travaillaient la grande majorité des Indiens, en un révolutionnaire. « Confronté à leur misère et à leur gratitude débordante, j'éprouvais un mélange de honte et de douleur, écrivit-il. J'avais honte de ma vie facile et confortable, de la politicaillerie des villes qui ignore tout de cette multitude de fils et filles de l'Inde qui vivent à demi nus. Et je souffrais devant tant de pauvreté et d'humiliation. »

À cet événement vint s'ajouter une nouvelle qui lui parvint de la ville sainte de Bénarès, sur les bords du Gange. À l'occasion de l'inauguration de l'Université hindoue, Mohandas Gandhi, un avocat encore presque inconnu, avait fait sensation en prononçant un discours enflammé contre l'inégalité et en faveur des pauvres. « L'étalage de bijoux que vous nous offrez aujourd'hui est un régal pour les yeux, avait-il déclaré à un public composé d'autorités coloniales et d'aristocrates indiens, mais quand je la compare au visage des millions de pauvres de ce pays, je me dis qu'il n'y aura de salut pour l'Inde que lorsque vous abandonnerez ces bijoux et les remettrez entre les mains de ces pauvres. » L'auditoire avait réagi avec indignation. Les princes et les dignitaires avaient quitté l'amphithéâtre de l'université, et seuls les étudiants avaient applaudi les paroles de Gandhi. Mais l'écho de cette allocution avait retenti dans l'Inde tout entière, et Jawaharlal Nehru voulut le rencontrer.

« Il était comme un puissant courant d'air frais, écrirait Nehru, un rayon de lumière qui traversait l'obscurité, une tornade qui remettait tout en question, y compris le fonctionnement des esprits. Il n'était pas issu de l'élite, mais semblait émerger de la multitude indienne, il parlait la langue du peuple et attirait sans relâche l'attention sur celui-ci et sur ses besoins pressants. » Sa force se résumait dans un concept qu'il avait élaboré en 1907. Celui-ci dérivait du sanskrit, *satyagraha*, qui signifie « la force de la vérité ». Il impliquait l'idée d'une énergie puissante mais non violente capable de transformer la réalité. Pour le peuple indien, le *satyagraha* représentait une alternative à la peur. Plus tard, Rabindranath Tagore, le poète bengali prix Nobel de littérature, attribua à Gandhi le titre de *mahatma* – « grande âme » – sous lequel il serait bientôt connu de tous.

Mais la grande âme avait besoin d'un grand lieutenant. C'est ce rôle qu'allait bientôt jouer son disciple et ami Nehru. Et, bien qu'ils n'eussent à peu près rien en commun, la combinaison des forces née de leur intense amitié allait un jour changer le monde. Bien des choses les opposaient : Gandhi était un homme de foi et de religion ; Nehru, un rationaliste, un produit sophistiqué de Harrow et de Cambridge, qui parlait à peine les langues autochtones de l'Inde. Après les années qu'il avait passées en Europe, bien des coutumes de ses compatriotes lui paraissaient ridicules, comme celle qui interdisait de sortir de chez soi certains jours jugés peu « propices ». Dans le pays le plus religieux du monde, Nehru était un athée qui méprisait les *sadhus* et les yogis qu'il tenait pour responsables du retard du subcontinent, de ses divisions internes et de la domination des colonisateurs étrangers. Gandhi le trouvait trop gentleman à son goût, et il se comporta avec lui comme il le fit avec d'autres membres des classes favorisées. Ils les envoyait dans les villages recruter de nouveaux adhérents pour le parti du Congrès et, par la même occasion, découvrir le vrai visage de la patrie. La plupart des élites indiennes n'avaient jamais constaté de leurs propres yeux le dénuement de leurs compatriotes. Mais là résidait toute l'ingéniosité du mouvement de Gandhi : il mit en contact les classes élevées avec les plus déshéritées, qui purent enfin exister au regard du reste de la société. Pour la première fois, l'Inde était animée par un vaste mouvement populaire qui refusait le mode de vie imposé depuis Londres.

Pendant trente ans, Nehru parcourut l'Inde en train, en char à bœufs ou à pied, pour galvaniser les populations. Mais si Gandhi rêvait d'une Inde de villages vivant en autarcie, d'une Inde à la fois sans castes et profondément religieuse, Nehru espérait voir émerger un jour une Inde libérée de ses croyances et de la misère grâce à l'industrie, la science et la technologie. Pour Gandhi, celles-ci faisaient le malheur de l'humanité. Pour Nehru, elles étaient son salut.

Leurs différences de vues ne mirent jamais en péril l'amitié et le profond respect que les deux hommes avaient l'un pour l'autre. Ils s'accordaient sur le projet principal : fonder une Inde unie et indépendante sans faire couler le sang. Nehru était convaincu que Gandhi était un saint, mais il voyait surtout le génie en lui. Il s'émerveillait de son extrordinaire habileté politique, de ses talents d'orateur qui touchaient le cœur de la nation. Quand les deux hommes se retrouvaient, ils s'entretenaient pendant des heures, échangeaient des points de vue, évaluaient les dernières avancées de la lutte, ou les derniers revers. Ils discutaient de stratégie, se mettaient parfois en colère, mais en riaient aussitôt. Jamais Gandhi ne cacha qu'il comptait un jour passer le flambeau de son combat à Nehru : il le hissa par trois fois à la présidence du parti du Congrès.

Indira grandit dans cette ambiance où la frontière entre vie familiale et vie politique n'existait pas. Elle faisait à Gandhi ses confidences de fillette, lui disait combien son père lui manquait, lui parlait de sa solitude, de ses complexes de gamine au physique ingrat. Nehru passa au total neuf années derrière les barreaux. Une incarcération qu'interrompaient de brèves périodes de liberté. La vie familiale était bouleversée par le combat politique au point qu'Indira fut contrainte un jour de répondre à un visiteur : « Je suis désolée, mais papa, maman et grand-père sont tous les trois en prison. »

Depuis la mort de Nehru, Indira se remémorait de vieux souvenirs d'enfance, du temps où elle se déguisait en Jeanne d'Arc et imitait son père en s'écriant : « Un jour, je conduirai mon peuple vers la liberté », avant de haranguer une foule imaginaire. C'était l'époque où elle avait accompli son « premier fait d'armes politique ». Comme elle devait le raconter plus tard, elle s'était jetée contre un policier anglais qui avait fait irruption dans la maison d'Anand Bhawan pour y saisir meubles et objets, car son père et son grand-père, comme tous les membres du parti, se refusaient par principe à payer une caution quand ils étaient arrêtés. Elle voulut s'enrôler dans le parti du Congrès à douze ans, mais comme elle n'avait pas atteint l'âge réglementaire, sa demande fut rejetée. Elle réagit à sa manière, comme elle allait le faire maintes et maintes fois dans sa vie : en prenant le taureau par les cornes. Elle réunit dans le jardin de la maison d'Anand Bhawan plusieurs centaines d'enfants du quartier et s'adressa à eux comme l'aurait fait son père. Elle les exhorta à lutter pour la libération de la patrie et à braver tous les dangers. « L'armée des gamins » avait vu le jour ; des enfants qui remplissaient des missions d'espionnage, collaient des affiches, confectionnaient des banderoles et se glissaient derrière les lignes policières pour apporter des messages aux membres du parti. Cette armée finit par compter plusieurs milliers d'enfants et apporta un soutien non négligeable aux combattants. Comme elle se sentait heureuse quand son père se montrait fier d'elle !...

Les relations d'Indira avec son père furent toujours marquées par l'épreuve de l'éloignement, que seule leur correspondance parvenait à adoucir. « Je veux que tu apprennes à rédiger des lettres et que tu viennes me voir à la prison. Tu me manques beaucoup », lui écrivait Nehru alors qu'elle n'avait que six ans. Pour son treizième anniversaire, il lui fit parvenir ces lignes : « Quel cadeau puis-je t'envoyer de la prison de Naini ? Mes cadeaux ne peuvent être ni matériels ni solides. Ils ne peuvent être faits que d'air, du souffle de mon esprit, comme ceux que te ferait une fée : des choses que même les barreaux de ma cellule ne peuvent emprisonner. »

Indira venait d'inaugurer une exposition à la mémoire de son père à Londres. Pour la préparer, elle s'était plongée dans cette correspondance émouvante et passionnée, faite de centaines de lettres. Elle tenait à mettre en relief autant la compassion que l'incroyable courage et la détermination sans faille de son père. Elle s'était aidée de photos et de lettres dont les légendes étaient tirées de ses écrits et de ses discours. De tous les projets qu'elle avait entrepris depuis qu'elle était ministre de l'Information, ce fut à celui-ci qu'elle se consacra avec le plus de ferveur. Non seulement pour des raisons sentimentales, mais aussi parce qu'elle estimait que faire connaître et exalter la mémoire de Nehru était important pour le monde et en particulier pour l'Inde, cette nouvelle nation qui avait besoin de l'exemple des leaders qui avaient forgé son unité.

Rajiv accompagna Sonia à l'exposition sur Nehru. C'était sa façon d'introduire la jeune Italienne à l'histoire complexe de son pays, de lui expliquer qui ils étaient, sa famille et lui. Sonia s'attarda longuement devant le costume de mariée de Kamala, la grand-mère de Rajiv, et observa les objets rituels dont on se servait pour les mariages au Cachemire. La légende de la photo expliquait que Kamala avait aussi connu la prison et qu'elle était morte à trente-six ans de tuberculose. Sonia songea à Indira : avec un père en prison et une mère malade, quelle enfance avait-elle bien pu avoir ?

« Triste, lui dit Rajiv. Pour ne rien arranger, elle aussi a attrapé la tuberculose. Elle a fait de longs séjours dans un sanatorium où on lui a conseillé de ne pas se marier et de ne pas avoir d'enfants…

— Heureusement qu'elle n'en a pas tenu compte, dit Sonia avec un sourire.

— Elle a été sauvée par la découverte des antibiotiques. Elle a eu plus de chance que ma grand-mère. »

Un autre sari était exposé, rose avec un feston argenté.

« C'est celui qu'a tissé mon grand-père en prison pour le mariage de ma mère. J'espère qu'un jour tu le porteras », dit Rajiv d'un ton taquin.

Sonia rit, peu convaincue. Elle ne s'imaginait pas enveloppée dans cette étoffe, confectionnée dans une cellule. Pour les besoins de l'exposition, on avait reconstitué la geôle de Nehru au moyen de photos agrandies : on voyait la paillasse, le cahier sur lequel se détachaient des phrases du journal qu'il avait tenu en prison, le rouet sur lequel il avait tissé ce sari dans un geste d'amour pour sa fille et pour son pays. Gandhi avait fait du rouet un symbole de la lutte pour l'indépendance. Les Britanniques avaient ruiné une industrie textile prospère en imposant des taxes exorbitantes sur les produits fabriqués en Inde et en vendant aux autochtones des tissus industriels venus de Grande-Bretagne. Le rouet incarnait à lui seul l'esprit de la rébellion ; il proclamait qu'il était inutile d'acheter des étoffes importées, car chacun pouvait filer et tisser chez lui. Une lettre était exposée. Sonia la lut. Nehru l'avait écrite en prison et l'adressait à sa fille, qui allait se marier : « Au début, filer est très ennuyeux, mais on comprend au bout d'un certain temps que cette activité a quelque chose de fascinant. J'y consacre une demi-heure par jour. Ce n'est pas beaucoup et, même si je suis assez rapide, je produis peu. Depuis que j'ai commencé, il y a sept semaines, j'ai tout de même filé presque dix mille mètres. Je sais qu'il en faut trente mille pour un sari. Dans quatre mois, il se peut que j'aie un sari pour toi ! »

Mais ce sari n'était pas un simple costume de mariée ; il était aussi une bannière. Pour Sonia, on se mariait en robe blanche, avec un voile, comme les jeunes femmes qui, tous les dimanches de printemps, convolaient en l'église Saint-Jean-Baptiste d'Orbassano. Parfois, elle oubliait que Rajiv était indien.

L'exposition projetait des films des cérémonies de l'indépendance. On y voyait le dernier vice-roi, Lord Mounbatten, défiler avec son épouse Edwina à bord d'un carrosse littéralement assailli par la foule. Des femmes devaient jeter leurs bébés en l'air pour éviter qu'ils ne soient écrasés dans la cohue : « C'est une pluie d'enfants ! » s'écria Pamela, la fille du couple, manifestement effrayée. Rajiv raconta à Sonia qu'une de ces femmes avait estimé que son enfant serait plus en sûreté avec Lady Mounbatten et le lui avait confié. Edwina l'avait tenu dans ses bras un long moment. On voyait Nehru marchant quasiment au-dessus de la foule. Il exigea qu'on brandisse les couleurs de la nouvelle nation : un drapeau safran, vert et blanc orné en son centre, tel un curieux écusson, d'un rouet stylisé. Mounbatten s'efforçait de protéger des gamins et adolescents qui manquaient de s'évanouir au milieu de tout ce tapage et de les faire emmener en lieu sûr. Le drapeau fut hissé dans un effrayant vacarme d'allégresse. On entendit des coups de canon, puis, comme par magie, un arc-en-ciel apparut au-dessus de la foule, ce qui devait donner lieu à toutes sortes d'interprétations sur le sens de ce « signe divin ».

Mais l'exposition comportait aussi des photos et des documents filmés montrant la tragédie qui avait accompagné l'indépendance. Rajiv raconta à Sonia que Nehru avait fait son fameux discours inaugural le cœur brisé. Un enregistrement immortalisait sa voix en ce soir du 15 août 1947 : « Voilà de nombreuses années, nous avons fixé rendez-vous au destin et l'heure est venue de tenir notre promesse… Au bout de la nuit, au plus profond du sommeil des hommes, l'Inde s'éveillera à la vie et à la liberté… » Le son de cette voix fit frissonner Sonia. Pourtant Nehru, lui expliqua Rajiv, savait qu'au moment même où il annonçait la plus grande nouvelle de l'histoire de l'Inde, la ville de Lahore, l'ancienne capitale de l'empire moghol et la cité la plus cosmopolite du subcontinent, que le partage en deux États avait attribuée au Pakistan, s'enflammait dans une orgie de violence. Le drame immense de la Partition avait débuté. L'indépendance des deux pays avait déclenché un mouvement de purification ethnique et religieuse sans précédent. Les hindous qui vivaient depuis des siècles sur le territoire désormais pakistanais étaient contraints de fuir. Quant aux musulmans de l'Inde, ils fuyaient dans la direction opposée. Les images de ces colonnes de réfugiés et le récit des atrocités commises – des familles brûlées vives dans leur maison, des femmes jetées des trains en marche parce qu'elles n'étaient pas de la bonne confession, des filles violées devant leurs pères… – choquèrent profondément Sonia.

« Et la non-violence ? se risqua-t-elle à demander alors que volaient en éclats ses idées préconçues sur le caractère pacifique des Indiens.

— Gandhi avait réussi à contenir une grande partie de la violence avec ses jeûnes et le reste, répondit Rajiv. Mais finalement, même lui n'a pas pu échapper au fanatisme religieux. »

Il lui raconta qu'à quatre ans, sa mère l'avait emmené rendre visite au mahatma au domicile des Birla, une famille fortunée qui l'hébergeait et le protégeait chaque fois qu'il séjournait à Delhi. Gandhi était très affecté à la fois par les déclarations d'extrémistes hindous, qui l'accusaient de trahison parce qu'il avait défendu les musulmans persécutés, et plus généralement par toute la tension que subissait le pays, bien que les violences de la Partition aient cessé à cette époque. « Je ne peux plus continuer à vivre dans cette folie et cet obscurantisme », avait-il déclaré à la photographe Margaret Bourke-White ce matin-là. La vraie foi, pour lui, était avant tout pacifique. Gandhi, qui était presque de la famille, se montra très affectueux avec Rajiv. Tandis que les adultes bavardaient et tentaient de détendre l'atmosphère par quelques plaisanteries, le garçonnet jouait avec des fleurs de jasmin que sa mère avait apportées au mahatma : une photo le montrait en train de les poser autour des orteils de Gandhi.

« Il m'a arrêté avec un doux geste de la main, raconta Rajiv à Sonia. Il m'a dit : "Ne fais pas cela. On ne met des fleurs qu'autour des pieds des morts." »

Il poursuivit son récit : Durant l'après-midi, alors que Gandhi se dirigeait vers le centre du jardin pour y prier, un homme s'était approché de lui en joignant les mains et l'avait salué : « *Namasté !* », avait-il dit. Puis, après l'avoir regardé fixement dans les yeux, il avait pris dans sa poche un pistolet Beretta et avait tiré trois balles à bout portant. C'était un fondamentaliste hindou.

L'exposition montrait des images du chaos qui avait suivi l'attentat. La photographie la plus dramatique était peut-être celle de Nehru debout sur le toit d'une voiture, qui tentait de calmer la foule en criant dans un mégaphone. Tous voulaient s'approcher pour rendre un ultime hommage à la « grande âme ». Un enregistrement diffusait les paroles que Nehru avait prononcées à la radio en ce soir terrible : « La lumière s'est éteinte sur nos vies et nous sommes plongés dans les ténèbres. Notre guide bien-aimé, le père de la nation, nous a quittés. J'ai dit que la lumière s'était éteinte, mais je n'en suis pas certain. Car elle a brillé sur ce pays, et ce n'était pas une lumière ordinaire. Dans mille ans, on la verra encore. Le monde entier s'en apercevra car elle continuera de consoler d'innombrables cœurs. » Sonia frissonna en entendant cette voix qui paraissait venir de l'au-delà.

« Mon grand-père était obsédé par l'unité et la laïcité de l'Inde, lui expliqua Rajiv. Il disait que la nation ne pouvait survivre que grâce à ces deux valeurs… et je crois qu'il avait raison. »

D'autres photos montraient Nehru avec Gandhi, tantôt souriants et visiblement d'accord, tantôt sérieux et en pleine discussion ; sur d'autres images encore, Nehru posait aux côtés de dirigeants chinois, soviétiques, américains ; ou de scientifiques comme Einstein, d'écrivains comme Thomas Mann et Pearl Buck… Pour finir, Sonia s'attarda longuement devant les photos de la famille réunie dans la maison d'Anand Bhawan : elle cherchait des ressemblances. Rajiv était plus fin que son père Firoz et il avait l'élégance de sa mère, se dit-elle. Le patriarche Motilal avait quelque chose de son propre grand-père, le père de Stefano, avec son large visage à la forte mâchoire carrée et sa moustache épaisse. Elle ne prêta pas attention à la légende d'un de ces clichés, qui évoquait l'éternel conflit des Nehru, toujours partagés entre devoir politique et vie personnelle : un dilemme où le devoir l'emportait toujours. Si frappée qu'elle fût par tout ce qu'elle venait de voir, Sonia ne pouvait mesurer le poids réel de ces mots, ni imaginer qu'un jour leur signification profonde la rattraperait.

7.

En Angleterre, la vie joyeuse du couple d'amoureux fit une victime : les études de Rajiv à Trinity College. Il cessa d'aller en cours. Il ne serait décidément jamais un scientifique. Il avait déjà prévenu sa mère que le programme était trop difficile et que ses résultats seraient catastrophiques. Indira ne lui fit aucun reproche ; après tout, elle aussi avait quitté Oxford, quoique pour des raisons très différentes : sa santé fragile l'avait empêchée de suivre une scolarité normale. Parmi les membres de la famille, seul Nehru avait montré de vraies dispositions pour les études. Contrairement à son grand-père, Rajiv n'était ni un étudiant passionné, ni un grand lecteur, ni un authentique intellectuel. En revanche, il aimait résoudre les problèmes pratiques, techniques : comme comprendre le fonctionnement d'une machine, savoir la réparer si elle tombait en panne. Il était capable de fabriquer des enceintes pour écouter de la musique ou de démonter un poste de radio, puis de le remonter après l'avoir réparé. Il avait des doigts habiles, une qualité qu'il avait héritée de son père.

Rajiv dut quitter Cambridge et se replier sur l'Imperial College de Londres où il poursuivit des études plus techniques d'ingénierie mécanique. Mais il avait déjà une idée bien précise de ce qu'il voulait. Il s'était longuement attardé devant une affiche de l'école d'aviation du Wiltshire, à Thuxton, une ancienne base de la RAF près de Southampton reconvertie en école de pilotage. Il comptait profiter des vacances d'été pour prendre ses premiers cours. Outre le pur plaisir de voler, devenir pilote comportait un avantage : c'était un moyen rapide de gagner sa vie, ainsi que l'exigeaient ses projets de mariage avec Sonia. Beaucoup plus rapide qu'un cursus universitaire. Comme il ne voulait pas se faire envoyer d'argent par sa mère, il décida de travailler pour payer ses heures de formation jusqu'à l'obtention de son diplôme.

En juillet 1966, Sonia rentra en Italie, son diplôme de *proficiency in english* de l'université de Cambridge sous le bras. Le facteur redevint le visiteur le plus assidu de la maison familiale au 14, via Bellini. Les parents Maino étaient exaspérés : même s'ils avaient autorisé la rencontre avec Indira, ils s'opposaient toujours à l'idylle de leur fille avec Rajiv. À présent, celle-ci disait ouvertement qu'elle comptait bien l'épouser. Son père et sa mère s'efforçaient de l'en dissuader. Stefano suggérait qu'elle attende sa majorité – vingt et un ans à l'époque – avant de s'engager.

« On ne te demande qu'un an de réflexion, ajouta Paola. Une telle décision ne doit pas être prise à la légère. Tu pourrais t'en repentir toute ta vie.

— Tant que tu es sous notre responsabilité, poursuivit Stefano, je ne peux pas te permettre de te marier avec ce garçon. Nous voulons bien croire que c'est un type formidable, là n'est pas le problème… Mais je trahirais mon devoir de père si je te disais : vas-y, tu n'as qu'à partir pour l'Inde au plus vite et te marier avec lui. Tu comprends ? Attends encore un peu. »

La proposition était raisonnable, mais le cœur a ses raisons que la raison ignore. À vingt ans, attendre est une torture. Et les grèves de la poste, si fréquentes en Italie, causèrent cette année-là bien des tourments à Sonia. Rajiv continuait de lui écrire tous les jours et lui racontait le bonheur qu'il éprouvait en volant au-dessus de la campagne anglaise. Il pilotait un biplane, un Tiger Moth, un modèle des années 1930 agile et sensible qui lui procurait des heures de plaisir intense. Il avait pour objectif de le piloter seul, et pour cela, il devait effectuer au préalable un minimum de quarante heures sous la responsabilité d'un instructeur. C'était la condition indispensable pour passer l'examen de pilote civil, avant de monter les échelons et devenir pilote de ligne.

Rajiv avait décidé de faire un voyage à Orbassano. Il voulait convaincre le père de Sonia de la laisser partir pour l'Inde. « Je voudrais que tu ailles en Inde, lui écrivit-il, et que tu y séjournes avec ma mère, sans moi, pour que tu puisses voir les choses telles qu'elles sont, sous leur jour le moins favorable, puisque je ne serai pas là et que tu n'auras personne sur qui te reposer. Ainsi connaîtras-tu le pays et les gens… Je ne veux pas t'entraîner loin de ton monde sans que tu saches tout ce que cela implique. Je me sentirais responsable si, plus tard, quelque chose se passait mal et que tu étais blessée de quelque manière que ce soit. Il n'est pas question que j'en demande des comptes à un autre que moi ; c'est pourquoi je ne veux ni te mentir ni t'induire en erreur. » La lettre, dans laquelle transparaissait une certaine grandeur morale, émut Sonia. Mais elle restait pessimiste : il était peu probable que son père approuve ce projet.

Pour financer le voyage en Italie, Rajiv devait se procurer davantage d'argent : « Je suis désolé de ne pas t'avoir écrit plus tôt, mais j'ai trouvé un travail de maçon sur un chantier, annonça-t-il dans une autre de ses lettres. J'ai travaillé jusqu'à dix heures par jour, sans compter une heure et demie de trajet, si bien qu'en rentrant le soir, j'étais mort de fatigue. J'ai tellement de courbatures que je ne peux t'écrire que très lentement. » C'étaient des lettres pleines de tendresse, de foi en l'avenir, même si les dernières trahissaient beaucoup d'angoisse : Rajiv s'inquiétait des nouvelles venues d'Inde. Le Premier ministre était mort d'une crise cardiaque au cours d'un voyage officiel en Union soviétique où il devait signer un traité de paix avec le Pakistan au terme d'une courte guerre. « L'Inde vit une situation très troublée, très douloureuse, écrivit-il à Sonia. J'ai le pressentiment que beaucoup de gens vont faire pression sur ma mère pour qu'elle devienne Premier ministre. J'espère qu'elle n'acceptera pas, elle finirait par en mourir. »

Rajiv avait raison. Les hiérarques qui contrôlaient le parti du Congrès voulaient qu'Indira devienne Premier ministre. « Elle connaît tous les dirigeants mondiaux, elle a parcouru la planète avec son père, elle a grandi près des héros de la lutte pour l'indépendance, elle a un esprit rationnel et moderne et elle ne s'identifie à aucune caste, aucune communauté, aucune religion. Mais surtout, elle peut nous faire gagner les élections de 1967 », écrivait l'un de ces hommes. Il y avait une autre raison, plus pressante encore : on voulait qu'elle accepte parce qu'on la croyait faible et influençable. Les vieux caïds du parti étaient certains de conserver leurs postes clefs. Ils pourraient ainsi prendre des décisions sans en assumer les conséquences. Le meilleur des mondes. En réalité, ils sous-estimaient Indira Gandhi. Et à quarante-huit ans, elle-même ne savait pas encore ce dont elle était capable.

La veille de son élection comme Premier ministre, à la tête du deuxième pays le plus peuplé du monde, Indira écrivit à Rajiv. Elle lui disait ne pouvoir chasser de son esprit un vers de Robert Frost qui résumait bien le choix qu'elle affrontait : « Qu'il est difficile de ne pas être roi quand soi-même et les circonstances l'exigent. » Elle lui racontait aussi que ce matin-là, elle s'était recueillie devant le mausolée de Gandhi pour s'imprégner du souvenir de celui qui avait été pour elle un second père. Puis elle s'était rendue à Teen Murti House, qui avait été transformé en musée national. Elle était restée un long moment dans la chambre où Nehru était mort. Elle avait besoin de sentir sa présence. Elle s'était rappelé une des lettres qu'il lui avait envoyée quand elle avait quinze ans : « Sois courageuse, et le reste viendra tout seul. » Le reste suivait en effet. Elle allait entamer une nouvelle vie, une vie pour laquelle, au fond, elle s'était toujours préparée, même sans se l'avouer consciemment.

Après la mort de son père, elle avait songé à se retirer du monde. Elle avait caressé cette idée quelque temps, au point de songer à louer un petit appartement à Londres et d'y travailler, peut-être comme secrétaire d'une institution culturelle. Échapper à son destin, voilà ce qu'elle cherchait. Mais la réalité n'avait pas tardé à la rattraper, et elle n'avait pu continuer à rêver de liberté. Elle avait des problèmes concrets à résoudre. Pour commencer, elle n'avait plus vraiment de maison : son père lui avait légué ses objets personnels et ses droits d'auteur. Peu de chose en somme. Nehru avait dépensé son capital, car son salaire de Premier ministre ne suffisait pas à couvrir ses frais de représentation et il n'était pas du genre à puiser dans les caisses de l'État. Certes, Indira avait hérité de la vieille demeure d'Anand Bhawan à Allahabad, mais celle-ci était terriblement coûteuse à entretenir. Sans parler de ses deux fils qui étudiaient en Angleterre. Comment financer tout cela ? En se retirant du monde ? C'était une chimère, un caprice, et elle eut tôt fait de s'en rendre compte. De plus, sa vie avait été trop longtemps dominée par la politique pour qu'elle puisse s'en détourner si tôt. Tous les jours, des gens venaient la voir, des gens de toute classe et de toute condition, comme du vivant de son père. Les foules qui s'attroupaient devant Teen Murti House à l'époque se tournaient aujourd'hui vers elle. Pour la saluer et lui présenter leurs doléances. Et elle les écoutait, leur disait quelques mots, montrait de l'intérêt pour leurs difficultés. C'étaient les pauvres de toujours, les pauvres de l'Inde immémoriale et éternelle, ces pauvres au nom de qui Gandhi et son père avaient lutté. Indira ne pouvait leur tourner le dos, ç'eût été insulter la mémoire de Nehru. Au contraire, elle les recevait et elle les écoutait avec attention. À vrai dire, ce furent eux qui consolèrent son cœur endeuillé. Eux qui lui donnèrent la force d'aller de l'avant, de retrouver un sens à sa vie. Ces pauvres lui firent prendre conscience qu'elle était l'héritière de son père.

La présence de Nehru, elle la sentait aussi au Parlement : énorme édifice circulaire en grès rouge et beige, agrémenté d'une véranda soutenue par des colonnes, il était situé dans le centre de New Delhi au milieu de jardins. À l'intérieur, sous la coupole de trente mètres de haut, les représentants du peuple élirent Indira par trois cent cinquante-cinq voix contre cent soixante-neuf. Son parti vota pour elle en masse. Dans son bref discours, elle remercia ses électeurs : « J'espère ne pas trahir la confiance que vous avez placée en moi. » Elle était radieuse, très consciente que son rendez-vous avec le destin était arrivé. Elle allait gouverner la « vaste étendue de l'humanité indienne », selon l'expression de Nehru.

La résidence qui lui fut attribuée se trouvait dans le même quartier de New Delhi que Teen Murti House. Au numéro 1 Sadfarjung Road, entourée d'un beau jardin, se trouvait une villa coloniale typique, aux murs peints en blanc. Elle comptait quatre grandes chambres ; Indira en transforma une en bureau et une autre en salon de réception. Elle annonça clairement que, chaque jour, entre huit et neuf heures du matin, la maison serait ouverte à tous, sans distinction de condition ou de statut social. C'était l'horaire que Nehru avait affecté au même office.

Indira expliqua à Rajiv les raisons qui l'avaient poussée à accepter son poste. Au cours des mois qu'elle avait passés au ministère de l'Information, elle avait eu à affronter une grave crise nationale qui ne relevait pas de ses compétences. La crise avait éclaté alors qu'elle était en vacances au Cachemire, la splendide région septentrionale dont les Nehru étaient originaires. Dès son arrivée, elle avait appris que des troupes pakistanaises, déguisées en volontaires civils, s'apprêtaient à prendre la capitale, Srinagar, pour fomenter dans la population une révolte propakistanaise. Indira avait désobéi au Premier ministre, qui lui avait donné l'ordre de rentrer immédiatement à New Delhi. Non seulement elle était restée au Cachemire, mais quand les hostilités s'étaient déclenchées, elle n'avait pas hésité à se rendre sur le front. « Nous ne céderons pas à l'agresseur un pouce de notre territoire », avait-elle déclaré à l'occasion d'une tournée dans les villes du Nord. La presse avait salué son intrépidité : « Indira est le seul homme dans un gouvernement de vieilles femmes », proclamait une manchette. Les journalistes qui la suivaient avaient été stupéfaits de la voir acclamée partout où elle passait par d'énormes foules qui criaient leur enthousiasme. L'armée pakistanaise avait été défaite. L'Inde, et Indira, avaient remporté la victoire. Un succès qui contribua à répandre l'idée qui, plus tard, allait s'emparer de l'imagination populaire : « L'Inde, c'est Indira ; Indira, c'est l'Inde. »

Tout cela se passait alors qu'à huit mille kilomètres de là, Rajiv apprenait à piloter son Tiger Moth dans le ciel d'Angleterre. « Si ma mère n'accepte pas le poste de Premier ministre, tout ce que nous avons accompli depuis l'indépendance sera perdu », dit-il à Sonia dans une lettre qui semblait contredire les précédentes. À sa façon, Rajiv éprouvait le dilemme de sa mère. Celui auquel sa famille avait toujours été confronté : il lui fallait choisir entre son devoir de patriote, ses obligations d'héritière des Nehru, et les exigences de la vie privée. Quand Rajiv apprit qu'Indira avait été élue par le Parlement, la lettre qui parvint à Sonia laissa transparaître l'angoisse que lui causait ce changement radical : « Si quelque chose arrive à ma mère, je ne saurai que faire. Tu ne peux imaginer à quel point elle compte pour moi, à quel point j'ai besoin de son aide dans toutes les situations, surtout en ce qui te concerne. En Inde, les choses seront plus difficiles pour toi que pour moi, car pour toi tout sera nouveau et elle est la seule qui puisse vraiment t'aider. Je ne sais ce que je deviendrais si je la perdais. »

La photo de sa mère était en première page de toute la presse internationale. Dans un kiosque de Thruxton, le bourg voisin de la base aérienne, Rajiv acheta un exemplaire du *Guardian* : « Aucune femme dans l'histoire n'a assumé une telle responsabilité et aucun pays de l'importance de l'Inde n'a confié le pouvoir à une femme dans des conditions démocratiques », disait l'article. Le visage d'Indira était aussi en couverture du magazine *Time* : « L'Inde dans la tourmente : une femme aux commandes », proclamait le titre. Même si elle assurait n'avoir rien d'une féministe, le monde entier était curieux de savoir comment une femme de peu d'expérience en matière d'administration s'apprêtait à affronter tous des problèmes qui l'attendaient. Ils étaient aussi considérables que la nation qu'elle devait gouverner, car l'Inde était composée d'une complexe mosaïque de peuples qui se réclamaient d'ethnies, de religions, de langues et de cultures extrêmement diverses. Un pays à majorité hindoue, mais comptant cent millions de musulmans, ce qui en faisait la deuxième nation islamique de la planète. Sans oublier les dix millions de chrétiens, les sept millions de sikhs, les deux cent mille parsis et les trente-cinq mille juifs dont les ancêtres avaient fui Babylone après la destruction du temple de Salomon. Un territoire où cohabitaient quatre mille six cent trente-cinq communautés distinctes, où chacune revendiquait des traditions et des langues aussi anciennes que nombreuses, tels l'ourdou des musulmans, qui s'écrivait de droite à gauche, l'hindi, qui s'écrivait de gauche à droite, le tamil qui se lisait de haut en bas, ou d'autres alphabets encore qui se déchiffraient comme des hiéroglyphes. Dans cette cité de Babel, on parlait huit cent quarante-cinq dialectes et dix-sept langues officielles. Mais l'anglais, celle des colonisateurs, restait la langue commune depuis que les États du Sud avaient refusé que les autorités de New Delhi leur imposent l'hindi. De surcroît, l'Inde souffrait d'inégalités flagrantes, d'une corruption qui rongeait tous les niveaux de la société et d'une bureaucratie paralysante. Elle était aussi renommée pour ses hautes conquêtes spirituelles que pour ses désastreux indices de développement matériel. Le plus grand accomplissement de cette nation fondée par Nehru et Gandhi était sans doute qu'elle demeurait libre et unie en dépit des malheurs et des problèmes qui l'accablaient, et qui lui avaient été légués principalement par les colonisateurs britanniques. Libre et unie malgré ce qu'avait prophétisé un général anglais à la proclamation de l'indépendance : « Personne ne peut fonder une nation à partir d'un continent composé de si nombreuses nations. »

Mais ce pays-continent que la mère de Rajiv devait à présent gouverner était dans une situation bien pire que du temps de Nehru ou de son successeur. Plusieurs années de sécheresse avaient provoqué des pénuries alimentaires et des disettes récurrentes. L'État du Kerala était secoué de troubles violents suscités par une distribution chaotique de vivres. L'économie souffrait d'une inflation galopante. Le Pendjab était aussi en proie à des insurrections car une partie de la population réclamait qu'on n'y parle et qu'on n'y écrive que le punjabi, et un leader sikh menaçait de s'immoler par le feu si on n'accédait pas à ses revendications. Le peuple Naga du Nord-Est luttait pour faire sécession. Pour couronner le tout, les *sadhus* hindous manifestaient nus, le corps couvert de cendre devant le Parlement, sous les yeux mêmes d'Indira, pour faire interdire l'abattage des vaches sur tout le territoire. Une exigence qui allait à l'encontre de la constitution laïque de l'Inde, dont les termes obligeaient au respect de l'égalité des droits entre religions. Dans un pays si pauvre, la viande de vache était une source de protéines de première importance pour les minorités, comme les musulmans et les chrétiens. Bientôt, les protestations dégénérèrent : la police tira sur les fauteurs de troubles et fit des morts. « Je ne me laisserai pas intimider par les protecteurs de vaches », déclara Indira avec autorité. Décidément, l'Inde ne ressemblait à aucun autre pays. En 1966, c'était une gigantesque cocotte-minute prête à exploser, comme si l'indépendance avait entraîné des milliers de petites rébellions, le fruit de siècles d'exploitation de certaines minorités par d'autres, de certaines castes par d'autres, de certaines ethnies par d'autres… En hissant Indira à son poste, les dirigeants du parti du Congrès ne lui avaient pas fait de cadeau.

Pour Indira, une priorité claire se dégageait de tous ces drames, la même que pour son père et pour Gandhi : en finir avec les disettes, éviter la mort des plus pauvres. S'il lui fallait dans ce but solliciter l'aide des organismes internationaux et des pays les plus riches, alors elle mettrait son orgueil de côté et tendrait la main.

Presque vingt ans après l'indépendance, l'Inde, bien malgré elle, se trouvait dans la position peu enviable de mendiant international. Indira avait honte de quémander, mais elle savait qu'elle n'avait pas d'autre possibilité. Pour autant, elle n'était pas disposée à supplier : « Plus notre situation est désespérée, plus nous devons paraître déterminés. »

Elle accepta aussitôt l'invitation du président Johnson à Washington et prépara le voyage avec soin, car de son résultat dépendrait le sort de millions de ses compatriotes et, peut-être, son avenir politique. Elle rédigea minutieusement ses discours et les corrigea en consultant son petit livre de citations, qui ne la quittait jamais. Elle chercha des idées simples et repoussa les élaborations compliquées. Elle choisit ses tenues avec le même soin que les termes de ses allocutions : un sari, un corsage, un châle et des chaussures pour chaque réception. Et elle tenait à effectuer cette visite officielle accompagnée de ses deux fils. Rajiv dut interrompre ses cours de pilotage et retrouver sa mère à Paris. Là, après un déjeuner en son honneur offert par le général de Gaulle, ils embarquèrent sur un Boeing 707 que la Maison blanche avait mis à leur disposition. Quand on demanda à de Gaulle quelle impression lui avait faite Indira, le vieux président répondit : « Ces épaules si fragiles sur lesquelles repose l'immense destin de l'Inde… On ne dirait pas qu'elles puissent supporter un tel poids. Cette femme a quelque chose en elle, et elle réussira. »

À Washington, B. K. Nehru, l'ambassadeur indien aux États-Unis, qui se trouvait être le cousin d'Indira, reçut de bonne heure un appel téléphonique du président Lyndon B. Johnson, le géant venu du Texas.

« Je viens de lire dans le *New York Times* qu'Indira Gandhi n'aime pas qu'on l'appelle “madame le Premier ministre”. Comment dois-je m'adresser à elle ?

— Laissez-moi lui demander, monsieur le président. Je vous rappellerai quand j'aurai la réponse. »

Là-dessus, il se précipita dans la suite d'Indira.

« Qu'il m'appelle comme il veut », dit Indira. Et, avant que son cousin ne reparte, elle ajouta : « Tu peux lui dire que certains de mes collaborateurs m'appellent *Sir.* Si ça lui fait plaisir, il peut en faire autant. »

Le président Johnson eut tôt fait de succomber au charme d'Indira. Il débloqua l'aide financière américaine qui avait été suspendue lors de la brève guerre contre le Pakistan et enjoignit la Banque mondiale d'accorder un prêt à l'Inde. La seule fausse note de la visite se produisit quand Johnson voulut inviter Indira à danser après le dîner officiel. Elle refusa, car elle imaginait les gros titres de la presse indienne à la vue de la « fille socialiste de Nehru » dansant parée de bijoux avec le président du plus grand pays capitaliste au monde. Elle expliqua à Johnson que cela risquait de nuire beaucoup à sa popularité, et il le comprit. « Je ne souhaite que du bien à cette petite », dit-il à son chef de cabinet avec ce fort accent texan qui le faisait paraître toujours enrhumé, avant de promettre à Indira trois millions de tonnes de denrées alimentaires et neuf millions de dollars d'aide à effet immédiat. Ce voyage constitua le premier succès de la nouvelle « Mme le Premier ministre », mais elle n'en avoua pas moins à l'un de ses hommes de confiance : « J'espère ne plus jamais me retrouver dans une situation pareille. »

Sonia vivait ces changements spectaculaires et très médiatisés à distance, non sans une certaine appréhension. La presse, la radio et la télévison italiennes firent grand cas de l'accession au pouvoir d'Indira Gandhi. Depuis le salon du 14, via Bellini, les parents Maino découvrirent le visage de la mère du prétendant de leur fille à la télévision. Ils apprirent sur son compte une foule de détails. Mais son statut de Premier ministre ne semblait pas les amadouer. Au contraire : Stefano s'en alarmait davantage. Pour lui, le choix de vie de sa fille n'en était que plus dangereux. Tous ceux qui entouraient cette dame couraient des risques, c'était clair. N'avait-on pas assassiné Gandhi lui-même ? Ces pays lointains étaient trop imprévisibles… Paola, cependant, ne pouvait dissimuler une certaine satisfaction. Sa fille n'était pas tombée amoureuse du premier venu. D'une certaine manière, Sonia les avait définitivement débarrassés de leur patine de *paesani*, même si sa mère n'était pas pour autant disposée à laisser cette histoire d'amour aller à son terme. Elle aussi avait peur de perdre Sonia.

Malgré sa brièveté et les nombreuses contraintes officielles, Rajiv revint satisfait de son voyage aux États-Unis. Depuis l'enfance, il associait la politique avec d'interminables séances de photos aux côtés de sa mère, l'obligation d'écouter des conversations ennuyeuses au cours de dîners tout aussi interminables, de faire preuve de la plus exquise politesse en toute occasion, de porter une cravate, d'acquiescer à tout, etc. Il était de plus en plus sûr d'aspirer à une vie éloignée de toute cette agitation, à une existence discrète et tranquille avec la femme qui lui faisait perdre le sommeil. Il voulait fuir ce qu'il était, fuir ses racines, le poids de la tradition familiale, dont il devinait qu'elle pourrait un jour le broyer. Et il avait secrètement confiance en un destin où le nom de Gandhi ne le rattraperait jamais.

En octobre 1966, Rajiv emprunta la voiture de son frère pour aller voir Sonia en Italie. La vieille Coccinelle était en si mauvais état qu'il l'avait vendue pour quatre livres, et de toute façon la voiture de Sanjay convenait davantage à un si long voyage. C'était une Jaguar d'un modèle ancien qu'il avait achetée grâce à ses contacts chez Rolls-Royce ; il l'avait eue à un prix exceptionnel, parce qu'elle ne fonctionnait pas. Sanjay l'avait patiemment réparée et elle roulait de nouveau. Contrairement à son frère, Rajiv détestait l'esbroufe et la perspective d'arriver à Orbassano au volant de ce véhicule spectaculaire lui faisait presque honte ; mais, d'un autre côté, il se dit qu'il valait peut-être mieux se présenter ainsi, comme un voyageur riche et non comme un routard. De cette façon, il aurait plus de chances d'impressionner favorablement les parents de Sonia.

Celle-ci attendait sa venue avec la plus grande impatience : elle ne l'avait pas vu depuis des mois. Une éternité. Ses sœurs et ses amies étaient aussi sur des charbons ardents. Ce n'est pas tous les jours qu'un prince indien, pressé d'emmener au loin sa Cendrillon, se rend dans une petite ville de la banlieue de Turin… La curiosité était à son comble, à commencer par celle des parents Maino, qui l'avaient invité à dîner. Mais tout le monde faisait comme si de rien n'était.

L'arrivée de Rajiv au volant de sa Jaguar fit sensation dans le voisinage. « Qui pouvait être ce riche Anglais qui venait voir la fille des Maino ? » se demandait-on tout bas. La perplexité était d'autant plus grande que son allure ne cadrait pas avec son véhicule. « On dirait un Sicilien », plaisanta un ancien camarade de Sonia. « Avec sa bagnole, c'est peut-être un mafieux », commenta un autre. Rajiv était négligé et portait une barbe de plusieurs jours, car il avait dormi dans la voiture pour économiser les nuits d'hôtel. Sonia n'aurait su dire si c'était la fatigue, la perspective du dîner ou les récents événements qui avaient propulsé sa mère sur la scène internationale, mais elle le trouva soucieux quand elle put enfin l'embrasser dans une rue déserte d'Orbassano où ils s'étaient donné rendez-vous à son arrivée.

« Il va falloir que je retourne en Inde, lui avoua-t-il une fois leurs élans de passion un peu calmés.

— Et… ton diplôme de pilote ?

— Je le passerai là-bas. De toute manière, je n'ai pas assez d'argent pour continuer en Angleterre. Mais ce qui m'inquiète surtout, c'est de partir si loin de toi. »

Il expliqua à Sonia que sa mère lui avait demandé de rentrer.

« Elle est très seule. Elle doit faire face à d'énormes problèmes », expliqua-t-il à Sonia.

À peine rentrée des États-Unis, Indira s'était trouvée en butte à de furieuses attaques de l'opposition qui l'accusait d'avoir abandonné le pays à l'influence américaine et de renoncer à la politique de non-alignement de son père. Aux voix de l'opposition se mêlaient celles des chefs de son propre parti qui l'avaient pourtant élue au poste de Premier ministre. Ils se plaignaient également de la manière dont Indira affrontait les problèmes : directement, au mépris de la hiérarchie partisane, comme lors de la crise avec le Pakistan. Au Parlement, un vieux collègue de Nehru avait prononcé contre elle une diatribe impitoyable, où il mettait en cause non tant l'aide obtenue que les conditions auxquelles les Américains l'avaient accordée. Ceux-ci avaient exigé, entre autres, une dévaluation de la roupie, une mesure très impopulaire qu'Indira avait néanmoins imposée au mépris de l'opinion publique. Elle démontrait ainsi qu'elle n'était pas une pâle copie de son père, qu'elle ne devait rien à personne, et qu'elle pouvait administrer une pilule amère à la nation si elle croyait en ses vertus. Mais du coup, alors que s'assombrissaient les prédictions sur l'avenir de l'Inde, un front s'était dressé contre elle. Pour beaucoup, seuls la personnalité et l'exemple de Nehru avaient réussi à maintenir le cap de l'unité et de la démocratie. À présent, avec les sécheresses à répétition, les innombrables rébellions ethniques, la tension avec le Pakistan et le leadership d'Indira, l'Inde était sur le point de se désintégrer.

« Ils disent que ma mère est la seule responsable, soupira Rajiv. Comme si les trois années de sécheresse et de famine étaient de sa faute… Quant à moi, j'ai l'impression de l'abandonner et ça ne me plaît pas. »

Écouter Rajiv lui parler de sa mère était pour Sonia une sorte d'initiation particulière à la politique indienne. Elle n'en était pas consciente, mais elle découvrait des notions et des idées qui lui avaient toujours semblé très lointaines, voire incompréhensibles, et qui devinrent bientôt aussi familières pour elle que l'étaient pour ses proches les résultats de la Juventus ou les tendances de la mode à Milan. Elle se rendait compte, peu à peu, qu'on ne pouvait vivre à proximité d'une personne comme la mère de Rajiv sans que son existence en fût profondément affectée. Cela valait pour tous ceux qui entouraient Indira, elle comprise. Mais il était encore trop tôt pour s'inquiéter de cette perspective hasardeuse. À chaque jour suffit sa peine. Aujourd'hui, il lui fallait vaincre les réticences de ses parents.

Sonia accompagna Rajiv chez un ami qui avait proposé de le loger, puis elle lui fit visiter sa petite ville. Ils prirent un cappuccino au bar de Nino, déambulèrent dans les rues du centre, puis firent une halte au bar de Pier Luigi. En plus de gérer son établissement, Pier Luigi était un passionné de radio à ses heures perdues, un passe-temps auquel Rajiv désirait aussi se consacrer. Il l'avait découvert pendant ses cours de pilotage, et, en plus de son penchant pour l'électronique, il y voyait un moyen de communiquer à distance avec Sonia. La perspective de se trouver un jour à des milliers de kilomètres d'elle le poussait à chercher toutes sortes de moyens pour combler ce vide.

Sonia laissa Rajiv se reposer et lui proposa de passer le prendre en début de soirée pour l'emmener dîner chez ses parents. Entretemps, elle irait au rendez-vous annuel des anciennes élèves de son collège de Giaveno. « Je m'en rappelle comme si c'était hier », devait raconter sœur Giovanna Negri. Sonia avait vingt ans. Après la réunion, elle s'était avancée pour prendre congé.

« Pourquoi ne restes-tu pas dîner avec nous ? lui demanda la religieuse. Tu as passé beaucoup de temps en Angleterre et nous ne t'avons presque pas vue…

— Je ne peux pas rester, répondit-elle. Nous avons un invité, ce soir.

— Et qui est-ce ? » demanda sœur Giovanna, curieuse.

Sonia sourit, dévoilant ses fossettes. Elle répondit enfin :

« Mon fiancé.

— Ton fiancé ? Quelle surprise ! Raconte-moi… Qui est-ce ? »

Visiblement, Sonia n'était guère disposée à répondre, ce qui aiguisa encore davantage la curiosité de la sœur.

« Il est indien…, finit-elle par dire à contrecœur.

— Indien ? » répéta sœur Giovanna, étonnée.

Sonia mit un doigt sur ses lèvres pour l'inciter à baisser la voix. Puis elle lui dit, presque dans un soupir :

« C'est le fils d'Indira Gandhi. »

« Je suis restée abasourdie », raconta plus tard sœur Giovanna Negri.

Le repas dans la maison d'Orbassano fut un peu la version italienne de *Devine qui vient dîner ?*, le célèbre film avec Katharine Hepburn et Sydney Poitier. Sauf qu'il ne s'agissait pas de cinéma et qu'il n'y avait pas de *happy end*, bien que les réactions de Stefano Maino et de Spencer Tracy aient été assez similaires. Rajiv parla de ses études. Il venait d'obtenir son diplôme de pilote privé, et pensait que dans un an et demi il décrocherait celui de pilote de ligne. Il voulait s'établir au plus vite, et il y avait une raison importante à son impatience :

« Je suis venu avec des intentions très sérieuses, dit-il à Stefano Maino. Celle de vous annoncer que je voudrais me marier avec votre fille. »

Sonia ne savait où se mettre, car il lui incombait de traduire. Sa mère, nerveuse, se mit à disposer des bouteilles sur la petite table du salon. Ses mains tremblaient. Le patriarche se montra cordial, mais ferme.

« Je n'ai aucun doute sur votre sincérité ni sur votre honorabilité, répondit-il en regardant Sonia pour qu'elle poursuive la traduction. Il suffit de vous regarder dans les yeux pour voir le genre d'homme que vous êtes. Je ne doute pas de vous. Toutes mes hésitations concernent plutôt ma fille. Elle est trop jeune pour savoir vraiment ce qu'elle veut… » Sonia leva les yeux au ciel, exaspérée. « Franchement, je ne crois pas qu'elle puisse s'habituer à la vie en Inde. Nos mœurs sont trop différentes. »

Rajiv suggéra que Sonia se rende en Inde pour y passer de courtes vacances. Il exposa à Stefano son projet d'envoyer Sonia d'abord seule, et de ne la rejoindre que plus tard, pour qu'elle ait le temps de se faire une idée du pays. Mais Stefano s'y opposa catégoriquement.

« Tant qu'elle n'aura pas atteint sa majorité, je ne peux pas la laisser partir. »

Son père était têtu, Sonia le savait bien ; mais elle ne pouvait laisser l'atmosphère de la réunion se dégrader. Les silences de Stefano étaient à couper au couteau. Cet homme était un roc, et il ne fit qu'une concession minime.

« Si d'ici là vous éprouvez toujours les mêmes sentiments l'un pour l'autre, alors je la laisserai partir en Inde. Mais j'insiste : pas avant un an, quand elle sera majeure », dit-il avant de se tourner vers sa femme et d'ajouter : « Si les choses tournent mal, on ne pourra pas me reprocher d'avoir gâché la vie de ma fille. »

Stefano continuait de croire (et d'espérer) que le vent tournerait bientôt et que, devant les difficultés, Sonia finirait par renoncer. L'idée de se séparer de sa fille était pour lui un vrai tourment.

8.

Quand Rajiv raconta à sa mère sa rencontre avec les Maino à Orbassano, celle-ci approuva la condition imposée par le patriarche italien. Mettre les sentiments des deux jeunes gens à l'épreuve était la seule façon de savoir si leur histoire avait un avenir. Il valait mieux attendre. Mais si elle constatait avec le temps que le couple s'aimait vraiment, Indira n'avait pas l'intention de s'opposer à la décision de son fils. Elle avait trop souffert du rejet de son mariage par son propre père pour infliger la même chose à un de ses enfants.

« Le mariage n'est pas une fin en soi. La vie ne s'arrête pas là », lui avait dit Nehru quand elle était allée le voir à la prison de Dehra Dun pour lui annoncer qu'elle voulait épouser Firoz. Il lui avait recommandé de reprendre des forces avant de décider quoi que ce soit : elle avait été très malade et son père lui rappela que les médecins lui déconseillaient d'avoir des enfants. De surcroît, le projet d'Indira lui semblait d'une grande médiocrité, car il supposait qu'elle abandonne « la tradition et l'héritage familiaux » pour se marier avec un homme d'un milieu et d'une éducation très différents des siens. Indira n'était pas d'accord. À cette époque-là du moins. Elle répondit à son père qu'elle aspirait à une vie anonyme et tranquille, ce qu'elle n'avait jamais connu. Elle voulait se marier et avoir des enfants. Plus d'un, insista-t-elle, car elle ne souhaitait pas que son fils ou sa fille souffre de la solitude comme elle dans son enfance. Son rêve était de s'occuper d'eux et de son mari dans une maison pleine de livres, de musique et d'amis. Si elle devait défier les médecins et mettre jusqu'à sa propre santé en péril pour y parvenir, elle était prête à le faire.

Firoz était le fils d'un parsi du nom de Jehangir Ghandy, qui, si l'on en croit sa biographie officielle, était ingénieur naval. D'autres sources, en revanche, le voient marchand de vins et spiritueux. En tout cas, il n'avait aucun lien de parenté avec le grand Gandhi. À la fin des années 1930, il avait modifié l'orthographe de son nom et adopté celle de Gandhi ; ce nom, celui d'une caste de parfumeurs, était répandu parmi les castes Bania des hindous de Gujarat d'où la famille du mahatma était originaire. On ignore la raison de ce petit changement, qui devait se révéler d'une importance primordiale pour la carrière politique d'Indira.

La religion des parsis, une forme de zoroastrisme, est l'une des plus anciennes de l'humanité, mais Firoz n'avait jamais été religieux, bien au contraire. Il était entré en relation avec les Nehru au moment de la lutte pour l'indépendance et était devenu membre du parti du Congrès. Militant très actif et très radical, il connaissait les textes de Marx et Engels mieux que Nehru lui-même. Ils avaient participé tous les deux à un rassemblement en France pour protester contre le bombardement des populations civiles en Espagne, où la guerre faisait rage. À l'occasion de cet événement, Firoz avait tenté de convaincre les organisateurs anticommunistes de laisser parler Dolores Ibárruri – la fameuse *Pasionaria* –, mais n'y était pas parvenu. Nehru, furieux, avait défendu la liberté d'expression au cours d'un discours enflammé.

Nehru n'avait aucun reproche à faire à Firoz en tant que militant, mais il trouvait qu'il n'était pas un bon parti pour sa fille. Les deux hommes étaient opposés en tous points. Firoz était petit et trapu, un peu fanfaron. Il parlait d'une voix très forte et abusait de jurons et de gros mots. Ce n'était ni un homme raffiné ni un intellectuel. Il aimait la bonne chère, l'alcool ; il s'intéressait aux voitures ainsi qu'aux gadgets mécaniques et électriques – une passion dont devaient hériter Rajiv et Sanjay. Il avait été un très mauvais étudiant, même s'il aimait la musique classique indienne et l'art floral, comme Indira. Il n'avait ni diplôme universitaire, ni profession, ni projet de vie. Sans oublier sa solide réputation de coureur de jupons. On ne pouvait donc s'étonner que les Nehru considèrent avec la plus grande méfiance ce personnage qui prétendait entrer dans la première famille de l'Inde.

« Tu as grandi à Anand Bhawan, entourée de luxe et de domestiques, dit sa grand-mère à Indira dans une tentative pour la dissuader. Firoz n'a pas de fortune, il est d'un autre milieu et d'une autre religion.

— La religion n'a aucune importance, puisque nous ne sommes religieux ni l'un ni l'autre, répliqua Indira. Je suis comme ma mère, je n'ai aucun goût pour le luxe, et même si j'ai vécu toutes ces années à Anand Bhawan, je peux être tout aussi heureuse dans la maisonnette d'un paysan. »

C'était peu ou prou la même chose que répondait Sonia à ses parents quand ils lui parlaient de la difficulté de vivre si loin de chez elle, dans un pays si différent. Pour Sonia, l'Inde n'était encore qu'une abstraction. Malgré tout ce qu'elle avait entendu, elle ne craignait pas de s'y établir. Si Rajiv avait été esquimo, elle l'aurait volontiers suivi sur sa banquise. « Quand on aime, écrivit-elle plus tard, l'amour vous donne une force extraordinaire. Et rien ne vous fait plus peur. On ne se soucie que de la personne aimée. Et seul m'importait Rajiv. Avec lui, je serais allée jusqu'au bout du monde. Il était ma plus grande force. Je ne pouvais penser à rien ni à personne, sauf à lui. »

Comme Nehru qui avait fini par consentir à son mariage avec Firoz, Indira accepta d'écrire au père de Sonia pour qu'il la laisse partir pour l'Inde. Un an s'était écoulé, le délai qu'avait imposé Stefano Maino, et la passion des deux jeunes gens ne montrait aucun signe d'affaiblissement. Ni Sonia ni Rajiv n'étaient prêts à vivre l'un sans l'autre, et leur séparation forcée devenait trop pénible. Indira comprit que cet amour était profond. En réalité, elle aurait préféré trouver pour son fils une fille de bonne famille du Cachemire, comme son grand-père Motilal avait choisi Kamala, sa mère. En Inde, les mariages arrangés étaient le lot commun ; les mariages d'amour, l'exception. En général, les premiers marchaient mieux : le taux de divorces de ces unions était étonnamment bas, car les parents cherchaient pour leurs enfants des candidats dans des milieux sociaux et culturels proches, ce qui constituait un avantage en soi lorsqu'il s'agissait de vivre ensemble. Pour les seconds, c'était la loterie. Indira n'avait pas eu de chance. Mais Rajiv en aurait peut-être, malgré le handicap qu'il y avait à épouser une étrangère. Traditionnellement, les étrangers n'avait aucune existence sociale, on les considérait comme des « sans caste ». New Delhi n'était pas l'Inde profonde, mais même là, Indira avait conscience des difficultés que pourrait rencontrer une Européenne. Elle savait que toute l'aide qu'elle pourrait apporter à cette jeune femme sympathique ne suffirait pas.

La lettre d'Indira Gandhi invitant Sonia à passer des vacances à New Delhi plongea Stefano Maino dans la consternation. Mais il était un homme de parole et n'eut d'autre choix que de tenir sa promesse. On discuta du projet en famille, et comme il n'y avait pas d'alternative, il fut décidé que Sonia partirait pour l'Inde pour un mois seulement ; après quoi, elle rentrerait à la maison définitivement convaincue de ne jamais pouvoir y vivre. En Italie, elle avait ses proches et aussi un avenir. Elle avait travaillé toute l'année pour Fieratorino et sa connaissance des langues étrangères lui ouvrait des débouchés professionnels de plus en plus nombreux. Si la petite banlieue d'Orbassano ne lui plaisait pas, elle pouvait toujours s'installer à Turin. Stefano et Paola rêvaient encore qu'elle rencontre un homme d'affaires ou un ingénieur dans une de ces foires auxquelles elle participait, et qu'elle l'épouse. Sonia faisait mine d'écouter toutes ces suggestions avec attention, mais son esprit était déjà très loin, à huit mille kilomètres de l'Italie.

Le 13 janvier 1968, exactement trente-quatre jours après avoir atteint sa majorité, Sonia atterrissait à l'aéroport Palam de New Delhi. Elle avait un nœud à l'estomac. Ses parents et ses sœurs l'avaient accompagnée à l'aéroport de Milan et même ce gros dur de Stefano n'avait pu contenir ses larmes.

« Si ça ne va pas, tu reviens tout de suite, compris ? » lui avait-il dit d'une voix étranglée tandis que sa mère bourrait son sac à main de médicaments comme si elle partait en pleine jungle.

Sonia n'avait pas dormi pendant le vol. Maintenant qu'elle affrontait seule son destin, elle était submergée par une espèce d'angoisse. Le bonheur de revoir Rajiv se tranformait en une crainte imprécise. Ils avaient passé un an l'un sans l'autre. Et s'il me décevait ? Ou si je le décevais ? Et si dans son milieu il se conduisait autrement ? S'il n'était plus le même que celui que je connais ? C'étaient des questions inévitables, la réaction légitime d'une personne qui a misé très gros. Maintenant, il fallait abattre ses cartes.

Vu du ciel, l'entrelacs d'avenues et de ronds-points de New Delhi rappelait les figures géométriques en marbre qui décoraient les palais moghols. L'avion atterrit dans la matinée. Le climat n'aurait pu être plus différent du froid hivernal qu'elle avait laissé derrière elle. Il faisait une température délicieuse, le ciel était bleu, et dès sa descente de l'appareil, elle perçut une odeur caractéristique qu'elle associerait ensuite à l'Inde : un mélange de bois brûlé, de miel, de cendre et de fruit trop mûr. Et un bruit particulier la frappa, le croassement des corneilles. Perchées sur le parapet au-dessus du terminal, sur les poteaux et le rebord des fenêtres, vêtues de gris ou de noir, bavardes, insolentes et familières, elles signalaient leur présence et lui souhaitaient la bienvenue. Derrière les guichets de la douane, Rajiv l'attendait : « Dès que je l'ai vu, raconterait Sonia, j'ai été profondément soulagée. » Il était accompagné de son frère Sanjay et de son ami Amitabh, le fils des Bachchan, un couple que les Nehru connaissaient depuis de nombreuses années. Le père d'Amitabh était un célèbre poète de langue hindi et siégeait au Parlement : Indira lui avait demandé de bien vouloir héberger Sonia le temps de son séjour.

Les craintes qui avaient assailli Sonia pendant son voyage s'envolèrent d'un coup, comme si elles n'avaient jamais existé. Au contraire : quelles que puissent être les difficultés, elle était certaine à présent d'avoir fait le bon choix en suivant ce que lui dictait son cœur. « J'étais de nouveau à ses côtés et rien ni personne ne nous séparerait plus », écrivit-elle en se rappelant son arrivée.

À New Delhi, rien n'était comme elle l'avait imaginé. Certainement pas le quartier où elle s'installa : les grands arbres en bordure des larges avenues étaient toujours verts et beaucoup d'entre eux étaient en fleur. La maison des Bachchan se trouvait dans Willingdon Crescent, l'avenue des banyans. Les urbanistes anglais qui avaient conçu New Delhi comme une agréable cité jardin avaient souhaité associer chaque avenue à une espèce d'arbre. Janpath, l'ancienne Queen's Way, était celle des neems, des arbres sacrés connus pour leurs propriétés médicinales ;

Akbar Road était la rue des tamarins ; et dans Safdarjung Road, où se trouvait la résidence d'Indira Gandhi, poussait une profusion de flamboyants au feuillage brillant semé de fleurs orangées. La faible circulation se composait de cyclistes, de chars tirés par des ânes ou des chameaux, de motocyclettes pétaradantes et de quelques voitures à toit jaune (de vieilles Ambassador, répliques des Morris Oxford III de 1956 construites sous licence au Bengale). Tous ces véhicules contournaient les vaches qui allaient à leur aise au milieu de la chaussée. Il n'était pas rare de se trouver nez à nez avec un char à bœufs, voire avec un éléphant qui transportait des marchandises et qui s'arrêtait au feu rouge. C'était une ville tranquille de trois millions d'habitants, sans grands magasins ni centres commerciaux, qui ne comptait qu'un seul hôtel de luxe au cœur du quartier diplomatique.

Sonia fut reçue avec toute la chaleur qu'elle pouvait attendre d'une famille indienne. Mais Rajiv ne pouvait s'occuper d'elle autant qu'il l'aurait voulu, car le 25 janvier il passait son diplôme de pilote de ligne et devait continer à accumuler les heures de vol et à étudier. En revanche, ses cousins, ses amis, et Indira Gandhi elle-même se mirent en quatre pour que le séjour de Sonia soit le plus agréable possible. Elle dormait chez les Bachchan, mais passait une bonne partie de la matinée chez son promis. À cette époque, Indira vivait presque sans protection rapprochée. Elle recevait les gens tous les matins à la grille de sa maison, accompagnée d'un seul garde du corps. Ses fils n'avaient pas d'escorte non plus, sauf lors de certains événements considérés à risque.

Les amis et les parents se relayèrent pour faire découvrir à Sonia la ville où abondaient parcs et jardins, monuments anciens et superbes édifices bâtis par les Britanniques quand ils avaient décidé de transférer la capitale de Calcutta à Delhi, en 1912. Ils avaient construit une nouvelle cité où ils avaient planté des milliers d'arbres. Depuis des temps immémoriaux, la végétation avait été l'obsession des gouverneurs de Delhi. Certains jardins servaient d'écrin aux mausolées et aux tombeaux, pour que les morts se sentent heureux et en paix. D'autres avaient été conçus pour les besoins du peuple. D'autres encore étaient destinés au plaisir des souverains. Rajiv aimait beaucoup se promener à la tombée de la nuit dans les jardins de Lodhi : leurs bassins et leurs longues enfilades de palmiers au tronc immense entouraient la tombe de Mohammed Shah. Sur ce magnifique monument de style indo-moghol, on pouvait encore admirer les carreaux de turquoise et les détails calligraphiques de son ornementation originale. C'était un lieu fréquenté où les couples d'amoureux pouvaient goûter un moment de tranquillité et une certaine intimité. Sur son scooter Lambretta, Rajiv montra aussi à Sonia la New Delhi impériale, ses perspectives spectaculaires dessinées par les architectes anglais pour impressionner et intimider la population. Celle qui partait de l'arc de triomphe de la porte de l'Inde, où brûle une flamme éternelle à la mémoire des soldats indiens tombés lors des deux guerres mondiales, était grandiose. Comme l'imposant édifice de South Block, mélange de style moghol et néoclassique. Derrière sa façade ornée de bas-reliefs représentant éléphants et fleurs de lotus, se trouvaient le bureau d'Indira Gandhi et le palais de la présidence de la République. Ce palais avait jadis été la résidence du vice-roi britannique : cet élégant bâtiment de grès beige et rouge, coiffé d'une vaste coupole en cuivre aux proportions parfaites, était souvent considéré comme l'un des plus beaux édifices du XXe siècle.

Mais où se trouvait l'Inde dont on lui avait parlé ? se demandait Sonia. L'Inde qui terrifiait ses parents ? L'*autre* Inde ? Il n'était pas besoin d'aller très loin pour la trouver. Il suffisait de suivre la large avenue Rajpath, de continuer le long de l'ancienne Queen's Way pour arriver dans le Vieux Delhi. Là, c'était un autre monde. Autour du Fort rouge, un autre monument spectaculaire construit pour l'empereur Shâh Jahân (celui qui avait édifié le Taj Mahal en l'honneur de sa femme), on était plongé au cœur d'une foule colorée et bruyante qui semblait participer à un immense carnaval où se pressaient des charmeurs de serpents, des jongleurs, des devins, des musiciens, des avaleurs de sabres et des fakirs qui se transperçaient les joues avec des poignards. On était au cœur de l'Inde éternelle, celle qui envahissait les ruelles autour de la Grande Mosquée, avec ses étals de vêtements bigarrés, ses marchands de fruits, de gâteaux, de lanternes, de piles électriques, ses cireurs de chaussures, ses coiffeurs en pleine rue, ses ateliers sombres où les enfants tissaient des tapis ou fabriquaient des instruments de précision… Une explosion de vie, un chaos exotique et tapageur, un tourbillon de bruits, de couleurs et d'odeurs qui grisaient Sonia. Et partout, au bout d'une venelle obscure ou au fond d'un jardin, on pouvait voir une tombe ou un cénotaphe, un monument musulman ou hindou qui remontait à la nuit des temps, comme pour rappeler combien l'Inde était un vieux pays. Nehru ne l'avait-il pas décrite comme « un antique palimpseste, où des couches conjointes de pensée et de rêverie ont laissé leur marque sans que personne ait pu les effacer ou occulter ce qui y avait été inscrit en premier lieu » ?

Et puis, il y avait le spectacle de la pauvreté. Un triste spectacle auquel Sonia assistait à l'arrière de la moto, quand elle circulait avec Rajiv dans certains quartiers : des enfants nus courant dans les rues, des vieux faisant tinter leur sébile, des gens qui se lavaient et faisaient leurs besoins sur les trottoirs. Ils rappelaient vaguement à Sonia les pauvres de sa Lusiana natale quand elle était petite, dans les années 1950 : ces enfants nus en plein hiver, ces familles ayant à peine de quoi se nourrir et pour qui sa mère avait tant de compassion, ces estropiés sur les places, d'anciens combattants revenus blessés du front russe… Mais ce qu'elle n'avait jamais vu, c'étaient les difformités qu'exhibaient certains lépreux de Delhi qui guettaient les voitures arrêtées aux feux rouges. L'Inde de 1968 comptait autant de lépreux que le Portugal d'habitants, autant de mendiants que la population des Pays-Bas. Auxquels il fallait ajouter les onze millions de *sadhus* et les dix millions d'enfants de moins de quinze ans qui étaient déjà mariés ou veufs. Quarante mille enfants naissaient chaque jour. Un cinquième d'entre eux mourait avant l'âge de cinq ans ; plus qu'à l'époque de l'indépendance, vingt ans plus tôt. À vrai dire, l'amélioration – légère pourtant – des conditions sanitaires avait entraîné un problème encore plus grave : la période de fertilité des Indiens s'allongeait. En conséquence, l'explosion de la natalité devenait le plus grave problème du pays, car elle « absorbait » littéralement le développement économique. Chaque année, la population de l'Inde augmentait d'un nombre d'habitants équivalant à celui de l'Espagne.

Pour Sonia, tout ce qui l'entourait était nouveau et déroutant : les couleurs, les saveurs, les gens. « Mais le plus étrange était les yeux des Indiens, ces regards qui me suivaient partout. » Elle s'initiait au monde indien et découvrait combien les habitants de cet immense pays pouvaient se montrer curieux et inquisiteurs, en particulier à cette époque où l'Inde n'accueillait presque aucun touriste. Tout étranger attirait l'attention, *a fortiori* si cet étranger était une femme, jolie, avec une minijupe, comme c'était à la mode en Europe cette année-là : elle se transformait en pôle d'attraction immédiat. Ou en objet d'opprobre. Sonia dut apprendre à contrôler ses mouvements et à changer sa manière de s'habiller, mais ce n'était pas toujours facile : « Le manque absolu d'intimité, l'obligation de me réprimer et de ne jamais laisser libre cours à mes sentiments m'exaspéraient. » Les démonstrations publiques d'affection étaient mal vues, non seulement dans la rue mais dans la vie quotidienne. Elle ne pouvait donner un baiser à Rajiv si quelqu'un était présent, ni même marcher en le tenant par la main sans que cette attitude fasse scandale. Elle découvrait que l'Inde était le pays le plus prude du monde, peut-être en partie à cause de l'héritage de l'Angleterre victorienne. Et puis, en tant qu'Italienne, elle rencontrait d'autres difficultés : la nourriture, par exemple. Sonia ne s'habituait pas au piment, il lui semblait qu'il masquait le goût des aliments. De même, elle ne se faisait pas aux sauces trop fortes, ni à la saveur aigre-douce de certains plats. Sans compter les dîners mondains, où l'on buvait et parlait longuement, avant de passer à table en toute hâte et de s'éclipser sans s'attarder autour d'un dessert.

Elle ne tarda pas à comprendre que les regards qui se posaient sur elle avec tant d'insistance n'étaient pas dus au seul fait qu'elle était étrangère et jolie, ou qu'on la prenait pour un oiseau rare. Elle était perçue comme le nouveau membre d'une famille qui menait depuis longtemps une vie publique. Tout ce que faisaient et disaient les Nehru, et inversement ce qu'ils s'abstenaient de faire ou de dire, était scruté, analysé et jugé. Comment peut-on vivre ainsi ? se demandait-elle avec anxiété.

Mais, en dépit de tout, Sonia n'avait aucune envie de rentrer en Italie. L'Inde était un monde très différent, et elle avait encore beaucoup de chemin à parcourir pour la connaître ou même l'explorer. Et ce long voyage main dans la main avec Rajiv promettait d'être passionnant malgré tous les écueils. De surcroît, elle était entourée d'affection. Sanjay la traitait comme une sœur, mi-protecteur, mi-amusé de la voir s'adapter tant bien que mal. Amitabh Bachchan et sa famille aussi. Elle se sentait soutenue et aimée. Et pour Rajiv comme pour elle, la perspective d'une nouvelle séparation était tout simplement inconcevable. À quoi bon perdre encore du temps, s'en retourner en Italie pour attendre d'hypothétiques retrouvailles après de longs mois de souffrance ? Rajiv ne pouvait envisager de s'établir en Europe : il voulait se faire engager par Indian Airlines dès qu'il aurait son diplôme de pilote de ligne. Quand ce serait chose faite, ils pourraient se marier et habiter dans un appartement à eux. Ici, à Delhi, tout serait plus facile ; la vie à deux était à portée de main. C'était à Sonia de franchir le pas définitif, à elle d'accepter d'abandonner famille et pays natal jusqu'à nouvel ordre. Elle était venue pour apprendre à connaître l'Inde et ses coutumes, mais elle n'avait pas besoin d'en savoir plus, car au fond, avant même de monter dans l'avion, elle avait déjà pris la décision de rester fidèle à son cœur. Même si cela signifiait aller à l'encontre de soi-même, de son naturel docile car elle ne voulait même pas imaginer le visage de son père quand elle lui annoncerait qu'elle ne rentrerait pas et qu'elle allait se marier.

Indira fut surprise quand elle apprit que Sonia comptait rester en Inde et se marier au plus tôt. Cela faisait exactement trois ans que Rajiv et elle s'étaient rencontrés à Cambridge. Ils avaient attendu comme on le leur avait demandé. Ils avaient suivi toutes les recommandations. Maintenant le moment était venu de se décider. Indira était consciente que l'arrivée de Sonia avait provoqué une petite révolution dans la bonne société de New Delhi, même si ni elle ni Rajiv ne l'avaient recherchée, bien au contraire. Sa seule présence, le fait qu'elle était la fiancée du fils d'Indira Gandhi et que jamais un Nehru n'avait encore épousé une étrangère avaient donné lieu à toutes sortes de conjectures. Bien que Delhi fût la capitale d'un pays de sept cents millions d'habitants, cette bonne société ne représentait qu'un petit nombre de gens, très conventionnels pour la plupart, et toutes les familles importantes se connaissaient entre elles. Dans les salons, les commentaires étaient souvent élogieux : « Comme elle est jolie, quelles manières charmantes ! » Mais certains relevaient l'ascendance obscure de la jeune Italienne – « Elle n'est personne ! », ou, pis encore, « elle est de basse caste ! » ; d'autres, sa façon de s'habiller – « Elle veut attirer l'attention » –, pendant que d'autres encore lui déniaient le moindre intérêt – « Qu'est-ce que Rajiv peut bien lui trouver ? » –, ou exprimaient même un sentiment d'outrage national : « Est-ce qu'il n'aurait pas pu se fiancer à une fille de chez nous ? » Sans le vouloir, Sonia s'était donc attiré la désapprobation d'un bon nombre de demoiselles et de leurs mères, qui la voyaient non seulement comme une étrangère, mais comme une intruse, venue leur dérober un des partis les plus prestigieux du pays.

« Au bout d'une ou deux semaines, devait dire Usha Bhagat, la secrétaire d'Indira, Mme Gandhi s'est rendu compte que Rajiv et Sonia s'adoraient et qu'il ne servirait à rien d'attendre davantage. Leurs promenades dans New Delhi ne faisaient qu'alimenter les bavardages et la meilleure façon d'y couper court était de les laisser se marier. » Mais quand Rajiv parla à sa mère de chercher un appartement pour emménager avec Sonia dès qu'il aurait un travail, Indira ne voulut pas en entendre parler. « C'est une chose de se marier en dehors de la communauté. Mais vivre séparés est absolument contraire à la tradition indienne de la famille unie. On nous traiterait d'Occidentaux, on nous accuserait de contrevenir à tous les bons usages. » Si Rajiv avait été européen ou occidental, il aurait sans doute désobéi à sa mère et serait parti vivre seul avec sa femme. Mais il était indien, et en Inde, les fils se conforment à la tradition. Surtout quand ils sont censés donner l'exemple. La seule solution était que Sonia accepte une condition que la plupart des femmes occidentales auraient jugée inadmissible. Mais Sonia n'avait d'autre choix que de s'adapter à l'Inde, elle ne pouvait aller à l'encontre d'usages immémoriaux. Ici, un mariage était une affaire familiale beaucoup plus qu'individuelle : l'harmonie des membres du clan avait plus de valeur que l'amour entre deux personnes. L'épouse entrait dans la famille de l'époux. Sonia devrait vivre à l'indienne, et donc s'installer sous le même toit que sa belle-mère, que son beau-frère, sa femme et ses enfants si celui-ci se mariait un jour. Tout ce monde cohabiterait au numéro 1 de Safdarjung Road. Sonia accepta, car elle aimait Rajiv sans conditions. De toute façon, vivre en famille n'était pas de nature à effrayer une Italienne qui avait passé son enfance dans un village où les Maino formaient presque une tribu. En outre, elle se disait que bien entourée, mieux protégée, elle pourrait s'adapter aussi plus facilement. À vrai dire, elle ne voyait que le côté positif des choses : c'est un des avantages de l'amour, qui agit comme un euphorisant.

Il fut décidé que le mariage aurait lieu le 25 février. La date était très proche, mais c'était mieux ainsi. Indira voulait éviter que les noces de son fils ne se transforment en une affaire nationale, comme les siennes autrefois. Elle raconta à Rajiv et Sonia qu'en épousant Firoz, elle s'était mis tout le pays à dos, comme si chacun de ses habitants s'était cru autorisé à émettre une opinion sur son choix. Des milliers de lettres et de télégrammes avaient inondé Anand Bhawan, certains insultants, la plupart hostiles ; un petit nombre seulement l'avaient félicitée. Il y avait une explication : en refusant un mariage arrangé entre familles et en osant s'unir à un conjoint d'une autre religion, Firoz et Indira avaient transgressé deux traditions profondément enracinées. Cette audace avait suscité la fureur des hindous les plus intégristes. Et voilà que l'histoire se répétait. Comme si les enfants héritaient de leurs parents leurs particularités physiques et leurs aptitudes, mais aussi leurs conflits intérieurs, leurs contradictions et leurs questionnements existentiels.

« Cher papa, chère maman, écrivit Sonia, je suis très heureuse et je vous envoie cette lettre pour vous annoncer que Rajiv et moi allons nous marier. Je vous attends tous ici le 25 février. » Sonia ne soupçonnait pas que le jour où sa lettre arriverait à Orbassano, la nouvelle aurait déjà été diffusée par la presse, les radios et les télévisions du monde entier. Un journaliste du quotidien turinois *La Stampa* s'était présenté au 14, via Bellini. « Les parents et les deux sœurs de la promise vivent des moments d'extrême tension, écrivit-il. Le téléphone ne cesse de sonner et des reporters et des photographes font la queue devant la porte. Le père, Stefano, un homme de cinquante-trois ans, n'est pas du genre à parler pour ne rien dire : “Toute ma vie, j'ai travaillé pour assurer l'avenir de mes filles… Quant au mariage, mieux vaudra en parler quand il aura eu lieu, ou mieux encore n'en parler jamais”, a-t-il déclaré d'un ton qui laissait transparaître son chagrin. La mère, Paola, qui a quarante-cinq ans, ne parvient pas à retenir ses larmes : “Je suis terrifiée à l'idée que ma fille vive dans un pays si lointain.” Au sujet du fiancé, ils ont ajouté : “C'est un garçon tranquille, bien élevé et sérieux.” Lorsque je leur ai demandé s'ils assisteraient à la cérémonie, le père m'a répondu : "Je crains que le désir de Sonia ne puisse se réaliser. Ma femme ira seule. J'ai trop de travail et je ne peux prendre le temps d'un si long voyage. Je serai avec ma fille par la pensée." »

Comme un mariage religieux était impossible, il n'y aurait qu'un mariage civil. Et la noce serait simple : les intéressés ne voulaient pas de festivités matrimoniales « à l'indienne » qui durent souvent plusieurs jours. Indira était hostile aux déploiements pompeux et somptuaires des noces indiennes, où les familles faisaient étalage de richesse, de relations et de pouvoir. Les Nehru n'avaient pas besoin d'étaler quoi que ce soit. En revanche, ils avaient besoin d'espace vital. La villa coloniale que le gouvernement avait attribuée à Indira au moment de sa nomination au poste de Premier ministre était trop petite. Si petite que les secrétaires et les assistants devaient travailler sous des tentes dans le jardin. Même si l'on donnait au nouveau couple une chambre et un petit salon dans le fond avec une entrée indépendante sur l'extérieur, Rajiv et Sonia seraient trop à l'étroit. Indira entama donc des discussions avec son cabinet pour faire agrandir la maison. Bientôt, les ouvriers commencèrent les travaux.

L'agitation des préparatifs absorba bientôt tous les membres de la famille, et surtout Sonia. Elle n'était pas très contente de devoir abandonner ses pantalons ajustés : elle se sentait ridicule en sari. Elle ne parvenait pas à se faire à cette tenue, craignant à tout moment que les six mètres de tissu qui l'enveloppaient ne se déroulent ou ne tombent par terre. Elle se voyait comme ces touristes à la peau trop blanche qui se pavanent dans des saris criards. Pour ces femmes bien sûr, il ne s'agissait que d'un jeu, d'un déguisement pour les besoins d'une photo qu'elles montreraient à leur retour ; mais pour elle, le sari avait une tout autre signification. Il marquait la première étape de son processus d'indianisation. Tôt ou tard, elle devrait bien s'y habituer.

Il fallait s'occuper d'une multitude de détails : la liste des invités, le dessin des invitations, les essayages de coiffure, de maquillage, etc. Sonia en avait le tournis, d'autant qu'elle comprenait mal l'anglais des Indiens, qui parlaient presque tous avec un fort accent. Au fond, elle aurait voulu que tout soit fini le plus vite possible. Sa timidité naturelle l'empêchait de se détendre quand elle était le centre de l'attention ; mais elle ne pouvait rien faire pour se contrôler. Le jour de sa première sortie en famille comme fiancée officielle de Rajiv, elle fut littéralement assaillie par les journalistes. Elle assistait à un défilé Pierre Cardin à l'hôtel Ashok de New Delhi, et la revue *Femina* consacrait un long reportage à l'événement. Sonia était ravissante sur la photo : ses cheveux lisses tombaient sur ses épaules couvertes d'un sari de soie imprimée. Elle était assise entre Rajiv et Sanjay, la tête un peu tournée pour parler à Indira, et le cliché laissait augurer d'une parfaite harmonie familiale. En quittant les lieux, Sonia répondit à la question insidieuse d'un reporter : « Je vais me marier avec Rajiv l'homme, pas avec le fils du Premier ministre. » Bien sûr, il était inévitable que beaucoup la perçoivent comme une opportuniste, une ambitieuse qui avait ferré un gros poisson. Ce qui l'indignait et l'attristait profondément. Quand un autre journaliste lui demanda ce que lui inspirait la perspective de vivre en Inde, à plusieurs milliers de kilomètres de son Italie natale, elle leva la tête et tourna les yeux vers Rajiv avec un sourire timide et répondit : « Avec Rajiv, j'irais jusqu'au bout du monde. »

Mais l'Inde n'était-elle pas justement le bout du monde à l'époque ? Pour la famille Maino, cela ne faisait aucun doute, et ils trouvèrent à peine le temps de s'organiser. Seuls entreprirent le voyage la mère de Sonia, sa sœur aînée Anushka et son oncle Mario (le frère de sa mère) qui devait jouer le rôle de Stephano en offrant la main de sa jeune nièce. Ils arrivèrent la veille du mariage, alors qu'on célébrait dans le jardin des Bachchan la cérémonie du *mehendi*, une sorte d'enterrement de vie de jeune fille. Bien que la tradition veuille que ni le fiancé ni ses parents n'y assistent, on avait fait une exception : Rajiv et sa mère étaient présents car ils tenaient à accueillir la famille venue d'Italie. Indira se montra chaleureuse et pleine d'attentions pour Paola, qui se sentait à la fois intimidée et très impatiente de voir sa fille. Elle la cherchait partout du regard. Quand on lui indiqua où elle se trouvait, elle fut abasourdie :

« *Mamma mia !* »

Elle faillit éclater en sanglots. Elle ne l'avait pas reconnue. Sonia avait la tête couverte d'un voile rouge et violet. Elle était vêtue d'une jupe rouge typique du Cachemire, qui lui tombait jusqu'aux pieds et un corsage rouge incrusté de broderies. Elle était parée de bracelets, de colliers et d'une coiffe faite de pétales de tubéreuse et de jasmin – ce qu'on appelait des « bijoux floraux » en Inde –, ainsi que d'un *tilak* sur le front – ce point rouge qui symbolise le troisième œil, capable de voir au-delà des apparences. De gracieuses arabesques et des motifs alambiqués dessinés au henné, une pâte extraite des branches broyées d'un arbuste, lui couvraient entièrement les mains, les bras et les pieds. Quand elle se fut remise de sa surprise, sa mère l'embrassa. « Heureusement que ton père ne te voit pas comme ça ! » dit-elle avec émotion. Le pauvre Stefano, à huit mille kilomètres de là, était bien triste. Dans le bar de Nino, il déclara à son grand ami le mécanicien Danilo : « Ils la livreront aux tigres ! » L'ancien berger des monts Asiago ne croyait pas si bien dire.

Au bout de quelques instants, plusieurs jeunes filles s'étaient approchées de Paola et Anushka, elles offrirent de leur peindre les mains. Tout en leur appliquant du henné sur la peau, elles leur expliquèrent la tradition ; plus les dessins sont noirs sur les mains de la fiancée, plus il y aura d'amour dans le mariage. Et plus ils tardent à s'effacer, plus longtemps durera la passion. Paola et Anushka observaient les arabesques de Sonia : elles étaient noires comme si on les avait dessinées à l'encre de Chine.

Le mariage proprement dit eut lieu le lendemain, à six heures du soir, dans le jardin du 1, Safdarjung Road. Indira avait tiré de son armoire le sari que Sonia devait porter, celui-là même qu'elle arborait le jour de son propre mariage, celui que Nehru avait tissé durant ses longs mois d'emprisonnement. Sonia le reconnut, elle l'avait vu à l'exposition de Londres ; et les mots de Rajiv lui revinrent en mémoire : « J'espère qu'un jour, tu le porteras. » Elle avait alors cru à une plaisanterie. Elle rêvait encore de se marier en blanc. Maintenant, elle y voyait un honneur et un signe de son amour, sans soupçonner un instant qu'en revêtant ce sari rose elle entrait à son tour dans l'histoire de l'Inde.

Un petit incident irrita Rajiv, la découverte de journalistes parmi les invités. C'était son mariage qu'on célébrait, et il ne voulait ni interférences ni publicité. Ce jour-là, il voulait n'être que Rajiv, non le fils du chef du gouvernement de l'Inde. Bien sûr, c'était naïf de sa part. Mais il refusa de sortir de la maison tant que les paparazzi n'auraient pas été expulsés. Il fallut beaucoup de patience à Indira pour le calmer. Quand la *Marche nuptiale* de Mendelssohn annonça l'arrivée de la fiancée, il se tranquillisa. Il sortit l'accueillir dans le jardin, où se trouvaient quelque deux cents invités : des amis et des relations de la famille. Quand il la vit entrer au bras de son oncle Mario, son visage s'illumina. Sonia, resplendissante, était l'élégance incarnée : les cheveux réunis en un chignon que retenait une broche de jasmin, la peau éclatante grâce au masque de curcuma qu'on lui avait posé quelques heures plus tôt, un unique bracelet d'argent au poignet, les yeux ourlés de khôl et le visage entouré de pendants de fleurs. Ils formaient un beau couple. Lui portait un pantalon blanc, une longue veste crème boutonnée jusqu'au col, un turban saumon (comme ses amis et cousins) et des chaussures du genre babouche, à la pointe courbée vers le haut, comme un prince des *Mille et une nuits.* Après l'échange rituel de guirlandes, ils se dirigèrent vers un coin du jardin où, autour d'une table protégée par un immense paravent de fleurs tressées, se trouvaient réunis les intimes. Ils signèrent le registre civil et échangèrent les alliances. Sonia luttait pour maîtriser ses émotions. Chaque fois qu'elle croisait le regard de sa mère, une envie de pleurer la submergeait. Aussi préférait-elle chercher les yeux de Rajiv pour y puiser des forces. L'oncle Mario semblait perdu ; il regardait sa nièce avec tendresse et un brin de condescendance. Paola ne laissait rien paraître, même si au fond ce mariage sans prêtre lui causait une peine infinie. Les paroles de Rajiv, qui lut quelques vers du *Rig-Veda* choisis par sa mère, mirent un point final à la cérémonie :

Doucement souffle le vent,
Doucement coule la rivière.
Que les jours et les nuits nous apportent le bonheur ;
Que la poussière de la terre nous apporte le bonheur ;
Que les arbres nous récompensent de leurs fruits,
Et que le soleil nous enveloppe de bonheur…

Ce fut tout. Les mariés franchirent le paravent pour être accueillis par une pluie de pétales de fleurs et le vacarme d'un feu d'artifice savamment orchestré par Sanjay. La cérémonie n'aurait pu être plus simple. C'est ainsi qu'Indira l'avait voulue, elle n'avait pas cherché à contenter les hindous orthodoxes qui réclamaient une cérémonie religieuse complète. Quand elle s'était mariée, Nehru avait insisté pour qu'elle sacrifie au rite traditionnel, en faisant sept tours autour du feu sacré et en écoutant des mantras interminables, car il ne voulait pas se mettre les intégristes à dos. Elle avait accepté, mais à présent elle prenait sa revanche. Indira était plus coriace que son père. D'ailleurs, elle n'avait pas pleuré lors de son propre mariage. Nehru, lui, n'avait pu s'empêcher d'avoir les yeux humides.

9.

Dans l'après-midi, Sonia avait transporté ses affaires de la maison des Bachchan à son nouveau domicile. Les travaux avaient agrandi le salon principal qu'Indira avait décoré dans les tons rose pastel et vert mousse. Derrière la villa, une porte coulissante s'ouvrait sur le jardin planté d'arbres énormes et d'arbustes où voltigeaient des oiseaux et des papillons.

Après la fête, la jeune mariée se dirigea vers la partie la plus intime de son nouveau foyer : une grande chambre confortable qu'on avait ajoutée au fond de la maison et qui sentait encore le plâtre. Sa mère lui avait apporté des vêtements d'Italie, ainsi que des livres, des disques et les journaux distribués dans l'avion, car elle craignait que sa fille n'ait le mal du pays. Assise sur le lit, Sonia jeta un coup d'œil aux gros titres. « Le vent fait trembler la tour de Pise », « Lucia Bosé a demandé la garde de ses enfants », une interview du premier homme qui avait vécu quinze jours avec un cœur greffé, un Sud-Africain nommé Blaiberg. Tout cela lui semblait des nouvelles d'une autre planète. Des nouvelles d'un monde qui n'était déjà plus le sien. Tandis que Rajiv ôtait son turban de cérémonie devant le miroir de la salle de bains et que des domestiques entraient et sortaient en la regardant du coin de l'œil, Sonia fut saisie d'un vertige à la pensée que désormais, elle ne pouvait plus revenir en arrière. Les dés étaient jetés. Comment en était-elle arrivée là ? Elle-même était surprise de la force qu'elle avait trouvée pour parvenir à son but. Elle qui s'était toujours montrée l'ennemie des conflits avait su affronter sa famille avec une obstination dont jamais elle ne se serait crue capable. Au bonheur d'avoir réussi, de sentir la présence de Rajiv à ses côtés, se mêlaient un profond étonnement, et une pointe de chagrin aussi. Elle était triste pour son père. Triste de ne pouvoir partager le moment le plus important de sa vie avec tous ceux qu'elle aimait, ses amies du quartier, ses anciens professeurs, ses vieilles camarades de classe... Elle était triste aussi de devoir quitter ses parents, sa petite ville, son pays, le monde de l'enfance. Triste pour sa mère, car elle devinait sans peine dans son regard tout ce qui pouvait la tourmenter, depuis les coutumes « exotiques » à cette vie qu'elle devrait mener, dans la grande maison familiale, avec sa belle-mère au bout du couloir (et le fait qu'elle soit Premier ministre n'y changeait rien). Sonia avait dû forcer les choses, et l'équilibre dans la vie des Maino en avait été bouleversé. Aussi se sentait-elle coupable. Mais la vie l'avait poussée à prendre le taureau par les cornes, et depuis qu'elle avait donné sa main à Rajiv en réponse à sa timide proposition, là-bas, dans les jardins de la cathédrale d'Ely, elle n'avait fait que se montrer cohérente avec elle-même. Cette mélancolie n'étonna personne, car la tradition indienne considérait que, pour une fille, quitter la maison de son père pour rejoindre une autre famille était une étape très douloureuse. Les jeunes mariées indiennes pleuraient en général beaucoup, et parents et amis se montraient affligés et pleins de compassion. Sonia n'avait pas envie de pleurer, mais elle se sentait le cœur gros, même si tout allait trop vite pour qu'elle puisse s'apitoyer sur elle-même.

Le lendemain après-midi, une réception eut lieu à Hyderabad House, un palais de style anglo-moghol que le nizam de Hyderabad avait fait édifier en 1928 pour l'offrir à sa maîtresse. Il appartenait aujourd'hui au gouvernement et servait de résidence aux dignitaires étrangers. On y organisait aussi de grands événements médiatiques et des conférences de presse. Un millier de personnes s'y bousculaient : des relations de la famille, des compagnons du parti du Congrès et d'autres politiciens, des diplomates, des journalistes, des artistes, etc. Avant d'entrer, chacun présentait le carton doré qu'il avait reçu du secrétariat du Premier ministre. Tous les invités souhaitaient voir de près la nouvelle épouse venue d'Italie pour juger par eux-mêmes de la pertinence des rumeurs qui circulaient à son sujet (exagérées comme il se doit par les bavards et les malveillants). Sonia, enveloppée dans un autre splendide sari, se sentait comme une bête de foire. Les femmes semblaient la regarder pour tenter de deviner de quel bois elle était faite. La plupart avaient voyagé à l'étranger et étaient conscientes des différences entre l'Inde et l'Europe. Certaines la regardaient avec pitié, d'autres avec envie, d'autres encore, heureusement, avec une réelle sympathie. Quand vint l'heure de dîner, tous s'assirent au sol, selon la coutume du Cachemire. Au son d'un petit orchestre de musique classique indienne, les invités dégustèrent de succulents plats typiques aromatisés à la cannelle, à la cardamome, au safran et au clou de girofle : de l'agneau aux navets, du poulet aux épinards, du poisson à la racine de lotus… Il y avait aussi des pommes de terre cuites dans une sauce au fromage blanc à l'intention des végétariens. On avait prévu de la nourriture italienne pour la famille de Sonia et des plats parsis pour les oncles de Rajiv. Le délicieux thé vert du Cachemire, le *kavha*, fut servi à la fin. Mais la réception n'avait rien d'ostentatoire. « Le budget était modeste », devait confier Usha, la secrétaire d'Indira.

Il n'y avait pas non plus d'argent ou de temps à consacrer à un grand voyage de noces. Mais Rajiv tenait à montrer un peu de son pays aux proches de Sonia : il les emmena au Rajasthan, au cœur de l'Inde romantique, sur les terres des anciens seigneurs féodaux, la région la plus spectaculaire du subcontinent. Il leur parut incroyable qu'on trouve encore, si près d'une grande ville comme Delhi, ces villages moyenâgeux d'une éblouissante beauté, sans électricité ni eau courante. Tous les métiers de l'Inde se côtoyaient sur la place du marché : fripiers, dentistes ambulants, paysans accroupis près de leurs étals de légumes, tailleurs, forgerons, menuisiers, bijoutiers… Des chèvres, des vaches et des chameaux circulaient en grand nombre parmi des tas d'épices de toutes les couleurs – poudre de safran ocre, de curcuma jaune, de piment rouge broyé, et ainsi de suite. Sur la route vers le parc national de Ranthambore, la campagne était constellée de taches jaunes, rouges, mauves ou roses : les turbans des paysans et des bergers qui marchaient dans la poussière que soulevaient leurs troupeaux. Leurs femmes allaient vêtues des mêmes couleurs ; elles portaient des bijoux en vieil argent et des pierres semi-précieuses qui leur donnaient l'allure de princesses plutôt que de paysannes.

Ranthambore est un parc naturel, qui a été aménagé dans une région sauvage pour assurer la survie du tigre. En haut d'un promontoire, une immense forteresse dominait le parc et abritait des temples en ruine, des palais et des cénotaphes pris dans les racines de fromagers gigantesques. Plus bas, parmi des collines couvertes de végétation et des lagunes aux eaux argentées, on apercevait des cerfs, des antilopes, des ours, des chacals, des chevreuils et des sangliers. Et si l'on avait de la chance, un tigre au petit matin. Rajiv adorait cet endroit, car il pouvait y satisfaire deux de ses passions : l'amour des animaux et celui de la photographie. De surcroît, il pensait que la famille de sa femme garderait ainsi un bon souvenir de l'Inde, car dans ces forêts on ne voyait pas la misère humaine. Il raconta à Paola, à Anushka et à l'oncle Mario que son frère et lui avaient passé leur enfance entourés d'animaux, car il y avait une véritable ménagerie dans les jardins de Teen Murti House. La plupart de ces animaux étaient des cadeaux de chefs d'État ou d'hommes politiques à l'intention de Nehru. Ils avaient eu des perroquets, des colombes, des écureuils, un crocodile et même un panda de l'Himalaya appelé Bhimsa, don de l'État d'Assam à son grand-père. Sans oublier les trois bébés tigres : Rajiv en était fou, et un de ses grands chagrins d'enfant fut de se séparer de l'un d'eux le jour où Nehru décida de l'offrir au maréchal Tito.

Sur le chemin du retour, ils s'arrêtèrent dans un village où l'on célébrait une noce. Une authentique noce hindoue, pleine de bruit et de couleurs. Le fiancé, le visage caché par un petit rideau de fleurs, apparut juché sur une maigre jument blanche couverte d'un tapis de velours brodé d'or. Au son des tambours et des tambourins, il s'avança vers sa fiancée qui l'attendait sous une tente. Les familles étaient très fières de voir des étrangers assister à la cérémonie et leur offrirent aussitôt du thé et des friandises, tandis que le garçon descendait de sa monture. Le prêtre invita alors les deux fiancés à faire officiellement connaissance. Chacun écarta timidement le voile de l'autre de sa main libre. Le visage joyeux du garçon apparut aux yeux craintifs de sa promise, une enfant qui ne devait pas avoir plus de douze ans, fragile et effrayée comme un oiseau. Sa famille l'observait avec une émotion mal contenue. Rajiv faisait office d'interprète : il traduisait et expliquait les coutumes. Derrière cette simple noce, d'apparence si ingénue et pleine de bons sentiments, se cachaient plusieurs des grands maux du pays, de véritables plaies sociales. Les mariages de mineurs comme celui-ci exposaient des enfants à des grossesses précoces et leur cortège de mortalité ou de problèmes de santé pour la mère comme pour l'enfant. En outre, les parents de la mariée, qui semblaient être de pauvres paysans, s'étaient sûrement endettés de longues années pour constituer la dot, condition indispensable au mariage de leur fille. Bien sûr, la cérémonie était très charmante et pittoresque, mais ces mœurs maintenaient les pauvres dans la misère. C'est en cette occasion que Sonia entendit parler pour la première fois de la coutume du *sati*, qu'on pratiquait encore sporadiquement dans cette région. Les invités de la noce parlaient d'un cas récent, qui s'était produit non loin de là et avait donné lieu à un scandale national. Une jeune veuve s'était jetée dans le bûcher funéraire de son mari. La police avait enquêté sur l'affaire sans découvrir la vérité. Les opinions des personnes présentes étaient très partagées : certaines disaient que cette jeune femme était une sainte qui avait eu le courage de se transformer en *sati* ; d'autres, qu'elle avait été droguée et forcée à sauter dans le feu pour qu'elle ne puisse hériter d'aucun des biens de son défunt époux… Rajiv penchait pour cette explication. Comment moderniser ce pays ? semblait-il se demander en conduisant la voiture vers Delhi. Sans aucun doute, il pensait à la tâche immense qui incombait à sa mère.

Pour Sonia, le moment de faire ses adieux aux siens était venu. Elle les accompagna à l'aéroport. Après avoir embrassé sa mère, elle s'effondra soudain et éclata en sanglots : elle savait combien Paola souffrait de laisser ici sa fille bien-aimée. L'heure de la vraie séparation avait sonné : sa mère rentrait chez elle, au foyer de ses ancêtres ; et Sonia restait en terre étrangère, seule, sans ses proches. Jamais auparavant la réalité ne leur était apparue si crûment à l'une et à l'autre, et toutes deux n'étaient qu'un torrent de larmes. Pourtant, elles n'étaient pas du genre à pleurer facilement. Ce qui rendait la scène encore plus déchirante.

« Écris-moi souvent, appelle-moi souvent…

—Je te le promets, *mamma.* »

Sur le chemin du retour, Sonia s'essuya le visage, tandis que lui revenaient en mémoire des souvenirs de moments heureux, ceux de son enfance à Lusiana, quand elle rentrait les vaches à l'étable avec son père et sa mère, ou quand des amies et des cousines arrivaient avec des cadeaux pour fêter son anniversaire. Que cette vie lui semblait lointaine ! Elle se rendait compte à présent qu'en restant en Inde, il lui faudrait tout recommencer de zéro. Sous l'effet de toute cette tension et de ce tumulte intérieur, elle se sentait faible et déprimée. Elle avait besoin de voir Rajiv le plus vite possible. Lui seul pouvait la consoler, car il était à la fois la cause de son angoisse et son antidote.

Mais Rajiv n'était pas à la maison ; il était à son cours de pilotage, à l'aéroclub. Sonia se dirigea vers leur chambre. Si son mari n'était pas là, alors elle préférait rester seule, se jeter sur le lit et pleurer toutes les larmes de son corps, conjurer la mélancolie jusqu'à son retour. Mais dès qu'elle ouvrit la porte, elle aperçut une enveloppe sur le lit, avec l'en-tête du bureau du Premier ministre. Elle la décacheta. C'était un petit mot d'Indira, qui disait : « Sonia, nous t'aimons tous beaucoup. » Alors, le visage de Sonia s'éclaira. Sa mélancolie disparut comme par enchantement, et elle sortit en souriant de la chambre.

10.

Dans la maison des Gandhi, la vie débutait chaque jour de bonne heure, presque à l'aube. Quand Sonia s'éveillait, Indira était déjà à la grille du jardin pour ses conversations quotidiennes avec les pauvres en quête de son *darshan.* Ensuite, elle montait dans la voiture officielle qui la conduisait à son bureau de South Block, où elle passait la matinée. L'après-midi, elle avait l'habitude de travailler dans son bureau personnel au 1, Akbar Road, à une cinquantaine de mètres de la maison, qui faisait office de siège pour le parti du Congrès. Pour s'y rendre, elle traversait des jardins toujours verts et ornés de plates-bandes fleuries et de plantes aromatiques. Une agréable petite promenade. Le gouvernement venait de lui céder ces locaux pour que tout le monde soit à son aise dans la villa de Safdarjung Road.

Rajiv partait tôt lui aussi pour suivre ses cours de pilotage. Il avait obtenu sans difficulté son diplôme de pilote de ligne et s'entraînait maintenant chez Indian Airlines, la compagnie nationale. Il pilotait un DC-3, le fameux Dakota, l'avion des rêves de son enfance. Son frère Sanjay était absorbé par la conception d'une automobile de fabrication indienne adaptée aux routes du pays. Chaque membre de la famille menait une existence indépendante, et Sonia passait beaucoup de temps toute seule. Des moments qui lui permettaient d'observer l'agitation tourbillonnante d'une grande maison indienne et de s'adapter à la chaleur, qui ne tarda pas à se faire sentir. Une chaleur sèche, intense et brûlante qui tombait chaque jour sur la ville de façon impitoyable, et qui devait durer jusqu'aux pluies de juin, à supposer qu'elles commencent cette année en temps et en heure. Sonia n'aimait pas l'air conditionné, car elle craignait qu'il ne lui donne des crises d'asthme ; elle préférait s'asseoir sous les pales des ventilateurs fixés au plafond. Elle comprit pourquoi le personnel se déplaçait avec une telle lenteur. Au début, elle avait cru que c'était par paresse ; mais à présent, elle se rendait compte que la chaleur, qui lui rappelait celle du *ferragosto* italien – à ceci près qu'on était en mars –, amollissait les muscles et émoussait les volontés. Le personnel n'était pas nombreux pour une maison de cette importance. Dans les familles de la bonne société, la norme était d'avoir au minimum douze à quinze domestiques, chacun chargé d'une tâche qui convenait à sa caste. Même si Nehru et Gandhi avaient pris soin de supprimer officiellement les castes dans la Constitution de la nouvelle nation indépendante, dans les faits, cette structure ancestrale continuait d'influencer les comportements, surtout dans les couches inférieures de la société et dans les régions rurales. Et chez eux, les Nehru n'avaient jamais réussi à vaincre cette hiérarchisation de la vie domestique, en dépit de tous leurs efforts. Il n'était pas facile de biffer d'un trait de plume des milliers d'années d'histoire. Si bien que la tradition continuait d'imposer ses règles : celui qui servait à table n'était pas le même que celui qui débarrassait ; le chauffeur conduisait, mais ne lavait pas la voiture ; la cuisinière cuisinait, mais c'était une autre qui faisait la vaisselle ; ceux qui nettoyaient le sol des salons ne nettoyaient pas les salles de bains, et ainsi de suite. Les Nehru se contentaient d'un personnel assez réduit, mais même ainsi, Sonia n'était pas habituée à la constante présence de domestiques, qui glissaient sans bruit dans les couloirs et dont l'apparition la faisait sursauter. Ce qui la dérangeait le plus était la sensation de n'être jamais à l'abri des regards indiscrets, même dans l'intimité de sa maison. Plus d'une fois, après s'être enfermée dans la salle de bains, elle avait fait un bond en découvrant l'employé chargé du ménage, un homme osseux à la peau sombre, accroupi dans un coin, une serpillière à la main. Peu à peu, elle dut apprendre ce qu'apprenaient les épouses des diplomates en poste à New Delhi : à cohabiter avec tous ces gens, à s'en débarrasser si nécessaire, à se montrer patiente avec les balayeurs qui ne faisaient que déplacer la poussière d'un endroit à un autre, à les emmener chez le médecin s'ils étaient malades car il n'existait pas de sécurité sociale. Et surtout, à maîtriser l'art de s'adresser à chacun selon son rang ou sa religion pour qu'il n'ait à aucun moment l'impression de « perdre sa caste ».

Même la maison du Premier ministre n'échappait pas à l'agitation propre aux villes indiennes. Au milieu de la matinée, Sonia entendait les pittoresques marchands ambulants qui, de la rue, faisaient l'article de ce qu'ils vendaient de leurs voix chantantes. Certains poussaient des charrettes emplies de fruits et de légumes, d'autres transportaient des caisses de friandises, d'autres encore proposaient du lait, les journaux... Parfois, un homme accompagné d'un singe danseur ou d'un ou deux ours proposait son spectacle à la cantonade. Défilaient aussi des marchands de tissus avec leurs ballots de nappes et de linge de table, tissés à la main, unis ou imprimés, du coton le plus fin ou de soie crue, blancs ou multicolores. Le couturier s'asseyait sous la véranda et cousait toute la matinée, tandis que Sonia examinait avec émerveillement les bracelets en cristal poli que lui montrait un autre marchand, que le personnel avait laissé entrer pour la distraire. Par les portes et les fenêtres ouvertes sur le jardin lui parvenait l'arôme des fleurs ou du gazon fraîchement coupé et humide qui jaunissait au fil des jours.

Souvent, Sonia faisait un tour dans le bureau où travaillaient les deux secrétaires particulières de sa belle-mère. Plus tard, l'une des deux, Usha, se rappellerait qu'elle venait leur poser toutes sortes de questions sur les habitudes indiennes. Comment fêtait-on les anniversaires ? Quel cadeau apportait-on pour la première coupe de cheveux d'un bébé ? Comment disait-on « fermez la porte » en hindi ? Elles la taquinaient en lui disant qu'elle n'avait pas une, mais trois belles-mères. À vrai dire, on ne voyait guère Indira tant elle était occupée, mais sa présence se faisait toujours sentir. Elle était le pilier de la famille. Un jour, Sonia entra dans le bureau d'Usha, qui semblait visiblement affectée. Elle tenait à la main une petite lettre que lui avait laissée Indira dans laquelle elle exprimait une critique sur certains aspects de la conduite de sa bru : le fait qu'elle n'apprenait pas l'hindi, par exemple, ou qu'elle était trop timide avec les gens qu'elle ne connaissait pas.

« Pourquoi ne me l'a-t-elle pas dit en face au lieu de m'écrire une lettre ? demanda la jeune Italienne au bord des larmes.

— Mme Gandhi a du mal à aborder certains sujets, lui répondit Usha. C'est une femme assez introvertie. Mais ne vous inquiétez pas pour les lettres. Elle communiquait aussi de cette façon avec son mari et son père. »

Chaque visite importante, chaque occasion mondaine posait un réel problème à Sonia. Sa timidité, ou peut-être un complexe d'infériorité, la paralysait. Hormis les amis de son mari et de son beau-frère, avec lesquels elle était en confiance, il lui en coûtait beaucoup de rompre la glace et de s'ouvrir aux gens. Au fond, elle restait la petite paysanne des monts Asiago, l'étudiante provinciale débarquée sur une autre planète : la maison d'un Premier ministre, où des gens de toute sorte et de toute condition allaient et venaient sans cesse. « Longtemps, Sonia est restée très en retrait, confia Usha des années plus tard. Il était très difficile de la convaincre d'être moins renfermée. » Indira, tout occupée qu'elle fût, ne perdait pas de vue les problèmes familiaux et faisait de son mieux pour que sa bru sorte de sa carapace. « Ce serait formidable si vous pouviez persuader Sonia de venir ce soir. Mais ne la forcez pas si elle n'en a vraiment pas envie », disait-elle dans une note à sa secrétaire. Rajiv et sa mère avaient aussi un caractère réservé ; aussi comprenaient-ils que Sonia ait besoin de temps pour s'accoutumer à sa nouvelle vie. Ils ne voulaient à aucun prix faire pression sur elle, car ils voyaient bien qu'elle avait du mal à prendre ses marques. Il y avait des choses toutes simples qu'elle ne pouvait plus faire en Inde, comme sortir avec une amie pour une promenade en ville. Les grandes avenues de New Delhi n'étaient pas faites pour se promener, les distances étaient trop longues pour les parcourir à pied. De surcroît, cette partie de la ville était purement résidentielle, on n'y trouvait pas de boutiques. La restriction de ses mouvements, la nourriture, la chaleur et l'éloignement des siens lui causaient des accès de cafard, que la lecture de la revue italienne *Oggi*, envoyée chaque semaine par sa mère, ne suffisait pas à atténuer. Elle était entre deux mondes et n'appartenait ni à l'un ni à l'autre. Elle pensait à son père, à ses avertissements, et il y avait des moments où elle aurait aimé prendre le téléphone et parler avec lui ; mais Sonia était forte, et elle savait qu'il lui fallait être patiente. La présence de Rajiv, quand il rentrait en fin d'après-midi, calmait le plus souvent ses angoisses.

En mai, il faisait si chaud qu'Indira invita Sonia à l'accompagner dans un voyage officiel au royaume de Bhoutan, un petit pays sur les contreforts de l'Himalaya qui vivait complètement à l'écart du reste du monde. Elle pensait que le changement d'air lui ferait du bien. Pour lui tenir compagnie, elle invita aussi la fille du ministre des Affaires étrangères, Priti Kaul, qui avait le même âge que Sonia. La visite ne dura que deux jours, mais elles passèrent des moments délicieux. Dès leur descente d'hélicoptère, elles furent reçues par le roi Dorje Wangchuk, un homme très affable, fervent bouddhiste et monarque absolu qui gardait son royaume fermé au monde extérieur. Il faisait une température idéale, l'air était si limpide qu'on avait l'impression de pouvoir le boire. Quel soulagement ! pensa la jeune Italienne en sentant la brise fraîche de la montagne lui caresser le visage, comme au temps où elle partait en excursion dans les Alpes. Ici, il n'y avait ni télésièges ni restaurants, mais seulement des drapeaux de prière flottant au vent pour répandre les oraisons bouddhistes jusqu'en haut de l'Himalaya, dont les pics acérés se détachaient sur fond de ciel intensément bleu. Il n'y avait rien qui puisse être qualifié de « moderne » : presque pas de circulation, hormis quelques motocyclettes, et des gens vêtus de costumes traditionnels, de sortes de chasubles colorées très folkloriques. Ils se déplaçaient à cheval ou dans des chars tirés par de gros bœufs qui ressemblaient à des yacks. Le groupe se rendit à l'imposant monastère de Tashichhodzong, qui dominait un paysage lumineux de montagnes à la crête blanche. Des terrasses plantées d'orge doré y avait été aménagées et descendaient jusqu'à la vallée, tel un immense escalier. C'était comme un retour au Moyen Âge : la télévision n'existait pas, il n'y avait ni prison ni délinquance et, seule concession à la modernité, on avait accès à l'électricité deux heures par jour. Le roi en personne les conduisit à leurs appartements, composés de trois chambres et d'une salle de bains. L'ensemble était bien modeste, et pourtant il leur confia les occuper lui-même. À l'époque, il n'existait pas d'infrastructure hôtelière à Thimpu, la capitale qui ressemblait à un village ; aussi avait-il cédé à ses invitées ce qu'il possédait de mieux. Après le banquet, au cours duquel Indira et le monarque discutèrent de la façon de démocratiser le royaume tout en le préservant des influences néfastes du monde contemporain, les filles regagnèrent leur chambre. Sonia découvrit une petite trappe dans le sol, sous un coussin. Brûlant de curiosité, les deux jeunes femmes la soulevèrent pour découvrir une chambre avec un grabat, simple comme la cellule d'un moine. Bientôt, une lanterne s'alluma et elles aperçurent le roi, en chemise de nuit, qui s'apprêtait à se coucher. Elles refermèrent la trappe, rouges de honte. Elles racontèrent cette mésaventure à Usha, qui à son tour en parla à Indira, de crainte que l'affaire ne déclenche un incident diplomatique. Indira se contenta d'en rire.

Le lendemain, elles se rendirent en hélicoptère de Thimpu au royaume de Sikkim, un tout petit État frontalier du Tibet. Elles furent reçues par le monarque local et son épouse, une New-Yorkaise charmante nommée Hope Cook, qui les emmenèrent au palais. La nuit venue, alors qu'Indira était déjà couchée, l'Américaine se présenta dans la chambre des deux jeunes femmes avec le plat préféré de Sonia : du saumon fumé. Le saumon lui rappelait ses deux années en Angleterre, où elle en avait mangé pour la première fois.

Ce voyage fut une brève parenthèse de fraîcheur au milieu de la canicule qui écrasait le nord de l'Inde. Quand elles retrouvèrent Delhi et la plaine, le mercure indiquait quarante-trois degrés dès onze heures du matin. L'asphalte des rues fondait, et les arbres semblaient aussi fatigués que les hommes. Les gens marchaient sous des parapluies ouverts pour se protéger du soleil. Les conducteurs de *rickshaws* s'affalaient sous le moindre coin d'ombre en attendant leurs clients. Dans le jardin du 1, Safdarjung Road, les fleurs des plates-bandes étaient fanées et le gazon ressemblait à de la paille sèche. Les domestiques arrosaient la façade. Sonia apprit à limiter ses mouvements pour garder un peu d'énergie. La température nocturne était devenue si intolérable qu'elle dut se résoudre à l'air conditionné. On lui conseilla de ne pas sortir en milieu de journée, car le soleil était trop fort. Cette chaleur n'avait plus grand-chose à voir avec le *ferragosto* : l'air était si dense qu'on aurait pu le couper au couteau. Quelques jours après son retour de l'Himalaya, la température monta à quarante-six degrés. C'était un climat cruel et sans pitié. Sonia attendait avec anxiété le retour de Rajiv, étendue sur le lit et rêvant des paysages bucoliques de sa Vénétie natale ; elle se rappelait le bruissement de ses chaussures dans la neige fraîche, l'eau glacée qu'elle buvait dans les torrents quand elle était enfant, l'odeur des champs après la pluie, les prés verts semés de coquelicots au retour du printemps... Mais c'était ici que vivait son mari. À la tombée de la nuit, il irait faire un tour en scooter et s'acheter une glace dans un des rares endroits où les conditions d'hygiène étaient acceptables. Il fallait être prudent quand on mangeait en ville, car la chaleur rendait la conservation des aliments difficile.

La tension au sein de la maison augmentait en même temps que la chaleur, non en raison de l'inconfort qu'elle provoquait, mais de ses répercussions politiques. Cette année-là, au domicile du Premier ministre, le travail et l'avenir dépendaient beaucoup du début de la mousson. Le principal souci d'Indira était encore et toujours de lutter contre la faim. Pour elle, il était clair que les pénuries alimentaires ne pourraient être vaincues qu'à l'aide de nouvelles méthodes agricoles, dont l'efficacité avait été prouvée dans d'autres régions du monde, et grâce à la construction d'usines à engrais. Sa priorité absolue était d'aboutir à une véritable « révolution verte », de rendre l'Inde autosuffisante, et elle s'y consacrait avec persévérance. Tout le reste passait après, même des chantiers immenses comme la santé, l'éducation, l'amélioration du statut des femmes, etc.

Mais il faudrait du temps à cet ambitieux programme pour porter ses fruits. En attendant, les Indiens devaient se nourrir. Et le sort avait voulu que l'Inde souffre de trois ans de sécheresse consécutives. Si, cette année encore, il n'y avait pas de pluies, on courait à la catastrophe. À cela s'ajoutait le fiasco de l'aide américaine. Contrairement à ce qu'il avait promis, le président Johnson avait cherché à se servir de l'aide alimentaire pour soumettre l'Inde à sa politique. Même si Indira était prête à quelques concessions (quitte à affronter une levée de boucliers dans son pays), elle n'avait jamais eu l'intention d'abandonner la politique de non-alignement instituée par son père. En représailles à une critique adressée par le ministre des Affaires étrangères indien à Israël au sujet de ses relations avec les pays arabes, Johnson se mit à ralentir les envois de vivres. Il exigea que toute expédition de blé ou de toute autre denrée passe par le Bureau ovale avant de recevoir son visa définitif. Indira avait une carte de l'Inde au mur de son bureau de South Block, sur laquelle elle suivait les mouvements de chaque cargaison d'aliments. Leur lenteur était exaspérante.

« Ces Américains ne se rendent pas compte que chaque jour qui passe, une foule de gens meurt de faim dans nos campagnes ! s'indigna-t-elle un soir, devant le plat de pâtes que Sonia avait préparé. Ne le prends pas mal, ça n'a rien à voir avec toi, ajouta-t-elle à l'adresse de sa bru en repoussant son assiette, mais je viens d'annoncer au Parlement qu'en signe de protestation, je cesse de consommer du blé et du riz. »

La séance parlementaire l'avait épuisée, et elle ne toucha pas à son dîner. Elle se plaignait d'une forte migraine. Aucune des prescriptions du médecin n'avait réussi à dissiper les maux de tête persistants dont elle souffrait depuis quelque temps. Un effet secondaire des problèmes de l'Inde.

« Si la mousson ne vient pas, nous aurons une autre famine.

— Je vais vous préparer un remède de grand-mère, on se le transmet dans ma famille contre le mal de tête. »

Sonia prépara une infusion de camomille et en mouilla des linges qu'elle posa sur le front de sa belle-mère. Indira continuait à parler. Elle craignait qu'une autre sécheresse ne remette en question sa politique agraire, le fer de lance du gouvernement, alors même qu'elle commençait à se montrer bénéfique. « Elle a fini par se calmer et se sentir mieux », se rappelerait Sonia qui, sans comprendre en détail les difficultés qu'elle devait affronter, devinait leur gravité. Au bout d'un moment, Indira changea de sujet :

« Et l'hindi, ça avance ? demanda-t-elle.

— Très peu », répondit Sonia.

Indira voulait à tout prix que Sonia apprenne l'hindi. Outre les raisons politiques (on avait toujours accusé les Nehru d'être trop « britanniques » ou trop « occidentaux »), elle estimait qu'il serait vraiment souhaitable que Sonia puisse s'exprimer dans la langue la plus parlée par la population indienne, car cela lui ouvrirait les portes de l'Inde profonde. La langue n'est-elle pas l'âme d'une culture ? Mais Sonia ne comprenait pas pourquoi elle devait apprendre un idiome que seuls les domestiques parlaient, puisque les amis et les invités de la famille s'exprimaient toujours en anglais. On lui avait assigné un professeur particulier qui lui enseignait l'hindi d'une façon trop académique, avec beaucoup de grammaire.

« Les cours sont très ennuyeux », avoua Sonia, contente d'avoir pu soulager sa migraine.

Indira n'insista pas, mais quelques jours plus tard, elle laissa un mot à Usha, sa secrétaire. « Il semble que les progrès de Sonia soient inexistants. La méthode du professeur ne marche pas. Plus vous lui parlerez en hindi, mieux ce sera. »

Certaines des habitudes de la maison auraient été déconcertantes à première vue. Ainsi, chez les Nehru, on avait toujours parlé hindi au déjeuner et anglais au dîner ; et chaque jour, un des repas était indien et l'autre occidental. Sonia ne voyait pas pourquoi il n'était pas admis que chacun se nourrisse à sa guise et parle la langue de son choix. Mais comme elle était docile, elle ne se laissait pas troubler. Et elle était assez intelligente pour savoir qu'il lui revenait de trouver sa place dans cette famille, quitte à se plier à des exigences un peu curieuses. Cela faisait partie de son processus d'adaptation, et elle l'acceptait.

Le mois de juin s'éternisait. On aurait dit que toute la ville regardait le ciel à la recherche de signes annonçant la pluie. Les records de température s'affichaient en première page des journaux : quarante-six degrés à la porte de l'Inde, titraient-ils le 15, alors que la mousson aurait dû déjà arriver. Une photo montrait des groupes d'enfants qui se baignaient dans les fontaines publiques. L'air brûlant desséchait la gorge. Les yeux piquaient comme dans une bourrasque de sable. Le vent des déserts du Rajastan avait charrié une couche de poussière qui recouvrait le jardin du 1, Safdarjung Road. Pour Sonia, ce climat extrême était une découverte aussi pénible qu'implacable. Elle n'avait connu jusqu'alors que des pays tempérés, où les prévisions servaient surtout à déterminer s'il y aurait de la neige en montagne ou du soleil en bord de mer le week-end suivant. Ici, le climat était une affaire beaucoup plus sérieuse : sa violence était d'une importance capitale pour la survie du pays, dont les ressources étaient pour l'essentiel agricoles. Une mauvaise récolte de riz pouvait entraîner la mort d'un million de paysans. Aussi ces jours cruciaux dans la vie de l'Inde étaient-ils observés avec angoisse tant par la population que par la presse, la radio et la télévision.

Puis, à la fin du mois, il y eut un bruit retentissant, suivi d'un tourbillon d'air brûlant qui souleva des nuages de poussière et arracha les feuilles des arbres : les premiers orages. Comme si la nuit tombait avant l'heure, d'énormes nuages noirs envahirent le ciel et le vent sec céda la place à un déluge de lourdes gouttes qui tambourinèrent sur le toit de la maison. Après de longues semaines de somnolence, les domestiques semblaient revivre. Ils sortaient dans la rue pour se laisser tremper jusqu'aux os et les sourires reparaissaient sur leurs visages. On aurait dit que les grands palmiers du rond-point tremblaient aussi d'émotion. La télévision montrait des scènes de liesse dans tout le pays. Des gens de toutes religions et de toutes castes sautaient et dansaient ensemble dans les rues, comme des enfants, barbotant dans les flaques et se douchant sous les gouttières. C'était comme une grande fête au cours de laquelle la mousson aurait fait disparaître les différences entre les hommes.

Mais à l'intensité de la chaleur succédait maintenant la violence des précipitations. La pluie tombait avec tant de force que, dans la maison, le bruit était assourdissant. La température chuta brusquement de plusieurs degrés, et une douce brise apporta une caresse de fraîcheur. Dehors, les grenouilles bondissaient en coassant sur la pelouse, qui avait reverdi comme par magie. Deux jours plus tard, le jardin était tellement inondé qu'on aurait dit un lac. Beaucoup de bidonvilles à travers le pays disparaissaient littéralement sous la pluie torrentielle pour être reconstruits aussitôt, et même New Delhi n'était pas épargnée par les conséquences du déluge. Les élégants ronds-points du quartier des ambassades étaient inondés, de même que les tunnels. De nombreux véhicules restaient immobilisés, les taxis ou *rickshaws* aux moteurs noyés rendaient leur dernier soupir au désespoir de leurs propriétaires qui s'efforçaient de les faire repartir. Bien que la chaleur fût moins intense, l'air était très lourd et la sensation d'étouffement n'avait rien d'agréable. Il semblait à Sonia qu'elle avait toujours les mains moites, et elle se changeait plusieurs fois par jour car ses vêtements lui collaient à la peau. Elle était étonnée de voir cette pluie battante tomber depuis des jours et des jours sans jamais s'arrêter, comme si les dieux du climat voulaient compenser la chaleur sèche et brûlante des mois précédents. Elle comprenait maintenant pourquoi la façade de tant de bâtiments paraissait salie par des ruissellements, et pourquoi il y avait tant de routes affaissées en Inde : les pluies balayaient tout sur leur passage. Pour un pays aussi pauvre, veiller à l'entretien de ces infrastructures était une entreprise bien trop coûteuse.

Ce brusque changement eut un effet positif : la mousson communiqua l'allégresse de la rue à la maisonnée, comme si le bonheur de l'immense nation entrait par les fenêtres et se glissait partout. Une nation qui ne souffrirait pas de la faim cette année, et parviendrait peut-être à aller de l'avant pour ne plus jamais connaître les épouvantables famines du passé. Indira, qui partageait les sentiments de son peuple, se laissait gagner par toute cette joie. Malgré les mille autres problèmes qu'elle devait affronter, elle était de nouveau radieuse.

11.

Peut-être parce qu'elle ne percevait pas le caractère réservé de Sonia comme une menace, Indira, qui au fond manquait aussi de confiance en elle, éprouva très vite une grande tendresse pour sa belle-fille. La jeune Italienne était discrète et directe, deux qualités qui la rendaient d'emblée sympathique à ses yeux. Et puis, Sonia aimait la vie de famille, elle ne poussait pas Rajiv à vivre avec elle comme un couple indépendant. Au contraire, elle insistait pour qu'ils continuent de suivre les coutumes, comme celle de ne jamais déroger aux repas en famille, une habitude qui remontait à l'époque de Teen Murti House. Quel que soit l'endroit où l'on se trouvait, on s'efforçait de rentrer à la maison pour déjeuner et pour dîner, à moins d'une obligation officielle. Depuis leur enfance, Rajiv et Sanjay avaient pris l'habitude de mettre leurs occupations de côté à l'heure des repas. Et cela plaisait à Sonia, car les conversations à table étaient toujours très vivantes, sauf quand Sanjay se piquait de parler politique avec sa mère. En général, on échangeait des points de vue, des plaisanteries et des expériences vécues. Même si Rajiv et Sonia sortaient le soir avec des amis, ils tenaient compagnie à Indira jusqu'à ce qu'elle ait fini de dîner. Indira avait un grand talent pour la conversation : elle était vive dans ses observations, claire dans ses descriptions et avait un sens de l'humour très fin. Ses centres d'intérêt ne se limitaient pas à la politique : elle se passionnait aussi pour les arts, les innovations scientifiques, le comportement de ses contemporains, les livres, la nature… Certains de ses hobbies étaient surprenants et on ne les découvrait qu'avec le temps. Par exemple, elle savait reconnaître un oiseau à son chant ; dans les années 1950, elle avait appartenu à une association ornithologique et appris beaucoup de choses sur les oiseaux. Elle racontait aussi une foule d'anecdotes sur ses voyages à l'étranger. À Santiago du Chili, la femme d'un homme politique l'avait reçue en lui disant : « Seigneur, que vous semblez fine et délicate ! Je m'attendais à voir une espèce de Golda Meir... » Ces histoires amusaient beaucoup Sonia. Comme celle du Kremlin : après un banquet que Brejnev et Kossyguine avaient donné en son honneur, Indira s'était retrouvée, à sa grande stupeur, dans le groupe des hommes que les Russes ont l'habitude de séparer des femmes au moment du café. Ou encore la fois où elle était allée voir Gandhi pour lui parler de ses projets de mariage avec Firoz : le vieux mahatma, au lieu de l'encourager à fonder une famille, l'avait exhortée à adopter son idéal matrimonial et à rester chaste même après le mariage. Alors, à quoi bon se marier ? avait-elle répliqué non sans irritation. Sonia, qui avait le rire facile, s'esclaffait joyeusement.

Quand elle eut compris le fonctionnement général d'une maison indienne, Sonia ne tarda pas à remplacer Usha dans la gestion des questions domestiques. Se sentir utile et occupée s'avérait être sa meilleure arme pour lutter contre la mélancolie. « Sonia était une femme organisée. Elle avait aussi de la force de caractère, et, même si elle adoptait plutôt un profil bas, elle savait ce qu'elle voulait », dirait la secrétaire d'Indira. La jeune Italienne était fidèle à sa nature : affectueuse, toujours soucieuse de faire plaisir, elle était l'ennemie des conflits et se montrait même un brin trop respectueuse de la formidable autorité qui émanait d'Indira. « J'ai compris qu'il faudrait du temps à ma belle-mère pour qu'elle aussi s'habitue à la nouvelle situation familiale, même si elle ne se montrait pas particulièrement possessive à l'égard de Rajiv. À cette époque, j'étais toujours à ses côtés, toujours prête à la soutenir », allait-elle affirmer des années plus tard dans une interview publiée dans le *Weekend Telegraph.*

Dans cette maison aux habitudes à la fois indiennes, cachemiries et britanniques, Sonia apporta sa contribution de manière subtile. Et elle le fit en usant d'une arme puissante, qu'elle maniait avec brio. Elle tenait de sa mère les secrets de la cuisine italienne : bientôt il régnait dans la maison du Premier ministre un fumet de *lasagne al forno*, de sauce *al pesto* préparée avec du basilic du jardin et même d'*osso buco alla milanesa.* Dans ces années-là, il était impossible de trouver du fromage à New Delhi, mais il y avait toujours un ami venu d'Europe pour apporter à Sonia de la mozzarella ou du parmesan râpé sous vide. Certains s'amusaient à dire qu'au lieu d'indianiser Sonia, c'était la famille Gandhi qui se laissait italianiser... Ce genre de plaisanterie ne se faisait qu'à l'abri des portes closes, car, si un tel commentaire arrivait aux oreilles de la presse, on savait que l'opposition s'en servirait avec férocité. Et en réalité, la maison des Gandhi accueillait toutes sortes de gens et d'influences ; elle était à l'image de l'Inde : un creuset de cultures et de traditions, toujours prêt à intégrer un élément étranger et à le faire sien. Si Sonia s'adaptait à la culture dominante, elle livrait aussi sa bataille personnelle et silencieuse pour imprimer sa marque dans ce foyer cosmopolite, casseroles à la main.

Plus tard, elle apprit à deviner les goûts et les manies d'Indira. Comme son amour des fleurs : Sonia veillait donc toujours à disposer de splendides bouquets dans la maison. Toutes deux appréciaient l'odeur des tubéreuses dont l'effluve se répandait dans tous les recoins de cette demeure à la simplicité presque spartiate, mais décorée avec goût. Les rideaux étaient en coton cru, les coussins provenaient de diverses provinces du nord du pays ; il y avait des objets tribaux, des tableaux de peintres indiens, quelques antiquités (dont un précieux paravent), et des meubles de style colonial anglais. Sonia comprit que la simplicité et le sens de l'économie étaient les clefs de la personnalité de sa belle-mère. Indira avait tendance à ne jamais rien jeter ; elle gardait même les sacs en plastique, qu'elle pliait pour les réutiliser. Sonia apprit à faire ses valises comme elle, sans perdre la moindre place. Si Indira avait besoin de quelque chose pour la maison, Sonia se chargeait de le lui trouver. La patronne du magasin The Shoppe, dans Connaught Place, se rappelle l'avoir vue arriver un jour vêtue d'un pantalon de cuir et coiffée d'une queue-de-cheval. Elle venait acheter du linge de table en lin pour l'offrir à l'anniversaire de sa belle-mère. La seul chose que Sonia ne partageait pas avec Indira était son intérêt pour les sombres arcanes de la politique indienne : elle n'y comprenait rien et n'avait aucune envie d'y comprendre quoi que ce soit.

Mais dans cette cuisine qu'elle transforma bientôt en point névralgique du foyer, où tout le monde finissait par se croiser – ne serait-ce que pour se renseigner sur la surprise du chef –, on parlait inévitablement de tous les sujets.

« La famille du maharajah de Jaipur nous a rayés de sa liste de vœux, annonça un jour Sanjay d'un air ironique. Même chose pour celles des maharajahs de Kota et de Travancore. Ne comptez pas être invités à l'une de leurs fêtes. »

C'est ainsi que Sonia apprit l'abolition des derniers privilèges des maharajahs décrétée par sa belle-mère. Rajiv lui expliqua que lorsque leurs États avaient intégré l'Union indienne, ils avaient reçu la garantie constitutionnelle de pouvoir conserver leurs titres, leurs joyaux et leurs palais. De surcroît, l'État leur avait promis de leur verser une annuité proportionnelle à la taille de leurs royaumes, et de les dispenser d'impôts et de taxes d'importation.

« Mais tant d'Indiens vivent dans la misère que ma mère et son gouvernement ont estimé que ces privilèges étaient anachroniques et injustes, poursuivit-il. Aussi les maharajahs sont-ils sur le pied de guerre. La maharani de Jaipur, qui est la dirigeante locale d'un parti de droite, a donné des instructions à ses sympathisants pour qu'ils conspuent maman lors d'un de ses meetings. Mais elle leur a fait face. Sais-tu ce qu'elle leur a dit ? “Allez demander aux maharajahs combien de puits ils ont creusés pour leur peuple quand ils gouvernaient leurs États, combien de routes ils ont construites, ce qu'ils ont fait pour lutter contre la servitude à laquelle nous avaient réduits les Anglais !” Et maman a fini par gagner la partie. Comme toujours. »

Indira avait ses raisons pour agir ainsi : comme les Américains l'avaient laissée tomber, elle avait été presque forcée de prendre un virage politique à gauche. Pour retrouver des soutiens dans son parti, elle avait signé avec l'Union soviétique un document réclamant l'arrêt sans conditions des bombardements américains au Vietnam. Johnson, furieux, avait encore ralenti davantage les convois alimentaires. Sans qu'ils puissent le soupçonner, ceux qui mouraient de faim étaient le tribut à payer pour que l'Inde conserve son indépendance à l'égard de la première puissance mondiale, laquelle se servait d'eux comme monnaie d'échange. Les maharajahs ne furent pas les seules victimes de ce changement d'orientation politique. Le programme d'Indira avait de quoi donner des frissons aux patrons épris de libéralisme économique, aux industriels et aux hommes d'affaires, sans parler des aristocrates qui possédaient de vastes terres : toute l'élite financière du pays, en somme. Car Mme le Premier ministre projetait maintenant de nationaliser les banques et les compagnies d'assurances. Sonia fut témoin de l'enthousiasme du petit peuple à l'annonce de ces mesures. Les employés, les chauffeurs de taxi, les conducteurs de *rickshaws*, les chômeurs et tous ceux qui n'avaient jamais mis les pieds dans une banque dansaient dans la rue, devant les portes de la maison. Ces mesures audacieuses et populistes valurent à Indira un énorme succès politique, car le gouvernement faisait bénéficier les plus pauvres des ressources financières capitalistes. Les petits exploitants agricoles et les commerçants modestes se réjouirent aussi, car ils allaient profiter de crédits plus avantageux dans les banques nationalisées : tous les partis de gauche saluèrent sans réserve la nouvelle politique d'Indira.

Dans les premiers mois de 1969, Sonia commença à se sentir mal. Au début, elle crut à une intoxication alimentaire ou à un virus, mais le médecin ne tarda pas à la détromper. Elle était enceinte. La nouvelle emplit de joie toute la famille. Indira, très heureuse, redoubla d'attentions pour sa bru. Elle était euphorique à l'idée de devenir grand-mère. Les enfants avaient toujours été sa faiblesse. Désormais, elle envoyait à Sonia des petits mots comme : « Demain, c'est *navroz* (le nouvel an parsi), mais je dois partir de bonne heure. Puis-je venir t'embrasser tout de suite ? » Indira était profondément reconnaissante à Sonia pour la stabilité qu'elle apportait dans sa vie. Au terme de ses tournées épuisantes ou de ses longues séances au Parlement, elle regagnait un foyer vivant et non plus la solitude d'une maison vide. Et ce bonheur était accru par une nouvelle qui, plus que toute autre, suscitait en elle une profonde satisfaction personnelle : sa nouvelle politique agricole commençait à porter ses fruits. La récolte de céréales de l'année en cours était deux fois plus importante que celle des années précédentes grâce aux pluies abondantes des dernières moussons. La plus forte production était enregistrée dans l'État du Pendjab, le pays des sikhs, dans le Nord. Les paysans de cette communauté travailleuse et bien organisée avaient planté de nouvelles variétés de blé. Ils avaient été aidés par des scientifiques indiens eux-mêmes inspirés par le modèle d'agriculture mexicaine. Les nouvelles variétés de riz, de coton et d'arachides donnaient aussi des résultats spectaculaires. L'augmentation de la production était telle qu'on pouvait imaginer que les pénuries endémiques appartiendraient bientôt au passé. Et Indira était impatiente d'envoyer poliment promener Lyndon Johnson…

Pourtant, Sonia ne participait pas à cette euphorie. Son bonheur était éclipsé par un sentiment nouveau, qu'elle n'avait jamais éprouvé jusqu'alors, et qui montait du plus profond de son être. C'était une crainte atavique, diffuse et intense. La crainte de donner naissance à un enfant alors que sa famille était si loin. La crainte d'attraper une maladie rare, une infection tropicale. La crainte, enfin, que le bébé ne naisse avec un handicap… Ses proches recommençaient à lui manquer, et elle songea même à accoucher en Italie. Mais non, c'était impossible : pouvait-elle s'éloigner de Rajiv à un tel moment ? Et que diraient les politiciens ? Que la bru d'Indira Gandhi n'avait pas confiance dans la médecine indienne (ce qui était parfaitement légitime à cette époque) ? Que ce qui était bon pour le peuple ne l'était pas pour la *bahu* du Premier ministre ? Qu'elle le veuille ou non, la politique interférait dans sa vie privée. Mais Sonia était assez lucide pour l'accepter, et aussi pour comprendre que les mutations hormonales de son corps lui jouaient un mauvais tour. Son état d'esprit s'améliorerait avec le temps.

Mais au bout de cinq mois de grossesse, les nausées n'avaient pas disparu. Et comme elle se sentait mal physiquement, son moral s'en ressentait. Sanjay débordait d'attentions pour elle. Quand il savait que son frère était en vol, il ne quittait jamais la maison sans demander à Sonia si elle souhaitait l'accompagner faire un tour, aller manger une glace chez Nirula – un des rares établissements comparables à un café occidental –, ou rendre visite à un ami. Mais Sonia n'avait pas envie de sortir. Elle préférait rester à la maison, caresser pendant des heures Putli et Pepita, les deux golden retrievers – la race préférée des Nehru depuis l'époque d'Anand Bhawan ; quant à Sona, un chien plus petit, Rajiv l'avait recueilli dans une ruelle de la Vieille Delhi alors qu'il n'était encore qu'un enfant. Quand son mari rentrait, ils passaient de longs moments à écouter de la musique. Au fil des ans, Rajiv avait rassemblé une abondante collection de disques qu'il manipulait avec le plus grand soin. Il ne permettait à personne de toucher à ses 33-tours ou à son matériel hi-fi sans s'assurer d'abord qu'il le ferait avec délicatesse. De temps à autre, ils assistaient à un concert de musique classique indienne. Sonia s'instruisit sur les *ragas* (mélodies classiques) et les *ghazals* (poèmes chantés en ourdou), et apprit à distinguer les instruments comme le *sarangi* et la *tabla*, les précurseurs des guitares et des tambours occidentaux. Souvent, Rajiv enregistrait les récitals de grands maîtres comme Ustad Ali Khan ou Ravi Shankar, pour les ajouter à sa collection, qu'il classait méthodiquement. Mais ils ne sortaient pas beaucoup et n'avaient guère le goût des *parties*, *a fortiori* maintenant que Sonia se sentait fragile. Jamais ils n'avaient voulu appartenir à la jet set de New Delhi, être de la moindre coterie mondaine. Rajiv se sentait plus heureux entouré d'amis d'origines diverses, qu'il s'agisse d'un mécanicien de l'aéroclub ou d'anciens camarades de Cambridge, dont certains venaient assez régulièrement à New Delhi. Bien qu'handicapée par ses nausées, Sonia, consentait à se promener avec lui le dimanche matin dans les allées de Khan Market, où l'on trouvait les magasins de disques et les librairies les mieux approvisionnés de la ville. La promenade était brève, et la jeune Italienne en profitait pour acheter des fruits et quelques produits européens dans telle ou telle échoppe fréquentée par les diplomates. À cinq mois de grossesse, la douce courbe de son ventre, qu'elle voyait avec fierté se refléter dans les vitrines, était l'objet de commentaires affectueux de la part des connaissances qu'ils croisaient, car, à de nombreux égards, New Delhi était comme un grand village.

Au bout de cinq mois, on considère qu'une grossesse a dépassé son seuil le plus critique. Mais, dans le cas de Sonia, il en alla autrement. Au cours d'une nuit très chaude, elle fut prise de douleurs lancinantes dans le ventre et s'aperçut qu'elle perdait du sang en abondance. Les douleurs étaient si aiguës et la sensation de se vider de l'intérieur si violente qu'elle crut qu'elle allait mourir. Rajiv la fit transporter à l'hôpital dans la voiture de sa mère. Sonia était si pâle et si faible qu'il eut peur de la perdre. Après la transfusion, quand elle eut un peu récupéré, on lui dit qu'elle avait perdu beaucoup de sang, mais qu'après une petite intervention, elle se sentirait mieux. « Et l'enfant ? » demanda-t-elle effondrée, car au fond elle savait ce qui s'était passé. Le visage de Rajiv, qui baissait les yeux, suffisait à tout dire.

La jeune Italienne n'avait encore jamais connu de moment aussi pénible. À cinq mois de grossesse, elle ne considérait pas qu'elle avait fait une fausse couche ; elle avait bel et bien perdu un enfant. À ce chagrin profond s'ajoutait le sentiment accablant d'un échec personnel. Il lui semblait qu'elle avait fait du tort à son mari, à Indira, à sa propre famille, et pour ainsi dire au monde entier. Et qu'elle payait pour tout le bonheur que la vie lui avait accordé, comme s'il lui fallait racheter son extraordinaire histoire d'amour. Les explications des médecins, qui lui assuraient que son cas était relativement banal pour une première grossesse et ne présageait en rien de l'avenir, ne parvinrent pas à la tirer d'une profonde tristesse. De surcroît, les commentaires du personnel de service ne tardèrent pas à souligner qu'un tel événement était un mauvais présage. Dans la rue, on attribuait la responsabilité de ce malheur à Indira : « elle poussait sa bru à faire trop d'allées et venues ; elle voulait que, même enceinte, elle se maintienne en forme et ne grossisse pas trop ». Dans certains salons de la ville, après tout ce qui s'était passé sur le plan politique – les nationalisations et l'abolition des privilèges des maharajahs –, il était bienvenu de traiter Indira de monstre. Comme on pouvait s'y attendre, la famille fit bloc et entoura Sonia d'attentions et d'affection. Indira était bouleversée. Elle se souvenait de ce qui s'était produit à la naissance de son second fils, le 14 décembre 1946. Les douleurs de l'enfantement avaient commencé dans la nuit, tout à fait à l'improviste. On l'avait conduite d'urgence à l'hôpital, où les médecins britanniques avaient craint pour sa vie car elle perdait énormément de sang. Depuis le début, cette grossesse avait été compliquée. Nehru était arrivé quand l'hémorragie était enfin sous contrôle, et au petit matin le bébé était né, un garçon que son grand-père nomma Sanjay en hommage à un prêtre visionnaire qui, dans le *Mahabharata*, la grande épopée de l'hindouisme, décrit la grande bataille avec le roi aveugle. Firoz, le père, ne se présenta qu'au bout de plusieurs jours. Il travaillait à Lucknow, dans l'État de l'Uttar Pradesh, à quelque trois cents kilomètres, et Indira venait d'apprendre qu'il y entretenait une liaison avec une musulmane issue d'une des grandes familles de la ville. Aussi l'arrivée du bébé ne fut-elle pas un événement aussi heureux que celle de son aîné, Rajiv. Indira, dans son subconscient, en éprouva de la culpabilité. Sans doute pensa-t-elle que tout cela était injuste et qu'il lui revenait de réparer cette injustice. Toute sa vie, il lui sembla qu'elle devait quelque chose à Sanjay.

Peu à peu, la jeune Italienne émergea de l'océan de tristesse où elle était plongée ; mais elle ne retrouva le sourire que lorsqu'elle fut de nouveau enceinte, quelques mois plus tard. Cette fois, son gynécologue se montra intransigeant : ni marches ni efforts. Plus elle resterait allongée, moins elle risquerait une nouvelle fausse couche. Décidée à mener sa grossesse à terme, Sonia se disposa à passer l'essentiel des neuf prochains mois couchée. En cela, elle imiterait Sophia Loren, une autre Italienne mondialement connue, qui venait de traverser la même épreuve avec une issue heureuse. C'était une expérience pénible, mais Sonia la prit comme un défi à relever. Elle comptait sur le soutien de Rajiv, qui s'occupait d'elle avec le plus grand dévouement. Par bonheur, il ne tenait pas de son père, Firoz : c'était un amoureux de la vie de famille, un homme débordant d'affection et d'une fidélité sans faille. Il aimait Sonia comme au premier jour. Ou même davantage, car à présent ils étaient unis par un sentiment plus profond, celui qui naît d'une harmonie totale vécue au quotidien, et de l'habitude de se mettre toujours à la place de l'autre. Une vie commune pleinement assumée et vécue.

Indira était de nouveau enthousiasmée : elle s'occupa activement de la layette du bébé. « Tu te vantes toujours d'être une grand-mère », écrivit-elle à son amie américaine Dorothy Norman dans l'avion qui la transportait vers le sud de l'Inde pour célébrer le quatrième centenaire de la synagogue de la communauté juive de Kerala. « Aussi le moment est-il venu de te révéler un secret : je vais accéder moi aussi à ce rang ! Sonia attend un enfant pour la fin du mois de juin. N'est-ce pas merveilleux ? Même si, avec une bru née sur un autre continent, il y a toujours quelques complications. » Elle faisait allusion aux craintes de Sonia à l'idée d'accoucher en Inde, et à certaines exigences nouvelles qu'elle avait formulées et qui semblaient être une réaction aux attentions peut-être un peu trop pressantes de son entourage. Car Sonia avait déclaré ne vouloir ni nourrice ni domestique pour l'aider à s'occuper de son enfant. Elle s'en chargerait toute seule. Cela tenait un peu du caprice, et sans doute était-ce une manière d'affirmer : « Je suis européenne et dans ma vie privée, je ferai les choses à ma façon. » C'est ainsi que Rajiv et Indira le comprirent, convaincus que cette lubie lui passerait après la naissance. Alors, la réalité se chargerait de remettre les choses à leur place : il serait très difficile à Sonia de se dispenser d'aide, car elle devrait être disponible pour accompagner son mari ou Indira lors des sorties officielles. Mais, en général, la joie d'accueillir un nouveau membre de la famille compensait amplement ces légères frictions. Quand Rajiv travaillait, sa mère et son frère tenaient compagnie à Sonia à tour de rôle pour les repas. Ils ne voulaient pas qu'elle se sente seule. Rajiv était à présent copilote sur des turbohélices Fokker Friendship d'Indian Airlines : ces avions aux ailes hautes, qui pouvaient embarquer une quarantaine de passagers, étaient les dignes successeurs des DC-3.

Sonia passait beaucoup de temps avec les deux frères, lesquels partageaient amis et intérêts communs. Mais, au bout de quelques mois, Sanjay se fit de plus en plus rare. Il était obsédé par son projet de construire une « Volkswagen indienne ». Avec un ami, il avait ouvert un atelier à la périphérie de la ville et là, parmi les dépôts d'ordures et les égouts à ciel ouvert, entouré de morceaux de métal et de fer oxydés, il poursuivait son rêve de devenir le Henry Ford national. Il fallut deux années de tractations avec le gouvernement pour mettre en œuvre le projet d'une voiture construite par et pour le peuple. La phase ultime de construction fut confiée au secteur privé. Jusqu'alors, on ne fabriquait en Inde que deux modèles sous licence : les fameuses Ambassador, répliques des Morris Oxford qui servaient de taxis après la guerre en Angleterre et que fabriquaient encore les usines de Hindustan Motors dans l'État du Bengale, et les Fiat Padmini, qui étaient devenues le modèle unique des taxis de Bombay (en Europe, elles étaient connues sous le nom de Fiat 1100). La voiture que Sanjay voulait produire devait être entièrement indienne, bon marché, avec une vitesse limitée à quatre-vingts kilomètres à l'heure et une consommation de cinq litres aux cent. Le nom qu'il avait choisi était Maruti, en référence au fils du dieu du vent dans la mythologie hindoue.

À cette époque, Indira ne voyait pas au-delà de son propre engagement politique. Pas plus que son père elle n'imaginait une dynastie familiale. Dans de nombreuses interviews, elle répétait que ses fils n'avaient pas d'intérêt pour la politique et qu'elle ferait tout ce qui était en son pouvoir pour les tenir à l'écart de ce monde. Elle ne manifestait aucun désir de leur transmettre la « charge » des Nehru-Gandhi, et elle détestait mêler la politique à sa vie personnelle.

Mais Sanjay, tout à la passion de réaliser son projet, allait franchir la frontière que sa mère tenait tant à préserver. Pourquoi n'était-ce pas à lui que l'on confiait la construction d'une voiture authentiquement indienne ? se demandait-il. Il lui semblait injuste que son statut de fils du Premier ministre lui interdise de mener à bien cette entreprise. Indira était prise entre deux feux, partagée entre ses sentiments maternels et son devoir de femme d'État. Elle avait demandé à Sanjay de ne pas présenter son projet au ministère du Développement industriel. Mais, bien qu'il ne soit ni un homme d'affaires ni un industriel de l'automobile, bien qu'il n'ait pas terminé sa formation chez Rolls-Royce, il avait fait la sourde oreille et avait demandé officiellement une licence de fabrication. À vrai dire, son amour pour les automobiles donnait depuis longtemps des migraines à sa mère. Pendant son adolescence, la police l'avait plusieurs fois reconduit chez lui après l'avoir surpris en train d'abandonner une voiture qu'il avait « empruntée » sur un parking, pour faire un tour avec un ami. Ces incartades de jeunesse avaient pris des formes différentes avec le passage des années. En Angleterre, Sanjay avait provoqué plusieurs accidents (sans dommages corporels heureusement) et s'était fait arrêter à diverses reprises pour défaut de présentation de permis de conduire ou excès de vitesse au volant de sa vieille Jaguar.

Contrairement à Rajiv, Sanjay se montrait offensif dans sa façon de lutter pour ce en quoi il croyait, et il exerça sur sa mère une pression considérable pour que la fameuse licence lui soit attribuée. Indira présida la réunion du cabinet au cours de laquelle le ministre du Développement industriel accorda à son fils cadet la permission de produire cinquante mille véhicules par an, avec des matériaux exclusivement indiens. Cela en dépit de l'inexpérience du jeune homme, et l'absence de résultats de projets antérieurs. De toute évidence, s'il n'avait pas été le fils du Premier ministre, une telle faveur ne lui aurait jamais été accordée. Pour une fois, Indira manqua au sacro-saint principe de faire passer le devoir avant son désir personnel, et cette exception allait lui coûter très cher. Le scandale et l'indignation générale accueillirent le projet. La presse accusa Indira de pratiquer un népotisme de la pire espèce. Un député de l'opposition parla d'« injure à la démocratie et au socialisme ». D'autres, de « corruption illimitée ». Ses alliés, les communistes du Bengale, se joignirent au concert de critiques. Indira répondit en termes assez peu convaincants : « Mon fils a montré un grand esprit d'entreprise. Si on ne l'encourage pas, comment demander à d'autres jeunes de prendre des risques ? » Au fond, Indira croyait aveuglément en Sanjay et pensait sans doute que l'idée de la Maruti était l'occasion pour lui de prouver sa valeur. Elle savait qu'il était jeune, immature, impétueux, mais elle avait confiance en son habileté et en sa force de caractère. Elle se disait qu'il apprendrait et qu'elle pourrait le contrôler. Elle savait aussi que cette aventure l'exposerait aux jugements du public. À long terme, et même si elle disait le contraire, il n'est pas impossible qu'au fond, elle ait vu dans son fils cadet le digne successeur de la lignée des Nehru-Gandhi. Peut-être était-ce aussi une manière d'être moins seule dans son exercice du pouvoir.

Dans cette lutte contre la solitude qu'elle éprouvait depuis sa plus tendre enfance, la naissance de son petit-fils, le 19 juin 1970, la combla de bonheur. Comme dans tous les foyers indiens, la naissance d'un enfant – surtout de sexe masculin – était un événement de la plus haute importance. Rajiv assista à l'accouchement, ce qui était très inhabituel pour un Indien à cette époque, et il le fit caméra à la main pour enregistrer sur pellicule les premiers cris de son fils légèrement prématuré. Sonia était épuisée, mais son mari l'aidait : il changeait l'enfant, le couchait entre les tétées et se comportait comme les pères modernes. Pourtant, l'Inde éternelle était aux aguets et, dès le retour de l'hôpital, un sage musulman attendait devant la maison pour établir le thème astral du bébé. On lui donna le prénom de Rahul, à la demande d'Indira. Elle expliqua à Sonia que c'était le prénom qu'elle avait d'abord choisi pour son fils aîné, bien qu'elle l'ait finalement appelé Rajiv pour faire plaisir à son père. Nehru avait reçu diverses suggestions de prénoms dans sa prison, et il avait choisi Rajiv parce qu'en sanskrit le mot signifiait « lotus », comme Kamala, le prénom de sa femme décédée huit ans plus tôt. De même qu'Indira avait cédé au désir de son père, Sonia se plia à celui d'Indira et, ce faisant, devint un peu plus indienne. Rahul était le nom d'un des fils de Bouddha et signifiait en sanskrit « celui qui est capable ». Bien que la famille n'ait pas été religieuse, la force de la tradition s'imposa et l'enfant fut accueilli avec les rites hindous appropriés. Trois semaines après la naissance, tous les amis du couple se retrouvèrent autour du bébé pour la cérémonie de la première coupe de cheveux : on lui rasa le crâne pour ne laisser qu'une mèche, qui, selon la coutume, devait protéger sa mémoire. Cette cérémonie devait le délivrer symboliquement des vestiges de ses vies antérieures et le préparer à affronter son avenir.

Indira était folle du petit Rahul. Elle s'efforçait de rentrer au 1, Safdarjung Road entre deux séances parlementaires, simplement pour le voir et le serrer dans ses bras. La femme inflexible qui s'en prenait aux privilégiés du pays, qui résistait stoïquement aux pressions de son parti et bannissait les camarades qui n'avaient pas voté pour elle, était une grand-mère qui fondait devant son petit-fils. « Comme il ressemble à Rajiv ! » disait-elle, bien que personne n'ait encore trouvé que l'enfant ressemblait à qui que ce soit. Ce n'était d'ailleurs pas un compliment, car elle avait raconté mille fois que, tout petit, Rajiv était très laid. Mais ce bébé touchait sa fibre la plus intime car il lui rappelait l'époque de ses propres maternités. Indira avait accouché de Rajiv le 20 août 1944, non dans un hôpital mais au domicile de la plus jeune de ses tantes, à Bombay, dans des conditions précaires. Elle avait conçu cet enfant malgré sa tuberculose, les avertissements des médecins et l'opposition de son père à son mariage, de sorte qu'elle avait vécu cette naissance comme un triomphe sur l'adversité. Elle voulait à tout prix présenter son fils à Nehru, mais le héros de l'indépendance était enfermé dans une geôle britannique. C'était sa neuvième et dernière incarcération. Quand elle apprit qu'on allait le transférer ailleurs, Indira se présenta devant l'entrée de la prison de Naini, à Allahabad : entre la porte de l'établissement et le fourgon cellulaire, elle souleva le petit Rajiv dans ses bras. « À la faible lumière d'un réverbère, mon père aperçut son petit-fils pour la première fois et put l'observer pendant les quelques secondes qu'on lui accorda », racontait Indira.

Quand Sonia eut pris du repos, Rajiv et elle partirent pour l'Italie avec l'enfant. Durant sa longue convalescence, Sonia avait rêvé à maintes reprises de ce voyage. L'arôme du délicieux café italien dès l'arrivée à l'aéroport, le calme des lieux publics, la fraîcheur, le confort et la rapidité des voitures, l'eau qu'on pouvait boire au robinet, les supermarchés qui regorgeaient de marchandises… Ces choses simples que l'Inde ignorait l'émerveillaient à présent. Il lui semblait qu'elle foulait le sol italien pour la première fois. Les retrouvailles avec les siens furent un moment de joie intense. Elle tomba dans les bras de son père, sans un mot. Ce n'était pas nécessaire. Au bout de quelques instants, Stefano Maino se retrouva avec le petit Rahul dans les bras ; dès cet instant, il n'eut plus d'autre souci que le bien-être de l'enfant. Un tel moment ne valait-il pas toutes les privations passées ? semblait se demander Sonia. Enfin, elle était sous le même toit que tous les êtres chers à son cœur.

12.

Ils regagnèrent bientôt New Delhi, pour reprendre leur tranquille vie de famille. Mais ce calme, sans cesse menacé par les hauts et les bas de la vie politique, était illusoire. Indira avait beau adorer son petit-fils, on ne la voyait presque pas tant elle était occupée. Elle passait de longues heures dans son bureau de South Block et, de retour chez elle, toujours fatiguée, elle arborait une mine soucieuse.

« Qu'est-ce qui se passe ? demanda Rajiv.

— On craint un coup d'État, lui répondit Sanjay.

— Qui parle de coup d'État ?

— Tout le monde. Dans les fêtes, les cocktails, les dîners, on ne parle pas d'autre chose… Maman le sait et elle craint le pire. »

Indira s'était fait beaucoup d'ennemis dans son combat contre les classes dirigeantes, qui l'accusaient de vouloir faire de l'Inde un pays communiste. Elle s'était mis à dos toute la droite, le patronat, les propriétaires des moyens de communication, les maharajahs et leurs descendants, etc. Comme bon nombre de ses compatriotes, elle redoutait une réaction violente. Pourtant, elle n'avait aucune intention de faire de l'Inde un pays communiste comme ceux qu'elle avait visités lors de ses voyages derrière le rideau de fer. Au contraire, elle déployait ses efforts pour que les intérêts des puissants ne soient pas trop mis en péril. Elle avait généreusement indemnisé les grandes familles de financiers après la nationalisation des banques. La liberté – individuelle, collective, nationale – était une valeur fondamentale qu'elle n'était nullement disposée à sacrifier sur l'autel du socialisme.

Mais la rumeur selon laquelle les militaires préparaient un coup d'État s'était répandue comme une traînée de poudre dans les grandes villes de Bombay, Delhi et Calcutta. L'idée que l'Inde ne pourrait pas survivre en tant que pays démocratique et uni faisait son chemin dans les esprits d'une grande partie de l'élite sociale. On commençait à considérer Nehru et Gandhi comme les figures d'un passé idéaliste, loin de la réalité actuelle. De plus en plus isolée au sommet du pouvoir, Indira se sentait menacée jusqu'à en devenir paranoïaque, et ce n'était pas sans raison. Le général Sam Manekshaw, un parsi qui occupait le poste de commandant en chef des armées, s'entendait poser la même question partout où il allait : quand sera-t-elle déchue de ses fonctions ? Il s'abstenait de répondre. Le plus choquant était qu'il y avait des membres du cabinet d'Indira parmi ces gens qui l'interrogeaient.

Excédée par tous ces bruits qui s'étaient infiltrés jusque chez elle, Indira convoqua le général Manekshaw dans son bureau de South Block. Ils étaient de vieux amis. De surcroît, Indira avait épousé un parsi, ce qui donnait une tonalité plus familière à leur relation. Sam s'assit face à elle, les coudes appuyés sur la table de travail en forme de haricot, et la tête entre les mains. Elle lui dit d'une voix lasse :

« Tout le monde raconte que tu vas me remplacer. Est-ce que c'est vrai, Sam ? »

Le militaire resta d'abord de marbre ; mais au bout de quelques instants, il réagit. « Je fis quelques pas vers elle en contournant la table. Elle avait un long nez et moi aussi, de sorte que j'approchai mon nez du sien et lui demandai, les yeux dans les yeux :

— Et toi, qu'est-ce que tu en penses, madame le Premier ministre ?

— Tu ne peux pas faire ça, dit-elle.

— Tu me trouves incompétent ?

— Non, Sam, ce n'est pas ce que je veux dire. Je veux dire que tu ne le feras pas.

— Tu as raison. Je ne m'occupe pas de politique. Mon travail consiste à diriger l'armée et à veiller à ce qu'elle reste un instrument de premier ordre. Le tien consiste à veiller sur le pays.

— Mes ministres prétendent qu'un coup d'État militaire est en train de se tramer. Même mes fils en ont entendu parler.

— Ces ministres, c'est toi qui les as nommés. Tu n'as qu'à t'en débarrasser. Et garder confiance en moi. »

Jamais le général ne l'avait vu si soucieuse et si abattue. « Elle avait beaucoup d'ennemis politiques, devait-il se rappeler, et ils fomentaient sans arrêt des complots contre elle. Mais elle était très habile. Elle a fini par me dire : "Sam, si tu as des projets, sache que j'en serai informée en temps et en heure." »

Décembre fut un mois tourmenté. Bien qu'Indira luttât pour ne pas laisser transparaître son angoisse à la maison, il était impossible de rester insensible à la tension de la rue. Sanjay était celui qui l'interrogeait le plus souvent sur ce qui risquait de se passer, mais Indira lui opposait un de ses fameux silences et prenait le petit Rahul dans ses bras, comme si ce simple geste suffisait à répondre aux questions les plus compliquées. Qu'aurait fait son père en ces circonstances ? se demandait-elle. En 1951, Nehru s'était trouvé confronté à une crise comparable, bien que moins extrême. Et il avait décidé de consulter le peuple. Indira fit de même. Elle sentait que son gouvernement, qui dépendait uniquement du soutien des partis de gauche, ne survivrait pas aux attaques des forces puissantes unies contre elle. Mais elle avait l'intuition que le peuple, si on le consultait, lui apporterait son soutien. Et cette fois, elle séparerait les élections législatives des élections régionales. Jusqu'alors, elles s'étaient toujours tenues en même temps, avec pour conséquence de mêler des considérations locales de castes et d'ethnies aux grands sujets nationaux. Indira était résolue à dissocier les deux domaines et à présenter un grand programme national à son électorat.

Le 27 décembre 1971, après sa réunion quotidienne dans le jardin, Indira prit un thé avec Sonia.

« Aujourd'hui, je ne rentrerai pas déjeuner, lui dit-elle. Je vais aller voir le président de la République et lui demander de dissoudre le Parlement. Ce sera une journée très chargée. Dis à Rajiv que je parlerai ce soir à la radio. »

En effet, ce soir-là, elle s'adressa à la nation pour lui annoncer qu'elle avançait d'un an les élections législatives. Sonia l'écouta dans la cuisine. « Le temps nous est compté, disait Indira sur un ton grave. Les millions de gens qui demandent à se nourrir, se loger et travailler ont hâte que nous agissions. Une démocratie tire sa légitimité du peuple. C'est pour cette raison que nous nous adressons à lui pour solliciter un nouveau mandat. » Peu de temps après cette annonce, un journaliste de *Newsweek* demanda à Indira quel serait son grand thème de campagne. Sans hésiter, elle répondit : « Le thème, c'est moi. »

Au cours des dix semaines qui suivirent, on la vit à peine chez elle. Et si elle faisait une apparition, c'était pour se changer et repartir aussitôt. Parfois à une heure du matin. En l'entendant, Sonia se levait, pour l'aider à chercher un sari ou lui préparer un thé. Elle lui donnait des nouvelles du bébé, et Indira lui parlait de la campagne avec beaucoup d'animation. « J'aime être au milieu des gens, au milieu du peuple, lui dit-elle un soir au moment de se coucher. À leur contact, ma fatigue s'évanouit. Tu sais, Sonia, je ne les perçois pas comme une masse anonyme, mais bien comme une foule d'individus réunis. » Elle était contente, car la grande alliance qui regroupait plusieurs partis de l'opposition – de la droite aux socialistes – avait commis l'erreur de choisir un slogan qui affichait son désir le plus profond : « Finissons-en avec Indira. »

« Moi, j'ai proposé un autre slogan : "Finissons-en avec la pauvreté." Bien plus évocateur, n'est-ce pas ? »

Sonia acquiesça. Indira poursuivit, à voix basse pour ne pas réveiller le bébé :

« Il s'agit de donner à notre parti sa raison d'être morale et de lui conférer une image progressiste face à une alliance réactionnaire. En plus, les pauvres composent la grande majorité de l'électorat.

— Ils vous verront comme celle qui peut les sauver.

— Espérons-le… »

La campagne qu'elle mena durant les mois de janvier et de février 1970 fut d'une extrême intensité. Ses habitudes de frugalité – elle mangeait peu et dormait peu – l'aidèrent à tenir bon. Si on en croit les statistiques officielles, plus de treize millions de personnes assistèrent à ses meetings et sept autres millions l'accueillirent sur le bord des routes. « Pendant les quarante-trois jours que j'avais devant moi, écrivit-elle à son amie Dorothy Norman, j'ai parcouru plus de soixante mille kilomètres et tenu quelque trois cents meetings. C'était merveilleux de lire l'espoir dans les regards de ces gens. » Et plus merveilleux encore de constater qu'en dehors de certaines régions, peuplées par des intouchables et des communautés tribales, les abîmes de pauvreté qui existaient il y a vingt ans avaient maintenant disparu. On ne croisait plus de difformités horribles comme par le passé, ni d'enfants au ventre gonflé par la malnutrition. « Ils n'ont peut-être pas tous un toit et un travail, mais les gens semblent en bonne santé. Les yeux des enfants brillent », disait encore la lettre à Dorothy.

Elle en tirait une grande fierté. Les statistiques le confirmaient : en cinq ans, la production annuelle de blé et de riz avait doublé. « Pour la première fois, je n'ai pas l'impression que le sort de l'économie soit suspendu aux moussons », avait écrit un journaliste britannique qui voyageait régulièrement en Inde. Les médias indiens, dont la plupart étaient aux mains de l'opposition, ne parlaient jamais de ce décollage ; mais quand vint le jour de la plus grande consultation électorale jamais tenue dans le monde, le peuple se prononça.

Le soir des résultats, toute la famille était réunie au 1, Safdarjung Road. Sonia avait pris soin de disposer des fleurs et des plats de friandises dans tous les coins de la maison. Celle-ci était éclairée de l'extérieur, et à l'intérieur, l'atmosphère vibrait d'un enthousiasme contenu. L'euphorie gagnait la famille à mesure que la commission électorale égrenait des chiffres et des résultats : deux cent soixante quinze millions d'Indiens avaient voté pour ces cinquièmes élections législatives depuis l'indépendance. Ils n'avait pas eu à marcher plus de deux kilomètres pour déposer leur bulletin dans l'urne. Près de deux millions de bénévoles avaient fait office d'agents électoraux. Soixante-six tentatives de fraude avaient été comptabilisées, un chiffre insignifiant pour un pays de cette envergure. La tendance des résultats était claire : le parti d'Indira l'emportait dans presque toutes les circonscriptions. Un défilé bientôt ininterrompu de voitures commença devant la maison. Un tel triomphe s'accompagnait forcément d'attitudes courtisanes. Des gens n'hésitaient pas à s'agenouiller pour toucher les pieds d'Indira ; une forme traditionnelle de salut que les Nehru avaient toujours prise pour une preuve de servilité quand elle était pratiquée par des personnes issues de la classe moyenne.

Les ministres d'Indira, ceux-là mêmes qui parlaient dans son dos de coup d'État militaire, furent les premiers à se présenter pour se prosterner. Sonia apprit à reconnaître ces lèche-bottes mielleux toujours prêts à retourner leur veste selon la tendance politique. C'est à cette époque que naquit chez elle une obsession qui ne devait plus jamais la quitter : identifier ces personnages et les tenir à distance. Mais des amis sincères étaient aussi venus féliciter Indira. Celle-ci entrait et sortait de son bureau bondé de compagnons du parti qui s'asseyaient sur le sol, jambes croisées. Une autre pièce, près de l'entrée, fut bientôt envahie à son tour. Les téléphones sonnaient sans arrêt. Même les chiens participaient de l'excitation générale ; ils se collaient aux jambes des visiteurs que Sonia accueillait, le petit Rahul dans les bras. Indira s'efforçait de dissimuler son allégresse. Mais en réalité, elle était aux anges : elle venait de remporter les élections avec une majorité des deux tiers ! Son nouveau mandat était plus qu'assuré, et pareille victoire faisait d'elle le Premier ministre le plus puissant depuis l'indépendance. Elle était devenue la personnalité la plus admirée, la plus crainte, la plus aimée, et même, pour certains, la plus haïe du pays.

Ce fut aussi une victoire pour l'Inde. Avec ces élections, la nation avait montré qu'elle était capable de s'unir durablement par-delà ses différences et sa diversité. La démocratie s'affirmait comme la nouvelle religion de ce pays ancien, peuplé de divinités : une religion qui allait l'engager sur le chemin du progrès.

Indira n'eut guère le temps de savourer son triomphe. Quinze jours après la proclamation de son incroyable victoire, l'armée pakistanaise lança une attaque de la plus grande violence contre les citoyens bengalis du Pakistan oriental. Sur les écrans de télévision, une marée humaine de millions de réfugiés, composée principalement de femmes, d'enfants et de vieillards, traversait la frontière. Ils cherchaient refuge dans la province indienne – pourtant déjà très peuplée – du Bengale occidental, dont la capitale était Calcutta. Sonia, Rajiv et Sanjay n'en perdaient pas une miette. Cette mer de réfugiés rappelait les tragiques événements de la Partition entre l'Inde et le Pakistan, et ils savaient tous trois qu'Indira était face à une crise gravissime. Comment un pays pauvre comme l'Inde pourrait-il accueillir tous ces gens ? se demandaient-ils avec anxiété. Faudrait-il intervenir au Pakistan oriental pour arrêter le flux des arrivants ? Qu'allait décider Maman ?

« C'est une guerre civile ? » s'enquit Sonia.

Rajiv et Sanjay lui expliquèrent qu'on pouvait le croire puisque les exactions de l'armée avaient lieu à l'intérieur d'un même pays, le Pakistan. Mais l'affaire était plus compliquée, car le pays était divisé en deux entités que séparaient plus de trois mille kilomètres de territoire indien. Une conséquence de la partition du subcontinent qui s'était faite au moment de l'indépendance sur des critères religieux et communautaires assez douteux. En réalité, il n'existait pas d'unité réelle dans ce double État, dont la partie occidentale venait de déclarer la guerre à la partie orientale. Les habitants du Pakistan occidental parlaient l'ourdou, ils étaient plus grands et de peau plus claire. Ceux du Pakistan oriental étaient petits et basanés, et parlaient le bengali. La seule chose qu'ils partageaient était l'islam, mais cela ne suffisait pas à cimenter une nation. Car, bien que la partie orientale fût la plus peuplée, la plupart des ressources – santé, éducation, électricité – était systématiquement absorbée par la partie occidentale. Les Pakistanais de l'Ouest exploitaient effrontément ceux de l'Est, qui réclamaient leur autonomie.

Contrairement à l'Inde où la démocratie avait survécu aux troubles politiques, aux famines et à la guerre, le Pakistan était depuis treize ans sous la coupe des militaires. Son président, le général Yahya Khan, un alcoolique notoire, avait convoqué le premier référendum de l'histoire du pays en décembre 1970. Mais il n'avait pas prévu les conséquences de cette consultation qui avait dévoilé au grand jour les contradictions et la fragilité de la double entité politique qu'on appelait le Pakistan. À l'ouest, Zulfikar Ali Bhutto l'emporta : avocat formé en Angleterre, il s'était lancé en politique à son retour au Pakistan. Il était le leader du PPP, le Parti du peuple pakistanais. À l'est, la victoire fut remportée par un parti mené par un dirigeant charismatique, le cheikh Mujibur Rahman : ami et allié d'Indira, il avait fait campagne pour dénoncer le colonialisme exercé par le Pakistan occidental sur la partie orientale. Cette victoire fut si écrasante qu'il obtint à lui seul la majorité à l'Assemblée nationale. Selon la logique des résultats, il aurait dû être nommé Premier ministre.

Mais le dictateur au pouvoir, Yahya Khan, n'avait aucune intention de laisser ses compatriotes de l'Est prendre le dessus dans les affaires de l'État. Devant le mouvement de désobéissance civile lancé par le cheikh Mujibur Rahman dans tout le Pakistan oriental et l'appel à une grève générale illimitée, Yahya Khan décida de réprimer la rébellion par la force. Bientôt, et sans aucun préavis, il envoya quarante mille soldats du Pakistan occidental envahir la partie orientale. La presse parlait d'une attaque brutale et impitoyable. De nombreux officiers, qui se vantaient d'être capables d'améliorer les gènes des enfants bengalis, violèrent des milliers de femmes. Ils mirent à sac et incendièrent commerces et entrepôts ; ils assassinèrent des milliers d'innocents. Tout suspect de dissidence était poursuivi et éliminé, en particulier s'il était hindou : étudiants, universitaires, écrivains, journalistes, professions libérales et intellectuelles, nul ne pouvait se soustraire à la terreur que faisaient régner ces soldats grands, forts et solidement armés. Même les enfants n'échappaient pas à leur cruauté ; ceux qui avaient de la chance étaient assassinés sous les yeux de leurs parents, mais des milliers d'autres étaient condamnés à vivre le reste de leur vie les yeux crevés ou le corps horriblement mutilé. Le cheikh Mujibur Rahman fut arrêté et transféré au Pakistan occidental, où on le jeta en prison.

« Tu vas déclarer la guerre, maman ? demanda Sanjay un soir à l'heure du dîner, comme s'il lui demandait si elle allait partir en vacances ou faire des courses.

— Si je ne trouve pas d'autre solution au problème, je n'aurai pas le choix, répondit Indira. De toute manière, je dois en parler demain avec le général Manekshaw. »

Indira était consciente que le dictateur pakistanais avait agi avec tant d'aplomb parce qu'il comptait sur l'appui de son principal allié, les États-Unis. Son autre allié était la Chine, qui avait déclaré la guerre à l'Inde en 1962 et qui, dans une attaque éclair, avait annexé des territoires frontaliers dans l'Himalaya. L'humiliation avait été cuisante pour l'Inde : elle avait porté un coup mortel à la vieille confiance qu'avait Nehru en la solidarité des nations non alignées. Et elle avait marqué aussi le début de la fin du règne de Nehru. Sa santé avait commencé à se détériorer, et plus d'un observateur avait attribué sa mort au chagrin que lui avait causé l'attaque victorieuse de son grand voisin du Nord.

« Tu sais ce qui se passe au Pakistan oriental ? demanda Indira à son vieil ami Sam Manekshaw, le commandant en chef des armées, dès son arrivée à la réunion gouvernementale.

— Oui. La population se fait massacrer, répondit le militaire.

— Nous recevons une pluie de télégrammes des États frontaliers, poursuivit Indira. Ils nous disent que des flots de réfugiés se déversent sur leur territoire, jour après jour. Sam, il faut arrêter ça, nous n'avons pas les ressources suffisantes pour accueillir tous ces gens. S'il faut intervenir au Pakistan oriental, fais-le. Fais ce qu'il faut pour mettre un terme à ce désastre.

— Tu sais ce que ça signifie. C'est la guerre !

— Peu m'importe qu'il y ait une guerre », trancha le Premier ministre.

Le général entreprit de lui expliquer les dangers d'une invasion. Les pluies de la mousson étaient sur le point de commencer et le transport des troupes devrait se faire par route, car les champs seraient inondés. Dans de telles circonstances, les forces aériennes ne pourraient agir. La situation, conclut-il en toute franchise, ne permettait pas d'espérer gagner une guerre.

« La récolte a commencé au Pendjab et dans l'Haryana, ajouta le prudent général. Si le pays entre en guerre en pleine saison des récoltes, nous aurons besoin de toutes les routes disponibles, ce qui causera de gros problèmes dans la distribution de l'alimentation. Peut-être même des famines. Et puis, il y a la question de la Chine. Les cols de l'Himalaya ne vont pas tarder à s'ouvrir. Crois-tu que les Chinois vont rester les bras croisés alors qu'ils sont les alliés du Pakistan ? Que ferons nous s'ils nous posent un ultimatum ?

— Ils ne le feront pas, dit Indira. Comme tu dois le savoir, nous sommes sur le point de conclure une alliance pour les vingt années à venir avec l'Union soviétique. »

Indira était tellement en colère que son visage s'était empourpré. Elle décida d'interrompre la réunion et de la reprendre dans l'après-midi. Les ministres quittèrent la salle, mais Indira demanda à Sam de rester. Quand ils furent seuls, le militaire se sentit obligé de lui dire :

« Mon devoir est de ne rien te cacher de la vérité. Mais compte tenu de notre dernier échange, je suis prêt à te présenter ma démission si tu le souhaites.

— Non, Sam. Allons de l'avant. J'ai toute confiance en toi. »

À partir de ce moment, le Premier ministre et le commandant en chef travaillèrent en parfaite harmonie. Jamais Indira ne permit la moindre interférence entre eux. Sam l'avait convaincue que l'option militaire devait être la dernière, et qu'il ne faudrait y recourir qu'en cas de force majeure. Pour le moment, la meilleure stratégie consistait à gagner du temps : lorsque l'hiver reviendrait sur l'Himalaya, la neige bloquerait les cols. C'était la condition indispensable pour que les Chinois ne soient pas tentés de s'immiscer dans le conflit.

Rien ne pouvait arrêter le flux des réfugiés. Plus de cent cinquante mille d'entre eux traversaient la frontière chaque jour. Ils arrivaient dans des camions, dans des chars à bœufs, dans des *rickshaws*, et pour beaucoup à pied. Sonia vit Indira très abattue à son retour d'un voyage à Calcutta et ses environs.

« J'ai visité les campements sous une pluie torrentielle. » Elle s'était mise à table mais ne touchait pas à son assiette car elle avait l'appétit coupé. « Je pensais qu'après l'expérience des camps de réfugiés au moment de la Partition, j'étais préparée à ce que j'allais voir. Mais non. J'ai vu des hommes et des femmes affamés, des enfants squelettiques, des vieux que leurs fils transportaient sur le dos au milieu de champs inondés… Ils restaient debout des heures dans la boue parce qu'il n'y avait aucun endroit sec pour s'asseoir. Mes collaborateurs espéraient que je prendrais la parole, mais j'étais si bouleversée que je n'ai rien pu dire. »

En huit semaines, trois millions et demi de réfugiés étaient entrés sur le territoire indien. La plupart étaient hindous, mais il y avait aussi des musulmans, des bouddhistes, des chrétiens… Des gens de toute condition sociale et de tous les âges. Quoi qu'il puisse lui en coûter, répétait Indira, elle ne les abandonnerait pas à leur sort. Aidée de ses conseillers, elle entreprit de planifier l'organisation des camps avec le plus grand soin. Elle insista pour que son gouvernement trouve des solutions pour loger les réfugiés, les nourrir et les protéger des épidémies. S'il fallait à nouveau quémander de l'argent de par le monde pour couvrir les dépenses nécessaires, elle était disposée à le faire.

Sonia s'inquiétait un peu de la tournure que prenaient les événements, mais elle n'en laissait rien paraître. Elle avait toute confiance en sa belle-mère. La presse répétait que les atrocités continuaient au Pakistan oriental, tout comme l'afflux des réfugiés. Comment cela allait-il finir ? se demandait-on au 1, Safdarjung Road, où à l'heure des informations chacun prenait place devant le téléviseur. De tous côtés, des voix s'élevaient pour que le gouvernement envoie l'armée. Mais, malgré ces appels frénétiques, Indira gardait son sang-froid. Comme toujours en temps de crise, elle gardait un contrôle total de la situation. L'atmosphère familiale dans sa maison de New Delhi l'aidait à se détendre, et voir grandir son petit-fils Rahul était une réelle consolation. La prise de décisions, surtout quand celles-ci affectaient un sixième de l'humanité, pouvait facilement se transformer en torture mentale. Il fallait absolument rester lucide et sereine. Pour elle, pour le pays, pour le monde. Sonia l'aidait autant que possible. « Votre fille est une merveille », écrivit-elle à Paola. En public, elle lui faisait sans cesse des compliments. Elle déclarait à un journaliste : « Elle est tout bonnement extraordinaire : une épouse parfaite, une bru tout aussi parfaite, une mère magnifique et une admirable maîtresse de maison. Et le plus incroyable, c'est qu'elle est maintenant plus indienne que n'importe quelle fille indienne ! »

Un soir, toute la famille assista à la projection d'un documentaire qu'une amie d'Indira, la journaliste Gita Mehta, avait réalisé sur les réfugiés et qui devait être diffusé aux États-Unis. Sonia fut profondément bouleversée par ces images. La réalisatrice s'était entretenue avec des femmes que les soldats pakistanais avaient maintenues prisonnières dans des tranchées. L'une d'entre elles, une adolescente de quinze ans à peine, avait été violée quelque deux cents fois. Elle n'avait plus de larmes, elle était en état de choc. On voyait aussi des vieillards ou des jeunes gens retournant vers leurs maisons détruites, des camps incendiés et dévastés. À la fin de la projection, Sonia s'aperçut qu'Indira pleurait.

13.

Indira était prête à tout pour éviter, ou au moins retarder, la guerre. Elle pensait que seule l'intervention de la communauté internationale pourrait aboutir à un accord pacifique et mettre un terme à ce bain de sang. La presse du monde entier se faisait l'écho des atrocités commises dans ce qu'on appelait désormais le Bangladesh, et les éditorialistes critiquaient très sévèrement le soutien du président Nixon au général Yahya Khan. L'élite intellectuelle américaine semblait profondément unie dans sa condamnation du dictateur pakistanais. En France, André Malraux proposa d'envoyer des armes à la résistance bangladaise. L'ex-Beatle George Harrison et le maître indien du sitar Ravi Shankar organisèrent un concert géant afin de recueillir des fonds destinés aux réfugiés. Allan Ginsberg, le poète qu'Indira avait entendu lors de l'inauguration à Londres de l'exposition sur son père, chanta la souffrance des camps.

Indira n'eut d'autre recours que de partir pour un long voyage aux États-Unis et en Europe pour galvaniser l'opinion publique internationale.

« Si en Occident les gens pouvaient voir le documentaire que nous avons visionné l'autre jour, dit-elle à Sonia, je suis sûre qu'ils se mobiliseraient. »

Indira avait l'intention de passer plusieurs mois à voyager. Elle était certaine que tout irait bien à la maison et, compte tenu des circonstances, elle appréciait particulièrement de partir l'esprit tranquille. C'est ce qu'elle confia à un journaliste arabe lors d'une de ses escales : « Je n'ai aucune inquiétude pour ma famille tant que Sonia veille. » Avant son départ, sa bru lui avait annoncé une heureuse nouvelle : elle était de nouveau enceinte, et cette fois, il semblait qu'elle n'aurait pas besoin de rester couchée pendant neuf mois.

Le voyage commençait mal. Sa rencontre avec Nixon fut un fiasco complet. Indira accumulait les mauvaises expériences avec les présidents américains, qui la trouvaient trop marquée à gauche ; et Nixon lui parut cent fois pire que cette brute de Johnson. Leurs discussions furent entachées de défiance mutuelle et d'antipathie. Indira et Nixon étaient installés dans de grands fauteuils disposés de part et d'autre de la cheminée du Bureau ovale, tandis que le conseiller d'Indira et Kissinger, tels les témoins d'un duel, assistaient depuis un canapé aux échanges des deux dirigeants. Nixon refusa de reconnaître la tragédie humaine dont le Pakistan oriental était la victime. De même, il se braqua quand Indira lui suggéra de convaincre le général Yahya Khan de libérer le cheikh Mujibur Rahman. Selon Indira, le seul moyen sérieux de mettre un terme au conflit passait par des négociations directes avec le cheikh et son parti. Nixon ne s'émut ni du sort des réfugiés ni de celui de Rahman. Les paroles d'Indira semblaient glisser sur lui. « Un dialogue de sourds », déclara Kissinger à la sortie. Plus tard, il ajouta que Nixon s'était permis des commentaires « qu'on ne pouvait pas répéter ». Des années après, quand les Américains levèrent le secret qui pesait sur cette période, on apprit que Nixon avait fondé toute sa politique asiatique sur sa sympathie personnelle pour le dictateur Yahya Khan : cet « homme honorable et raisonnable », cet ami loyal des États-Unis méritait d'être soutenu dans son entreprise de répression au Pakistan oriental. L'attitude de Nixon reposait également sur son aversion pour les Indiens, « ces salopards », comme il les appelait. Kissinger et Nixon étaient certains que l'Inde ne déclarerait pas la guerre à son voisin. Elle était trop pauvre pour cela, pensaient-ils.

Le lendemain, Nixon fit attendre Indira quarante-cinq minutes dans l'antichambre du Bureau ovale. Elle bouillait de fureur quand ils s'assirent enfin pour parler. Le pays qu'elle dirigeait était peuplé de pauvres, soit, mais c'était aussi une grande nation démocratique avec une énorme population et une civilisation millénairc. Elle ne méritait pas un traitement pareil. En face d'elle se tenait un personnage presque inhumain, un homme qui, d'après son conseiller, était « dénué de principes moraux ». Et dans la pièce, un Kissinger « narcissique qui se prenait pour Metternich ». Pourquoi perdre plus de temps avec ce genre d'interlocuteurs ? Le sort des réfugiés, la charge financière qui incombait à l'Inde les laissaient de marbre. « Il aurait été ridicule de pleurnicher en écoutant les récits de cette vieille sorcière », avait dit Nixon à son secrétaire d'État sitôt le premier entretien terminé. C'était clair, ils étaient les alliés du Pakistan, et Indira se rendit compte que sa visite n'y changerait rien. Si bien qu'au cours de leur seconde entrevue, elle rendit subtilement à Nixon la monnaie de sa pièce. Elle ne fit aucune allusion au problème pakistanais, comme si le sous-continent indien était la région la plus paisible du monde, et interrogea Nixon sur le Vietnam et sur sa politique étrangère dans le reste du monde. Nixon prit la chose comme une insulte. « Cette vieille chienne », ainsi désigna-t-il Indira en privé.

Malgré un agenda chargé, elle parvint à se réserver deux après-midis de liberté. Son amie Dorothy Norman la trouva épuisée. La fatigue des voyages, la tension contenue des tête-à-tête avec Nixon, l'effort de devoir se dominer sans cesse et d'opposer une apparence calme à la provocation finissaient par laisser des traces sur son visage. Dorothy avait acheté des billets pour un spectacle du New York City Ballet, une œuvre de Stravinski chorégraphiée par Balanchine. Rien n'aurait pu plaire davantage à Indira. Pourtant elle y renonça au dernier moment. « Elle semblait triste et nerveuse », se rappellerait Dorothy, qui ne comprenait pas ce qui se passait. Indira tenta de s'expliquer :

« Je ne peux pas, Dorothy. Ce serait trop beau. Je ne pourrais pas le supporter. »

Elle était au bord des larmes. Dorothy s'inquiéta beaucoup, mais le lendemain, elle constata avec soulagement qu'Indira « avait retrouvé ses esprits ».

Dans les autres pays, Indira se heurta à la même indifférence. On l'exhortait à la patience, à accepter la présence d'observateurs de l'ONU et à trouver une solution pacifique. « Le plus grand problème auquel je suis confrontée, dit-elle à la presse, n'est pas le conflit à nos frontières, mais les efforts des autres pays pour détourner l'attention du problème fondamental. » À la télévision britannique, elle se montra un Premier ministre à la hauteur des circonstances. Elle avait perdu du poids et, avec son air impérieux et digne, ses yeux de braise, on retrouvait Nehru, son père. Quand le journaliste qui l'interviewait évoqua la nécessité pour l'Inde de faire preuve de patience, elle laissa éclater sa colère : « De patience ? Pour que continue le massacre ? Pour que continuent les viols et les mutilations ? Quand Hitler agressait le monde, êtes-vous restés sans rien faire ? L'avez-vous laissé assassiner tous les juifs ? Comment peut-on contrôler un exode de cette ampleur ? Si la communauté internationale avait réagi devant cette situation, le problème serait déjà résolu. » Ce n'était pas seulement au journaliste qu'elle s'adressait, mais à tous les dirigeants du monde qui l'ignoraient.

Quand elle regagna New Delhi, ce fut pour apprendre que le nombre de réfugiés s'élevait maintenant à dix millions. Elle était désormais convaincue que la guerre était inévitable, mais elle n'en pipa mot. Sans évoquer les difficultés de son périple ni les événements qui allaient se produire, elle raconta qu'à Vienne, elle avait trouvé le temps d'assister à une représentation de *Fidelio*, l'opéra de Beethoven. Elle décrivit aussi un spectacle qui l'avait enchantée, une démonstration de l'école espagnole d'équitation. À Paris, elle avait dîné chez des amis qui lui avaient présenté le peintre Joan Miró et un homme politique du nom de François Mitterrand, qui lui avait fait très bonne impression. On aurait cru qu'elle rentrait d'un voyage d'agrément et non d'une épuisante et frustrante tournée des grandes capitales. Mais Rajiv et Sonia ne s'y trompaient pas. Ils mesuraient parfaitement la tension extrême dont elle était l'objet, et Indira ne put leur cacher la vérité plus longtemps : la guerre aurait bien lieu. Sanjay ne parut pas très affecté par la nouvelle, mais Rajiv et Sonia s'inquiétaient. Le petit Rahul gazouillait dans son berceau.

« Il faudra vous habituer à sortir moins et à bénéficier d'une protection rapprochée tant que durera cette situation, leur dit Indira. Le pays tout entier réclame une action rapide et efficace. Le temps presse. »

Ce soir-là, elle reçut la visite de son ami le général Sam Manekshaw. Sonia et Rajiv entendirent des bribes de leur conversation : le général parlait de la préparation de l'armée, des bases d'opération qu'il avait installées à l'intérieur du Bangladesh et des unités de défense qui protégeaient la frontière avec le Pakistan occidental.

« Je crois que nous allons être obligés d'entrer en guerre, Sam, entendirent-ils Indira déclarer.

— Si nous devons faire la guerre, il faut se décider tout de suite, en profitant de la pleine lune du 4 décembre. Ce jour-là, nous pourrions attaquer Dacca. »

Indira resta un moment pensive. Jamais elle n'avait pensé qu'il lui faudrait un jour déclencher une guerre. Mais puisque le monde détournait les yeux du problème et que la situation devenait insoutenable, elle n'avait d'autre solution que de prendre l'affaire en main. Elle se souvint des paroles que lui avait dites son père : « Tu es maîtresse de ta vie, de ton présent et de ton avenir. Consulte-moi si tu en as besoin, mais c'est à toi de décider. » Elle ne pouvait plus le consulter, mais elle pouvait encore décider. Elle releva la tête, regarda son vieil ami et lui dit :

« Allons-y, Sam. »

Chez elle, Indira s'efforçait de ne pas laisser paraître son anxiété. En réalité, tous faisaient le même effort. On craignait pour Sonia, dont la grossesse était avancée. Les Nehru-Gandhi étaient habitués à dissimuler leurs sentiments en temps de crise. En cela, ils étaient très britanniques. Et si Rajiv et Sonia partaient quelque temps pour l'Italie ? La suggestion était venue d'une amie, mais Sonia la repoussa. Elle n'avait pas l'intention de laisser Indira seule alors qu'elle devait affronter une situation aussi grave. Cela ne correspondait pas à sa conception de la loyauté. Sonia connaissait assez sa belle-mère pour deviner qu'en ce moment, plus que jamais, elle avait besoin de la proximité et de la chaleur des siens. De surcroît, Rajiv et elle avaient confiance en la vie, confiance en leur avenir, en Indira et en l'Inde, et jamais ils ne pensèrent aux conséquences qu'entraînerait une défaite. Cette éventualité n'en était tout simplement pas une.

Aussi entourèrent-ils Indira d'affection, sans poser trop de questions et en faisant de leur mieux pour ne pas la rendre plus inquiète qu'elle ne l'était déjà. Ils se montraient très tendres avec elle, et, quand il la voyait particulièrement soucieuse, Rajiv la serrait longuement dans ses bras.

Le 3 décembre 1971, un jour avant l'attaque prévue, Indira se rendit à Calcutta, ancienne capitale des Indes britanniques. Sur la grande esplanade du centre de la ville, elle s'adressa à une foule d'un demi-million de personnes : « L'Inde veut la paix, mais si la guerre éclate, nous sommes prêts au combat, car nos idéaux autant que notre sécurité sont en jeu… » Au moment même où elle prononçait ces mots, un de ses adjoints lui passa une note : « La chasse pakistanaise a bombardé neuf de nos bases aériennes dans le Nord, l'Ouest et le Nord-Ouest, dont celles d'Amritsar, d'Agra et de Srinagar au Cachemire. » Indira acheva son allocution en toute hâte, sans annoncer ce qu'elle venait de lire. Mais dès qu'elle descendit de l'estrade du meeting, elle souffla à son adjoint : « Grâce à Dieu, ce sont eux qui ont tiré les premiers ! » La troisième guerre indo-pakistanaise venait d'éclater. Et le Pakistan était l'agresseur.

Ce soir-là, Indira regagna New Delhi dans un avion escorté par des bombardiers indiens. On craignait que les forces aériennes pakistanaises ne localisent l'appareil et ne l'abattent en plein vol. Mais Indira ne semblait guère affectée par l'accélération des événements. Au contraire, elle sortit de son sac un livre de l'anthropologue norvégien Thor Heyerdahl retraçant sa fameuse expédition à bord d'un bateau en papyrus et lut tout le long du voyage. Inutile de s'inquiéter : à présent, les dés étaient jetés. Quand l'avion atterrit, la capitale était plongée dans l'obscurité la plus complète en raison du couvre-feu décidé par les militaires. Indira se dirigea directement vers son bureau de South Block, où, dans la salle des cartes, elle fut avisée des dommages infligés par l'aviation pakistanaise. Après quoi, elle réunit les leaders de l'opposition pour leur annoncer qu'elle avait donné l'ordre à l'armée d'envahir le Bangladesh. Ils la décrivirent comme « tranquille, sereine et confiante ». Il était plus de minuit quand elle s'adressa par radio à la nation pour l'informer de l'agression pakistanaise et l'avertir des grands dangers qui menaçaient cette région du monde. Cette nuit-là, elle ne dormit pas chez elle. Elle passa toute la nuit à suivre l'escalade de la situation militaire. Le lendemain matin, au Parlement, elle annonça aux représentants du peuple qu'ils devaient se préparer à une longue lutte.

Sonia, qui était à quelques semaines de son accouchement quand le conflit éclata, était plus préoccupée par cette échéance : même si elle avait été obligée de passer les dernières soirées dans le noir en raison du black-out, la guerre lui semblait lointaine. Si elle éprouvait de l'angoisse, elle ne le montra à aucun moment. Des soldats protégeaient maintenant la maison et le général Manekshaw venait tous les jours prendre son petit déjeuner au 1, Safdarjung Road pour informer le Premier ministre des développements du conflit. Mais sinon, la vie continuait normalement. Sonia aimait servir le thé au général, un homme sympathique et très courtois, connu pour son goût des traditions militaires britanniques. Dès son lever à cinq heures et demie du matin, il avait coutume de boire une gorgée de whisky en écoutant les informations à la BBC, puis de s'occuper un peu de son jardin avant de partir travailler. La sérénité et l'assurance d'Indira, qui inspiraient de la tranquillité à tous ceux qui l'entouraient – collègues, hauts gradés et soldats –, influençaient aussi la maisonnée.

Le quatrième jour, Sam Manekshaw avait le visage grave. Sonia l'entendit annoncer que plusieurs unités de l'armée s'étaient embourbées dans des marécages autour de Dacca, la capitale du Bangladesh. On perdait un temps précieux. Le général informa Indira du nombre précis de victimes et d'avions abattus. Il semblait très affligé. Elle lui posa des questions, se montra toujours calme et positive : « Sam, on ne peut pas gagner tous les jours », lui dit-elle pour le consoler. Sonia les vit s'éloigner vers la grille. Il n'y avait pas une ombre d'anxiété sur le visage d'Indira au moment où elle tendit la main au commandant en chef. D'après le général Manekshaw, le courage d'Indira était un exemple pour tous. Ce que Sonia put vérifier quand elle entendit, de l'autre côté de la grille, les gens lancer des cris de victoire.

Même un jour pareil, Indira ne se désintéressait pas pour autant des affaires de la famille. Après avoir travaillé au Parlement et à son bureau de South Block, elle s'enferma, malgré la fatigue, avec Usha pour régler des questions qui méritaient la même attention que celles auxquelles elle avait consacré sa journée : comment allait-on organiser la fête nationale alors que la guerre n'était pas terminée, par exemple ? Et il y avait la question des cadeaux : le 9 décembre, on fêterait l'anniversaire de Sonia et après, il y aurait Noël.

Au demeurant, Indira n'était peut-être pas aussi sûre d'elle qu'elle voulait le faire croire, car c'est à cette époque qu'elle commença à solliciter astrologues et chiromanciens. Ce soir-là, elle fit venir son professeur de yoga, un gourou nommé Dhirendra Brahmachari. Cet homme de belle prestance, à la barbe et aux cheveux longs, portait une *kurta* orange et des sandales en toutes circonstances. Elle s'enferma longtemps avec lui. À neuf heures, tandis qu'Usha, Rajiv et Sonia regardaient les informations à la télévision, qui montraient les troupes indiennes embourbées, Indira entra dans le salon, l'air un peu inquiet. Elle venait de prendre congé de son visiteur. « Il pense que nous aurons de grandes difficultés jusqu'au mois de février », dit-elle.

Le 6 décembre, alors que l'armée indienne s'extrayait des marécages et s'approchait de Dacca, Indira annonça au Parlement que l'Inde reconnaissait officiellement la nouvelle nation du Bangladesh. Une ovation sonore accueillit ses paroles, et elle reçut un soutien inconditionnel de tous côtés. L'opposition et la société indienne dans son ensemble s'unirent comme un seul homme derrière elle. Le peuple commençait à l'identifier à Durga, la déesse de la guerre qui, à dos de tigre, avait jadis vaincu les démons coupables d'avoir chassé les dieux du ciel.

Sonia ne devait pas oublier ce 9 décembre, jour de son vingt-cinquième anniversaire qu'elle fêtait enceinte de huit mois. Indira téléphona au milieu de la matinée pour prévenir qu'elle n'assisterait pas au repas familial, car un problème grave venait de surgir. Il fallait en effet qu'il soit très grave pour qu'Indira n'assiste pas à l'anniversaire de sa bru, pensèrent ceux qui la connaissaient bien. La nouvelle arrivait des États-Unis et faisait déjà trembler le monde : Nixon avait décidé d'envoyer la septième flotte américaine dans la baie du Bengale, avec à sa tête le porte-avions nucléaire *Enterprise*. Une provocation qui pouvait déclencher une conflagration mondiale.

Tandis que Rajiv, Sanjay et des amis célébraient les vingt-cinq ans de Sonia dans l'intimité de la maison familiale, Indira, enflammée, prononçait un discours incendiaire sur l'esplanade de Lila Ram, dans le centre de New Delhi, devant une foule de plusieurs centaines de milliers de personnes. Des avions de chasse indiens survolaient les lieux pour prévenir toute attaque surprise des forces aériennes pakistanaises. Indira n'avait pas voulu écouter les conseils de ses agents de sécurité, qui lui recommandaient de s'exprimer à la radio plutôt qu'en public. Elle était courageuse à un point tel que rien ne semblait l'effrayer.

Le soir, elle fit venir le général Manekshaw et son conseiller. Sans s'émouvoir de la provocation américaine, elle leur confirma sa décision de poursuivre la guerre. Elle pensait que Nixon bluffait, car les Américains n'étaient pas assez fous pour ouvrir un autre front en Asie alors qu'ils avaient déjà bien assez à faire au Vietnam. Mais, indéniablement, un homme comme Nixon était capable de tout. Indira se tourna vers le général :

« Sam, il faut absolument prendre Dacca avant l'arrivée de la septième flotte dans les eaux indiennes, lui dit-elle. Crois-tu que ce soit faisable ?

— Oui, répondit Manekshaw sans hésiter, à moins que les Chinois n'interviennent. »

Le conseiller d'Indira prit la parole.

« Ils sont mécontents de la situation, mais ne se montrent pas ouvertement menaçants, observa-t-il.

— Dans ces conditions, dit Indira, j'enverrai dès demain matin le ministre des Affaires étrangères à Moscou pour activer le traité que nous avons signé avec les Soviétiques et s'assurer de leur soutien en cas d'attaque américaine ou chinoise. Mon opinion, je le répète, est qu'il faut poursuivre la guerre. Vous êtes d'accord ? »

Tous les deux répondirent par un geste affirmatif.

La visite du ministre des Affaires étrangères indien eut pour effet d'inciter les Russes à envoyer une flotte dans la baie du Bengale. Celle-ci arriva dans le sillage des navires américains à quelques jours près. La situation avait atteint un point critique. De la Maison blanche, Nixon lançait des diatribes furieuses contre l'« agression indienne ». Son gouvernement suspendit toute aide économique et militaire à l'Inde, mais il continua d'envoyer du matériel de guerre au Pakistan, un geste que même la presse américaine dénonça. Indira écrivit à Nixon une lettre tranchante : « Cette guerre aurait pu être évitée si les grandes nations, en particulier les États-Unis, avaient usé de leur influence, de leur pouvoir et de leur autorité pour trouver une solution politique. Vous-même, en tant que président des États-Unis et que mandataire de la volonté, des aspirations et des idéaux du grand peuple américain, devriez au moins me dire où nous nous sommes trompés pour que vos représentants et vos porte-parole parlent de nous en termes si durs. » Elle passa la journée à se demander si elle devait envoyer cette lettre ou non. Le soir venu, elle décida que oui. L'Américain aurait une raison supplémentaire de la détester.

Le 13 décembre, alors que son armée se trouvait aux portes de Dacca, le général Manekshaw adressa un ultimatum à son homologue pakistanais : il lui donnait trois jours pour se rendre. Le 16 à cinq heures de l'après-midi, Indira était interviewée par un reporter de la télévision suédoise plus préoccupé de ses goûts vestimentaires et de ses souvenirs d'enfance que par le déroulement de la guerre, quand le téléphone sonna. C'était Manekshaw.

« Indira, nous avons gagné. Ils viennent de se rendre. Dacca est tombée. »

Indira ferma les yeux et serra les poings.

« Merci, Sam », dit-elle.

Elle conclut l'interview en toute hâte et se rendit au Parlement. Devant une assemblée de députés dans l'expectative, elle commença par annoncer : « Dacca est aujourd'hui la capitale libre d'un pays libre… » Une ovation mêlée de cris d'allégresse couvrit le reste de son discours. « Nous avons gagné ! » hurlaient les députés jusque dans les rangs de l'opposition. « Écrasons l'ennemi pour toujours ! » « Longue vie à Indira Gandhi ! » clamait le peuple.

Plus tard, elle tint une réunion avec son état-major. Le bilan indien était de quarante-deux avions et quatre-vingt-un tanks détruits ; les Pakistanais avaient perdu quatre-vingt-six avions et deux cent vingt-six tanks. La plus grande disparité résidait dans le nombre de prisonniers. Les Pakistanais n'en avaient pris qu'une poignée dans les combats à l'ouest, alors que l'Inde avait fait quatre-vingt-quatorze mille captifs pakistanais. Indira s'employa à calmer l'ardeur des généraux, qui n'étaient pas en faveur du cessez-le-feu unilatéral qu'elle réclamait. En cela, le haut-commandement se faisait l'écho d'une grande partie de l'opinion publique : celle-ci voulait continuer de collectionner les victoires « jusqu'à la défaite totale de l'ennemi ». Mais Indira était pragmatique : « Maintenant que nous avons atteint nos objectifs, nous n'avons plus de raison de poursuivre les combats. Ne donnons pas de prétexte aux États-Unis et à la Chine pour intervenir. Le mieux est de libérer les prisonniers et de mettre un terme au conflit. » Les militaires renâclèrent, sauf Sam Manekshaw qui écoutait, impassible. Indira expliqua que sa position se fondait sur une appréciation politique de la situation et qu'elle parlait avec l'autorité que lui conférait le soutien d'un cabinet unanime. Quand elle eut terminé, les généraux prirent congé en lui promettant qu'ils exécuteraient les instructions du gouvernement. « Il aurait été impossible d'obtenir pareille discipline de la part de l'état-major dans bien des pays. Et je ne parle pas seulement des pays du Tiers-Monde », commenterait Indira plus tard.

Son intelligence stratégique, son sens aigu de l'opportunité, l'harmonie dans laquelle elle avait travaillé avec le général Manekshaw, sa façon presque maternelle de haranguer les troupes… tout cela fut unanimement salué par l'ensemble de la société indienne. La presse internationale parlait d'elle en termes dithyrambiques. La déesse Durga s'était transformée en « impératrice de l'Inde ».

Indira avait déjoué le bluff de Nixon. Elle avait vu juste ; les Américains ne pouvaient se lancer au secours de leur allié le dictateur pakistanais, car ouvrir un nouveau front en Asie aurait été une folie. Nixon était furieux de l'issue de la guerre : « Nous n'avons pas été assez fermes avec cette maudite bonne femme, dit-il à Kissinger. Dire qu'elle a osé attaquer les Pakistanais malgré notre interdiction. Vieille chienne ! » Kissinger s'en voulait beaucoup d'avoir sous-estimé la puissance militaire des Indiens. « Les Indiens sont si mauvais pilotes qu'ils ne savent même pas faire décoller leurs avions », avait-il dit au président lors de la visite d'Indira. Un commentaire qui n'aurait pas fait plaisir à Rajiv. Mais l'opinion de la population et de la presse américaines différait de celle des gouvernants. Dans une enquête, Indira Gandhi obtint le titre de la personnalité la plus admirée au monde.

L'action décisive d'Indira avait sauvé la vie au cheikh Mujibur Rahman, qui avait été condamné à mort au Pakistan. Une des conditions de l'armistice fut la libération immédiate du leader du nouveau Bangladesh. Le 11 janvier 1972, Rahman, en route vers Dacca, fit escale à l'aéroport Palam de New Delhi. Il venait remercier Indira, et tous deux prononcèrent un discours empli d'émotion. « Son corps était enfermé, mais personne n'a pu enfermer son esprit, qui a continué d'inspirer le peuple du Bangladesh », déclara Indira. « Indira Gandhi n'est pas seulement le leader d'un pays, elle est un leader de l'humanité », affirma son visiteur. Ce fut un moment d'intense bonheur après la tension accumulée des derniers mois.

Dans les jours et les semaines qui suivirent, des milliers de fillettes nées en Inde reçurent de leurs parents le prénom d'Indira. L'une d'elles, qui naquit à New Delhi le lendemain de la visite triomphale du cheikh Mujibur Rahman, fut appelée autrement. Ses parents étaient Sonia et Rajiv Gandhi, et ils lui donnèrent le nom de Priyanka, ce qui en sanskrit signifie « agréable à la vue ».

ACTE II

L'ange exterminateur

Que peuvent la rivière contre le feu,
la nuit contre le soleil,
les ténèbres contre la lune ?

Aphorisme sanskrit

14.

Usha téléphona à Indira pour lui annoncer la bonne nouvelle alors que celle-ci était en visite dans l'État de Bihar, au nord-est de l'Inde. Un an et demi après la naissance de Rahul, la famille se réjouissait d'accueillir un nouveau membre. Mme le Premier ministre était radieuse. Que pouvait-elle demander de plus ? Elle était le chef incontesté du pays, sa position était inattaquable, et pour couronner le tout, la vie lui faisait le cadeau d'une petite-fille. Elle comptait bien la gâter et satisfaire à ses moindres besoins. Fidèle à ses habitudes, elle envoyait des messages à Sonia des endroits les plus improbables, avec des questions du genre : comment a dormi la petite ? Rahul a-t-il encore le nez qui coule ? Ce moment de réjouissance lui en rappelait un autre aussi intense, quand elle avait décidé de se marier avec Firoz. « Je sens au plus profond de moi un bonheur serein que rien ni personne ne peut m'enlever », avait-elle écrit à son père. Nehru lui avait répondu depuis sa prison, en tempérant l'enthousiasme de sa fille du haut de son expérience et de son âge : « Le bonheur est un sentiment bien fugace ; l'épanouissement personnel est sans doute plus durable. » Nehru savait – et Indira l'avait appris avec les années – que le bonheur est aussi fragile que la plus fine des porcelaines. Il fallait le préserver et en profiter tant qu'il durait, car il pouvait s'évanouir à chaque instant. Ou on pouvait vous le voler.

Assurément, Indira était une personne épanouie. Elle était en pleine possession de ses moyens. Elle s'était habituée au pouvoir. Non pour ce qu'il lui apportait en termes matériels, car ses modestes besoins étaient amplement satisfaits et elle n'avait aucune ambition dans ce sens, mais pour le sentiment de plénitude qu'il lui procurait : elle était à la hauteur de son destin, de la famille dans laquelle elle était née. Elle faisait son devoir ; il lui venait de l'héritage moral qu'elle avait reçu de son père, le même qu'il avait lui-même reçu du sien. Le sens messianique que Nehru avait suscité chez elle avait fini par s'enraciner au plus profond de son être.

Mais Indira avait aussi appris que le pouvoir et la popularité ne durent pas éternellement. Comment poursuivre une ascension quand on a déjà atteint le sommet ? À moins qu'une fois tout en haut, on ne puisse que redescendre ? C'étaient les questions qui l'assaillaient dans les moments difficiles, qui étaient de plus en plus nombreux. « Je me sens prisonnière de ceux qui assurent ma sécurité, écrivit-elle à son amie Dorothy Norman en juin 1973. Ces gens pensent pouvoir dissimuler leur incompétence en m'entourant de gardes du corps toujours plus nombreux. Et surtout, je me sens arrivée à un terme ; il me semble que je ne peux plus m'épanouir en continuant dans la même direction que celle que j'ai prise jusqu'ici. » En réalité, si elle l'avait pu, elle se serait concentrée sur les questions de politique internationale, car c'était ce qui l'intéressait le plus. Elle se sentait une âme de leader mondial, les grands sujets, les grands défis planétaires l'inspiraient. Elle avait signé un accord avec Ali Bhutto qui garantissait une longue paix avec le Pakistan ; elle voulait résoudre le contentieux sur le Cachemire, le pays de ses ancêtres, et elle s'efforçait de normaliser les relations avec la Chine. Mais la politique intérieure, les chamailleries entre partis, les trahisons, les alliances forcées, le tapage de la vie publique indienne étaient son lot quotidien. Un jour où elle servait le thé à son amie Pupul, Sonia l'entendit déclarer : « Un Premier ministre indien ne connaît pas la tranquillité. Les bons jours, il y a au moins trois ou quatre problèmes à résoudre de toute urgence. Les mauvais jours, il y en a peut-être une douzaine. Au bout d'un moment, on arrive à supporter tout cela, mais on ne s'y habitue jamais complètement. Si on s'y habituait, il vaudrait mieux démissionner. Un Premier ministre doit toujours être un peu contrarié, toujours à la recherche d'un équilibre. »

Sur le plan personnel, la déesse Durga continuait de vivre à sa manière austère, ce qui reflétait la sobriété de son caractère. Elle ne portait presque pas de bijoux, et ses saris les plus précieux à ses yeux étaient ceux que son père avait tissés en prison. Elle en possédait pourtant une jolie collection, dont elle faisait un usage « politique », au sens où elle les portait en fonction du lieu où elle comptait se rendre et des gens qu'elle y rencontrerait. Ils venaient de tout le sous-continent. Elle possédait aussi des vêtements régionaux qu'elle revêtait lors de ses déplacements dans les territoires du Nord-Est. Une manière de prouver que le sari n'était pas l'unique costume des Indiennes.

Sonia apprit à reconnaître toutes ces tenues, et elle aidait sa belle-mère à les choisir avant chaque voyage. Au cours de la guerre contre le Pakistan, Indira avait opté pour le rouge, comme si le conflit avait ravivé sa sensibilité à une couleur traditionnellement interdite aux veuves. À cette époque, elle avait confié qu'elle voyait tout comme à travers un filtre rouge et que le rouge l'avait accompagnée tout au long de la guerre. Mais ensuite, elle était revenue à ses goûts personnels. Toutes les teintes lui convenaient à l'exception du mauve et du violet. Elle préférait les tons lumineux aux nuances pastel, en particulier le vert. Comme il lui était difficile de faire les magasins, Sonia et Usha lui apportaient des saris à la maison, et Indira choisissait rapidement ceux qui lui plaisaient. Elle savait les porter avec style, et semblait aussi élégante vêtue d'un simple sari de coton que dans une soie de Bénarès.

Sonia s'était rendue indispensable dans la maison, et Indira l'aimait comme la fille qu'elle n'avait pas eue. Maintenant que le 1, Safdarjung Road accueillait plus de réceptions et de dîners de dignitaires étrangers, Sonia remplissait le rôle que sa belle-mère avait tenu quand elle vivait à Teen Murti House avec son père. Elle prévoyait consciencieusement les menus et veillait à ce qu'ils ne comprennent ni viande de vache, ni porc. Les hindous végétariens mangeaient des produits laitiers mais pas d'œufs, et les plus stricts d'entre eux, les végétaliens, n'absorbaient rien qui soit d'origine animale. Sonia préparait aussi de la nourriture halal pour les musulmans et casher pour les juifs. Prendre soin que tout se passe parfaitement n'était pas tâche aisée, surtout quand les invités étaient d'origine étrangère. Il était difficile d'obtenir les produits nécessaires à un bon dîner à l'occidentale, même en passant par l'intendance de l'ambassade des États-Unis. Sonia apprit à planifier les repas avec la plus grande attention, en alternant les plats indiens et européens selon la disponibilité des ingrédients. Mais le pays souffrait de nouveau d'une pénurie d'aliments de base. Après six années consécutives de moussons abondantes, la sécheresse était de retour. Le nuage de poussière qui asphyxiait New Delhi était si dense que Sonia ne se déplaçait plus sans son inhalateur. De l'intérieur de son Ambassador blanche à vitres fumées, elle voyait le désordre dans les rues. Partout, il y avait des rassemblements, des rues bloquées et des gens qui protestaient : « Indira n'en a pas fini avec la pauvreté ! » criait un homme dans un mégaphone : devant une petite foule massée à un carrefour, il faisait allusion au slogan électoral du Premier ministre. « Elle en finit avec les pauvres, en nous laissant mourir de faim ! » La victoire n'avait pas épargné le vainqueur, et l'Inde était en colère. Nourrir les réfugiés avait vidé les greniers du pays comme les caisses de l'État. La crise pétrolière internationale faisait flamber le prix du brut et l'inflation était galopante. S'il fallait auparavant une vingtaine de minutes à Sonia pour atteindre Connaught Place, elle devait désormais en prévoir le double tant la circulation était devenue difficile. Elle était gênée de parcourir ainsi la ville pour réunir de quoi servir un banquet à des nantis alors que les pauvres criaient famine dans la rue. C'était une réalité à laquelle elle ne parvenait pas à s'habituer. De retour à la maison, elle vérifiait que toutes les ampoules fonctionnaient, que les robinets des salles de bains ne fuyaient pas, et s'assurait que les invités de grande taille auraient des chaises appropriées et que les plus petits disposeraient de repose-pieds.

Quand elle était chez elle, Indira continuait chaque fois qu'elle le pouvait à travailler dans son petit bureau sous la véranda contiguë à sa chambre. Elle disposait pourtant de beaucoup plus de place dans les locaux d'Akhbar Road, à une cinquantaine de mètres. Mais chez elle, elle sentait la présence toute proche des siens : elle entendait le brouhaha domestique, elle voyait passer Sonia avec son bébé dans les bras, et tout cela lui rendait la vie plus douce. Pour elle, le travail, le repos et la vie de famille n'étaient pas des activités compartimentées, mais se mêlaient les uns aux autres. Elle se sentait plus efficace quand elle se consacrait à plusieurs choses en même temps. « Plus on en fait, plus on peut en faire » était une de ses devises favorites. Ses facultés fonctionnaient simultanément, et tel était sans doute le secret de son extraordinaire capacité de travail. Sonia n'avait pas tardé à s'apercevoir que sa belle-mère ne faisait pas la différence entre détente et temps de travail. Tout au plus s'autorisait-elle quelques instants pour se consacrer à une activité différente, comme lire, arranger un bouquet, mettre en ordre des livres ou des vêtements ou bavarder avec l'un de ses proches. Au déjeuner, il lui arrivait de compléter une grille de mots croisés, ce qui semblait étrange compte tenu de la masse des problèmes auxquels elle devait faire face. « Cela m'aide à me détendre, à organiser mes idées », disait-elle à qui s'étonnait. Elle conservait l'habitude de laisser des petits mots à l'un ou à l'autre. « Aujourd'hui, tu as perdu l'occasion d'une belle photo, écrivit-elle ainsi à Rajiv. Ce matin, dans Akhbar Road, deux perruches sont restées perchées un long moment sur la branche d'un flamboyant. Il y avait aussi un couple de pics qui voltigeaient sans fin autour de l'arbre. »

Sonia apprit beaucoup d'Indira, grâce à la relation affectueuse qu'elles avaient tissée et qui se consolidait avec le temps. Les problèmes de sa belle-mère étaient pour l'essentiel les problèmes de l'Inde, et on en discutait à la maison. Il y était moins question du quotidien de la vie politique que des grands sujets nationaux : la récession qui avait commencé en 1972 et qui menaçait de devenir la plus grave que le pays ait connue, la surpopulation qui étouffait le développement économique, les sempiternelles tensions entre communautés religieuses, l'occupation des terrains publics par des bidonvilles dans tous les faubourgs ou les effets des désastres naturels, qui ne cessaient de bouleverser la vie des hommes en Asie. Indira transmit bientôt son amour pour le petit peuple à Sonia. Celle-ci était émue que sa belle-mère se perçoive avant tout comme le Premier ministre des pauvres : cela lui rappelait les missionnaires héroïques qui peuplaient ses rêves d'adolescente. Elle l'admirait beaucoup, plus pour sa spontanéité et son absence totale d'arrogance que pour ses succès politiques. La jeune Italienne appréciait « sa capacité à aimer et à donner ». « Pour nous, c'était quelqu'un qui partageait sans compter ses vastes connaissances, sa chaleur et sa présence. Quand elle partait en voyage, elle nous écrivait pour nous parler de ses rencontres et de ses expériences. Quand elle était ici, elle veillait sur chacun d'entre nous. » Indira prenait très au sérieux les petits événements qui marquaient des étapes dans la vie de ses petits-enfants, comme la première dent ou les premiers pas. Elle était émerveillée par ce phénomène extraordinaire, vieux comme l'humanité et pourtant toujours surprenant, de la rencontre du jeune enfant avec le monde extérieur, un moment où s'exprime son irrépressible goût de l'aventure, sa passion d'explorer tout ce qui l'entoure… « Tu verras qu'un enfant parcourt à toute vitesse les étapes fondamentales de sa race et qu'il assimile inconsciemment (et parfois consciemment) des millénaires d'histoire humaine », lui avait un jour écrit son père. Indira avait tenu à montrer la lettre à Sonia. L'Italienne était profondément touchée qu'en dépit de la terrible pression du monde extérieur qui s'exerçait sur Indira, celle-ci reste sensible au tableau, à la fois modeste et grandiose, de ses petits-enfants.

Toute soucieuse qu'elle soit du bien-être de sa belle-mère, Sonia préservait sa vie privée avec Rajiv. Si un dîner avait lieu dans la grande salle à manger, ils n'y participaient pas obligatoirement. Leur vie de famille était très organisée, et aussi stable que leur relation de couple. « Ils se sont toujours énormément aimés ; je n'ai jamais vu un couple aussi uni depuis le jour où ils se sont connus », déclarerait Christian, l'ami qui les avait présentés à Cambridge. « Nous avons toujours vécu en parfaite harmonie, dès les premiers moments de notre mariage. Sonia s'est toujours montrée très compréhensive », confia pour sa part Rajiv, qui était maintenant pilote de ligne et tenait les commandes d'un avion britannique, l'Avro HS-748, un autre successeur du DC-3 Dakota. Chez ses collègues de la compagnie aérienne, on le considérait comme un excellent professionnel, même si certains le taquinaient pour sa méticulosité presque maniaque sur les plans de vol, les problèmes techniques et les horaires. Il ne supportait pas le travail bâclé ; mais il se montrait toujours prêt à se charger d'un vol si, pour quelque raison, l'un de ses collègues lui demandait de le remplacer. Il était bon camarade, sans façons et indifférent à la hiérarchie.

15.

Celui qui donnait du souci à Indira, c'était son autre fils, Sanjay. « Rajiv a un travail, mais Sanjay n'en a pas et il s'est lancé dans une entreprise coûteuse. Il est comme moi à son âge : nous avons même des défauts semblables. J'imagine ce qu'il endure et cela me fait de la peine. » Deux ans après avoir obtenu du gouvernement l'autorisation de fabriquer une voiture entièrement indienne, l'entreprise de Sanjay n'avait pas produit un seul véhicule commercialisable. La Maruti n'avait pas vu le jour. Pourtant, grâce à sa position privilégiée de fils du Premier ministre, Sanjay n'avait pas manqué d'aides. Il avait convaincu des politiciens et des hommes d'affaires – soucieux de s'attirer les bonnes grâces d'Indira – d'investir de grosses sommes dans son projet. Ils savaient que s'ils perdaient leur argent, ils pourraient réclamer des faveurs politiques. Rajiv avait récupéré cinquante hectares de terre agricole aux environs de Delhi. Ils lui avaient été cédés par Bansi Lal, le chef du gouvernement de l'État du Haryana, un homme grassouillet à lunettes qui cherchait à se rapprocher à tout prix du sommet du pouvoir. « Quand on chasse un veau, on est sûr que sa mère le suivra », avait déclaré Bansi Lal avec sa logique primaire. Quand la presse révéla qu'il avait fallu « reloger » plus d'un millier de paysans pour construire l'usine de la Maruti, le Parlement réagit avec violence à ce qu'il jugea comme un nouvel exemple de « népotisme flagrant ». Le prix payé par Sanjay était trop bas pour ne pas paraître suspect, et la situation des terrains, à proximité d'une ancienne poudrière de l'armée, violait une loi qui interdisait la présence d'installations industrielles à moins d'un kilomètre d'un site militaire. Mais nul ne put jamais prouver qu'il y avait eu corruption. Pour sa part, Indira ne fit aucun commentaire, comme si tout cela ne la concernait pas, bien que son principal conseiller et homme de confiance l'ait mise en garde contre la naïveté du projet de son fils et son inexpérience en matière industrielle.

« Un échec de Sanjay pourrait affecter gravement votre position politique, lui dit-il. La Maruti pourrait être le talon d'Achille que l'opposition recherche avec tant d'acharnement. »

Indira leva les yeux vers son conseiller et le regarda quelques secondes, mais elle ne répondit pas. Elle éprouvait pour son fils un mélange de confiance et de compassion qui l'empêchait de voir la réalité en face.

Mais un autre facteur – et il était de taille – contribuait à l'aveuglement d'Indira : son immense pouvoir. Les hommes qu'elle nommait à des postes importants acquéraient, du seul fait qu'elle les avait désignés, une influence énorme pour dispenser faveurs et parrainages. Ils pouvaient compter sur un gigantesque réseau de trafic, un système à la mode socialiste que le parti lui-même avait mis en place pour contrôler l'activité économique. Pour se lancer dans un commerce, pour créer une entreprise, pour importer des biens d'équipement ou des pièces détachées, il fallait obtenir des administrateurs de l'État une kyrielle de permis, de licences et d'autorisations : c'était ce que les Indiens appelaient le *Licence Raj*, ce qui signifie à peu de chose près « l'empire du permis ». Les bureaucrates et les politiciens tenaient là un moyen de s'enrichir en échangeant des faveurs contre de l'argent ou d'autres services. Le *Licence Raj* engraissait l'administration et généralisait la corruption. Et Sanjay décida de pêcher dans ces eaux troubles.

Indira était consciente de l'influence qu'exerçaient l'argent et le pouvoir sur les gens de son entourage, mais elle pensait qu'un certain degré de corruption avait toujours existé et qu'il faisait partie intégrante de tout système politique. L'important était d'en garder le contrôle. De surcroît, fermer les yeux sur certains abus de ses administrateurs et adjoints était une façon de s'assurer leur loyauté. Indira n'était certes pas le seul dirigeant politique (en Inde et dans le monde) à rester personnellement d'une scrupuleuse intégrité et à fermer les yeux sur la corruption des autres. Le problème lui semblait secondaire comparé, par exemple, aux chiffres qu'elle venait de recevoir et qui révélaient que moins de vingt pour cent des femmes indiennes savaient lire et écrire. Dans l'État de Bihar, le pourcentage tombait à quatre pour cent. Quant à la population indienne, celle-ci allait franchir le seuil des sept cents millions d'habitants, soit plus du double de ce qu'elle était à l'époque de l'indépendance. À ce rythme, elle ne tarderait pas à dépasser celle de la Chine. Tels étaient les sujets qui, aux yeux d'Indira, méritaient la plus grande attention. Tout comme les vagues de grèves, le mécontentement populaire et le spectre de la famine. Même Sonia et Rajiv, qui sortaient peu, mesuraient les effets de la corruption en observant les tenues des femmes et des filles des membres du parti du Congrès : aux réceptions officielles, celles-ci arboraient désormais des saris de soie importée, de coûteuses chaussures italiennes et des diamants qui brillaient à leurs doigts, leurs oreilles et leur cou.

Malgré le soutien tacite de sa mère, le projet de Sanjay n'aboutissait pas. Tous les prototypes étaient défectueux : tantôt c'était la direction, tantôt la boîte de vitesses, tantôt la suspension ou le circuit de refroidissement… Un jour, il invita Sonia à essayer avec lui l'un de ces prototypes sur le circuit de l'usine. Il souhaitait lui montrer que le véhicule pouvait atteindre les cent kilomètres à l'heure ; mais le circuit était semé de nids-de-poule ou de broussailles et Sonia, morte de peur, le supplia de ralentir. Bien qu'elle soit flambant neuve, la voiture paraissait vieille : les portières ne fermaient pas parfaitement, la suspension était très raide et le bruit du moteur assourdissant. Mais Sanjay ne voyait pas ces défauts. C'est ainsi qu'en mai 1973, il pensa pouvoir enfin présenter un modèle à la presse et invita un journaliste du magazine *Surge* à l'essayer. La voiture calait et perdait de l'huile. Dans les ateliers, le journaliste remarqua qu'il n'y avait que cinq véhicules finis – qui restaient à peindre – et une quinzaine d'autres en cours de fabrication. Les moteurs étaient assemblés à la main et il n'y avait pas la moindre trace d'une chaîne de montage. Il se rendit compte que la Maruti n'était qu'un ouvrage artisanal de très basse qualité, à mille lieues de la voiture bon marché et produite en masse sur laquelle comptait le gouvernement.

Malheureusement, Sanjay avait perçu beaucoup d'argent : il était maintenant pris au piège. Au début, comme il ne pouvait solliciter en personne ceux qui étaient en mesure de l'aider financièrement, il eut recours aux services d'un des secrétaires de sa mère. Cet homme, aux cheveux gominés en arrière et au large sourire mécanique, s'appelait R. K. Dhawan. Autrefois sténographe de Nehru, il vit là un excellent moyen d'améliorer sa position auprès du Premier ministre tout en cultivant des relations fructueuses avec Sanjay. Il se chargea donc d'appeler entrepreneurs et hommes d'affaires depuis son poste de travail au 1, Safdarjung Road, lesquels accoururent ventre à terre : ils ne voulaient en aucun cas manquer une occasion de rendre service à Indira par l'intermédiaire de son fils. Peut-être pensaient-ils qu'Indira elle-même participait à ces transactions en coulisses, alors qu'en réalité elle ignorait tout des combines de son rejeton.

Quelque temps plus tard, Sanjay s'enhardit à réclamer la somme d'un demi-million de roupies à chacun des soixante-quinze concessionnaires qu'il avait désignés. En contrepartie, il s'engageait à leur livrer les premiers modèles, qui, prétendait-il, seraient disponibles à la vente dans six mois. Il avait aussi démarché les banques, récemment nationalisées par sa mère, et obtenu sans garantie des crédits dont le total se montait à huit millions de roupies. Mais aucune Maruti n'était encore sortie d'usine, et l'incompétence de Sanjay devenait flagrante. Pour se défendre contre les attaques de plus en plus nombreuses, il attribuait son échec à la bureaucratie et à la multitude de restrictions administratives auxquelles il devait faire face. Sur ce point, du reste, il ne mentait pas. Mais si quelqu'un avait les moyens de lutter contre les obstacles posés par le *Licence Raj*, c'était bien lui. Il préféra cependant culpabiliser les autres. Résultat : les critiques des députés se firent de plus en plus sévères, et les journaux s'emparèrent de l'affaire de la Maruti pour comparer Indira à son vieil ennemi Nixon. La Maruti, proclamaient-ils, était le Watergate d'Indira Gandhi.

À la fin de l'année 1973, soucieuse des proportions que prenait toute cette histoire, Indira chargea son ministre de l'Économie de jeter un coup d'œil aux plans de la Maruti. Sonia la trouvait très préoccupée. Sa belle-mère était convaincue que l'opposition se servait des ennuis de Sanjay pour tenter de l'abattre, et cela lui semblait profondément injuste. Elle jugeait encore que son fils méritait d'avoir sa chance. Un jour, elle raconta à Sonia qu'elle avait connu dans sa jeunesse un prêtre catholique qui avait réussi à construire un avion dans deux garages de la banlieue de Bombay. Il avait coutume d'emmener ses amis en promenade au-dessus de la baie. « Si cet homme a pu construire un avion, se demandait-elle à voix haute, pourquoi Sanjay ne pourrait-il pas construire une voiture ? »

Les raisons de l'incapacité de son fils à imiter le prêtre catholique se firent jour à l'occasion d'un entretien qui réunit Indira, Sanjay et Subramanian, le ministre de l'Économie qui avait été l'artisan de la « révolution verte ». Le ministre demanda à Sanjay le dossier de son projet.

« Il n'y a pas de dossier tant que le projet n'est pas réalisé », répondit Sanjay.

Même si l'on pouvait commencer par concevoir une voiture, rétorqua le ministre, on devait établir un dossier qui spécifiait le nom de chaque élément, son mode de production et son coût à l'unité.

« De nos jours, ce n'est plus nécessaire. Ce sont des méthodes de travail obsolètes », affirma Sanjay avec un brin d'arrogance dans la voix.

Le ministre déclara à Indira que son fils, si dynamique et audacieux fût-il, manquait des connaissances nécessaires pour réussir dans une telle entreprise. Il promit de lui assurer le secours de professionnels pour qu'ils lui dispensent des conseils. Mais Sanjay s'y opposa avec véhémence. Il ne voulait pas qu'on lui fasse de l'ombre, ni perdre le contrôle du projet. Tout laissait à penser qu'Indira écouterait son ministre, mais elle n'en fit rien. Tiraillée entre ses devoirs de chef du gouvernement et la confiance aveugle qu'elle avait en son fils, non seulement elle ne prit pas en compte les mises en garde de Subramanian, mais elle écarta les conseillers qui se permettaient trop de critiques à l'égard de Sanjay. Le pouvoir absolu dont Indira disposait à présent supposait que son entourage soit composé de gens malléables et sans caractère. Elle ne tolérait plus le moindre désaccord ou la moindre critique, même amicale et bienveillante. Le pouvoir, qui empoisonnait le fils et aveuglait la mère, n'admettait que la soumission.

Rajiv n'avait jamais été très favorable au projet de son frère, qu'il voyait comme un rêve de mégalomane susceptible d'entacher la réputation de sa mère et, du même coup, du reste de la famille. Sanjay et lui eurent leur première grande querelle d'adultes quand Rajiv, de retour de voyage, apprit que son cadet avait convaincu Sonia de signer divers documents : elle était désormais l'associée d'une nouvelle entreprise, Maruti Technical Services, et avait droit à des revenus, bonifications et frais de voyages. Leurs deux enfants, Rahul et Priyanka, figuraient également dans la liste des associés.

Rajiv interrogea son frère avec colère : « Comment as-tu pu faire ça ? Je ne veux pas être victime de tes magouilles. Et encore moins que tu y mêles Sonia et les enfants !

— Il n'y a pas de magouilles…

— Ah non ? Combien de temps crois-tu qu'il faudra à l'opposition pour savoir ce que tu trafiques ?

— Il n'y a rien d'illégal.

— Si. Tu as oublié que la loi interdit à Sonia, une étrangère, de posséder des actions dans une entreprise indienne. »

Sanjay haussa les épaules, comme si ce détail n'avait aucune importance. Rajiv en voulait aussi à Sonia.

« J'ai accepté pour faire plaisir à ton frère, se défendit-elle. Il s'est toujours montré très affectueux avec moi, et puisqu'il me demandait un service, je n'allais pas refuser.

— Mais ta signature te donne droit à un salaire, tu te rends compte ?

— J'ai signé à l'aveuglette, j'ignorais tout de cette histoire de salaire et je ne veux rien toucher, tu le sais bien…

— Tu vas voir que tôt ou tard, l'affaire de la Maruti va tous nous éclabousser. »

Sonia n'avait jamais vu Rajiv aussi furieux. Déclarée comme entreprise de conseil, Maruti Technical Services était en réalité une société destinée à aspirer l'argent de la société mère, Maruti Ltd., au bénéfice de Sanjay et de ceux qui avaient investi de fortes sommes dans la fabrication de voitures qui n'existaient pas. À présent, Rajiv ne souhaitait plus qu'une chose : s'éloigner de tout ce qui touchait de près ou de loin à la Maruti.

Les deux frères avaient été élevés dans la même maison, mais depuis la plus tendre enfance ils avaient manifesté de grandes différences de caractère. Leur institutrice avait décrit Rajiv comme un assez bon élève, poli et docile. Sanjay, en revanche, était rétif, peu soigneux et têtu ; il ne s'intéressait pas du tout aux études, se montrait insolent avec ses professeurs et indiscipliné. En grandissant, il était devenu un adolescent turbulent et capricieux, qui faisait des bêtises avec les voitures et s'attirait des amitiés douteuses. Tout deux étaient entrés à Doon School, l'établissement le plus huppé de l'Inde, inspiré des illustres institutions britanniques comme Eton ou Harrow. Mais Sanjay n'avait supporté ni la discipline ni le rythme des études. Il avait si peu de goût pour la lecture qu'adulte, lors d'une interview, il ne réussit à citer aucun livre qui l'aurait marqué ou influencé, pas même l'un de ceux écrits par son grand-père. Il ne se plaisait que dans un atelier de mécanique : il était obsédé par les voitures et les avions. Malgré le prestige de sa famille, il fut renvoyé du collège. C'est alors qu'Indira, désespérée, l'expédia en Angleterre faire son apprentissage chez Rolls-Royce. « Ce qui l'amusait le plus était de parler de la politique indienne et de se moquer de la politique britannique », se rappelerait son superviseur, avant d'ajouter : « Un jour, alors que j'avais attiré son attention sur une erreur qu'il avait commise, il m'a répondu : “Écoutez, les Anglais ont niqué les Indiens pendant des siècles, et maintenant je suis venu pour niquer les Anglais.” »

Élevé parmi des gens que le peuple adorait comme des dieux, Sanjay en était venu à penser que l'Inde était son domaine personnel. À la différence de sa mère et de son grand-père, jamais il n'avait connu de privations. Au terme d'une vie de combat, Nehru s'était laissé aller à gâter ses petits-fils, comme s'il compensait ainsi les souffrances qu'il avait endurées. Parfois, il leur faisait des cadeaux excentriques, comme un petit crocodile, qui devint la mascotte de Sanjay jusqu'au jour où il lui mordit les doigts et qu'Indira l'expédia au zoo. Sanjay n'avait pas hérité de l'immense amour des Nehru et de sa mère pour les foules indiennes, ni de leur compassion pour les pauvres. Il était indifférent au visage émacié des vieux qui pleuraient leurs morts, au regard des paysans qui contemplaient leurs champs craquelés par la sécheresse. Il n'était pas non plus sensible à la clameur silencieuse d'un peuple qui, depuis des siècles, cherchait son protecteur. Le retard de son pays semblait plutôt l'irriter, et il n'en comprenait pas la complexité. Il se révoltait contre les traditions, les lois et les règlements. Il passait en un instant de la gentillesse, de l'affection à la colère et à la brutalité. Cette attitude était choquante dans un pays où les relations humaines sont empreintes d'une très ancienne courtoisie, pareille à une patine, le fruit de milliers d'années de civilisation. Pour lui, la vie était un jeu, une compétition, et les problèmes, de simples obstacles à franchir pour parvenir à ses fins. En plus, il était pressé. Pressé de changer les choses, d'arriver le premier, de s'emparer d'un pouvoir auquel il n'avait pas droit. Si pressé que les moyens à employer pour atteindre son but lui importaient peu.

Son frère avait eu une adolescence très différente. Depuis son plus jeune âge, il s'était toujours montré sensible aux souffrances des autres. Comme sa mère, il éprouvait de la tendresse pour les déshérités et un profond amour pour l'Inde, et cela se voyait dans les photos qu'il prenait. Encore enfant, il rendait visite aux amis de son père quand ils étaient malades, spontanément, sans que personne le lui demande. Un jour, alors qu'il avait dix-sept ans, Indira le trouva en train de présenter ses condoléances à la famille d'un confrère, vieux militant du parti du Congrès, qui venait de mourir ; elle apprit ainsi que, les derniers temps, son fils lui avait rendu visite presque tous les jours. Rajiv était le genre d'homme qui n'hésitait pas à s'arrêter et à offrir son aide s'il voyait un accident sur la route ; en cas de nécessité, il conduisait la victime à l'hôpital, puis se souciait de son rétablissement. Dans le jardin de la maison familiale, il veillait sur un nid de rouges-gorges, et, s'il voyait un oisillon blessé, il l'emmenait à la clinique ornithologique de Chandni Chowk, quitte à arriver en retard à son travail. Rajiv était heureux de ce que la vie lui avait donné : Sonia, les enfants, ses chiens et le luxe de pouvoir se consacrer à ses passions. Il n'en demandait pas davantage, et c'était en cela que résidait sa sagesse. Mais sa mère ne semblait pas le comprendre. Plus que de la sagesse, elle y voyait un manque d'ambition, ce qui ne lui inspirait aucune admiration.

Pourtant, Indira savait qu'en dépit de leur enfance privilégiée, ses fils avaient eu leur lot de souffrance. Ils avaient vécu dans une maison pleine d'adultes : des discussions graves se tenaient dans la solennité des bureaux et des salons, et l'atmosphère s'en ressentait. Leur manque de goût pour la lecture était peut-être une réaction contre ce monde officiel et protocolaire où ils avaient vécu leurs jeunes années, pensait-elle pour leur trouver une excuse, comme toujours. Les moments les plus gais étaient ceux qu'ils passaient avec leur père, pendant les week-ends ou les vacances. Firoz Gandhi était un extraverti, un joyeux bavard très affectueux, qui leur consacrait tout son temps et son attention. Il savait jouer avec ses enfants, les distraire, les faire rire. Il leur apprenait à monter et à démonter des jouets, à planter des rosiers et à en prendre soin, car il avait une passion pour le jardinage. À mille lieues de l'austère demeure du Premier ministre, Rajiv et Sanjay trouvaient en leur père un compagnon de jeux imaginatif et drôle. De surcroît, il parvenait à leur faire sentir combien ils comptaient pour lui, ce qui ne manqua pas de les marquer profondément. Comme souvent lorsqu'un couple se sépare, Rajiv et Sanjay supportaient les tensions entre leurs parents sans les comprendre. Mais comment Indira aurait-elle pu les leur expliquer ? Pouvait-elle leur dire qu'elle ne vivait plus avec Firoz en raison de ses constantes infidélités ? Ou parce qu'ils ne s'entendaient plus et qu'elle était lassée de leurs querelles ? Sa dignité lui interdisait de le faire. Les enfants voyaient bien que leur grand-père Nehru n'avait aucune sympathie pour son gendre, et ils lui en voulaient. Et peut-être, sans en avoir conscience, en voulaient-ils aussi à leur mère d'avoir éloigné Firoz et de l'avoir empêché de vivre avec eux. Après la mort de son père, au retour de la crémation, Sanjay, accablé de chagrin, regarda sa mère bien en face ; il l'accusa ouvertement de s'être mal conduite envers son défunt mari, et d'être la cause de l'infarctus qui l'avait tué.

Indira encaissa le coup. Elle devait se sentir coupable de l'échec de son mariage, et de la souffrance de ses fils. Sa faiblesse à l'égard de Sanjay cachait peut-être le désir de racheter cette faute. Sonia était choquée que sa belle-mère, la femme la plus puissante de l'Inde, se montre d'une telle complaisance pour son fils cadet. Ses nombreux ennemis ne tarderaient pas à s'apercevoir que Sanjay était son vrai talon d'Achille.

Indira, qui avait une confiance totale en Sonia, parlait très souvent avec elle. C'était peut-être la seule personne de la maison qui recevait ses confidences. Un jour, elle lui avoua que son mariage avait connu beaucoup de vicissitudes, mais qu'elle n'aurait pas pu se marier avec un autre homme que Firoz. Elle n'avait jamais vraiment aimé que lui. Elle parlait de son défunt mari avec beaucoup de tendresse, car, disait-elle, Rajiv lui faisait penser à lui (avec bon nombre de défauts en moins). Tous deux avaient les pieds sur terre. Ils étaient sensibles à la musique et à la beauté de la nature, habiles de leurs mains et avaient l'esprit pratique.

Jamais elle n'avait pensé que Firoz mourrait si vite, si jeune. Bien sûr, elle reconnaissait que les derniers temps, elle s'était désintéressée de lui. Mais elle pensait à l'époque qu'ils avaient la vie devant eux pour rattraper le temps perdu. Ils s'étaient réconciliés en 1958, après un premier infarctus. Pour sa convalescence, Indira avait organisé des vacances en famille dans une maison sur pilotis, au bord du lac de Srinagar, la Venise de l'Orient, ainsi qu'on appelait la capitale du Cachemire. Firoz et les garçons s'étaient beaucoup amusés : ils avaient nagé, fait du bateau et pris des photos. Indira en avait profité pour commencer à apprendre l'espagnol, une langue qui l'avait toujours attirée.

Le spectacle des paysages du Cachemire, la terre de ses ancêtres, l'emplissait toujours d'émotion. Les couchers de soleil sur les eaux scintillantes du lac Dal étaient à couper le souffle. Il y avait de la magie dans l'air. Les martins-pêcheurs semblaient apprivoisés. L'un d'eux était entré dans la maison sur pilotis et s'était posé sur l'épaule de Rajiv. À la fin de leurs vacances, ils avaient fait une excursion de plusieurs jours dans le Daksun, une région paradisiaque. Ils y avaient pêché la truite et le saumon dans de larges rivières qui coulaient entre prés fleuris et forêts boisées. Les pins et sapins, quant à eux, se dressaient sur un fond de neiges éternelles. Firoz avait annoncé à sa mère qu'il venait d'acheter un terrain à Mehrauli, dans les environs de Delhi, et ils avaient parlé d'y construire une maison un jour. Ce serait leur maison à eux, et ils n'auraient plus besoin de vivre dans des résidences officielles. (Firoz, en tant que député de l'État d'Uttar Pradesh, était aussi logé par le gouvernement.) Indira avait apprécié ces retrouvailles. Elles venaient après tant de tempêtes matrimoniales, tant de trahisons et d'humiliations, qui avaient été d'autant plus douloureuses qu'elles avaient fini pour la plupart par être exposées sur la place publique. À présent, l'ombre des sommets de l'Himalaya la réconfortait et soignait les blessures du passé. Au cours de ces semaines paisibles en montagne, ils envisagèrent à nouveau un avenir à deux. Peu de temps après ces moments de bonheur, aussi fugaces que profonds, Indira se promit de se consacrer entièrement à Firoz quand son père serait mort. Mais le 8 septembre 1960, l'infarctus avait frappé et mis un terme à son rêve.

16.

La réputation de coureur que Sanjay avait acquise en Angleterre était désormais envolée. Obsédé par la Maruti, il ne vivait que pour travailler. Il quittait la maison avant le lever du jour et ne rentrait qu'à sept ou huit heures, pour s'asseoir à table avec ses neveux ou partager le repas de Sonia. Il dînait rarement avec sa mère ou son frère, car ils étaient si absorbés par leurs propres occupations qu'on ne les voyait guère à cette époque.

Depuis son retour d'Angleterre, Sanjay avait eu deux liaisons. La première, avec une musulmane, n'avait pas duré longtemps. Il s'était lié plus longuement et plus sérieusement à une Allemande, Sabine von Stieglitz, la sœur de Christian, l'ami de Sonia et Rajiv qui travaillait à New Delhi comme professeur de langues. Sabine, une grande femme rousse à la fois jolie et cosmopolite, était de culture plus anglaise qu'allemande, car elle avait toujours vécu en Grande-Bretagne. C'était une amie chère à Sonia. Elles passaient souvent la fin de l'après-midi ensemble, à s'occuper des enfants, à jouer avec eux et à leur lire des histoires. Un de ces petits contes, *Les Animaux de ma ville*, leur plaisait tout particulièrement, car il évoquait l'éléphant, le singe, le boa, la corneille ou le vautour comme des animaux familiers. Et à vrai dire, on en voyait beaucoup dans Delhi. Le croassement des corneilles rythmait la vie quotidienne des Indiens.

Sonia était très maternelle et veillait à dispenser une bonne éducation à ses enfants. Elle ne tolérait aucun caprice avec la nourriture et elle savait leur imposer des limites, sans pour autant se montrer sévère comme Stefano l'avait été avec elle et ses sœurs. Elle leur parlait italien quand ils étaient seuls et anglais quand la famille était réunie, ou en présence de Sabine. Le naturel méticuleux de Sonia l'incita à s'inscrire à un cours de restauration de tableaux anciens. Cet intérêt s'accordait à sa personnalité discrète, attentive et consciencieuse. Elle envisageait de s'y consacrer quand ses enfants seraient un peu plus grands et auraient moins besoin d'elle.

Sonia nourrissait l'espoir que la liaison entre Sanjay et Sabine se stabiliserait un jour et qu'ils finiraient par se marier. Mais Sabine était lasse d'attendre.

« Sanjay est plus amoureux de la Maruti que de moi, dit-elle un jour. Je ne crois plus à notre histoire, il n'a aucune envie de s'engager. Il ne pense qu'à ses affaires, rien d'autre ne compte dans sa vie.

— Qu'est-ce que tu vas faire ? demanda Sonia.

— Rentrer en Europe.

— Quel dommage ! J'aurais été tellement heureuse de t'avoir comme belle-sœur !

— Moi aussi, j'aurais aimé le devenir », soupira Sabine tandis que Rahul et Priyanka se disputaient un biscuit.

Sonia l'accompagna à l'aéroport.

Ce qu'elle ne savait pas, c'était qu'elle la reverrait deux jours plus tard.

« Qu'est-ce qui s'est passé ? Tu n'es pas à Londres ? »

Sabine lui raconta que, pendant l'escale à Téhéran, le pilote de l'Indian Airlines l'avait appelée au micro. Sabine, surprise, s'était avancée vers la cabine du Boeing.

« Quelqu'un veut vous parler par radio », avait dit le pilote.

C'était Sanjay. Et là, dans l'avion, devant un équipage qui n'en revenait pas, ils avaient vécu leur avant-dernière scène d'amour. Sanjay lui avait demandé avec la voix éplorée de revenir à New Delhi. « Donnons-nous une dernière chance », avait-il supplié. Sabine n'avait pu résister à l'homme qu'elle aimait, et elle avait repris un avion pour l'Inde. Elle avait un peu honte d'avoir cédé. Sonia, elle, était ravie et se remit à espérer que son amie entrerait dans la famille.

Mais quelques semaines plus tard, Sanjay et elle rompirent de nouveau et, cette fois, pour de bon. Le rêve de Sonia de garder son amie auprès d'elle s'envola en fumée. Sa déception fut cependant de courte durée. Sabine ne resta pas en Angleterre, elle était trop habituée à l'Inde. En Europe, la chaleur des gens, la courtoisie asiatique, le rythme calme de la vie indienne lui manquaient. « Ce serait la même chose pour moi », lui confia Sonia. En outre, le travail de Sabine lui permettait de mieux vivre ici qu'à Londres. Si bien qu'à la grande joie de Sonia, elles recommencèrent à passer de longs moments ensemble et des week-ends à la campagne. L'un d'eux se conclut par une petite tragédie, car elles s'approchèrent imprudemment d'un nid de guêpes et revinrent couvertes de piqûres.

Sabine finit par rencontrer un professeur du Goethe Institut de New Delhi qu'elle épousa. Ils vécurent six ans dans la capitale indienne. Ils n'eurent des enfants qu'après être partis s'établir au Mexique, mais quand ils allaient ensemble à la campagne, leurs chiens jouaient avec ceux de Sonia pour le plus grand plaisir de Rahul et Priyanka. Sabine allait garder de Sanjay le souvenir d'un garçon sérieux et dynamique, mais trop égocentrique.

Pour Indira, les choses étaient pour le mieux : sur le plan politique, cela l'aurait gênée que ses fils épousent tous deux des Européennes. On y aurait vu la preuve que les Nehru s'étaient occidentalisés au point de s'éloigner de leurs racines indiennes. C'est vers cette époque que Sanjay se lança en politique. Son engagement était moins une vocation qu'un moyen de défense envers les critiques qui pleuvaient de tous côtés depuis sa mauvaise gestion du projet Maruti.

C'est au cours d'un cocktail pour célébrer le mariage prochain d'un ancien camarade de collège que Sanjay rencontra sa future épouse. La réception eut lieu le 14 décembre 1973, date de son anniversaire. Ce jour-là, Sanjay était très enjoué, et ce n'était pas à cause de l'alcool, car il ne buvait jamais. Mais il était conscient d'être le célibataire le plus convoité du pays. Malgré une calvitie avancée pour ses vingt-six ans, il était beau garçon. Il prenait garde de ne pas se lier avec des femmes qui pouvaient n'être intéressées que par la perspective d'entrer dans la première famille de l'Inde. L'ami qui allait se marier le présenta à l'une de ses cousines : Maneka Anand, une très jeune femme, grande et mince, aux traits réguliers et bien dessinés et à la peau couverte de taches de rousseur. Assez jolie et photogénique, elle avait remporté un concours de beauté et travaillait de temps à autre comme mannequin pour une marque de serviettes de bain. Vive et débordante d'énergie, elle plut aussitôt à Sanjay, qui passa la soirée à parler avec elle. Maneka lui raconta qu'elle avait abandonné ses études de sciences politiques au Sri Ram College de New Delhi et qu'elle voulait devenir journaliste. Son père était un colonel sikh, et Amteshwar, sa mère, la fille d'un propriétaire terrien du Pendjab.

À partir de là, Sanjay consacra tout son temps libre à Maneka. Ils se voyaient tous les jours. Comme il n'aimait guère les restaurants ni le cinéma, il préférait la retrouver soit chez elle, soit chez lui. Cette nouvelle amie ne fit pas grande impression à Sonia. Comparée à Sabine, elle lui parut peu de chose. Mais elle se dit que Sanjay ne tarderait pas à comprendre qu'il avait affaire à une ambitieuse et que la relation n'y survivrait pas. Car Sonia avait été contaminée par la méfiance qu'entraîne le pouvoir ou la fréquentation du pouvoir. Comme sa belle-mère, elle tendait à penser que tous ceux qui se rapprochaient de la famille le faisaient par intérêt. Et le plus souvent, elle n'avait pas tort. Maneka, se dit-elle, n'était qu'une des nombreuses donzelles qui rêvaient du plus beau parti de l'Inde, et elle ne serait qu'un feu de paille.

Mais au début de 1974, Sanjay l'invita à dîner dans la maison familiale, ce qui était le signe qu'il prenait la relation plus au sérieux que d'habitude. Maneka était très nerveuse : elle allait passer l'épreuve de la rencontre avec le Premier ministre. Sonia la comprenait très bien, car elle n'avait pas oublié sa crise de nerfs le jour où Rajiv devait la présenter à sa mère. Sauf que, contrairement à Sanjay et Maneka qui ne se voyaient que depuis un mois, Sonia et Rajiv se fréquentaient à l'époque depuis un an. Mais Sonia connaissait son beau-frère, elle savait combien il était impulsif et impatient. Et puis, à l'époque où son fils étudiait en l'Angleterre, Indira était une autre femme, plus mesurée ; elle ne connaissait pas encore les angoisses et la tension du pouvoir. Maneka, visiblement intimidée, regardait autour d'elle comme un oiseau pris au piège : les meubles, les tableaux, les photos. Quand elle se trouva soudain devant Indira, elle ne sut que lui dire, rougit jusqu'à la racine des cheveux et se mit à bredouiller. Indira rompit la glace :

« Puisque Sanjay ne nous a pas présentées, dis-moi comment tu t'appelles et ce que tu fais dans la vie », lui dit-elle.

Maneka continua de balbutier et se présenta tant bien que mal, en s'abstenant de dire qu'elle était mannequin pour une marque de serviettes de bain, car cela ne lui semblait pas digne d'être mentionné.

Indira bavarda un moment avec elle, et, comme elle était habituée à voir défiler les filles que Sanjay séduisait, elle ne pensa rien de spécial de la nouvelle venue, sinon qu'elle était un peu jeune. Certes, elle aurait aimé accueillir une bru issue d'une des bonnes familles du Cachemire, mais ne se mêlait pas davantage des affaires sentimentales de son fils qu'elle ne l'avait fait pour Rajiv. Il y avait longtemps qu'elle avait abandonné l'idée d'un mariage arrangé à l'indienne. Ce serait pour une autre vie, où elle aurait plus de temps et de tranquillité…

Les mois passèrent, et manifestement Maneka n'était pas près de disparaître. Elle n'était pas une conquête de plus dans la vie de Sanjay : il était vraiment amoureux, et, fidèle à son caractère impulsif, voulait déjà se marier. Indira n'avait pas d'objection sur le principe. Que sa future belle-fille soit issue d'une famille sikh n'était en soi pas un problème, car les Nehru avaient toujours prôné l'égalité entre les communautés religieuses. Pressée par l'impatience de son fils, elle n'eut pas le temps de s'informer davantage sur les parents de la future et la date de la demande en mariage officielle fut fixée au 29 juillet. Les deux familles se réunirent au 1, Safdarjung Road, où, après une brève cérémonie, tout le monde prit place autour d'un repas de fête. Indira s'aperçut aussitôt qu'elle avait affaire à des gens moins cultivés qu'elle ne l'avait songé, et pas cosmopolites du tout. Elle devina chez la mère la profonde satisfaction d'avoir « placé » sa fille dans la famille la plus prestigieuse du pays. Elle aurait pu en dire autant des parents de Sonia, à ceci près que les Maino étaient des gens simples, sans prétention ni ambition aucune. Elle trouvait ceux de Maneka bruyants et vulgaires. Ils exhibaient des vêtements tape-à-l'œil et des bijoux qu'elle trouvait d'un goût affreux. Indira sut malgré tout se montrer à la hauteur des circonstances. Noblesse oblige. C'est elle qui avait offert la bague de fiançailles qui brillait désormais au doigt de Maneka : un cadeau de grande valeur, car elle avait appartenu à sa mère Kamala et c'était son grand-père, Motilal, qui l'avait dessinée. Elle espérait en secret qu'un jour cette petite comprendrait la signification profonde d'un tel présent. Elle lui offrit aussi une parure d'or et de turquoise, ainsi qu'un sari de soie très fine brodée dans le style Tanchoi, un mélange d'influences indiennes et chinoises. Un mois plus tard, elle lui offrit encore un sari en soie italienne pour son anniversaire.

Les craintes au sujet de la famille de Maneka furent bientôt confirmées. Certaines informations commencèrent à lui parvenir peu de temps après les fiançailles. Indira apprit qu'Amteshwar, la mère, avait disputé pendant dix ans l'héritage de leur père à son frère et qu'elle avait reçu une éducation très élémentaire. D'après ceux qui l'avaient approchée, c'était une femme intrigante et cupide. Selon d'autres rumeurs, le reste de la famille était composé d'êtres vulgaires, d'arrivistes. Bref, Sanjay s'était lié avec le genre de personnes que les Nehru avaient toujours pris soin d'éviter. Même si les parents sont rarement contents du choix de leurs enfants, Indira se voyait condamnée à endurer le même supplice que celui qu'elle avait fait subir à son père quand elle lui avait annoncé son intention d'épouser Firoz. Comme ç'avait été le cas pour elle, les familles venaient d'horizons opposés et ne partageaient pas les mêmes valeurs. Mais à quoi aurait servi un affrontement avec son fils, comme jadis entre Nehru et elle ? Elle avait rarement autant souffert dans sa vie, et elle n'était pas prête à revivre de tels moments. Pas question d'ouvrir un front supplémentaire : la foule des problèmes qui l'assaillaient suffisait amplement. Elle ne voyait toujours pas comment tirer l'Inde de sa pauvreté chronique, et s'en désespérait. Sa fidèle secrétaire Usha se rappellerait qu'un jour de la fin juillet, alors qu'elle venait d'assister aux funérailles d'un vieil ami, Indira lui avait avoué qu'elle était fatiguée de vivre. Elle lui avait donné des instructions sur la manière de disposer de sa dépouille à sa mort.

« Je ne veux pas de funérailles, Usha. Prenez-en bien note. Je veux qu'on mette mon corps dans un cercueil et qu'on le lâche d'un avion au-dessus des neiges de l'Himalaya. Je trouverai peut-être ainsi la paix que je n'ai pas connue dans ma vie.

— Madame, l'important est de trouver la paix dans cette vie, vous ne croyez pas ? Dans l'autre, elle est garantie…

— Oui, je sais, mais cela ne dépend plus de moi et je ne pense pas y parvenir.

— Mais si, forcément. Et puis, permettez-moi de vous dire que personne n'acceptera de disposer de votre corps de cette façon. Vos cendres, je veux bien. Et encore… Comment voulez-vous qu'on jette un cercueil d'un avion pour qu'il s'écrase dans les montagnes ?

— En tout cas, je ne veux être ni enterrée ni incinérée », avait tranché Indira.

Dans un tel état d'esprit, la perspective de marier son fils à une fille de dix-sept ans, venue d'une famille des plus ordinaires, n'était pas de nature à lui remonter le moral. Elle ne pouvait que retarder la noce. Quand elle s'aperçut qu'à la date envisagée, Maneka ne serait pas majeure, elle dit à son fils :

« Il faudra attendre qu'elle ait dix-huit ans. Je ne peux pas te laisser enfreindre la loi. »

Le problème des mariages d'enfants restait un sujet épineux en Inde. Gandhi et Nehru les avaient dénoncés, ainsi que tous ceux qui désiraient moderniser le pays ; mais des milliers de fillettes continuaient d'être « négociées » par leurs parents. Une fois mariées, elles étaient transformées en domestiques de leur belle-famille et n'avaient plus leur mot à dire. Même à propos du nombre d'enfants qu'elles étaient censées mettre au monde. Bien sûr le cas de Maneka était très différent, mais Indira n'était pas disposée à laisser Sanjay donner le mauvais exemple. De surcroît, elle espérait, en gagnant du temps, que son fils finirait peut-être par changer d'avis.

Mais il n'en changea pas. Cet été-là, il dut subir une petite opération, pour une hernie. Après ses cours du matin, Maneka passait l'après-midi et une partie de la soirée dans sa chambre particulière de l'hôpital le plus moderne de New Delhi, le All India Institute of Medical Sciences. Le 23 septembre 1974, une semaine après sa sortie, Sanjay et Maneka se mariaient. La cérémonie civile se tint au domicile de Mohammed Yunus, un vieil ami de la famille. Le mariage était un exemple de l'Inde laïque qu'avaient toujours défendue les Nehru : le fils d'un parsi et d'une hindoue épousait une sikh dans la maison d'un musulman en présence d'une belle-sœur catholique ! Indira couvrit Maneka de cadeaux : aux vingt et un saris tissés dans les toiles les plus fines, aux divers bijoux en or, elle ajouta un présent plus précieux encore, l'un des saris que Nehru avait tissés dans sa prison. Elle accomplit son devoir de belle-mère de manière exemplaire. Pour accueillir sa bru, elle attribua au nouveau couple une chambre qui donnait sur le salon principal, dans l'aile opposée à celle qu'occupaient Rajiv et Sonia près de la porte d'entrée. Elle la décora avec beaucoup de soin, plaça des objets et des fioles sur le plateau de la coiffeuse. Elle choisit les bracelets que, par tradition, Maneka devait porter pour sa nuit de noces et les posa sur la table de chevet.

La cérémonie achevée, Maneka rejoignit le foyer des Nehru-Gandhi comme Sonia l'avait fait six ans plus tôt. « Le mariage s'est déroulé sans encombres, écrivait Indira le soir même à son amie Dorothy Norman. Maneka est si jeune que je nourrissais quelques doutes : en un mot, je me demandais si elle savait ce qu'elle faisait. Mais elle semble prête à trouver ses marques, et c'est une gentille fille, pleine de joie de vivre. »

Mais Maneka n'était pas Sonia, et, même si sa famille vivait à moins d'un kilomètre, son adaptation se révéla beaucoup plus difficile que celle de sa belle-sœur, venue d'un autre continent. Malgré tous les espoirs d'Indira, elle peinait à trouver ses repères dans cette maison. Pour commencer, elle fumait, une habitude très mal vue chez les Nehru. Sanjay détestait le tabac ; Indira, qui avait été tuberculeuse, l'avait en horreur ; et Sonia, une asthmatique, était allergique à la fumée. Ça commençait mal. En plus, bavarde, Maneka parlait sans cesse et trop fort. « Chez moi, nous prenions nos aises et nous étions même assez forts en gueule, confierait-elle un jour. Les Gandhi restent cérémonieux en toute circonstance, même dans l'intimité. » Avec leurs tempéraments diamétralement opposés, Sanjay et elle réunissaient maints ingrédients de l'échec matrimonial. Et, assurément, il ne devait pas être toujours facile de communiquer avec Indira, qui en imposait. Parfois, au cours des repas, Maneka se mettait à parler de livres qu'elle avait lus ou qu'elle était en train de lire, comme si elle voulait l'impressionner par ses capacités intellectuelles. Indira levait les yeux, lui lançait un regard de biais et poursuivait son repas. « Elle était passionnée et intelligente, devait commenter

Usha, mais en même temps très ambitieuse et immature. » Plusieurs fois, elle déclara que Sanjay serait un jour Premier ministre, ce qui provoquait la plus grande gêne. D'autres fois, elle parlait du bonheur alors qu'elle était manifestement triste. Selon Usha, « on savait qu'il ne s'agissait pas de propos philosophiques, mais d'allusions à son chagrin quand Sanjay était absent ». Ce qui lui plaisait vraiment était les mondanités : elle aimait sortir et être vue dans des endroits courus ; ce que son mari ne pouvait justement pas se permettre, trop occupé à se donner une image de sérieux et à laisser son empreinte dans la société indienne.

En conséquence, Maneka s'ennuyait beaucoup dans cette maison où personne ne fumait, ne buvait ni ne disait de gros mots. Pour tromper l'ennui, elle passait de longues heures d'oisiveté dans le bureau d'Usha : elle l'interrogeait sur le programme toujours très chargé de son mari, et tentait d'ouvrir les portes de ce monde nouveau où elle avait brusquement atterri. Elle ne voulait pas entendre parler d'occupations traditionnelles. Quand Sonia proposa de lui apprendre à cuisiner, même si ce n'était que pour la distraire (car personne ne pouvait mieux comprendre ce qu'éprouvait sa jeune belle-sœur), Maneka lui répondit qu'elle ne s'intéressait ni à la cuisine ni à aucune activité domestique.

On ne tarda pas à s'apercevoir que Maneka était une note discordante dans l'harmonie familiale. Rajiv s'énervait quand il la voyait affalée dans un canapé, tirant sur sa cigarette, alors que Sonia s'affairait dans la maison.

« Elle ne fiche vraiment rien ! disait-il à voix basse à sa femme. Pour qui se prend-elle, à la fin ? »

Sonia haussait les épaules, comme pour répondre : elle est comme elle est. Mais elle n'aimait pas non plus la façon qu'avait Maneka de traiter le petit personnel : elle l'apostrophait avec un manque d'égards typique d'une certaine classe d'Indiens aisés. Indira ne goûtait pas davantage ce comportement bruyant et vulgaire. Le problème était que sa maison était son seul refuge contre la rudesse de la vie politique. Or, le 1, Safdarjung Road avait cessé d'être le havre de paix auquel elle s'était habituée.

17.

L'humeur d'Indira reflétait celle de l'Inde, qui n'arrivait pas à se remettre de sa guerre avec le Pakistan. Le chômage augmentait de manière alarmante, et avec lui le mécontentement populaire. Le rythme des grèves et des manifestations, qui s'achevaient souvent par de violents affrontements avec la police, était infernal. Pour Sonia, faire les courses pouvait se transformer en un parcours du combattant : rues coupées, déviations arbitraires, rixes à coups de pierres, magasins fermés faute de ravitaillement en raison des grèves des transports, etc. Il n'y avait pas une journée normale ; c'était comme si le pays avait perdu le nord et sombrait dans l'anarchie. Sur tout le territoire, on ne parlait de rien d'autre que de corruption, de troubles sociaux, de sit-in et d'arrêts de travail. Sonia fut très choquée par ce qu'on appela le scandale du sucre, où un grand nombre de gens, en particulier des enfants, trouvèrent la mort. Des commerçants sans scrupules avaient commercialisé un mélange de sucre et de verre pilé qui se révéla mortel. L'affaire mit en lumière l'absence de contrôles alimentaires et la totale négligence de l'administration. Sonia, qui était toujours aux petits soins pour ses enfants, imaginait avec horreur : et si ce sucre avait fini dans la garderie de Rahul et de Priyanka ?

Devant le spectacle désolant qu'offrait le pays, Jayaprakash Narayan, un héros du mouvement de libération nationale et un vieil ami de la famille Nehru, parvint à unir différents groupes opposés à Indira. Cet homme fragile de soixante-douze ans plaidait pour une fédération de villages et prétendait jeter les bases d'une « révolution totale », une démocratie sans partis. Le projet était une pure folie, le fantasme délirant d'un idéaliste messianique, mais il servit à monter les foules contre le parti d'Indira, accusé – non sans raison – de corruption généralisée. En réalité, on pouvait déjà prévoir la chute d'Indira : elle serait précipitée par l'immense pouvoir qu'elle avait accumulé et qui agissait comme un venin empoisonnant tout, jusque sa propre maison avec Sanjay. Comme il n'existait pas de système légal de financement des partis, le Congrès dépendait de substantielles donations privées. Or un grand nombre de membres, conscients du pouvoir que leur conférait le soutien d'une énorme majorité au Parlement national et dans la plupart des parlements régionaux, laissaient libre cours à leur cupidité et pratiquaient en experts l'art de monnayer leurs faveurs.

Le mouvement de Narayan réussit à organiser plusieurs grèves importantes, qui s'achevèrent par des altercations très graves avec la police. La protestation dégénéra en révolte générale quand on apprit qu'un des chefs du parti du Congrès avait autorisé une hausse du prix de l'huile en échange d'une généreuse donation des producteurs. Il n'en fallut pas davantage pour déclencher la fureur populaire. Entrepôts et commerces furent pillés, les autobus incendiés et de nombreux biens publics détruits. Rajiv resta plusieurs jours sans rentrer chez lui : son avion était resté au sol en raison de la fermeture des aéroports. Indira, qui était incapable de contrôler toutes les bévues, les intrigues et les forfaitures des membres de son parti, se sentait menacée. Ses nouvelles craintes s'ajoutaient à la quasi-paranoïa déclenchée l'année précédente par le coup d'État de la CIA contre Salvador Allende, le président chilien démocratiquement élu et socialiste comme elle. Elle en connaissait bien les responsables et redoutait qu'ils ne profitent de la situation chaotique de l'Inde pour tenter de la renverser à son tour. D'autant que Nixon venait d'être réélu et que Kissinger était de nouveau à ses côtés.

Que faire ? Elle n'avait pas l'intention de démissionner, en tout cas pas sans livrer bataille. Elle attribuait les troubles aux perfides manipulations d'une opposition résolue à la chasser du pouvoir, relayée par une obscure conspiration internationale. Elle avait peine à croire qu'elle avait perdu la confiance du peuple. Mais elle ne pouvait laisser l'anarchie se propager plus longtemps.

C'était pourtant bien ce dont il s'agissait. Si bien qu'elle s'arma de courage pour affronter le plus grand défi de sa carrière : une grève des chemins de fer qui menaçait de paralyser la totalité du pays. Remporter ce bras de fer était décisif pour elle et pour l'Inde. Elle devait faire face à un million et demi de cheminots qui réclamaient, entre autres revendications, la journée de huit heures et une augmentation des salaires de soixante-quinze pour cent. Cette dernière exigence était tout simplement impossible à satisfaire. « Dans un pays où vivent des millions de chômeurs et des dizaines de millions de travailleurs précaires, déclara-t-elle avec courage devant une conférence syndicale, ce dont on a besoin est une juste redistribution des revenus de l'État. Les cheminots devraient admettre qu'en Inde, avoir un emploi dans la fonction publique est un privilège en soi. » Des propos qui mirent le feu aux poudres. La grève fut votée et suivie par un million de travailleurs. Bientôt, la liste de leurs exigences s'allongea. « Nous voulons changer l'histoire de l'Inde et renverser le gouvernement d'Indira Gandhi. »

Comme toujours dans ce genre de conflit, l'enjeu principal était la vie des plus pauvres. La paralysie des chemins de fer, qui bloquait le transport des marchandises, risquait de provoquer des famines, ce qu'Indira ne pouvait accepter. Si bien qu'elle appliqua une loi récente, le Maintenance of Security Act, qui lui permettait d'ordonner des détentions préventives. Un déploiement énorme des forces de police envahit les *railway colonies*, les vieux quartiers créés par les Anglais pour y loger les cheminots à proximité des gares. « On se serait cru dans un pays occupé », devait commenter un leader syndical abasourdi. À l'aube, la police se présentait au domicile des cheminots et arrêtait tous ceux qui refusaient d'aller travailler. Expulsées de leurs logements qui appartenaient à l'État, certaines familles furent forcées de vivre dans la rue. Les arrestations étaient parfois violentes ; dans un cas, la police mit le feu à la maison d'un employé et certains grévistes furent blessés. Au total, soixante mille travailleurs furent placés en détention. Indira se comportait comme un général dans le feu de la bataille. Elle envoya l'armée et la marine pour protéger les installations ferroviaires contre d'éventuels sabotages. Les militaires firent fonctionner la signalisation et les télécommunications et manœuvrèrent les trains sous la protection de gardes armés. Indira était convaincue que si elle brisait cette grève, il n'y en aurait pas d'autre avant cinquante ans.

Elle était très lucide et en pleine possession de ses facultés, comme toujours dans les moments de forte tension. Et elle avait confiance en elle. Elle s'efforçait de faire plusieurs choses en même temps : c'était sa recette infaillible pour arriver à se détendre et à trouver la solution à des problèmes difficiles. Un après-midi, tandis qu'elle tenait une conférence de presse dans le jardin du 1, Safdarjung Road et voyait du coin de l'œil son petit-fils Rahul jouer à la guerre avec des armes en plastique, elle eut soudain une idée. Elle se dit que l'heure était venue de donner aux scientifiques l'autorisation qu'ils attendaient depuis des années pour faire exploser une bombe atomique. La décision de Nixon d'envoyer un porte-avions nucléaire dans la baie du Bengale avait entraîné l'accélération du programme atomique indien. Ce n'était pas une idée de gentille grand-mère, plutôt celle d'un brillant stratège. Elle la garda secrète jusqu'au moment de l'explosion : celle-ci eut lieu quelques jours plus tard dans le désert du Rajastan, non loin de la frontière avec le Pakistan.

Exactement comme elle l'avait prévu, la nouvelle souleva l'enthousiasme de la population qui l'accueillit avec une véritable ferveur patriotique. Les députés qui se levèrent dans la grande salle du Parlement pour se féliciter les uns les autres semblaient avoir brusquement oublié l'acuité gravissime des problèmes économiques et la grève des chemins de fer. Indira avait gagné son pari, celui de détourner l'attention de la nation. L'Inde, surpeuplée et presque paralysée, dont le revenu par habitant la plaçait au cent deuxième rang mondial, devenait ainsi la sixième puissance nucléaire du monde. Et peu importe s'il s'agissait essentiellement d'une ruse pour les besoins de la politique intérieure. Les chancelleries étrangères se montrèrent très critiques, mais Indira se défendit : « L'Inde n'accepte en aucun domaine de subir un *apartheid*, et la technologie ne fait pas exception. »

Il lui fallut vingt-deux jours et une main de fer pour briser la grève. Bien que la presse ait condamné la brutalité de la répression, la classe moyenne, les gens qui avaient toujours apprécié la ponctualité des trains, s'accordait pour louer la fermeté d'Indira. Les chambres de commerce aussi. Mais, pour elle, la victoire était douce-amère. Celle qu'elle avait remportée lors de la guerre contre le Pakistan l'avait élevée au rang de déesse ; celle-ci, en revanche, était beaucoup plus ambiguë. Elle avait prouvé qu'elle pouvait se montrer dure, impitoyable même. Sa manière de réprimer la grève avait fait naître la peur, or celle-ci laissa une trace profonde dans des pans entiers de la société indienne. Et une telle intransigeance eut pour effet contre-productif d'unir davantage l'opposition contre elle. Même les observateurs les plus indulgents devaient admettre que sa popularité était en chute libre. Pour les élections qui se tiendraient en 1976, une défaite du parti du Congrès apparaissait maintenant comme une réelle possibilité.

Le 12 juin 1975, le jour qui se leva était chargé de gros nuages noirs, annonciateurs de la mousson tant attendue. Peut-être présageaient-ils aussi des temps encore plus difficiles. Au petit matin, la chaleur était déjà intense, mais Indira ne dérogea pas à son habitude quotidienne : vingt minutes de yoga dans sa chambre pour commencer la journée. En entendant les pleurs de sa petite-fille Priyanka, elle fut tentée d'abandonner ses exercices ; mais le bruit cessa très vite, et elle se dit que Sonia s'était levée et s'occupait de sa fillette. Ensuite, elle prit une douche et s'habilla en cinq minutes, « ce que peu d'hommes arrivent à faire », se plaisait-elle à observer. Sur sa table de nuit, les livres s'amoncelaient. Mais elle travaillait seize heures par jour et n'avait plus le temps de rien, pas même de profiter de moments avec sa famille, de recevoir des amis, ou bien sûr de lire, ce qui lui manquait beaucoup.

Elle prenait son petit déjeuner dans sa chambre – du thé, des tartines grillées et des fruits – quand son secrétaire R. K. Dhawan, celui qui s'était montré si complaisant avec Sanjay, vint frapper à sa porte. Il était porteur d'une mauvaise nouvelle. Elle concernait D. P. Dhar, le vieil ami et conseiller d'Indira, l'homme qu'elle avait envoyé à Moscou lors de la crise du Pakistan oriental pour s'assurer l'appui militaire des Soviétiques et qu'elle avait ensuite nommé ambassadeur en URSS : il était mort quelques minutes avant l'opération où l'on devait lui poser un stimulateur cardiaque. Avec Dhar, un autre pilier de confiance et d'amitié disparaissait de sa vie. Indira se rendit assitôt à l'hôpital pour consoler sa famille et aider à l'organisation des funérailles.

Quand elle rentra chez elle vers midi, une autre mauvaise nouvelle l'attendait. Son secrétaire lui apprit que le Front Janata, une coalition de cinq partis comprenant les sympathisants de Jayaprakash Narayan, le vieil idéaliste de la « révolution totale » qui cherchait à la renverser, avait remporté les élections qui s'étaient tenues la veille dans l'État du Gujarat. À vrai dire, Indira n'était pas très surprise. Le plus ennuyeux était que ce résultat augurait des défaites dans d'autres États. Était-ce le début de la fin ? Toutes les entreprises humaines ne suivaient-elles pas le même modèle d'évolution, celui qu'on observe dans la nature : une première phase de croissance, un temps d'épanouissement suivi d'une longue fin ? Elle avait bien tenté de faire la paix avec Narayan, mais il rêvait d'un parti unique, une idée inacceptable qui allait à l'encontre des institutions démocratiques. Elle avait tenté de le lui expliquer, mais Narayan était un révolutionnaire qui s'obstinait à croire en de grandes idées abstraites. Il n'avait pas voulu renoncer à ses ambitions fumeuses et s'était montré inflexible.

« Vous reconnaissez avec moi que le gouvernement du Bihar est terriblement corrompu ? lui avait-il demandé de sa voix chevrotante.

— Bien sûr. Tout le monde le sait, avait répondu Indira.

— Alors, je vous demande de le destituer et de convoquer de nouvelles élections.

— Je ne peux pas, voyons. C'est un gouvernement démocratiquement élu et je n'ai aucune autorité pour le destituer. »

La réconciliation n'eut pas lieu, au contraire. Indira en vint à l'accuser de comploter avec la CIA pour la renverser et lui reprocha de vouloir faire de l'Inde un satellite de l'Union soviétique.

À la fin de la réunion, toutefois, Narayan demanda à la voir seule, sans ses conseillers. Ils passèrent dans le salon et là, à la grande surprise d'Indira, le vieil homme sembla oublier d'un coup la vigueur de leurs désaccords politiques et eut pour elle un geste d'une amabilité singulière. Il lui tendit un vieux porte-documents qui avait appartenu à son épouse et qui contenait des lettres que Kamala, la mère d'Indira, lui avait écrites cinquante ans plus tôt, au plus fort de la lutte pour l'indépendance.

« Je les ai conservées depuis la mort de ma femme, lui dit-il. J'attendais l'occasion de vous les donner. »

Indira fut très émue par le présent de cet homme par ailleurs si désireux de la chasser du pouvoir. Quel monde étrange que la politique, pensa-t-elle, où la haine et l'amitié peuvent cohabiter en une même personne. En lisant ces lettres, elle eut un pincement au cœur. Elles ressuscitaient sa mère, si fragile, toujours malade. Grâce à sa lecture, Indira comprit soudain combien Kamala avait souffert du mépris des sœurs de Nehru, qui la trouvaient trop traditionnelle et trop pieuse. Elle remercia Narayan du fond du cœur, tout en sachant très bien qu'il mettrait sa menace à exécution et intensifierait sa croisade contre elle.

La troisième mauvaise nouvelle du jour arriva à trois heures de l'après-midi. Rajiv fit irruption dans la chambre de sa mère en uniforme de pilote. En revenant de l'aéroport, il avait croisé un de ses secrétaires qui lui avait remis le télex qu'il venait de recevoir.

« Le juge d'Allahabad a rendu son verdict, annonça Rajiv.

— Alors ? », demanda Indira en détournant un peu la tête comme si elle s'attendait au coup qu'elle allait recevoir.

Rajiv lui lut le verdict en question. Indira avait été déclarée coupable de négligence procédurale lors des élections de 1971. En conséquence, le résultat des élections était invalidé. Le tribunal donnait vingt jours au parti du Congrès pour prendre les mesures nécessaires au bon fonctionnement du gouvernement. De surcroît, il interdisait au Premier ministre actuel d'exercer toute fonction publique pour les six ans à venir.

Indira soupira et garda son sang-froid. Elle regarda le jardin. Ses petits-enfants jouaient sur la pelouse. Tout semblait normal et tranquille malgré les gros nuages sombres chargés de pluie. Comme la vie était bizarre, devait-elle se dire. Le plus violent coup de massue de sa carrière lui venait de sa ville natale, du tribunal où son grand-père Motilal Nehru avait prononcé ses plus brillantes plaidoiries. Elle se tourna vers son fils :

« Je crois que je n'ai pas d'autre solution que de démissionner. Le moment est venu », dit-elle sans trahir la moindre émotion.

Elle s'attendait à un verdict défavorable, mais certainement pas aussi disproportionné. L'opposition avait usé d'un subterfuge judiciaire pour la prendre au piège. Le verdict répondait à la plainte d'un rival politique, un nommé Raj Narain, qui avait perdu à cent mille voix près et s'était adressé au tribunal d'Allahabad quatre ans plus tôt. Ses accusations étaient de faible poids ; elles reprochaient à Indira son utilisation indue de personnel et de transports payés par le gouvernement au cours de la campagne électorale. En privé, tous, y compris les adversaires d'Indira, reconnaissaient que les charges contre elles frisaient le ridicule et que les juges avaient outrepassé leurs pouvoirs. Selon le *Times* de Londres, leur décision revenait à « destituer un Premier ministre pour cause de stationnement interdit ». Mais dans l'Inde de 1975, les gens descendirent dans la rue pour fêter le verdict.

Le chef du gouvernement du Bengale, Siddharta Shankar Ray, rendit visite à Indira une heure plus tard. C'était un de ses bons amis et un homme de confiance intègre qui appartenait à la vieille garde de ses inconditionnels. Le parti, lui dit-il, était bouleversé par ce qui venait de se produire.

« Ce que l'opposition n'a pas réussi à obtenir dans les urnes, elle essaie de l'obtenir par une chicanerie judiciaire.

— Je n'ai plus qu'à démissionner », répondit Indira, impassible.

L'homme prit un siège. Il regarda Indira, dont le visage trahissait une immense fatigue.

« Ne prenez pas une telle décision à la légère. Il faut y réfléchir. »

Indira haussa les épaules.

« Vous voyez une autre solution ?

— Vous pouvez toujours faire appel du jugement auprès de la Cour suprême.

— Cela prendrait des mois… On sait comment fonctionne la justice. »

La conversation fut interrompue par l'arrivée de deux ministres, bientôt suivis par le président du parti, puis par de nombreux collègues. La maison se remplit de visiteurs. Sonia, qui leur offrait des gâteaux et des boissons, put constater de ses yeux combien certains étaient anxieux à l'idée de perdre leur poste et combien d'autres cachaient mal leur satisfaction. Car, selon toute vraisemblance, le fauteuil d'Indira allait se libérer. Le bruit, la chaleur et l'incertitude rendaient l'atmosphère irrespirable. Quelques-unes des personnes présentes parlaient avec Indira et tentaient de la dissuader de présenter sa démission. D'autres se réunissaient en grappe à l'écart pour mesurer les forces des divers leaders susceptibles de la remplacer. Celle qui était encore Premier ministre écoutait tout le monde. « Je crois que le mieux est que je démissionne immédiatement », répétait-elle.

En début de soirée, Sanjay rentra de l'usine. Il avait appris la nouvelle à la radio. En pénétrant dans la maison, il tomba sur son frère.

« Qu'est-ce qu'elle va faire ? demanda-t-il.

— Démissionner. Elle n'a pas le choix.

— Non, dit Sanjay. C'est impossible. »

En une seconde, son rêve de devenir un grand entrepreneur partait en fumée. Si sa mère cédait à ses ennemis, il pouvait dire adieu pour toujours à Maruti Ltd. Il entra dans le salon bondé et, sans saluer personne comme il en avait l'habitude, il prit sa mère par le bras et demanda à lui parler seul à seul quelques minutes. Ils se retirèrent dans la pièce voisine.

« Rajiv m'a dit que tu voulais démissionner.

— Nous en discutons. Mais je ne vois pas d'autre solution.

— Il ne faut pas, maman. Si tu cèdes maintenant, si tu démissionnes pour des charges aussi ridicules, tu n'auras plus d'immunité parlementaire et ceux qui veulent ta peau te feront jeter en prison à la première occasion.

— J'ai la conscience tranquille. Une possibilité serait d'échanger les rôles. Le président du parti pourrait devenir Premier ministre en attendant que mon recours soit jugé par la Cour suprême. Entre-temps, je me chargerais de la présidence du parti.

— C'est de la folie, maman ! s'écria Sanjay assez fort pour qu'on l'entende depuis le salon voisin. Tu t'imagines que le président du parti, une fois dans ton fauteuil, serait prêt à te le rendre un jour ? Tous ces gens ont l'air très bienveillant et très loyal, mais tu sais mieux que moi quelles ambitions personnelles se cachent sous leurs sourires. Ils veulent tous ta place. Ils veulent tous le pouvoir ! Il ne faut surtout pas que tu démissionnes. »

Pour Indira, accepter la défaite n'était pas chose facile. Pouvait-elle partir la tête basse pour des motifs aussi insignifiants, elle qui avait consacré sa vie à la politique et occupé la fonction de Premier ministre depuis presque une décennie ? Cela ne cadrait pas avec sa conception de la dignité. Pouvait-elle laisser tomber ses camarades du parti et tous ceux qui dépendaient d'elle ? Abandonner le pays à son sort ? Ne disait-on pas que l'Inde, c'était Indira et qu'Indira, c'était l'Inde ? Pouvait-elle permettre qu'un Jayaprakash Narayan détruise la démocratie et plonge la nation dans l'anarchie ? Certes, elle était fatiguée et parfois même déprimée à force de chercher en vain des solutions aux maux dont souffrait le pays. Si elle écoutait sa voix intérieure, celle qui l'exhortait au calme, elle choisirait sans doute la démission. Autrement dit, son repos. Mais elle n'était pas seule. Elle pensa à Sanjay. Que deviendrait-il si elle renonçait à son poste ? Il serait dévoré tout cru : il avait osé jouer les entrepreneurs et il était le fils d'Indira Gandhi. Et que deviendrait le reste de la famille ? Le pouvoir suscite des inimitiés au fil des années. Mais il est en même temps son propre moyen de défense. Le pouvoir protège la famille. Sans ce bouclier, elle serait en grand danger.

Indira retourna au salon. « Je suis décidée à me battre pour me maintenir à mon poste », dit-elle à son avocat. Il fut décidé que celui-ci demanderait à la Cour suprême de suspendre la sentence jusqu'à ce qu'elle ait examiné l'appel d'Indira. La manœuvre permettait à Indira de se maintenir à son poste le temps de réunir assez de forces et de soutiens. Une fois sa décision annoncée, la tension dans la pièce retomba. Pour cacher leur déception, ceux qui avaient rêvé de la remplacer se répandirent en éloges serviles. Sonia était déconcertée. Au fond, il ne lui aurait pas déplu que sa belle-mère démissionne, car elle aspirait à une vie plus tranquille.

18.

Dans les jours qui suivirent, Sanjay et son acolyte le secrétaire Dhawan organisèrent des rassemblements et des marches pour soutenir Indira. Ils n'hésitèrent pas à réquisitionner les autobus de la ville de Delhi pour transporter les manifestants par milliers. Tout l'appareil du parti se mobilisa pour qu'on entende la clameur des voix qui s'élevaient en faveur d'Indira : des trains affrétés spécialement pour les meetings déversaient dans la capitale leurs lots de sympathisants.

Sonia et Maneka ne pouvaient plus entrer et sortir facilement de la maison, car il y avait en permanence à la grille une foule qui réclamait la présence d'Indira. Celle-ci sortait une fois par jour pour la saluer. Ni Sonia ni Rajiv n'aimaient la tournure que prenaient les événements. La jeune femme avait peur, car la voiture qui l'avait emmenée un matin à Khan Market avait été attaquée à coups de pierres. L'incident s'était soldé par une ou deux éraflures sur la carrosserie, mais cela avait suffi pour que Sonia rentre chez elle tremblante de la tête aux pieds. En outre, la cohabitation avec Maneka devenait très difficile. Et Sanjay avait changé. Elle ne le voyait que très peu, mais quand ils se croisaient, il ne se montrait plus aussi affectueux qu'auparavant. Sonia sentait que la présence de Maneka empoisonnait la relation entre les deux frères, ainsi que ses rapports avec Sanjay.

« Si nous allions passer quelque temps en Italie ? proposa-t-elle à son mari. Jusqu'à ce que la tempête se calme… »

L'idée séduisait Rajiv, et il reconnut que ce serait une bonne chose pour les enfants. Mais il était très inquiet.

« Comment annoncer ça à ma mère ? Pouvons-nous l'abandonner dans un moment pareil ? »

Sonia ne répondit pas et resta pensive. Pour la première fois, elle avait peur, pour elle et pour ses enfants. Jamais l'atmosphère de la ville n'avait été aussi violente.

Le 20 juin 1975, Sanjay décida d'emmener toute la famille à un meeting de solidarité qu'il avait organisé au Boat Club de New Delhi.

« C'est bien qu'on nous voie tous ensemble, dit-il.

— Je préférerais que tu ne décides pas pour nous, lui répondit Rajiv.

— C'est pour maman », rétorqua son frère.

Dans l'embarras, Rajiv et Sonia acceptèrent à contre cœur. Ce fut peut-être le premier acte politique de Sonia. Elle fut très impressionnée de se trouver devant une foule de plus de cent mille personnes. Vêtue d'un sari de couleur kaki, elle resta au côté de Rajiv, avec Sanjay et Maneka, derrière Indira qui haranguait l'assistance. Du haut de l'estrade, elle prenait conscience de toute la démesure de son pays d'adoption. Elle était prise de vertige, tant de gens, de croyances, de religions… Quand sa belle-mère se tourna un instant vers les siens, Sonia lui sourit. Enfin, elle la voyait au contact de ce peuple dont elle parlait sans jamais se lasser : ces instants de communication privilégiée qui justifiaient tous les déboires n'avaient rien d'abstrait car il s'en dégageait une sorte d'électricité bien réelle. Le peuple était là, à ses pieds. Sonia put constater l'énorme soutien dont Indira jouissait encore parmi les Indiens ; il allait largement au-delà de la simple présence des sympathisants payés par Sanjay. Elle eut la chair de poule en entendant sa belle-mère déclarer que servir le pays était la tradition de la famille Nehru-Gandhi, et qu'elle continuerait de le servir jusqu'à son dernier soupir. C'était la première fois qu'Indira apparaissait entourée de sa famille, et le meeting fut un grand succès. Sonia comprit combien sa belle-mère avait besoin des siens à ses côtés. Non, ce n'était pas le moment de l'abandonner.

Les partisans de Narayan organisèrent des contre-manifestations devant le palais présidentiel et dans plusieurs villes de ce pays immense. La journaliste italienne Oriana Fallaci fut la première à apprendre d'un leader de l'opposition que celle-ci projetait de placer des hordes de gens devant l'entrée du 1, Safdarjung Road pour emprisonner Indira dans sa propre résidence. « Nous camperons là jour et nuit, lui déclara cet homme. Nous la forcerons à démissionner. Une fois pour toutes. Sa carrière ne survivra pas à notre mouvement. »

Au matin du 25 juin, Indira convoqua son ami Siddharta Shankar Ray, le chef du gouvernement du Bengale, qui se trouvait par hasard à New Delhi. Ray, qui lui avait conseillé de ne pas démissionner quand la nouvelle du jugement d'Allahabad et de l'invalidation des élections était tombée, trouva Indira très tendue. Son bureau était couvert de télex et de notes envoyés par les services de renseignement.

« Je ne peux pas me laisser enfermer chez moi, dit Indira. Et il y a pire. On vient de m'informer que ce soir dans un meeting, Narayan va demander à la police et à l'armée de se mutiner. Il est possible que la CIA soit impliquée. Vous savez que je fais partie des bêtes noires de Nixon… Que pouvons-nous faire ? »

Ray, qui avait la réputation d'être à la fois honnête et très dur, était un expert en droit. Il persistait à penser qu'Indira devait se maintenir à son poste. Celle-ci lui décrivit par le menu le chaos dans lequel sombrait rapidement le pays.

« Il faut arrêter ce désastre, conclut-elle. La démocratie indienne me fait l'effet d'un enfant qu'il faut secouer pour le réveiller.

— Vous pensez à l'état d'urgence ? »

Indira hocha la tête. En réalité, elle ne cherchait pas un conseil sur la conduite à tenir, car elle avait déjà pris sa décision la veille. C'était son fils Sanjay qui la lui avait soufflée, mais l'idée n'était pas de lui : elle venait de Bansi Lal, son protecteur grassouillet qui, en tant que chef du gouvernement du Haryana, lui avait fourni des terrains pour y construire son usine. Selon Bansi Lal et Sanjay, il y avait au moins cinquante hommes politiques dans le pays qu'il fallait éliminer de la vie publique. Le premier d'entre eux, bien sûr, était Jayaprakash Narayan.

Déclarer l'état d'urgence était une fuite en avant… Mais quelle alternative restait-il à Indira ? Entre un départ sous les huées et l'état d'urgence, son choix était fait.

« Je veux que tout soit impeccable sur le plan légal, dit-elle à son visiteur.

— Laissez-moi étudier l'aspect constitutionnel. Donnez-moi quelques heures et je pourrai vous répondre avec précision.

— Je vous en prie, faites vites », insista le Premier ministre.

Ray partit et revint à trois heures de l'après-midi. Il avait passé plusieurs heures à relire le texte de la Constitution indienne comme celui de la Constitution américaine.

« Selon l'article 352 de la Constitution, dit-il à Indira, le gouvernement peut prononcer l'état d'urgence en cas de risque d'agression étrangère ou de graves troubles intérieurs.

— Est-ce que l'appel de Narayan à la mutinerie de la police et de l'armée constitue une menace assez grave ?

— Oui, sans aucun doute.

— Alors, s'il la met à exécution, il tombera dans son propre piège.

— En effet. Il vous apporte sur un plateau la justification dont vous avez besoin pour suspendre la session parlementaire et imposer l'état d'urgence. »

Il y eut un silence. Les yeux d'Indira brillaient dans la pénombre. Il ne lui manquait qu'une chose : la signature du président de la République. Mais celui-ci était un allié et elle ne doutait pas de sa loyauté.

« Vous m'accompagnez au palais présidentiel ? demanda-t-elle.

— Allons-y. »

Ce soir-là, en signant dans le splendide salon Ashoka de l'ancien palais du vice-roi le document de quatre lignes qui ratifiait la proclamation de l'état d'urgence, le président transformait la plus grande démocratie du monde en une dictature virtuelle. Le gouvernement indien était désormais autorisé à procéder sans mandat aux arrestations de son choix, à suspendre les droits civils et les libertés, à limiter le droit d'ingérence des tribunaux et à imposer la censure.

Rajiv était en mission depuis deux jours. À son grand étonnement, c'est par la presse, lors d'une escale, qu'il apprit que sa mère avait déclaré l'état d'urgence. Personne ne lui avait rien dit. La mesure heurtait sa nature pacifique, et il lui sembla qu'elle contrariait les principes démocratiques de la famille. Le fait qu'Indira ait suivi les conseils de Sanjay l'inquiétait tout spécialement. Il connaissait l'ascendant de son frère sur sa mère. Pour des raisons obscures, Indira était incapable de résister au chantage émotionnel que son fils cadet lui faisait subir. Or, nul ne connaissait mieux Sanjay que Rajiv, ses points forts, ses limites et le danger qu'il pouvait représenter. Aussi était-il très inquiet, et l'idée suggérée par Sonia d'aller passer quelque temps en Italie recommença à lui tourner dans la tête.

« Je ne sais pas ce que nous devons faire, lui dit Sonia. Le comportement de ton frère m'inquiète beaucoup. Il se mêle de plus en plus de politique. »

Elle lui raconta que Maneka était au Cachemire, où Sanjay l'avait envoyée sur la recommandation d'Indira, car elle craignait que la jeune femme, bavarde comme elle l'était, ne dévoile son intention de déclarer l'état d'urgence : celui-ci devait rester un secret absolu jusqu'au moment de sa promulgation. Sonia lui raconta aussi que la veille, Sanjay avait tenu une réunion dans le bureau d'Indira en l'absence de celle-ci avec le secrétaire Dhawan et le bras droit du ministre de l'Intérieur. La réunion s'était poursuivie jusque tard dans la nuit.

« Sais-tu ce qu'ils ont décidé ? De se mettre en contact immédiat avec les chefs de gouvernement des États et de leur envoyer des ordres de détention. Ils ont une liste noire d'"ennemis de l'ordre public". Et le pire, c'est qu'ils agissent au nom de ta mère.

— Je sais qu'on a arrêté Narayan au petit matin. On m'en a parlé à l'aéroport, dit Rajiv avec un soupir. Une patrouille de police est venue lui passer les menottes et l'a emmené pour le jeter en prison. Il paraît qu'il avait du mal à le croire. Pour lui, il n'était pas concevable que maman ait pu prendre une mesure aussi violente. »

Sonia poursuivit la liste des nouvelles alarmantes. À trois heures du matin, Siddharta Shankar Ray, après avoir aidé Indira à rédiger le discours qui devait annoncer l'état d'urgence à la population, s'apprêtait à partir. Il avait croisé le secrétaire Dhawan dans le couloir. « Les mesures nécessaires ont été prises, lui avait annoncé celui-ci, pour couper l'approvisionnement en électricité des principaux journaux du pays et pour fermer les tribunaux. »

« Ray en est resté interdit, continua Sonia. Puis il s'est mis très en colère. Il a demandé qu'on réveille ta mère, qui était épuisée après une si longue journée. À ce moment, Sanjay est apparu, et il s'est lancé dans une discussion avec Ray. Sais-tu ce qu'il lui a dit ? "Les gens comme vous ne savent pas diriger un pays !"

— Comme si lui le savait ! dit Rajiv en levant les yeux au ciel.

— Ray n'a pas voulu partir avant de parler à ta mère. Elle était très étonnée, car elle ne savait rien de ces ordres de détention. C'était l'idée de ton frère. Elle a demandé à Ray de l'attendre quelques minutes et elle est allée parler à Sanjay.

— Tout ce que cherche Sanjay, c'est à se protéger et à protéger ses affaires. Et il fait croire que c'est maman qu'il protège contre les actions légales intentées contre elle.

— Ta mère a peut-être un penchant autoritaire mais elle a aussi des principes. Quand elle est sortie de la pièce où elle s'était enfermée avec Sanjay, elle avait les yeux rouges d'avoir pleuré. Elle a promis à Ray que les journaux auraient de l'électricité et qu'on ne fermerait aucun tribunal.

— Elle lui a menti, dit Rajiv. Aujourd'hui, aucun journal n'a paru en raison des coupures. C'est Sanjay qui a gagné, encore une fois. »

L'état d'urgence aurait pu constituer un succès pour Indira s'il n'avait duré que peu de temps, et surtout si Sanjay n'avait pas tiré les ficelles dans l'ombre avec un autoritarisme grandissant. Dès le premier jour, quand le ministre de l'Information, I. K. Gujral, un homme respecté et cultivé aux manières raffinées, se présenta dans les bureaux d'Akbar Road, Sanjay lui donna l'ordre de lui soumettre tous les bulletins d'information avant de les diffuser. Usha fut témoin de la scène.

« Ce n'est pas possible, répondit Gujral. Les bulletins sont confidentiels.

— Eh bien, à partir de maintenant, ils ne le seront plus. »

Indira apparut sur le seuil de la porte.

« Qu'est-ce qui se passe ? » demanda-t-elle.

Le ministre répéta son explication.

« Je comprends, dit Indira. Si vous ne voulez pas les soumettre à Sanjay, le mieux est qu'un employé du ministère me les apporte tous les matins pour que je puisse en prendre connaissance. »

Le ministre partit bien décidé à présenter sa démission, mais il fut convoqué de nouveau dans l'après-midi à ce qu'on appelait déjà « le palais », et qui n'était autre que la résidence d'Indira

Gandhi. Sanjay lui intima d'expulser du pays le correspondant de la BBC, un journaliste très connu et apprécié du nom de Mark Tully, sous prétexte que celui-ci avait rédigé une chronique qui « déformait les faits ».

« Ce n'est pas le rôle du ministre de l'Information d'arrêter les correspondants étrangers », protesta Gujral.

Quand Sanjay lui reprocha ensuite de n'avoir pas fait diffuser à la télévision l'intégralité du discours de sa mère, le ministre perdit patience :

« Si vous voulez vous entretenir avec moi, vous devrez apprendre à le faire avec courtoisie, lui dit-il. Vous êtes plus jeune que mon fils et je ne vous dois pas d'explications. »

Il n'eut pas le temps de présenter sa démission. Indira l'appela le soir même pour le démettre de ses fonctions, car « en raison de la conjoncture actuelle, le ministère de l'Information avait besoin d'un homme capable d'aborder les problèmes avec plus de fermeté ».

Le nouveau ministre promulgua des lois de censure très dures. Il était notamment interdit de citer Nehru ou Gandhi dans une déclaration en faveur de la liberté de la presse, cruelle ironie de l'histoire s'il en est. Un à un, les représentants de la presse internationale furent invités à quitter le territoire.

Le seul ministre qui osa remettre en question la nécessité de l'état d'urgence fut aussitôt limogé et remplacé par Bansi Lal, le chef du gouvernement du Haryana, le premier à avoir suggéré l'instauration de ces mesures d'exception. À vingt-neuf ans, Sanjay, du simple fait qu'il était le fils de sa mère, était en passe de devenir l'homme le plus puissant de l'Inde.

La censure de la presse fut plus sévère que celle qu'avaient imposée les Britanniques lors de la lutte pour l'indépendance. Au moins, à cette époque, les journaux étaient autorisés à publier les noms des personnes arrêtées et à dire dans quelles prisons elles étaient incarcérées. À présent, les gens devaient se contenter de rumeurs s'ils cherchaient à se renseigner à propos de leurs proches, lesquels faisaient presque tous partie de l'opposition. Environ cent mille personnes furent emprisonnées sans chef d'inculpation ni jugement. La plupart du temps, les conditions de détention étaient si épouvantables que vingt-deux détenus périrent dans des cellules insalubres et surpeuplées. Si les cheminots gardaient un mauvais souvenir de la brutalité avec laquelle leur grève avait été réprimée, aucune couche de la population n'était à l'abri désormais. Les arrestations les plus spectaculaires furent sans doute celles des maharanis de Jaipur et de Gwalior, des princesses qui étaient à la tête de partis opposés à Indira dans leurs États respectifs : toutes deux furent enfermées dans l'infâme prison de Tihar, à Delhi, au milieu de criminelles et de prostituées. Gayatri Devi, l'élégante maharani de Jaipur, ne se plaignit ni de la saleté, ni de la promiscuité, ni de la puanteur. Elle se plaignit seulement du bruit que faisaient les autres détenues et demanda à une amie de lui envoyer de la cire pour se boucher les oreilles.

D'autre part, le Parlement octroya à Indira la même immunité que le président de la République et les chefs de gouvernement des États ; de sorte que Mme le Premier ministre fut rétroactivement absoute des charges de fraude électorale qui pesaient sur elle et qui avaient été l'élément déclencheur de l'état d'urgence actuel.

De nouveau, Indira, guidée par son instinct de survie, disposait d'un contrôle absolu sur le pays. Aujourd'hui, plus que jamais, la manipulation des mécanismes démocratiques lui valait un nombre croissant d'ennemis, en Inde comme à l'extérieur. À vrai dire, les premiers temps, l'état d'urgence fut vécu comme un soulagement par la population, surtout la classe moyenne urbaine. Sonia elle-même, quand elle conduisait son fils à l'école, avait l'impression de traverser une autre ville : le Delhi de ces derniers mois avait disparu. L'atmosphère était étonnamment calme. Il n'avait plus d'interruptions de la circulation, de manifestations, de sit-in, d'éruptions de violence contre sa belle-mère. Les taxis et les chauffeurs de *rickshaws* conduisaient même du bon côté de la route. Comme Sonia, la plupart des Indiens étaient soulagés que les grèves et les troubles aient cessé. Ils étaient contents de pouvoir jouir d'une certaine paix. Dans les villes, on se réjouissait de pouvoir de nouveau marcher sans crainte dans les rues, car le taux de criminalité avait chuté du fait de la présence policière accrue et du durcissement des lois. Les employés, sensibles à une nouvelle atmosphère de travail, s'étaient remis à faire des journées complètes et se montraient plus efficaces. Les trains et les avions arrivaient à l'heure, au grand soulagement des usagers et de Rajiv : celui-ci ne subissait plus les retards des derniers temps qui le contraignaient à rentrer chez lui à des heures impossibles et sa vie de famille avait gagné en stabilité. D'immenses affiches avec la photographie d'Indira ornaient les ronds-points et les squares : « La différence entre le chaos et l'ordre », disait le slogan sous la photo.

L'idée qu'Indira avait rétabli l'ordre et la paix sur tout le territoire se répandit aussi à l'étranger. Usha, sa secrétaire particulière, était chargée de lire et d'annoter les articles de la presse internationale qui traitaient de l'actualité indienne. Souvent, elle lisait les manchettes et les éditoriaux à la table de la salle à manger. « Le gouvernement autoritaire plébiscité en Inde », titrait le *New York Times.* Mais d'autres publications, ouvertement hostiles, provoquaient des échanges de regards entre Sanjay et sa mère. Un jour, Usha était seule dans son bureau quand Sonia entra.

« Usha, je crois qu'il vaut mieux que vous ne lisiez plus les critiques de la presse étrangère devant tout le monde, lui dit-elle. Je ne le dis pas pour Mami (désormais elle appelait Indira ainsi), mais je ne veux pas qu'on vous regarde de travers.

— Merci de me prévenir », répondit Usha, qui avait senti, elle aussi, un changement d'atmosphère en raison de l'influence croissante de Sanjay sur sa mère.

En Inde, on pouvait réduire les voix des détracteurs du régime au silence ; mais à l'étranger, c'était impossible. Dorothy Norman fut si scandalisée par les atteintes à la démocratie de sa vieille amie Indira, qu'elle réunit les signatures de personnalités américaines – l'écrivain Noam Chomsky, le prix Nobel de la paix Linus Pauling, le pédiatre Benjamin Spock et même le joueur de tennis Arthur Ashe – pour publier un texte dans la presse qui déplorait les mesures autoritaires de l'état d'urgence et réclamait leur levée immédiate. Pour la plus grande honte d'Indira, le poète Allan Ginsberg qu'elle avait connu à Londres à l'époque de l'exposition sur Nehru et qui, des années plus tard, avait écrit sur le malheur des réfugiés du Bangladesh, était parmi les signataires. Indira fut peinée de l'initiative de son amie : la correspondance entre les deux femmes cessa, et elles ne renouèrent que quatre ans plus tard. Son autre amie, Pupul Jayakar, vint affronter Indira alors qu'elle rentrait de voyage : « Comment est-il possible que toi, la fille de Jawaharlal Nehru, tu te permettes de gouverner comme un vulgaire dictateur ? » Indira ne s'y attendait pas et resta d'abord sans voix. Personne n'osait plus la défier ouvertement.

« Tu ne sais pas la gravité de tout ce qui se passe, lui répondit-elle. Tu ne connais pas les complots qu'on a ourdis contre moi. Narayan n'a jamais supporté que je sois Premier ministre. Il n'a pas encore révélé sa véritable personnalité. Que veut-il être ? Un martyr ? Un saint ? Pourquoi n'admet-il pas qu'il n'est qu'un politicien comme les autres et que son but est de prendre ma place ? »

Elle affirma à Pupul que son intention était de maintenir l'état d'urgence pendant deux mois seulement, et de profiter de cette période pour lancer un programme en vingt points destiné à sortir l'Inde du sous-développement. Parmi ces mesures, deux étaient révolutionnaires : une loi contre l'esclavage et l'annulation des dettes que les pauvres avaient contractées auprès des usuriers de leurs villages.

Pupul comprit qu'il était inutile de discuter avec Indira. Tout ce qu'elle pouvait faire était l'écouter, afin que son amie se sente libre de vider son cœur auprès de quelqu'un de confiance. Pupul la connaissait bien et savait à quel point elle se sentait seule. Bien qu'en profond désaccord avec sa politique, elle décida de rester au nombre de ses proches.

19.

Indira avait l'intention d'annoncer la fin de l'*emergency*, « l'état d'urgence », le 15 août 1975, dans un discours qu'elle prononcerait au célèbre Fort rouge, l'antique forteresse moghole de Delhi ; autrement dit sur les lieux où son père, exactement vingt-huit ans plus tôt, avait fait son fameux discours de l'indépendance. En ce jour mémorable, elle avait été submergée par l'émotion. Elle avait déclaré au correspondant de la BBC : « Vous savez, quand on passe d'une douleur extrême à un bonheur intense, on reste comme étourdi. La liberté est un tel absolu qu'on a du mal à en prendre la mesure. »

À présent, sa voiture circulait par les larges avenues de New Delhi d'où les mendiants et les vaches errantes avaient mystérieusement disparu – un des effets miraculeux de l'ordre imposé par l'état d'urgence. Alors qu'elle se dirigeait vers le Fort rouge pour rendre au peuple la liberté qu'elle s'était sentie obligée de lui confisquer, son chef du protocole lui annonça une nouvelle qui la bouleversa : cheikh Mujibur Rahman, son ami, le héros qu'elle avait hissé à la présidence du Bangladesh, venait d'être renversé par un coup d'État militaire. Mais ce n'était pas le pire : Mujibur, sa femme, ses trois fils, ses deux brus et deux de ses neveux avaient été assassinés à l'arme blanche. Les auteurs du coup d'État avaient pris soin de ne laisser aucun héritier de la dynastie Rahman.

Indira était horrifiée. « J'ai senti quelque chose de bizarre dès le début de son discours, devait raconter son amie Pupul qui était dans les premiers rangs de la foule assemblée au Fort rouge. Le timbre de sa voix était forcé, comme si elle s'obligeait à réprimer des émotions violentes. Cette voix avait perdu la capacité d'émouvoir l'assistance... » Pupul écouta attentivement le discours : Indira y parla de liberté, de sacrifice et de service, de courage, de confiance, de démocratie et de la nécessité de prendre des décisions difficiles... mais elle ne prononça pas un mot sur la fin de l'état d'urgence.

Pupul lui rendit visite dans la soirée et la trouva en état de choc. Indira était convaincue que la CIA était impliquée dans le coup d'État du Bangladesh et le massacre de la famille Rahman (ce qui était probablement la vérité). Et elle ne voulait pas finir comme Allende, ainsi qu'elle l'avait récemment répété au leader travailliste anglais Michael Foot. Elle pensait que la terrible affaire bangladaise n'était que le premier maillon d'une chaîne de complots destinés à déstabiliser le sud de l'Asie et à changer la couleur idéologique de ses gouvernants. Elle s'attendait à être la prochaine victime. Le chef de ses services de renseignement lui avait confirmé qu'on avait déjoué plusieurs complots contre elle. Selon Pupul, ces craintes relevaient de la paranoïa ; elle soupçonnait tout le monde et pensait que l'ennemi était partout.

« En qui puis-je avoir confiance ? lui demanda Indira. Mon petit-fils Rahul a le même âge que le plus jeune fils de cheikh Rahman. Demain, ce pourrait être son tour. On veut nous détruire, moi et ma famille. »

Pour la première fois, Indira se rendait compte qu'elle n'était pas la seule à qui son statut faisait courir un risque. Tous les siens, jusqu'à ses petits-enfants, étaient dans la ligne de mire. Ou du moins, elle le pensait. Elle était prise dans un cercle vicieux qu'elle ne savait comment briser : ses mesures autoritaires lui valaient toujours plus d'ennemis, dont elle ne pouvait se protéger que par une autorité accrue. Dans ces conditions, elle jugea que le moment n'était pas venu de lever l'état d'urgence. Au contraire, plus que jamais, il lui fallait museler son opposition, multiplier les détentions arbitraires et intensifier l'activité des services secrets.

Indira se sentait en sécurité parmi la foule, mais c'était dans sa résidence, pourtant bien gardée, qu'elle commençait de se sentir en danger. En vérité, elle était malade de peur, usée par l'exercice du pouvoir, par les luttes incessantes, découragée par le manque de résultats. C'était une femme profondément patriote et elle avait une foi absolue dans le destin de l'Inde. Mais elle avait conscience que sa politique de gauche s'était révélée impuissante à tirer le pays de son sous-développement, de son retard. Comment faire de l'Inde une nation moderne, prospère et puissante ? Elle ne savait plus quelle recette utiliser ; elle ne connaissait que la manière forte, laquelle allait à l'encontre de toute la tradition dont elle était porteuse. Sa politique l'avait poussée, avec sa famille et l'Inde tout entière, dans un cul-de-sac dont elle ne savait comment sortir.

D'instinct, elle se tourna vers ses fils. L'aîné, Rajiv, ne pouvait lui être d'un grand secours. Il avait exprimé plusieurs fois son désaccord ; il avait même critiqué l'*emergency* en public, en prenant soin de le faire en présence de ses amis. Les contacts avec lui se réduisirent à tel point que Rajiv, qui travaillait beaucoup et passait peu de temps à la maison, était informé des déplacements et décisions de sa mère par les journaux. En outre, Indira savait qu'il n'était pas prêt à la plaindre dans les circonstances actuelles. Même Sonia avait déclaré sa compassion pour un ancien rival politique qu'Indira avait fait emprisonner dès la première vague de détentions. « Ce doit être terrible pour vous que votre père soit en prison. J'en suis vraiment désolée », avait-elle dit lors d'une réception au fils de ce politicien ; et la phrase avait été entendue par plusieurs autres invités, qui n'avaient pas tardé à la faire circuler dans les salons de New Delhi. Indira ne leur en voulait pas : elle avait toujours su que Rajiv n'avait pas la fibre politique et que ni lui ni Sonia ne pouvaient comprendre les raisons profondes qui l'avaient conduite à imposer l'état d'urgence. Elle savait aussi que Sonia insistait pour aller passer quelque temps en Italie avec ses enfants en attendant que tout soit rentré dans l'ordre. Rien n'est plus contagieux que la peur.

Restait le plus jeune, Sanjay, son préféré. Elle le voyait débordant d'énergie, fort, fidèle. Il était arrogant et capable d'erreurs de nature à l'embarrasser, certes ; mais elle pouvait avoir confiance en lui. Il était à ses côtés et prenait sa part des problèmes. De plus, elle pouvait toujours le contrôler. Du moins le pensait-elle. Et puis, il y avait une autre raison, sans rapport avec les sentiments qu'une mère éprouve pour son fils : Sanjay était farouchement anticommuniste et défendait une politique libérale de nature à encourager l'initiative privée et l'esprit d'entreprise des Indiens. Son expérience avec la Maruti l'avait convaincu encore davantage de la nécessité de libérer le pays de ses pesantes restrictions bureaucratiques. Indira se dit qu'elle pouvait utiliser son fils pour initier le pays au libéralisme et prendre un tournant à droite. Non seulement par conviction, mais par obligation politique. En effet, un nombre important de communistes radicaux s'étaient infiltrés dans son parti et plaidaient pour « la suppression de la propriété privée en tant que droit fondamental dans la Constitution », entre autres mesures d'inspiration stalinienne qu'ils espéraient imposer au pays. Indira était parvenue à les contenir en affirmant que tout amendement constitutionnel qui ne respecterait pas les procédures démocratiques représentait un grave danger. Mais ils risquaient de provoquer une scission dans le parti du Congrès. En s'appuyant sur Sanjay, son *darling boy*, comme elle l'appelait, elle pensait pouvoir les contrecarrer.

Elle avait si peur qu'il n'arrive quelque chose à son fils qu'elle insista pour qu'il change de chambre. « Je ne veux pas que tu restes dans celle-ci, elle est trop proche de l'entrée principale et de la rue ; tu n'es pas en sécurité, lui dit-elle. Je préfère que tu prennes la chambre au fond du couloir, à côté de la mienne. » À une amie qui lui demandait la raison de ce changement, elle répondit : « Je ne me sens pas très bien ces temps-ci, je dors dans ma chambre et Sanjay dans celle d'à côté. Si je suis malade la nuit, il me sera plus facile de l'appeler. » En réalité, Indira s'enveloppait de la présence de Sanjay comme elle s'emmitouflait dans ces châles du Cachemire qu'elle aimait tant. Elle cherchait ainsi à se protéger du froid qu'elle avait dans le cœur, sans se rendre compte que son fils cadet était son plus grand problème et, à beaucoup d'égards, la plus grave menace qui pesait sur elle.

Sanjay n'avait plus d'argent et, désormais persuadé qu'aucune voiture ne sortirait jamais de l'usine Maruti, il vendait ses équipements à des ferrailleurs. Il avait lâché les concessionnaires qui s'étaient endettés auprès des banques pour construire des magasins et qui, maintenant, étaient contraints de les vendre pour rembourser leurs prêts. Comme si cela ne suffisait pas, il fit arrêter deux concessionnaires qui avaient eu l'audace de réclamer les sommes qu'ils avaient avancées.

Après l'échec retentissant de la Maruti, les voitures avaient cessé de l'intéresser. Maintenant, il voulait devenir pilote comme son frère. Avant l'état d'urgence, il avait obtenu son diplôme de pilote amateur, et, comme il aimait la vitesse, il s'était passionné pour les acrobaties en vol. Son goût pour les appareils de plus en plus rapides et sa confiance excessive en ses capacités effrayaient la plupart de ses amis qui avaient peur de monter avec lui. Maneka finit par être sa seule passagère.

Sanjay avait besoin d'une excuse pour mener des actions politiques parallèles à celles de sa mère. Pour justifier son pouvoir extraconstitutionnel, Indira décida de le mettre à la tête d'une organisation moribonde, le Youth Congress (les jeunes militants du parti du Congrès). Lors d'une cérémonie à Chandigarh, la capitale ultramoderne du Pendjab dessinée par Le Corbusier, il fut nommé membre du comité exécutif. Mais tout le monde comprit le message subliminal : Sanjay était désormais officiellement l'héritier d'Indira. Mme le Premier ministre, qui s'était montrée impitoyable avec les princes indiens parce qu'ils plaçaient la naissance avant le talent, succombait à la même tentation et instaurait une dynastie.

Rajiv et Sonia assistaient avec stupeur, réprobation et même un peu de honte à l'ascension de Sanjay. La presse le surnommait le « Messie », le « Soleil », la « Voix des jeunes et de la raison ». Il était toujours entouré de courtisans, d'individus violents qui se cachaient sous une apparence docile : habiles manipulateurs, ils n'avaient aucune connaissance réelle des défis auxquels le gouvernement devait faire face. Comme Sanjay, ils étaient peu instruits et peu formés. Un mélange de politiciens de bas étage, de copains mielleux et de quasi-voyous. Tout ce qui les intéressait était de tirer parti de leurs liens avec le pouvoir. Bientôt, ils se chargèrent de remplir les caisses du Youth Congress ; organisés en bandes, ils obtenaient des donations, en général par intimidation. Les commerçants de Delhi se plaignaient à Rajiv ou à Sonia des extorsions qu'ils subissaient de leur part, mais les protestations de Rajiv étaient autant de coups d'épée dans l'eau.

« Ne crois pas tous ces mensonges », lui répondait invariablement son frère.

À vrai dire, personne ne semblait plus vouloir assumer la responsabilité des méfaits de l'état d'urgence ; on ne parlait que de ses bons côtés.

Et des bons côtés, il y en avait même dans les intentions de Sanjay, qui, aussitôt après sa nomination à la tête du Youth Congress, ajouta quatre points au programme de sa mère, qu'il entreprit lui-même de mettre à exécution. Il s'agissait premièrement de lutter contre la construction illégale de bidonvilles dans le but d'embellir les paysages urbains ; deuxièmement, d'éradiquer l'analphabétisme ; troisièmement, de supprimer le système de la dot ; et finalement d'encourager le planning familial.

En théorie, personne n'allait s'opposer à ces mesures, surtout la lutte contre la surpopulation. Celle-ci était en grande partie causée par le succès des programmes de santé publique, qui étaient parvenus à réduire considérablement la mortalité infantile et à faire passer l'espérance de vie de vingt-sept à quarante-cinq ans en deux décennies. Les gens vivaient donc plus longtemps, et ils pouvaient faire plus d'enfants. L'agriculture, l'industrie et l'éducation ne pouvaient suivre le rythme des progrès démographiques. Le pays s'était enrichi mais la pauvreté subsistait. L'éducation était de meilleure qualité, mais on comptait de plus en plus d'analphabètes. « Aujourd'hui, quand on crée un million d'emplois, dix millions de personnes sont candidates, avait déclaré Sanjay. Le développement industriel et l'augmentation de la production agricole ne servent à rien si la population continue d'augmenter à la cadence actuelle. » Il avait raison : dans ces conditions, l'Inde ne pouvait sortir de la pauvreté. L'analyse était juste, elle n'était pas en cause. Mais il n'en allait pas de même pour les mesures que Sanjay mit en place : elles disqualifièrent complètement l'état d'urgence, et, par voie de conséquence, sa mère.

Finalement, les pauvres, ceux que l'état d'urgence était censé aider, souffrirent le plus. Les hommes de Sanjay choisirent la stérilisation comme la méthode la plus appropriée pour réduire la population indienne. Les autres modes de planification familiale n'avaient pas donné de résultats satisfaisants. La pilule n'était pas encore disponible et pour des paysannes qui vivaient sans aucun espace privé, le diaphragme n'était pas une solution. Pendant un temps, on espéra que le préservatif pourrait aider à contrôler la natalité. Des chargements entiers destinés à être distribués gratuitement arrivaient dans les villages à dos d'éléphant ; mais les enfants, qui trouvaient très amusant de les gonfler et de les attacher à des baguettes, les interceptaient. L'ironie involontaire du slogan gouvernemental, selon lequel la planification ferait le bonheur des enfants, n'échappait à personne à travers le pays… La stérilisation masculine (par vasectomie) semblait être la méthode la moins coûteuse, la plus efficace et la plus sûre. En plus, l'Occident était prêt à envoyer de l'argent pour financer ce programme.

Sanjay se mit à parcourir le pays, exhortant les chefs de gouvernement des États à se mettre en concurrence. Il leur lançait un défi : « Le gouvernement du Haryana a fait réaliser plus de soixante mille opérations en trois semaines. Voyons combien vous pouvez en faire ! » Les objectifs à atteindre étaient communiqués aux chefs de district, qui étaient récompensés s'ils les dépassaient, ou, en cas contraire, mutés ou rétrogradés. Un tel système ne pouvait déboucher que sur des abus de pouvoir. De modestes fonctionnaires se livraient au bistouri du chirurgien pour compenser les retards. On refusait de renouveler les permis des camionneurs et des conducteurs de *rickshaws* s'ils ne montraient pas un certificat de stérilisation. On en exigeait de même des habitants des bidonvilles qui, soucieux de régulariser leur situation, cherchaient à obtenir un titre de propriété pour leur masure. Un anthropologue du nom de Lee Schlesinger put raconter comment s'engagea la campagne après une visite éclair de Sanjay Gandhi dans le village où il effectuait ses observations : des fonctionnaires locaux préparaient la liste des « candidats », autrement dit des hommes qui avaient déjà trois ou quatre enfants. Quelques jours plus tard, des camionnettes venaient les conduire au centre de santé le plus proche, d'où ils ressortaient stérilisés. En échange, ils recevaient cent vingt roupies, un tonnelet d'huile de cuisine ou un transistor. Bientôt, en voyant arriver les camionnettes, beaucoup d'hommes s'enfuyaient en courant vers les montagnes. D'autres, au contraire, se faisaient opérer deux fois pour obtenir une seconde récompense.

Dans les villes, la peur régnait. Les ouvriers désertaient Delhi, situation insolite pour une ville où les paysans affluaient pour trouver du travail. Ils regagnaient leurs villages pour échapper à l'incision fatale. En novembre 1975, la célébration de l'anniversaire de Nehru, pour laquelle on distribuait traditionnellement des repas gratuits à des centaines d'enfants, dut être annulée parce que les mères refusaient d'y envoyer leurs fils, de crainte que les « médecins de Sanjay Gandhi » ne les empêchent d'être pères un jour. Bientôt, le certificat officiel de stérilisation devint cependant une condition nécessaire pour régler tous les besoins de la vie quotidienne.

Il était inévitable qu'une telle campagne se heurte très vite à une forte résistance, *a fortiori* lorsque se répandit une rumeur selon laquelle la stérilisation rendait les hommes impuissants. Pour lutter contre les resquilleurs, le gouvernement établit un système de quotas : le salaire des policiers, professeurs, médecins et infirmières ne leur était versé que s'ils avaient persuadé un certain nombre d'hommes à se soumettre à une vasectomie. Comme on pouvait le prévoir, les plus faibles, les plus pauvres, les groupes sociaux les plus marginalisés, comme les intouchables ou certaines communautés musulmanes ou tribales – autrement dit, tous ceux qui avaient d'emblée apporté le soutien le plus inconditionnel à Indira – furent les victimes de cette politique impitoyable. Ils ne comprenaient pas comment leur déesse, celle pour laquelle ils avaient toujours voté, pouvait les punir ainsi.

Les Indiens n'avaient pas l'habitude que l'État décide de la taille de leur famille. L'Inde n'était pas une dictature comme la Chine, où il était normal que les décisions prises au sommet soient appliquées sans ménagement. Cette tradition autoritaire n'existait pas. Ici, les enfants étaient un pari sur l'avenir, une sorte de sécurité sociale pour les parents, car dès leur jeune âge, ils travaillaient dans les champs, les ateliers, les usines textiles ou mendiaient dans les rues. Les familles étaient nombreuses parce que plus on avait d'enfants, plus on avait de bras, et donc de ressources. Et puis, en choisissant combien ils auraient d'enfants, les paysans pauvres, les ouvriers et les mendiants, accomplissaient sans doute le seul acte de liberté individuelle de leur vie. Priver les pauvres du bonheur d'avoir des enfants et de les élever, c'était les priver de tout. Mais cela, bien sûr, Sanjay ne pouvait le comprendre, car son cœur était sourd aux souffrances des déshérités. Il n'avait pas non plus l'expérience du pouvoir, de l'art subtil de manœuvrer fonctionnaires et bureaucrates. Secouer la hiérarchie administrative pour la rendre plus efficace, menacer les fonctionnaires de mutation ou d'un contrôle fiscal, ou encore user d'arguments douteux pour inciter la population à la stérilisation, les méthodes de Sanjay se révélaient contre-productives : la fraternité tacite des bureaucrates, que des liens invisibles unissaient depuis des siècles, fit bloc et se défendit plus ou moins ouvertement contre ses attaques. D'un côté ces gens le flattaient, de l'autre ils faisaient front contre lui. Et, dans son arrogance, il était trop naïf pour en prendre conscience.

Quant à sa mère, elle choisit de ne pas croire ce qu'on lui racontait. Coupée de la réalité par la cour de son fils, qui lui assurait que toutes ces rumeurs d'abus étaient sans fondement, Indira prenait les critiques comme des offenses personnelles et les écartait d'un revers de main.

« Les gens exagèrent beaucoup, disait-elle à Rajiv quand ils se croisaient dans la maison, reprenant à son compte les paroles de Sanjay. Il ne faut pas croire ce qu'ils disent.

— Je rentre de Bhopal, insistait Rajiv. Là-bas, les musulmans sont terrifiés. Ils affirment que les hindous manipulent la campagne contre eux. Il faut tranquilliser la population avant que tout ça ne débouche sur un conflit entre communautés.

— Ce qu'il faut, c'est limiter la natalité. Il n'y a pas d'avenir pour l'Inde si nous n'y parvenons pas. »

Rajiv devait se rendre à l'évidence, il était devenu impossible de parler avec sa mère. Elle n'admettait plus d'être contredite. Elle interprétait toutes les critiques comme des tentatives de *vendetta* politique, ou parfois comme des interventions surnaturelles, ce qui ne manquait pas d'alarmer Rajiv. L'influence de son professeur de yoga, le gourou Dhirendra Brahmachari, était plus forte que jamais. Cet homme profitait de sa solitude de Premier ministre. Il lui était maintenant plus facile d'approcher Indira qu'à son propre fils Rajiv. Cette proximité avec le pouvoir, il sut la mettre à profit pendant l'état d'urgence : il amassa à ce moment une fortune suffisamment conséquente pour lui permettre d'acheter un avion de tourisme. En ville, on l'appelait le « saint voleur ». Rajiv et Sonia le détestaient, car ils voyaient combien il exploitait Indira. Ils avaient observé sa méthode. D'abord, il l'effrayait en lui parlant de complots surnaturels contre elle et Sanjay ; puis il la persuadait de réciter certains mantras pour se protéger de ceux qui voulaient sa perte. Ainsi maintenait-il sur elle un ascendant dont elle ne pouvait se libérer. Quand Rajiv et Sonia essayaient de la mettre en garde, elle se murait dans un de ses silences. Sonia ne pouvait supporter la présence du gourou, qui réclamait sans cesse à boire et à manger. À force de goinfrerie, il était de plus en plus gros et manquait des manières les plus élémentaires.

« C'est un porc ! murmurait-elle avec dégoût en le voyant manger.

— Je ne sais pas comment ma mère le supporte, répondait Rajiv. Elle vit enfermée dans une tour d'ivoire et ses seuls contacts avec le monde sont Sanjay et son gourou. Nous voilà prévenus !

— Allons en Italie, Rajiv, je t'en prie. Offrons aux enfants quelques semaines de vie normale. »

Quand ils lui annoncèrent leur intention de partir, le visage d'Indira s'altéra si profondément qu'ils regrettèrent aussitôt d'en avoir parlé. Avant même qu'elle eût prononcé un mot, ils comprirent que ce voyage serait difficile, pour ne pas dire impossible.

« Je te comprends, Sonia, dit Indira. Je comprends que tu sois fatiguée de vivre dans cette atmosphère, de devoir écouter toutes les critiques infondées dont on m'accable ces temps-ci, que tu aies envie de partir pour l'Italie... Mais vous imaginez, tous les deux, ce qu'on dira en Inde si vous partez maintenant ? Ce sera interprété comme une désertion ou comme une obscure manœuvre de ma part... "Les enfants sont en Europe, elle les suivra bientôt, elle est en train de préparer sa fuite !" Je les entends déjà...

— Nous avions simplement pensé que ce voyage serait plus facile maintenant que les enfants sont encore petits, dit Sonia. Plus tard, ce sera beaucoup plus compliqué...

— Vous ne pouvez pas attendre un peu ? »

Sonia regarda Rajiv, puis baissa les yeux. Son mari était pensif. Elle devina quels sentiments contradictoires s'affrontaient en lui.

« Le moment est si mal choisi..., poursuivit Indira.

— Je comprends. Et la dernière chose que nous souhaitons est de vous mettre dans l'embarras, dit l'Italienne en se redressant, avant même que Rajiv n'ait pris la parole.

— Dans ces moments difficiles, la famille doit se montrer unie. Il est très important que le peuple le perçoive. »

Sonia fit un geste d'approbation avec la tête.

« Ne vous inquiétez pas, Mami, nous restons », lui dit-elle avec un sourire de compréhension.

Ce dont il ne fut pas question lors de cette conversation était tout aussi important. En plus de la peur qu'il n'arrive quelque chose, Sonia voulait s'en aller quelque temps parce qu'elle ne supportait plus le comportement de sa belle-sœur Maneka : celle-ci traitait l'« Italienne » qu'elle était à ses yeux avec dédain, et se comportait avec une insolence digne d'une reine à laquelle le roi son mari, le *deus ex machina* de l'état d'urgence, aurait donné carte blanche. Indira, pour sa part, s'abstint de parler de la tristesse qu'elle aurait à se séparer de ses petits-enfants qu'elle adorait. Elle jouait avec eux, les emmenait parfois dans son bureau, et se montrait très fière de les présenter aux gens. En vérité, Indira était devenue une matriarche aussi protectrice et surtout aussi possessive que son grand-père Motilal Nehru, l'ancien patriarche du clan.

20.

Ce fut un homme pauvre, aux semelles abîmées par cinq jours de marche, qui ouvrit les yeux d'Indira sur les abus commis au nom de l'*emergency*. Cet homme était un jeune maître d'école qui arrivait d'un village perdu. Un candide, un idéaliste et un combattant aussi, qui venait raconter à Indira comment on l'avait stérilisé de force, bien qu'il n'ait eu qu'une seule fille. La police l'avait frappé et emmené jusqu'à un dispensaire avec plusieurs de ses voisins. Il raconta le désespoir de sa femme et de toute sa famille devant l'impossibilité d'avoir d'autres enfants, en particulier un fils. Il parla des patrouilles de police, la nuit, pour faire la chasse à tous les hommes en âge de procréer et les contraindre à la vasectomie. Pour la première fois, Indira écouta le témoignage que lui rapportait de vive voix une victime de sa politique ; cette rencontre l'émut profondément. « Oui, après tout, se dit-elle, peut-être que Rajiv et tous les autres n'ont pas tort. » Elle était horrifiée de ce que cet homme lui avait raconté au sujet de certains confrères passés à tabac parce qu'ils n'avaient pas réussi à atteindre le quota de volontaires exigé pour la stérilisation. La vérité lui était parvenue dans toute sa crudité par la bouche de ce petit homme maigre et courageux. Désormais, il n'y avait plus aucune excuse : « Il faut envoyer un message urgent et très clair à tous les chefs de gouvernement des États, ordonna-t-elle à son secrétaire, pour leur notifier que tout individu surpris dans des actes de harcèlement sous prétexte d'application du programme de planification sera sévèrement puni. » Enfin, Indira réagissait.

Sonia crut alors qu'elle prendrait quelques mesures pour modérer l'activisme de Sanjay, mais elle se trompait. Indira n'en fit rien.

« Comment son amour pour son fils peut-il l'aveugler à ce point ? se demandait-elle. Est-ce que je serai pareille avec Rahul ?

— J'espère que non, que tu ne perdras jamais ton objectivité », lui répondait Rajiv, qui supportait de plus en plus mal la situation.

Il ne parlait quasiment plus ni à son frère ni à Maneka. Il abhorrait les méthodes de Sanjay, mais se sentait impuissant à changer quoi que ce soit, impuissant devant sa mère : « Ce qu'il y a de bien avec Sanjay, c'est qu'il obtient des résultats », disait-elle devant Rajiv à propos des quatre millions d'Indiens stérilisés au cours des cinq premiers mois de l'état d'urgence. À ce rythme, l'objectif des vingt-trois millions à atteindre en trois ans était en passe d'être réalisé, et Indira, au fond, s'estimait satisfaite. Grâce à ses relations avec ses collègues et le personnel d'Indian Airlines, Rajiv se rendait compte du désastre qui s'annonçait, et cela bien avant sa mère. Il savait que les conteurs ambulants, les sages mendiants et les devins racontaient aux quatre coins du pays les exactions et les souffrances de la campagne de stérilisation, en exagérant et en déformant parfois les faits pour leur donner une dimension épique. La terreur et le sentiment d'insécurité que faisaient naître ces histoires brisaient la confiance du peuple à l'égard de ses dirigeants. L'état d'urgence commençait à se retourner contre le pouvoir, contre Indira. Mais Mme le premier ministre ne s'en rendait pas compte.

« Mon frère et ma mère trahissent l'héritage de la famille », répétait-il à Sonia d'un ton accablé.

Il se sentait pris au piège d'une situation sans issue. Il ne pouvait partir, mais répugnait à rester : il ne voulait pas être associé à tout ce qui se passait. Bien qu'il ait exercé l'une des professions les moins politiques du monde, ses collègues et les gens en général ne manquaient pas de le mettre dans le même sac que son frère. Il ne se gênait pas pour affronter Sanjay :

« Tu trahis notre grand-père ! lui lança-t-il plusieurs fois.

— Nous modernisons ce pays ! lui répliquait Sanjay.

— Vous vous mettez, vous *nous* mettez toute la population à dos ! La fin ne justifie pas les moyens. »

Mais Rajiv ne pouvait pas adresser les mêmes critiques à sa mère. Un fils indien n'accuse pas ses parents. Une certaine soumission au père et à la mère est profondément ancrée dans la culture indienne. Sonia le savait ; aussi s'attachait-elle à ne pas jeter de l'huile sur le feu. Elle espérait que le temps finirait par arranger les choses. Pour fuir la tension latente, elle se réfugiait dans sa chambre, au fond de la maison, et participait le moins possible à la vie commune. Rajiv et elle ne se sentaient plus chez eux, comme autrefois. L'écrivain Kushwant Singh, un visiteur assidu du 1, Safdarjung Road, vint un jour voir Maneka alors que Rajiv et Sonia fêtaient l'anniversaire d'un de leurs enfants. « Je me suis aperçu que les deux femmes occupaient des parties éloignées de la maison et qu'elles se fréquentaient très peu », dirait-il plus tard. Les bagarres des chiens reflétaient la tension entre leurs maîtres. Sanjay et Maneka possédaient deux lévriers irlandais : « ils étaient aussi grands que des ânes », commenta l'écrivain, qui fut paralysé d'effroi le jour où on le laissa seul dans le salon en présence des deux bêtes. Indira mit fin à son calvaire en les emmenant dans le jardin. Sonia avait une petite chienne teckel nommée Reshma et un lévrier afghan très doux, Zabul. Quand les chiens se battaient, Sonia, horrifiée, accourait pour les séparer, alors que Maneka observait la scène d'un œil imperturbable, car elle savait que ses deux Irlandais étaient les plus forts.

Malgré l'agressivité sous-jacente, les Gandhi s'efforçaient d'éviter les confrontations directes chez eux. La communication se résumait à des notes manuscrites, toujours courtoises, où s'exprimaient plaintes et désaccords. « Hier, tu as laissé un de tes chiens entrer dans ma chambre. S'il te plaît, ne recommence pas, car les enfants ont eu très peur. » Maneka lisait la note mais, bien sûr, n'en tenait pas compte.

Rajiv et Sonia trouvaient du réconfort auprès de leurs amis : ils sortaient souvent dîner avec Sabine, son mari et Ottavio et Maria Quattrochi, un couple d'Italiens sympathiques et pleins d'humour récemment arrivés à Delhi. À ce groupe se joignaient également un pilote d'Indian Airlines, un couple indien composé d'un homme d'affaires et d'une décoratrice d'intérieur très amie de Sonia, ainsi qu'un journaliste et sa femme éditrice. Sonia s'amusait beaucoup avec son compatriote Ottavio Quattrochi, le représentant avisé de plusieurs firmes italiennes : il était l'un des hommes les plus drôles qu'elle ait jamais rencontrés. La présence de ces amis l'aidait à supporter la pénible situation familiale.

Sonia apprit ce qui se passait dans la Vieille Delhi par une amie indienne, qui l'en informa par téléphone. Elle lui expliqua que son chauffeur et son cuisinier, l'un et l'autre musulmans, lui avaient demandé de l'aide, car ils la savaient liée à la famille d'Indira. À ce qu'ils disaient, les hommes de Sanjay avaient entrepris de raser tout leur quartier. Horrifiés, ils avaient demandé à leur patronne d'intercéder pour sauver leurs maisons.

Sonia n'était au courant de rien.

« Nous sommes toujours les derniers prévenus. Tu connais la situation de la maison, je ne sais pas si nous pourrons faire quelque chose. »

En se renseignant, elle apprit que Sanjay avait en effet ordonné la démolition du quartier musulman, un dédale de ruelles, de vieux édifices en ruine et de masures insalubres. Un quartier sale et congestionné, mais qui avait l'âme des cités anciennes. Cela faisait partie de son programme d'« embellissement urbain ». Les habitants avaient protesté en lançant des pierres, des briques et même des cocktails Molotov contre les bulldozers. Un petit attroupement de femmes avait entouré la clinique de planification familiale, chantant des slogans et menaçant les ouvriers de stérilisation. La police n'avait pas tardé à arriver pour tenter de disperser la foule à coups de gaz lacrymogènes. De graves affrontements avaient éclaté : ils s'étaient soldés par plusieurs centaines de blessés et une dizaine de morts, parmi lesquels un garçon musulman de treize ans qui assistait à la scène comme simple spectateur. Finalement, la police imposa un couvre-feu pour que la démolition se poursuive. Quand Sonia lui raconta tout cela, Rajiv poussa un cri de rage.

« Comment ma mère peut-elle permettre qu'on détruise ce quartier, alors que c'est une des zones qu'elle a fait protéger au moment de la Partition, quand les hindous se battaient contre les musulmans ! ? »

Cette fois, Rajiv osa aller trouver sa mère :

« Le programme d'embellissement des villes provoque un terrible malaise dans la population. Les pauvres sont obligés d'abandonner leurs vieilles baraques sans même avoir eu le temps de rassembler leurs affaires ! On a rasé des centaines de milliers de masures sans reloger les habitants. Même les employés de nos amis nous appellent pour que nous fassions quelque chose… »

Indira écouta sans rien dire. Rajiv continua :

« Grand-père avait convaincu ses voisins, des musulmans pour la plupart, de rester en Inde et de ne pas fuir vers le Pakistan. Tu le sais très bien, maman. Toi-même, tu leur as promis ta protection. Et maintenant, Sanjay, le petit-fils de Nehru, les chasse à coups de bâton ! »

Indira fit appeler Sanjay, qui démentit aussitôt les accusations de son frère :

« Ce sont des bêtises ! trancha-t-il d'un ton hargneux. Tous les habitants des quartiers insalubres sont immédiatement relogés. »

Indira le crut.

« Dans ce pays, il existe une grande résistance à la modernité », marmonna-t-elle avant de quitter la pièce.

En matière de politique et d'opinion publique, c'était toujours Sanjay qu'elle croyait. Quant à Rajiv, elle l'écoutait quand se posait un problème domestique. Alors seulement, ses paroles valaient de l'or.

Ce qu'avait affirmé Sanjay n'était vrai qu'en partie. Dans la Vieille Delhi, plus de soixante-dix mille personnes (parmi lesquelles le cuisinier et le chauffeur de l'amie de Sonia) avaient été contraintes à la pointe des baïonnettes de monter dans des camions pour être conduites vers leurs nouvelles « résidences » – un bien grand mot pour les minuscules parcelles de terre entourées d'un grillage, de l'autre côté de la rivière Yamuna, à quelque vingt kilomètres de la ville. Chaque famille avait droit à un lot de briques pour se construire un nouvel abri et à des cartes de rationnement pour s'acheter matériel et nourriture. Mais en attendant, tous ces gens n'avaient plus de toit.

Pupul Jayakar réussit à ouvrir les yeux de son amie Indira sur la violence des événements. Elle rentra scandalisée de Bénarès, la ville sacrée sur les rives du Gange. Ce qu'il y avait d'étonnant et de merveilleux à Bénarès, c'était que la vie n'y avait presque pas changé depuis le VIe siècle avant Jésus-Christ. Et pourtant, Pupul avait vu de ses yeux des bulldozers détruire des édifices vénérables pour élargir Vishwanath Gali : cette ruelle étroite et sinueuse était pavée de vieilles pierres du fleuve, patinées par les pieds des générations de pèlerins qui avaient traversé le cœur de la cité. Une rue où les vaches avaient la préséance depuis la nuit des temps. Une rue que parcouraient des *sadhus* au corps couvert de cendre et aux cheveux emmêlés, des couples de jeunes mariés venus de la campagne, des grand-mères avec leurs petits-enfants et des vieillards qui venaient de très loin pour prier au temple de Vishwanath, le seigneur de l'univers. Ce temple, que les fidèles hindous plaçaient au-dessus de tous les autres dans le monde, abritait une pierre de granit poli, la relique la plus précieuse de Bénarès : le *lingam* originel, un emblème phallique, symbolisait la puissance vitale du dieu Shiva, incarnation de la force et du pouvoir régénérateur de la nature. En se prosternant devant lui et en lui offrant de l'eau sacrée du Gange, les pèlerins exprimaient la ferveur religieuse hindoue dans une de ses formes les plus ancestrales. Bénarès et le temple de Vishwanath en particulier étaient le centre de leur culte. Mais il y avait des *lingams* et des *yonis* (son équivalent féminin) dans tous les coins de la ville, dans les temples, sur les petits autels encastrés des façades, sur les marches des *ghats*, ces escaliers monumentaux en pierre qui descendaient vers les berges du Gange et scellaient ainsi l'union de la ville avec le plus sacré des fleuves. Tous les matins depuis des temps immémoriaux, des milliers d'hindous enduisaient avec dévotion la surface polie des *lingams* de pâte de santal ou d'huile. Œillets d'Inde et jasmin étaient tressés pour composer des couronnes qu'ils plaçaient délicatement autour de la pierre dressée au milieu dc pétales de rose et de feuilles amères de *bilva*, l'arbre préféré de Shiva.

« Nous voulons élargir la rue pour permettre aux voitures de circuler », dit à Pupul le délégué de la municipalité qui l'accompagnait.

Pupul resta pétrifiée.

« Et qu'allez-vous faire des temples, des divinités, de tous ces petits autels ?

— Ils vont être déplacés. Une structure en béton est prévue pour les abriter.

— Mais vous ne pouvez pas, ce sont les gardiens de la ville, ce serait un vrai sacrilège de les changer de place, ce serait… »

Pupul était si indignée qu'elle ne trouvait plus ses mots. L'homme faisait mine de ne pas comprendre. Enfin, il s'expliqua :

« Vous savez, c'est Sanjay Gandhi qui a décidé d'embellir la ville…

— Mais on ne peut pas faire n'importe quoi à Bénarès ! C'est la plus sacrée de toutes les villes sacrées. On ne peut pas jouer avec la foi des gens ! »

Pupul comprit qu'il était inutile de chercher à convaincre le délégué, borné à appliquer des instructions. Elle lui demanda de suspendre toute activité de démolition jusqu'à son retour à New Delhi et son entretien avec le Premier ministre. L'homme se laissa fléchir.

Quand Indira vit les photos de Pupul et entendit son récit, « elle sauta au plafond », au dire de son amie. « Je ne l'avais jamais vue si furieuse. Elle a décroché son téléphone et a ordonné à son secrétaire de la mettre immédiatement en communication avec le chef du gouvernement de l'Uttar Pradesh. Quand on le lui a passé, elle s'est presque mise à crier. “Vous ne savez donc pas ce qui se passe à Bénarès ?” lui a-t-elle lancé, avant de le convoquer séance tenante à New Delhi. Puis elle a raccroché et s'est frappé le front avec la main. “Bon sang ! Qu'est-ce qui se passe dans ce pays ? Personne ne me dit jamais rien !” »

Quand le chef du gouvernement de l'Uttar Pradesh apprit ce qu'on avait entrepris de faire de Vishwanath Gali, il resta sans voix. Lui non plus n'était pas au courant de ce qui se passait. Qui avait donné les ordres ? Tout le monde savait qu'ils venaient de Sanjay, mais son autorité était diffuse et difficile à détecter. Aussi était-il impossible d'obtenir ses explications : il s'exprimait peu en public et ne donnait que de rares interviews, dans lesquelles il ne livrait jamais grand-chose. Sa signature n'apparaissait nulle part sur les documents officiels. Il était l'ombre qui régnait dans l'obscurité de l'état d'urgence. Les fonctionnaires subalternes, chargés d'exécuter ses ordres, redoublaient de zèle pour s'attirer ses bonnes grâces et interprétaient ses instructions à leur manière, en faisant parfois preuve de plus de brutalité qu'il n'en attendait. Souvent, le pouvoir dont ils disposaient leur montait à la tête et ils se muaient en tyrans incontrôlables.

21.

À l'époque de l'*emergency*, Rajiv avait cessé de piloter son Avro pour devenir copilote d'un Boeing 737, le modèle qui composait désormais le plus gros de la flotte d'Indian Airlines. Après un vol à destination de Bombay, tandis qu'il se rendait à l'hôtel dans la camionnette de la compagnie, une longue caravane de motos et de voitures de police, sirènes hurlantes et gyrophares perçant l'air brumeux, obligea son véhicule à s'arrêter. Le déploiement était impressionnant. « V.I.P. ! » lui dit le chauffeur. Oui, il ne pouvait s'agir que d'une personnalité importante. Quand il voulut redémarrer, un policier le dévia vers une petite artère perpendiculaire.

« Qui est-ce ? demanda le chauffeur.

— V.I.P. ! lui répondit le policier. C'est Shri Sanjay Gandhi. »

À l'arrière, Rajiv leva les yeux au ciel. C'était donc ainsi que circulait son frère, tout fier d'être devenu l'homme le plus puissant de l'Inde alors qu'il n'avait pas décroché le moindre mandat électoral dans le parti ou au Parlement ! Le chauffeur ne perdit pas cette occasion de taquiner son passager :

« Le petit frère passe et le grand frère est dévié par les ruelles… Qu'est-ce que vous en dites ?

— Ainsi va la politique ! » soupira Rajiv en essayant de paraître amusé, très heureux au fond de ne pas faire partie de ce cirque.

Indifférents aux critiques exaspérées de l'opposition, Sanjay et Maneka parcouraient le pays à la façon d'un couple royal. Sanjay supervisait tout, donnait des ordres et des instructions. Avec sa femme, il était l'objet de flatteries de la part de fonctionnaires, ministres et chefs de gouvernement plus obséquieux les uns que les autres. La presse – totalement muselée – se faisait largement l'écho de ces voyages. « Son image brille comme la lumière », titrait un premier hebdomadaire. « Sanjay s'est installé dans le cœur du peuple », affirmait un second. Mais la réalité était bien différente : Sanjay était sans doute l'homme le plus haï de l'Inde.

Son pouvoir était immense. Pour preuve, son premier protecteur, Bansi Lal, le gros chef du gouvernement du Haryana qui avait été nommé ministre de la Défense, ne procédait à aucune promotion dans les grades élevés de l'armée avant d'avoir soumis les candidats à un entretien avec Sanjay. De même, au cours de sa visite au Rajastan, Sanjay fut invité à inspecter cinq cent une arches érigées en son honneur. Il reçut un accueil comparable à Lucknow, où se produisit un incident révélateur de son pouvoir : lorsqu'à sa descente de l'avion, il perdit une sandale, le chef du gouvernement de l'Uttar Pradesh en personne se pencha pour la ramasser, et la lui tendit avec déférence.

La famille de Maneka, en particulier sa mère, fut propulsée aux plus hauts rangs de la société. « Elle qui n'était rien, devint la principale dame d'honneur de l'impératrice de l'Inde, Indira Gandhi, se rappelle l'écrivain Kushwant Singh. Elle se montra alors d'une arrogance inimaginable. » Il fit sa connaissance un dimanche où elle lui rendit visite en compagnie de sa fille. Toutes deux voulaient fonder un hebdomadaire d'information et de divertissement, et Sanjay leur avait suggéré d'aller le trouver pour lui demander conseil et le faire participer au projet. Kushwant Singh accepta la mission, flatté de se rapprocher d'Indira et de son fils. « Je sentis que Maneka se montrait trop exigeante avec Sanjay, et qu'il souhaitait l'impliquer dans des activités qui réduiraient la pression qu'elle exerçait sur lui », se souviendrait l'écrivain. Intitulé *Surya*, le magazine, presque entièrement rédigé, corrigé et édité par Singh, fut un succès, ce qui conféra à Maneka une autorité dont elle ne disposait pas auparavant et un statut social qui l'enchantait. Cette réussite ne confirmait-elle pas qu'elle était la digne épouse de l'homme le plus influent du pays ? Dans la maison familiale, son succès se traduisit par une attitude plus dédaigneuse que jamais. Comparée à elle, qui était cette Italienne qui n'aimait rien de plus que faire la cuisine et s'occuper de ses marmots ? Son beau-frère et sa belle-sœur étaient en butte à son profond mépris. Même les enfants n'y échappaient pas. Un jeune membre du parti fut témoin d'une scène révélatrice du caractère de la « première dame », comme certains la surnommaient. Le téléphone sonna et le jeune homme décrocha ; mais aussitôt, Maneka lui arracha le combiné des mains. C'était un appel pour son neveu Rahul. « Il n'y a pas de Rahul ici ! » cria-t-elle en guise de réponse, pour la simple raison qu'à cet instant précis, elle ne souhaitait pas être interrompue.

« Comment pouvez-vous vivre ainsi ? demanda une amie proche de Rajiv et Sonia. Et si vous déménagiez ?

— Nous ne pouvons pas faire ça à ma mère », répondit Rajiv.

Et c'était vrai : à ce moment-là, ils ne le pouvaient pas. Ils voyaient qu'Indira changeait et que, sans doute, elle ne tarderait pas à réagir. Assez d'informations avaient filtré jusqu'à elle pour qu'elle admette enfin les abus commis au nom des campagnes de son fils. Elle se mit à douter de ses conseillers et à écouter les gens de l'extérieur. Consternée par la colère grandissante qu'elle sentait monter dans le peuple, elle ne voyait plus de raison de maintenir les mesures répressives qu'elle avait instaurées. Elle était également très affectée par les pétitions continuelles qu'elle recevait : elles étaient signées de personnalités indiennes ou étrangères et réclamaient la levée de l'état d'urgence. Son oncle B. K. Nehru, ambassadeur en Grande-Bretagne, lui parla sans détour de la mauvaise image de l'Inde, qui avait cessé d'être considérée comme un phare de liberté rayonnant au milieu des dictatures asiatiques.

Indira avait déjà reporté les élections à deux reprises, à la demande de Sanjay. Mais, la seconde fois, elle n'y avait consenti qu'à contrecœur. Selon elle, ces ajournements pouvaient faire croire qu'elle craignait d'affronter les électeurs. Elle avait imaginé l'état d'urgence comme une mesure de transition, et ne voulait aucunement transformer l'Inde en dictature. L'image de « dictateur bien intentionné » que lui renvoyait l'étranger la perturbait profondément. Qu'aurait dit son père d'une telle situation ? Parfois, il lui semblait entendre la voix de Nehru au fond de son cœur : elle l'encourageait à prendre une décision conforme à sa conscience. De surcroît, Indira sentait qu'elle avait perdu son contact intime avec l'« immense masse de l'humanité indienne », et elle aspirait à le retrouver. Les foules lui manquaient ; elle avait besoin de vibrer de nouveau au milieu des clameurs et de l'amour du peuple. Et elle avait la nostalgie de ses succès électoraux. Qu'il était loin, le triomphe de 1971, où elle avait remporté deux tiers des sièges au Parlement !

Sanjay, comme il fallait s'y attendre, s'opposa catégoriquement au dessein de sa mère :

« Ce serait une erreur colossale, jugea-t-il. Tu risques de les perdre, ces élections, et que se passera-t-il ensuite ? Le rapport que tu as reçu des services secrets indique que le parti du Congrès serait battu.

— Je me fiche de ce rapport, répondit Indira. Les services secrets sont inflitrés par des extrémistes hindous. Ils ne disent que ce qu'ils ont envie de dire...

— Et tu ne peux pas attendre avant de lever l'état d'urgence ?

— Attendre quoi ? rétorqua Indira.

— Que quelques prisonniers politiques soient relâchés, que les esprits se calment, dit Sanjay. Ce n'est pas que nous soyons contre les élections (il parlait aussi au nom de ses acolytes Bansi Lal et le secrétaire Dhawan, qui craignaient maintenant d'être victimes de représailles), mais il vaudrait mieux commencer par rendre sa libre parole à l'opposition et ensuite attendre une année, pour qu'on oublie les problèmes et que les rumeurs se taisent. »

Indira le regarda et répondit par un de ses longs silences, un silence lourd de sens, qui exprimait mieux que les mots sa profonde détermination.

Cette fois, Indira n'écouta pas Sanjay. Le lendemain, 18 janvier 1977, elle surprit toute la nation en annonçant que des élections législatives se tiendraient deux mois plus tard. « Ce sera l'occasion de mettre un terme à la confusion qui règne dans la vie publique », déclara-t-elle. Sanjay était défait. Pour première fois, sa mère le désavouait. Et elle le fit de nouveau avec la libération immédiate de tous les leaders politiques et la levée de la censure contre la presse. L'opposition accueillit ces mesures avec méfiance. Ses chefs étaient sur leurs gardes : après presque deux années d'état d'urgence, ils nourrissaient des soupçons sur les motivations profondes d'Indira et avaient la quasi-certitude qu'il s'agissait d'un piège. Son vieil ennemi Jayaprakash Narayan, qui avait été jeté en prison dès le début de l'*emergency*, et ensuite relâché pour raisons de santé, confia toutefois son opinion à un ami des Nehru : « Indira se montre très courageuse. C'est un grand pas qu'elle vient de franchir. » Comme lui, beaucoup ne s'y attendaient pas.

Sanjay était stupéfait mais la décision d'agir si vite fut la manœuvre astucieuse d'une femme politique expérimentée. Il s'agissait de prendre par surprise l'ensemble de l'opposition, affaiblie et désunie, et de ne pas lui laisser le temps de s'organiser. De bonnes conditions de départ pour remporter les élections, même si la situation générale n'était pas des plus favorables. On était loin du compte. Mais Indira voulait croire que la magie qui avait opéré en d'autres occasions agirait cette fois encore. Elle était passée du doute à la certitude que le peuple continuait de l'aimer malgré tout.

Comme toujours, elle se lança dans la campagne avec énergie : elle tenait des meetings dans tout le pays, dormait peu et empruntait tous les moyens de transport, même les plus inconfortables. Comme toujours aussi, elle put compter sur Sonia, constamment présente et disposée à l'aider dans ses préparatifs pour lui rendre la vie plus facile. Sonia éprouvait de la compassion pour sa belle-mère, qu'elle voyait s'épuiser à poursuivre une chimère : l'affection et la vénération du peuple. Cette fois, la séduction n'opérait pas, et Indira rentrait de ses meetings la tête basse. Elle racontait à Sonia qu'elle avait entendu des cris lancés contre elle, des voix qui réclamaient sa défaite, des injures même. Les gens quittaient les rassemblements, la laissant presque seule devant des groupes toujours plus réduits de fidèles. Elle devait écouter les nombreux récits consternants sur les excès de la campagne de stérilisation, les arrestations arbitraires et même des cas de torture. Elle ne savait s'il lui fallait croire tout ce qu'on lui racontait, mais elle s'aperçut vite que sa relation privilégiée avec le peuple n'était plus qu'un souvenir. « J'ai beaucoup de mal à le supporter, disait-elle. Le pire, c'est qu'on m'a maintenue enfermée entre quatre murs. » Sonia n'osait pas lui dire qu'elle n'avait voulu écouter personne.

À force de nager à contre-courant, Indira s'affaiblissait. Elle tomba malade à plusieurs reprises. Elle ne parvenait pas à se remettre complètement d'une espèce de grippe qui lui causait des fièvres récurrentes. Les coups qu'elle recevait de ses propres camarades politiques la plongeaient dans une angoisse de plus en plus profonde. Au bout de trois semaines de campagne, son ministre de l'Agriculture, un leader bien connu de la communauté des intouchables, l'abandonna pour rejoindre l'opposition. La vie politique du pays semblait s'emballer. Une vague de panique parcourut les rangs du parti du Congrès. Indira restait impassible pour la galerie, mais Sonia devinait combien elle était malheureuse. Ce ministre avait été un ami personnel, un compagnon de route et l'un des piliers du parti. Il se nommait Jagjivan Ram et avait demandé la levée immédiate de l'état d'urgence. Plus tard, Indira devait découvrir la vraie raison pour laquelle Ram lui avait tourné le dos : il avait été en désaccord avec Sanjay qui voulait imposer une limite d'âge pour les candidats aux élections. À soixante-huit ans, Ram – et beaucoup d'autres – risquaient d'être mis hors jeu. Quand Indira voulut arranger le problème, il était déjà trop tard. De nombreux anciens camarades emboîtèrent le pas à Ram et se rangèrent du côté des adversaires. « C'est tout de même étrange que vous vous soyez tus pendant tous ces mois », leur dit Indira, qui voyait que les rats commençaient à quitter le navire. Mais ignorait-elle que la politique était faite de trahisons ? Et Churchill ne disait-il pas qu'il y avait trois catégories d'ennemis : les ennemis, sans plus ; les ennemis à mort ; et les camarades de parti ? Le camouflet le plus cruel lui fut infligé par sa propre tante, Viyaja Lakshmi Pandit, la sœur de Nehru ; celle-ci quitta sa retraite politique et se lança dans la bataille électorale en proclamant qu'Indira avait « détruit les institutions démocratiques » avec l'état d'urgence. Après ces déclarations incendiaires, elle entra dans une coalition de partis d'opposition qui s'étaient unis sous le nom de Parti Janata. Pour Indira, plus qu'une trahison, ce fut une véritable humiliation. Un herpès à la bouche l'obligea à haranguer les foules en dissimulant le bas de son visage avec le bord de son sari. « J'ai peur de garder des cicatrices sur le visage », disait-elle à Sonia tandis que celle-ci lui appliquait une pommade.

Elle lui confia aussi un jour, à l'improviste : « Je suis fatiguée de la politique. » Sans drame, sans emphase, presque sans émotion.

En voyant Indira blessée jusqu'à l'âme, Sonia prit conscience d'une chose : les hautes sphères de la politique et les passions les plus basses étaient les deux visages d'un même monde. Ce monde ne l'avait jamais attirée, mais à présent que sa belle-mère affrontait trahisons et souffrances, il lui inspitait un profond dégoût. Indira, pour sa part, confia à son amie Pupul : « Je me battrai jusqu'aux élections, mais ensuite je démissionnerai. Je n'en peux plus. Je ne peux plus me fier à quiconque. »

Devant les ralliements toujours plus nombreux à l'opposition, Sanjay demanda une fois de plus d'annuler ou du moins de reporter les élections. Mais Indira ne voulait pas en entendre parler. Son fils décida alors de se présenter comme candidat à la députation dans la circonscription d'Amethi, proche de celle de sa mère, Rae Bareilly, dans l'Uttar Pradesh. C'était le territoire traditionnel des Nehru et des Gandhi, et la victoire y semblait assurée. En remportant ce siège, Sanjay serait protégé de la vengeance de ses ennemis par l'immunité parlementaire. Maneka et lui étaient si naïfs que lors de son premier meeting, ils louèrent haut et fort les résultats de la campagne de stérilisation. Ils furent aussitôt conspués par un groupe de femmes furieuses :

« Vous avez fait de nous des veuves ! crièrent-elles. Nos maris ne sont plus des hommes ! »

Indira fut confrontée à des réactions du même genre aux quatre coins du pays. Un de ses discours fut interrompu par une paysanne qui l'interpella : « C'est bien joli, ce que vous nous racontez sur la condition des femmes, mais qu'est-ce qui s'est passé avec toutes ces vasectomies ? Nos hommes sont devenus faibles, ils n'ont plus d'énergie, et nous non plus ! » Aux environs de New Delhi, une autre paysanne renchérit sur le thème de la stérilisation en termes imagés : « Madame le Premier ministre, à quoi peut bien servir une rivière sans poissons ? » Enfin, Indira prenait conscience que, dans un pays à majorité hindoue, où l'on vénérait le *lingam*, la pierre phallique, comme une divinité primordiale et la source de toute vie, la campagne de stérilisation massive avait été une erreur monumentale. Et elle savait qu'en politique, les erreurs se paient toujours.

Après ces voyages exténuants, Indira rentrait chez elle des larmes dans les yeux.

Le 20 mars 1977, jour du vote, Pupul lui rendit visite chez elle. Il était huit heures du soir et une liesse comme on n'en avait jamais vu depuis trente ans avec la proclamation de l'indépendance emplissait les rues de New Delhi. Des groupes de gens battaient du tambour et du tambourin, des clowns montés sur des échasses jetaient des bonbons aux enfants, les voisins dansaient entre eux dans les rues. On sentait l'odeur des pétards, la poudre des feux d'artifice... Le peuple souverain avait voté et fêtait la chute de l'« impératrice de l'Inde ».

Mais la maison était plongée dans un silence et une obscurité inquiétants. Aucune voiture n'était garée le long du trottoir comme lors des veillées électorales précédentes. On ne voyait ni les enfants ni les chiens. Un secrétaire à la mine funeste conduisit Pupul au salon peint en beige et en vert clair. Indira était seule et se leva pour l'accueillir. Elle avait vieilli de dix ans. « Pupul, j'ai perdu », dit-elle simplement. Elles s'assirent et gardèrent le silence, un de ces silences éloquents dont Indira avait le secret et qui obligeaient son entourage à se taire.

Sanjay et Maneka étaient à Amethi, la circonscription de Sanjay. Rajiv et Sonia, dans leur chambre, étaient très inquiets. Mieux que personne dans la maison, ils savaient l'hostilité qu'avait provoquée l'état d'urgence dans la société et redoutaient des représailles. Contre Indira, contre Sanjay et contre eux-mêmes. Ils craignaient de ne plus être en sécurité, maintenant qu'Indira était forcée de quitter le pouvoir. À cela s'ajoutait une foule de questions suscitées par la situation nouvelle : où habiteraient-ils, par exemple ? Car il faudrait rendre le 1, Safdarjung Road à son propriétaire, l'État. Et surtout, qu'adviendrait-il des enfants ? C'était ce qui les angoissait le plus. Sonia était très affectée. Elle éprouvait dans sa chair la cruauté de la politique. Elle avait senti venir la chute, mais qu'aurait-elle pu faire pour l'empêcher ? Un serviteur interrompit leur conversation en frappant à la porte : « Le dîner est prêt. »

La table de la salle à manger était dressée comme tous les jours. Sonia ne pouvait contenir ses larmes. Rajiv était grave, lugubre même, et silencieux. Ils ne mangèrent que quelques fruits, pendant qu'Indira dînait copieusement de saucisses végétariennes, de légumes et de salade, comme si la défaite ne l'affligeait pas beaucoup. Elle semblait plutôt soulagée d'un poids. Personne n'ouvrit la bouche. On entendait le bruit des couverts contre la faïence et les sanglots étouffés de Sonia. Seul le secrétaire Dhawan, l'acolyte de Sanjay, vint les interrompre pour annoncer les derniers résultats. Ils étaient catastrophiques. Sanjay avait perdu à Amethi, comme Indira dans sa circonscription. On n'avait jamais vu cela : une déroute totale, jusque dans les fiefs les plus traditionnels. Indira resta impassible et prit une part de dessert.

Ils passèrent au salon, toujours sans parler, sauf pour échanger quelques banalités avec un ami de la famille qui les rejoignit. Ils restèrent ainsi un moment, jusqu'à ce que Pupul annonce qu'elle partait. Rajiv l'accompagna à la porte.

« Je ne pardonnerai jamais à Sanjay d'avoir mis ma mère dans cette situation, lui confia-t-il. Il est responsable de tout. »

Pupul l'écouta en silence. Rajiv poursuivit :

« J'ai dit plusieurs fois à maman la vérité sur ce qui se passait, mais elle n'a jamais voulu me croire...

— On disait que si le parti du Congrès gagnait, Sanjay serait nommé ministre de l'Intérieur : la population était terrifiée, dit Pupul.

— Je le crois volontiers. J'imagine le genre d'idées qu'il aurait eues. »

Pupul remarqua dans la pénombre de l'entrée que les yeux de Rajiv étaient brillants de larmes.

À minuit, Indira sortit pour une dernière réunion avec ses ministres. Elle devait aussi lever officiellement l'état d'urgence, même si, dans la pratique, presque toutes les mesures avaient été abolies. La réunion fut brève et presque personne ne prit la parole. Tous les ministres avaient perdu leur siège. Ils étaient confrontés à la plus grande débâcle jamais vue dans l'histoire du parti. Pour la première fois depuis l'indépendance, le Congrès n'était plus au pouvoir. Indira se rendit ensuite au palais du président de la République. Dans la brume, les traînées lumineuses des feux d'artifice éclairaient par intermittence l'ancienne résidence des vice-rois des Indes britanniques. Une fois entrée, elle présenta officiellement sa démission au chef de l'État.

En rentrant au 1, Safdarjung Road, elle vit les gens célébrer sa défaite dans la plus grande allégresse. À cette heure avancée de la nuit, beaucoup d'enfants et de vieillards étaient restés dans les rues. Et soudain, Indira prit peur. Il lui sembla que sa maison n'était pas vraiment bien gardée. En arrivant, elle se dirigea vers la chambre de Rajiv et Sonia, qui étaient encore éveillés.

« Il serait prudent que vous partiez quelque temps avec les enfants, leur dit-elle la gorge nouée. Allez donc chez des amis. Et partez tout de suite, cette nuit même.

— Nous n'allons pas te laisser seule...

— Juste quelques jours, jusqu'à ce que l'atmosphère en ville se soit calmée. En ce moment, tout est très agité. Je serais plus tranquille si vous partiez.

— Alors, partons tous ensemble, avec toi.

— Je ne peux pas. Je dois rester ici. Et puis, Sanjay rentre cette nuit. Donc, je ne serai pas seule. Partez, partez ! Je ne me le pardonnerais jamais s'il arrivait quelque chose aux enfants. »

À deux heures du matin, Rajiv et Sonia sortirent donc de la maison avec Rahul et Priyanka à moitié endormis, enveloppés dans des couvertures. On aurait dit des réfugiés fuyant un pays en guerre. Indira avait omis de leur dire que, quelques jours plus tôt, elle avait refusé la proposition du chef de la sécurité : il lui offrait de rassembler des troupes à New Delhi pour la protéger au cas où elle perdrait les élections et où l'opposition manifesterait devant chez elle.

« La foule pourrait devenir incontrôlable et s'attaquer à votre résidence..., lui avait dit cet homme.

— Ne vous inquiétez pas pour moi, avait répondu Indira. Tout ce que je vous demande, c'est de veiller sur mes enfants et mes petits-enfants. »

En dépit de signes inquiétants, Indira n'avait peut-être jamais imaginé perdre. Peut-être se sentait-elle protégée, de manière presque surnaturelle, par son nom. Au point de ne pas avoir conscience de ce qui l'attendait. Peut-être était-elle aveuglée par l'idée qu'elle se faisait d'elle-même. À la question de Dom Moraes, un journaliste et un ami, « Madame, reviendrez-vous à la politique ? », elle répondit : « Non. Je suis maintenant débarrassée d'un lourd fardeau. Je ne reviendrai jamais à la politique. » Peut-être ce soulagement était-il dû au fait que la vie l'avait remise au contact de la réalité. Une réalité qu'elle acceptait difficilement, toutefois : à cinquante-neuf ans, elle se retrouvait sans travail, sans revenus et même sans toit au-dessus de sa tête. Pour la première fois de sa vie, elle se rendait compte qu'elle ne possédait rien. Elle avait fait don à l'État de la demeure familiale d'Anand Bhawan, qui était devenue un musée. Et, même si elle l'avait gardée, elle n'aurait pas pu l'entretenir.

Il était quatre heures du matin quand Sanjay et Maneka arrivèrent. Ils ne paraissaient pas particulièrement déprimés ou éprouvés par la défaite. Ils n'avaient pas l'air conscients de ce qu'elle signifiait. Maneka, d'un ton presque allègre, raconta à sa belle-mère qu'ils étaient rentrés d'Amethi dans l'avion privé d'un ami et que Sanjay s'était lui-même mis aux manettes pour l'atterrissage. Une manœuvre parfaite, ajouta-t-elle. Ni l'un ni l'autre ne savaient encore que les habitants de Turkman Gate, dans la Vieille Delhi, étaient rentrés chez eux, tout heureux, en menaçant de stériliser Sanjay.

Indira leur répondit par un de ses longs silences puis alla se coucher. Il était très tard. Épuisée, elle se laissa tomber dans son lit. Elle pensa à ses petits-enfants. L'important était qu'ils soient à l'abri, du moins pour l'instant. Au loin, on entendait encore le tapage des feux d'artifice.

22.

Aucun doute : Indira était un personnage déconcertant. Le naturel et la fermeté d'âme avec lesquels elle assuma sa défaite laissèrent perplexes et ses sympathisants, et ses ennemis. Dans l'Histoire, rares étaient les dirigeants à avoir pratiqué le hara-kiri politique avec tant d'intégrité. Elle était satisfaite malgré tout : elle avait rétabli la confiance du peuple dans le suffrage universel et l'Inde était plus stable et plus prospère qu'elle ne l'avait été par le passé. En ce qui la concernait, elle avait accompli sa mission et avait la conscience tranquille. Elle ne s'estimait pas responsable des souffrances provoquées par ses mesures autoritaires. La faute, pensait-elle, en incombait au système, à la bureaucratie, aux manœuvres infâmes de l'opposition. « Avec ces élections, l'Inde a montré que la démocratie n'est pas un luxe réservé aux riches », écrivit le *New York Times* pour sa défense. Il y avait une conclusion sur laquelle tous les observateurs tombaient d'accord, qu'ils soient indiens ou étrangers : la carrière politique d'Indira Gandhi était arrivée à son terme. Tous se trompaient, à l'exception d'une vieille collègue, une militante d'un parti de gauche, qui vint lui rendre visite et lui prédit :

« Tu verras, les gens reviendront vers toi... »

Alors, Indira se tourna vers elle, les yeux remplis de larmes, et lui demanda :

« Mais quand ? Quand je serai morte ? »

Sa fidèle secrétaire Usha ne savait que dire ni quel visage lui présenter quand elle vint travailler le lendemain des élections. Elle n'avait jamais été en faveur de l'état d'urgence, et ses commentaires à la lecture d'articles critiques avaient bien failli lui coûter sa place. Elle n'avait pas dormi de la nuit et était restée l'oreille collée à la radio. En entrant dans le bureau, à côté de la salle à manger, elle trouva Indira assise à sa table de travail. Le sourire aux lèvres, l'ex-Premier ministre lui dit :

« Usha, il va falloir rendre la grosse dame.

— La grosse dame ?

— Oui, la statue que nous a prêtée le Musée national. »

Elle faisait allusion à une statue sans tête ni bras, d'une valeur modeste, qu'Indira avait empruntée pour décorer son salon. Usha trouva aussitôt le reçu correspondant et se mit au travail. « Je savais que Mme Gandhi avait dit cela pour détendre l'atmosphère. C'était bien dans son caractère. »

Il faudrait déménager rapidement, car le successeur d'Indira, le représentant des conservateurs hindouistes Morarji Desai, tenait à faire du 1, Safdarjung Road sa résidence officielle. Il possédait bien une grande demeure confortable dans Dupleix Road, mais chasser Indira de cette adresse était le symbole de sa victoire. Et une preuve de mesquinerie. Indira en était peinée, mais que pouvait-elle y faire ? Des employés étaient déjà dans la maison pour en faire l'inventaire. Ils avaient commencé à emporter des objets et du matériel liés à la fonction de Premier ministre : téléphones secrets, machines à écrire, photocopieuses, système d'air conditionné, tables et chaises de bureau, tout cela pendant qu'Usha et Indira classaient des documents, rangeaient des archives et tentaient désespérément de maintenir un peu d'ordre dans tout ce chaos.

Sonia s'était réfugiée chez son amie Sabine. Elle rentra au bout de quelques jours avec le reste de la famille pour se trouver nez à nez avec des employés qui emmenaient meubles, lampes, vaisselle et couverts. Tout le décor de ses neuf dernières années disparaissait entre les mains de quelques sbires affairés qui se comportaient avec l'arrogance du vainqueur. Son désarroi s'accrut lorsqu'elle remarqua l'absence des serviteurs officiels, des secrétaires nommés par le gouvernement, des gardes à l'entrée et même des jardiniers : ils s'étaient volatilisés, parfois même sans dire au revoir. Les rats avaient bel et bien quitté le navire.

Indira possédait une parcelle de terre à Mehrauli, dans les environs de Delhi. C'était Firoz qui l'avait achetée en 1959, car il rêvait de s'y retirer un jour avec sa famille. Rajiv avait décidé d'y construire une maison de campagne. Il lui avait consacré une partie de son salaire de pilote mais, faute d'argent, il n'avait pu la terminer. De toute manière, Indira n'avait aucune envie de s'exiler à la campagne. Elle préférait rester près de ses petits-enfants, dans le centre de New Delhi. Elle connaissait la phrase de Desaix, l'un des généraux de Bonaparte, après la bataille de Marengo : « C'est vrai, je viens de perdre une bataille. Mais il est deux heures de l'après-midi et avant la tombée de la nuit, je pourrais en gagner une autre. » Indira avait assez d'expérience pour savoir qu'en politique, le succès et la défaite ne durent qu'un temps.

Un vieil ami de la famille lui porta secours. Le diplomate Mohammed Yunus proposa généreusement de lui céder sa maison du 12, Willingdon Crescent, où le mariage de Sanjay et Maneka avait eu lieu trois ans plus tôt. C'était une maison neuve nettement plus petite que le 1, Safdarjung Road, et Sonia se demandait comment ils feraient pour tous y tenir. Le déménagement prit plusieurs jours, car il fallait du temps pour transporter tous les objets accumulés en treize ans : les affaires de cinq adultes et deux enfants, cinq chiens, d'innombrables caisses de livres, des fichiers bourrés de documents, des tableaux, des bibelots, des souvenirs de voyage, etc. Chaque papier, chaque cadeau, chaque ouvrage évoquait un moment particulier. Du coup, les cartons et les malles s'entassaient dans les couloirs. La chambre d'Indira ne pouvait contenir que son lit et son fauteuil préféré, dans lequel elle aimait s'installer pour se détendre ou pour écrire sur ses genoux. Elle n'avait plus de sténographe, même plus un bureau à elle. Elle recevait ses visiteurs dans la véranda ou dans la salle à manger toujours bondée. Sonia s'arrangeait pour qu'elle ait toujours un vase de glaïeuls sous les yeux.

La plupart des tracas liés à ce changement d'adresse retombèrent sur ses épaules : elle se chargea d'acheter ou d'emprunter à ses amies le réfrigérateur, les climatiseurs, radiateurs, ustensiles de cuisine et le linge de maison qui manquaient. Son sens de la famille s'était affirmé depuis qu'elle vivait en Inde. Sonia travaillait de façon très organisée, comme l'avaient fait ses parents durant son enfance, au temps où ils étaient pauvres à Lusiana et qu'ils devaient travailler dur pour assurer les lendemains. Ses connaissances d'horticulture lui revinrent en mémoire et elle planta au fond du jardin des laitues, des courges, des courgettes, des tomates et d'autres légumes inconnus et exotiques dans cette partie du monde, comme des brocolis. Avoir connu des temps difficiles l'aidait à supporter l'épreuve de la disgrâce plus facilement que son mari, qui s'en voulait de ne pas avoir su réagir avec plus de fermeté. « J'ai été incapable d'arrêter mon frère dans ses folies », avait-il déploré devant un ami de la famille, sans dissimuler son sentiment de culpabilité.

Comme le cuisinier était parti et qu'Indira se montrait peu disposée à en engager un autre, de peur qu'il ne s'agisse d'un infiltré du gouvernement chargé de les empoisonner, c'est à Sonia que revint de faire les courses et de préparer les repas. Jamais avant la défaite n'avait-on dégusté dans cette maison de meilleures lasagnes, de plus délicieux risottos, de plus savoureuses pâtes *alla puttanesca* qu'en ces lendemains moroses. Elle avait aussi appris à cuisiner des plats indiens, qu'elle assaisonnait avec moins de piment qu'il n'était d'usage. Elle était devenue experte dans la préparation des épinards au fromage et du poulet à la sauce *korma*, un mélange de coriandre, d'amandes pilées et de crème. Cuisiner était aussi sa façon de gâter sa famille et de contribuer à détendre l'atmosphère, souvent sinistre. Une des sœurs de son pensionnat n'avait-elle pas déclaré que Sonia possédait comme personne l'art de la conciliation ? C'est cette qualité qui protégea l'unité de la famille. Alors que leurs chambres respectives se trouvaient désormais face à face, de chaque côté d'un couloir, Rajiv et Sanjay continuaient à s'ignorer, sauf lorsque c'était indispensable. Indira insistait pour qu'il y ait encore au moins un repas en famille par jour, mais il était très difficile d'asseoir les deux frères à la même table. Rajiv rendait Sanjay responsable de la dégringolade du statut de la famille, autrefois la plus respectée de l'Inde et aujourd'hui guère plus fréquentable que des parias. De surcroît, toute la famille dépendait désormais du salaire de Rajiv et des dons des rares amis qui n'avaient pas abandonné Indira, dans l'espoir d'être un jour récompensés de leur loyauté. Sanjay ne gagnait pas un sou, au contraire : il lui fallait beaucoup d'argent pour payer l'armée d'avocats qui le défendait contre les innombrables accusations de crimes dont il faisait l'objet. Il ne pouvait contribuer aux finances familiales, mais prétendait, pour se dédouaner, qu'un de leurs bienfaiteurs, le propriétaire d'une usine de boissons gazeuses à New Delhi, était un jeune ami à lui. Maneka, fidèle à elle-même, ne songeait même pas à aider Sonia dans les tâches domestiques et ce, contrairement à Indira, qui ne répugnait pas à se saisir d'un balai et à faire le ménage. « Sonia cuisine, Maneka mange », disait un ami de la famille. En conséquence, la relation entre Indira et Sonia devint plus étroite à cette époque, ce qui semble avoir suscité la jalousie de Maneka.

Quand leur installation fut terminée, Usha sentit qu'elle n'avait plus de raisons de rester au service d'Indira. Elle continua de venir un jour sur deux au début, mais elle finit par se décider à prendre congé : « Je dois accompagner ma sœur à Bombay », annonça-t-elle à Indira, qui devina qu'il s'agissait d'une excuse et qu'elle ne reviendrait pas. Usha n'osait pas lui dire la vérité : elle serait peut-être restée si Sanjay et son acolyte, le secrétaire Dhawan, n'avaient pas continué de camper à côté d'elle avec cet air de suffisance qui lui était insupportable. En lui disant au revoir, Indira esquissa un sourire triste. Elle était très peinée de perdre celle qui était sa secrétaire depuis si longtemps et en qui elle avait toute confiance. Elle savait qu'Usha la connaissait jusque dans les replis les plus cachés de son âme.

Indira était mentalement et physiquement épuisée. La débandade générale et l'hostilité entre ses deux fils la consternaient. Elle craignait aussi les représailles que le nouveau gouvernement – elle en était certaine – s'apprêtait à lui faire subir. Ses yeux étaient profondément cernés, et son corps entier semblait avoir rétréci. En tant qu'ancien Premier ministre, elle avait le droit de conserver une protection officielle, mais son successeur, Morarji Desai, qui la détestait depuis de nombreuses années, voulait l'en priver comme il l'avait privée de sa résidence.

« De quoi a-t-elle peur ? demanda-t-il à un ancien ministre d'Indira. Il est inutile qu'elle se promène toujours entourée de policiers.

— Elle et son fils sont en butte à l'hostilité du peuple…

— Non, ce n'est pas la vraie raison. C'est par vanité ! »

Puis le nouveau Premier ministre se lança dans une diatribe contre les femmes au pouvoir, de Cléopâtre à Indira en passant par Catherine de Russie, pour en arriver à la conclusion que toutes s'étaient montrées aussi vaniteuses qu'incompétentes.

La campagne de harcèlement que cet homme lança contre les Gandhi prit les allures d'une véritable chasse aux sorcières. Au début, quand elle allait faire ses courses, Sonia s'étonnait de toujours voir les mêmes individus la suivre à une certaine distance. La même chose se produisait avec les autres membres de la famille, y compris Maneka. Indira apprit qu'il s'agissait de fonctionnaires du CBI (Central Bureau of Intelligence, les services de renseignement du gouvernement), qui avaient pour instruction de les suivre et d'écouter leurs conversations téléphoniques. Avec son arrogance habituelle, Sanjay proposait ironiquement aux agents des services secrets qui le suivaient de les prendre dans sa voiture pour leur économiser l'essence. Un jour, ils se présentèrent dans la maison de campagne en travaux de Mehrauli avec des détecteurs de métaux. « Qu'est-ce que vous cherchez ? » leur demanda Rajiv. Ils ne daignèrent pas répondre, mais un peu plus tard Rajiv les entendit crier lorsque le détecteur émit un sifflement. Ils pensaient avoir découvert le trésor de guerre caché de Sanjay. Il s'avéra que le trésor en question était un vieux bidon qui avait contenu de l'huile.

C'est environ à cette époque, dans la forte chaleur qui précédait les pluies de la mousson, qu'Indira apparut un soir au domicile de son amie Pupul. Il était très tard. Elle venait souvent lui rendre visite pour échapper à la tension qui régnait chez elle. Une fois de plus, Rajiv lui avait lancé que Sanjay et Dhawan étaient ceux qui avaient provoqué sa chute. Indira n'avait pas répondu et s'était contentée de baisser la tête. Elle savait pertinemment qu'elle était la vraie responsable de tout ce qui s'était passé : elle avait été aveugle. Aussi excusait-elle Sanjay. « Je suis venue m'asseoir avec toi un moment, pour profiter d'un peu de calme », disait-elle à son amie. Et elle passait un moment en silence, dans la véranda, à méditer.

Un autre soir de canicule, elle arriva très agitée, l'air désespéré. « J'ai reçu des informations dignes de foi selon lesquelles Desai veut mettre Sanjay en prison et le faire torturer. » Pupul resta interdite et ne sut que dire. Indira était terrifiée. « Ni mon fils ni moi ne sommes du genre à nous suicider. Donc, si on exhibe nos dépouilles, il ne faudra pas croire ce qu'on vous dira... » Dans son désir de vengeance, le nouveau gouvernement cherchait par tous les moyens à atteindre Indira en s'en prenant à Sanjay. Ce n'était un secret pour personne. Qu'il ait projeté de faire torturer Sanjay était davantage le produit de l'imagination paranoïaque d'Indira que la réalité. Lorsqu'on est au pouvoir, il devient assez facile de manipuler les services de renseignement : personne ne le savait mieux qu'elle. L'ancienne impératrice de l'Inde se sentait terriblement seule. Des hommes politiques venaient la voir chaque jour, mais elle ne pouvait compter sur aucun d'eux. Ceux qui pouvaient l'aider n'osaient pas s'approcher de chez elle par crainte des agents de surveillance. De surcroît la situation financière de la famille devenait insoutenable, en raison des frais d'avocats. Les médias, qui s'étaient pliés si docilement aux volontés d'Indira quand elle avait proclamé l'état d'urgence – au point qu'un membre de l'opposition, dès que celui-ci avait été levé, s'était écrié au sujet de la presse : « On lui a demandé de courber le dos, mais elle a préféré ramper » –, mettaient désormais tout leur zèle à inventer des histoires épouvantables, ou à se faire l'écho des rumeurs les plus absurdes pour démontrer que les Gandhi n'étaient qu'une bande de malfaiteurs. « On m'accuse de toutes sortes de crimes, y compris d'avoir fait assassiner je ne sais combien de gens », se plaignait Indira. Le ministre de l'Intérieur avait en effet déclaré devant le Parlement qu'Indira « avait planifié de faire mettre à mort tous les leaders de l'opposition incarcérés pendant l'état d'urgence ». Cinq jours plus tard, le gouvernement chargeait J. C. Shah, un juge de la Cour suprême, de former une commission d'enquête mandatée pour « enquêter sur les subversions de procédure, les abus d'autorité ou de pouvoir et les excès ou exactions perpétrés durant l'état d'urgence ». Une autre commission fut créée pour enquêter sur tout ce qui concernait la Maruti. Le gouvernement était décidé à rendre à Indira et à Sanjay la monnaie de leur pièce.

Dans ce contexte, la nouvelle du suicide du colonel Anand, le père de Maneka, résonna comme les premiers accords d'un drame plus profond qui se déroulait en coulisses. Les premiers accords d'une marche funèbre. Son corps fut retrouvé gisant sur un terre-plein, à côté d'un pistolet et d'un billet griffonné qui disait : « Souci Sanjay insupportable ». Au début, il fut difficile d'établir s'il s'agissait d'un suicide ou d'un meurtre, bien que Maneka et ses proches aient été convaincus que le colonel avait mis fin à ses jours. Il avait déjà fait une tentative de suicide avec des médicaments, et avait un long passé d'instabilité mentale et de dépression. Sans doute n'avait-il pas supporté de voir du jour au lendemain sa réputation et sa position sociale s'effondrer, ses innombrables amis de convenance se volatiliser dans l'air raréfié de New Delhi. Mais aussitôt, la rumeur circula que le beau-père de Sanjay en savait trop sur les troubles affaires de son gendre, et que sa mort était en réalité un meurtre camouflé en suicide. Mais on ne put rien prouver, et quand la tension médiatique retomba, le drame du colonel finit par sombrer dans l'oubli.

Indira en fut cependant très troublée. Sonia aussi. Une telle mort, à un tel moment, avait fait naître en elles une crainte diffuse et profonde, un mélange d'angoisse et de peur panique. La perte du pouvoir venait de faire une victime très proche. Le sang avait coulé. La paranoïa d'Indira s'accrut, car elle liait inconsciemment la mort du colonel Anand aux menaces qui pesaient sur Sanjay. Maintenant plus que jamais, elle avait le sentiment de devoir protéger son fils. La nouvelle du suicide fut publiée à l'étranger, et Sonia reçut des appels très inquiets de sa mère. Là-bas, à Orbassano, les Maino suivaient les événements avec une anxiété grandissante. Des rumeurs folles leur parvenaient de New Delhi : Rajiv et Sonia cherchaient à quitter le pays, ou Sonia avait demandé asile à l'ambassade d'Italie…

« Maman, tout ça est faux ! Nous allons bien, les enfants aussi, mais je ne peux pas tout te raconter, je t'expliquerai… »

Invariablement, la conversation s'interrompait. Sonia s'abstenait de révéler à sa mère que le gouvernement avait confisqué les passeports de toute la famille. Qu'elle l'ait voulu ou non, elle n'aurait pas pu partir pour l'Italie, même en cas d'urgence.

Indira travaillait d'arrache-pied avec ses avocats pour se défendre contre la commission Shah, tout en menant en public une existence très discrète. Un journaliste anglais, James Cameron, l'interviewa et la décrivit comme « la femme la plus seule et la plus angoissée du monde » – titre qu'il donna à son article. « Elle se montre résignée et ne veut plus parler de rien. On croirait un boxeur sonné qui attend un miracle. Mais il n'y aura pas de miracle pour elle », écrivit-il dans le *Guardian* du 21 septembre 1977.

James Cameron se trompait. Le miracle qui allait faire renaître le phénix de ses cendres se produisit à Belchi, un village à peine accessible dans l'État reculé de Bihar, entouré de rizières, de montagnes et de cascades. Un paysage idyllique qui avait été le théâtre d'une horrible tuerie. Le crime découlait de l'atmosphère d'impunité qui régnait depuis l'installation du nouveau gouvernement. La coalition au pouvoir - le Janata - comprenait des groupes hindous extrémistes, aussi les hindous des hautes castes se crurent-ils de nouveau autorisés à asservir les paysans intouchables, comme ils l'avaient fait pendant des siècles. À Belchi, des propriétaires terriens s'en étaient pris à une communauté de paysans sans terre et avaient massacré plusieurs familles avant de jeter leurs corps au feu. Parmi les victimes, il y avait deux enfants en bas âge. La nouvelle mit plusieurs jours à se répandre, mais elle fit bientôt les gros titres de la presse nationale. Le gouvernement ne réagit pas. Son chef, Morarji Desai, qui considérait l'interdiction d'abattre des vaches et de consommer de l'alcool comme des priorités, jugeait que ce genre d'événement ne méritait pas tant d'attention ni de publicité. Il ne prit même pas la peine de condamner le bain de sang.

Indira vit aussitôt la brèche dans la cuirasse de son adversaire. Elle savait ce qu'il lui restait à faire, et demanda à Sonia de l'aider à préparer sa valise pour se rendre à Belchi.

« Tout le monde raconte que le Bihar est un État très dangereux, qu'il est infesté de bandits qui attaquent les voyageurs », dit Sonia avec appréhension. Elle était bien informée. Le Bihar était en effet l'État le plus arriéré, le plus anarchique et le moins sûr de l'Inde. Il était aussi le plus pauvre. « Vous n'avez pas de gardes du corps, c'est très risqué, poursuivit Sonia.

— Je n'y vais pas seule. Je pars avec un groupe de fidèles du parti.

— Mais au Bihar, le parti n'a pas remporté un seul siège ! Est-ce que quelques personnes suffiront à vous protéger ?

— Bien sûr. Ne t'inquiète pas, trancha Indira. Tout ira bien. »

Sonia n'insista pas. Elle connaissait assez Indira pour savoir que rien ne la ferait changer d'avis. Mais elle était soucieuse. Dans une atmosphère lourde comme celle de l'Inde à cette époque, qui sait ce qui pouvait arriver…

23.

Quand Indira rentra cinq jours plus tard, Sonia eut peine à la reconnaître : son sari était sale, elle était couverte de poussière et elle ruisselait de sueur. Les yeux cernés, elle semblait amaigrie. On aurait dit une mendiante. Mais Sonia perçut une lueur dans ses yeux, comme une étincelle de vie. Aussitôt, elle sut que le voyage à Belchi avait été un succès. Indira lui raconta l'odyssée qu'elle venait de vivre avec un luxe de détails. Sonia l'écouta, fascinée.

« Il pleuvait tant que tous les chemins qui menaient à Belchi étaient impraticables. Des cinq cents sympathisants qui m'accompagnaient et me suivaient dans une caravane de voitures, je me suis rendu compte qu'il n'en restait bientôt que deux. Les autres avaient renoncé. Mon idée était d'arriver à Belchi avant la tombée de la nuit, mais les routes étaient tellement inondées que nous avons dû abandonner le tout-terrain pour emprunter un tracteur, qui a fini par s'embourber lui aussi quelques kilomètres plus loin. Mes accompagnateurs insistaient pour que nous fassions demi-tour, mais je leur ai dit que je continuais à pied. Ils m'ont regardée comme si j'étais devenue folle. Je savais qu'ils ne me laisseraient pas poursuivre toute seule, et j'avais raison : ils se sont sentis obligés de me suivre, même de mauvaise grâce. Après une longue marche, épuisés et trempés, nous sommes arrivés à la rivière et nous nous sommes aperçus qu'il était impossible de la traverser à pied. Sous ces trombes d'eau, il n'y avait ni bateaux ni bateliers pour nous faire passer sur l'autre rive. Mes deux compagnons voulaient de nouveau rebrousser chemin, mais j'ai demandé à des villageois qui étaient sortis de chez eux en nous voyant arriver :

« “Il doit y avoir un moyen de traverser… Est-ce qu'il y a des chevaux près d'ici ?

« — Non, madame, me répondit l'un d'entre eux

« — Alors une mule ? Un âne ?

« — Non, madame. Il n'y a qu'un éléphant.

« — Où est-il ?

« — Dans le village. C'est l'éléphant du temple.

« — Vous pouvez aller le chercher ?

« — Oui, madame. Seulement…” Il semblait très embarrassé. Il n'arrivait pas à trouver ses mots.

« “Seulement quoi ? lui ai-je demandé.

« — Eh bien, nous n'avons pas de *howdah*”, a-t-il fini par avouer d'un air honteux.

« Tu sais ce qu'est une *howdah* ? demanda Indira à Sonia.

— Ce n'est pas cette espèce de fauteuil qu'on attache sur l'éléphant pour transporter des personnalités de marque ?

— Exactement. C'est toujours la même chose en Inde : on place les questions d'étiquette au-dessus des considérations pratiques les plus simples ! On dirait qu'il n'y a que cela qui compte. J'ai dit à ce brave homme que ça m'était bien égal qu'ils aient ou non une *howdah*, et un autre paysan m'a annoncé triomphalement que j'aurais quand même droit à une couverture. »

Indira avait l'air d'une petite fille ravie qui raconte une aventure. La voir si vive et si gaie, si directe et si proche, avait quelque chose de miraculeux. Indira était transformée.

« Tu sais, je ne me sentais pas fatiguée. Et nous attendions depuis une heure sous la pluie.

— Qu'est-ce qui s'est passé avec l'éléphant ? demanda Sonia.

— Il a fini par arriver, il s'appelait Moti. Les paysans m'ont aidée à monter la première, puis ils ont hissé un de mes accompagnateurs, qui s'est assis derrière moi. Quand je me suis retournée, j'ai vu que les yeux lui sortaient de la tête tellement il avait peur ! »

Sonia se mit à rire. Indira continua son récit :

« L'autre a préféré rester pour organiser le retour. La traversée a été effrayante, parce que l'éléphant se balançait beaucoup et l'eau lui montait jusqu'au ventre. Mon compagnon se cramponnait à mon sari comme un enfant aux jupes de sa mère. J'ai cru qu'il allait se mettre à pleurer… »

Toutes deux s'esclaffèrent gaiement. C'était toujours plaisant d'entendre des histoires où les femmes prenaient le contrôle de la situation. Puis le visage d'Indira se fit plus grave.

« Il était tard quand nous sommes arrivés à Belchi, poursuivit-elle. Les survivants du massacre s'étaient réfugiés dans un bâtiment de deux étages qui avait l'air abandonné. Très vite, j'ai les ai vus sortir. Ils portaient des torches dont la lueur éclairait leurs visages : il y avait des vieux tout ridés, des jeunes veuves, des enfants aux grands yeux brillants, des hommes à la peau sombre… ils étaient tous très craintifs et très surpris. Quand ils m'ont reconnue, ils se sont jetés à mes pieds. Je crois qu'ils me voyaient comme une apparition divine. Je n'avais que mon temps et ma compassion à leur offrir, mais ces pauvres gens terrifiés ne cessaient de me remercier de bien vouloir m'intéresser à eux et d'avoir affronté tant de dangers pour les rencontrer. Ils disaient que ma présence était un miracle, tu te rends compte ? Nous sommes restés ensemble quelques heures, et ils m'ont raconté l'horrible histoire du massacre. Je les ai quittés en pleurant. Ils étaient si pauvres, et leur douleur si vive quand ils m'ont montré les cendres du bûcher où on avait jeté les corps de leurs proches, de leurs voisins, dont certains étaient encore vivants… J'étais bouleversée. Il faisait nuit noire quand nous avons quitté Belchi. Le tonnerre grondait, mais il ne pleuvait plus et un batelier s'est proposé pour nous faire traverser la rivière. Sais-tu ce qui s'est passé ensuite ? »

Sonia fit non de la tête. Indira continua :

« Comme la charge était trop lourde, la barque a chaviré en approchant l'autre rive ! »

De nouveau, elles éclatèrent de rire. Indira reprit :

« Nous nous sommes retrouvés à barboter dans ces eaux noires. J'ai réussi à rejoindre le rivage. Nous avons continué jusqu'à la route principale, où nous attendaient quelques tout-terrains. Nous étions trempés. C'est alors que s'est produit un autre miracle, Sonia. Les paysans des environs qui avaient appris ma visite arrivaient les uns après les autres. Ils nous apportaient des fruits, des fleurs et des lanternes. Puis j'ai entendu un bruit de tambours et des voix de femmes… Sais-tu ce qu'elles chantaient ?

“Nous avons voté contre toi. Nous t'avons trahie. Pardonne-nous.” Voilà ce qu'ils disaient tous ! Certains avaient apporté des gâteaux et les femmes m'ont offert leurs modestes saris secs pour que je puisse me changer. Certaines me demandaient même ma bénédiction ! »

Sonia comprit qu'Indira avait vu la lumière au bout du tunnel. Elle s'était plongée dans « la masse de l'humanité indienne » et ne s'était pas sentie rejetée. Au contraire : elle avait retrouvé sa voix, et une réponse enthousiaste.

Indira poursuivit son récit. Le lendemain, elle s'était rendue à Patna, la capitale délabrée de l'État de Bihar, pour rendre visite à son vieil ennemi Jayaprakash Narayan, l'homme qui l'avait poussée à proclamer l'état d'urgence. Il était très vieux et très faible maintenant, presque mourant. À présent qu'Indira était défaite et vilipendée, Narayan avait bien voulu lui pardonner. Ils étaient restés ensemble environ cinquante minutes, à évoquer les nombreux souvenirs qu'ils partageaient du temps où l'épouse de Narayan était la meilleure amie de la mère d'Indira. Ils avaient aussi parlé du massacre de Belchi et du sort des intouchables. Ensuite, ils avaient posé pour la presse. Indira tira de son sac en toile un journal froissé et montra la photo à sa bru. C'était une photo importante pour Indira, car elle scellait sa réconciliation politique avec l'un de ses plus farouches adversaires. Sonia comprit que sa belle-mère reprenait du service.

« Mais, mami… Ne m'aviez-vous pas dit, il y a tout au plus deux semaines, que vous renonciez définitivement à la politique ? demanda-t-elle.

— Pour l'instant, j'en suis retirée, et je voudrais ne jamais revenir. Mais comment rester à l'écart ? Les hommes du Janata veulent la peau de Sanjay, et la mienne aussi ! Je suis bien obligée de nous défendre. »

Intrépide, Indira décida de partir le lendemain pour son ancienne circonscription de Rae Bareilly, dont les électeurs l'avaient écartée moins de quatre mois plus tôt, par un vote sans appel. C'était risqué, car elle pouvait rencontrer des foules hostiles : cet État – l'Uttar Pradesh – avait été l'objectif principal de la campagne de stérilisation ; mais à sa grande surprise, des milliers de personnes accoururent pour l'accueillir sous un soleil de plomb. Là encore, elle savait exactement ce qu'elle devait faire et dire. Sans ambages, elle demanda pardon pour les excès de l'état d'urgence, puis lança une attaque contre la coalition au pouvoir, le Janata. Les gens l'acclamèrent encore plus chaleureusement qu'à Belchi. Elle décida donc de faire une tournée rapide dans plusieurs bourgades et villages de l'État, en répétant le même message. Partout, des foules se rassemblaient pour l'acclamer. Elle rentra chez elle sale, éreintée, mais heureuse.

Le récit du voyage d'Indira à Belchi résonna comme un écho dans tout le subcontinent, au point d'atteindre les villages cachés dans les plis de l'Himalaya, les baraques en torchis du désert, les cabanes en feuilles de palmier où vivaient les castes inférieures, les bidonvilles en tôle des intouchables du Sud… Au-delà des distinctions d'ethnie, de caste ou de religion, la voix des pauvres avait retrouvé sa source d'inspiration et de consolation. Pourtant, même si l'Inde avait commencé à lui pardonner, Indira restait très préoccupée par sa situation et les menaces de la commission Shah. Des voix au gouvernement réclamaient une sorte de « procès de Nuremberg » pour juger les crimes commis pendant l'*emergency*.

« Je suis sûre qu'ils se saisiront de n'importe quel prétexte pour m'arrêter, soupirait-elle.

— Ils n'oseront pas, répondait Sonia, davantage pour la tranquilliser que par conviction réelle.

— J'ai appris que le gouvernement du Janata a promis l'impunité à mes anciens ministres s'ils acceptent d'accuser Sanjay de tous les excès commis pendant l'état d'urgence. Et je sais qu'ils me trahiront. Sanjay et moi, nous risquons de longues années de prison. »

Ces trahisons la blessaient profondément et la plongeaient dans un abîme de solitude. Sonia s'étonnait de la voir à la fois si forte et si vulnérable. Contrairement à sa belle-mère, la plupart des politiciens ne s'étaient lancés dans l'arène que par ambition personnelle. Ils n'étaient pas guidés par leur sens du devoir envers leurs compatriotes. La méchanceté de ce monde la dégoûtait. Mais elle se rendait compte que la politique, la vie publique entendue comme un service dû au peuple, était la raison d'être d'Indira, et qu'elle ne changerait jamais. Même si elle prétendait vouloir se retirer du monde, Sonia ne la croyait pas. Se retirer était un luxe qu'Indira ne pouvait se permettre.

Face aux charges du gouvernement et de la commission Shah, Indira prit le taureau par les cornes. Fidèle au vieil adage selon lequel il n'est de meilleure défense que l'attaque, elle parcourut le pays pour affirmer sa présence, rétablir le contact avec les foules les plus nombreuses possible et confirmer ce qu'elle avait obtenu à Belchi : le pardon du peuple. À la gare d'Agra, l'accueil fut si triomphal qu'une bousculade fit plusieurs blessés. Partout, elle commençait par présenter ses excuses pour avoir fait souffrir tant de monde. Mais elle rappelait aussi les réussites de l'état d'urgence, surtout en matière d'économie et de sécurité, et ne manquait pas d'évoquer les élections qu'elle avait choisi de convoquer et dont elle avait accepté le verdict populaire sans broncher. Puis elle se lançait dans une dénonciation des erreurs de l'adversaire. À vrai dire, le gouvernement en place se montrait incapable de freiner l'inflation, de nouveau galopante, et de contrôler le marché noir. C'était une coalition disparate, qui montrait déjà des signes de faiblesse.

Les voyages d'Indira irritaient ce gouvernement. Le spectacle de ces foules qui vénéraient son ennemie de toujours l'inquiétait de plus en plus. Il fallait faire quelque chose. Le 15 août 1977, anniversaire de l'indépendance, la police arrêta son secrétaire, le gommeux R. K. Dhawan, et son ancien ministre de la Défense, le gros Bansi Lal, qui étaient les deux hommes les plus proches de Sanjay. L'étau se resserrait.

Sonia avait peur. Rajiv rencontrait des problèmes à son travail : la direction ne semblait pas disposée à lui renouveler son contrat de copilote à bord des Boeing 737. Cela sentait les représailles. Son opposition déclarée à l'état d'urgence n'était pas prise en compte par les dirigeants d'Indian Airlines, malgré une réputation d'apolitisme solidement établie parmi ses collègues. À ces ennuis professionnels s'ajouta un contrôle fiscal que le ministère des Finances diligenta contre Rajiv. Sonia aussi était visée. Pour rendre service à son beau-frère, elle avait signé en 1973 des documents grâce auxquels elle avait acquis des actions de la société Maruti Services Ltd. L'affaire avait déjà causé une violente dispute entre les deux frères et quelques tensions dans le couple. Le gouvernement s'en empara pour tenter de révéler d'obscures manœuvres financières, qui en réalité n'avaient jamais existé. En tant qu'étrangère, Sonia n'avait pas le droit de posséder des actions, ni d'exercer une activité rémunérée dans une entreprise indienne sans l'approbation de la Banque centrale. Aussi Rajiv se voyait-il maintenant dans l'obligation de prouver que sa femme n'avait jamais touché une roupie grâce à la Maruti et qu'elle était toujours restée à l'écart de cette société. Au pire, on pourrait la condamner à une amende. Le temps que Rajiv ne consacrait pas à son métier, il l'employait à rédiger des déclarations, à chercher d'anciens documents et, s'il ne les trouvait pas, à en demander les duplicatas. Compte tenu de la désorganisation de la bureaucratie indienne, c'était un vrai parcours du combattant. Pourtant, il restait serein. Il avait la conscience tranquille, car il avait toujours payé ses impôts le plus honnêtement du monde, et ce qu'on reprochait à Sonia était une simple broutille. Elle, de son côté, était alarmée à l'idée qu'on pourrait ourdir contre eux quelque complot, grâce à des documents falsifiés, par exemple. Cette crainte la rongeait et affectait sa perception de la réalité. Mais Indira gardait les idées claires. « Tout ceci n'est qu'une guerre des nerfs, une guerre psychologique. Il faut tenir bon, voilà tout », conseillait-elle à sa bru. Sonia ne voulait pas ajouter son angoisse à l'ambiance déjà lourde, mais la pensée que Rajiv et elle pourraient payer pour les autres l'effrayait. Quand elle voyait son mari sortir de la maison pour répondre à une convocation de la commission Shah, son estomac se nouait, et elle ne parvenait à se détendre qu'à son retour. Les interrogatoires étaient très pénibles : ils se déroulaient dans une atmosphère chaotique et hostile qui tenait davantage des tribunaux populaires chinois que d'une véritable cour de justice. Rajiv en revenait toujours dans un état de grande agitation. Il racontait que la salle était pleine de gens qui vociféraient avec la plus grande hostilité, tandis que d'autres mangeaient ou somnolaient assis ou allongés par terre. Les avocats, en robe noire et perruque blanche, étaient installés derrière des petites tables encombrées de papiers, attachés par des ficelles. Parfois, le souffle des ventilateurs faisait voler les feuillets échappés des liasses. Une photo jaunie de Gandhi décorait un des murs. Chaque fois que Rajiv ou son frère tentaient de se défendre, un énorme brouhaha couvrait leurs paroles. Le public ne les laissait pas plaider leur cause. C'était à peine s'ils pouvaient distinguer le visage du juge Shah entre les volumes du Code pénal indien et les dossiers accumulés sur son bureau. À l'extérieur de la salle, d'autres curieux suivaient les séances grâce à des mégaphones. Bien entendu, Sanjay était celui qui suscitait la plus grande aversion. Chaque fois qu'il entrait dans la salle, il était accueilli par des sifflets et des insultes. À plusieurs reprises, la tension fut telle qu'elle provoqua de véritables empoignades entre ses détracteurs et ses partisans. Une des séances s'acheva par une échauffourée : les chaises en métal volèrent et on échangea des coups de poing. Sonia comprenait combien il était douloureux pour Rajiv de devoir assister à cela, lui qui avait toujours détesté les conflits et s'était toujours efforcé de mener une existence discrète. Mais, à part l'injustice de la situation, Sonia et lui s'inquiétaient surtout des répercussions que toute cette hostilité pourrait avoir sur leurs enfants.

Bien qu'ils aient été au centre des attaques, Sanjay et Maneka prenaient les choses avec beaucoup plus de désinvolture. Le 3 octobre 1977, ils jouaient au badminton sur la pelouse du 12, Willingdon Crescent quand, à cinq heures de l'après-midi, ils entendirent une voiture de police arriver. Deux individus sonnèrent à la grille. L'un d'entre eux était un sikh, de haute taille, coiffé d'un turban rouge. Il avait d'excellentes manières. Indira, qui s'entretenait avec ses avocats, leur ouvrit.

« Mon nom est N. K. Singh, dit le sikh en lui serrant la main nerveusement. J'appartiens à la direction du service de renseignement. Nous venons vous informer que vous êtes en état d'arrestation. »

Puis il baissa les yeux.

« Vous voulez dire que vous allez m'emmener en prison ?

— Oui..., balbutia l'homme, visiblement intimidé.

— Eh bien ! ce sera une bonne occasion de me reposer », dit Indira.

En réalité, il y avait un certain temps qu'elle attendait ce moment. Comme le pays tout entier.

« Puis-je savoir de quoi on m'accuse ? »

L'homme lui lut les charges retenues contre elle. On l'accusait d'avoir contraint deux entreprises à lui offrir cent quatorze tout-terrain pour la campagne du parti du Congrès. Une fois la campagne terminée, elle les aurait revendus à l'armée. Elle était également censée avoir octroyé des chantiers à une autre entreprise, alors que le devis qu'elle avait présenté était plus cher que les autres. Dans les deux cas, elle était soupçonnée de corruption. Indira leva les yeux au ciel : ces allégations n'étaient que mensonges. « Les atrocités perpétrées sous couvert de l'état d'urgence se réduisent-elles donc à ça ? » pensa-t-elle en son for intérieur.

« Demain, vous êtes convoquée au tribunal. Nous vous y conduirons, lui dit le sikh.

— Je veux voir le mandat d'arrêt. »

L'homme lui tendit quelques papiers.

« Si vous n'y voyez pas d'inconvénient, j'aimerais consulter mes avocats, poursuivit Indira. Attendez un moment, je vous prie. »

Elle rentra dans la maison avec les documents et en ressortit une heure plus tard. L'officier sikh attendait dehors, assis sur une marche du perron.

« Il manque le *First Information Report*, dit-elle. Je ne partirai pas tant que tous les papiers ne seront pas en règle.

— Madame, hasarda le sikh, ça ne sert à rien de me rendre la tâche plus difficile…

— Ne vous inquiétez pas, je serai ici quand vous reviendrez.

— Très bien. Je vais envoyer mon collègue chercher le document qui manque.

— Vous pouvez attendre à l'intérieur, si vous voulez. »

L'homme entra, mi-flatté mi-déconcerté. La maison était encerclée par la police et de nombreux curieux commençaient à s'attrouper. Sanjay et Maneka avaient abandonné leur partie et s'étaient enfermés dans leur chambre. Usha, qui avait appris ce qui se passait, accourut en toute hâte au 12, Willingdon Crescent. « Quand je suis arrivée, j'ai découvert une scène affligeante. Autrefois, les cordons de police servaient à protéger le Premier ministre contre un possible attentat ou des démonstrations trop pressantes de la foule. Maintenant, ils s'étaient là pour empêcher les gens d'assister à son arrestation. » Usha réussit à pénétrer dans la maison. Indira, très affairée, entrait et sortait de sa chambre. Elle se réjouit de la voir.

« Usha, quel bonheur que vous soyez là ! S'il vous plaît, pouvez-vous aider Sonia à préparer mes affaires de voyage ? »

Sonia était dans la chambre d'Indira. Les vêtements de sa belle-mère étaient dépliés sur son lit. Mais cette fois-ci, elle ne savait pas bien quoi mettre dans la valise. Il ne s'agissait pas d'un voyage comme les autres.

« Où va-t-on l'emmener ? demanda Usha.

— Je ne sais pas, ils ne l'ont pas dit, répondit Sonia.

— Mettons un châle épais dans la valise. Peut-être qu'ils vont l'emmener quelque part dans les montagnes.

— Je compte sur vous pour bien choisir, leur lança Indira du couloir. J'ai bien l'intention de rester la plus élégante possible.

— Ne vous inquiétez pas pour ça », lui dit Sonia. Elle savait que sa belle-mère détestait les tenues décontractées, même chez elle ; mais cette coquetterie, qui faisait penser qu'elle se rendait à un mariage et non en prison, la surprenait néanmoins. « Mon Dieu ! murmura-t-elle. En prison, et dans une prison indienne ! Pourquoi tient-elle tant à prendre ses plus beaux saris ?

— Mme Gandhi est ainsi », répondit Usha.

Pendant que les deux femmes s'affairaient, Indira emportait à la cuisine quelques documents qu'elle craignait de voir tomber aux mains de la police ou des services de renseignement. Le cuisinier se chargerait de les détruire d'une manière bien particulière : il utiliserait la machine à pâtes de Sonia comme déchiqueteuse.

Bien que les téléphones aient été coupés, Sanjay et les avocats s'arrangèrent pour prévenir les camarades du parti du Congrès, qui à leur tour alertèrent la presse. Des journalistes caméras au poing, des membres du Youth Congress de Sanjay et une foule de plus en plus nombreuse de curieux vinrent se presser contre le cordon de police.

Dans le vestibule, l'officier Singh continuait d'attendre Indira. Il était de plus en plus nerveux. Le cirque qui se montait à l'extérieur ne lui plaisait guère. De toutes les missions dont on l'avait chargé au cours de sa carrière, celle-ci était peut-être celle qui lui répugnait le plus. Personne n'a envie d'arrêter une déesse. Il tenta de se montrer gentil avec Rahul et Priyanka, mais les enfants lui lançaient des regards hostiles.

Pour finir, à huit heures du soir, Indira fit son apparition : elle était coiffée et maquillée avec le plus grand soin et portait un ravissant sari blanc bordé de vert. Elle était l'image même de la distinction. L'officier sikh n'en revenait pas, et son malaise s'approfondit encore. Il avait l'impression d'arrêter une élégante grand-mère. De surcroît, quand Indira sortit avec lui de la maison, elle fut accueillie par des vivats et une pluie de pétales de fleurs. Elle se tourna vers l'officier sikh :

« Je veux que vous me passiez les menottes », lui dit-elle.

Singh resta bouche bée. « Maintenant, la petite grand-mère me réclame les menottes ! » pensa-t-il horrifié.

« Madame, je vous en prie…

— Je veux sortir menottée de chez moi. Je suis en état d'arrestation, oui ou non ? Alors, passez-moi les menottes. »

Sonia, qui les suivait de près avec son mari et son beau-frère, fut aussi ahurie que le sikh. Le policier, au bord de la crise de nerfs, alla consulter ses collègues. Il revint au bout de quelques instants.

« Madame, il n'a jamais été question de vous passer les menottes.

— Sans menottes, je ne bouge pas d'ici. Je reste chez moi.

— Madame, je vous en prie, ne me mettez pas dans l'embarras…, dit Singh, l'air penaud. Je ne suis pas autorisé à vous menotter. Ayez la bonté de me suivre, sinon nous devrons vous emmener par la force. »

Devant la détermination du sikh, Indira céda et suivit les policiers, tandis que la foule dans la rue lui lançait des fleurs et l'acclamait. Rajiv, avant de quitter la maison avec Sonia, pria Usha de s'occuper des enfants. Il ne savait pas à quelle heure ils rentreraient.

Avant de monter en voiture, Indira s'adressa à un groupe de journalistes. « J'aurais dû me rendre demain dans le Gujarat pour rendre visite à des communautés tribales. Je vous prie de transmettre mes excuses à la population du Gujarat. » Interrogée sur son arrestation, elle répondit : « Je me suis efforcée de servir la patrie du mieux que j'ai pu. Les accusations portées contre moi sont sans fondement. C'est une arrestation politique. »

La voiture démarra. Elle était précédée d'une Jeep militaire. Une caravane de véhicules fermait la marche, avec à leurs bords les fils d'Indira et leurs femmes, des sympathisants et des reporters. À la grille, les enfants pleuraient à côté d'Usha. L'histoire se répétait chez les Nehru : tout se passait comme au temps où la police venait arrêter Jawaharlal et où sa fille tentait de bloquer l'accès à la maison.

On ne conduisit pas Indira à l'horrible prison de Tihar, où elle avait fait incarcérer les maharanis de Gwalior et de Jaipur et tant d'autres opposants. Sa « prison », ce fut le dortoir spartiate, mais relativement propre, d'un commissariat de police. Très digne, elle dit au revoir à ses fils et à ses belles-filles à l'entrée. Elle était parfaitement sereine : elle devinait que la nouvelle de son arrestation, comme un vulgaire criminel de droit commun, circulait déjà par le bouche à oreille jusqu'aux régions les plus reculées de l'immense pays. Elle savait que si elle parvenait à se donner une image de martyre – c'est la raison pour laquelle elle avait demandé qu'on lui passe les menottes –, elle gagnerait la partie. Sonia, qui ne comprenait pas cette manœuvre, éprouvait un immense chagrin et faisait des efforts surhumains pour contenir ses larmes. Les Nehru n'étaient pas portés aux effusions, surtout dans de telles circonstances ; aussi ne pouvait-elle se laisser aller. Les policiers en faction se mirent au garde-à-vous quand Indira entra dans sa « prison ». Ils avaient peine à croire qu'elle serait leur hôte cette nuit. C'était le monde à l'envers. Ils lui offrirent à manger, mais elle refusa. Elle craignait d'être empoisonnée. Elle s'étendit sur une couchette du dortoir et lut une bonne partie du roman que Sonia et Usha avaient glissé dans son sac. Elle dormit profondément et, à l'aube, rafraîchie, recoiffée, elle était prête à affronter le tribunal.

À neuf heures du matin, Rajiv l'attendait à la porte du palais de justice, dans Parliament Street, au centre de New Delhi. Il était accompagné d'un avocat. Ce matin-là, on ne voyait pas sur les trottoirs de cette large artère les habituels marchands de *samosas* et de jus de canne à sucre, ni les écrivains publics qui, pour une ou deux roupies, rédigeaient les lettres ou les plaidoiries des citoyens analphabètes aux prises avec la justice. La nouvelle de l'arrestation d'Indira avait provoqué une telle émotion qu'à cette heure, une foule considérable s'était massée autour de l'immeuble. Cette fois, la coalition Janata avait envoyé ses propres manifestants. Sanjay arriva à la tête des siens, si bien qu'au moment où Indira gravit les marches du grand bâtiment, ce fut aux cris de « Longue vie à Indira Gandhi ! » d'un côté et de « Pendez-la ! » de l'autre. Elle se comporta avec sa dignité habituelle. Elle ne baissa les yeux à aucun moment, même quand on lança un magazine dans sa direction et qu'il passa à quelques centimètres de sa tête.

À l'intérieur du tribunal, Indira refusa la chaise qu'on lui offrait et resta presque deux heures debout, à écouter les discussions sur les charges qui pesaient sur elle. Pour atténuer la chaleur, un appariteur mal rasé, vêtu d'un *dhoti* blanc crasseux, finit par frapper dans ses mains pour faire allumer les ventilateurs de plafond. Les pales se mirent à tourner avec lenteur, en grinçant. La petite brise qu'ils provoquèrent fit trembler le bord du sari d'Indira, qui se sentit un peu soulagée. À rester debout par cette chaleur, elle était au bord de l'évanouissement. Mais elle savait que son obstination faisait déjà l'objet d'un bouche à oreille parmi des centaines, des milliers, et peut-être bientôt des millions de ses compatriotes… « Elle est restée debout ! », « Elle a refusé la chaise ! »… Des phrases simples qui sculptaient son image mythique dans l'imaginaire du peuple.

À l'extérieur, les sympathisants et les détracteurs en vinrent aux mains. La police intervint en chargeant avec ses *lathis*, de longs bâtons en bambou. Plus tard, elle employa des gaz lacrymogènes.

Finalement, le magistrat déclara Indira innocente, prononça le non-lieu et exigea sa libération immédiate en déclarant : « Il n'y a aucune preuve pour étayer l'accusation. » Sanjay sortit en toute hâte et s'écria : « C'est un non-lieu ! Elle est libre ! », provoquant l'exultation des uns et la fureur des autres, si bien que la bagarre reprit. La police se vit contrainte de recourir aux gaz lacrymogènes encore une fois. Indira sortit du tribunal les yeux rougis, un mouchoir pressé sur le nez, mais elle était heureuse, car elle avait gagné. Rajiv jubilait : « Même ma mère n'aurait pu rêver d'un meilleur dénouement », déclara-t-il à un journaliste.

En effet, la mascarade de cette arrestation fit les gros titres de la presse nationale et internationale. Le gouvernement avait réussi à faire d'Indira la victime d'une administration incompétente. Il l'avait poussée sur le chemin d'une complète réhabilitation politique : le contraire de l'effet escompté.

Sonia commençait à comprendre pourquoi sa belle-mère tenait toujours à sortir si bien habillée et coiffée. Elle était parvenue à se projeter dans l'imaginaire de millions d'Indiens comme une martyre de la justice. Sonia admirait cette combativité, comme elle admirait l'indifférence d'Indira aux bénéfices du pouvoir. À présent, elle était sûre que sa belle-mère retrouverait les sommets, ne serait-ce que pour laver son nom et redevenir la fierté des siens, surtout de ses petits-enfants. Sonia la comprenait, car toutes deux partageaient un sens très profond de la famille. Mais comme le pouvoir ne l'avait jamais intéressée, elle ne voyait pas l'autre aspect du caractère de sa belle-mère. Pour Indira, le pouvoir était une espèce de drogue. Kissinger n'avait-il pas dit qu'il était le plus puissant des aphrodisiaques ? Au fil des années, il avait métamorphosé Indira : d'une enfant solitaire et plutôt laide, d'une jeune femme à la santé délicate, il avait fait une combattante formidable, une femme intransigeante et tenace. Chaque fois que la possibilité d'une victoire, même lointaine, se profilait à l'horizon, elle était comme possédée.

Aussi ne perdit-elle pas une minute : elle savait qu'elle devait profiter de l'instant présent. De nouveau, Sonia l'aida à préparer ses valises. Cette fois, Indira partait longtemps : elle comptait parcourir le pays tout entier. Dans le Gujarat, elle s'adressa aux gens du haut de petites estrades érigées à plusieurs kilomètres les unes des autres. À mesure que le jour passait, les guirlandes de jasmin et de marguerites s'amassaient autour de son cou, jusqu'à dissimuler une partie de son visage. Elle ôtait ces lourds colliers de fleurs avant d'entrer dans les maisonnettes des pauvres. Elle partageait leur repas, servi sur des feuilles de bananier, évoquait avec eux leurs nombreux problèmes : les pénuries alimentaires, les défaillances des systèmes d'éducation et de santé, etc. Un soir, alors qu'elle traversait un bois en voiture, elle demanda au chauffeur de s'arrêter. Elle avait entendu une voix. Quelques minutes plus tard apparut un homme à moitié nu, aux cheveux hirsutes et à la peau sombre. Il tenait une guirlande de fleurs à la main. « Mère, il y a dix ans que j'attends de vous voir », lui dit-il dans son dialecte, en lui passant la guirlande autour du cou.

Mais l'accueil n'était pas toujours triomphal ou affectueux. L'écrivain Bruce Chatwin, qui l'accompagna une partie de la tournée, circulait dans une voiture qui fut un jour confondue avec celle d'Indira. Une première pierre fracassa le pare-brise et érafla la tête du chauffeur. Une seconde traversa sa fenêtre et un éclat de verre blessa l'écrivain à l'épaule. « Voilà ce qui arrive à ceux qui marchent à mes côtés », lui dit Indira ce soir-là. Elle l'emmena dans sa chambre pour vérifier que sa blessure était bien soignée. Une autre fois, dans l'État du Kerala, Chatwin vit une foule de deux cent cinquante mille personnes entièrement trempées par la pluie, se rassembler pour écouter Indira après la tombée de la nuit. Elle monta au balcon du dernier étage d'un immeuble et s'assit sur une chaise qu'on avait hissée sur une table. Elle mit une lanterne entre ses genoux, dirigea le faisceau de lumière vers son buste et son visage, et se mit à parler en levant et en abaissant les bras, si bien que ses sympathisants la prirent pour Lakshmi, la déesse dont les nombreux bras s'agitent en gestes ondulants. La comparaison n'était pas absurde : Lakshmi était la déesse de l'abondance. Au bout d'un moment, elle s'adressa à Chatwin qui était assis au pied de la table.

« Monsieur Chatwin, donnez-moi encore quelques noix de cajou », lui dit-elle en penchant la tête vers lui. L'écrivain lui en tendit une poignée, et entendit Indira ajouter : « Vous n'imaginez pas comme ça donne faim d'être une déesse. »

24.

Le Premier ministre Morarji Desai avait reconnut s'être trompé en faisant arrêter Indira. Il n'allait pas commettre deux fois la même erreur. En conséquence, il se concentra sur son fils. Le chef d'accusation le plus gênant pour Sanjay concernait une plainte déposée suite à la destruction d'un film satirique intitulé l'*Histoire des deux fauteuils*. Le film faisait référence au pouvoir bicéphale qu'il avait exercé avec sa mère pendant l'état d'urgence. La réalisatrice du film s'était adressée à la Cour suprême pour que celle-ci lui accorde le visa de censure autorisant la diffusion de son œuvre. Sanjay et son complice le ministre de l'Information étaient alors intervenus pour faire détruire les copies et les négatifs du film. Ce qui allait à l'encontre de la procédure judiciaire. Ils furent donc condamnés.

Sonia assista donc de nouveau à l'arrestation d'un membre de la famille. Cette fois, il s'agissait de son beau-frère. Ce fut beaucoup plus rapide que dans le cas d'Indira. En cinq minutes, il fut menotté pour être conduit à la terrible prison de Tihar, celle-là même où il avait fait enfermer tant d'opposants à sa mère. Indira, qui était en voyage dans le Sud, prit le premier avion pour Delhi. Elle alla lui rendre visite en prison et y retrouva toute la famille, ainsi qu'un groupe important de journalistes et d'équipes de télévision. Elle serra longuement Sanjay dans ses bras, un geste qui fit le tour du monde, tout comme les conseils qu'elle lui prodigua : « Ne te laisse pas abattre, tu es un homme courageux et cette détention marquera le début de ta renaissance politique. Et puis, souviens-toi que mon père, mon grand-père et moi, nous avons tous fait des séjours en prison. » Indira craignait l'effet que l'incarcération pourrait avoir sur Sanjay. « Ce dont j'ai peur, avoua-t-elle à Rajiv et Sonia, c'est qu'ils s'en prennent à lui physiquement. »

Malgré les tensions, la famille faisait front contre l'adversité. Sonia préparait un repas par jour pour son beau-frère, que Maneka lui apportait à la prison. La jeune épouse était grisée par la situation. Il lui semblait vivre une aventure incroyable, et au fond, elle se réjouissait du nouveau rôle qu'elle tenait auprès de son mari : elle se sentait plus indispensable que jamais.

Au cours de l'année 1979, Sanjay fut emprisonné six fois, même si ses séjours derrière les barreaux n'excédèrent jamais cinq semaines. Comme son grand-père Nehru, il se montra sous son meilleur jour en prison : il ne répugnait pas à fréquenter tous ses codétenus, même les pires. Il organisait des tournois sportifs, des jeux d'équipe et des roulements pour le nettoyage des installations. Quand un prisonnier tombait malade, Sanjay le soignait, et, s'il le jugeait nécessaire, il passait des heures à son chevet. Dès qu'il entrait dans un centre pénitentiaire, il en devenait le leader incontesté.

Tandis que Sanjay allait de salle d'audience en prison, sa mère rassemblait ses forces, convaincue de reconquérir un jour le pouvoir et, avec lui, la sécurité et la dignité qu'elle et sa famille avaient perdues. Elle était prête à lutter comme une lionne pour protéger ses petits. C'est d'ailleurs un message de mère lionne qu'elle envoya à Sanjay qui fêtait son anniversaire en prison : « Souviens-toi, tout ce qui fait mal rend plus fort. Beaucoup ne la supportent pas, mais un petit nombre de gens grandissent dans la souffrance. Sois fort dans ton corps et dans ton âme et apprends l'endurance… »

Indira s'efforçait de reconstruire sa base : le parti du Congrès était divisé entre ses inconditionnels, prêts à la suivre jusqu'au bout du monde, et ceux qui tenaient Sanjay pour responsable de la débâcle de 1977 et ne voulaient plus de lui dans l'organisation. À ces deux groupes, il fallait ajouter les nombreux ministres qui avaient trahi Indira devant la commission Shah, en reconnaissant des mensonges en échange de leur impunité. Dans ces conditions, la recomposition du parti se révélait impossible. Indira trancha dans le vif. Elle scinda l'organisation et ne garda auprès d'elle que les plus loyaux. Ainsi devint-elle présidente du Congrès (I) – le I de Indira – et choisit la paume d'une main pour logo comme un signe de bénédiction. Elle exigeait de ses compagnons qu'ils soient également fidèles à son fils. « Si on attaque Sanjay, c'est moi qu'on attaque », avait-elle déclaré en plusieurs occasions. Son amour pour le pouvoir la poussait inconsciemment à se projeter en lui, de sorte que la figure de Sanjay alimentait ses ambitions dynastiques.

Sonia pensait qu'elle avait vécu le pire avec les incarcérations, le harcèlement et le contrôle fiscal de son mari, mais du jour où Indira annonça la naissance de sa nouvelle formation politique, la vie au 12, Willingdon Crescent devint de plus en plus difficile et inconfortable. C'était une maison ouverte jour et nuit. Les gens se présentaient à n'importe quelle heure pour rencontrer Indira. Les membres du nouveau parti, tour à tour euphoriques ou angoissés, entraient et sortaient comme dans un moulin. Ils se mirent à tenir des réunions secrètes, à s'organiser et à planifier de nouvelles stratégies pour chaque circonscription. À tout cela, il fallait ajouter les innombrables visites d'avocats qui guidaient Indira et Sanjay à travers les méandres de la justice. Dans la salle à manger, Sonia croisait des membres des services secrets qui venaient interroger sa belle-mère ou son beau-frère : elle ne savait plus, à la longue, si les gens qui s'attroupaient dans toutes les pièces de la maison étaient des alliés ou des ennemis. À force de préparer des collations à l'intention des nombreux visiteurs qu'Indira recevait sur la pelouse ou sous des tentes improvisées, elle en arrivait à manquer de ravitaillement. Parfois le jardin ressemblait à la salle d'attente d'une gare. Indira semblait aimer toute cette agitation ; la promiscuité ne la dérangeait pas. Elle était dans son élément, l'atmosphère qu'elle avait connue dans son enfance auprès de son père Nehru. Et puis, elle pouvait compter sur la présence de Sanjay, qui, lorsqu'il n'était pas en prison ou occupé avec ses avocats, travaillait beaucoup à ses côtés. Il cherchait la meilleure manière d'utiliser le Youth Congress dont il était le chef pour boycotter les mesures de l'actuel gouvernement du parti Janata.

Indira était enchantée : « Tout ça me rappelle l'époque d'Anand Bhawan, quand nous préparions des actions de protestation », disait-elle à Sonia, sans remarquer que sa bru était souvent au bord des larmes.

Ni Rajiv ni elle ne supportaient le manque d'intimité qui leur était imposé. Plus d'une fois, ils découvrirent dans leur chambre des membres du parti en pleine discussion, qui s'interrompaient à peine pour leur expliquer qu'ils n'avaient pas trouvé d'autre endroit où s'installer. Le remue-ménage incessant, les menaces qui planaient et les incertitudes de l'avenir leur tapaient sur les nerfs. Ce n'était pas la vie qu'ils avaient choisie pour eux et pour leurs enfants. Maintenant, ils ne pouvaient même plus recevoir leurs amis. Où les auraient-ils accueillis ? Et Sonia, bien entendu, craignait pour la sécurité de Rahul et de Priyanka. « Et si quelqu'un s'introduisait dans la maison pour les enlever ou leur faire du mal ? » se disait-elle. Elle s'inquiétait aussi des effets que pourraient avoir sur eux les tensions familiales. Sonia et Maneka avaient cessé de s'adresser la parole, car celle-ci refusait toujours de participer aux tâches domestiques. Pupul, qui fut un témoin privilégié de cette époque, écrivit un jour : « Il est incroyable que dans ces conditions chaotiques, Sonia ait réussi à tenir la maison sans tomber malade. »

Indira franchit une autre étape dans sa reconquête du pouvoir en se présentant à une élection partielle dans une petite circonscription du Sud. Elle avait entendu dire que le gouvernement Janata préparait une loi pour imposer des peines aux hommes et aux femmes politiques coupables de crimes envers le peuple : on pourrait notamment les frapper d'inéligibilité. Si Indira parvenait à retrouver un siège au Parlement, elle aurait l'assurance que de telles mesures ne pourraient l'affecter, car elle serait protégée par l'immunité parlementaire. Elle avait choisi sa circonscription avec le plus grand soin. Chikmaglur était un petit district dans les collines vertes du Karnataka, un État du sud-ouest du pays où, au XVIIe siècle, un saint musulman arrivé de La Mecque avait planté des semences rouges jusqu'alors inconnues en Inde. Ainsi avait débuté la culture du café qui se poursuivait trois siècles plus tard. Pour Indira, cette région était parfaite : plus de la moitié de l'électorat était composé de femmes. Bon nombre d'entre elles appartenaient à ce qu'on appelait les « basses castes ». Au total, plus de cinquante pour cent de la population vivait en dessous du seuil de pauvreté. La région était également un bastion du parti du

Congrès. Le député de Chikmaglur, qui démissionna pour laisser sa place à Indira, était un vieux chef très respecté.

Les petits villages perchés sur les collines étaient entourés d'une exubérante végétation semi-tropicale, et Indira aimait ces paysages bucoliques. Elle visita les plantations de café pour parler avec les cueilleurs et leurs familles. C'étaient des gens simples. Ils se satisfaisaient de peu et vivaient à l'écart de la politique qui affectait le reste du pays. Indira découvrit que la nouvelle de sa déroute de 1977 n'était pas encore parvenue dans ces terres lointaines. Une vieille cueilleuse ne savait même pas qu'elle n'était plus Premier ministre. Quand on lui apprit qu'Indira risquait de finir en prison si les charges contre elle étaient confirmées, la pauvre femme demanda les larmes aux yeux : « Quelles charges ? », comme si les grands de ce monde étaient incapables de faire le mal. Ces gens étaient naïfs et innocents.

Indira visita tous les villages les uns après les autres. Partout, l'accueil était très chaleureux. Les femmes s'approchaient pour lui caresser le visage, car elles n'avaient jamais vu une peau si claire. Indira n'avait pas besoin de dire quoi que ce soit, elles voyaient à ses yeux qu'elle était des leurs : elle savait ce que c'était d'être une femme, de porter le poids des grossesses, de l'éducation des enfants, de devoir faire face à la faim et à la mort. Les plus âgées la remerciaient des mesures d'aide à l'agriculture prises par son gouvernement ; grâce à elle, elles avaient pu manger du riz pour la première fois. Avant cela, elles survivaient en ramassant du blé sauvage, et beaucoup n'avaient même pas de quoi se vêtir : elles se couvraient de feuilles de bananier. La reconnaissance des femmes était proportionnelle au dénuement du district de Chikmaglur.

Pendant que ses rivaux faisaient de grands discours sur la démocratie face à la dictature et rappelaient les excès de l'état d'urgence, Indira parlait de la spirale des prix, de la pénurie des aliments de base et de la pauvreté croissante. Dans cette région reculée, on n'avait même pas remarqué l'*emergency*. Et les adversaires de l'ancien Premier ministre lui facilitèrent la tâche par une maladresse telle qu'il n'en existe qu'en Inde : pour leurs principaux meetings, ils placardèrent d'énormes affiches où Indira était représentée sous la forme d'un cobra menaçant. La légende se voulait effrayante : « Attention ! Au cours de ces élections, un puissant cobra va se manifester. » L'effet fut totalement inverse, car les auteurs de la campagne ignoraient que les habitants du Karnataka vénéraient le cobra comme un animal protecteur de la terre. Une autre affiche montrait des flèches du parti Janata tuant un serpent nommé Indira. Mais à Chikmaglur, tuer un cobra était considéré comme un très mauvais présage.

Le jour du vote, il pleuvait à torrents. Pourtant, les trois quarts de la population se déplacèrent pour déposer leur bulletin dans l'urne. Indira regagna New Delhi, et, deux jours plus tard, alors qu'elle se trouvait avec Rajiv et Sonia à l'ambassade soviétique pour célébrer l'anniversaire de la création de l'URSS, elle fut informée qu'elle avait remporté l'élection avec une confortable marge de soixante-dix mille voix. L'ambassadeur leva son verre pour porter un toast à sa victoire. En deux ans, la femme vaincue et humiliée par le suffrage des urnes avait retrouvé un siège au Parlement dans une circonscription reculée.

Quatre jours plus tard, Indira s'envolait pour Londres. Elle avait obtenu un passeport diplomatique et exprimé le désir d'être accompagnée par Sonia. Celle-ci était la seule à pouvoir le faire, car elle possédait un passeport italien. Elle trouvait bon que sa bru change un peu d'air, et c'était aussi une façon de la remercier pour son dévouement envers la famille. Ces derniers temps, les discordes domestiques avaient atteint leur paroxysme. Le comportement capricieux et imprévisible de Maneka était une source de tension permanente. Elle réagissait à la pression et à l'incertitude en piquant des crises de colère contre le monde entier, à commencer par son mari. Au cours d'une de ces crises, Maneka arracha de son doigt la bague qu'Indira lui avait offerte le jour de ses noces et la jeta par terre.

« Comment oses-tu ? s'écria Indira. Cette bague a appartenu à ma mère ! »

Maneka sortit en claquant la porte et Sonia ramassa la bague.

« Je la garderai pour Priyanka », dit-elle ; et en effet, quelques années plus tard, Priyanka allait porter la bague de son arrière-grand-mère.

Le couple que formaient Sanjay et Maneka était du genre explosif, contrairement à celui de Rajiv et Sonia. Dans ce curieux foyer, c'était l'Italienne qui se comportait comme une parfaite bru indienne, et l'Indienne comme une Napolitaine exubérante. « Le chaos règne à la maison, confia Indira à son amie Pupul. Mais Maneka n'a que vingt et un ans... Elle s'attend à ce que Sanjay soit condamné à de longues années de prison. Il faut la comprendre et lui pardonner son hystérie. » La chasse aux sorcières avait mis leurs nerfs à rude épreuve. Les trente-cinq accusations criminelles qu'avait lancées contre lui le parti Janata avaient même eu raison de Sanjay ; ses fanfaronnades ne trompaient personne. Un jour, alors que la famille déjeunait avec quelques parents de passage, Sanjay protesta parce que les œufs n'étaient pas à sa convenance et jeta son assiette sur le sol. C'était Sonia qui les avait préparés. Elle quitta la pièce, à court de patience. Indira ne dit pas un mot contre son fils, mais elle était clairement en colère elle aussi.

Quand Sonia n'en pouvait plus, elle allait retrouver des amies, dont une décoratrice et une éditrice. Elles mangeaient dans un petit restaurant chinois de Khan Market ou à l'American Embassy Club, où personne ne la reconnaissait. Ou elle allait s'isoler au fond du jardin, une binette à la main, pour s'occuper du potager. Les brocolis qu'elle avait réussi à cultiver faisaient sensation parmi ses connaissances.

Les dix jours de voyage à Londres n'étaient pas des vacances, mais le simple fait de quitter un peu la maison fit du bien à Sonia. Londres lui rappelait les souvenirs d'une époque très heureuse de sa vie. Elle pensait aussi s'éloigner de l'atmosphère irrespirable de la politique indienne, mais ce ne fut pas le cas. La politique la poursuivait. Indira avait accepté ce voyage pour réhabiliter sa réputation internationale mise à mal par l'état d'urgence, et elle fut reçue avec beaucoup de réserve et de méfiance. On l'avertit qu'elle pourrait se trouver confrontée à des auditoires hostiles, si bien qu'à la première réunion avec des parlementaires, Sonia craignait le pire.

« Madame Gandhi, pourquoi l'état d'urgence en Inde s'est-il soldé par un échec ? » lui demanda un député sans détour ni préliminaires.

Il y eut un long silence. Indira se leva, ajusta le bord de son sari et prit le micro :

« Nous avons fini par nous aliéner presque tous les secteurs de la société indienne », répondit-elle de façon simple et directe.

Sa franchise provoqua un éclat de rire général et dissipa la tension ambiante. Il y avait dans l'assistance une femme qui, bien que située à l'autre extrémité du spectre idéologique, vouait une grande admiration à Indira. Il s'agissait de Margaret Thatcher, sur le point de devenir Premier ministre. Le fait d'être une femme elle-même l'aidait à comprendre bien des choses : le mélange de fragilité et de fermeté qui caractérisait Indira, ou encore nombre de ses réactions dans l'exercice du pouvoir. La future « Dame de fer » admettait ouvertement qu'elle se trouvait en présence d'une source d'inspiration. Ce voyage permit à Indira de regagner une grande partie de sa crédibilité démocratique.

Entre ses rencontres avec la presse, avec des représentants de la communauté indienne en Grande-Bretagne et ses visites à des hommes politiques britanniques – qui irritaient au plus haut point l'ambassadeur –, elle eut à peine le temps de se rendre au théâtre et au cinéma, de faire des courses chez Harrod's et d'acheter des livres à la célèbre librairie Foyle's. Mais ces promenades furent une véritable consolation pour Sonia. Dans ces rues luisantes de pluie, personne ne la reconnaissait, elle se sentait en sécurité, elle n'avait pas besoin d'escorte, elle pouvait se déplacer à pied sans dépendre sans cesse d'une voiture… Quel luxe ! Malgré les difficultés récentes, sa relation avec sa belle-mère était plus fusionnelle que jamais. Sonia reconnaissait volontiers qu'elle l'aimait comme une mère. Et même si Indira ne le montrait pas, sa préférence pour Sonia était connue. Elle lui inspirait confiance comme Maneka ne le pourrait jamais. Pourtant, elle défendait toujours celle-ci, au moins en public. « Maneka est soumise à une grande pression », disait-elle pour l'excuser. Il fallait reconnaître que Maneka travaillait avec ardeur à la cause de sa belle-mère. Elle avait réussi à faire éclater un scandale qui affectait beaucoup le parti Janata : des photographes de sa revue avaient obtenu des clichés du fils du Premier ministre, un quadragénaire marié, au lit avec une adolescente. Dans un pays aux mœurs si prudes, cette affaire ridiculisa la persécution lancée par le Janata contre Sanjay et sa mère. Maneka était très fière d'avoir apporté sa contribution à la bataille que menaient sa belle-mère et son mari. Mais en son for intérieur, elle sentait qu'elle n'aurait jamais la place de Sonia dans le cœur d'Indira, et elle en était blessée.

Tandis qu'elles marchaient dans Oxford Street en faisant des achats de dernière minute pour les enfants, ni Sonia ni Indira ne pouvaient imaginer qu'à New Delhi, le gouvernement faisait un dernier effort – un effort désespéré – pour détruire la popularité reconquise par l'ancien Premier ministre. À mesure que sa résurrection politique se confirmait, les commissions d'enquête se multipliaient pour mêler Indira à toutes sortes de crimes. Les accusations allaient du macabre à l'absurde, de la « conspiration pour assassiner un ancien ministre » (qui était en réalité décédé de mort naturelle) au « détournement de fonds en vue d'un enrichissement personnel » (ce qui était évidemment faux). Le délit le plus extravagant à lui être imputé fut sans doute le vol de quatre poules et deux œufs ; une charge qui l'obligea, dès son retour de Londres, à se rendre dans le lointain État de Manipur, dans l'est de l'Inde : un voyage de trois mille kilomètres pour se présenter devant un juge local. Le verdict fut un non-lieu et Indira rentra à New Delhi.

Au Parlement, où elle était accueillie par des clameurs de haine et des vivats pleins d'enthousiasme, le comité des privilèges, un groupe qui contrôlait les éventuels abus de pouvoir de l'exécutif, avait présenté une motion contre Indira. Elle était accusée d'avoir harcelé quatre fonctionnaires qui enquêtaient sur l'entreprise Maruti Ltd. La procédure conclut qu'elle était coupable, mais avant même qu'elle soit présentée devant la justice, les chefs de file du parti Janata décidèrent de la punir en s'appuyant sur leur majorité à la Chambre. Ils approuvèrent une résolution du Parlement demandant qu'Indira « soit incarcérée une semaine, et en conséquence expulsée de la Chambre ». À présent, c'étaient eux qui commettaient un abus de pouvoir. Ils la condamnaient avant de l'avoir jugée. Ils étaient animés par un pur esprit de vengeance, motivé par leur crainte de la voir de nouveau accéder aux sommets du pouvoir. Qu'elle parcourût le pays était une chose ; qu'elle reprît ses aises au Parlement en était une autre, bien différente. Ainsi, le Janata imagina un stratagème pour l'en chasser : d'abord, la mettre en prison, ce qui était tout à fait illégal ; puis, appliquer la loi qui bannissait automatiquement de la Chambre toute personne condamnée à une peine de prison. En réalité, le gouvernement détournait le droit. Et il le faisait le jour même où, au Pakistan, l'ancien Premier ministre Zulfikar Ali

Bhutto se présentait devant la Cour suprême pour se défendre d'une condamnation à mort prononcée par un tribunal inférieur : Bhutto était victime d'une machination orchestrée par Zia Ul Haq, le général responsable du coup d'État qui l'avait renversé et de ce simulacre de justice. L'ombre de cette sentence inique qui était parvenue jusqu'à New Delhi menaçait Indira et son fils. Si, dans cette ambiance délétère, les dirigeants du parti Janata s'estimaient au-dessus les lois, tout devenait possible. En agissant de manière abusive, les ennemis d'Indira renonçaient *de facto* aux derniers vestiges de la supériorité morale dont ils s'étaient fait les ardents défenseurs à leur arrivée au pouvoir : ils prétendaient alors être les représentants d'une nation traumatisée par l'état d'urgence. C'étaient eux, à présent, les tyrans qui emprisonnaient sans jugement et méprisaient les volontés de leur électorat.

Sous la coupole du Parlement, Indira se défendit avec une passion et une fureur contenues : « Jamais auparavant, dans aucun pays démocratique, un seul individu à la tête du principal parti d'opposition n'a été l'objet de tant de calomnies, de diffamations et d'actes de *vendetta* politique de la part du parti au pouvoir. » Elle répéta qu'elle regrettait profondément les excès de l'état d'urgence : « J'ai déjà présenté mes excuses dans les nombreux forums publics auxquels j'ai assisté et je les présente encore aujourd'hui. » Son discours était fréquemment interrompu par des tonnerres de vivats et de huées qui résonnaient sous la voûte de l'édifice.

« Je ne prétends pas être parfaite, mais j'ai toujours été fidèle à certaines valeurs et à certains objectifs. Chacune de vos insultes se retournera contre vous. Chacun des châtiments que vous m'infligerez me rendra plus forte que je ne l'ai jamais été. Ma voix ne peut être réduite au silence, car elle n'est pas une voix isolée. Elle ne parle pas de moi, qui suis une femme fragile et insignifiante. Elle parle de changements significatifs pour la société, des changements qui fonderont une véritable démocratie et une plus grande liberté. »

Son discours achevé, Indira se leva et, tournant le dos aux députés, se dirigea vers la sortie. En arrivant à la porte, elle fit volte-face et les observa longuement. Certains étaient assis jambes croisées, enveloppés dans leur *kurta* de coton blanc et leur châle en pashmina ; d'autres portaient le bonnet caractéristique de

Nehru ; d'autres encore, le fez musulman. Très peu étaient vêtus à l'européenne. On aurait dit une cour orientale, ancienne et bigarrée. Elle leva le bras et tendit la main, un geste qui symbolisait son parti.

« Je reviendrai ! » leur lança-t-elle.

Sonia avait préparé un délicieux plat de pâtes pour le dîner. Pour le dessert, elle avait prévu une crème à la goyave et des petits gâteaux à la mangue d'Allahabad, qu'Indira aimait beaucoup, car ils lui rappelaient son enfance. Indira arriva avec une heure de retard, épuisée. Les traits de son visage reflétaient l'épreuve nerveuse qu'elle venait de subir.

« À n'importe quel moment, on peut venir m'arrêter », dit-elle à Rajiv et Sonia, avant de leur raconter ce qui s'était passé au Parlement.

Sonia ne put avaler la moindre bouchée. Comme souvent dans ce genre de cas, les proches souffraient plus que la victime. Une fois de plus, la peur s'empara de l'Italienne. Elle était mêlée à une désagréable sensation d'insécurité, comme si toute la famille vivait sur des sables mouvants capables de l'engloutir d'un moment à l'autre. Indira serait arrêtée de nouveau ; et cette fois, elle ne dormirait pas dans un commissariat, mais en prison. Ses ennemis avaient remporté une bataille. Rajiv et Sonia étaient abattus.

« Si vous appeliez Priyanka ? Nous pourrions faire une partie de scrabble », proposa alors Indira. Elle adorait jouer avec sa petite-fille, qui avait l'esprit très vif et gagnait assez souvent. Et puis, en ces heures d'incertitude, quelle meilleure compagnie que celle de cette enfant si chère ?

25.

Le lendemain, Indira fut arrêtée à sa sortie du Parlement, au milieu d'une énorme manifestation de soutien et au son de ce cri : « Longue vie à Indira Gandhi ! » Cette fois, elle ne demanda pas à être menottée. Le fourgon cellulaire où on la fit monter se fraya difficilement un passage dans la foule qui tentait de lui barrer la route. Elle fut conduite à la prison de Tihar, dont le seul nom suffisait à effrayer les criminels les plus endurcis. Mais, contrairement aux maharanis de Gwailor et de Jaipur, elle ne fut pas enfermée dans une cellule sordide en compagnie de prostituées et de délinquantes de droit commun. On la plaça dans le baraquement où avait été emprisonné le chef de l'opposition au temps de l'état d'urgence. Elle y était seule, tout un privilège. Deux gardiennes la surveillaient à tour de rôle. Quand l'une d'elles lui apporta à manger, elle refusa d'avaler la moindre bouchée.

« Je ne mangerai rien qui ne m'ait été apporté par ma famille », dit-elle d'un ton péremptoire, consciente de ne pouvoir se fier qu'aux mains de Sonia. La gardienne sortit pour s'entretenir avec sa supérieure. Comme toujours en Inde, cette discussion dura un temps interminable.

Seule, Indira observa ce qui lui faisait office de cellule. On entendait le brouhaha de la cour et le bruit que faisaient les autres détenues. Mais l'endroit était assez spacieux et moins inhospitalier qu'elle ne l'avait craint. Elle disposait d'une couchette en bois, sans oreiller, et il y avait des barreaux aux fenêtres, mais ni carreaux ni volets. Il faisait très froid : fin de décembre, à Delhi, la température peut tomber au-dessous de zéro la nuit.

Indira était occupée à calfeutrer sa fenêtre avec une couverture pour se protéger du froid et obtenir un peu d'intimité quand la gardienne revint.

« Vous avez de la visite. »

Sonia et Rajiv l'attendaient au parloir, une grande salle aux murs écaillés, meublée de quelques tables et chaises métalliques. Il y avait beaucoup de monde, surtout des pauvres, des hommes jeunes et maigres qui venaient rendre visite à leurs épouses et à leurs mères incarcérées. La partie basse des murs était maculée de taches rouges ; c'était la trace des crachats innombrables de tous ceux qui mâchaient des feuilles de bétel. Une odeur d'urine et d'encens rance flottait dans l'air. Comme ils étaient déjà venus en ces lieux pour voir Sanjay, Sonia et Rajiv ne s'étonnaient plus de rien. Mais ils étaient très affectés, et Indira dut leur remonter le moral.

« Je vais bien, je vous assure. Je vais en profiter pour lire, on me permet d'avoir jusqu'à six livres… Une chance, non ? dit-elle avec ironie. On m'a aménagé une espèce de petite salle de bains et je pourrai me doucher le matin, à l'eau chaude. La cellule est assez propre, mais tout est d'une laideur sans nom, comme vous le constatez… Comment vont les enfants ?

— Priyanka voudrait venir vous voir, mais nous avons pensé que… »

Le visage d'Indira s'éclaira.

« Oh, oui ! dit-elle en souriant. Amenez-la, c'est une bonne chose qu'elle voie ce qu'est une prison. Nous les Nehru, nous avons tous rendu visite à nos parents en prison quand nous étions enfants… Il ne faut pas que la tradition se perde ! »

Ils se mirent à rire. Comme d'habitude, Indira ne se laissait pas abattre. Pas un instant elle ne s'apitoyait sur son sort. Il lui suffisait d'être convaincue qu'elle était dans son bon droit.

« Je vous porterai vos repas, lui dit Sonia.

— Ne m'apporte pas grand-chose. Je n'ai pas faim. »

Sonia apportait deux fois par jour des plats préparés par ses soins. Tout devait d'abord passer par un détecteur de métaux. Puis une gardienne inspectait les récipients. Les sucreries étaient interdites, depuis qu'un détenu avait réussi à s'évader après avoir offert à son gardien une friandise truffée de narcotique. On n'autorisait pas non plus les bananes dans la section des femmes, tant les autorités étaient puritaines et soupçonneuses.

Un matin, Indira raconta à Sonia qu'elle avait reçu deux télégrammes anonymes. Le premier lui disait : « Vivez frugalement. » L'autre lui conseillait de compter les barreaux pour passer le temps. « Je les ai comptés, il y en a vingt-huit », dit-elle. Elle lui expliqua aussi qu'elle s'obligeait à une discipline très stricte qui l'aidait à rythmer ses journées. Elle se réveillait à cinq heures du matin et faisait ses exercices de yoga. Elle buvait un verre de lait froid - que Sonia lui avait apporté la veille - et se recouchait jusqu'à sept heures. Puis elle se lavait, passait un moment à méditer et se mettait à lire. Les après-midi étaient interminables, mais elle ne s'en plaignait pas. Elle en profitait pour réfléchir, pour rentrer en elle-même et, curieusement, pour se détendre. Le meilleur moment de sa captivité fut quand sa petite-fille lui rendit visite. Toute la famille disait que Priyanka tenait de sa grand-mère. Elle avait un caractère volontaire et décidé. Indira l'adorait. Rajiv et Sonia avaient dû parlementer longuement avec les autorités pénitentiaires pour recevoir l'autorisation de venir avec la fillette. Dans le décor lugubre du parloir, la réunion fut très joyeuse.

Avant de partir, Indira demanda un service à Sonia :

« Je voudrais que tu envoies de ma part un bouquet de fleurs à Charan Singh, avec un mot de félicitations pour son anniversaire.

— À Charan Singh ? répéta Sonia avec étonnement.

— Oui. Tu le feras ?

— Bien sûr », répondit Sonia.

Charan Singh était un des chefs de file du parti Janata. En tant que ministre de l'Intérieur, il avait été responsable de sa première arrestation, mais il était aujourd'hui relégué à un ministère de moindre importance. Indira savait ce qu'elle faisait. Il restait trois ans au parti Janata pour arriver au terme de son mandat, et les membres de la coalition se disputaient toujours plus violemment. Charan Singh en voulait de toutes ses forces au Premier ministre Morarji Desai, l'homme qui avait privé Indira de sa maison et de sa protection policière, depuis que celui-ci l'avait démis de ses fonctions de ministre de l'Intérieur. Indira se disait qu'elle pourrait ouvrir une brèche entre les deux leaders et exciter les ambitions de Singh pour que le gouvernement tombe comme un fruit pourri. Tel était le calcul qui se cachait derrière le bouquet de fleurs.

À sa sortie de prison, Indira bénéficiait d'une liberté conditionnelle. Une lettre de Charan Singh l'attendait : il l'invitait chez lui lors de la fête qui célébrait la naissance de son petit-fils. Dans ce cadre tranquille et familial une négociation machiavélique eut lieu : les deux adversaires politiques mirent au point une stratégie pour faire tomber le gouvernement de Morarji Desai. En échange de l'annulation de la nouvelle loi sur les tribunaux spéciaux – qui permettait de juger Indira et Sanjay sans la protection légale habituelle –, Indira offrit l'appui du parti du Congrès pour abattre Morarji Desai. Et une fois ce but atteint, elle promettait son soutien à Charan Singh pour qu'il soit nommé Premier ministre, ce qui était l'ambition de sa vie. C'est Sanjay qui se chargea de poursuivre ces délicates tractations. Il prit grand soin de ne rien laisser au hasard.

Le résultat escompté fut obtenu. La coalition se brisa et le gouvernement tomba ; mais Charan Singh ne put (ou ne voulut) annuler la loi sur les tribunaux spéciaux, si bien qu'Indira lui retira son appui et son gouvernement dura moins d'un mois. Pour sortir de cette crise, le président de la République décida de dissoudre le Parlement et de convoquer de nouvelles élections pour janvier 1980. Indira avait manœuvré avec expérience, sang-froid et efficacité. Comme elle l'avait annoncé aux députés à la fin de son discours, elle s'apprêtait à revenir, et par la grande porte.

Quelques mois plus tôt, elle avait pensé tout abandonner. Sanjay et elle avaient même songé se retirer dans une petite ville de l'Himalaya. Le sage Krishnamurti, un ami de Pupul, avait conseillé à Indira de quitter la vie politique, et elle lui avait répondu qu'elle ne savait comment faire, car vingt-huit procès contre elle étaient en cours. Elle ne voulait pas finir comme Zulfikar Ali Bhutto qui avait été pendu le 4 avril 1979, dans la cour de la prison centrale de Rawalpindi. Le dictateur pakistanais Zia Ul Haq craignait une résurrection politique de Bhutto semblable à celle d'Indira en Inde ; il avait donc manipulé la justice pour en finir avec son rival. Ici, de telles pratiques étaient moins faciles, car l'Inde demeurait une démocratie. Mais le danger existait.

« J'ai deux options, avait déclaré Indira à Krishnamurti, lutter ou me laisser tirer comme un lapin. »

À présent, il n'y avait plus de volte-face possible. Le pouvoir était à portée de main. Indira, fidèle à elle-même, se lança à sa conquête. Armée de deux valises qui contenaient une demi-douzaine de saris en coton cru, deux thermos – l'un pour l'eau chaude et l'autre pour le lait froid – de deux coussins, de plusieurs sachets de fruits secs, d'une caisse de pommes et d'un parapluie pour se protéger du soleil, elle visita tous les coins du sous-continent, parcourut soixante-dix mille kilomètres, tint une moyenne de vingt meetings par jour et, au total, s'adressa à un auditoire de cent millions de personnes. Elle avait été vue ou entendue par un électeur sur quatre. Au cours de cette campagne, elle ne tarda pas à se rendre compte que son second séjour en prison l'avait rendue immensément populaire. Une martyre et une héroïne. En comparaison, les candidats de la coalition Janata faisaient figure de dinosaures. Ils étaient en compétition non contre une fragile petite dame de soixante-deux ans, mais contre un mythe vivant, une légende vêtue d'un sari et de sandales poussiéreuses qui réveillait la passion du peuple. Son message était simple, loin des abstractions et des idéologies : « Votez pour un gouvernement qui marche. » Sonia ne pouvait imaginer que, des années plus tard, elle s'emparerait de ce slogan elle-même.

Comme au bon vieux temps, Indira fit un triomphe dans les urnes. Sonia s'y attendait, car elle l'avait accompagnée dans quelques-unes de ses visites de villages et l'avait vue évoluer parmi la foule des déshérités avec la plus grande aisance, adressant une phrase aimable à un vieillard, s'arrêtant auprès d'un amputé, souriant à une femme, offrant une fleur à une fillette. Le souvenir de cette prodigieuse campagne resterait gravé dans sa mémoire et lui serait un jour d'une immense utilité.

Quand les résultats officiels tombèrent, la maison fut envahie par des amis, des journalistes, des membres du parti, de grands industriels, des commerçants du quartier et des gens de toute condition. Il y avait des fleurs partout. Pupul se fraya un chemin à grand-peine dans cette cohue. Quand elle se trouva face à son amie Indira, celle-ci faillit se mettre à pleurer. « Elle était très émue et même un peu perdue, raconterait-elle. Même si elle était consciente que le courant l'avait portée, l'émotion de la victoire l'avait sonnée, comme un boxeur. » Il lui fallait un peu de temps pour comprendre qu'elle reprenait la place de Premier ministre et que tous ses problèmes étaient résolus, comme par magie. Très vite, elle se reprit.

« Quel effet cela vous fait-il d'être de nouveau à la tête de l'Inde ? » lui demanda un correspondant européen. Elle se tourna vers lui avec un regard de feu.

« J'ai toujours été à la tête du pays », lui répondit-elle sèchement.

Un autre journaliste, surpris par l'affluence de gens humbles, lui déclara qu'elle avait dû beaucoup les aider dans le passé pour qu'ils accourent en si grand nombre. Elle lui répondit de manière un peu sibylline : « Non, ceux que nous avons aidés sont là où on ne les voit pas. »

Sanjay était à ses côtés, souriant, enveloppé d'un châle couleur saumon, comme un jeune César. Lui aussi avait gagné dans la circonscription qui n'avait pas voulu de lui trois ans plus tôt. Dorénavant, son pouvoir aurait une certaine légitimité. La vie lui souriait aussi pour une autre raison : Maneka était enceinte depuis quelques mois. Ils avaient appris la nouvelle alors que la situation était des plus critiques, au point qu'ils s'étaient demandé quel sens pouvait avoir la venue au monde d'un enfant dans un tel chaos. À présent, ce voile d'incertitude s'était levé et l'avenir s'annonçait radieux. Maneka, très excitée, bavardait avec des amis et des journalistes, exhibant avec fierté son ventre nu entre son corsage et le bord de son sari. Rajiv, Sonia et les enfants allaient et venaient dans la maison. Tous semblaient former de nouveau une grande famille heureuse.

Ceux qui avaient été les victimes des campagnes de nationalisations et de l'abolition des privilèges ne partageaient pas cette allégresse. La photo d'Indira souriante à côté de Sanjay, qui occupa la première page des principaux journaux pendant plusieurs jours, fit trembler plus d'un opposant dans l'immense pays. La mère et le fils revenaient au pouvoir. Dans leurs palais décrépits, les maharajahs accueillirent la nouvelle avec cynisme. Que pouvait-on leur prendre de plus qu'on ne leur ait déjà pris ? Indira inspirait aux nombreuses familles de la vieille aristocratie une haine tenace. Un jour, lors d'une visite à Bhopal, elle fut invitée à prendre le thé chez les héritiers des anciennes bégums, qui avaient gouverné le sultanat pendant plusieurs générations. Indira ne soupçonna jamais que la part de gâteau au chocolat qu'elle dégusta était souillée d'un crachat, un cadeau de la maîtresse de maison qui, noblesse oblige, l'accueillait avec la plus grande courtoisie.

Le 14 janvier 1980, Indira prêta serment devant le président de la République, entourée de sa famille, de quelques amis et de compagnons du parti. La cérémonie eut lieu dans l'éblouissant salon Ashoka de l'ancien palais du vice-roi, dont les peintures au plafond et sur les murs racontaient l'histoire mythologique de l'Inde éternelle. C'était la quatrième fois qu'Indira prêtait serment dans ce décor, dont la grandeur évoquait l'immense pouvoir qui lui était octroyé. Cette fois, contrairement aux précédentes, elle ne jura pas sur la Constitution, mais invoqua le nom de Dieu. À l'inverse de son père, elle avait toujours été un peu superstitieuse, mais elle n'en surprit pas moins l'assistance en mentionnant le Tout-Puissant. Peut-être reconnaissait-elle en son for intérieur que ce retour au pouvoir tenait davantage du destin que de ses mérites ou des fautes de ses adversaires. Ou peut-être les attaques l'avaient-elles atteinte si profondément qu'elle avait besoin de réconfort. Elle avait toujours éprouvé du respect pour le surnaturel et attribuait cet héritage à sa mère, dont elle se rappelait la piété. Depuis des années, elle écoutait les astrologues. Et cette date du 14 janvier avait été choisie par son professeur de yoga, le gourou Dhirendra Brahmachari. Selon lui, c'était un jour favorable, car il correspondait au solstice d'hiver du calendrier hindou. Depuis plus de vingt ans, ce curieux personnage, qui enseignait aussi l'astrologie, lui indiquait les jours de bon ou de mauvais augure pour certains événements. Dernièrement, son influence avait beaucoup diminué. Indira le considérait avec une pointe de soupçon car la commission Shah s'était interrogée sur l'origine de sa fortune et avait publiquement exposé ses intrigues. Pourtant, elle continuait de le consulter avant de prendre une décision. À son âge et après ce qu'elle avait vécu, elle ne voulait pas courir de risques en tentant le sort.

Aussitôt après sa prestation de serment, Indira se rendit du palais présidentiel à son ancien bureau de South Block. Elle ne

UNE FAMILLE ENGAGÉE DANS LA LUTTE POUR L'INDÉPENDANCE

Tout a commencé à Allahabad, dans la grande maison d'un avocat brillant et fortuné du nom de Motilal Nehru. L'amour de celui-ci pour son fils Jawaharlal allait mettre un sixième de l'humanité sur le chemin de son indépendance.

La vie luxueuse des Nehru changea quand ils firent la connaissance de Gandhi. Le patriarche Motilal troqua la sophistication pour la simplicité et changea ses costumes de flanelle pour de simples kurtas de coton filées à la main, comme celles de Gandhi. La maison des Nehru devint celle de l'Inde tout entière.

Jawaharlal Nehru et Gandhi n'avaient rien en commun, mais leur amitié et la combinaison de leurs forces allaient changer la face du monde. Gandhi était un homme de foi, un esprit religieux; Nehru, un rationaliste : il était convaincu que le salut de l'Inde se trouvait dans la science et la technologie.

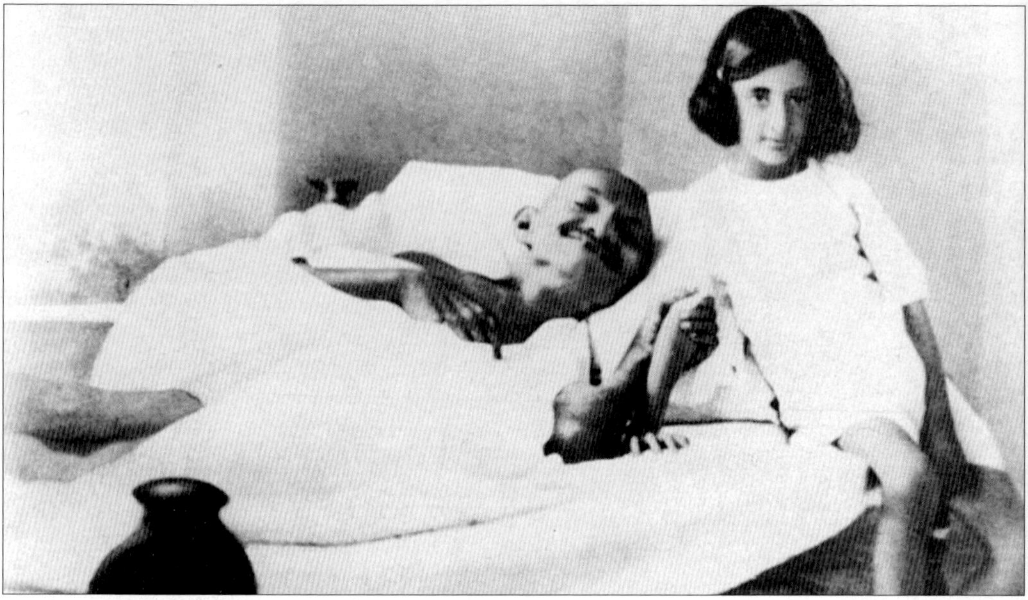

Gandhi fut comme un second père pour Indira, la fille de Nehru. Elle lui faisait ses confidences de fillette et lui disait combien son père, qui passait de longues périodes en prison, la fascinait. Elle lui parlait aussi de ses complexes, car elle n'était pas très jolie et tombait souvent malade.

Rien ne laissait penser qu'Indira finirait par succéder à son père. Elle rêvait d'une vie de famille stable, loin des imprévus de la vie politique. Jamais elle n'avait eu l'intention de créer une dynastie. Les relations avec son père furent toujours marquées par l'éloignement.
« Mes cadeaux ne peuvent être faits que d'air, du souffle de mon esprit, comme ceux que te ferait une fée :
des choses que même les murs d'une prison ne peuvent retenir », lui écrivit Nehru à l'occasion d'un anniversaire.

TROIS GÉNÉRATIONS AU SOMMET DU POUVOIR

Au début, Nehru s'opposa au mariage de sa fille Indira avec Firoz Gandhi – qui n'avait aucun lien de parenté avec le mahatma. Mais Indira était amoureuse. Elle n'écouta pas les conseils de son père et se maria. Le petit Rajiv naquit alors que son grand-père était encore en prison. Sur la photo, trois générations de Nehru : Jawaharlal, Indira et, dans les bras de son père, Rajiv. Ils furent tous les trois Premiers ministres de l'Inde.

« JAMAIS JE N'AI VU UN COUPLE AUSSI AMOUREUX »

© SPI : Smithsonian Photography Initiative

Le titre de cette page reprend les paroles de Christian von Stieglitz, l'ami commun qui présenta Rajiv Gandhi à Sonia Maino en 1965, alors que tous deux étaient étudiants à Cambridge. Rajiv avait grandi parmi des dignitaires de l'État dans un palais colonial du centre de New Delhi ; Sonia était la fille d'un modeste entrepreneur en bâtiment des environs de Turin. Leurs familles n'auraient pu être plus différentes. Pourtant l'amour incita Sonia à quitter les siens et son pays pour s'en aller vivre en Inde.

Il faisait si chaud pendant les mois qui précédaient les moussons qu'une de leurs distractions préférées consistait à sortir se promener dans les jardins de la porte de l'Inde et à manger une glace. Bientôt Sonia abandonnerait ses minijupes pour adopter le sari.

© Kapoor Baldev/Sygma/Corbis

UN MARIAGE DIGNE DES MILLE ET UNE NUITS

Le jour de son mariage, en revêtant le sari rose que Nehru avait tissé dans sa prison pour les noces de sa fille Indira, Sonia se liait à l'Inde pour toujours. Elle était alors loin d'imaginer qu'elle finirait par incarner dans le pays de Gandhi les espoirs de plus d'un milliard d'individus.

UNE ITALIENNE DANS LA PREMIÈRE FAMILLE DE L'INDE

Ce mariage choqua la bonne société de New Delhi : elle ne comprenait pas qu'un des célibataires les plus convoités du pays ait choisi une étrangère. Il fallut que Sonia s'adapte à la vie indienne ; elle était entrée dans la famille de son mari et devait commencer par vivre sous le même toit que sa belle-mère et son beau-frère.
Tous s'efforçaient de manger à la maison au moins une fois par jour, et ces repas étaient animés car les conversations étaient toujours intéressantes. Autour de la table, on discutait des problèmes d'Indira, qui étaient, pour la plupart, les problèmes de l'Inde.

© Kapoor Baldev/Sygma/Corbis

L'heure du thé avec Pupli, un golden retriever. Des années de bonheur et d'apprentissage…

ELLES S'AIMAIENT COMME MÈRE ET FILLE

Dès leur rencontre, un courant de sympathie passa entre Indira et Sonia. Il ne tarda pas à se transformer en une profonde affection. Chaque fois qu'elle en avait l'occasion, Indira invitait Sonia à voyager avec elle, que ce soit pour des vacances (au cours d'une excursion en montagne) ou une visite officielle (en compagnie de Margaret Thatcher). Même si la « Dame de fer » se situait aux antipodes d'Indira sur le plan idéologique, elle l'admirait : Thatcher savait quelles pressions devait subir une femme placée au sommet des responsabilités dans un pays comme l'Inde.

De Gaulle, à propos d'Indira : « Ces épaules si fragiles sur lesquelles repose l'immense destin de l'Inde… On ne dirait pas qu'elles puissent supporter un tel poids. Cette femme a quelque chose. Elle réussira. »

UNE GRAND-MÈRE PREMIER MINISTRE QUI GALVANISE LES FOULES

Indira adorait les enfants. De son bureau officiel, elle appelait Sonia plusieurs fois par jour pour lui demander si ses petits-enfants avaient bien dormi et bien mangé… Elle s'efforçait de rentrer à la maison entre les séances au Parlement dans le seul but de jouer un moment avec Rahul et Priyanka. La femme qui dirigeait d'une main de fer le parti du Congrès et l'ensemble du pays était une grand-mère tendre et attentive qui n'oubliait jamais un anniversaire ou une fête familiale.

Indira aimait passionnément le contact avec la foule. Depuis des générations, les membres de sa famille inspiraient au peuple indien sympathie et respect. Avec Indira, une communication privilégiée perdurait en dépit de tous les obstacles.

Indira avait conscience de l'influence qu'exerçaient l'argent et la puissance sur son entourage, mais elle ne voulut jamais brider son fils Sanjay. Pendant des années, il abusa de sa proximité avec le pouvoir. L'arrivée de Maneka dans la famille n'arrangea pas les choses. La maison familiale, le seul endroit où Indira pouvait se mettre à l'abri des tensions de la vie politique, cessa d'être un havre de paix (de gauche à droite sur la photo : en haut, Rajiv et Sanjay ; en bas, Sonia, Rahul, Indira, Priyanka et Maneka).

LA CHUTE DE L'IMPÉRATRICE DE L'INDE

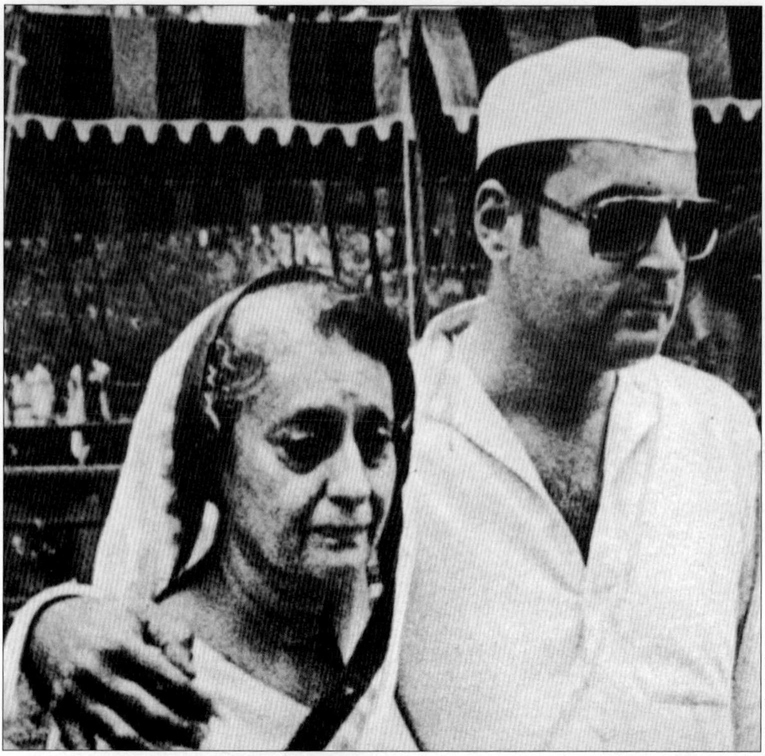

© Virenda Prabhakar

Après avoir porté seule la responsabilité du destin de la nation, Indira fut arrêtée par ses adversaires politiques ; après avoir été au faîte du pouvoir, elle fut chassée de chez elle ; après avoir connu le bonheur et l'épanouissement, elle éprouva la souffrance et le deuil. Le pouvoir avait fait d'Indira une combattante formidable, aussi solide que tenace.
Sur cette photo, Indira Gandhi pleure en public pour la première fois de sa vie. Elle vient de perdre son fils préféré, Sanjay, et Rajiv tente de la consoler. « La vie s'est montrée généreuse à mon égard, en bonheurs comme en malheurs, écrivit-elle à une amie. Comment apprécier les uns sans les autres ? »

© Javier Moro

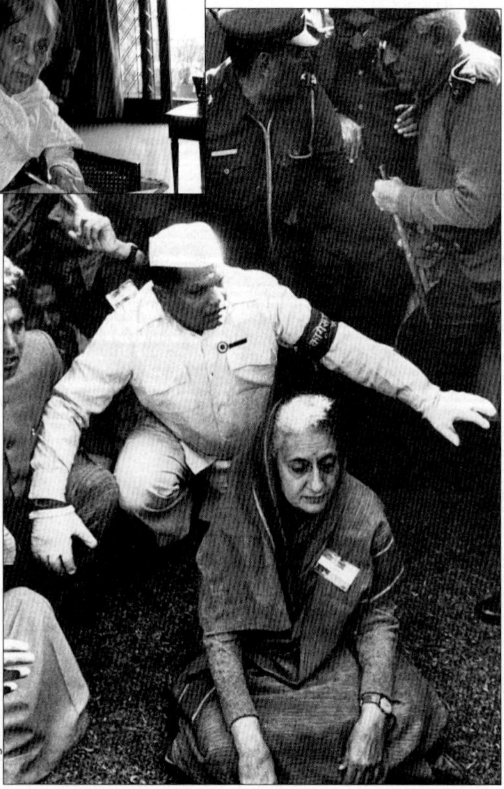

© Raghu Rai

Sur cette photo, elle exige qu'on lui passe les menottes alors qu'elle vient d'être arrêtée par ses rivaux de la coalition du Janata. Sa fidèle secrétaire Usha Bhagat (à gauche) déclara : « Pour la juger, on a tendance à la placer sur un piédestal ou à la dénigrer complètement. Je réfute l'une et l'autre de ces évaluations. Elle était avant tout un être humain. Une femme très travailleuse, dévouée à son peuple, qui grandissait avec les défis. »

INDIRA DANS SA VIE POLITIQUE

Indira avec Nixon en 1971, avant la guerre du Bangladesh. Ils s'entendirent très mal. En privé, le président américain la traitait de « vieille chienne ».

Indira avec Jacqueline Kennedy : les deux femmes représentaient deux dynasties politiques dans deux grands pays démocratiques.

L'HOMME QUI NE VOULAIT PAS ÊTRE ROI

© Christian von Stieglitz

Rajiv Gandhi était un homme bon, un homme d'honneur. Il aimait sa famille et son métier de pilote. Il n'avait aucune ambition politique. Mais le destin l'entraîna vers une vie qu'il n'avait jamais voulue. Sonia tenta de l'en dissuader, mais dut finalement céder devant la force des pressions : Rajiv assurerait la relève. Que signifiait le bien-être d'une famille de quatre personnes comparé au destin d'un sixième de l'humanité ? Par amour et loyauté envers son mari, Sonia le suivit dans sa nouvelle vie. Sur ces photos, on la voit faire campagne au côté de Rajiv.

Rajiv était comme un poisson dans l'eau parmi les grands hommes d'État de la planète. Il avait grandi en leur compagnie et parlait le même langage. Accompagné de Sonia, il apparaît ici avec Mikhaïl et Raïssa Gorbachev, puis François et Danielle Mitterrand.

Rajiv Gandhi avec son amie et collègue Benazir Bhutto. La dernière fois qu'ils se rencontrèrent, Rajiv était soucieux, car sa fille Priyanka voulait se lancer en politique. Il demanda à Benazir de la convaincre de renoncer à son projet : « Elle ne se rend pas compte à quel point c'est dangereux », lui dit-il.

L'Histoire ne tarderait pas à confirmer ses paroles. À Colombo, Rajiv fut victime d'un attentat manqué alors qu'il passait en revue un bataillon de l'armée du Sri Lanka. Un soldat sortit du rang dans l'intention de le frapper à la tête avec la crosse de son arme. Rajiv esquiva le coup de justesse et s'en tira avec une contusion à l'épaule.

L'HÉRITIÈRE DE LA DYNASTIE

Sonia Gandhi avec le nouveau Premier ministre. Surprenant la nation et le monde, la nomination de Manmohan Singh était un coup de maître. Une expérience dans l'art de gouverner.

Comme elle le dit elle-même, l'histoire de Sonia Gandhi est une histoire d'ombre et de lumière, de lutte intérieure et de tourment : elle prouve comment le deuil peut donner un sens plus profond à la vie. Qui aurait pu penser que cette *paesana* née dans un village italien deviendrait le grand leader du deuxième pays le plus peuplé du monde ? Sa métamorphose de mère au foyer italienne en femme indienne l'a conduite à assumer un extraordinaire destin.

PRISONNIERS D'UN NOM

La dynastie se poursuit, comme un pont entre le passé et l'avenir. Le parti du Congrès a maintenant placé ses espoirs en Rahul Gandhi, désormais l'un de ses secrétaires généraux, qui a montré son talent à l'occasion de la toute dernière campagne électorale. Sur la première photo, Rahul, au côté de sa mère, salue la foule rassemblée lors d'un meeting. L'assassinat de Benazir Bhutto, vieille amie de la famille, est venu leur rappeler la fragilité de leur existence.

La ressemblance de Priyanka Gandhi avec sa grand-mère est étonnante, tant sur le plan physique que sur celui du caractère. Elle possède le même magnétisme capable de galvaniser les foules. Pour le moment, elle mène une existence tranquille à New Delhi, où elle s'occupe de son mari et de ses deux jeunes enfants. « Jamais nous n'avons été propriétaires de notre famille, a-t-elle déclaré un jour. Nous l'avons toujours partagée avec la nation. » Le jour de son mariage, Priyanka portait le sari rose que son arrière-grand-père Nehru avait tissé dans sa prison. Le même sari qu'avaient porté Indira puis Sonia lors de leurs noces. Priyanka échappera-t-elle au destin attaché à son nom ?

pouvait guère compter sur ses ministres et ses collègues du passé, car la plupart l'avaient trahie. Elle ne voulait pas non plus s'entourer de figures que les gens pourraient associer à l'état d'urgence. Elle dut choisir les membres de son cabinet dans une troupe hétéroclite de députés sans beaucoup d'expérience. La plupart d'entre eux était issue du Youth Congress dont était chargé Sanjay. À la surprise de beaucoup et au soulagement de certains, elle ne confia aucun portefeuille à son fils, malgré sa légitimité validée par les urnes. Elle ne voulait pas l'exposer plus que de raison. Elle préférait l'avoir à ses côtés, pour le former et le voir mûrir sous sa protection. Elle avait pleinement confiance en Sanjay : elle le chargea de redynamiser le parti et superviser les projets de développement en zones rurales. Et elle était déterminée à ne pas répéter les erreurs du passé.

Pendant ce temps, Sonia s'occupait d'un nouveau déménagement. Avec la victoire d'Indira, toute la famille allait retrouver le 1, Safdarjung Road ; tous s'en réjouissaient car ils avaient beaucoup manqué d'espace. Avant toute chose, Indira tint à envoyer sur place une douzaine de prêtre hindous, pour purifier le domicile où Morarji Desai avait vécu tandis qu'il la persécutait. Elle avait découvert que son rival était un pratiquant assidu de l'urinothérapie, une coutume ancestrale qui consiste à boire chaque matin à jeun un verre de la première urine du jour. Pour s'assurer qu'il ne resterait pas un seul verre lui ayant appartenu, Indira et Sonia rassemblèrent tous ceux qu'elles trouvèrent dans la maison, les mirent dans des caisses et les rendirent à l'administration. La maîtresse de maison chargea aussi une équipe de maçons de remplacer la salle de bains indienne que Desai s'était fait aménager par une autre, de style européen, avec baignoire et toilettes. Quand la famille s'installa, on aurait dit qu'elle n'avait jamais quitté les lieux. « Un air d'élégance renouvelée régnait dans toutes les pièces, qui étaient à nouveau pleines de serviteurs et décorées d'énormes vases de fleurs qui tombaient en cascade », devait écrire Pupul. Sonia reprit son rôle de merveilleuse fée du logis dans cette maison si particulière, où elle allait organiser des dîners et des réceptions pour un défilé ininterrompu de personnalités : Valéry Giscard d'Estaing, Joseph-Désiré Mobutu, Yasser Arafat, Andrei Gromyko, Jimmy Carter et beaucoup d'autres. Tous venaient tisser des liens avec une des femmes les plus puissantes du monde.

La vie familiale redevint agréable. La nouvelle situation politique et les dimensions de la maison contribuèrent à détendre l'atmosphère. Les querelles cessèrent, et, mieux encore, les silences. Tout le monde s'occupait de Maneka, qui n'allait pas tarder à accoucher. Durant sa grossesse, Sonia avait tacitement fait la paix avec sa belle-sœur. Elle avait choisi d'oublier les vieilles rancunes, les sautes d'humeur et les commentaires blessants pour se concentrer sur ses devoirs de « *bahu* aînée » – de bru aînée – et faire profiter Maneka de son expérience. Elle était aux petits soins pour elle. La famille avant tout. Décidément, Sonia était devenue très indienne. Même si les deux belles-sœurs étaient comme l'eau et le feu, elles réussirent à pratiquer une espèce d'« entente cordiale ». Indira, qui était folle de joie à la perspective d'être grand-mère une nouvelle fois, avait déjà choisi un prénom pour le bébé : il s'appellerait Firoz, comme son mari. Maneka n'était pas convaincue, et voulait l'appeler Varun. Sanjay trancha : l'enfant s'appellerait Firoz Varun.

Maintenant, Rajiv n'était plus obligé de passer presque tout son temps libre dans les bureaux du ministère des Finances. Il pouvait de nouveau se consacrer à sa famille et à ses *hobbies*, la photographie et la radio. C'était un excellent père. Jamais il ne manquait une réunion avec les enseignants, ou l'occasion de lire une histoire à ses enfants s'il rentrait avant qu'ils ne soient couchés. La photo le détendait énormément après la concentration dont il lui fallait faire preuve dans son métier. Sa passion avait grandi avec le temps. Il aimait faire des expériences avec des filtres ou des équipements nouveaux, il ne manquait aucune exposition et s'était abonné à des revues spécialisées. Et il avait envie de transmettre son enthousiasme à ses enfants ; il s'efforçait, par exemple, de stimuler leur sensibilité visuelle en leur demandant d'identifier différentes nuances de vert dans le jardin. Plus tard, il conseilla à son fils de noter le temps d'exposition et la rapidité avec laquelle il prenait ses photos pour les corriger et les améliorer. Il sortait son appareil dans toutes les grandes occasions, anniversaires ou fêtes de famille. Quand un photographe officiel venait faire un portrait de sa mère, il prenait son appareil et participait à la séance. Il éprouva toujours une complicité particulière avec les photographes. Il offrit à sa mère un petit album qu'elle emportait dans tous ses voyages. « Rajiv, je voudrais des photos plus récentes », lui demandait-elle régulièrement, quand elle était fatiguée de voir toujours les mêmes. Indira adorait avoir des photos de ses petits-enfants. Elle choisissait celles qui lui plaisaient dès qu'elles étaient développées et priait Rajiv de les agrandir et de les encadrer. Son bureau en était plein.

Le soir, Rajiv s'enfermait dans son atelier et établissait des contacts avec des passionnés de radio du monde entier. Il avait acheté un émetteur en kit et rien ne le réjouissait autant que de se connecter avec Pier Luigi, l'ami des Maino à Orbassano qui vendait des glaces à Sonia quand elle était petite. Il y parvenait souvent quand la nuit était claire et qu'il n'y avait pas d'interférences. Sous couvert d'anonymat, parler par radio avec des gens inconnus était une autre façon de voyager, de s'oublier soi-même et de se détendre.

Le 16 février 1980, un mois après le retour au pouvoir d'Indira, un phénomène extraordinaire, comme on n'en avait pas vu depuis presque un siècle, se produisit en Inde : une éclipse totale du soleil. Rajiv installa un télescope dans le jardin, aidé de Rahul et de Priyanka qui étaient très excités par cette idée. Ils disposaient aussi de lunettes noires presque opaques que Rajiv avait empruntées à un ami pilote. Sanjay s'amusait à manœuvrer un petit avion télécommandé. La passion de l'aéromodélisme lui était venue après s'être fait retirer son brevet de pilote, sans raison, par le gouvernement Desai. À présent, il attendait de le récupérer pour retourner à son passe-temps favori : les acrobaties aériennes. Son engouement pour les voitures était mort et enterré depuis le fiasco de la Maruti. Pupul, qu'Indira avait invitée à observer l'éclipse au télescope, prenait le thé dans la véranda. Quand l'heure approcha, Indira, influencée par les prédictions de célèbres astrologues qui avaient annoncé dans la presse des tremblements de terre, des inondations et toutes sortes de désastres, envoya Maneka dans sa chambre. Le phénomène était considéré comme une menace directe pour les enfants à naître, et aucune femme enceinte ne devait s'y exposer. Même sur des sujets qui n'avaient rien à voir avec la politique, Indira était en phase avec son électorat : la plupart des pauvres avaient choisi de se terrer dans leur masure. Les hindous traditionnels ne sortent pas durant les éclipses car celles-ci sont considérées comme nocives : d'un point de vue symbolique, elles dissimulent la lumière. Certains jeûnèrent, d'autres apportèrent des offrandes ou récitèrent des mantras pour conjurer le danger. Quand la lune commença à couvrir le soleil, une lumière mystérieuse enveloppa la maison et le jardin et l'ombre disparut. Indira se leva brusquement et alla s'enfermer dans sa chambre jusqu'à la fin du phénomène. Son gourou Brahmachari lui avait affirmé que l'éclipse était particulièrement risquée pour elle et pour Sanjay, et elle jugeait plus sage de l'écouter. Rajiv, Sonia, Sanjay et les enfants, les yeux protégés par leurs lunettes noires, assistèrent médusés au passage de la lune devant le soleil. Pupul suivit Indira dans sa chambre. « Ce n'était pas l'Indira vigoureuse des jours qui avaient précédé l'état d'urgence, écrivit-elle. J'ai été surprise de voir combien elle était influencée par la superstition. De quoi avait-elle donc peur ? Quelle ombre marchait auprès d'elle ? »

Les mois suivants furent marqués par l'harmonie familiale et le bonheur d'avoir retrouvé une vie normale. Les attentions dont Maneka était l'objet de la part de sa belle-mère, sa belle-sœur et son mari, qui l'accompagnait à tous les examens médicaux parce qu'elle se disait terrifiée par la souffrance physique, l'emplissaient de joie et de fierté. Comme son aîné Rajiv, Sanjay assista à l'accouchement, et y participa même. Firoz Varun naquit le 13 mars 1980. Tout se passa pour le mieux, et cette naissance vint couronner le bonheur familial. À partir de ce moment, Maneka, comblée, prit très au sérieux son rôle de mère et d'épouse ; elle profita des conseils de Sonia, qui donna les premiers soins à l'enfant. Indira était si contente qu'elle demanda à ce qu'il dorme dans sa chambre. Peu lui importait de ne pas fermer l'œil.

Par sa proximité avec sa mère, Sanjay jouissait de nouveau d'un pouvoir presque illimité. Il s'immisçait dans tous les aspects de la vie publique indienne, des couloirs aériens de la capitale à l'encombrement des hôpitaux, des plans de développement rural à la protection des animaux, une de ses causes favorites à laquelle l'avait sensibilisé sa femme. Le bruit courait dans New Delhi que, d'ici un an, il serait Premier ministre. Mais sa mère n'y était pas favorable. Quand les membres de l'assemblée législative du parti du Congrès dans l'Uttar Pradesh élurent Sanjay comme leader, ils demandèrent à Indira de le nommer chef du gouvernement de cet État, le plus grand du pays. Maneka se voyait déjà profiter des privilèges attachés à cette fonction, parmi lesquels celui de vivre dans un palais rempli de domestiques. Mais Indira refusa catégoriquement. Elle déclara aux admirateurs de son fils que celui-ci avait encore beaucoup à apprendre avant de pouvoir assumer une telle responsabilité. Sanjay protesta et eut avec sa mère une longue discussion, mais elle ne se laissa pas fléchir.

Bien qu'il fût toujours entouré d'une cour de flatteurs et de personnages douteux, Sanjay n'était plus le même. Même ses détracteurs commençaient à reconnaître que le fils cadet d'Indira possédait certaines qualités dont le pays avait besoin en cette époque difficile. Ils reconnaissaient son énorme capacité de travail et son aptitude à prendre des décisions dures et impopulaires. En réalité, il lui arrivait ce qui était arrivé à son grand-père Nehru et à Indira : tous, dans la famille, avaient mis du temps à mûrir, et ils n'y étaient parvenus qu'après avoir affronté des défis difficiles et de grandes épreuves. À trente-trois ans, Sanjay était enfin en passe de devenir un homme responsable, loin des excentricités et des aberrations du passé. Sa mère était convaincue qu'après un bon apprentissage politique, il n'aurait plus rien du jeune homme impulsif, sans expérience et souvent brutal qu'on avait tant vilipendé au sortir de l'état d'urgence. Le pays verrait alors en lui un homme d'État visionnaire et énergique. Il en avait l'étoffe, se disait-elle. Le plus étonnant était que beaucoup d'Indiens partageaient cette analyse, ce qui aurait été impensable seulement six mois plus tôt. Ou la nation était devenue amnésique, ou, pour des centaines de millions de citoyens, les Gandhi continuaient de représenter la seule planche de salut.

Rajiv, Sonia et les enfants passèrent ces quelques mois à programmer leurs vacances. Ils avaient décidé de passer deux ou trois semaines en Italie et pensaient partir en juin, quand la chaleur deviendrait écrasante à New Delhi. Leur départ coïnciderait avec le séjour italien de leur ami l'acteur Kabir Bedi. Celui-ci était alors mondialement connu pour le rôle titre qu'il tenait dans la série *Sandokan*. Il avait promis de leur rendre visite. Et cette fois, ils comptaient parcourir le nord de l'Italie, louer une voiture et visiter la région des monts Asiago, en particulier le village de Lusiana où Sonia avait vu le jour. Elle avait envie de montrer aux enfants l'endroit où elle avait grandi, et de les présenter aux parents et aux amis qui habitaient toujours le petit bourg. Un plongeon dans leurs racines familiales du côté maternel dont ils ne savaient rien.

Le jour du départ, avant de lui dire au revoir, Maneka montra à Sonia un sac contenant quelque chose qu'elle venait d'acheter : elle avait la ferme l'intention d'apprendre à s'en servir.

« Tu ne vas pas le croire…

— Qu'est-ce que c'est ? » demanda Sonia.

Maneka tira l'objet du sac. C'était un livre de cuisine. Toutes deux partirent d'un grand éclat de rire. C'est la dernière fois qu'on les vit rire ensemble.

26.

Si elles n'avaient été interrompues, ces vacances auraient été parfaites : détendues, amusantes et intéressantes. Les enfants perfectionnaient leur italien, Sonia faisait d'amples provisions de produits européens et Rajiv achetait du matériel photographique. Ils n'avaient même pas eu besoin de louer une voiture, car Anushka, l'aînée des sœurs Maino, leur prêta une décapotable qui fit le délice des enfants. À bord de ce véhicule, ils traversèrent le nord de l'Italie dans la direction opposée de celle qu'avait suivie le patriarche Stefano lorsque, en quête d'un avenir meilleur, il avait quitté son village natal de Lusiana pour les environs de Turin. Trente-cinq ans plus tard, sa fille, son gendre et ses petits-enfants retournaient vers les monts Asiago comme une famille ordinaire d'Italiens en vacances. En chemin, ils firent une halte au bord du magnifique lac de Garde, entouré d'oliviers, de citronniers et d'épais bosquets de cyprès. Ils se promenèrent dans Vérone par les larges rues de marbre rouge, se laissèrent gagner par la magie de Venise et se baignèrent dans l'Adriatique. Puis, en escaladant les monts Asiago, ils traversèrent des paysages qui reflétaient la splendeur du printemps. Des fleurs des champs mauves, blanches et jaunes poussaient sur les bords de la route qui serpentait entre des bois de chênes et de bouleaux. Les prés où paissaient les vaches avaient revêtu un vert éclatant et les Alpes à l'arrière-plan leur rappelaient l'Himalaya vu de la plaine. À Lusiana, l'air était cristallin, on avait envie de le boire, et la température était idéale. Dire qu'en ce moment, à Delhi, la grand-mère, l'oncle, la tante et surtout le petit Firoz devaient supporter quarante-cinq degrés à l'ombre, en attendant les pluies de la mousson ! De la voiture, Rahul et Priyanka riaient en déchiffrant les enseignes des boutiques : « Boulangerie Maino », « Bar-Restaurant Maino », « Quincaillerie Maino », « Garage Maino Frères »... Comme elles avaient prospéré, les différentes branches de la famille, depuis le triste temps de l'après-guerre ! pensa Sonia. Ils furent reçus avec un mélange d'affection et de curiosité : tous voulaient connaître la fille prodigue du village dont ils suivaient le destin extraordinaire dans la presse. Et tous furent également surpris par la simplicité de cette famille. Sonia était vêtue d'un pantalon ajusté et d'une chemisette sans manches, un luxe impossible en Inde où une femme pouvait montrer son ventre, mais en aucun cas ses épaules. Ils se firent photographier devant la maison de pierre de la famille – la dernière de la rue Maino – qui était vide depuis trois décennies. Tous les habitants voulaient leur offrir un repas, mais ils manquaient de temps pour accepter toutes les invitations.

Ils retournèrent à Orbassano, où Stefano et Paola les attendaient avec une grande impatience. Au cours des dernières années, ils avaient passé de si mauvais moments à suivre les événements qui avaient déchiré l'Inde qu'ils ressentaient un pincement au cœur chaque fois que leur fille et leurs petits-enfants s'éloignaient, même si c'était pour visiter la Vénétie ou passer l'après-midi à Turin. À cette inquiétude s'ajoutait celle qu'ils éprouvaient pour leur fille cadette, Nadia, désormais mariée à un diplomate espagnol qui venait d'être nommé à New Delhi. D'un côté, ils se réjouissaient, car leurs deux filles seraient ainsi réunies ; mais de l'autre, ils étaient tristes que toutes les deux vivent si loin. Ils s'efforçaient d'en plaisanter et disaient qu'ils ne pouvaient échapper au karma de l'Inde. Anushka, l'aînée, qui occupait le rez-de-chaussée de la maison de la via Bellini avec son mari et ses enfants, avait l'intention d'ouvrir une boutique d'artisanat indien dans un centre commercial voisin d'Orbassano, et elle avait donné à l'aînée de ses filles le prénom indien d'Aruna.

Rahul et Priyanka étaient ravis de retourner chez leurs grands-parents : comme leurs cousins habitaient l'appartement du dessous, tous les enfants s'amusaient beaucoup dans cette grande maison familiale. Dans le jardin ou dans la rue, ils jouaient aux mêmes jeux que Sonia dans son enfance, quand elle dessinait à la craie une marelle sur l'asphalte et passait des heures à sauter d'une case à l'autre. Stefano était très heureux de voir les siens ainsi réunis. N'avait-il pas construit cette demeure pour rassembler sous le même toit toutes ses filles et leurs enfants ? Elles le taquinaient en disant qu'il avait dû être indien dans une autre vie pour tant aimer la vie de famille. Les amies d'enfance de Sonia étaient surprises que leur ancienne compagne ait conservé une attitude si humble et si franche ; quand elle leur rendait visite, elle ne portait que de petits bijoux très discrets. Son beau mariage n'était pas monté à la tête de la « Cendrillon d'Orbassano », disait en riant une voisine. C'était ainsi que l'avait baptisée la presse locale : la « Cendrillon d'Orbassano ». Sonia avait honte de ce surnom : « C'est tellement bête ! » soupirait-elle. Pour Rajiv aussi, ces vacances italiennes n'auraient pu être plus reposantes. Fuir New Delhi était un luxe. Sauter sur la Vespa orange de Pier Luigi, se rendre à la boutique d'électronique du corso Re Umberto pour y acheter des équipements radio introuvables en Inde et n'être reconnu de personne en chemin, quel plaisir ! Comme celui de visiter en famille le fabuleux Musée égyptien – où Sonia, dans son adolescence, se réfugiait avec ses amies pour échapper au froid de la rue – sans être aussitôt entouré d'une nuée de gens réclamant un autographe ou les désignant du doigt. Rajiv goûtait d'autant plus ces petits bonheurs qu'il les savait provisoires. Un peu après la mi-juin, la visite de Sandokan à Orbassano suscita l'émoi de la population. Tout de suite, les enfants et les jeunes gens s'attroupèrent dans la via Bellini pour voir de près ce prince de Bornéo qu'avait imaginé le romancier Emilio Salgari, et qui avait juré de se venger des Britanniques. L'agitation fut telle que Sonia proposa de quitter la maison. La journée s'acheva dans une pizzeria du village voisin d'Avigliana : ils étaient heureux et rirent beaucoup.

Et puis, soudain, au petit matin du 23 juin, le téléphone sonna. Sonia se sentit aussitôt un nœud à l'estomac. Ce n'était pas une heure normale, et il était à craindre que l'appel soit en provenance de l'Inde. Elle en reçut la confirmation à voix basse par sa mère, entrée dans la chambre sur la pointe des pieds pour ne pas réveiller le reste de la famille. « C'est un monsieur de New Delhi. » Sonia se leva, s'enveloppa dans son peignoir et alla prendre l'appel dans le salon. Malgré les interférences, elle reconnut la voix nerveuse d'un des secrétaires de sa belle-mère. À présent, elle était sûre qu'il s'agissait de mauvaises nouvelles. « Madame... Il est arrivé un accident à Sanjay. Il est mort... » Tout se mélangea dans la tête de Sonia et elle ne comprit rien aux explications précipitées du secrétaire. Quand elle raccrocha, elle était chancelante. Elle retourna dans sa chambre. Rajiv s'étirait dans leur lit. Elle attendit quelques secondes avant de lui annoncer ce qu'elle venait d'apprendre, comme pour lui accorder quelques instants de plus d'un bonheur qu'une fois bien réveillé, il cesserait d'éprouver. Au plus profond d'elle-même, Sonia se doutait déjà que cette catastrophe allait changer du tout au tout sa vie et celle des siens.

Quelques heures plus tard, ils étaient dans l'avion pour Londres où ils devaient prendre une correspondance d'Indian Airlines qui les conduirait à New Delhi. Ils voyagèrent en première classe avec des amis et des connaissances, parmi lesquels se trouvaient la mère et la sœur de Maneka, dont les vacances dans la capitale britannique avaient aussi été interrompues. Un ancien ministre, un industriel et un homme d'affaires, tous de vieux amis de la famille, et tous bouleversés, voyageaient également dans l'avion. Chacun d'eux avait appris des détails sur l'accident et, durant le long trajet jusqu'à Delhi, ils purent reconstituer ce qui s'était passé.

Sanjay s'était écrasé aux commandes de son dernier jouet, un Pitts S-2A qu'il avait acquis grâce à Dhirendra Brahmachari, le gourou corrompu. À sept heures du matin, il s'était présenté à l'aéroclub de New Delhi et avait invité un compagnon pilote à faire quelques exercices d'acrobatie. Son ami ne tenait pas beaucoup à voler avec Sanjay, il savait que celui-ci manquait d'expérience ; mais devant son insistance, il avait fini par accepter. Ils avaient fait des loopings dans le ciel et des descentes en piqué sur la ville pendant dix à douze minutes, puis ils avaient survolé le 1, Safdarjung Road, où Sanjay avait parlé avec sa mère à peine une heure plus tôt.

« Fais très attention, lui avait dit Indira. On m'a rapporté que tu étais très imprudent...

— N'écoute pas ce qu'on te raconte », lui avait répondu Sanjay.

Selon un témoin, le petit avion avait grimpé dans le ciel comme une flèche, puis il était redescendu comme pour entamer un looping. Mais il n'avait pas pu redresser sa trajectoire et s'était écrasé dans le quartier des ambassades, sur un terrain vague, à moins d'un kilomètre du 12, Willingdon Crescent.

Un mois plus tôt, le directeur général de l'aviation civile avait informé ses supérieurs que Sanjay violait régulièrement le protocole de sécurité et que, ce faisant, il mettait en péril sa vie et celle d'autrui.

« Le directeur de l'aviation l'a signalé au ministre de l'Air, qui devait en parler à ta mère, mais, pour une raison que j'ignore, il a négligé de le faire.

— Si personne n'a rien fait, c'est par crainte de contrarier Sanjay, je suppose… », soupira Rajiv.

Plus tard, ils apprirent exactement ce qui s'était produit. Le rapport du directeur de l'aviation civile était tombé entre les mains de Sanjay, qui, fidèle à lui-même, avait contraint ce haut fonctionnaire à prendre un congé volontaire. Il l'avait remplacé par son second, un homme docile qui ne lui poserait pas de problèmes. En somme, l'imprudence et l'orgueil de Sanjay l'avaient tué : sa soif de pouvoir était telle qu'il ne tolérait aucune limite.

La nuit tomba vite sur les passagers de l'avion. Ils devaient être au-dessus de la Syrie, ou peut-être de la Turquie. En bas, ils voyaient des lacs couleur turquoise et les milliers de lumières des villes qui s'allumaient dans l'obscurité. Personne ne regardait le film que diffusait la compagnie, et le groupe d'amis et de proches n'avait pas touché au repas. La mère de Maneka, Amteshwar, était visiblement bouleversée. « Veuve à vingt-trois ans… et avec un bébé de trois mois ! » répétait-elle. En moins de trois ans, elle avait perdu son mari et son gendre. Au sommet de la hiérarchie sociale, elle avait d'abord été courtisée avant d'être ostracisée comme tous les Gandhi et leurs proches. Depuis la victoire d'Indira et de Sanjay, elle était courtisée de nouveau… Qu'est-ce qui l'attendait maintenant ?

« Il faut faire tout votre possible pour maintenir les deux familles unies, disaient les amis à la mère de Maneka. À présent que Sanjay n'est plus là, tout le monde doit faire bloc autour de Rajiv. »

Sonia se sentit frémir lorsqu'elle entendit cette phrase. Elle faillit lancer un « Non ! » sonore, mais se retint. Elle se doutait déjà qu'on tenterait de convaincre Rajiv d'occuper le vide laissé par son frère. Et pour elle, c'était très clair : cela signifierait la fin de leur bonheur. Elle était prête à lutter bec et ongles pour l'empêcher.

L'avion atterrit à Delhi à 2 heures du matin. Ils furent accueillis par une vague de chaleur intense. La chapelle ardente était installée dans la maison de Safdarjung Road, où une foule de visiteurs – ministres, amis et inconnus – avait défilé toute la journée, en ordre et en silence, devant la dépouille de Sanjay. Indira, qui était très agitée, était passée d'une pièce à l'autre tout au long de la soirée, en demandant si l'on avait des nouvelles des voyageurs venus d'Europe. Intérieurement, elle craignait une autre tragédie.

Rajiv, Sonia et les enfants étaient conscients de ce qui les attendait, mais ils éprouvèrent un choc quand ils virent au milieu du salon le corps de Sanjay allongé dans un cercueil, entre les murs qui semblaient encore résonner de son rire franc et vif. Ils s'effondrèrent. Et quand Indira vit son fils aîné qui pleurait désespérément, elle aussi éclata en sanglots. Son calme à peine recouvré, Sonia observa sa belle-mère : derrière ses lunettes fumées, ses yeux étaient rougis et gonflés, son teint semblait de cendre. Elle marchait un peu voûtée, comme si elle avait du mal à se tenir droite. « Après un tel malheur, que vais-je devenir ? » murmura-t-elle à Sonia, la voix brisée. Elle avait prononcé ces mots en pressant ses mains sur son ventre, geste que font les paysannes pauvres quand elles pleurent leurs morts. Elles s'étreignirent de nouveau et gardèrent longtemps le silence. Moins de dix jours plus tôt, Indira installait Sanjay dans son premier bureau officiel, après l'avoir nommé secrétaire général du parti. Et à présent – si vite ! –, il ne restait plus de lui qu'un corps gisant dans un cercueil : elle avait perdu son fils, son conseiller, son successeur. Puis Sonia vit Maneka, dont les mouvements semblaient désarticulés. Elle avait passé toute la journée à pleurer et à répéter : « Pas Sanjay, non, pas Sanjay… N'importe qui, mais pas Sanjay… » Rajiv alla l'embrasser et lui glissa quelques paroles affectueuses. L'embrassant à son tour, Sonia ne put retenir ses larmes. Les enfants, épuisés, très émus, attendaient, stoïques. Les pleurs lointains de leur cousin, le petit Firoz Varun, brisèrent le silence.

Bientôt, Sonia s'occupa de ceux qui veillaient le corps. Elle disposa des coussins sur le sol pour que tous les amis et les parents puissent se reposer. Elle s'assura aussi qu'on leur servait du thé, des tartines grillées et des gâteaux.

Après les effusions des retrouvailles, Indira leur expliqua les détails du rituel funéraire qu'elle avait organisé pour le lendemain.

« La crémation aura lieu à Shanti Vana, près du cénotaphe du grand-père de Sanjay...

— Je ne crois pas que ce soit une bonne idée, maman, dit Rajiv. Est-ce qu'il ne vaudrait pas mieux faire des funérailles privées ? Quelque chose de plus modeste ?

— Peut-être, mais le cheikh Abdullah, le chef du gouvernement du Cachemire, et tous les chefs de gouvernement des États m'ont demandé des funérailles mémorables.

— Sanjay n'occupait aucune fonction officielle au gouvernement. Lui organiser des funérailles dignes d'un chef d'État pourrait nous causer des problèmes. Imagine les protestations !

— Je sais. Mais il est vrai aussi que Sanjay avait de très nombreux sympathisants, et je ne veux pas les décevoir. Cela reviendrait à le décevoir lui. »

Rajiv n'insista pas.

La crémation eut donc lieu le lendemain, dans le grand parc de Shanti Vana, sur les bords de la rivière Yamuna. On était trop près de l'endroit où avait été dressé le bûcher funéraire de Nehru, le père de la nation. Même si Indira se refusait à l'entendre, Sanjay ne méritait pas autant d'honneurs que son grand-père. Beaucoup virent dans cette décision d'Indira un nouvel abus de pouvoir. Elle était restée sourde au sage conseil de Rajiv, de choisir un site moins prestigieux que celui-ci, lieu sacré où des millions d'Indiens venaient chaque année comme en pèlerinage. Elle s'était laissé convaincre par l'insistance des compagnons de Sanjay et n'avait pas eu la force de lutter contre eux. Sans doute tenait-elle à rendre un hommage démesuré à son fils, comme si elle pouvait ainsi compenser un peu sa perte.

Derrière des lunettes fumées, Indira protégeait ses yeux et toute la peine qu'ils renfermaient. Elle était assise à côté de Maneka, au premier rang, devant le bûcher. Sonia, vêtue d'un sari blanc immaculé, sanglotait au souvenir de ses premières années de mariage, au temps où, avec son beau-frère et son mari, ils formaient un trio inséparable. À l'arrière, la foule s'étendait à perte de vue. C'est à Rajiv qu'il incomba d'accomplir les rites. Il alluma la torche en la plantant dans le feu et effectua plusieurs cercles autour du bûcher où gisait le corps de son frère, au son des mantras qu'entonnaient les prêtres hindous. Rahul le regardait, sans dissimuler une certaine appréhension. Son père lui avait expliqué : en sa qualité de fils aîné, il devrait exécuter le même rituel le jour où, conformément à la loi de la vie, un de ses parents quitterait ce monde. Jusqu'alors, le garçonnet n'avait jamais envisagé une telle possibilité.

L'après-midi, Rajiv transporta l'urne de cuivre où avaient été recueillies les cendres de son frère pour les enterrer sous un arbre du jardin d'Akbar Road. À la vue de l'urne, Indira ne put se contenir plus longtemps et éclata de nouveau en sanglots. Pour la première fois, elle pleurait sans retenue en public. Rajiv la prit dans ses bras et la soutint pour marcher, car elle était sur le point de s'effondrer. Sa douleur semblait infinie. Sonia avait appris que le matin de la tragédie, elle avait quitté l'hôpital où les médecins s'affairaient autour du cadavre de Sanjay pour se rendre sur le lieu de l'accident. Elle avait effectué deux fois l'aller-retour. Les mauvaises langues disaient qu'elle cherchait à récupérer la montre et le trousseau de clefs de Sanjay, car l'une des clefs ouvrait un coffre-fort rempli de tout ce qu'aurait volé son fils prodigue. Et au revers de la montre, toujours selon les mauvaises langues, était gravé le numéro d'un compte secret en Suisse. Mais c'était pure calomnie. Indira ne s'intéressait pas aux objets personnels – lesquels avaient déjà été collectés par la police. Au fond, elle était à la recherche de son fils en lui-même ; elle s'efforçait inconsciemment de le retrouver, lui, et non ses affaires. En fouillant du regard les débris de métal calciné, Indira avait compris l'immensité de sa perte. Tous ses rêves, ses grands projets pour l'avenir, étaient partis en fumée comme les restes du petit avion.

À l'ombre de l'arbre de ce jardin, Indira parvint à retenir ses larmes et à se ressaisir avec une étonnante rapidité. Ensuite, la famille se rassembla dans le salon. L'endroit où l'on avait exposé la dépouille de Sanjay était maintenant couvert de fleurs de jasmin. Ils s'assirent sur le sol de cette pièce qui sentait bon et semblait purifiée. Jambes croisées et en silence, ils écoutèrent les prêtres chanter des versets du *Ramayana*, la grande épopée de l'hindouisme.

Dans les jours qui suivirent, les sympathisants de Sanjay élevèrent à sa mémoire de nombreuses statues dans les villes et les villages de l'Inde. Ils baptisèrent de son nom des rues et des places, ainsi que des quartiers entiers, des écoles, des hôpitaux et même des centrales hydroélectriques. Le pays entier vécut avec frénésie ce culte posthume. Ses admirateurs allaient jusqu'à comparer Sanjay à Einstein, Karl Marx et Jésus-Christ. Ce déploiement d'affection, de la part des alliés politiques de Sanjay, relevait davantage d'une tentative désespérée pour conserver leurs privilèges et rester proches du pouvoir, que d'une démonstration de douleur authentique. Pour tous les autres, parmi lesquels les anciennes victimes de la campagne de contrôle des naissances, cette mort fut vécue comme un soulagement. À leurs yeux, cet accident était providentiel : il avait épargné au pays le sinistre destin d'avoir un jour Sanjay comme Premier ministre, ce qui, pensaient-ils, serait arrivé tôt ou tard.

Pour Indira, la tragédie eut pour seul aspect positif de l'amener à renouer avec de vieilles relations et à se réconcilier avec d'anciens amis qui lui avaient tourné le dos pendant l'*emergency*. Elle fut particulièrement heureuse de recevoir une lettre de sa vieille amie Dorothy Norman : « Il y a si longtemps que notre correspondance a cessé que, d'une certaine manière, je ne sais plus à qui j'écris ; mais je m'adresse à la femme que j'ai connue. Comme j'aimerais que nous puissions nous parler ! Même si le silence en dit parfois plus long que tous les mots [...]. J'envoie cette lettre comme un pont entre nous. Les amitiés sont ce qu'il y a de plus solide dans ce monde souvent si dur. » Dans la réponse qu'elle lui adressa, Indira lui dit combien elle avait été émue de recevoir sa lettre et qu'elle avait tant de choses à lui raconter qu'elle ne savait par où commencer : « Le passé est le passé, laissons-le derrière nous. Mais je dois éclaircir certaines choses. Les mensonges, la campagne de calomnies malveillante et tenace doivent être réfutés… » Jamais Indira n'admit d'erreurs, ni les siennes ni même celles de Sanjay.

Maneka et le petit Firoz Varun étaient restés au 1, Safdarjung Road. Depuis la mort de Sanjay, ce dernier dormait dans la chambre d'Indira en compagnie de ses autres petits-enfants. La grand-mère passait de longs moments penchée sur le bébé, comme si elle retrouvait son fils dans chacun de ses gestes. Rajiv et Sonia étaient aussi auprès d'elle. Leur couple avait survécu à la séparation physique, aux différences culturelles, à l'opposition des familles, aux tensions de l'état d'urgence et à l'influence constante et nocive de la politique dans leur vie. Ils avaient deux enfants intelligents, beaux et d'un caractère facile. Jusqu'à l'accident de leur oncle Sanjay, les pires épreuves qu'ils avaient connues avaient été l'emprisonnement de leur grand-mère et la perte d'une chienne. « Souvenez-vous du temps où vous jouiez avec elle. Rappelez-vous comme elle s'amusait et comme nous nous amusions quand nous étions rassemblés dans le jardin », leur avait écrit Rajiv dans une lettre pleine de tendresse paternelle, qui s'achevait par un conseil : « Vous devez apprendre à vivre en sachant qu'un jour nous devons tous mourir. »

L'harmonie familiale qu'ils avaient connue paraissait trop belle pour durer.

ACTE III

La solitude et le pouvoir

Chaque fois que tu fais un pas en avant, tu es destiné à perturber quelque chose. Tu agites l'air en avançant, tu soulèves de la poussière, tu altères la surface du sol. Ton pied renverse quelque chose. Quand c'est une société entière qui avance, ce renversement se produit à une échelle beaucoup plus grande ; et tout ce que tu déranges, tous les privilèges que tu tentes de supprimer, tout se transforme en obstacle.

Mahatma Gandhi

27.

Vingt ans plus tôt, à la mort de son mari, Indira avait touché le fond et il lui avait fallu longtemps pour refaire surface. Quand son père était mort à son tour, elle avait traversé une autre crise existentielle profonde, qui avait duré de longs mois. Mais cette fois, moins de soixante-douze heures après le décès de son fils, elle était de nouveau à son bureau. « Les hommes et les femmes vont et viennent, mais la nation continue de vivre », déclara-t-elle à la presse, replaçant sa tragédie familiale dans un contexte national, comme si elle pouvait ainsi transcender son malheur de mère. À dire vrai, pour elle, la tâche herculéenne de gouverner l'Inde ne pouvait souffrir un seul moment d'inattention. Mais sa bravoure et son sang-froid étaient superficiels. Au fond, elle était irrémédiablement blessée. Sonia la sentait brisée de l'intérieur, sa force d'âme réduite à néant. La nuit, elle l'entendait se lever de son lit : entre deux rêves, elle cherchait Sanjay ; puis, quand elle se réveillait, elle fondait en larmes en répétant le nom de son fils. Son visage vieillit, son regard se fit plus dur, et elle se mit à marcher en traînant un peu les pieds. Elle n'était plus aussi soucieuse de son apparence, et ne demandait plus à Sonia de conseils sur sa coiffure où sur les accessoires qu'elle devait porter pour les assortir avec ses saris. Elle tirait ses cheveux en arrière et ne se souciait plus désormais d'être élégante.

À son immense tristesse s'ajoutait son inquiétude pour Maneka, qui passait ses journées à ne rien faire.

« Je crains que l'ambition de sa mère ne pousse Maneka à vouloir prendre la place de Sanjay », confia-t-elle à son amie Pupul.

En plus de la tristesse qu'elle éprouvait, Maneka était mal à l'aise, car sa situation dans cette maison était devenue très délicate. Sans la protection de son mari, elle se sentait vulnérable. Elle ne pouvait plus se servir de lui comme d'un bouclier pour se défendre contre sa belle-mère ou son beau-frère, qui au fond continuaient de l'intimider. Sa seule force était son bébé. Et puis, Indira était si accablée qu'elle manquait d'énergie pour consoler les autres. En d'autres circonstances, elle se serait consacrée de bon cœur à sa jeune bru ; mais pour le moment, sa propre douleur l'absorbait complètement. Pourtant, face à cette veuve de vingt-trois ans si seule et si perdue, elle fut prise d'un élan de compassion et lui offrit son aide. En réalité, elle craignait que Maneka, à force de lassitude et d'isolement, ne décide de quitter la maison, la privant ainsi de son petit-fils. Cette éventualité la tourmentait.

« Est-ce que ça te plairait de me servir de secrétaire ? Tu pourrais voyager avec moi, ce serait une distraction… »

D'abord, l'offre sembla séduire Maneka. Et puis, peut-être sous l'influence de sa mère ou par simple immaturité, elle y vit une manœuvre pour l'écarter de son droit naturel à prendre en charge l'héritage de son mari. Sa vie auprès de Sanjay lui avait donné le goût du pouvoir, et la proposition de sa belle-mère, tout compte fait, lui parut presque insultante. Elle ne prit même pas la peine d'y répondre. « Vraiment, pour qui se prend-elle ? » dit-elle au sujet d'Indira à l'un des plus proches amis de son mari.

L'idée ne plaisait pas non plus à Sonia. Bien qu'elle ait pardonné à Maneka son mépris des premiers temps, elle n'aimait pas l'imaginer en responsable de l'agenda d'Indira. Elle voyait l'inexpérience et l'arrogance de sa belle-sœur comme une source de problèmes potentiels pour sa belle-mère, et une menace pour l'équilibre délicat de la famille. Que Maneka refuse de l'aider dans les tâches domestiques était une chose, mais qu'elle se retranche derrière le pouvoir d'Indira pour tirer les ficelles en faveur de sa propre famille – que Sonia trouvait redoutable –, voilà un danger qu'il fallait écarter à tout prix. Elle s'en confia à Rajiv.

« J'en parlerai à ma mère, lui répondit-il.

— Écris-lui plutôt un petit mot. »

À sa lecture, Indira comprit que Sonia avait raison. Si elle devenait sa secrétaire, Maneka pourrait se révéler un problème bien plus qu'un avantage. Elle craignait son impulsivité, qui la rendait imprévisible. Et elle aussi se méfiait de la famille Anand. En revanche, ce dont Indira se rendait bien compte, toute enveloppée qu'elle ait été dans son nuage de souffrance, c'était combien elle avait besoin de Rajiv et de Sonia. Car Rajiv était son sang, et elle aimait Sonia comme une fille. Si bien qu'elle n'insista pas davantage, et sa proposition tomba dans l'oubli.

De son côté, la jeune veuve trouva une façon de se distraire qui, en même temps, donnait un sens à sa vie : elle se consacra au projet d'un livre de photos sur son mari, une forme d'hommage avec des photos de famille et des photos officielles qui le montreraient dans son rôle politique. Elle demanda à sa belle-mère si elle serait disposée à en écrire la préface, et Indira accepta.

Mais c'est alors que se produisit un incident fâcheux, qui eut de longues et désagréables répercussions. L'écrivain Kushwant Singh, qui avait aidé Maneka et sa mère à lancer le magazine *Surya*, publia dans la presse un texte où il suggérait que l'héritage politique de Sanjay devait tout naturellement revenir à sa jeune épouse, « qui l'avait toujours soutenu et avait partagé sa vision de l'Inde, alors que Rajiv n'avait jamais montré aucun intérêt pour la politique et que sa femme la détestait ». L'idée se défendait. L'article s'achevait par une phrase qui, plus que toute autre, déclencha la paranoïa d'Indira : « Maneka est comme son défunt mari, courageuse et décidée, la réincarnation de Durga chevauchant un tigre. » L'image perturba profondément Indira. On l'avait si souvent comparée à Durga qu'elle s'était approprié la symbolique de la déesse. Comment deux Durga pouvaient-elles vivre sous le même toit ? Elle pensa que Maneka s'était entendue avec l'écrivain pour la rédaction de cet article, qu'elle manœuvrait dans son dos pour la concurrencer, pour lui voler l'héritage de Sanjay. Elle se mit à la considérer comme une ennemie dans sa propre maison.

Inévitablement, et au grand désarroi de Sonia, tous les regards se dirigèrent bientôt vers l'héritier naturel, Rajiv. Indira était dubitative : « Personne ne peut occuper la place de Sanjay, confia-t-elle à son amie Pupul. C'était mon fils, mais il m'aidait comme un grand frère. » Elle trouvait Rajiv trop doux et trop sensible pour le monde de la politique. De surcroît, il était marié à une étrangère, ce qui, dans le manuel de la politique indienne, était considéré comme un obstacle insurmontable. Et s'il quittait Indian Airlines, de quoi vivrait-il ? Sanjay avait des habitudes très frugales, mais Rajiv et Sonia aimaient leur confort : ils ne faisaient pas d'excès mais vivaient à l'européenne.

Chez les Gandhi, les membres de la famille, même les plus puissants, ne prenaient pas leurs décisions seuls. Dans cette famille blessée au sommet du pouvoir, ce n'étaient pas seulement les individus qui décidaient, si puissants fussent-ils. Alors qu'Indira était au faîte de son pouvoir, l'avis de ses collègues, ses amis, ses parents, ses compagnons du parti, ses conseillers, ses admirateurs, ses gourous, et du pays tout entier, avait autant de poids que sa propre volonté de mère endeuillée. Après avoir entonné une longue marche funèbre au lendemain de la mort de Sanjay, ce chœur de voix se mit à psalmodier une mélodie familière, la même qui, la première fois, avait appelé Indira à présider le parti. La même encore qui la pressait d'accepter n'importe quel portefeuille au sein du premier gouvernement, formé après la mort de son père. À l'époque, les voix avaient chanté : « Tu es la fille de Nehru, trop précieuse pour ne pas faire partie du gouvernement » ; et maintenant, elles réclamaient un successeur, comme si l'Inde n'était pas une démocratie, mais une vieille cour impériale. C'était un chœur aussi ancien que l'Inde même, dont la mythologie racontait l'histoire d'une saga ininterrompue de monarques héréditaires. Aussi cet appel venait-il du plus profond du pays-continent, si enclin à confondre les pouvoirs temporel et divin. Comme dans les tragédies de la Grèce antique, le chœur exigeait une victime propitiatoire. Il fallait répondre au besoin pressant de stabilité, de continuité, et, pourquoi pas ? d'éternité qu'éprouvait le peuple indien. Ce que seul une dynastie pouvait satisfaire.

Quant à Rajiv, il restait le plus loin possible de tout cela. Il n'avait pas la même relation avec sa mère que Sanjay. Sa tendresse pour elle était très profonde, mais s'exprimait avec une retenue quasi britannique : aucune effusion et presque aucune intimité. Il ne s'offrit pas spontanément pour l'aider, pas plus qu'elle ne le sollicita. Du moins directement. Mais quand elle prit conscience à la fois de l'immense vide laissé par Sanjay, et de son profond besoin de réconfort et de proximité physique, elle confia un jour à Pupul : « Rajiv n'a pas le dynamisme de Sanjay. Il n'éprouve pas la même passion que Sanjay pour le pays. Mais il pourrait tout de même m'être d'un grand secours... » « Il pourrait m'être d'un grand secours » : il n'en fallait pas davantage pour lancer ce que le chœur des voix avait déjà annoncé.

Ce furent les amis de la famille qui, les premiers, parlèrent à Rajiv et à Sonia de la solitude d'Indira, de la nécessité pour elle de s'appuyer sur quelqu'un en qui elle pourrait avoir toute confiance, de compter sur une personne qui lui ouvrirait les fenêtres du monde... Et ce quelqu'un ne pouvait être que son fils. Sonia refusa cette idée.

« Nous connaissons la politique, son prétendu *glamour*, ses flatteries et ses mensonges, disait-elle d'une voix altérée. Nous avons vu de près la meute des politiciens, leur double langage, leurs rivalités incessantes, leurs manipulations, leurs trahisons. Nous savons tout de l'inconstance des gens de presse et de télévision. De l'inconstance du peuple. Nous avons vu ce que le pouvoir a fait de Sanjay et de Maneka... Et nous savons aussi très bien ce que serait la vie de Rajiv s'il se lançait en politique ! »

Son mari restait coi ; et qui ne dit mot consent. Il était entièrement d'accord avec les arguments de Sonia. Mais il avait beau faire : l'image de sa mère, seule, dévastée de chagrin, portant sur ses épaules le fardeau d'un pays comme l'Inde, pesait sur sa conscience.

Les rapports d'Indira et de Maneka, après la publication de l'article de Kushwant Singh, ne pouvaient guère s'améliorer. S'émouvant de l'hostilité de sa belle-mère, la jeune femme comprit que sa présence n'était plus désirée. Elle avait vécu sa vie de femme mariée dans une atmosphère d'exaltation politique, et n'était pas disposée à se fondre maintenant dans l'anonymat. Pourtant, sans être capable de le formuler, elle se rendait compte qu'il lui faudrait s'y résoudre pour cohabiter avec Indira. Tel était le prix de la paix. Mais elle n'était pas Sonia : l'idée de se transformer en simple femme au foyer, de passer ses journées entre quatre murs à donner des ordres aux domestiques ou à en recevoir de sa belle-mère, lui était insupportable. S'occuper de son bébé, compte tenu de l'aide dont disposent les familles aisées en Inde, lui laissait beaucoup de temps libre. Au cours des dernières années, elle avait observé comment agissaient Sanjay et Indira, comment ils planifiaient chaque manœuvre longtemps à l'avance. Elle se mit donc à planifier son avenir, encouragée par son propre chœur de voix : celles de sa famille et des anciens amis de Sanjay. « Pourquoi n'aurais-tu pas le droit d'être l'héritière de ton mari ? Ne lui as-tu pas donné les meilleures années de ta vie ? N'as-tu pas participé à tout ce qu'il a entrepris ? N'avais-tu pas tout son amour ? Tu en sais plus long sur la politique que son frère n'en saura jamais... » Tous voulaient qu'elle réagisse avant que Rajiv ne fût contraint de le faire. Et les voix parvenaient à entamer l'esprit malléable de la jeune femme.

Le livre sur Sanjay fut la pomme de discorde entre Indira et Maneka, qui n'osait pour ainsi dire plus s'adresser à sa belle-mère. Elle lui apparaissait froide, distante, et lui faisait plus peur que jamais. Quand elle voulait lui parler, les mots ne venaient pas, comme lors de son arrivée dans la maison. Elle n'obtenait l'attention d'Indira qu'au sujet de l'enfant. Le reste du temps, rien. Un jour, elle se hasarda enfin à lui suggérer une idée qui lui trottait dans la tête.

« Comme je vous vois si affairée, j'ai pensée que pour vous soulager d'un travail, il vaudrait mieux ne pas vous charger du prologue, mais le confier au journaliste Kushwant Singh, qui s'appuierait sur un entretien avec vous. »

Indira la regarda longuement, avec un de ses silences qui ne présageaient rien de bon.

« Pas question, lui répondit-elle. Tout cela aurait dû être fait aussitôt après la mort de Sanjay. À ce moment-là, j'aurais eu le temps d'écrire quelque chose. Mais tu ne m'as pas consultée. Maintenant, je n'écrirai rien et je n'accorderai pas d'entretien à cet homme. »

C'était sa vengeance personnelle contre l'article qui l'avait tant irritée. C'était aussi une manière de remettre sa bru à sa place. La guerre avait commencé.

Maneka sortit accablée de l'entrevue avec sa belle-mère. « Si elle n'écrit pas le prologue, plus jamais je ne lui adresserai la parole », disait-elle d'un ton menaçant à qui voulait l'entendre. Puis, dans la solitude de sa chambre, elle se mettait à pleurer. La maquette de son livre, avec les photos qu'elle avait choisies avec tant de soin et d'amour, était étalée sur son lit. « Pourquoi ne veut-elle pas m'aider ? Est-ce qu'il ne s'agit pas de son fils ? » se demandait-elle au milieu des larmes.

Quand Indira se fut calmée, Maneka tenta une ultime approche. Elle apporta la maquette du livre dans la chambre de sa belle-mère et la déposa sur son lit. Peut-être qu'en la voyant, Indira changerait d'avis.

Plus de six mois avaient passé depuis la mort de Sanjay, et revoir ces photos après une journée épuisante au Parlement émut profondément Indira. Le visage d'ange de Sanjay petit, ses jeux d'enfant, ses câlins à sa mascotte préférée – son tigre –, ses petites voitures, ses promenades à cheval avec Nehru, les photos où ils se tenaient tous deux, dans les bras l'un de l'autre… tout ce passé qui lui revenait soudain, comme une blessure rouverte, lui causa un choc émotionnel violent. Elle ne ferma pas l'œil de la nuit. Elle dit à son amie Pupul que le livre était bien conçu, mais qu'elle était décidée à ne pas en écrire le prologue. « Elle avait rayé Maneka de la liste de ses êtres chers », écrirait Pupul, qui observa un détail symbolique et révélateur : la porte qui donnait sur la chambre de Sanjay était fermée et celle qui donnait sur la porte de Rajiv, ouverte. Indira avait tourné une page de sa vie et se disposait à en ouvrir une autre.

28.

« Rajiv, je suis terrifiée chaque fois que je t'imagine aux commandes de ton avion, lui dit-elle un jour quand ils se croisèrent dans le salon.

— Maman, tu es une femme intelligente et tu sais très bien que statistiquement, la probabilité de mourir dans un accident d'avion est inférieure à celle de mourir en traversant la rue.

— Je sais, oui, mais je ne peux pas m'empêcher de penser que… »

Rajiv la regarda. Sa mère portait le deuil : enveloppée dans un sari blanc, Indira n'était plus elle-même. Et elle ne jouait pas la comédie ; de toute évidence, elle était vraiment dévastée. La mort de Sanjay avait fait d'Indira un être dévoré par l'anxiété, et les craintes qui l'avaient toujours taraudée prenaient aujourd'hui le dessus. La voir ainsi causait à Rajiv une peine infinie. La simple pensée qu'elle puisse avoir besoin de lui et qu'il soit incapable de lui porter secours commençait à le tourmenter. Indira poursuivit :

« Sais-tu qu'un journal du Gujarat avait prédit que Sanjay mourrait en juin ?

— Maman, je t'en prie ! S'il fallait croire les prédictions de tous les astrologues de ce pays, on ne vivrait plus.

— Je reçois des lettres qui me disent qu'un danger te menace. Voilà pourquoi j'ai peur de te savoir dans les airs.

— La meilleure chose à faire avec ces lettres, c'est de les jeter au feu, dit son fils.

— Ne dis pas de bêtises, Rajiv, répliqua-t-elle le visage marqué par un profond désespoir. Ce qui est arrivé à Sanjay a eu lieu parce que nous n'avons rien fait pour l'éviter. Nous n'avons prêté aucune attention aux prédictions qui annonçaient presque la date exacte…

— Non, maman. Ce qui est arrivé à Sanjay s'est produit parce qu'il l'a cherché. »

Indira le regarda droit dans les yeux. Elle n'avait pas l'habitude que Rajiv la contredise.

Il continua :

« Il ne faisait que ce qui lui passait par la tête, et quand le directeur de l'aviation civile l'a averti qu'il mettait sa vie en danger à force d'ignorer le règlement, Sanjay l'a congédié au lieu de l'écouter. Il faut voir la réalité en face, maman ! Ça m'inquiète beaucoup que tu te laisses influencer par les astrologues… »

Indira baissa la tête, comme pour se rendre aux arguments de son fils. Rajiv comprenait que sa mère cherche un sens à la tragédie qui s'était abattue sur elle, et qu'elle le trouve dans les forces occultes que ses ennemis avaient invoquées contre elle et sa famille. Cette paranoïa dont elle était victime depuis toujours était plus vive que jamais.

« Maman, lui dit Rajiv pour la tranquilliser, si des forces occultes agissent contre nous, nous avons forcément aussi nos bonnes fées qui nous protègent, tu ne crois pas ?

— Est-ce qu'elles ont protégé ton frère ? » répliqua Indira.

Rajiv leva les yeux au ciel comme pour dire : « Encore ! », mais Indira poursuivit :

« Si c'était moi qui étais morte, l'ordre naturel des choses aurait été respecté… J'ai bientôt soixante-trois ans, j'ai eu une vie bien remplie, alors que ton frère était si jeune ! »

À son tour, Rajiv baissa la tête. Sa mère était inconsolable. Ils restèrent silencieux un moment. Soudain, Indira se leva :

« J'ai encore trois bonnes heures de travail. Je dois te laisser.

— Tu es épuisée et tu ferais mieux de te reposer, dit Rajiv.

— Si je ne m'occupe pas de ces dossiers maintenant, il faudra que je me lève à quatre heures du matin pour le faire. Bonne nuit. »

Rajiv était pensif. Il vit sa mère se diriger vers sa chambre comme un oiseau courbé, le pas lourd. Elle semblait aller à la dérive, c'était une naufragée. Où étaient passés son énergie débordante, son éternel optimisme ? Il se désolait de la voir dans cet état. Et la question qui tarabustait Rajiv découlait de ce spectacle affligeant : « Ai-je vraiment le droit de me refuser à l'aider ? »

Quand il confia à Sonia ses sentiments au sujet de sa mère, elle eut les larmes aux yeux : dans ses plus grands moments de lucidité, sans doute savait-elle qu'elle livrait une bataille perdue d'avance. En outre, elle avait conscience que son mari était enfermé dans un dilemme profondément douloureux.

« Vas-tu sacrifier tout ce que nous avons construit ? Ta carrière, le temps que tu passes avec les enfants, tes passions, notre bonheur ? »

Pour la première fois, il y avait une réelle tension dans le couple. Au point qu'un jour, désespérée, Sonia déclara à son mari :

« Si tu décides de te lancer en politique, je demanderai la séparation et je retournerai en Italie. »

Jamais, en quinze ans de mariage, ils n'avaient eu de vraie dispute. Jamais l'un d'eux n'avait haussé le ton. Et jamais Sonia n'avait prononcé une phrase comme celle-ci. « J'ai lutté comme une tigresse pour lui, pour nous, pour nos enfants, pour la vie que nous avions construite, pour sa vocation de pilote, pour nos amitiés simples et sincères, et surtout pour notre liberté : ce droit fondamental que nous avions su préserver avec le plus grand soin et la plus grande constance », devait-elle écrire plus tard.

Mais les forces contre lesquelles Sonia se battait étaient beaucoup plus puissantes que ses arguments en faveur du bonheur personnel et de l'harmonie familiale. Quel poids pouvait avoir le bien-être bourgeois d'un couple et de ses deux enfants comparé au destin d'une contrée immense comme l'Inde ? Ces forces puisaient leur source dans la longue histoire de la nation. Elles œuvraient au nom d'une population de plus de sept cents millions de personnes. C'étaient les mêmes qui avaient, en son temps, poussé Indira à prendre la tête du pays deux ans après la mort de Nehru. Aujourd'hui, elles réclamaient la présence de Rajiv auprès de sa mère. Deux mois après la mort de Sanjay, près de trois cents parlementaires, tous membres du parti du Congrès, signèrent une pétition pour lui demander de prendre la place de son frère et de se présenter dans sa circonscription. Le fait qu'il soit marié à une étrangère ne semblait pas s'y opposer car, dans la culture populaire, on considérait qu'en se mariant une femme adoptait l'identité de sa belle-famille.

La pétition déclencha un intense débat public. À partir de ce moment, il ne se passait pas un jour sans que la presse publie ses prédictions sur l'entrée de Rajiv en politique. Quand les journalistes interrogeaient Indira sur le sujet, elle restait impassible : « Je ne peux pas répondre pour Rajiv. C'est à lui de décider. » Les députés se mirent à faire le siège de la maison. Ils venaient « rendre visite à Rajiv », c'est-à-dire tenter de le convaincre. Sonia était obligée de préparer du thé à la cardamome pour tous ces vautours – c'était le mot qu'elle employait – qui, selon elle, s'introduisaient chez elle pour détruire le bonheur familial.

Non seulement la pression publique se faisait de plus en plus forte, mais celle de l'entourage aussi. Triloki Nath Kaul, l'oncle de Rajiv, un diplomate à la réputation inattaquable, n'était pas un homme dont les conseils pouvaient être pris à la légère. Kaul était le nom de la mère de Nehru, et Triloki avait toujours été l'un des proches d'Indira. Sa loyauté avait résisté aux perturbations des dernières années. Son fils était un homme sympathique, plein de vie, qui avait étudié à Cambridge à la même époque que Rajiv et Sonia et faisait partie du cercle des amis intimes du couple. Les Kaul étaient des parents très chers.

« La vie de ta mère et celle de ton frère étaient étroitement liées, plus encore qu'il n'y paraissait, dit Triloki Nath Kaul à Rajiv lors de leur première réunion. Sanjay faisait le lien avec les leaders du parti. Voilà pourquoi elle est tellement isolée depuis sa mort. Elle a besoin de quelqu'un d'efficace auprès d'elle, quelqu'un qui puisse lui conserver la loyauté du parti. Or, tu sais comme moi qu'elle ne fait confiance à personne en dehors de ses proches.

—Je le sais. Mais je sais aussi, et d'ailleurs tout le monde le sait, que je ne suis pas fait pour la politique… Et puis, tu sais ce que Sonia en pense.

—Je comprends le point de vue de Sonia, parce qu'elle a été exposée aux pires aspects de la vie publique. Mais tout n'est pas méprisable en politique. Loin de là. C'est même parfois une noble occupation… »

Rajiv fit une moue ironique. Kaul poursuivit :

« Il s'agit de servir le peuple, de se consacrer corps et âme au bien d'autrui… comme l'a fait ton grand-père, comme ton frère l'a fait à sa façon et comme le fait ta mère.

— Et comme tu voudrais que je le fasse aussi.

— Bien sûr. Tu as ça dans le sang.

— Je doute beaucoup que le talent politique soit héréditaire. Et j'ai tout à y perdre…

— Si tu as tout à perdre, toi qui as été élevé dans ce milieu dès ton plus jeune âge, imagine un peu les autres ! Mais tu te trompes, tu as tout à gagner. Un jour, tu pourrais être Premier ministre.

— Non merci. J'ai vu ma mère pleurer d'avoir été trahie par ses plus anciens et plus fidèles collaborateurs pour sauver leur peau, j'ai vu des amis en qui elle avait toute confiance lui tourner le dos et se transformer en critiques sanguinaires… Merci, je préfère continuer de vivre ma vie en blue-jean auprès de ma femme et de mes enfants, qui m'apportent tout ce dont j'ai besoin.

— Rajiv, tu sais comme moi que deux types de gens se lancent en politique : les moins nombreux sont ceux qui considèrent le pouvoir comme un moyen de faire avancer la société, les autres le voient comme un moyen d'obtenir des avantages pour eux et pour leur entourage. Pour ceux-là, c'est tout ce qui entoure le pouvoir qui est important : la cour, les flatteries, se faire baiser les pieds et être vénéré comme un dieu. Tout ce que déteste Sonia.

— Et les autres, quelle est leur récompense ?

— Il n'y en a qu'une. La joie de se réaliser en tant qu'être humain. »

Rajiv haussa les épaules. La réponse était trop floue et trop abstraite à son goût. Il demanda :

« Qu'en dit maman ?

— Elle m'a affirmé mot pour mot qu'elle ne voulait pas influencer ton jugement, que c'était à toi de choisir.

— Elle sait que tu es venu me parler ?

— Oui. Je le lui ai proposé… et elle m'a répondu que si je voulais discuter avec toi, elle n'y voyait pas d'inconvénient. »

Il y eut un silence. Rajiv lui montra des cahiers et des livres qu'il avait ouverts sur la table.

« Sais-tu que je suis sur le point d'accomplir un des rêves de ma vie ?

— Ah oui ? Lequel ?

— Indian Airlines est en train de renouveler toute sa flotte, qui ne comprendra plus que des jets. Jusqu'à maintenant, j'étais copilote à bord d'un Boeing 737. Le mois prochain, je passe un examen pour devenir commandant. Mon salaire va augmenter et je pourrai assurer la liaison Delhi-Bombay, ce qui me permettra d'avoir des horaires plus commodes. »

Kaul promena son regard sur la boussole, la calculatrice, les cartes annotées au crayon dans la marge... Puis, le visage grave, il fixa de nouveau Rajiv :

« Alors, je dois comprendre que ta réponse est non ? »

Rajiv hocha la tête, et ajouta :

« Pour moi, entrer en politique serait comme entrer en prison. »

En sentant le regard de son oncle fixé sur lui, il ajouta :

« Et puis, je n'ai même pas ma carte du parti du Congrès !

— Réfléchis-y, Rajiv. Pense à tous les sacrifices que la famille a consentis pour le pays. Quand vous étiez petits, Sanjay et toi, et que vous êtes tous allés vivre à Teen Murti House, vous l'avez fait parce que votre grand-père était seul et qu'il avait besoin d'aide. Comme ta mère maintenant. Elle a sacrifié sa vie personnelle pour se mettre au service de son père. Elle l'a fait parce que c'était une femme. Mais ton devoir en tant qu'homme et en tant que fils est de l'aider et de la soutenir par tous les moyens. »

Les arguments de l'oncle Kaul étaient persuasifs : ils en appelaient au devoir filial et à un certain sens de la prédestination, à l'idée d'une mission familiale et nationale inscrite dans les astres. Ceux de Rajiv étaient rationnels et pratiques. Il parlait de choses simples comme la vie quotidienne, la vocation, l'affection pour les siens. Mais la réalité était plus complexe : elle mêlait les émotions et ambitions de beaucoup de gens, les craintes et les doutes, les rêves et les pulsions cachées, sans oublier l'histoire et la politique. Pendant des mois, la pression continua de s'exercer sur Rajiv, et par ricochet sur Sonia. « J'ai passé des heures et des heures à essayer de la convaincre de laisser son mari se lancer en politique, mais aucun argument n'emportait son adhésion, devait dire Nirmala Deshpande, une amie de la famille. À chaque tentative,

Sonia me répondait par la négative, très poliment mais fermement. » Un jour, l'Italienne déclara même à Nirmala : « Je préférerais que mes enfants mendient dans la rue plutôt que de voir Rajiv embrasser une carrière politique. »

Pour le couple, ce fut une année terrible. Tous les deux se sentaient de jour en jour plus impuissants à mesure qu'ils approchaient de l'échéance. Ils avaient l'impression, étrange et douloureuse, que leur vie ne leur appartenait déjà plus. Au nom de grands principes et de nobles causes auxquels, pour le moment, ils se sentaient étrangers, ils avaient cessé d'être les maîtres de leur existence pour devenir les victimes d'un harcèlement insidieux et constant. Comme si cet immense pays ne pouvait survivre sans eux. Rajiv était déchiré entre son devoir de fils et la volonté de préserver son bonheur. Sonia était prise au piège entre son mari et sa belle-mère, deux êtres qu'elle adorait. « En même temps, écrivit-elle plus tard, j'étais furieuse : j'en voulais à ce système qui, à mes yeux, exigeait un agneau sacrificiel. Un système qui écraserait et détruirait mon mari. J'en étais absolument convaincue. »

Rajiv maigrissait et dormait à peine. Son sens du devoir le poussait à aider sa mère. Son amour pour Sonia, les promesses qu'il lui avait faites le tiraient dans la direction opposée. Les deux femmes avaient leurs raisons, toutes parfaitement valables. Et Rajiv se trouvait au milieu, confus, profondément malheureux. Aussi se réfugiait-il dans la préparation de son examen pour devenir commandant de bord, la seule chose qui lui permettait de s'abstraire d'un quotidien de plus en plus insupportable. Lui qui avait toujours fui les conflits et les confrontations ne supportait pas d'être l'objet de toutes les exigences. « Cette pression ne diminuera-t-elle jamais ? Verrai-je un jour la fin de cet enfer ? » se demandait-il tandis qu'au fil des mois le chœur des voix devenait assourdissant.

« J'espérais un miracle, devait écrire un jour Sonia, une solution qui serait acceptable et juste pour tout le monde. »

Mais le miracle ne se produisait pas. Au contraire, la situation des personnages de ce drame s'aggravait chaque jour : Indira, toujours plus seule et noyée sous les problèmes ; Rajiv et Sonia, toujours plus torturés.

« Je ne peux plus te voir ainsi, dit un jour Sonia en étreignant son mari. Je ne supporte plus de te voir si mal...

— C'est comme si on nous avait volé notre vie, soupira Rajiv.

— Rajiv, oublie ce que je t'ai dit quand j'étais en colère. Oublie tout. Si tu penses que tu dois aider ta mère, fais-le… Je ne veux plus te voir aussi malheureux. Nous sommes en train de mourir à petit feu.

— Je ne veux prendre aucune décision sans toi.

— Fais-le, répéta Sonia en larmes, le front contre l'épaule de son mari. Va de l'avant. La vie change et j'ai beaucoup de mal à l'accepter… Au fond, j'ai peur de te perdre, mais c'est peut-être de l'égoïsme de ma part, je ne sais pas… Ce que je sais, c'est que tout ça ne peut pas continuer. »

« C'était mon Rajiv, écrirait Sonia, nous nous aimions, et s'il estimait nécessaire de venir au secours de sa mère, j'étais finalement décidée à rendre les armes devant ces forces trop puissantes que je ne pouvais combattre. Et prête à le suivre là où elles l'entraîneraient. »

Sonia démontrait une fois de plus que l'amour qu'elle éprouvait pour son mari l'emportait sur toute autre considération. La loyauté n'était-elle pas l'essence même de l'amour ? Ne l'avait-elle pas toujours suivi ? N'avait-elle pas abandonné pour lui pays, famille et amis ? Ne s'était-elle pas muée en parfaite bru indienne par amour pour lui ? Si toute sa vie avait tourné autour de lui, si un jour elle lui avait promis de l'accompagner jusqu'au bout du monde, eh bien ! ce jour était arrivé. Il lui fallait tenir parole. Elle irait n'importe où avec lui, dans l'enfer de la politique s'il le fallait. Même s'ils devaient tous les deux se consumer dans ses flammes.

Après quatre conversations longues et intenses avec l'oncle Kaul, Rajiv finit par lui dire :

« Si maman veut que je l'aide, je le ferai. »

Triloki Nath Kaul poussa un soupir de soulagement.

« C'est une sage décision, répondit-il. Nous sommes certains que tu peux gagner l'élection partielle à Amethi, la circonscription de ton frère, ce qui te donnera la légitimité nécessaire pour travailler aux côtés de ta mère.

— Mais je ne veux pas faire partie du gouvernement. C'est la condition *sine qua non*. Je suis seulement disposé à travailler dans le parti, car je suis conscient qu'il y a là un vide et je ne vois personne pour le remplir.

— L'important, c'est que tu remportes ton siège de député.

— Et si j'échoue ?

— Tu laisseras le champ libre à Maneka et aux anciens acolytes de Sanjay, ce qui est très dangereux, comme tu peux l'imaginer.

— Maneka n'a pas vingt-cinq ans, l'âge légal pour être députée.

— Mais elle les aura aux prochaines élections. Il ne peut y avoir deux héritiers de Sanjay Gandhi. Voilà pourquoi nous sommes si pressés que tu acceptes. Et une victoire à Amethi est primordiale. »

Il y eut un silence. Le visage de Rajiv avait soudain vieilli. Presque à voix basse, il commenta :

« En somme, je suis pris au piège de l'inévitable... »

Kaut ne répondit rien. Puis il reprit :

— Quand ta mère a décidé de se mettre au service de ton grand-père, elle non plus ne faisait pas partie du gouvernement. » Il fit une pause, conscient de l'immense sacrifice que cette décision exigeait de la famille. « Et Sonia, qu'est-ce qu'elle en pense ?

— Je n'aurais pas pris ma décision sans elle. J'essaierai de concilier la politique avec ma carrière de pilote autant que possible. Ensuite, nous verrons ce qui se passe.

— C'est la meilleure solution », conclut Triloki Nath Kaul.

Après tant de mois passés dans l'angoisse, la décision fut presque une libération. Mais nul ne se réjouissait vraiment. Comme toujours dans l'histoire familiale des Nehru-Gandhi, le sens du devoir avait triomphé. Sonia s'enferma dans sa chambre et ne sortit pas pendant quatre jours. Ses enfants ne parvenaient pas à la consoler. Ils disaient qu'elle pleurait sans arrêt.

Quand elle sortit de son tunnel, elle avait le visage émacié et semblait n'avoir que la peau sur les os. Les jours suivants, elle mangea à peine et cessa de se vêtir avec le soin et l'élégance qui la caractérisaient.

29.

Rajiv réalisa son rêve et réussit son examen pour devenir commandant de bord de son Boeing 737, mais le plaisir de sillonner le ciel aux commandes d'un avion à réaction ne devait pas durer longtemps. La date limite pour se présenter aux élections dans la circonscription d'Amethi se rapprochait inexorablement. La loi sur le non-cumul des mandats interdisait à Rajiv d'occuper un emploi public tout en se présentant aux élections ; or, Indian Airlines appartenait à l'État. Comme désormais il ne pouvait concilier sa carrière avec la politique, il n'eut d'autre choix que de faire de la politique sa nouvelle carrière. Si bien que par un jour de grosse chaleur de mai 1981, il prit sa décision. Il rentra à la maison après avoir passé la journée aux commandes de son avion, ôta sa cravate et son uniforme de pilote, revêtit une *kurta* blanche – l'uniforme des politiciens – et se rendit au bureau central d'Indian Airlines pour rendre son accréditation et prendre congé de ses chefs et de ses collègues. Sonia le vit partir le cœur serré. C'était l'adieu définitif à la vie qu'il s'était choisie du temps de ses études en Angleterre, quand il cherchait comment subvenir à leurs besoins parce qu'il était fou amoureux d'elle.

Comme il l'avait prévu, à partir de ce jour, la vie du couple ne fut plus jamais la même. Ils ne pouvaient plus se permettre d'être vus le samedi soir à la Casa Medici, le restaurant italien du luxueux Hotel Taj, ou à l'Orient-Express, celui du nouvel hôtel Taj Palace. Tout changea, de leurs horaires à leur manière de s'habiller. Rajiv troqua le costume à l'européenne contre la *kurta*, car on lui avait dit qu'il serait bon de donner de lui-même une image plus indienne. Aussi abandonna-t-il les blue-jeans qu'il enfilait quand il quittait son uniforme, les mocassins italiens que Sonia lui achetait quand ils étaient en vacances, et se chaussa-t-il de sandales ; tout au plus conserva-t-il ses Ray-Ban ovales à monture métallique, qui étaient à la mode dans ces années-là. À vrai dire, les vêtements indiens étaient plus agréables à porter dans la canicule impitoyable qui précédait la mousson. Les *kurtas* de coton cru s'enfilaient par-dessus un pantalon large sur les hanches et serré aux chevilles, comme un pyjama, appelé *chowridar*. Il arborait aussi le bonnet typique de Nehru et des membres du parti. Il semblait à Indira qu'avec les années il devenait le portrait de son père, Firoz.

Une fois sa décision prise, Rajiv ne regarda plus en arrière. Si le destin l'avait placé dans cette situation pénible, mieux valait faire contre mauvaise fortune bon cœur et jouer son nouveau rôle le mieux possible. Les idéaux dont son grand-père parlait à table au temps où Sanjay et lui étaient adolescents – la lutte contre la pauvreté, le combat pour l'égalité, l'indépendance nationale, la laïcité, etc. –, ces principes dont sa mère avait hérité, il les fit siens sans réserve. Il ne se lançait pas en politique pour accumuler de la richesse ou du pouvoir. Rien de tout cela ne l'avait jamais attiré. Il manquait d'ambition personnelle, mais il avait des projets pour l'Inde. S'il pouvait apporter sa contribution au progrès de la nation, mieux valait le faire en étant bien informé.

Il lui coûtait cependant beaucoup d'abandonner son monde, celui de la technologie, des réalités empiriques et concrètes, régies par des lois connues et vérifiables. Un avion vole parce que l'air soutient ses ailes. Qu'est-ce qui assure le succès d'un homme politique ? Il y avait de nombreuses réponses possibles, autant de variables, mais aucune certitude. Sauf une dans son cas : il portait un nom prédestiné. Les intellectuels et les adversaires d'Indira ne tardèrent pas à le lui lancer au visage : « La seule qualification que possède Rajiv Gandhi, ce sont ses gènes ! » Les classes privilégiées étaient déconcertées par ce qu'elles considéraient comme un nouvel acte de népotisme de la part d'Indira. Mais la « grande masse de l'humanité indienne » voyait la chose à sa manière : n'était-ce pas la coutume que les enfants reprennent le métier de leurs parents ? Depuis des siècles, dans les villes et les villages de l'Inde, les artisans, les écrivains publics, les musiciens, les cuisiniers, les palefreniers, les guérisseurs, les architectes et les hommes politiques transmettaient à leur descendance les secrets de leur profession. En attirant Rajiv dans la vie publique, Indira et ses collègues du parti n'avaient fait que suivre la plus ancienne des traditions.

Au cours de sa première campagne, Rajiv dut faire de gros efforts pour lutter contre sa timidité. Pour un homme aussi jaloux de sa vie privée, il était pénible de se trouver sans cesse au centre de l'attention et d'affronter les questions des journalistes. « La politique n'a jamais été mon affaire, déclara-t-il un jour à un correspondant étranger qui lui demandait pourquoi il se présentait. Je me présente parce que je me sens le devoir de soutenir ma mère. » Sa candeur, évidemment, fit de lui un objet de sarcasmes, et il apprit bientôt à mesurer ses propos et à donner des réponses toujours claires, qui ne prêtaient à aucun malentendu ou interprétation.

Parler en public sans notes ne lui était pas facile non plus : il lui fallait trouver les mots pour exprimer sa pensée tout en créant un lien avec l'assistance venue l'écouter. Les meetings avaient le plus souvent lieu sur des places de village et les organisateurs ne disposaient pas toujours d'une tente ou d'un velum pour protéger les orateurs de la chaleur. La plupart du temps, c'était donc en plein soleil que Rajiv s'adressait à une foule d'un millier de personnes ou davantage. Beaucoup étaient assis sur des nattes étendues à terre, le plus grand nombre restaient debout dans le fond. Tous venaient recueillir le *darshan* d'un homme qui faisait déjà partie des personnages de la mythologie indienne. Parmi eux il y avait beaucoup de paysans pauvres, car Amethi était une région très arriérée de l'Uttar Pradesh. Mais aussi des petits marchands, des ouvriers, des notables, des entrepreneurs sikhs dont les turbans se détachaient parmi la foule, beaucoup de jeunes au chômage, des essaims d'enfants dont quelques-uns portaient un uniforme inspiré de ceux des écoles britanniques, des femmes musulmanes au visage couvert, des paysannes hindoues dans leurs saris multicolores… Tous ces gens se serraient les uns contre les autres alors que le mercure indiquait plus de quarante degrés. Dans l'air flottait une odeur de sueur, de fleurs, de poussière et de la fumée des *bidis*, ces cigarettes fabriquées à partir de débris de tabac, les « cigarettes du pauvre ». Avant de parler, Rajiv ôtait de son cou les guirlandes d'œillets oranges qui se détachaient de la blancheur de sa *kurta*, les plaçait sur une table ou les tendait à un assistant. Son style était très différent de celui de son frère. Il n'était pas grandiloquent et ne cherchait jamais à haranguer son auditoire. Au contraire : son humilité et sa curiosité le poussaient à poser beaucoup de questions. Au cours de ses multiples voyages dans la cabine des Boeing d'Indian Airlines, il avait souvent rêvé d'une Inde plus juste, plus prospère, plus moderne, en un mot plus humaine. Maintenant, au ras du sol, la réalité lui apparaissait autrement : le retard était effrayant ; le manque de ressources, désespérant ; et la pauvreté, extrême. Comment était-ce possible ? Où étaient les failles du système ? Dans ses moments de détente, il tirait d'un sac noir un objet plat métallisé qui suscitait l'admiration.

« C'est une invention révolutionnaire, disait-il. Un jour, elle sera aussi populaire que la calculatrice ou la machine à écrire, vous verrez.

— Et à quoi sert-elle ? lui demandait un jeune membre du parti.

— À beaucoup de choses. Je l'utilise pour établir une base de données et faire l'inventaire des progrès que nous initierons ici, dans la région d'Amethi. »

C'était un ordinateur portable, un des premiers importés en Inde. La méthode de Rajiv consistait à identifier les carences de toutes sortes pour planifier ensuite où et comment y remédier. Certains problèmes étaient évidents, comme le manque de routes qui obligeait la petite caravane électorale à marcher souvent plus d'une heure pour accéder à un village : il lui fallait emprunter d'étroits chemins de terre existant entre des champs labourés par des bœufs décharnés. La plupart des habitations se limitaient à des cabanes en pisé que les paysans devaient reconstruire après chaque saison de pluies. Ces villages ne disposaient d'aucun moyen de communication avec l'extérieur. « Si au moins on pouvait leur installer un téléphone par satellite ! » se prenait à rêver Rajiv. Pourtant, il y avait une lueur d'espoir : quand il demandait aux plus pauvres quel était leur besoin le plus urgent, ils n'évoquaient pas la nourriture, l'argent, un logement décent, ou un puits d'eau potable au village. Les plus pauvres rêvaient d'écoles pour leurs enfants. L'éducation avant tout, et juste après, des dispensaires médicaux.

Comme on pouvait s'y attendre, Rajiv remporta l'élection haut la main. Sonia fut la première à le féliciter en lui tombant dans les bras. Cette large victoire était pour son mari la récompense dont il avait besoin. Elle le devina à l'expression de son visage, tout à coup plus détendue et plus confiante. La victoire justifiait de longs mois de tourment. Sonia sentit que Rajiv commençait à apprécier son expérience au milieu de la foule, même si, pour sa part, elle regrettait le passé. « Auparavant, notre vie était réglée, familiale, raconterait-elle plus tard. Il y avait d'intenses périodes d'activité suivies de moments d'oisiveté. Puis ce fut le contraire. Notre vie se remplit de toutes sortes de gens, des centaines chaque jour, hommes politiques, responsables du parti qui nous pressaient tous de répondre à leurs exigences et leurs problèmes urgents. Désormais, le temps était compté et les rares heures que Rajiv passait avec nous n'en étaient que plus précieuses. »

Rajiv, en revanche, ne parvenait pas à s'habituer aux sollicitations permanentes des gens de presse et de télévision. Il répondait avec hésitation, par des phrases entrecoupées. « Vous autres journalistes, vous vous jetez sur nous comme des tigres », lança-t-il un jour, exaspéré. Mais en même temps, il sentait qu'un nombre croissant d'Indiens commençaient à l'apprécier. Le contraste avec la personnalité de son frère était si rafraîchissant qu'il lui valut beaucoup de sympathisants. Si Sanjay avait laissé le souvenir d'un leader intransigeant et sans pitié, Rajiv était tout le contraire : un homme doux, aux manières irréprochables, un conciliateur-né qui se fiait simplement à son bon sens pour apaiser les conflits. Surtout, il n'entretenait aucune relation douteuse ni complicité suspecte. « Je veux attirer un nouveau genre de militants, déclara-t-il au *Sunday Times*. Des hommes intelligents, jeunes, occidentalisés et dénués de préjugés féodaux. Des hommes capables de placer les progrès de l'Inde au-dessus de leurs intérêts propres. » Il montrait toujours son vrai visage : celui d'un homme honnête, aimable et bon. Bientôt, il fut surnommé « Mr Clean ». Et même si cela comptait peu, sa famille était jolie et photogénique. Sonia cependant n'aimait pas se laisser photographier. Elle rechignait plus encore à accorder des interviews. Sa méfiance et son horreur des médias étaient désormais une constante de son caractère.

Rajiv prêta serment trois jours avant de célébrer ses trente-sept ans et se déclara favorable à la liberté d'entreprise, à une modernisation très rapide et une ouverture du pays aux investissements étrangers. Il ruisselait de sueur sous la coupole du Parlement, qui avait renvoyé l'écho des discours de son grand-père et de sa mère. Nehru aurait sans doute été déconcerté de voir son petit-fils dans cette salle immense, parmi les représentants du peuple. Mais il aurait été heureux aussi de constater que, comme lui, Rajiv croyait fermement que la solution à beaucoup des maux de l'Inde résidait dans une sage application de la science et de la technologie.

Indira retrouvait le sourire. Elle sentait que son fils, qui remplissait son rôle de conseiller personnel avec une surprenante efficacité, était l'homme de la situation : conscient de la nécessité d'améliorer l'image du pays, il allait pouvoir porter l'ambitieux projet dans lequel le gouvernement avait décidé de se lancer. Il s'agissait d'organiser les Jeux asiatiques, qui se tiendraient à New Delhi dans deux ans. Le projet comprenait la construction d'hôtels, de pistes automobiles, de plusieurs stades et d'un quartier tout neuf pour loger les athlètes. On profiterait de l'occasion pour diffuser plus largement la télévision en couleurs ; pour l'instant, on ne pouvait la capter que dans le centre des grandes villes. Le succès de cette initiative supposait qu'elle soit pilotée par un esprit ordonné, entreprenant et imaginatif. Indira savait que si son fils était capable de relever ce défi, sa popularité en sortirait grandie ; il aurait là un tremplin pour s'engager au niveau national. Bientôt, Rajiv se trouva à la tête d'une équipe d'architectes, d'entrepreneurs et de financiers dont il coordonnait le travail. Il était chargé de superviser un énorme budget.

Alors que Maneka aspirait de toutes ses forces à tracer son chemin dans la vie publique, Sonia n'avait aucune ambition de ce genre. Elle ne cherchait même pas à être bénévole dans une organisation humanitaire. Elle se contentait de vivre dans l'ombre de sa belle-mère et s'affairait pour que la maison de Mme le Premier ministre soit organisée le plus efficacement possible. À cette époque, elle devint plus proche d'Indira qu'elle ne l'avait jamais été. « Comme nous savions combien ses blessures étaient profondes, Rajiv et moi avons tout fait pour la protéger plus encore qu'auparavant. » Sa belle-mère leur était très reconnaissante de cette attention. Elle parlait avec beaucoup de tendresse et de gratitude de la générosité avec laquelle Rajiv « s'était offert pour assumer certaines de ses responsabilités à l'intérieur du parti ». Au terme de la période de deuil, qui durait un an, un an pendant lequel Indira n'avait porté que des saris blancs, noirs ou crème, Sonia lui en choisit un nouveau pour l'inauguration d'une importante conférence des pays asiatiques : il était très beau, couleur d'or, avec des broderies dans le style du Cachemire.

« Regardez, il est assorti au décor de la salle où s'ouvrira la conférence… Il vous plaît ?

— Il est magnifique, répondit Indira. Et parfait pour tous ceux qui suivront l'événement sur leurs postes de télévision en couleurs. »

En la voyant de nouveau vêtue de saris colorés, son amie Pupul lui dit :

« Je suis contente de voir que tu es remise. »

Indira prit une expression grave et ne répondit pas. Mais le lendemain, elle lui envoya une courte lettre dans laquelle elle lui disait : « Tu as laissé tomber une phrase dans laquelle tu laissais entendre que j'avais surmonté ma douleur. On peut surmonter la haine, l'envie, la convoitise et beaucoup d'autres émotions négatives et autodestructrices. Mais la douleur est autre chose. On ne peut ni l'oublier ni la surmonter. Il faut apprendre à vivre avec elle, à l'assimiler et à lui faire une place dans sa vie. »

30.

La note discordante vint de Maneka, qui voyait avec colère l'héritage de son mari « détourné » par son beau-frère. Elle savait pourtant pertinemment qu'elle n'aurait pu se présenter faute d'avoir atteint l'âge minimal requis. Elle avait toujours éprouvé un profond mépris pour Rajiv, et elle se mit à faire des déclarations dans la presse où elle le traitait d'« homme indolent, incapable de se lever avant dix heures ». Ainsi suggérait-elle implicitement qu'elle, Maneka Gandhi, mère du fils unique de Sanjay, était la mieux placée pour succéder un jour à Indira et se retrouver à la tête de l'État. « Comment Rajiv pourrait-il reprendre le flambeau de son frère alors qu'il n'a jamais aimé la politique et qu'il est marié à une Italienne ? » se demandait-elle publiquement. Maneka fut la première à utiliser les origines étrangères de Sonia contre la famille. Rajiv et Indira, qui sentirent aussitôt le danger, demandèrent à celle-ci d'accomplir au plus vite les formalités nécessaires pour acquérir la nationalité indienne, à laquelle elle avait droit par son mariage. Elle aurait dû le faire bien plus tôt, mais avait toujours négligé d'engager ces démarches ennuyeuses. Dans sa naïveté, Sonia s'imaginait qu'il suffisait de se sentir indienne et de s'adapter aux mœurs et aux rites de la nation pour devenir une Indienne véritable. Elle avait remisé dans l'obscurité de ses armoires ses jupes, ses pantalons moulants, ses chemisettes sans manches, ses jeans et ses robes décolletées. Elle ne s'habillait à l'européenne que lorsqu'elle rendait visite à sa famille en Italie. En Inde, elle ne portait que des saris ou la version musulmane du costume national indien, le *salwar kamiz*, un pantalon large en coton ou en soie couvert d'une tunique aux nombreux boutons. Mais cela ne suffisait pas : maintenant, il lui fallait la sanction officielle, la nationalité, le passeport. De sorte qu'un matin, elle se rendit au ministère de l'Intérieur et passa plusieurs heures à remplir des papiers et à répondre aux questions de fonctionnaires courtois. Quelques semaines plus tard, une lettre lui parvint : « Par la présente, le gouvernement de l'Inde accorde à Sonia Gandhi, née Maino, son certificat de naturalisation et lui octroie tous les droits, devoirs et responsabilités que comporte la citoyenneté indienne... » Parmi les papiers joints à la lettre et au passeport, il y avait le numéro et l'adresse du bureau de vote où elle devrait désormais déposer ses bulletins.

Le seul résultat qu'obtint Maneka avec ses déclarations absurdes fut d'irriter encore davantage sa belle-mère. Quand la jeune femme lui montra un premier exemplaire du livre qu'elle avait conçu sur son défunt mari, Indira, indignée, déclara qu'une partie du texte et les légendes des photos déformaient la vérité et nuiraient à l'image de la famille. Pas question de le publier en l'état.

« Mais la présentation est prévue dans trois jours !

— Il fallait me montrer la maquette finale beaucoup plus tôt, pas au dernier moment. Il ne te reste plus qu'à repousser la présentation jusqu'à ce que les corrections soient intégrées.

— Je ne peux pas, tout est déjà organisé.

— Je ne permettrai pas que ce livre paraisse tel quel pour le moment. »

Maneka, furieuse, sortit de la pièce en claquant la porte.

« Maneka ! Reviens immédiatement ! » cria Indira.

La jeune femme reparut. Cette fois, elle n'avait plus l'air d'un chiot apeuré. Elle avait l'attitude de défi d'une adolescente rebelle. Elle soutint le regard de sa belle-mère.

« La situation ne peut pas durer, Maneka. Je ne peux plus tolérer tes débordements dans la presse, ni que tu publies ce que bon te semble au sujet de notre famille. »

Maneka hésitait entre répondre et attendre la suite de la réprimande. Indira décida de bluffer, certaine que sa bru ferait ensuite profil bas.

« Si tu veux quitter cette maison, je n'y vois pas d'inconvénient », dit-elle.

Maneka fut soudain tentée de faire usage de la seule arme qui pourrait porter un coup fatal à sa belle-mère : la priver de son petit-fils. Indira poursuivit :

« Si tu continues comme ça, nous serons comme deux étrangères. Choisis : ou nous restons bonnes amies, ou je ne t'adresse plus jamais la parole. »

Maneka serra les poings et se mordit la langue. Elle bouillait de colère, mais compte tenu de son ambition, l'heure n'était pas venue de mettre un terme à une relation si prestigieuse. Elle baissa les yeux.

« Bon. Je reporterai le lancement du livre et je changerai les légendes des photos. »

Indira respira, soulagée. Elle était consciente d'avoir gagné une bataille, mais certaine que ce ne serait pas la dernière. Pour le moment, elle avait évité la crise.

Maneka devint experte dans l'art de tirer sur la corde. Elle était convaincue de deux choses : la première, qu'il n'y avait pas de place pour elle dans la structure du pouvoir tant qu'Indira la présidait ; la seconde, qu'elle pouvait rivaliser avec sa belle-mère. Si bien qu'elle décida, d'une part, de redoubler ses provocations et, d'autre part, de développer sa propre base politique en mobilisant les anciens sympathisants de Sanjay. Maneka avait accepté de prononcer un discours dans la ville de Lucknow, la capitale de l'Uttar Pradesh, devant un groupe de dissidents du parti du Congrès dirigé par un ami de son défunt mari. Indira était furieuse : « Ces gens me provoquent en lançant une mini-révolte », dit-elle à son amie Pupul : Maneka venait de l'informer que, grâce à elle, une centaine de députés de l'Uttar Pradesh, des fidèles de Sanjay, avaient rejoint ce groupe rebelle. Elle lui laissa une note : « Si tu vas à Lucknow, tu ne remettras plus les pieds chez moi. » Maneka fit marche arrière et s'excusa, mais il était clair désormais qu'un affrontement était inévitable. Cette « sale gamine » têtue et prétentieuse rendait la vie impossible à Indira ; elle était pire que tous ses adversaires politiques, lesquels étaient cependant beaucoup plus expérimentés et plus machiavéliques.

Pour tenter d'arranger les choses, Indira l'emmena en voyage au Kenya avec Rahul et Priyanka. Mais Maneka aurait préféré partir pour Londres et assister au mariage du prince de Galles avec lady Diana Spencer comme Rajiv et Sonia. Indira les avait envoyés en son nom, pour faire connaître à l'étranger celui qui avait toutes les chances de lui succéder. Il était là le voyage *glamour* : son beau-frère et sa belle-sœur allaient côtoyer la crème de la crème internationale. Au lieu de quoi, Maneka était réduite à accompagner les enfants dans des parcs naturels pour regarder... des animaux. Elle se mit à se plaindre d'être la seule de la famille à ne pas posséder de passeport diplomatique. Tout au long du voyage, elle parla à peine à ses neveux et, quand sa belle-mère l'appelait ou tentait de la distraire, elle lui répondait par monosyllabes. Elle se tenait à l'écart, le visage fermé, car au fond elle n'avait aucune envie d'être là. Au cours d'une visite à l'ambassade de Nairobi, quand vint le moment de saluer les représentants de l'importante colonie indienne du Kenya, elle ne s'exécuta qu'avec la plus grande indolence et froideur. Au point de faire honte à la délégation venue de New Delhi. Elle se montrait si taciturne que personne ne savait si elle s'ennuyait ou si rien ne l'intéressait dans ce pays. Ou si elle tramait quelque chose. Ou les trois à la fois.

Celle qui tramait quelque chose, c'était sa mère. Et quelque chose d'explosif. Elle négociait dans le dos d'Indira la vente du magazine *Surya* à un sympathisant notoire du RSS (Rashtriya Swayamsevak Sang). Quand Indira l'apprit, sa colère explosa. Le RSS était une organisation politique d'hindouistes d'extrême droite à la discipline quasi militaire ; il avait été fortement impliqué dans les massacres de musulmans lors de la Partition. Indira avait toujours considéré ce parti comme « la plus grande menace pour l'Inde », en raison de son fanatisme. Elle était convaincue que le RSS pourrait un jour mener le pays à sa perte. Un de ses membres n'avait-il pas été au nombre des assassins de Gandhi ? Cette vente, qui finit par se faire, était une provocation en règle. Même si *Surya* appartenait à Maneka et à sa mère, le magazine n'aurait pu voir le jour sans les relations et l'influence d'Indira – ce dont elle était parfaitement consciente. La tension familiale atteignit son point culminant. Il y avait des mois que Rajiv s'efforçait de ne pas croiser sa belle-sœur dans la maison. Maintenant, il était clair qu'elle ne pouvait continuer d'y vivre.

Indira, qui savait déjà que le conflit avec sa bru allait la priver de son petit-fils, était très déprimée. De toutes les trahisons qu'elle avait connues, celle-ci était la plus grave et la plus nocive mais aussi la plus cruelle parce qu'elle venait du cœur de sa famille, un territoire sacré, et concernait le fils de son fils préféré. L'imminence d'une nouvelle crise, définitive celle-là, lui ôtait toute énergie. Par amour de son petit-fils, elle fit un dernier effort. Elle chargea son ancien professeur de yoga, le gourou Dhirendra Brahmachari, qui lui rendait encore visite de temps à autre, de négocier le rachat du magazine à ses nouveaux propriétaires, à n'importe quel prix. Mais ils refusèrent la proposition. Indira était dans une impasse. Le pays tout entier, des centaines de millions de gens attendaient le dénouement de ce feuilleton en direct, un *reality show* avant l'heure.

Indira partit pour Londres, où elle devait inaugurer l'Année de l'Inde, un effort colossal de son gouvernement pour promouvoir les échanges culturels, industriels et commerciaux entre l'Inde et l'Occident. Elle avait demandé à Sonia de l'accompagner. La cérémonie d'ouverture attira un prestigieux aréopage d'hommes et de femmes politiques, de scientifiques, de personnalités du monde de la culture, d'aristocrates et de gens de presse. Indira vécut un grand moment d'émotion quand Zubin Mehta, un parsi comme son mari, dirigea l'orchestre devant une assistance solennelle pour les hymnes nationaux de l'Inde et du Royaume-Uni. Ce moment revêtait un sens particulier : c'était la première fois qu'on jouait l'hymne national de son pays en public à Londres, l'ancienne capitale de l'Empire. Même Sonia eut un frisson. Indira, qui était très élégante grâce aux soins attentifs de sa bru, assista aux réceptions et dîners de l'inauguration. Elle était radieuse. À tel point qu'il aurait été impossible de deviner qu'en son for intérieur, elle était taraudée par l'anxiété. Les messages qui lui parvenaient de New Delhi lui annonçaient que Maneka se disposait à quitter la maison familiale et qu'elle avait décidé de la défier ouvertement. Sonia se taisait. Elle appréhendait l'inévitable rupture.

En effet, Maneka en avait choisi la date avec soin : elle profita du voyage d'Indira et Sonia, mais aussi de la présence discrète de Rajiv, trop préoccupé de son travail et soucieux de ne pas la croiser. Sans tenir compte des avertissements de sa belle-mère, la jeune femme s'était rendue à Lucknow, où, devant les fidèles de son mari, elle avait prononcé un discours incendiaire tout en veillant à ne pas paraître déloyale à l'égard du Premier ministre. « Longue vie à Indira Gandhi ! » et « Sanjay est immortel ! », proclamaient les affiches que les organisateurs avaient accrochées partout dans la ville et ses environs. « J'honorerai toujours la discipline et la réputation de la grande famille Nehru-Gandhi à laquelle j'appartiens », avait conclu Maneka.

Mais cette fidélité de façade ne suffit pas à calmer Indira, qui rentra de Londres au matin du 28 mars 1982, bien décidée à se faire respecter. Quand Maneka arriva pour la saluer, elle la coupa sèchement :

« Nous parlerons plus tard. »

Maneka se retira dans sa chambre et attendit un long moment, jusqu'à ce qu'un domestique vienne frapper à sa porte.

« Entrez », dit Maneka.

L'homme apparut : il portait un plateau sur lequel il avait posé un repas.

« Qu'est-ce que c'est ?

— Mme Gandhi m'a chargé de vous dire qu'elle ne désirait pas que vous vous joigniez au reste de la famille pour le déjeuner.

— Emportez ça ! Je n'ai pas l'intention de déjeuner dans ma chambre pour lui faire plaisir. »

L'homme obéit. Une heure plus tard, il revint.

« Mme le Premier ministre souhaite vous voir tout de suite », dit-il sur un ton obséquieux.

Dans le couloir, Maneka sentit ses jambes trembler. L'heure de vérité avait sonné. Mais il n'y avait personne au salon et elle dut attendre plusieurs minutes. Elles lui semblèrent une éternité durant laquelle elle se rongea les ongles comme quand elle était petite. Puis elle entendit du bruit et elle vit paraître Indira : furieuse, marchant pieds nus, elle était flanquée du gourou Dhirendra Brahmachari et du secrétaire Dhawan, l'homme aux cheveux gominés. Il lui fallait des témoins.

Dans des circonstances normales, Indira aurait traité cette affaire avec son habileté coutumière, guettant le meilleur moment pour agir. Mais cette fois, elle tomba dans le piège que lui avait tendu sa bru. Sans doute la perspective d'être séparée de son petit-fils lui avait-elle fait perdre ses moyens. Au début, ses paroles étaient presque inintelligibles ; mais on l'entendit haut et fort quand, en la désignant du doigt, elle cria à Maneka :

« Quitte cette maison immédiatement !

— Pourquoi ? répondit Maneka d'un air innocent. Qu'est-ce que j'ai fait ?

— J'ai entendu chaque mot de ton discours à Lucknow !

— Mais vous m'aviez donné la permission… »

Maneka prétendait avoir demandé son accord à Indira, et en effet Rajiv lui avait envoyé un télex à Londres dans ce sens. Sa mère l'avait lu, mais s'était abstenue de répondre. Elle avait décidé d'attendre son retour pour se prononcer.

« Je t'avais dit de ne pas aller à Lucknow, mais tu n'en as fait qu'à ta tête et tu m'as désobéi. Et il y avait du venin dans chacune de tes phrases ! Tu crois que je ne m'en suis pas rendu compte ? Va-t'en ! Sors de cette maison tout de suite ! cria-t-elle de nouveau. Retourne chez ta mère !

— Je n'ai aucune intention de retourner chez ma mère, répliqua Maneka d'un air de défi.

— Eh bien, tu iras quand même. Puisque vous vous êtes mises d'accord avec la racaille de ce pays, à qui vous avez vendu le magazine que vous aviez lancé grâce à moi, je ne veux plus vous voir, ni ta mère ni toi. »

Maneka se mit à pleurer.

« J'ai besoin de temps pour rassembler mes affaires, dit-elle.

— Tu as eu tout le temps de le faire. Maintenant, tu dois partir tout simplement parce que je te l'ordonne ! On t'enverra tes affaires plus tard. Ta mère et toi, vous êtes ce qu'il y a de plus vil ! » lança Indira complètement déchaînée.

Maneka regagna sa chambre en larmes, en marmonnant :

« Je ne vous permets pas d'insulter ma mère ! »

Mais Indira était résolue à la chasser. Elle ne se contrôlait plus, tous les griefs accumulés contre Maneka depuis qu'elle était entrée dans la maison se déversaient, comme si les vannes d'un barrage s'étaient brisées.

« Va-t'en ! Disparais immédiatement ! Et je te conseille de ne rien emporter qui ne t'appartienne pas ! »

Maneka s'enferma dans sa chambre, d'où elle téléphona à sa sœur Ambika pour que celle-ci alerte la presse et lui demande son soutien. L'écrivain Kushwant Singh apprit ce qui s'était passé par un appel d'Ambika, qui l'incitait à se rendre au domicile du Premier ministre.

Les relations orageuses entre brus et belles-mères font partie de la culture millénaire de l'Inde ; un grand nombre de films de Bollywood sont d'ailleurs fondés sur ces histoires de conflits domestiques avec un luxe de détails. Mais ce qui s'était produit dans la maison de la plus haute autorité du pays exposa toute la famille à une telle curiosité de la part du public que même les producteurs de cinéma les plus audacieux n'auraient su imaginer pareil scénario.

Jusqu'à neuf heures du soir, une armée de photographes et de journalistes, parmi lesquels bon nombre de correspondants étrangers, s'attroupa devant la grille du 1, Safdarjung Road. La police, dont les renforts avaient été déployés dans les alentours, ne savait pas bien qui laisser passer ou non, si bien qu'Ambika, qui était une visiteuse régulière depuis plus de sept ans, réussit à entrer sans difficulté. Elle trouva sa sœur dans sa chambre, en pleurs : elle fourrait tout ce qu'elle pouvait dans des valises, pêle-mêle. Bientôt, alors qu'elles parlaient et tentaient de s'organiser, Indira fit irruption dans la pièce.

« Va-t'en ! Je t'ai dit de ne rien emporter ! »

Ambika, intervint :

« Elle ne s'en ira pas ! C'est aussi chez elle !

— Ce n'est pas chez elle, cria Indira, les yeux exorbités. C'est la résidence officielle du Premier ministre de l'Inde ! » Et, pointant son doigt sur Maneka, elle ajouta : « On ne peut y faire entrer personne sans ma permission. »

Ambika allait parler, mais Indira l'interrompit avant qu'elle pût prononcer un mot :

« Et quoi qu'il en soit, Ambika Anand, je n'ai pas l'intention de discuter avec vous.

— Vous n'avez pas le droit de vous conduire ainsi avec ma sœur ! lança Ambika, nullement décidée à courber l'échine et à se taire. Nous sommes dans la maison de Sanjay et ma sœur est sa femme ! Donc, c'est sa maison à elle aussi. Rien ni personne ne peut l'en chasser. »

Indira devint folle de rage. Ses ennemis les plus acharnés n'avaient jamais réussi à la faire sortir de ses gonds, mais les deux sœurs y parvenaient. Ses cris alertèrent Sonia, qui courut prévenir Rajiv dans son bureau d'Akbar Road. Celui-ci arriva au pas de course et s'efforça de prendre le contrôle de la situation, avec l'aide d'un cousin qui lui servait d'adjoint au parti. Ils demandèrent au chef de la sécurité, un sikh de haute taille et de forte corpulence, de bien vouloir mettre les deux sœurs à la porte de la maison. Mais l'homme, prudent, leur répondit :

« Messieurs, je ne peux exécuter cet ordre que si vous me le donnez par écrit. »

Rajiv était prêt à signer un ordre écrit, mais son cousin intervint :

« Ne fais pas ça, lui dit-il. Ne signe rien qui pourrait ensuite être utilisé par la presse contre toi ou le reste de la famille. Que cela vous plaise ou non, Maneka peut faire valoir son droit de rester dans la maison. Un ordre d'expulsion ne pourrait que vous attirer des problèmes. »

Rajiv regarda le sikh, qui hocha la tête, visiblement d'accord avec ce qui venait d'être dit.

« C'est une idée dangereuse, ajouta le cousin.

— Bon », dit Rajiv se ravisant et tournant la tête vers le bout du couloir, d'où provenait soudain un tapage assourdissant.

Enfermées dans la chambre de Maneka, les deux sœurs avaient glissé dans le magnétoscope un film de Bollywood à plein volume pour qu'Indira, dans la pièce contiguë, comprenne qu'elles se moquaient bien de sa fureur. En même temps, elles mettaient au point leur stratégie et décidaient de l'heure exacte où elles partiraient. Le secrétaire Dhawan et le gourou Dhirendra Brahmachari devaient leur servir de messagers. Chaque fois que Dhawan entrait pour leur demander de quitter les lieux, elles le renvoyaient avec une nouvelle exigence. D'abord, elles réclamèrent à dîner, et un repas leur fut servi dans la chambre. Puis elles déclarèrent que les chiens avaient eux aussi besoin de manger, et le secrétaire se chargea d'aller les nourrir – Sheba, le lévrier irlandais de Maneka, complètement surexcité par l'atmosphère, le mordit légèrement au bras.

Presque deux heures passèrent ainsi, au terme desquelles les deux sœurs firent emporter leurs malles, valises et paquets. Alors qu'elles se trouvaient à mi-chemin de la sortie, le secrétaire Dhawan les rattrapa. Cette fois, il était accompagné du gourou :

« Je regrette, mais nous avons ordre de faire l'inventaire de vos affaires.

— Très bien, dit Maneka. Mais si vous devez faire un inventaire, il faudra le faire ici même, pour que tout le monde vous voie. »

Et elle se mit à ouvrir ses malles en répandant délibérément sur la pelouse des vêtements, des chaussures, des livres…

Aussitôt, le crépitement des flashes derrière la grille éclaira la nuit comme une série de petits feux d'artifice. Indira apparut sous le porche et ordonna à son secrétaire de hâter l'inventaire ; elle se rendait compte que sa bru avait gagné la partie. Maneka ne faisait rien d'autre qu'appliquer l'un des préceptes de sa belle-mère : « Il faut laisser vos ennemis faire ce qu'ils veulent contre vous, mais le faire en pleine lumière, pour les amener à montrer leur pire visage. » Quand le spectacle lamentable de l'inventaire fut achevé, Maneka retourna dans sa chambre avec sa sœur en exigeant que ses affaires et ses chiens soient envoyés en avance à son nouveau domicile. La dernière de ses conditions fut qu'elle ne s'en irait pas sans le petit Firoz Varun.

Au cours de cette soirée désastreuse, la pire erreur d'Indira fut de tenter de garder avec elle son petit-fils de deux ans. L'après-midi, elle avait ordonné qu'on l'emmène dans sa chambre. Il avait passé la journée au lit car il avait un peu de fièvre. Quand les domestiques vinrent le chercher, Indira refusa de le laisser partir :

« Mon petit-fils reste avec moi », dit-elle dans un accès d'aveuglement.

Maneka lui fit savoir qu'au cas où elle refuserait de lui rendre son enfant, elle organiserait immédiatement un sit-in devant la maison jusqu'à ce que Firoz Varun puisse la suivre. Très habilement, la jeune veuve s'apprêtait à exploiter son rôle de victime et à utiliser l'arme de Gandhi : la désobéissance civile. La lutte d'Indira était sans espoir. Elle fit venir P. C. Alexander, son secrétaire officiel, qui, réveillé en pleine nuit, crut d'abord qu'un conflit international avait éclaté. « Jamais je ne l'avais vue aussi effondrée, soucieuse et angoissée que cette nuit-là, devait-il raconter plus tard. Son visage trahissait un désarroi indescriptible. »

« Madame, lui dit Alexander, vous avez affronté tant de crises dans votre vie, tant de batailles politiques. Je ne parle même pas de la mort de votre fils. Pourquoi vous mettez-vous dans un état pareil aujourd'hui ?

— Alexander, cette fille veut m'enlever le petit Varun. Vous connaissez mon amour pour le fils de Sanjay. C'est mon petit-fils et on veut me l'arracher ! »

Indira continuait à délirer. La souffrance altérait son jugement, et il n'y avait pas moyen de lui faire entendre raison, de lui faire comprendre que le droit était du côté de sa bru. Premier ministre ou non, Maneka demeurait la mère de l'enfant. N'était-ce pas la *rule of law*, l'état de droit, qui régnait en Inde ? Les avocats qu'elle convoqua au milieu de la nuit pour leur demander comment garder Firoz Varun auprès d'elle tombèrent tous d'accord : il n'y avait rien à faire.

« Madame, lui dit l'un d'eux en conclusion, si vous ne rendez pas l'enfant, votre bru portera plainte contre vous et vous serez obligée de le remettre à la police, qui le confiera aussitôt à sa mère. Je vous conseille d'éviter un tel gâchis. »

La bataille était perdue. Indira rentra dans sa chambre et contempla longuement le garçonnet, qui dormait paisiblement dans son berceau. Ses joues ruisselaient de larmes. Rarement dans sa vie l'avait-on vue tant pleurer, manifester un tel désespoir. Pour elle, cette séparation était comme la seconde mort de son fils. Quand la nourrice arriva pour prendre l'enfant, Indira le caressa du dos de la main, le souleva et le serra un long moment dans ses bras, consciente qu'elle le voyait sans doute pour la dernière fois. Puis, brisée, elle le remit à la jeune employée en essuyant avec le bout de son sari son visage inondé de pleurs.

Il était près de minuit quand Maneka, portant dans ses bras un Firoz Varun mal réveillé et un peu ahuri, franchit enfin la grille et monta dans une voiture accompagnée de sa sœur. Une explosion de flashes illumina toute la séquence de son départ. Des photos conformes à l'image qu'elle voulait donner : celle d'une bru loyale traitée avec cruauté par sa belle-mère puissante et autoritaire. « Maneka saluant les journalistes depuis sa voiture » : telle fut la légende du cliché que publièrent le lendemain matin tous les journaux indiens et de nombreux journaux étrangers. Pour le quotidien *Indian Express*, les efforts du Premier ministre pour chasser Maneka revenaient à « tuer une guêpe à coups de hache ». Indira avait perdu et elle le savait.

Sonia se désolait de la voir ainsi vaincue. Ce dénouement l'affectait aussi, même si elle l'avait vu venir, avec sans doute plus de lucidité qu'Indira elle-même. Elle s'était beaucoup occupée de son jeune neveu depuis sa naissance, elle avait été comme une seconde mère pour lui. La venue au monde de Firoz Varun avait été le point de départ d'un bonheur familial retrouvé après les perturbations de l'état d'urgence et la période noire qui avait suivi. L'harmonie n'avait duré que quelques mois, jusqu'à la mort de Sanjay, mais elle avait laissé une impression profonde dans le cœur de tous les membres de la famille. Rahul et Priyanka s'étaient aussi habitués à la présence de ce petit cousin. Ils étaient si proches de lui qu'ils le considéraient presque comme un petit frère. Durant les jours qui suivirent, Indira disait à tous ses visiteurs : « Vous savez ? Maneka et Firoz Varun ont quitté la maison », comme s'il s'était agi d'une décision consensuelle entre deux adultes. Mais tout le pays savait dans le détail comment les choses s'étaient véritablement passées.

31.

Peindre. Se concentrer à chaque coup de pinceau, sans que tremble le poignet. Mélanger et mélanger encore la peinture sur la palette, chercher la nuance exacte, la couleur juste. Ôter ses lunettes et les remettre. Avancer lentement, touche après touche. Gratter avec la spatule, lisser, nettoyer, tacheter de couleur, reprendre... Pour Sonia, les cours de restauration de peintures anciennes au Musée national étaient comme une thérapie. Elle lui permettait d'oublier pendant quelques heures l'agitation de son foyer. Ces moments volés lui apportaient une satisfaction profonde et personnelle ; ce travail aurait été sa véritable vocation si la vie ne l'avait entraînée sur d'autres chemins. C'était une activité qui lui permettait de développer son potentiel, son caractère perfectionniste : celui d'une femme qui aimait arranger, réparer, rénover. Pour réussir une restauration, il fallait se rendre invisible. Il ne s'agissait pas d'inventer, mais d'interpréter l'intention originale de l'artiste – idéal pour Sonia, dont la personnalité et le caractère plutôt docile, à l'écart des conflits, la conduisaient toujours à s'adapter pour tirer le meilleur parti de chaque situation. À présent, elle pouvait se consacrer à sa passion, car la maison familiale était redevenue tranquille, comme avant l'arrivée de Maneka. Indira retrouvait peu à peu son calme grâce à l'affection des deux petits-enfants qui lui restaient. Et elle était certaine de pouvoir compter sur Sonia : sa bru était capable, en parfaite fée du logis, d'organiser un dîner pour François Mitterrand et sa suite, ou encore de donner une première réception à midi pour des dignitaires musulmans et une seconde en début de soirée pour des chefs du parti.

Sonia s'efforçait toujours d'ajuster ses horaires et ses engagements pour que ses moments de liberté coïncident avec ceux de Rajiv et de sa belle-mère. Plus que jamais, elle sentait qu'ils avaient tous deux besoin de la stabilité, de l'intimité et des relations franches du cercle familial pour compenser la rudesse de la vie politique et se remettre de la tension provoquée par la crise et le départ fracassant de Maneka. Entre les murs du 1, Safdarjung Road, ni Rajiv ni Indira ne se sentaient contraints de mesurer leurs propos ni de prendre garde à ceux qui les entendraient. Sonia était la gardienne du sanctuaire où ils se sentaient protégés du tapage de la vie publique. Ils y goûtaient le repos du guerrier. « Je me consacrais à mon mari sans conditions », écrirait plus tard Sonia. Elle en faisait autant pour Indira. Rajiv lui était profondément reconnaissant d'avoir accepté ce bouleversement dans leur vie, et il ne s'en cachait pas : « Comme le dit la tradition hindoue, un homme n'est qu'une moitié de personne et sa femme est l'autre moitié. Avec toi, c'est exactement ce que j'éprouve », lui écrivit-il dans un petit mot qu'il lui laissa un jour avant de partir travailler.

C'est à cette époque que Nadia, la sœur cadette de Sonia, vint vivre à New Delhi avec son mari, un diplomate espagnol. Nadia était une jeune femme aux traits fins, très brune, à la distinction naturelle indéniable. D'un caractère introverti, elle aimait beaucoup la lecture et l'influence de son mari l'avait incitée à se passionner pour la littérature espagnole. Elle ambitionnait de devenir traductrice. Elle était trop occupée pour l'instant avec ses petites filles, mais elle y songeait pour les années à venir. Sonia était enchantée d'avoir maintenant sa sœur si près d'elle : elle pouvait organiser des sorties le week-end avec les enfants, ou se rendre avec sa sœur et son beau-frère à des dîners où ils rencontraient des Indiens cosmopolites et des Européens établis à New Delhi. Début 1982, la famille se sépara à contrecœur de Rahul : selon la coutume héritée des Britanniques, il fut envoyé dans un internat, situé sur les contreforts de l'Himalaya. Fondée en 1935 par un membre du conseil exécutif du vice-roi des Indes et des professeurs venus de Grande-Bretagne, Doon School était une institution d'excellente réputation, à l'image des *public schools* anglaises où les enfants des classes privilégiées poursuivaient leurs études. Au début, Sonia s'était opposée à cette idée. Rajiv lui rappela que ses propres parents l'avaient bien envoyée étudier au pensionnat des religieuses de Giaveno.

« Oui, mais c'était à vingt kilomètres... »

Doon School se trouvait à sept heures de New Delhi, ce qui, à l'échelle de l'Inde, était une distance assez courte. Pourtant, il leur fut à tous difficile de se séparer de l'enfant. C'était la même souffrance qu'avaient éprouvée l'arrière-grand-père Motilal et le grand-père Jawaharlal Nehru. À leur époque, les familles aisées envoyaient leurs rejetons en Angleterre à partir de sept ans. Comme son bisaïeul, Rajiv était convaincu que ce départ, si douloureux fût-il, serait une expérience qui aiderait son fils à grandir, à devenir plus fort et plus indépendant. Mais Sonia et lui craignaient que Rahul manque peut-être de maturité pour affronter les moqueries et les cruautés de ses camarades. Ils avaient déjà dû faire face à ce problème quand il allait en classe à New Delhi : avec sa sœur Priyanka, ils avaient été victimes des quolibets d'autres écoliers qui leur reprochaient de s'appeler Gandhi. Mais à l'époque, leurs parents étaient tout proches et pouvaient les consoler. « Si on le prend pour tête de Turc là-bas, si loin de nous, qui le consolera ? » se demandait Sonia inquiète. « De temps en temps, on dira dans les journaux toutes sortes de bêtises sur grand-mère, sur maman ou sur moi, mais tu ne dois pas y prêter attention, Rajiv, écrivit-il à Rahul pour le rassurer. Il se peut que certains garçons s'en servent pour te taquiner, mais tu t'apercevras que bien souvent la presse publie des mensonges... Tu dois apprendre à tenir tête à ce genre de provocation, à ne pas t'en faire pour si peu. »

Ce que Rahul apprenait par les journaux, c'étaient les nombreux voyages qu'effectuaient ses parents. À cette époque, en plus des États de l'Inde, Indira se rendait dans un grand nombre de pays et, chaque fois qu'elle le pouvait, elle se faisait accompagner de son fils et de sa bru. Ils s'envolèrent ensemble pour New York, où Indira eut la joie de retrouver sa vieille amie Dorothy Norman, qui la décrivit ainsi : « J'avais devant moi la femme qui se trouvait à la tête d'une société extrêmement complexe de plus de sept cents millions d'individus, pour la plupart des pauvres qui devaient affronter toutes sortes de problèmes. Une femme encore très marquée par la douleur d'avoir perdu son fils ; elle était plus triste que par le passé... »

« Oui, c'est vrai, je suis plus triste que naguère, mais je suis aussi plus tranquille, lui confirma Indira. Pour autant, ai-je le droit d'en demander davantage à la vie ? Elle s'est montrée généreuse à mon égard, en bonheurs comme en malheurs. Comment apprécier les uns sans les autres ? »

Dorothy devait se rappeler Rajiv et Sonia avec beaucoup d'affection, car ils se montrèrent très chaleureux avec elle. Indira lui parut très fière de son fils : « Rajiv a fait un travail magnifique pour les Jeux asiatiques », lui dit-elle. Et en effet, ces Jeux, inaugurés le 19 novembre 1982, jour du soixante-cinquième anniversaire d'Indira, avaient nécessité une énorme organisation. Six stades, trois hôtels de luxe et un quartier tout neuf de logements pour les athlètes avaient surgi de terre en un temps record. La physionomie du sud de la capitale avait changé pour toujours. Rajiv avait passé sa première épreuve avec talent ; il avait acquis la réputation d'un leader efficace, moderne, bon gestionnaire, en dépit de la presse qui avait dénoncé les conditions de vie des ouvriers. Ceux-ci étaient principalement des immigrants du Sud, des hommes et des femmes maigres, à la peau sombre qui avaient été honteusement exploités par les multiples intermédiaires, entrepreneurs, chefs de chantier, briquetiers, cimentiers et métallurgistes, appâtés par l'énorme budget du chantier. Moderniser l'Inde n'était pas une tâche facile. Certes, on y bâtissait des immeubles d'avant-garde, mais les promoteurs vivaient encore à l'époque du Moyen Âge où, pour quelques sous, les enfants travaillaient de l'aube à la tombée de la nuit. Argent qui leur était volé par leurs employeurs. Le défi de Rajiv, il le savait, se résumait pour l'essentiel à changer cette structure sociale rongée par la corruption. Un défi immense, car la société indienne traînait derrière elle des milliers d'années d'exploitation des basses castes et classes inférieures. Si un budget prévoyait pour un ouvrier un salaire de cent roupies par jour, tout le monde savait qu'il en toucherait, dans le meilleur des cas, trente à peine. Le reste était empoché par les entrepreneurs et les intermédiaires. Un détail avait révélé la pauvreté du pays : les analyses de sang effectuées sur la plupart des athlètes indiens indiquaient qu'ils souffraient d'anémie. Comment pouvaient-ils concurrencer des Japonais, des Coréens et des Malais bien nourris ? Pour toutes ces raisons, les Jeux avaient été pour Rajiv une victoire douce-amère.

Rajiv ne pouvait accompagner sa mère dans chacun de ses déplacements, mais Sonia le faisait à chaque fois qu'Indira le lui demandait. Jamais elle n'avait tant voyagé : elle parcourut plusieurs pays de l'Est, l'Indonésie, les îles Fidji, les Tonga, l'Australie et les Philippines, ainsi que plusieurs États d'Amérique latine. Quand le voyage la conduisait en Europe, elle en profitait pour faire un saut à Orbassano et embrasser ses parents. Toujours à l'écart des caméras, il lui était désagréable d'être traitée avec une déférence particulière sous prétexte qu'elle était la bru du Premier ministre – ce qu'appréciaient les délégations indiennes comme les hôtes internationaux. À Washington, elle put constater qu'Indira ne s'entendait toujours pas avec les présidents américains. Cette fois, il s'agissait de Ronald Reagan. Il ne parvint pas à s'intéresser plus de quelques minutes à son homologue indienne. Comme si la maladie d'Alzheimer qui devait plus tard l'emporter avait déjà entamé sa faculté de concentration. « Tu te rends compte ? dit-elle à sa nièce après une escale à Moscou et un entretien avec Brejnev. L'avenir du genre humain est entre les mains de deux vieillards intransigeants et bornés qui n'ont aucune envie de dialoguer entre eux. » Mais Sonia était plus soucieuse de l'état de santé d'Indira que de l'avenir du monde. Elle avait remarqué que sa belle-mère, quand elle était fatiguée, était sujette à un tic oculaire et que ses paupières se mettaient à trembler sans interruption. Et puis, son sommeil était très mauvais. Elle disait aussi des choses étranges : « Chaque fois que je ferme les yeux, je vois une vieille femme difforme qui veut me faire du mal. »

De retour à New Delhi, Indira confia à son amie Pupul :

« J'ai reçu des informations secrètes selon lesquelles des gens se livrent à des rites tantriques et à la magie noire pour essayer de me détruire. Pupul, crois-tu que des forces malignes puissent être libérées au moyen de rites tantriques ?

— Sûrement, répondit son amie. Mais pourquoi t'angoisses-tu ainsi ? C'est la meilleure façon de rendre ces forces plus puissantes…

— Alors, je devrais ignorer ces informations qui me parviennent jour après jour ? Je ne sais plus quoi faire. »

Pupul et Sonia étaient perplexes. Pouvait-on attribuer ces réactions au sentiment de solitude qui, au fond, n'avait jamais quitté Indira depuis l'enfance ? Depuis l'époque où, seule à la maison, elle attendait que son père sorte de prison et sa mère du sanatorium ? Bientôt deux ans qu'Indira n'avait pas revu son petit-fils Firoz Varun ; les deux femmes étaient conscientes que cette séparation faisait des ravages dans son cœur. Elle n'en laissait rien paraître, mais au fond elle était si blessée qu'elle était peut-être en train de devenir folle.

Sonia ne le croyait pas. Elle attribuait ces dérives à l'influence néfaste du gourou Dhirendra Brahmachari qui, toujours vêtu d'une *kurta* orange, continuait à rôder dans la maison. Il était comme une de ces grosses mouches qui reviennent toujours, malgré les efforts faits pour les éloigner. Il avait encore grossi, ses cheveux gris emmêlés lui retombaient sur les épaules et il s'était laissé pousser l'ongle du petit doigt. Long et acéré telle une lame, celui-ci inspirait à Sonia un dégoût qu'elle peinait à dissimuler. Tout le monde devinait les craintes qu'inspirait à Indira le gourou, avec ses supposées « informations secrètes », mais personne ne savait comment l'en protéger. C'était incroyable : le Premier ministre de l'Inde croyait davantage à ces informations qu'à celles de ses services secrets. Mais il fallait reconnaître que, dans ses moments de faiblesse et de dépression, de plus en plus fréquents et intenses, ses délires surnaturels prenaient des proportions inquiétantes.

Il existait une autre raison qui expliquait pourquoi elle s'en remettait si souvent au service de son gourou : il s'agissait du terrible défi politique que lui avait lancé un autre « saint homme », un sikh d'une trentaine d'années nommé Jarnail Singh Bhindranwale. Ce personnage était un simple prédicateur populaire, un fondamentaliste qui exhortait ses auditoires à purifier le sikhisme, à le ramener à son ancienne orthodoxie et à lutter pour une patrie sikhe. Le conflit avec les sikhs remontait à la Partition, qui, avec son cortège d'horreurs et de massacres, avait causé un traumatisme dans la conscience de cette communauté. Elle était née au XVe siècle pour lutter contre le dogmatisme et l'idolâtrie des deux religions dominantes de l'époque, l'hindouisme et l'islam. En 1947, la Partition avait déchiré en deux la patrie des sikhs, le Pendjab, dit le « pays des Cinq Rivières ». L'une des plus belles et des plus fertiles, cette région du sous-continent était couverte de blés dorés et traversée de larges cours d'eau aux reflets d'argent. La frontière tracée par les Britanniques entre l'Inde et le Pakistan avait coupé ce territoire en son milieu : le Pendjab occidental était devenu une partie du Pakistan ; le Pendjab oriental, dont la population se partageait à égalité entre sikhs et hindous, était resté indien. En réaction, un fort sentiment séparatiste avait pris racine dans la communauté sikhe.

Curieusement, c'était Sanjay qui avait lancé la carrière de Bhindranwale. Préoccupé par le courant des nationalistes modérés qui gagnait du terrain au parti du Congrès dans le Pendjab, Sanjay avait songé qu'en appuyant Bhindranwale, il réussirait à diviser et affaiblir le nationalisme sikh. En revanche, il n'avait pas imaginé que Bhindranwale se métamorphoserait en un meneur d'hommes incontrôlable pour finir en un monstre qui, maintenant, menaçait le Premier ministre.

Tel un oiseau de mauvais augure tout droit sorti du Moyen Âge, avec sa barbe noire et soyeuse qui lui tombait sur la poitrine, il avait des yeux très sombres et pénétrants sous d'épais sourcils, un nez d'aigle, un visage sévère et émacié. On ne le voyait jamais sans son turban. Il portait une longue tunique bleue et arborait avec fierté son *kirpan*, un sabre de un mètre de long accroché à la ceinture. Du haut de ses deux mètres, il impressionnait par sa présence. Ses discours empreints d'une ardeur fanatique galvanisaient nombre de ses coreligionnaires qui ne voulaient plus être indiens et rêvaient d'indépendance. Il avait quitté femme et enfants pour conduire une légion de partisans aussi extrémistes que lui. Sanjay n'avait pas prévu qu'avec l'augmentation de son influence et du nombre de ses sympathisants grandiraient aussi l'ambition de Bhindranwale et son désir de sécession. Peu après la campagne pour les élections de 1980, où il s'était dépensé sans compter pour le parti du Congrès (au point de partager une fois un podium avec Indira), le prédicateur avait décidé qu'il ne voulait plus être un jouet des Gandhi et il avait coupé les ponts avec eux. Au bout de quelques mois, il en était venu à exiger avec ses partisans la création d'un État souverain appelé le Khalistan, « le pays des purs ». Le pays des sikhs.

Malheureusement, de plus en plus, ils recouraient à des actes de violence comme moyen de pression et d'intimidation. En 1981, Bhindranwale fut accusé d'avoir commandité l'assassinat du propriétaire d'un groupe de presse du Pendjab, dont la ligne éditoriale critiquait sévèrement ses actions et ses ambitions. Mais son incarcération provoqua une vague de manifestations si virulentes et destructrices que le gouvernement central intervint. Ne sachant pas vraiment comment apaiser la situation, Indira ordonna en personne au ministre de l'Intérieur de le libérer au bout de trois semaines. On invoqua un manque de preuves. Indira ne voulait ne pas faire de Bhindranwale un martyr ; mais il était trop tard. Il était entré en prison en prédicateur fanatique de province, il en ressortit en héros national. Au cours d'une tournée des grandes villes, il fit la preuve de son immense popularité parmi les sikhs de la diaspora. Mais son retour au Pendjab fut marqué par une flambée de la violence la plus aveugle. Chaque jour, dans les ruelles d'Amritsar ou de Jallandar, on découvrait des cadavres d'hindous ou de musulmans égorgés. Dans plusieurs temples, les fidèles hindous découvraient avec horreur la tête de leur animal sacré, la vache, gisant au pied des autels. À ces provocations sanglantes s'ajoutaient les listes noires publiées par Bhindranwale dans les journaux : elles livraient le nom des adversaires qu'il comptait éliminer. Et il mettait ses menaces à exécution. À son tour, le fils du patron de presse assassiné fut abattu, ce qui sema la terreur parmi les journalistes et dans la population en général. Les sikhs qui osaient émettre des critiques devenaient la cible des attaques de Bhindranwale. Il retourna en prison, mais ses partisans continuèrent à tuer ses opposants. Quand il fut libéré, il se retrancha avec son armée dans le complexe du Temple d'or d'Amritsar, la ville sainte des sikhs.

Construit sur les eaux brillantes d'un lac sacré et relié au rivage par un pont, le Temple d'or est un édifice de marbre blanc revêtu d'ornements de cuivre, d'argent et d'or. La coupole, entièrement recouverte de feuilles d'or, contient le manuscrit original du livre saint du sikhisme, le *Granth Sahib*. Autour du lac, les fidèles circulent, toujours dans le sens des aiguilles d'une montre ; ils marchent pieds nus sur le marbre luisant, portent des turbans de couleur et d'épaisses barbes. Les partisans de Bhindranwale prirent possession de ce lieu de paix. Installés avec leurs armes dans les bâtiments annexes du temple, ils lançaient des ordres destinés aux commandos terroristes qui assassinaient, pillaient, profanaient et incendiaient villes et villages dans tout le Pendjab. Tandis qu'Indira se demandait comment en finir avec cette situation intenable, Bhindranwale recevait des équipes de télévision du monde entier qui le traitaient en véritable vedette médiatique. Démoralisée par cette violence que rien ne semblait pouvoir arrêter, la police n'osait pas pénétrer un lieu aussi sacré.

D'autres éruptions de violence au Cachemire et en Assam donnaient l'impression que la nation courait tout droit à sa perte. Le 23 avril 1983, l'assassinat d'un inspecteur de police qui priait au Temple d'or et qui tomba sous les balles des hommes de Bhindranwale fit comprendre à Indira qu'elle devait absolument mettre un terme à l'insurrection. Mais comment ? En chargeant l'armée de prendre le temple d'assaut et en risquant ainsi de provoquer la fureur de toute la communauté sikhe ? En l'assiégeant jusqu'à ce que les terroristes n'aient d'autre choix que de se rendre ? Tandis que les pillages et les crimes continuaient, elle tenta de négocier avec les chefs du parti nationaliste modéré ; mais tout accord qui ne prévoyait pas la pleine indépendance du Khalistan se heurtait au veto de Bhindranwale. Encouragé par l'indécision du gouvernement central, stimulé par l'absence de sanction dans l'assassinat de l'inspecteur de police, celui-ci se retrancha dans l'Akal Takht, le second édifice le plus sacré du complexe : il accumula dans ce temple un armement sophistiqué payé par les Sikhs de l'étranger et le transforma une véritable forteresse. Indira, Rajiv et leurs conseillers attendaient patiemment que des leaders plus modérés que Bhindranwale finissent par s'imposer, ou par prendre leurs distances du prédicateur fanatique. Ils pensaient que le temps jouerait en leur faveur ; mais deux ans après les premières exactions, les terroristes étaient toujours retranchés. De plus en plus nombreux, et de mieux en mieux protégés.

« Est-ce que l'armée pourrait donner l'assaut sans provoquer trop de dégâts ? » demanda Indira au chef de l'état-major, le général Sundarji, qui avait succédé à son vieil ami Sam Manekshaw.

Le général étala sur la table des photos aériennes prises la veille : elles montraient que toutes les portes, fenêtres et autres ouvertures de l'édifice étaient barricadées à l'aide de sacs de sable, ou avaient été murées. Il lui expliqua que les terroristes parvenaient à s'approvisionner en armes, en munitions et en nourriture par un labyrinthe de tunnels qui les reliait à l'extérieur. De cette façon, ils pouvaient rester dans leur forteresse indéfiniment.

« Le risque de dommages étendus est très élevé », conclut le général.

La susceptibilité religieuse dans le pays qui comptait le plus de cultes au monde pouvait irrémédiablement nuire au fragile équilibre de la nation. Ainsi, les pères de l'indépendance avaient-ils établi un accord tacite selon lequel les lieux sacrés étaient tous inattaquables. C'était derrière cet accord que s'était retranché Bhindrawale. Il était sûr et certain que l'armée n'oserait jamais intervenir. Il avait en face de lui une femme fatiguée, craintive, blessée au plus profond de son être, une femme usée par le pouvoir. L'aplomb et l'ardeur guerrière qui lui avaient permis de triompher lors de la guerre contre le Pakistan lui faisaient aujourd'hui défaut.

Se sentir l'otage de terroristes qui ne laissaient pas la moindre chance à la négociation désespérait Indira. Avec un désarroi croissant, elle se rendait compte que la seule façon de relever ce défi était l'usage de la force. La situation au Pendjab lui rappelait la crise du Bangladesh : à l'époque aussi, elle avait compris qu'elle ne pourrait éviter une guerre. À ceci près que la crise de l'époque ne l'avait pas confrontée à un problème religieux interne. L'ennemi était extérieur, et l'on pouvait mieux mesurer les conséquences des décisions prises. Quand son amie Pupul, la voyant si abattue, lui demanda si toute cette affaire n'était pas au-dessus de ses forces, Indira ne répondit pas tout de suite. Puis elle lui dit : « Je n'ai aucune issue. C'est ma responsabilité. »

32.

En 1983, un an après la rentrée de Rahul à Doon School, ce fut au tour de Priyanka de partir pour l'équivalent féminin de l'internat de son frère : Welham School était un établissement situé lui aussi dans les montagnes, à quelque deux cents kilomètres de Delhi. Du coup, Sonia disposait de plus de temps qu'elle n'en avait jamais eu. Elle ne fut pas libre néanmoins de le consacrer à ses passe-temps personnels, comme la restauration. Elle dut accompagner son mari à Amethi, sa circonscription électorale. À présent qu'elle avait l'âge légal pour être éligible, Maneka avait décidé de disputer son siège à Rajiv lors des prochaines élections, dans la circonscription qui avait été celle de Sanjay. Une provocation pure et simple. Le fait qu'elle ait quitté la maison ne signifiait pas pour autant que la jeune femme avait disparu du paysage. Au cours de ses déplacements à travers la région, elle se présentait comme la veuve injustement chassée de la maison familiale avec son bébé dans les bras, forcée à vivre chichement à cause de son cruel beau-frère et de son épouse étrangère. Rien de tout cela n'était vrai, mais l'histoire avait ce parfum d'injustice et de jalousie domestiques qui plaît tant au peuple. À Amethi et dans ses environs, les partisans de Maneka proclamaient à qui voulait l'entendre qu'elle était « l'exemple du courage triomphant ». À présent qu'elle n'était plus obligée de côtoyer Indira, son comportement se fit plus agressif que jamais. Elle fit circuler des lettres de la famille qui critiquaient Rajiv, et, dans un discours, elle compara Indira à la déesse Kali, la « buveuse de sang », qui avait porté à leur paroxysme les habituelles difficultés entre belle-mère et belle-fille. Ainsi se vengeait-elle d'avoir été exclue par la famille de toutes les commémorations officielles. Lors du deuxième anniversaire de la mort de Sanjay, elle n'avait pas été invitée et elle avait aussitôt convoqué un meeting de veuves pour organiser une distribution gratuite de vêtements. Les bravades de Maneka étaient pour Mme le Premier ministre presque aussi déprimantes (voire parfois plus) que le défi, pourtant beaucoup plus dangereux, de ce fou de Bhindranwale. Indira était toujours extrêmement vulnérable quand on touchait à l'intimité de sa famille.

« Maman m'accompagne à Amethi, écrivit Rajiv à son fils. Ce sera difficile pour elle, car au début elle sera la cible de tous les regards et elle se sentira mal à l'aise. Puis elle s'y habituera. Elle est très courageuse. » Pour la première fois, Sonia compris ce qu'était réellement la vie d'un homme politique indien en campagne. Parcourir des centaines et des centaines de kilomètres sur des routes semées de nids-de-poule dans des voitures à la suspension affreusement dure, supporter la chaleur, la poussière et les mouches dans les nombreux villages où l'on faisait halte, être obligé d'accepter un thé, puis un autre et encore un autre, pour ne pas froisser la susceptibilité des gens... Par bonheur, avec les années, elle avait fini par apprendre à parler couramment l'hindi, si bien qu'elle pouvait bavarder avec les paysans qui lui demandaient des nouvelles de ses enfants, de sa belle-mère et de tout ce qui était en rapport avec la tumultueuse histoire familiale. « Est-ce qu'Indira pourra bientôt revoir son petit-fils ? », lui demandaient les femmes ; ou encore : « Est-ce vrai que Maneka n'a rien à manger ? » Le verdict des urnes fut sans détour : les paysans doutaient de la légitimité de Maneka à incarner l'héritage de la dynastie Nehru-Gandhi. De nouveau, Rajiv l'emporta.

Début 1984, la carrière politique de Rajiv était prometteuse. Sa gestion des Jeux asiatiques, combinée à l'efficacité qu'il avait montrée dans sa fonction de secrétaire général du parti du Congrès, lui avait valu un respect sincère dans toutes les couches de la population. Ses bureaux étaient un modèle de bonne organisation, des lieux à son image d'homme calme à l'esprit clair. Comparé aux dinosaures du parti, rusés et corrompus pour la plupart, Rajiv était un parangon de vertu. Il était surtout un modèle d'efficacité et d'intégrité. Il avait rompu avec les personnages douteux qui s'agitaient autour de son frère et préférait s'entourer de technocrates, de jeunes hommes et femmes qui, habillés en cadres supérieurs et mallette à la main, figuraient l'exemple d'une génération moderne croyant en la technologie, aux statistiques et aux ordinateurs. Beaucoup avaient été ses camarades de classe à Doon School, d'autres venaient de Cambridge ; tous étaient plus à l'aise en anglais qu'en hindi. Ils vivaient au présent ; ils n'étaient pas des intellectuels, mais des pragmatiques. Ils ignoraient absolument les préjugés religieux, les superstitions et les idéologies. Comme Rajiv, ils regrettaient la passivité d'Indira dans l'affaire du Pendjab. Dans l'espoir qu'un miracle résolve la crise du Temple d'or qui s'éternisait, et sur les conseils de son gourou Dhirendra Brahmachari, Mme le Premier ministre s'était mise à faire des offrandes dans les temples.

« Il faudrait l'éloigner de la maison une fois pour toutes », dit Rajiv à Sonia au sujet du gourou.

Indira n'avait pas besoin d'élucubrations ésotériques ni de craintes nouvelles, tant les pensées sombres se bousculaient déjà dans son esprit. Au contraire, elle aurait eu besoin de garder la tête froide et sa lucidité intacte. Mais elle restait plongée dans une profonde dépression. Trop de défis, trop de fatigue. En son temps, Sanjay avait cultivé l'amitié du gourou, non parce qu'il croyait à ses pouvoirs occultes, mais parce qu'il lui était utile. Le « saint voleur » avait réussi à s'acheter des avions de tourisme, à faire du trafic d'armes, à engager des sicaires et à blanchir de l'argent sale : des talents que Sanjay admirait. Rajiv était l'antithèse et de son frère et du gourou, cet individu fourbe, ennemi de toute modernité à l'occidentale. Sonia et Rajiv ne le supportaient plus.

« Que pouvons-nous faire ? soupira Sonia.

— Je vais essayer de faire annuler son émission de télévision hebdomadaire et de couper les subventions de ses ashrams. »

Comme sa stature d'homme politique et son influence avaient grandi, il y parvint. Pour ne pas blesser Indira, Sonia et les conseillers les plus proches de son mari vantaient avec diplomatie les réussites de Rajiv, et sa mère finit par se convaincre que les plans stratégiques de celui-ci étaient la meilleure solution pour remédier aux maux de l'Inde. Peu à peu, elle oublia les recommandations de son gourou et cessa de faire des offrandes aux divinités pour conjurer la crise du Pendjab. Au grand soulagement de Sonia, Brahmachari disparut de la table familiale. Presque imperceptiblement, l'accès à la maison du Premier ministre lui fut ensuite refusé. « Je regrette, mais madame n'a pas le temps de vous recevoir », lui disaient les domestiques quand il tentait de la voir.

Le mois de février de cette année fut le seul de toute sa vie où Indira ne profita pas du printemps, sa saison préférée, entre le froid de l'hiver et les terribles chaleurs d'avant la mousson, qui débutaient en mars. À cette époque, la ville s'emplissait de couleurs, les feuillages des arbres devenaient d'un vert intense et les massifs de fleurs illuminaient les jardins. La température était idéale et une douce brise soufflait la nuit. Dans le passé, en dépit de toutes ses difficultés, Indira s'était toujours sentie euphorique à cette époque de l'année. Mais pas cette fois. Isolée et triste, le prédicateur sikh retranché dans le Temple d'or d'Amritsar lui ôtait le sommeil. Elle écoutait tout le monde, mais continuait à se montrer hésitante. Dans des situations difficiles, il fallait gagner du temps, espérer et garder confiance, répétait-elle à ses collaborateurs.

Sur les conseils de Rajiv, elle fit un dernier effort pour trouver une issue négociée à la crise du Pendjab : elle accorda beaucoup de concessions aux indépendantistes mais se heurta à l'intransigeance non seulement de Bhindranwale, mais aussi des membres du parti modéré, qui s'était radicalisé. La majorité des sept millions de sikhs que comptait le pays étaient aussi déconcertés par la situation provoquée par les extrémistes que l'était le gouvernement. Au lieu de négocier, le président du parti modéré franchit un pas définitif, un pas qui scella la rupture et ne pouvait déboucher que sur une catastrophe. Il annonça qu'à partir du 3 juin, jour anniversaire du martyre du gourou Arjun (mort au début du XVIIe siècle, il avait édifié le Temple d'or et représentait l'une des plus hautes autorités du sikhisme), toutes les exportations de céréales et d'électricité en provenance du Pendjab seraient interrompues. L'ironie de cette déclaration ne pouvait échapper à Indira. Si le Pendjab était devenu le grenier de l'Inde, c'était précisément parce qu'il avait bénéficié plus qu'aucun autre État de la « révolution verte ». Cet ambitieux programme de développement agricole avait été initié par Nehru et poursuivi par Indira pour mettre un terme aux famines. Et voilà que maintenant, si le gouvernement ne se pliait pas à leurs exigences, une poignée de fanatiques menaçait non seulement de rompre avec l'État central, mais aussi de faire mourir de faim les pauvres du reste de l'Inde ! La situation avait atteint le point de non-retour. Bien malgré elle, Indira devait affronter l'inévitable : déloger Bhindranwale et ses partisans du Temple d'or d'Amritsar par la force.

Avant toute chose, avant même de s'entretenir avec le chef de l'État-major, elle eut une conversation avec Sonia :

« Sonia, je crois qu'il faut retirer les enfants du collège. J'ai peur pour eux. Les services secrets m'ont averti qu'ils sont la cible des terroristes du Pendjab. Ce n'est pas nouveau, nous sommes tous la cible de ces fanatiques. Mais comme la situation se détériore de jour en jour, il est de plus en plus difficile de garantir la sécurité des écoles. On m'a conseillé de faire revenir Rahul et Priyanka à Delhi.

— Mais vous n'avez qu'un garde armé pour vous protéger quand vous sortez le matin pour parler aux gens à la grille !

— Cela va changer. On va renforcer la sécurité de la maison, c'est indispensable.

— Très bien, dès demain je les enverrai chercher. Nous verrons comment nous organiser pour les scolariser ici. »

Un secrétaire d'Indira les interrompit. Le chef de l'État-major l'attendait au salon. Il avait apporté sous son bras les rapports des services de renseignement.

« Madame, ils sont armés jusqu'aux dents. Ils continuent de recevoir les armes les plus sophistiquées. Elles leur arrivent cachées dans des bidons de lait ou des sacs de farine, et elles sont financées par les devises des sympathisants sikhs de l'étranger. »

Indira resta pensive. Continuer d'espérer un miracle avait-il un sens ? Elle répondit à son chef d'État-major :

« Comment faudrait-il procéder pour l'assaut ? »

L'homme soupira. Il était mal à l'aise, car il avait du mal à croire au succès de sa mission.

« Les risques sont très élevés, madame. C'est mon devoir de vous en avertir. Mon avis est qu'il vaut mieux tenter une attaque rapide et massive, avec toutes les forces nécessaires…

— C'est préférable à un siège ? interrompit Indira.

— Ils sont déjà assiégés, et les armes continuent de leur parvenir. Le mieux serait d'agir très rapidement et en frappant très fort.

— Combien de temps pensez-vous qu'il vous faudra ?

— Environ quarante-huit heures. Plus l'assaut sera bref, moins nous aurons de pertes.

— Il faut absolument que des officiers et des soldats sikhs participent à l'opération. Je ne veux pas qu'on l'interprète comme une agression religieuse des hindous contre les sikhs.

— Bien sûr. L'officier qui la dirigera est le commandant Kuldip Singh Brar, de la neuvième division de l'armée. Un sikh.

— Il faut aussi donner des instructions très précises pour qu'on évite d'endommager le Temple d'or. La communauté sikhe ne nous le pardonnerait pas.

— Les soldats seront prévenus. Mais ces terroristes sont des durs à cuire, madame, je ne peux rien garantir.

— Que Dieu nous protège... »

Le 30 mai, par un jour de chaleur étouffante, les soldats encerclèrent la ville d'Amritsar. Le brouhaha des rues cessa comme par enchantement. Envahie par un silence angoissant, la ville sainte se transforma en cité fantôme.

Le 2 juin, les radios et les télévisions annoncèrent qu'Indira s'adresserait à la nation dans la soirée, à huit heures et demie. Sonia déjeuna avec elle et la trouva troublée, pessimiste et encore indécise. Il lui était odieux de devoir attaquer une « maison de Dieu ». Elle avoua à sa bru qu'elle ne trouvait pas les mots pour son allocution du soir. En effet, elle procéda à tant de changements de dernière minute que sa présence sur les écrans de télévision fut retardée jusqu'à neuf heures et quart. Enfin, elle s'exprima : son ton était grave et son visage crispé. « L'unité et l'intégrité de la nation sont menacées par une poignée d'hommes qui se sont réfugiés dans des lieux sacrés, dit-elle. De nouveau, je lance un appel aux partis modérés pour qu'ils ne cèdent pas leur autorité au fanatisme de Bhindranwale. » Elle conclut en exhortant tous les habitants du Pendjab à faire preuve de bon sens : « Ne versez pas le sang, oubliez toute haine. Unissons-nous pour soigner les blessures. » En écoutant ce discours, son amie Pupul comprit que les prochains jours seraient tragiques pour Indira et pour tout le pays. Et en effet, pendant l'allocution du Premier ministre, les soldats prenaient position autour de l'enceinte du Temple d'or. L'opération Blue Star était sur le point d'être lancée.

Le lendemain, les correspondants étrangers furent priés de quitter le Pendjab. La circulation des autobus, des trains et des avions fut interrompue, les liaisons par téléphone et par télex suspendues. La région fut isolée du reste du monde en préparation de l'assaut final. De sa forteresse de l'Akal Takht, l'édifice contigu au Temple d'or, Bhindranwale, qui portait désormais une cartouchière au-dessus de sa tunique bleue, un pistolet dans la main gauche et son sabre dans la main droite, déclara à quelques journalistes locaux : « Si les autorités pénètrent dans ce temple, nous leur donnerons une telle leçon que le trône d'Indira s'effondrera. Nous les taillerons en pièces. Qu'ils viennent, nous les attendons ! »

Le 5 juin, à quatre heures de l'après-midi, des officiers donnèrent l'ordre par mégaphone à tous les civils de quitter le complexe sur-le-champ, et aux terroristes de se rendre. Cent vingt-six sikhs furent évacués : il s'agissait, pour la plupart, d'hommes venus prier ; mais aucun des partisans de Bhindranwale ne leur emboîta le pas. À la nuit tombée, une avant-garde de commandos d'élite s'introduisit dans le complexe tandis que les hélicoptères volaient en cercle au-dessus du temple. Mais cette avant-garde se heurta à une résistance féroce. Plus de la moitié de ses quatre-vingt-dix membres tombèrent sous les balles des extrémistes.

Le chef de l'État-major informa aussitôt le Premier ministre de ces lourdes pertes. L'assaut n'aurait pu commencer plus mal. Mais il était exclu de faire marche arrière. Le sort était jeté. Indira ne ferma pas l'œil de la nuit : elle était consciente qu'on était en train de profaner les symboles les plus vénérés d'une religion. Pourquoi le destin l'avait-il placée dans une telle situation ? Quel prix devrait-elle payer pour ce que faisaient ses soldats en ce moment même ? Elle sentit un frisson lui parcourir l'échine. Elle était sûre d'une chose : ni son gouvernement ni elle ne sortiraient indemnes de cette affaire. Le karma vous rattrape toujours. Pourtant, le 6 juin à huit heures du matin, dans un élégant sari vert, parfaitement coiffée et maquillée, elle était dans le jardin et répondait aux questions d'un journaliste du *Sunday Times*. La température approchait les quarante degrés. L'homme la trouva tendue. Sa dernière question fut celle-ci :

« Madame, que pensez-vous qu'il adviendra en Inde quand vous ne serez plus Premier ministre ?

— L'Inde est un pays ancien, très ancien. Notre civilisation remonte à des milliers d'années. Et mes soixante-six ans comptent bien peu en comparaison. L'Inde a traversé bien des vicissitudes au cours de sa longue histoire et elle en est toujours sortie la tête haute. »

Tandis que se déroulait cet entretien, à cinq cents kilomètres au nord de New Delhi, la bataille pour le Temple d'or faisait rage. Dans la chaleur infernale d'un soleil écrasant, sous la coupole dorée du temple principal, les soldats de l'armée indienne tombaient comme des mouches sous le feu des hommes de Bhindranwale. De nouveau, plus de cent hommes périrent dans l'assaut de l'édifice où étaient retranchés les terroristes.

Les instructions qu'on avait données aux hommes pour qu'ils usent d'un minimum de force et veillent à ne pas infliger trop de dégâts aux bâtiments n'avaient déjà plus de sens. Dans l'après-midi, le commandement qui ne voyait d'autre solution que de continuer l'offensive, envoya au combat des unités d'artillerie appuyées par des blindés. Pour réussir à neutraliser Bhindrawale et ses hommes, ils n'eurent d'autre choix que de bombarder l'Akal Takht : ce temple construit par le cinquième gourou du sikhisme – un authentique apôtre de paix qui avait insisté pour qu'il soit moins haut que les autres en signe d'humilité – fut lourdement endommagé.

Après de longues heures d'une lutte acharnée, l'Akal Takht fut presque entièrement rasé. Quand, à une heure avancée de la nuit du 6 juin, les généraux allèrent inspecter les lieux, plus une colonne ne tenait debout et les murs de marbre étaient noircis et grêlés par la mitraille. Au sous-sol, ils trouvèrent le corps de Bhindrawale. Sa longue tunique n'était plus bleue, mais noire de sang. Il gisait auprès de trente et un de ses hommes. Aucun survivant n'avait été témoin du martyre du prédicateur terroriste. Dans une autre salle, les soldats trouvèrent des documents surprenants : la liste de toutes les victimes que Bhindrawale avait fait assassiner, et un énorme sac remplis des lettres enthousiastes venues non seulement de citoyens indiens, mais d'admirateurs du monde entier.

Le coût de la victoire se révéla plus élevé que ne l'avait pronostiqué le chef de l'État-major. Beaucoup plus élevé que ne l'avaient imaginé Indira et Rajiv, horrifiés. En réalité, l'opération Blue Star avait été une hécatombe. Plus de la moitié des mille soldats qui s'étaient lancés à l'assaut avaient péri. Quant aux civils, plus de mille personnes qui n'avaient pas quitté le complexe avaient également trouvé la mort. En plus des pertes humaines, la bibliothèque du temple principal, celui qui contenait les manuscrits originaux des gourous sikhs et ne devait être endommagé sous aucun prétexte, avait entièrement brûlé. Pour la communauté sikhe en général, cette attaque pouvait être comparée à une invasion et une destruction du Vatican pour les catholiques. Un sacrilège impardonnable. Précisément ce qu'Indira aurait voulu éviter.

33.

« Je n'aime pas qu'ils jouent dans le jardin », dit Indira à Sonia dans la salle à manger, voyant par la fenêtre Rahul gambader sur la pelouse avec l'un des chiens. Les enfants étaient rentrés à New Delhi après que les services de renseignement eurent trouvé leur nom sur une liste noire établie par un groupe extrémiste sikh. Tous les matins, ils se rendaient sous une forte escorte à leurs collèges respectifs. Puis ils passaient le reste de la journée à la maison. Ils sortaient rarement. Une simple invitation à un anniversaire supposait une opération de sécurité compliquée. « C'est comme si la nuit était tombée sur notre vie », avoua Sonia à Rajiv. Indira, très consciente que l'assaut du Temple d'or avait infligé une blessure collective à tous les sikhs du Pendjab et d'ailleurs, était convaincue qu'on allait l'assassiner. Elle était la première sur toutes les listes des personnes à abattre. Un groupe avait juré de venger le sacrilège par la mort d'Indira et de sa descendance jusqu'à la centième génération. Elle le révéla à Rajiv et à Sonia : tous deux pâlirent d'effroi. Indira tenait à ce qu'ils prennent très au sérieux les mesures de sécurité draconiennes qu'elle leur imposait. Suivant les conseils de la police, elle-même portait un gilet pare-balles sous son sari chaque fois qu'elle sortait de la maison. Et elle voulait que Rajiv et Sonia en fassent autant.

« Ce n'est pas une plaisanterie, leur dit-elle.

—Je sais, répondit Rajiv. Ne t'inquiète pas, j'en porterai un aussi. »

Il y eut un silence. Une expression de mélancolie passa sur le visage d'Indira et le ton de sa voix s'assombrit :

« Le jour venu, je veux qu'on répande mes cendres au-dessus de l'Himalaya. J'ai laissé des instructions écrites pour mes funérailles. Elles sont dans le deuxième tiroir de mon secrétaire, dans ma chambre.

— Inutile de précipiter les événements, dit Rajiv d'un ton malicieux, pour détendre l'atmosphère. Nous n'en sommes pas encore là. »

Mais Indira était très angoissée. Plus tard, elle voulut parler seule à seul avec son petit-fils Rahul, qui avait maintenant quatorze ans :

« J'ai peur qu'on veuille vous faire du mal. Je vous en prie, ta sœur et toi, n'allez pas jouer au-delà de la grille qui sépare ce jardin de celui d'Akbar Road, lui dit-elle en lui montrant l'endroit où elle l'avait vu s'amuser avec le chien. Je suis désolée que vous deviez vous soumettre à ces restrictions, mais s'il vous arrivait quelque chose, je ne me le pardonnerais pas.

— Que veux-tu qu'il nous arrive, grand-mère ?

— Il y a des gens qui seraient prêts à vous tuer… »

Le ton sérieux d'Indira lui valut un coup d'œil incrédule du jeune garçon. Comme si elle exagérait.

« Je t'en prie, écoute-moi et ne t'éloigne pas de la maison. Ta sœur non plus, insista-t-elle. Il y a des fanatiques qui vous feront du mal à la moindre occasion. Qui nous feront du mal à tous. Moi, ça n'a pas d'importance. J'ai fait mon devoir et j'ai fait de mon mieux tout au long de ma vie. Mais vous autres… Je ne veux même pas y penser. »

Rahul baissait la tête à présent. Il était impressionné. Indira poursuivit : elle avait abandonné son ton protecteur et parlait avec gravité, d'une voix que son petit-fils ne connaissait pas.

« Si je disparais, je ne veux pas que tu pleures sur mon sort, c'est compris ? Quand le moment viendra, il faudra que tu sois courageux. Tu me le promets ? »

Le garçon leva les yeux vers sa grand-mère et hocha la tête.

Au cours de l'année 1984, Indira entreprit de nombreux voyages à travers le sous-continent : la façon dont elle parlait d'elle-même et des souvenirs qu'elle espérait laisser semblait annoncer des adieux. Dans plusieurs entretiens avec la presse, elle évoqua le bilan de sa vie ; dans d'autres, elle parlait comme si elle avait désormais dépassé les questions de politique nationale. Elle s'était toujours sentie l'âme d'un leader à l'échelle de la planète, et maintenant sa vision des grands enjeux internationaux affleurait dans ses propos et se manifestait au détour de réflexions empreintes de sagesse. « Quand un pays aussi ancien que celui-ci est catapulté dans une culture nouvelle où domine la technologie, que se passe-t-il dans les campagnes ? Le mystère et le sacré peuvent-ils survivre ? Quelque chose au fond de moi me dit que l'Inde gardera ses valeurs intactes. » Au début du mois d'octobre, après que les dernières pluies de la mousson eurent lavé le ciel et fait reverdir les arbres et les plantes, Indira prononça un discours à New Delhi, devant une foule immense, comme toujours. C'était un dialogue de plus avec le peuple indien, semblable à tous ceux qu'elle avait eus depuis ces deux décennies où elle occupait le pouvoir, presque sans discontinuer. Elle invoqua le courage comme la valeur suprême dont il fallait faire preuve pour lutter contre la plus grande menace qui pesait sur le pays : la pression des forces sectaires, des castes et des groupes fondamentalistes qui mettait en danger l'unité de l'Inde. Le discours aurait plu à son père. Oui, l'unité de l'Inde devait l'emporter sur tout, car elle garantissait l'État de droit pour chaque individu indépendamment de son origine sociale, ethnique ou religieuse.

Le 11 octobre 1984, un événement qui se produisit à des milliers de kilomètres redoubla les pressentiments d'Indira. Margaret Thatcher, qu'elle avait rencontrée à Londres, fut la cible d'un attentat à la bombe perpétré par l'IRA en pleine convention du Parti conservateur. Elle échappa de justesse à la mort. Indira lui téléphona aussitôt. Elle comprenait mieux que personne l'angoisse et le sentiment de vulnérabilité de sa collègue. Même si la Dame de fer avait en apparence fait preuve de sang-froid, elle était aussi choquée qu'on pouvait l'attendre de quelqu'un qui avait failli mourir de mort violente. La différence entre les deux Premiers ministres, qui se connaissaient depuis huit ans, était que, dans le cas de Margaret Thatcher, l'attentat avait été une surprise complète. Rien de semblable ne s'était produit en Grande-Bretagne depuis l'assassinat de Lord Mounbatten, qui était d'ailleurs aussi l'œuvre de l'IRA. Mais Mountbatten était âgé et s'était retiré de la vie publique à l'époque des faits. Il se promenait en bateau avec son petit-fils. Rien à voir avec un chef d'État ou de gouvernement en activité. Indira était certes plus habituée aux crimes politiques. Elle avait vu mourir Gandhi, le cheikh Mujibur Rahman et Zulfikar Ali Bhutto. Onze ans plus tôt, le sort de Salvador Allende, poussé au suicide par le putsch de Pinochet, l'avait traumatisée et continuait de la tourmenter. Elle avait toujours pensé que sa vie finirait de la même façon. Pourtant, quand le ministre de la Défense tenta de la convaincre de remplacer son escorte policière par des militaires pour renforcer sa protection, elle lui répondit tout net :

« Il n'en est pas question. Je suis le chef d'un gouvernement démocratique, non d'une junte militaire. »

Quelques jours plus tard, Ashwini Kumar, le directeur de la police des frontières, ordonna que tous les gardes du corps sikhs assignés à la résidence d'Indira soient relevés de leurs fonctions et remplacés par des hommes de confession différente. Mais Indira s'y opposa. La mesure allait à l'encontre de son credo politique : dans un État laïque, estimait-elle depuis toujours, on ne pratique en aucun cas la discrimination religieuse. Ashwini Kumar était perplexe et embarrassé : « Mme le Premier ministre est très bien protégée contre toute attaque extérieure, commenta-t-il, mais si l'attaque venait de l'intérieur ? » Indira, informée de cette remarque, y prêta à peine attention et s'en tint à sa décision : l'Inde était un pays non confessionnel, et elle ne reviendrait pas là-dessus.

L'automne suivant fut aussi l'automne de sa vie. En novembre, elle devait célébrer son soixante-septième anniversaire. Mais son humeur n'était pas à la fête, tant elle était habitée par un mauvais pressentiment, exacerbé par l'attentat contre Margaret Thatcher. Courant octobre, sans rien en dire à personne, elle rédigea un document qui fut plus tard retrouvé dans ses papiers : « Si je dois mourir de mort violente comme certains le craignent et certains s'y emploient, la violence qui guidera les pensées et l'acte de l'assassin n'entachera pas ma mort. Car je sais qu'il n'existe pas de haine suffisante pour jeter une seule ombre sur l'amour que je porte à mon peuple et à mon pays ; il n'existe pas de force capable de me détourner de mes objectifs et de mes efforts pour conduire l'Inde de l'avant. Un poète a écrit de l'amour : "Comment puis-je me sentir faible avec ta richesse à mes côtés ?" Je pourrais dire la même chose de l'Inde. » Étaient-ce des mots dictés par la dépression ? Ou s'agissait-il d'une authentique prémonition ? En tout cas, ces lignes montraient qu'Indira était sûre d'avoir fait le bon choix lorsqu'elle avait décidé de reprendre la tradition familiale et de se consacrer au service de l'Inde plutôt qu'à son épanouissement personnel.

Puis vint la période de Diwali, la grande fête hindoue des lumières. Dans ce pays où tout est mythe et symbole, elle célèbre la victoire de la lumière sur les ténèbres. Le ciel de la ville était semé d'une myriade de lampions de couleur, et l'on entendait au loin les salves de pétards. De tous côtés brillaient des lampes, des lanternes et des bougies. Les maisons des quartiers pauvres ressemblaient à des bordels et celles des grandes avenues de New Delhi arboraient des guirlandes lumineuses raffinées ou voyantes. Rajiv rentra de l'Orissa (un État de la côte est) pour fêter Diwali en famille, comme il le faisait tous les ans sans exception. Fidèle à la coutume, Indira alluma une petite lampe à huile devant la statue de Ganesh, le dieu-éléphant et dieu du bonheur, qui se trouvait sur un petit autel dans l'entrée. Puis toute la famille accomplit le rituel d'illuminer la maison avec des lampes à huile et des bougies. Les enfants firent éclater des pétards. Par-dessus leur vacarme, Indira écouta Rajiv lui annoncer qu'il devait repartir de bonne heure le lendemain matin.

« Où vas-tu ? lui demanda-t-elle.

— Au Bengale.

— Au Bengale ? C'est curieux. Sais-tu qu'au Bengale, les gens croient que les âmes des défunts commencent leur voyage aujourd'hui même, le jour de Diwali ? Là-bas, les gens allument des lampes pour leur montrer le chemin… »

Sur le moment, les paroles d'Indira passèrent inaperçues. Les membres de sa famille étaient habitués à l'entendre parler de la mort et attribuaient cette manie à son état dépressif. Mais Sonia s'en émut. Elle était même si angoissée cette nuit-là qu'elle fit une crise d'asthme. Il était quatre heures du matin et se leva pour aller vers l'armoire à pharmacie, en prenant soin de ne pas réveiller Indira qui dormait dans la chambre voisine. Mais elle eut la surprise de voir apparaître sa belle-mère en chemise de nuit, une lampe de poche à la main.

« Laisse-moi t'aider à trouver tes médicaments », lui murmura-t-elle. De toute évidence, elle n'avait pas fermé l'œil. Elle trouva les comprimés et alla chercher un verre d'eau pour Sonia.

« Appelle-moi si tu ne te sens pas bien, lui dit Indira. Essaie de te reposer.

— C'est plutôt à vous de vous reposer. Vous n'avez pas dormi ?

— Non… Je songeais à partir pour le Cachemire en fin de semaine. J'ai envie de voir les chinars en fleur. Tu les as déjà vus ? »

Sonia fit non de la tête. Indira poursuivit à voix basse :

« C'est le plus bel arbre qui existe, et on n'en voit qu'au Cachemire. Un mélange de platane et d'érable. En automne, il prend des couleurs spectaculaires : rouge, orange, brun, jaune… C'est un spectacle qui me rappelle mon enfance. Il y en a un à Srinagar dont je suis amoureuse depuis mon plus jeune âge. Le plus beau de tous les chinars. J'ai envie de le revoir… »

« Cet arbre semblait avoir pour elle une signification spéciale, se souviendrait Sonia. Était-ce le besoin de retrouver une dernière fois ses racines, ses souvenirs et tout ce que le Cachemire représentait pour elle ? » Indira hésita à passer plus d'une nuit à Srinagar, car elle était préoccupée par l'asthme de Sonia. Mais celle-ci la rassura, et Indira partit finalement avec les enfants. Elle voulait leur montrer la terre dont était originaire leur famille, cette terre aussi belle que le paradis. Et aussi le fameux arbre.

Ils passèrent trente-six heures à Srinagar et dans ses environs. Mais à la grande déception d'Indira, le chinar de son enfance était mort depuis peu de temps. Cette nouvelle la troubla. Superstitieuse comme elle était, la mort récente de ce chinar centenaire ne pouvait lui apparaître que comme un signe du destin. Pourtant, elle ne laissa rien paraître de son émoi et eut le temps d'emmener les enfants faire un tour à bord d'un *shikara*, ces longues barques en forme de gondole qui vont et viennent sur les eaux scintillantes du lac Dal. Elle leur raconta ses dernières vacances avec leur grand-père Firoz, dans une maison-bateau. Elle leur parla de son amour pour les montagnes, qu'elle avait hérité de son père, et leur expliqua que pour Nehru comme pour elle, le Cachemire avait toujours représenté une sorte d'Éden.

Ensuite, elle voulut leur montrer un bois où chatoyaient les couleurs de feu des chinars. Après quoi, elle les laissa à l'hôtel et, accompagnée d'un seul garde du corps, elle fit l'ascension d'une colline sacrée pour rendre visite à un vieux sage qui vivait là. Ils passèrent un long moment ensemble. « Indira m'a dit qu'elle sentait que sa vie arrivait à son terme et qu'elle était cernée par la mort. Moi aussi, je l'ai senti », devait raconter le sage, qui profita de l'occasion pour lui demander de venir inaugurer un nouvel édifice à côté de son ashram. « Je viendrai si je suis encore en vie », lui avait répondu Indira.

« Ils rentrèrent à Delhi le 28 octobre et Indira passa une soirée tranquille avec nous dans le salon, raconterait Sonia. Comme elle en avait l'habitude, elle prit son tapis et sa chaise en osier dans son bureau et se mit à travailler sur ses genoux, en jetant de temps à autre un coup d'œil à la télévision et en bavardant avec nous. » Indira avait l'intention de convoquer des élections législatives très bientôt, dans deux mois peut-être. Plus tard, Sonia l'aida à préparer les vêtements qu'elle porterait le lendemain pour son voyage dans l'Orissa. Elle choisit un sari bordeaux. L'acteur Peter Ustinov réalisait pour la BBC un documentaire sur l'Inde et devait la filmer au cours de sa visite dans cet État, l'un des plus pauvres du sous-continent. À Bhubaneswar, la capitale de l'Orissa, elle prononça un discours émouvant où elle évoqua les grands moments de l'histoire indienne, depuis ses débuts jusqu'à la lutte pour l'indépendance. Vers la fin de son allocution, le ton de sa voix s'altéra tout à coup : « Je suis ici aujourd'hui, mais je pourrais bien ne plus y être demain, dit-elle. Peu m'importe de vivre ou de mourir. Je continuerai de servir mon peuple jusqu'à mon dernier soupir et quand je mourrai, chaque goutte de mon sang nourrira et fortifiera mon pays, libre et uni. » Puis elle se dirigea vers la maison du gouverneur où elle comptait passer la nuit. Le gouverneur s'étonna de son allusion à une mort violente.

« Je suis réaliste et honnête, voilà tout, lui rétorqua Indira. J'ai vu mon grand-père et ma mère mourir au terme de longues souffrances. Voilà pourquoi je préfère mourir debout. »

Cette conversation s'interrompit brusquement quand on appris que, ce matin même, le tout-terrain qui conduisait les enfants au collège avait eu un petit accident. Personne n'avait été blessé. Mais Indira devint livide et se mit à trembler d'inquiétude. Sa vieille paranoïa, la compagne de toujours, faisait de nouveau surface. Elle décida de rentrer immédiatement à New Delhi.

Sonia était éveillée quand sa belle-mère parut sur le pas de la porte à trois heures du matin.

« Comment vont les enfants ? demanda-t-elle, oppressée.

— Bien. Ils dorment. Ils n'ont rien. »

Son secrétaire officiel arriva pour la voir. Il la trouva éreintée. Elle portait le même sari bordeaux qu'à son départ : il était froissé et poussiéreux. Indira restait convaincue que l'accident du matin faisait partie d'un complot pour enlever ses petits-enfants et peut-être même les tuer. Aucune des paroles de son secrétaire ne parvint à la faire changer d'avis. Ensuite, elle insista pour discuter d'affaires urgentes qui concernaient le Pendjab et le Cachemire.

« Vous ne préférez pas que nous en parlions dans la matinée ? suggéra l'homme.

— Non, parlons-en tout de suite. Demain, je voudrais me reposer un peu. J'ai un entretien avec l'ancien Premier ministre britannique, James Callaghan, et le soir un dîner officiel ici en l'honneur de la princesse Anne…

— Tout est prêt pour le dîner, ne vous inquiétez pas, lui dit Sonia. J'ai seulement besoin que vous me disiez où asseoir les invités.

— Je te laisserai une note. »

Sonia sourit, lui souhaita bonne nuit et alla se coucher.

Quand Indira eut fini son entretien avec son secrétaire officiel, elle en appela un autre, l'éternel Dhawan. Elle lui demanda d'annuler tous ses rendez-vous du jour suivant, excepté celui avec Peter Ustinov, qui désirait l'interviewer et la filmer tôt dans la matinée, et ceux qui étaient prévus en fin d'après-midi avec la délégation britannique. Elle était épuisée.

Deux heures plus tard, à six heures du matin, elle était déjà debout. Elle fit ses exercices de yoga, prit une douche et choisit un joli sari ourlé de noir dans les tons bruns et safran. Ces nuances lui rappelaient l'automne dans son Cachemire bien-aimé, et on lui avait dit qu'elles passaient bien à la télévision. Sans doute est-ce la raison pour laquelle elle s'abstint d'enfiler le gilet pare-balles, trop visible sous son corsage. Sans doute ne songeat-elle pas à la tradition hindoue, et plus encore à la tradition sikhe, qui font du safran la couleur du renoncement. Ensuite, elle prit son petit déjeuner dans sa chambre, une tasse de thé et une tartine grillée, tout en jetant un coup d'œil aux journaux. Rahul et Priyanka vinrent bavarder un petit moment avec elle avant de partir pour l'école. Quand Priyanka lui donna un baiser pour lui dire au revoir, elle s'étonna que sa grand-mère la presse si fort contre sa poitrine. Elle attribua ce geste à la peur qu'elle avait eue en apprenant l'accident de la veille. Puis Indira rappela Rahul et lui dit : « Tu te souviens de ce que je t'ai dit l'autre jour ? S'il m'arrive quelque chose, je ne veux pas que tu portes mon deuil. » Le garçon fit oui de la tête et, surpris, se laissa embrasser.

Après son petit déjeuner, Indira se rendit dans un petit salon où elle se mit entre les mains des deux maquilleuses de l'équipe de Peter Ustinov. Sonia apparut un instant dans la pièce pour l'informer du menu du dîner. Indira prenait toujours garde à ne pas servir la même chose deux fois de suite à ses invités. Elles n'eurent pas le temps de parler beaucoup, car son secrétaire Dhawan vint l'avertir que l'équipe de télévision l'attendait devant ses bureaux d'Akbar Road.

« Nous verrons les détails tout à l'heure », dit-elle à Sonia avant de partir.

Elle traversa la salle à manger et l'antichambre, puis sortit de la maison. C'était une belle journée, un matin clair, sans brume, lumineux. La température était délicieuse et la brise était comme une caresse sur sa peau. Le jardin sentait les fleurs et l'herbe fraîchement coupée. Elle prit le chemin qui menait du 1, Safdarjung Road, aux bureaux d'Akbar Road, entre des parterres de fleurs et des buissons à feuilles persistantes. Un policier marchait à ses côtés : il portait un grand parapluie noir pour la protéger du soleil. Elle était suivie de Dhawan et de ses agents de sécurité. Ils passèrent devant un grand érable au feuillage jaune et rouge. Au bout du sentier, désormais orné de bougainvilliers, Indira reconnut son garde du corps Beant Singh qui lui ouvrait la grille séparant les deux jardins. On ne pouvait le manquer : Singh était un colosse, un sikh du Pendjab coiffé d'un turban assorti au kaki de son uniforme. Il était accompagné d'un autre gorille, un sikh lui aussi, qu'Indira connaissait à peine. En s'approchant des deux hommes, elle interrompit sa conversation avec Dhawan pour les saluer. Elle le fit à la manière traditionnelle, en joignant les mains à hauteur de sa poitrine et en inclinant légèrement la tête.

« *Namasté* », dit-elle. En réponse, Beant Singh, son fidèle garde du corps depuis cinq ans, tira son pistolet et le pointa vers elle. Il y eut un silence qui dura une demi-seconde interminable, interrompu par le chant d'un oiseau dans les hautes branches des margousiers. « Qu'est-ce que vous faites ? » demanda Indira. Au même instant, Singh appuya sur la détente. Quatre balles à bout portant. Indira leva le bras comme pour se protéger. Le garde tourna la tête vers son collègue et lui cria : « Tire ! » L'autre sikh vida le chargeur de son fusil automatique, vingt-cinq balles, dans le corps d'Indira. L'impact la fit tourner sur elle-même. Puis elle retomba sur la terre humide du sentier. Elle avait les yeux ouverts. Ils semblaient fixer les frondaisons des arbres. Ou le ciel. Il était neuf heures et seize minutes. Elle était tombée à l'endroit exact où, quelques jours auparavant, elle avait vu son petit-fils Rahul jouer avec le chien.

34.

Un garde du corps, qui n'appartenait pas à la conspiration et qui avait suivi Indira à une certaine distance, courut vers le corps étendu sur le sol ; mais avant qu'il ait pu parvenir à son niveau, une nouvelle rafale le toucha aux jambes et il s'effondra de tout son long. Les autres agents de sécurité, stupéfaits, craignant d'être abattus à leur tour, s'accroupirent derrière le corps d'Indira pour se protéger. Ils s'attendaient au pire. Bientôt, ils entendirent les voix des renforts qui accouraient à travers le jardin d'Akbar Road. Ils crurent qu'un violent échange de tirs allait commencer, mais les deux sikhs jetèrent leurs armes à terre. « J'ai fait mon devoir, dit le colosse Beant Singh en pendjabi. Maintenant, à vous de faire le vôtre. » C'était sa manière de dire qu'au nom des sikhs il avait vengé le sacrilège du Temple d'or. Le policier qui avait tenu le parapluie noir se jeta sur lui et le plaqua au sol, tandis que Dhawan, qui avait échappé par miracle à la dernière fusillade, sortait de sa stupeur et s'agenouillait à côté d'Indira. Puis surgirent de nouveaux policiers : ils étaient de garde dans la rue et neutralisèrent le second assassin. Ils conduisirent les deux sikhs à leur guérite où une bagarre éclata. Les deux hommes, affirmèrent-ils, avaient tenté de s'échapper. En réalité, la police avait ouvert le feu et Beant Singh mourut dans l'échauffourée. L'autre homme fut transporté à l'hôpital dans un état grave. Plus tard, on apprit qu'à ses heures perdues, Beant Singh fréquentait les *gurdwaras* (les temples sikhs), où il s'était lié avec des groupes d'exaltés. Le second assassin venait de passer un mois de vacances dans son village du Pendjab, dans le berceau même du nationalisme sikh.

Le médecin personnel d'Indira, qu'un des domestiques avait prévenu dès qu'il avait entendu les coups de feu, arriva hors d'haleine et tenta des exercices de réanimation. « L'ambulance, vite ! » cria-t-il. Une ambulance était toujours garée devant le 1, Safdarjung Road ; elle faisait partie des prérogatives dont jouissait la famille du Premier ministre. Mais au moment critique, elle n'était pas disponible.

« Le chauffeur est allé prendre un thé ! dit un domestique.

— Alors une voiture ! Amenez tout de suite une voiture ! »

Quelques instants plus tard, une Ambassador blanche s'arrêta devant la grille. Dhawan et un policier soulevèrent le corps inerte d'Indira et le portèrent jusqu'à la voiture. Ils l'étendirent sur la banquette arrière et s'assirent à l'avant. Ils allaient démarrer quand Sonia parut : elle était en peignoir. Elle avait les cheveux mouillés et les yeux hagards. Le bruit des tirs l'avait surprise sous la douche. D'abord, elle avait cru à des pétards, comme ceux que les enfants font éclater à Diwali. Mais les cris d'un des domestiques lui avaient fait comprendre qu'un malheur était arrivé.

À présent, ses craintes étaient confirmées : sa belle-mère gisait sur la banquette arrière, sans vie. Cette femme qui s'était identifiée depuis l'enfance à Jeanne d'Arc avait été trahie et mise à mort par ses hommes de confiance. Sonia grimpa dans la voiture. « Oh, mami ! Mon Dieu, mami ! » gémit-elle en prenant sur ses genoux la tête d'Indira, pour l'embrasser, lui parler, recueillir son dernier souffle de vie et peut-être renverser le cours inexorable du destin. La voiture partit en trombe et prit la direction de l'All India Institute of Medical Science, l'hôpital où l'on avait transporté Sanjay après son accident. Ce trajet de cinq petits kilomètres apparaîtrait à Sonia comme le plus long de sa vie. La circulation était très dense et on aurait dit qu'ils n'arriveraient jamais. New Delhi avait beaucoup changé depuis son arrivée seize ans plus tôt : on n'y croisait presque plus de charrettes tirées par des bœufs ou des chameaux, ni d'éléphants montés par leur cornac. La population avait été multipliée par quatre et la circulation automobile encombrait les rues. Sonia se sentait impuissante tandis qu'Indira se vidait de son sang entre ses mains. « Mon Dieu, plus vite ! » s'écriait-elle en passant la manche de son peignoir sur le visage d'Indira pour éponger ses blessures. Comme un pendule devenu fou, son esprit oscillait entre la désolation et l'espoir. « Et si elle était simplement inconsciente ? » se demandait-elle tandis que le chauffeur tentait de se frayer un chemin à coups de klaxon. « Plus vite ! cria-t-elle. Peut-être qu'on peut la sauver ! » Mais malgré tous les efforts du chauffeur, il était impossible d'échapper à la circulation. Ces conducteurs nonchalants pouvaient-ils imaginer que dans cette Ambassador blanche sans sirène gisait la femme qui présidait à leur destinée depuis vingt ans ? Dans la tête de Sonia, les questions se bousculaient. « Où est Rajiv ? Comment le prévenir ? Et les enfants ? Il faut les envoyer chercher ! Mon Dieu, mami, ne mourez pas… » Il y avait du sang partout. Sur le peignoir de Sonia, les taches étaient rouge vif, mais sur le beau sari d'Indira, elles avaient pris une couleur brunâtre. La banquette aussi était souillée d'une énorme tache sombre. Pourtant, Sonia se refusait à croire que le pire était arrivé, que tout était fini pour celle qui avait été jusqu'à ce jour le pilier de son existence. Au fond, elle pressentait déjà que les balles des assassins avaient fait d'autres victimes : son bonheur et celui de sa famille.

À 9 h 32, c'est-à-dire seize minutes après l'attentat, ils parvinrent enfin à l'hôpital. Mais personne n'avait téléphoné pour avertir que Mme Gandhi était sur le point d'arriver. Quand les jeunes médecins des urgences la reconnurent, ils furent pris de panique. L'un d'entre eux eut la présence d'esprit d'appeler un cardiologue, et quelques minutes plus tard une équipe des médecins les plus expérimentés de l'hôpital descendit s'occuper d'elle. Ils lui firent une trachéotomie pour alimenter ses poumons en oxygène et se disposèrent à la transfuser. Au bloc opératoire du huitième étage où ils l'avaient transférée pour extraire les balles, l'électrocardiogramme montra de faibles signes d'activité cardiaque. Ils en informèrent Sonia qui était seule dans la salle d'attente. Une petite lueur d'espoir s'alluma alors dans ses yeux humides. On était en train de pratiquer sur sa belle-mère un massage cardiaque, lui dirent-ils sans lui préciser qu'en raison de la dilatation des pupilles, il était clair d'emblée que le cerveau d'Indira était endommagé de manière irréversible. Les balles lui avaient perforé le foie et les poumons et fracturé plusieurs os, dont la colonne vertébrale. « On l'a transformée en passoire », dit un médecin. Pourtant, durant quatre heures, il tenta, avec ses confrères, de faire un miracle.

Sonia pouvait à peine contrôler le tremblement de ses mains. L'idée que l'ennemi avait pénétré dans la maison la terrifiait. À qui pouvait-elle se fier ? Et si un domestique, un employé, un secrétaire était complice ? C'était comme si toutes les certitudes s'étaient envolées d'un coup. De nouveau cette sensation de marcher sur des sables mouvants, où les apparences sont trompeuses et tout peut changer d'une minute à l'autre ! « Mon Dieu, et les enfants ? » Elle ne pouvait s'empêcher de penser à l'assassinat du cheikh Mujibur Rahman et de toute sa famille. Le fils du cheikh avait le même âge que Rahul. Était-on allé chercher les enfants à l'école ? Si seulement elle pouvait parler avec sa sœur ! Mais Nadia ne vivait plus à New Delhi.

Pupul Jayakar, la grande amie d'Indira, arriva la première. Elle tranquillisa Sonia : les enfants étaient à la maison, sains et saufs, et aussi calmes qu'on pouvait l'espérer en ces circonstances. Pupul lui dit que l'attentat n'avait pas encore été annoncé à la population et que la circulation se faisait normalement dans les rues. « Quand j'ai rejoint Sonia, elle était en état de choc, raconterait-elle plus tard. Elle pouvait à peine parler. Elle s'est mise à trembler et j'ai préféré ne pas lui poser de questions. » Pupul lui avait apporté des vêtements et Sonia échangea son peignoir taché de sang contre un sari. Dans l'heure qui suivit, d'autres amis, ainsi que des membres du parti et du gouvernement commencèrent à arriver. À l'exception des amis intimes et des rares compagnons qui avaient manifesté une loyauté indéfectible à Indira, Sonia aurait aimé tous les envoyer au diable. C'était oublier qu'Indira n'était pas seulement la mère de son mari, mais celle de tout un peuple. Son assassinat était un événement d'une gravité extrême. Le pays se retrouvait décapité, sans timonier. Personne ne savait encore si l'attentat se limitait à la vengeance d'un groupuscule ou s'il annonçait un complot plus vaste qui risquait de finir en coup d'État. Tel était l'objet des conversations murmurées entre les politiciens du gouvernement et ceux de l'opposition. Pendant ce temps, le vice-président s'entretenait avec des hauts fonctionnaires dans une pièce de l'étage inférieur. Ils parlaient de l'avenir du pays, car Indira appartenait déjà au passé ; elle était sur le point d'entrer dans l'histoire. À quatorze heures et vingt-deux minutes, cinq heures après être tombée sous les balles des hommes dont la mission était de la protéger, les médecins déclarèrent qu'Indira Gandhi était décédée. Dix minutes plus tard, la BBC annonçait la nouvelle au monde.

À trois mille kilomètres de là, l'Ambassador de Rajiv roulait à toute allure sur une route étroite et cabossée de l'État du Bengale : elle doublait des éléphants, des charrettes, des motos et des camions surchargés de marchandises et de nombreux passagers. Il voulait arriver à Calcutta le plus tôt possible et y prendre un avion pour New Delhi, dans l'espoir, peut-être, d'arriver à temps pour dire adieu à sa mère. Son parcours de précampagne électorale s'était interrompu quand, à deux cents kilomètres au sud de Calcutta, son véhicule avait été arrêté par une Jeep de la police. Un agent lui avait tendu une note : « Un accident s'est produit au domicile du Premier ministre. Annulez tous vos rendez-vous et rentrez immédiatement à New Delhi. » La radio de la voiture, qui circulait au milieu de rizières scintillantes et de villages en pisé, lui avait appris que sa mère avait été abattue par ses gardes du corps et transportée à l'hôpital où les médecins essayaient de la sauver. Il avait réagi avec calme. Il espérait sans doute encore qu'elle survivrait. Après deux heures et demie d'un voyage cahoteux, alors que sa voiture se trouvait à une cinquantaine de kilomètres de Calcutta, elle fut interceptée par un hélicoptère de la police. Rajiv monta dans l'appareil qui le conduisit à l'aéroport où un Boeing d'Indian Airlines l'attendait pour le ramener chez lui. Il effectua le voyage dans la cabine, avec l'équipage, qui était en contact radio avec la capitale. Mais l'absence de nouvelles lui fit pressentir qu'il ne reverrait pas Indira vivante. Enfin, une communication hachée par les interférences lui annonça qu'elle était décédée. Il garda son calme, ne dit pas un mot, ne versa pas une larme. Un Nehru ne pleure pas en public quand un malheur le frappe, lui avait-on enseigné. On aurait dit que l'annonce ne l'avait pas surpris. Sans doute avait-il hérité du caractère fataliste de sa mère.

À l'hôpital, Sonia demanda à Pupul de l'accompagner chez elle et de l'aider à choisir les vêtements pour le dernier voyage d'Indira. Sonia désirait voir ses enfants et sortir de cet hôpital envahi par des gens avec lesquels elle n'avait aucune envie de parler. Dehors, l'activité des rues semblait normale. La nouvelle de l'attentat n'avait pas encore été rendue publique.

De retour à la maison, ses enfants lui demandèrent des nouvelles de leur grand-mère. Sonia s'effondra. Étouffée de sanglots, elle était incapable d'articuler le moindre mot. Mais fallait-il vraiment parler ? Rahul prit sa mère dans ses bras et Priyanka courut lui chercher son inhalateur. Sonia n'en eut pas besoin et se calma peu à peu. Ensuite, après leur avoir donné toutes les explications, elle alla avec Pupul ouvrir les armoires d'Indira. Elles lui choisirent un sari vieux rose, l'un de ses préférés, et un corsage qu'elle avait reçu en cadeau d'un vieux sage qu'elle admirait beaucoup.

Les enfants ne voulaient pas rester à la maison. Ils désiraient voir leur grand-mère une dernière fois et rester aux côtés de leur mère, si bien que Pupul et Sonia les emmenèrent à l'hôpital. L'atmosphère dans les rues avait changé du tout au tout. Les boutiques étaient fermées. « Nous avons vu des hommes manifestement paniqués qui pédalaient très vite pour regagner leur domicile », écrirait Pupul. À mesure qu'elles s'approchaient de l'hôpital, elles aperçurent de plus en plus de gens qui se hâtaient dans la même direction. L'affluence aux abords de l'hôpital était si grande que la police avait dû en bloquer l'entrée principale. Elles furent contraintes d'emprunter une porte de service.

À la même heure, Rajiv atterrissait à l'aéroport Palam, un nœud à l'estomac. Ni Sonia ni ses enfants n'étaient là pour l'accueillir, et c'étaient pourtant les seuls qu'il voulait voir en ce moment. En revanche, au pied de la passerelle, ses adjoints, quelques amis et surtout de nombreux membres du parti du Congrès étaient venus l'accueillir. Ils étaient déjà là. Rajiv comprit aussitôt ce qu'ils venaient lui demander. Que cela lui plaise ou non, ils voulaient qu'il devienne le prochain Premier ministre de l'Inde.

Ses amis le conduisirent à l'hôpital. Eux aussi pensaient qu'il devait succéder à sa mère. Personne ne semblait en désaccord avec ce qui apparaissait comme une loi de la nature. En outre, en termes de sécurité, il disposerait de tout le pouvoir de l'État pour protéger sa famille. L'argument était de taille : il fit son chemin dans l'esprit de Rajiv.

« Mais la décision appartient au parti et au président de la République, objecta-t-il. Le président est chargé par la Constitution de choisir la personne qui doit former le gouvernement.

— Il t'a déjà choisi.

— Mais il n'est pas à New Delhi !

— Il l'a fait savoir. Tu dois accepter, Rajiv. C'est la meilleure solution pour tout le monde. »

La nouvelle de l'assassinat d'Indira était parvenue au président dans l'avion qui le ramenait d'un voyage officiel au Yémen. En vieil ami de la famille Nehru, il avait alors décidé de demander à Rajiv d'assumer les fonctions de Premier ministre. Et de les assumer immédiatement, aujourd'hui même, sans attendre. Le moment était crucial. La mort d'Indira sous le feu d'extrémistes sikhs faisait craindre une explosion de violence intercommunautaire, c'est-à-dire le cauchemar de tout dirigeant indien. Pour cette raison, il était impératif d'éviter toute vacance du pouvoir : il fallait garder le pays uni devant une telle menace, qui pouvait mettre fin à l'ordre constitutionnel et, surtout, à l'existence de la nation indienne. Tel était le conseil que le doyen du parti avait donné à Rajiv à sa descente d'avion : « Il ne faut pas laisser le trône vide, c'est terriblement dangereux. » Quand, plus tard, le président de la République expliqua les raisons de son choix, il déclara qu'il devait choisir un nouveau Premier ministre dans le parti du Congrès, qui disposait d'une majorité écrasante au Parlement. Et qui mieux que Rajiv, qui était jeune et intelligent et dont la réputation était inattaquable ? Mais il y avait une autre raison qui n'avait rien à voir avec les mérites politiques de Rajiv : ce choix aurait plu à Indira. « Je connaissais sa façon de penser et ce qu'elle désirait, dit le président, même si nous n'en avions jamais discuté en termes clairs. Je sais ce qu'elle avait dans la tête. » Rajiv était cerné. La voix de sa mère lui parvenait depuis l'au-delà. S'il ne l'avait jamais abandonnée de son vivant, pouvait-il la trahir à présent qu'elle était morte ? C'était pour elle qu'il était entré en politique. Ce que son pays exigeait de lui n'en était-il pas la conséquence logique ? Certes, il n'avait jamais aspiré à devenir Premier ministre, ni même à exercer une charge au gouvernement, mais parfois la vie s'accélère et ne vous laisse pas le choix.

Dans les couloirs de l'hôpital, Rajiv rencontra toute une série de personnages qui avaient fait partie de la vie de sa mère : il y avait Maneka, en larmes, l'ineffable gourou Dhirendra Brahmachari – qui répétait à l'envi qu'Indira aurait dû l'écouter pour conjurer le péril qui pesait sur sa vie –, des ministres, des hauts fonctionnaires, des adjoints et des secrétaires qui pleuraient en petits groupes. Les barons du parti étaient tous là et profitèrent de son arrivée pour lui dire qu'ils voulaient l'élire comme nouveau président du Congrès, et en conséquence leader de la nation. Tous tenaient pour acquis qu'ils parlaient avec le futur Premier ministre. « Tu dois accepter, le pressaient-ils. Si ce n'est pas pour toi, fais-le pour ta femme et tes enfants, pour votre sécurité. Et pour ta mère, pour la mémoire de ton grand-père, pour l'Inde. »

Il était un peu plus de trois heures de l'après-midi quand Rajiv entra dans la salle voisine du bloc opératoire. Il étreignit Sonia, qui éclata de nouveau en sanglots. Peut-être se rappelait-elle son premier rendez-vous avec Indira, à Londres, quand elle avait été prise de panique à la perspective de la rencontrer. Qui aurait pu penser alors qu'elle l'aimerait si profondément, et qu'Indira les abandonnerait un jour seuls au bord d'un abîme ?

Rajiv embrassa ses enfants. Ils avaient très peur : la terreur de l'attentat s'était propagée comme une épidémie. Après l'opération Blue Star, un groupe de fanatiques n'avait-il pas juré d'exterminer les descendants d'Indira jusqu'à la centième génération ? Qui serait le prochain ? « Papa, maman, nous ?... » Qui savait si derrière un infirmier, un visiteur, un des nombreux individus croisés au détour d'un couloir, ne se cachait pas un autre terroriste ? Où s'arrêterait la fureur vengeresse des extrémistes sikhs ?

Rajiv n'eut pas le loisir de consoler sa famille bien longtemps : des gens le sollicitaient sans relâche. Le pays exigeait toute son attention. On ne le laissait même pas pleurer sa mère et consoler les siens. « Je me rappelle que j'éprouvais le besoin d'être seule avec lui, ne serait-ce que l'espace de quelques instants », raconterait Sonia. Elle l'entraîna dans un coin du bloc opératoire, à quelques mètres du lit où les médecins recousaient le corps d'Indira. Dans l'air flottait une odeur de formol et d'éther. La lumière blanche des néons révélait les traits du doux visage de Rajiv dévasté par le chagrin.

« On va me nommer Premier ministre », dit-il à sa femme dans un murmure.

Sonia ferma les yeux. C'était la pire nouvelle qu'elle pouvait entendre, comme l'annonce d'une seconde mort le même jour. Rajiv lui prit les deux mains tout en lui murmurant les raisons qui l'obligeaient à accepter.

« Sonia, c'est la meilleure façon de nous protéger, crois-moi. Nous disposerons d'un maximum de protection, et en ce moment c'est ce dont nous avons besoin.

— Et si nous allions plutôt vivre ailleurs ? suggéra Sonia accablée.

— Crois-tu que nous serions plus en sûreté dans un autre pays ? Nous sommes tous sur la liste noire des terroristes, et ces fous peuvent frapper n'importe où. Non, Sonia, le seul remède est de vivre sous une protection constante, au moins jusqu'à ce que la menace s'atténue. »

Sonia pleurait. Elle était inconsolable. Elle savait ce que cela signifiait : il leur faudrait vivre dans une atmosphère étouffante, les enfants n'auraient pas une existence normale... Est-ce qu'on pouvait appeler ça une vie ? Et le bonheur dans tout cela ? Ce bonheur qu'ils avaient construit, et auquel ils s'étaient si doucement habitués ?

« Je t'en supplie, Rajiv, ne les laisse pas nous faire ça ! supplia-t-elle.

— Je t'assure que c'est pour notre bien.

— Pour notre bien ? Mais ce système de protection vient de prouver son inefficacité ! Un Premier ministre abattu dans son propre jardin ! Un système de secours défaillant ! Tu te rends compte ?

— On lui avait dit de se séparer de ses gardes sikhs, mais elle n'a rien voulu entendre...

— Qu'est-ce que tu veux dire, qu'elle l'a cherché ?

— Elle aurait dû écouter le chef de la police et celui des services secrets. Elle serait encore avec nous. »

Il la serra de nouveau dans ses bras. Elle poursuivit :

« Mon Dieu, ils te tueront toi aussi.

— Je n'ai pas le choix, ils veulent me tuer de toute façon, que je sois ou non au pouvoir.

— Je t'en prie, n'accepte pas, dis-leur que tu ne peux pas...

— Impossible, mon amour. Tu crois qu'on pourrait vivre comme si de rien n'était, la peur au ventre, ici, en Italie ou n'importe où ? C'est ce qui se passera si je refuse. Il faut voir les choses en face. C'est mon destin, notre destin... Il y a des moments où la vie ne nous permet pas de choisir, parce que nous n'avons plus le choix. Et je voudrais que tu m'aides à l'accepter.

— Oh, non, mon Dieu, non ! balbutiait Sonia au milieu d'un océan de larmes. Ils te tueront, ils te tueront… »

Le secrétaire officiel d'Indira, P. C. Alexander, vint les interrompre. La succession ne pouvait attendre, il fallait l'organiser. Il prit Rajiv par le bras.

« La prestation de serment doit avoir lieu aujourd'hui même, lui dit-il à voix basse.

— Laissez-moi le temps de rentrer chez moi pour me changer, répondit Rajiv. Je serai avant six heures au palais du président de la République. »

Sonia comprit alors qu'il n'y avait rien à faire, qu'une fois de plus elle devait s'incliner devant des forces qui la dépassaient. Que faire contre un pays orphelin qui réclamait son sacrifice ? Quand Rajiv lui donna un baiser sur le front et se sépara lentement d'elle, Sonia fut prise d'un accès de profonde mélancolie. Elle était au bord de l'abîme, comme quelques heures plus tôt quand, dans l'Ambassador blanche, elle tenait entre ses mains la tête d'Indira, mourante.

En fin d'après-midi, dans le salon Ashoka du palais présidentiel, eut lieu la cérémonie de prestation de serment de Rajiv Gandhi, le sixième Premier ministre de l'Inde. C'était l'endroit même où son grand-père et sa mère avaient été intronisés. Des six Premiers ministres, trois appartenaient à la même famille et les trois autres n'avaient exercé leur fonction que pour des périodes très brèves : en trente-six ans d'indépendance, les Nehru avaient été Premiers ministres pendant trente-trois ans. Indira avait été la troisième à mourir au pouvoir, mais la première à tomber sous le feu d'assassins. La cérémonie ne pouvait être heureuse. Un homme jeune, à qui l'on n'avait pas laissé le temps d'assimiler la mort de sa mère et ses répercussions pour la nation, se voyait poussé à accepter le rôle le plus difficile et le plus exigeant qui puisse échoir à un citoyen indien. Sans l'avoir un instant désiré.

Avant de donner son accord, Rajiv avait déclaré qu'il conserverait l'équipe du gouvernement précédent : il n'y aurait ni nouveaux membres ni changements de portefeuille. La cérémonie terminée, il tint son premier conseil des ministres, au cours duquel on parla surtout des funérailles d'Indira ; la chapelle ardente serait installée à Teen Murti House, l'ancienne résidence de Nehru, le palais colonial où Rajiv avait passé son enfance. Usha, la fidèle secrétaire, fut une des premières à s'y présenter et décrivit ainsi son ancienne patronne, étendue dans son cercueil, le corps dissimulé mais le visage découvert : « Elle était très blanche, livide. Heureusement qu'elle ne se voyait pas en ce moment, car elle se serait trouvée laide, elle qui prenait tant soin de son apparence. » Sonia devait penser la même chose. La télévision capta un moment bref et intense qui devait rester gravé dans la mémoire de millions d'Indiens ; il en disait plus long que tous les discours sur le lien qui unissait les deux femmes. Sonia, sereine à présent, passa un mouchoir sur les commissures des lèvres d'Indira pour sécher sa peau trop brillante. Comme si elle avait été vivante et avait encore besoin de ses soins. Ainsi la loyauté survivait-elle à la mort.

Peu après onze heures du soir, le nouveau Premier ministre prononça un discours retransmis sur les ondes du monde entier. Dans le studio, Sonia se sentait le cœur brisé de voir comment le pouvoir avait déjà enlevé son mari et utilisait sans scrupule le nom des Nehru-Gandhi pour préserver l'unité du pays en temps de crise. N'était-il pas cruel d'avoir demandé à un homme entré si récemment en politique d'assumer une charge qui exigeait tant d'expérience ?

« Indira Gandhi a été assassinée, dit Rajiv devant les caméras. Vous savez tous combien elle rêvait d'une Inde prospère, unie et en paix. À cause de sa mort prématurée, son œuvre a été interrompue. Il nous incombe de la poursuivre. »

Son discours, l'émotion contenue qu'on y décelait, rappela à beaucoup d'anciens celui qu'avait fait son grand-père Nehru après l'assassinat de Gandhi. Ce soir-là, Nehru avait craint que les musulmans soient accusés du crime ; aussi s'était-il empressé de révéler au peuple qu'il s'agissait de l'œuvre d'un fanatique hindou. Trente-six ans plus tard, Rajiv Gandhi s'abstint de parler des assassins de sa mère et de leurs motivations. Il se permit une simple allusion à la nature religieuse de l'attentat quand il appela au calme et à l'unité : rien n'attristerait davantage Indira, déclara-t-il, qu'une explosion de violence entre communautés.

Mais la violence avait déjà éclaté, et il le savait. Elle avait commencé autour de l'hôpital, quand des taxis conduits par des sikhs avaient été attaqués et un temple sikh incendié. Tout homme enturbanné paraissait suspect. Les sikhs du quartier firent rentrer leurs enfants qui jouaient dans les rues, se barricadèrent chez eux et éteignirent les lumières pour tenter de se rendre invisibles. Les femmes effrayées observaient la rue derrière leurs volets. Tous les sikhs cherchaient un abri, mais certains n'en trouvaient pas. Ils savaient que l'assassinat d'Indira avait fait d'eux la cible de la colère populaire. À la tombée de la nuit, des groupes se formèrent dans les ruelles. Pour la plupart, il s'agissait d'hindous, dont certains brandissaient des gourdins pendant que d'autres appelaient à la « chasse aux sikhs ». La nuit très noire, fut encore assombrie par la vague de terreur et de haine qui s'abattit sur la ville. Personne ou presque ne ferma l'œil. La folie meurtrière augmentait à mesure que des rumeurs se mettaient à circuler : les sikhs, prétendait-on, avaient empoisonné les réservoirs d'eau potable, un train transportant des hindous venant du Pendjab avait été attaqué… Rien de tout cela n'était vrai, mais les gens y croyaient. Des bandes de voyous enragés commencèrent par détruire des immeubles et des boutiques appartenant à des sikhs, puis ils firent sortir de chez eux des hommes et des garçons en turban pour les massacrer à coups de couteau devant leurs femmes et leurs mères épouvantées. Dans les rues, des groupes de vandales se jetaient sur des sikhs désarmés et les battaient à mort ou les arrosaient d'essence avant de les brûler vifs. Des familles entières furent égorgées dans les trains et les autobus. Les agents de police n'osait pas intervenir, par crainte, par négligence ou simplement parce qu'au fond beaucoup souhaitaient punir cette turbulente minorité. Durant trois jours, des milliers de gens défilèrent devant la dépouille d'Indira Gandhi. Parmi eux, il y avait des vedettes de cinéma, des chefs d'État, des leaders politiques, des amis, des parents et de très nombreux citoyens qui ne l'avaient jamais approchée mais se sentaient profondément touchés par sa disparition. Pendant ce temps, l'orgie de violence ne cessait de s'étendre. Elle se propagea à de nombreuses autres villes. Plus de deux mille véhicules furent incendiés. Des usines appartenant à des sikhs connurent le même sort. Ce fut le cas de la Campa Cola, l'équivalent indien de Coca-Cola, qui était la propriété d'un ancien ami de Sanjay, un homme qui avait beaucoup aidé la famille Nehru lorsqu'elle s'était retrouvée sans ressources après les élections de 1977. Les journaux rapportèrent un épisode particulièrement atroce qui s'était produit dans un quartier situé sur la rive droite de la rivière Yamuna : là, un groupe bien organisé avait mis à mort tous les sikhs qui avaient eu le malheur de se trouver dans les parages. La police avait fait preuve de la plus grande passivité et aucun sikh n'avait pu se sauver, car les tueurs avaient incendié les maisons et brûlé tous leurs habitants. Un journaliste qui avait assisté à ces scènes téléphona à Pupul : « Je vous en prie, faites quelque chose, la situation est tragique ! » lui dit-il d'une voix horrifiée. Mais Pupul ne savait que répondre. Quelques jours auparavant, elle aurait réagi en appelant Indira, qui aurait aussitôt pris les mesures nécessaires. Mais Indira n'était plus là et elle ne savait vers qui se tourner. Elle finit par téléphoner au ministre de l'Intérieur, qui se trouvait être en réunion avec Rajiv au 1, Safdarjung Road. Elle lui décrivit les massacres et les horreurs qui avaient lieu à moins de dix kilomètres de l'endroit où ils se trouvaient. « Parlez-en au Premier ministre », lui dit l'homme, en lui passant Rajiv. Pupul lui répéta ce qu'elle venait de raconter. « Il m'était difficile de m'adresser à Rajiv comme à un Premier ministre, car je n'avais pas encore bien assimilé que l'immense pouvoir et l'autorité d'Indira étaient retombés sur ses épaules. » Rajiv la fit venir et elle lui rapporta avec plus de détails tout ce qu'elle savait. Le nouveau Premier ministre semblait déconcerté.

« Qu'est-ce que je dois faire, Pupul ? lui demanda-t-il.

— Ce n'est pas à moi de te dire ce que tu dois faire, répliqua l'amie de sa mère. Je peux seulement te dire ce qu'aurait fait Indira en pareil cas. Elle aurait envoyé l'armée pour rétablir l'ordre à tout prix. Elle aurait fait une allocution télévisée et déclaré avec tout le prestige de sa charge qu'en aucun cas elle ne tolérerait la poursuite des massacres.

— Aide-moi à rédiger un discours comme celui qu'aurait prononcé ma mère, lui demanda Rajiv en la raccompagnant à la porte. Je t'en prie, fais-le vite. C'est urgent. »

Pupul s'exécuta. Mais quand elle s'assit devant son poste de télévision, ce ne fut pas Rajiv qui apparut. Ce fut le ministre de l'Intérieur. Pupul comprit aussitôt que sa présence n'était pas assez convaincante pour calmer la situation, que son discours manquait de l'autorité d'un Premier ministre. De surcroît, l'armée ne fut pas appelée à intervenir ce soir-là, de crainte d'enflammer encore davantage les esprits. Si bien que la terreur et la barbarie se poursuivirent. Beaucoup attribuèrent cette indécision et cette mollesse à l'inexpérience de Rajiv ; et à la vérité, il était dépassé par les événements, car il n'était pas encore remis du choc d'avoir perdu sa mère et de s'être vu confier si vite les rênes du pouvoir.

Les sikhs étaient pris d'une telle panique que pour la première fois de leur vie, ils furent nombreux à ôter leur turban et se couper la barbe et les cheveux pour sauver leur vie. Plus de cent mille s'enfuirent de la capitale. L'écrivain Kushwant Singh se réfugia avec sa femme à l'ambassade de Suède : « Ce qu'exigeait la foule, c'étaient les biens des sikhs, leurs téléviseurs et leurs réfrigérateurs, car nous sommes plus prospères que la plupart des Indiens. Tuer et brûler les gens était un divertissement », écrivit-il. À la nuit tombée, des groupes de sikhs envahirent Delhi, cherchant refuge. Deux d'entre eux se présentèrent au domicile de Pupul et surprirent la femme du blanchisseur, le *dhobi*, dans la buanderie. Son mari était sans doute parti se joindre aux massacres. À ses cris d'effroi, ils déguerpirent, mais Pupul les aurait volontiers abrités pour la nuit, comme le firent beaucoup de familles hindoues. Tout comme les sikhs avaient été peu nombreux à soutenir Bhindrawale, fort peu d'hindous voulaient se venger des sikhs. Mais ceux que l'esprit de vengeance motivait firent preuve d'une cruauté digne du temps de la Partition. En trois jours, quelque trois mille sikhs furent massacrés.

Le 2 novembre en fin d'après-midi, Rajiv apparut enfin à la télévision pour exiger la fin des violences. « Ce qui s'est passé à Delhi et ailleurs depuis la mort d'Indira Gandhi est une insulte à toutes les valeurs qu'elle a défendues », déclara-t-il d'un ton ferme. Le lendemain, il fit enfin intervenir l'armée, qui imposa le couvre-feu et pénétra avec ses blindés dans les quartiers les plus enfiévrés. Les soldats avaient ordre de tirer sur tout individu pris en flagrant délit d'agression.

Le 3 novembre, alors que la paix civile était imposée par la force, la crémation d'Indira eut lieu tout près de l'endroit où s'étaient déroulées celles de Nehru et de Sanjay, sur la berge de la rivière. Rajiv fit sept fois le tour du bûcher funéraire de sa mère avant de planter la torche parmi des troncs de santal. Les flammes s'élevèrent tandis que le ciel ensoleillé se teintait d'orange, de rouge et d'or. Une liste impressionnante de personnalités assistèrent à la cérémonie, parmi lesquelles on reconnut George Bush père et Mère Teresa, des têtes couronnées asiatiques et européennes, des artistes et des écrivains, des magnats du monde des affaires, des scientifiques et des chefs de gouvernement venus des quatre coins du monde. Pour une élégante dame vêtue de noir, ces funérailles revêtaient une importance toute particulière. Margaret Thatcher se rappelait les chaleureuses paroles d'Indira après l'attentat de l'IRA qui avait failli l'emporter quelques semaines plus tôt. « Nous devons agir contre le terrorisme… », lui avait-elle dit au téléphone.

La silhouette de Rajiv près des flammes qui dévoraient le corps de sa mère resta gravée pour toujours dans les mémoires de tout un peuple, comme un symbole d'espérance. « Tout n'était que chaos autour de lui, écrivit un journaliste célèbre, mais il dégageait une impression de confiance en soi, et semblait maîtriser la situation. » La Dame de fer britannique commenta : « J'ai perçu chez Rajiv le même sang-froid que chez Mme Gandhi. » Celle qui était inconsolable et ne le cachait pas, c'était Sonia. Paradoxalement, la foule de gens humbles, les millions qui avaient vénéré Indira comme une déesse, ne s'étaient pas déplacés pour lui rendre un dernier hommage. La peur des affrontements et l'atmosphère de violence qui continuait de régner sur la ville les en avaient dissuadés.

Fidèle aux instructions qu'il avait reçues de sa mère peu de temps auparavant, Rajiv prit l'urne qui contenait ses cendres et s'embarqua un matin à bord d'un avion de l'armée de l'air. Après une heure de vol, l'appareil survola la chaîne de l'Himalaya, une crête de pics blancs qui s'étendait à perte de vue. On ouvrit une trappe dans le plancher de l'avion, qui laissa entrer l'air glacé. Rajiv, coiffé d'un bonnet en astrakan et portant manteau de cuir, gants fourrés et masque à oxygène, saisit l'urne qui était enveloppée elle aussi dans du cuir pour éviter que son contenu ne gèle. Il l'ouvrit et, selon le rituel, éparpilla les cendres sur les montagnes, afin que la morte revienne à la vie, treize jours après qu'Indira Gandhi fut entrée dans l'histoire.

35.

Rajiv n'eut pas une journée pour se consoler de son chagrin. La vie politique battait son plein et les chefs du parti lui conseillaient d'avancer la date des élections législatives. Ils voulaient profiter du vote de sympathie susceptible de suivre l'assassinat d'Indira. Rajiv comprit que ces élections étaient pour lui de la plus haute importance : elles lui permettraient d'acquérir la légitimité populaire qui lui manquait. Ainsi, il ne donnerait plus l'impression de devoir son nouveau statut à la seule volonté des partisans de sa mère. Il fixa donc la date du scrutin au 26 décembre. Il voulut que Sonia l'accompagne de nouveau pour sa campagne dans la circonscription d'Amethi, où Maneka, son fils dans les bras, avait décidé de se présenter une nouvelle fois. Sonia était maintenant la première dame du pays, et cette seule pensée lui donnait le vertige. Le destin n'aurait pu choisir quelqu'un de moins prédisposé pour ce rôle. Un rôle qui aurait rempli d'orgueil la plupart des femmes, mais qui la rendait profondément mélancolique. Elle regrettait son ancienne vie. Quel luxe elle avait connu en vivant en sécurité ! Quel luxe de pouvoir se consacrer à la restauration de tableaux anciens, de sortir avec ses amies, de mener une existence anonyme ! Rajiv et elle étaient encore si traumatisés qu'avant le voyage à Amethi, qui coïncidait avec le soixante-septième anniversaire d'Indira, ils rédigèrent des instructions : « Dans le cas où ma femme Sonia et moi-même mourrions dans un accident, sur le territoire indien ou à l'étranger, nos corps devront être rapatriés à Delhi et incinérés ensemble selon le rituel hindou, dans un lieu à ciel ouvert. Nos corps ne devront être brûlés dans un crématorium électrique sous aucun prétexte. Conformément à la coutume, c'est notre fils Rahul qui enflammera le bûcher… Je désire que nos cendres soient répandues dans le Gange, à Allahabad, comme l'ont été les cendres de mes ancêtres. » Un vieil adage ne disait-il pas que « le cobra mord toujours deux fois », autrement dit qu'un malheur n'arrive jamais seul ?

Sonia, qui portait le deuil de sa belle-mère, était vêtue de saris blancs. Elle découvrit qu'elle se sentait maintenant beaucoup plus à l'aise parmi la foule d'Amethi. « J'étais devenue une visiteuse assidue de cette ville et de ses environs, devait-elle écrire plus tard. Je connaissais les gens et leurs problèmes et, auprès d'eux, je ne me sentais plus comme une étrangère. » Mais l'absence d'Indira se faisait cruellement sentir. Elle avait été le centre de l'univers familial, une personnalité extrêmement forte, toujours fiable, toujours présente pour conseiller les siens, les encourager et les soutenir. Le vide qu'elle avait laissé était abyssal. Rajiv était privé de la figure tutélaire de sa famille. Un jour que Sonia le cherchait dans toute la maison et que personne ne savait où il était passé, elle finit par le trouver dans l'ancien bureau d'Indira, en train d'observer les objets et les photos de sa mère. Comme s'il essayait de retrouver sa trace. « Il semblait perdu et très seul. Il ne se passait pas un jour sans qu'il ressente cruellement son absence. » C'était inévitable. Partout où il allait, même dans les confins les plus reculés du sous-continent, il voyait le visage de sa mère placardé sur des affiches : toujours bien mise, sa mèche blanche en évidence, elle saluait, la paume de sa main levée. Il y avait toujours quelqu'un pour lui parler d'elle, de sa dernière visite dans la région, de ce qu'elle avait réalisé pour la communauté, des enfants qu'elle avait bénis ou même du fonctionnaire qu'elle avait réprimandé. Indira avait laissé des traces de son passage dans tout le pays. Rajiv en venait à imaginer qu'elle était toujours vivante et sur le point de réapparaître pour le réconforter et l'encourager. Il n'avait d'autre remède que de puiser dans ses réserves de courage et de force d'âme pour affronter, stoïque, le souvenir de sa mère.

La tournée électorale qu'effectua Rajiv à travers tout le pays aurait été un triomphe sans le terrible accident qui se produisit à Bhopal, au centre de l'Inde : l'explosion d'une usine de pesticides appartenant à la multinationale américaine Union Carbide provoqua l'émission de quarante tonnes d'isocianate de méthyle dans l'atmosphère et ravagea les quartiers les plus pauvres de la ville. Les intoxications et les décès se produisirent par milliers. Considérée comme la plus grande catastrophe industrielle de l'histoire, la tragédie de Bhopal marqua le début de la carrière de Rajiv. Ils furent nombreux à y voir un mauvais présage pour celui qui voulait à tout prix développer le pays et resserrer les liens avec les grandes firmes du monde. Rajiv décida de se rendre aussitôt dans la ville sinistrée. De peur qu'il ne reste des traces de gaz toxique dans l'air, il demanda à Sonia de rester à la maison. Mais elle s'y refusa et l'accompagna. Dès leur arrivée, ils furent catastrophés devant les effets de l'empoisonnement. Les hôpitaux regorgeaient de gens devenus aveugles, de mères qui pleuraient la mort de leurs enfants, d'orphelins qui erraient dans les couloirs et d'hommes désespérés qui avaient perdu leur famille. Devant un tel malheur, ses discours sur la nécessaire industrialisation de l'Inde et ses appels à préparer le pays pour le XXIe siècle prenaient une résonance funeste. Rajiv prit conscience des drames qu'un développement mal contrôlé pouvait causer. Il fit aussitôt la seule chose qu'il pouvait : il débloqua une aide d'urgence pour les victimes du désastre et promit que le gouvernement leur verserait une compensation[1].

Rajiv remporta les élections de décembre 1984 avec une majorité que ni sa mère ni son grand-père n'avaient jamais obtenue. Sonia le félicita chaudement, même si elle sentait que ce résultat les rapprochait encore davantage du précipice. Au cours des trois dernières années, son mari n'avait été que le député d'Amethi et un des secrétaires généraux du parti du Congrès. Maintenant, il avait sous son autorité cinq cent quarante-quatre circonscriptions et se retrouvait responsable du gouvernement d'un pays immense, en effervescence permanente. Un pays de surcroît paralysé par un gigantesque appareil d'État qui le rendait parfois ingouvernable. Un homme politique anglais n'avait-il pas écrit que la chaîne de l'Himalaya paraissait bien petite en comparaison de la charge

1. Dominique Lapierre et Javier Moro, *Il était minuit cinq à Bhopal*, Paris, Robert Laffont, 2001.

qui pesait sur les épaules d'un Premier ministre indien ? La dynastie avait reçu le mandat du peuple, un mandat à l'échelle nationale ; mais Rajiv ne se faisait pas d'illusions sur les raisons de son succès. « C'est surtout une conséquence de l'assassinat de ma mère... Personne ne me connaissait vraiment, et les électeurs se sont bornés à projeter sur moi les espoirs qu'ils plaçaient en elle. J'en suis devenu le symbole. » Maneka, en revanche, subit une défaite fracassante malgré une campagne très dynamique. La vague de sympathie qui avait porté Rajiv, en plus de ses origines sikhes, l'avait effacée de l'échiquier politique, du moins pour le moment. Maintenant, on savait très bien qui était le véritable héritier de la famille Nehru-Gandhi.

Après avoir vécu seize ans dans la même maison (si l'on excepte la brève parenthèse de Willingdon Crescent), Sonia et les enfants se voyaient contraints de déménager. Ils auraient d'autant plus de mal à se remettre du traumatisme causé par la mort violente d'Indira. Considérée comme plus sûre, leur nouvelle demeure était aussi plus appropriée pour devenir la résidence du Premier ministre. Elle se trouvait non loin, dans Race Court Road. À présent que le terrorisme s'était transformé en une donnée incontournable de la vie politique indienne, la famille était entourée vingt-quatre heures sur vingt-quatre d'un impressionnant dispositif de sécurité. Il était en partie superflu : les services compétents cherchaient surtout à compenser leurs insuffisances passées, qui avaient conduit à l'attentat contre Indira. La responsabilité de protéger le Premier ministre et les siens n'incombait plus à une unité paramilitaire, mais à un groupe professionnel spécialisé, le Special Protection Group, créé à la mort d'Indira. « La présence de ces hommes mit fin à ce qui nous restait d'intimité et de liberté », reconnut Sonia. Un jour, elle fut saisie d'effroi : alors qu'elle se trouvait dans le jardin, son sécateur à la main, elle tomba nez à nez avec une espèce de Martien dissimulé dans les branches, entièrement vêtu de noir, portant cagoule, gilet pare-balles et mitraillette en bandoulière. « Je suis de garde », lui dit l'homme. En une autre occasion, tandis qu'elle devait sortir pour une course urgente à l'économat de l'ambassade américaine, un autre Martien s'interposa :

« Madame, vous ne pouvez pas sortir maintenant, lui dit-il.

— Je ne peux pas ? Et pourquoi ? Je dois me rendre à l'ambassade des États-Unis, j'ai des invités ce soir…

— Madame, il va falloir vous habituer à nous prévenir de vos sorties un peu en avance. Nous ne pouvons pas réagir à l'improviste. Environ trois cents agents sont affectés à votre sécurité et à celle de votre famille. »

« À la bonne heure ! » pensa Sonia avec ironie. Mais elle n'eut d'autre solution que de téléphoner à une amie pour que celle-ci lui achète ce dont elle avait besoin et le lui apporte.

Même si elle se désolait de vivre ainsi, Sonia fut contrainte de l'accepter. Les agents de sécurité auraient préféré que Rajiv ne sacrifie pas à l'usage de recevoir tôt le matin des dizaines de visiteurs venus lui poser des questions sur la pelouse, comme le faisait sa mère. Mais il insista pour s'y conformer, quitte à ne les voir que trois jours par semaine. Il était important pour lui de prendre le pouls de la population. Et il en profitait pour améliorer son hindi, émaillé de fautes de syntaxe et, parfois, de prononciation.

À la maison, Sonia et lui s'éveillaient à six heures du matin, avec le *morning tea* qu'on leur apportait sur un plateau. À huit heures et demie, la famille était réunie pour le petit déjeuner. Ensuite, Rajiv partait travailler et Sonia restait pour s'occuper de la maison. Si elle en avait le temps, elle lisait et parcourait la presse. Ses enfants avaient cessé de se rendre à l'école le jour de l'assassinat de leur grand-mère. Selon la police, ils ne devaient pas fréquenter un endroit où un homme armé pouvait pénétrer facilement. Si bien que, maintenant, des professeurs particuliers se présentaient à la maison. Sonia profitait de ces heures pour sortir faire des courses ou assister à une exposition. Elle était toujours impeccablement habillée et coiffée, car elle savait qu'elle était soumise à un implacable examen public. « Elle a plus de saris qu'Imelda Marcos a de chaussures », disait une rumeur. En vérité, elle avait gardé la collection de saris et de châles d'Indira. La plupart d'entre eux lui avaient été offerts en cadeau au cours de ses multiples voyages officiels à travers l'Inde. Sonia en avait hérité.

L'après-midi, elle restait avec ses enfants et ils cherchaient des façons de se distraire sans sortir, par exemple en regardant des vidéos. Les dimanches, Sonia et Rajiv avaient tenu à conserver l'habitude de recevoir leurs amis intimes pour un *brunch* ; mais Rajiv était rarement présent, car ses fonctions l'occupaient sans répit. Toutefois, il lui semblait important de maintenir les apparences d'une vie normale. Tous les visiteurs, même le couple Quattrochi, devaient être enregistrés et passer entre les montants d'un détecteur de métaux avant d'entrer. Tout le monde se retrouvait dans le jardin et l'on parlait gaiement en anglais, en italien, en français et en espagnol en dégustant des spécialités indiennes servies sur des *thalis*, de petits plats en laiton. Sonia faisait la surprise de servir quelques plats difficiles à préparer en Inde, comme les crevettes en sauce à l'ail devenues la gourmandise favorite du dimanche.

En dehors de ces moments volés, la normalité était devenue une chimère. Le moindre retard de Rajiv, qui s'efforçait de prendre ses repas en famille autant que possible, provoquait de grandes frayeurs. Les seuls moments de vie normale étaient ceux qu'ils passaient en vacances, quand ils partaient pour l'Italie à Noël ou en été. Là aussi, des gardes les suivaient, mais leur vigilance se faisait moins étouffante. À Delhi, ils vivaient comme des prisonniers.

Rajiv fut contraint d'abandonner ses passions, en particulier la photographie, malgré un assez bon niveau professionnel. Il n'avait plus le temps d'écouter ses morceaux de jazz préférés ni d'assister à des concerts de musique classique indienne avec Sonia et les enfants. Mais il était décidé à rester un pilote compétent, car il adorait voler. De surcroît, il ressentait dans les airs un sentiment de sécurité que lui refusaient la politique et ses incertitudes. Il demanda à un collègue de le prévenir quand son diplôme de pilote arriverait à échéance afin de le renouveler. Il lui suffisait d'accumuler les heures de vol nécessaires, en pilotant lui-même les avions qui le transportaient à travers le pays. Mais le temps lui manquait pour tout ce qui n'était pas son travail de Premier ministre : « Je n'avais de temps que pour l'action politique. J'avais entrepris de restaurer la confiance, l'amitié et la fraternité entre des communautés qui vivaient ensemble depuis des siècles », déclara-t-il.

Rajiv avait reçu de sa mère un héritage empoisonné : le problème sikh. Il était essentiel de le résoudre pour refonder la cohabitation générale. Il pensa que la priorité était d'apaiser les tensions, si bien qu'il commença par lâcher du lest : il se déclara ouvert à tout compromis du moment qu'il ne menaçait pas l'intégrité de la nation, libéra les extrémistes arrêtés durant les derniers mois du régime d'Indira et promit une enquête sur les massacres de sikhs à Delhi et dans d'autres villes. Le chef du parti sikh modéré, qui désirait faire la paix autant que le Premier ministre, finit par signer les préliminaires d'un accord. Aussitôt après, Rajiv annonça des élections dans le Pendjab en septembre 1985, dans le but de remettre l'administration de cet État aux modérés et de leur laisser la responsabilité de calmer les fondamentalistes. Mais le terrorisme persista : de petites bombes éclatèrent dans la capitale et ses environs ; et surtout, il y eut l'explosion en plein vol d'un Boeing 747 d'Indian Airlines, qui reliait Toronto à Delhi. L'attentat, qui coûta la vie à trois cent vingt-cinq passagers et membres d'équipage, fut imputé à deux groupes extrémistes sikhs. Ce soir-là, Rajiv réunit tout son gouvernement. Sonia l'attendit éveillée jusqu'à quatre heures du matin. Elle était consciente de la terrible menace qui pesait sur son mari. Avec ses enfants, elle vivait dans la terreur. Ils considéraient les membres du Special Protection Group avec perplexité. Bien sûr, ils étaient présents, toujours présents, peut-être trop, mais sauraient-ils vraiment les protéger de l'audace des terroristes sikhs ?

Tout en attendant Rajiv, Sonia s'entretint au téléphone avec sa famille à Orbassano. Depuis la mort d'Indira, ses parents s'inquiétaient beaucoup au sujet de leur fille, leur gendre et leurs petits-enfants. Si Paola avait pu ressentir une pointe d'orgueil lorsque Sonia était devenue la première dame de l'Inde, ce sentiment était assombri par la crainte d'un autre attentat. Sonia les rassurait toujours du mieux qu'elle pouvait, mais sa mère savait distinguer, malgré la distance et les interférences, l'ombre que faisait peser la peur sur sa voix.

Rajiv garda son sang-froid et ne céda pas à la tentation de répondre à la violence par la violence, comme l'aurait peut-être fait sa mère. Il accorda au Pendjab l'usage exclusif de Chandigarh (la ville conçue par Le Corbusier) comme capitale en échange d'une promesse de loyauté de la part du parti sikh modéré. Il annonça également des mesures économiques comme la construction d'une centrale hydroélectrique pour limiter les problèmes de pénurie d'énergie qui frappaient l'ensemble de l'État. Il voulait à tout prix jouer la carte de l'alliance avec les modérés.

Mais le 20 août 1985, tout s'écroula de nouveau. Le chef du parti modéré, qui parcourait les villes et les villages du Pendjab en s'efforçant de « vendre » aux habitants son accord avec le gouvernement central, fut assassiné de plusieurs coups de feu. Une nouvelle tragédie, une nouvelle impasse. Les fanatiques faisaient la loi et boycottaient toute solution négociée. Au Parlement de New Delhi, on commença à mettre en doute les capacités de Rajiv à résoudre rapidement le problème du terrorisme sikh. Mais il ne faiblit pas et décida que les élections au Pendjab se tiendraient tout de même. Comme l'assassinat de sa mère l'avait catapulté au pouvoir, celui du leader des sikhs modérés créerait une vague de sympathie en faveur de son parti décapité, pensa-t-il. Il avait raison. Pour la première fois dans l'histoire du Pendjab, les modérés triomphèrent dans les urnes. Le résultat était une victoire nette sur l'extrémisme.

Mais les fanatiques ne comptaient pas se rendre sans livrer bataille. Dans une nouvelle tentative pour créer la tension, ils se retranchèrent une fois de plus dans l'Akal Takht, le temple rasé lors de l'opération Blue Star qui avait été reconstruit depuis. Cette fois, ils prétendaient que la reconstruction avait profané le temple ; en réalité, tous les prétextes étaient bons pour recourir à la violence. De nouveau, des armes leur parvinrent par les couloirs et les galeries du complexe. À l'extérieur du Temple d'or, de jeunes extrémistes redoublèrent leurs attaques : ils s'en prenaient aux hindous et plus généralement à tous ceux qu'ils ne jugeaient pas assez dévots – comme les barbiers et les coiffeurs dont l'activité allait à l'encontre du précepte sikh qui interdit de se couper la barbe et les cheveux, car tout ce que Dieu a créé doit être respecté, y compris la pilosité. Accusés d'être les ennemis du peuple sikh, ils devinrent la cible de nombreux attentats de la part des fondamentalistes.

« La seule solution est l'action militaire. » En entendant cette phrase, Sonia se mit à trembler. Elle l'avait déjà entendue une fois, dans la bouche de sa belle-mère. Et elle avait vu le résultat… Le fils d'Indira se retrouvait dans la même situation de blocage. Fallait-il en arriver à un nouveau sacrilège quand le premier n'avait rien résolu ? Où finirait cette spirale de violence ? Les événements semblaient se répéter avec une précision macabre. Comme lors de l'occupation précédente, un policier fut abattu près du temple, ce qui poussa le gouvernement dans les cordes et Rajiv à prendre une décision.

« Qu'est-ce que tu vas faire ? lui demanda Sonia angoissée.

— Les assiéger jusqu'à ce qu'ils se rendent. »

De son bureau de New Delhi, Rajiv dirigea personnellement l'opération Black Thunder. Il donna des ordres stricts à l'armée et à la police pour qu'elles n'entrent dans le temple sous aucun prétexte mais en bloquent toutes les issues, y compris les couloirs secrets et les voies d'accès des marchandises. L'attente fut longue, interminable. Les premiers jours, les terroristes tirèrent en l'air et lancèrent des rafales pour intimider les assiégeants. En dehors de ces accrochages, le silence le plus absolu régnait sur le Temple d'or. Les eaux du lac sacré reflétaient comme un miroir les édifices adjacents, et leur immobilité était si grande qu'on eût dit que le temps s'était arrêté. Les terroristes attendaient un assaut, ils auraient voulu le provoquer, mais seul l'écho répondait à leurs tirs. L'armée et la police étaient dans un état d'extrême tension : elles craignaient que les rebelles puissent s'approvisionner par un tunnel échappant à leur contrôle. Dehors, les habitants du Pendjab priaient en silence pour que leurs lieux sacrés ne soient pas à nouveau profanés. Sonia suivait les événements de chez elle à New Delhi et son cœur battait à tout rompre chaque fois que le téléphone sonnait. Enfin, au bout de dix jours, la voix de Rajiv à l'autre bout de la ligne lui annonça une bonne nouvelle :

« Ils se sont rendus. C'est fini. La stratégie a fonctionné. Il n'y a eu aucune violence et nous n'avons pas eu besoin de pénétrer dans le temple. »

Sonia poussa un soupir de soulagement. Mais elle n'était pas complètement détendue. N'éprouver aucune anxiété était désormais un luxe hors de portée. Les terroristes avaient échoué dans leur tentative pour provoquer le gouvernement. Comme souvent lorsqu'on cherche à la répéter, l'histoire devient une parodie d'elle-même. Cette fois, ils sortirent de leur refuge à moitié morts de faim et de soif. Plus de deux cents d'entre eux se rendirent. La victoire de Rajiv fut d'autant plus nette que la presse publia des photos de l'intérieur du temple qui montraient le peu de respect que les terroristes avaient manifesté à l'endroit de ce lieu si vénéré. Il y avait partout des restes d'excréments, des amas de linge sale, des objets cassés et des traces de sang témoignant de leurs propres bagarres. Aux yeux de leurs coreligionnaires, le discrédit était complet.

36.

Les critiques de Rajiv, qui l'accusaient de manquer de caractère, durent admettre que ses qualités de conciliateur produisaient des résultats. Son principal atout était justement que son style différait de celui de sa mère et de la majorité des hommes politiques indiens. Il apportait une énergie nouvelle. Il estimait que la politique socialiste de sa mère et de son grand-père empêchait le bon fonctionnement de l'État et bridait l'économie. Il était convaincu que le fameux *Licence Raj*, l'« empire du permis » qu'Indira avait contribué à renforcer, étouffait l'esprit d'entreprise des Indiens et encourageait la corruption. Accélérer la délivrance d'un permis ou d'une patente en échange d'un pot-de-vin était une pratique courante chez les fonctionnaires. Ancien pilote d'une compagnie nationale pendant quatorze ans, Rajiv avait pu constater des incompétences notoires et savait de quoi il parlait. Ses efforts pour rendre l'administration plus efficace et alléger les contrôles lui valurent les reproches des intellectuels de gauche. Selon eux, la libéralisation du commerce et le désengagement de l'État rendraient l'Inde dépendante des capitaux étrangers. Rajiv, affirmaient-ils, était l'homme de la classe moyenne (alors au début de son ascension), non celui de l'Inde profonde. Ils lui reprochaient d'être né avec une cuiller en argent dans la bouche, de parler l'anglais mieux que l'hindi et même d'avoir emmené sa famille en vacances dans le parc national de Ranthanbore. Il était mal vu de prendre des vacances en Inde, surtout quand on était un dirigeant politique. Mais Rajiv avait souhaité inviter son beau-père à admirer des tigres et d'autres animaux sauvages dans le parc où il avait passé sa brève lune de miel avec Sonia.

Enfin, Stefano Maino s'était décidé à rendre visite à sa fille préférée. Ce furent les premières et les seules vacances de sa vie, et une occasion que Rajiv ne voulait pas gâcher ; aussi se donna-t-il beaucoup de mal pour faire honneur à son beau-père. Pour ce voyage, Stefano s'était fait accompagner de son vieil ami le mécanicien Danilo Quadra. Sonia était heureuse de pouvoir recevoir son père après tant d'années. Elle devinait que ce serait sa seule visite en Inde, car Stefano n'avait jamais aimé les voyages ; de surcroît, il souffrait à présent d'une maladie cardiaque et était beaucoup plus fragile qu'autrefois.

« Il a toujours eu peur pour toi, même avant l'assassinat de ta belle-mère », confia Danilo à Sonia.

Cette peur, Stefano l'avait chevillée au corps depuis que sa fille lui avait échappé, depuis le jour lointain où il avait lancé à Danilo : « Ils la livreront aux tigres ! » Il avait aussi peur pour Rajiv, ce *bravo ragazzo*, comme il l'appelait. Trop *bravo* pour exercer le pouvoir dans un pays de misère et de convulsions comme l'Inde, pensait Stefano. Le spectacle de cette misère le bouleversa profondément, peut-être parce qu'il lui rappelait son enfance, le temps où, le ventre vide, il apprenait à être maçon et où les heures s'écoulaient avec une lenteur exaspérante. Il lui semblait à cette époque que les choses ne s'amélioreraient jamais, que la pénurie et l'ennui seraient éternels. Or, ce même sentiment semblait se refléter dans les regards des jeunes gens qu'il croisait dans les villages indiens. Sonia le reprenait sans cesse, car il était enclin à faire l'aumône trop généreusement : « Si tu continues, tu auras tous les mendiants du pays aux trousses », lui disait-elle, en lui rappelant que la plupart d'entre eux travaillaient pour des mafias et qu'il valait mieux donner directement à ceux qui s'occupaient des pauvres. Mais cet homme taciturne, qui pouvait paraître si dur, n'y prêtait pas attention : il ne pouvait résister au sourire d'un enfant qui tendait la main par la fenêtre ouverte de la voiture. À la fin du voyage, quand ils rentrèrent à New Delhi, son ami Danilo dit à Sonia en haussant les épaules en signe d'impuissance : « Il n'y a rien à faire, il aime donner de l'argent à tout le monde. » Stefano Maino n'avait jamais oublié son passé.

Rajiv était trop « occidental » et même trop *british* dans ses manières et son habitude de contenir ses émotions. Un jour, en se défendant contre une attaque de l'opposition, il affirma que celle-ci voulait ramener l'Inde au Moyen Âge ; or, il s'agissait là d'une expression qui renvoyait à l'histoire européenne et non à celle de l'Inde. Il était clair également qu'il ne s'identifiait pas autant que sa mère ou son grand-père aux pauvres de son pays ; il pensait que si la classe moyenne urbaine s'enrichissait, cela finirait par profiter aux pauvres des villages. Les dinosaures du parti lui rappelaient qu'il fallait surtout conserver la loyauté des électeurs. Or ceux-ci étaient pauvres dans leur immense majorité. Pourquoi mener une politique qui ne leur bénéficiait pas à court terme ? Rajiv voulait-il que le parti perde les prochaines élections ? Le jeune Premier ministre était déchiré entre sa volonté d'octroyer plus de liberté aux hommes d'entreprise et le besoin d'entretenir la fidélité de sa base, c'est-à-dire de centaines de millions de pauvres. Tel était son grand défi, et il savait qu'il ne lui serait pas facile de le remporter. Pour lutter contre le surnom, extrêmement préjudiciable de « Premier ministre des privilégiés » dont l'avaient affublé ses détracteurs, il fit ce qu'aurait fait sa mère : il parcourut le pays sans relâche. Il participa même à un grand pèlerinage pour améliorer son image auprès des masses. Selon Sonia, qui l'accompagnait dans nombre de ses voyages, son mari était infatigable. « Il marchait si vite que je devais lui demander de ralentir pour que les autres puissent le suivre. Comme il avait pris l'habitude de ne pas dormir plus de quatre ou cinq heures par nuit, il faisait un petit somme pendant les temps morts et me priait de le réveiller si quelqu'un le réclamait. Parfois, je le laissais dormir quelques minutes de plus… Alors il protestait, mais au moins il s'était reposé. » Sonia fut témoin des sentiments qu'il suscitait auprès du peuple. « Les gens réagissaient plus à son charme personnel qu'à la fonction qu'il incarnait. C'était égal qu'il soit dans un village tribal du nord, dans une ville du Tamil Nadu, au cœur du Pendjab rural ou dans les bidonvilles de Bombay. Rajiv n'appartenait à aucune caste, aucune ethnie, aucun groupe. Il était indien et tous le considéraient comme un des leurs. » Il conduisait son propre tout-terrain sur les routes de campagne. Partout où des gens l'attendaient, il s'arrêtait pour bavarder. « Si nous avions pris du retard, devait raconter

Sonia, ils continuaient à l'attendre patiemment pour s'entretenir avec lui, ou simplement pour le voir. Dans les endroits reculés, bien après la tombée de la nuit, il y avait toujours un paysan pour élever une vieille lampe à huile jusqu'à son visage et je voyais une étincelle s'allumer dans ses yeux lorsqu'il reconnaissait le sourire de Rajiv. Il nous demandait de l'accompagner pour nous présenter sa famille, nous communiquer le nom de ses derniers-nés, et pour que Rajiv bénisse les jeunes mariés du village. » Comme on était loin de la vie à New Delhi dans ces masures où l'on partageait un maigre repas, où l'on écoutait avec attention la liste des privations et les demandes de secours… « Je voyais beaucoup d'amour, d'amitié et de confiance dans les yeux de ces gens, dit Rajiv. Mais surtout, je voyais de l'espoir. » Rajiv croyait fermement que la technologie pourrait éliminer, ou tout au moins diminuer la pauvreté de façon significative. Il se souvenait de sa mère et de ses longs efforts pour mener à bien la révolution verte, au temps où elle emmenait des scientifiques à la campagne et organisait des rencontres entre les politiciens locaux et les paysans. Quand on la critiquait d'investir de grosses sommes d'argent prélevées sur le budget de l'État dans des centres de recherche scientifique, elle faisait observer que les fermiers du Pendjab n'auraient jamais rencontré le succès s'ils n'avaient eu accès à la culture des fibres textiles et à l'ingénierie génétique. « Nos expériences peuvent se solder par des échecs, disait-elle, mais si nous n'en faisons pas, nous n'arriverons jamais nulle part. » Les contradictions de l'Inde étaient criantes : comment était-il possible de lancer des satellites dans l'espace et ne pas réussir à pourvoir aux besoins de la population en eau potable ? se demandait Rajiv. Peu à peu, il découvrit qu'il ne s'agissait pas d'une insuffisance technologique, mais de l'incapacité d'appliquer cette technologie aux problèmes des pauvres. Ce diagnostic lui inspira un projet qu'il appela « Missions technologiques ». Cet ambitieux programme prévoyait d'investir dans les six domaines que ses multiples voyages lui avaient fait reconnaître comme prioritaires : l'eau potable, l'alphabétisation, la vaccination, la production de lait, les télécommunications et les énergies renouvelables.

Comme souvent quand on bouleverse de vieilles structures et de vieilles idées, Rajiv fut l'objet de sarcasmes. À New Delhi, on le traitait de naïf et on l'accusait de vouloir passer en un seul bond du char à bœufs au téléphone mobile, ce qui, du reste, finirait bien par arriver grâce à ses intuitions de visionnaire et au dynamisme de ses premières années au gouvernement. Vingt ans plus tard, la photo d'un *mahut* avec un téléphone portable, juché sur un éléphant attelé à un char de troncs d'arbres deviendrait l'image publicitaire d'une entreprise de téléphonie indienne. Sous le gouvernement de Rajiv Gandhi, grâce à l'intervention de compatriotes vivant à l'étranger (notamment aux États-Unis), un système de communication par satellite apporta le téléphone dans les villages les plus reculés : il devint enfin accessible à des pauvres qui vivaient jusqu'alors dans l'isolement le plus complet.

Dans la capitale aussi, on se moqua de son slogan : « Un ordinateur dans chaque école du peuple pour le XXIe siècle. » Une telle idée semblait le rêve d'un fils à papa, car dans les villages, beaucoup d'écoles n'avaient pas l'électricité, ni même de tableau noir. Mais Rajiv avait compris d'emblée le potentiel de l'informatique et, des années plus tard, ce serait la locomotive de l'économie indienne. Il pensait que la révolution industrielle avait donné à l'Europe sa place prééminente dans le monde et voulait que l'Inde soit au rendez-vous de la prochaine révolution : celle de l'électronique et de l'informatique. Moins d'un mois après avoir été nommé Premier ministre, il baissa les droits de douane sur l'importation des composants informatiques et les ordinateurs. Puis il supprima de nombreux contrôles sur l'industrie électronique et promut l'usage des ordinateurs dans les collèges, les banques et les bureaux, ce qui stimula les entreprises. L'économie se libéralisa pendant son mandat : « Nous devons nous affranchir des contrôles sans perdre le contrôle », disait-il. La classe moyenne connut une expansion qui s'était fait attendre trop longtemps. Les gens purent acheter des téléviseurs, des chaînes hi-fi, des appareils photo, des montres et des appareils ménagers qui avaient toujours été inaccessibles : en raison de droits de douane trop élevés, ils faisaient l'objet d'une vaste contrebande. Des années fastes pour les consommateurs et les commerçants. Pour la première fois depuis l'indépendance, la création de richesses n'était plus considérée comme un délit ou un péché.

Les répercussions de ces mesures sur le quotidien de Sonia furent immédiates. Son travail de première dame s'en trouva grandement facilité : elle n'avait plus besoin de courir les marchés de New Delhi ou de s'adresser à l'économat de l'ambassade américaine pour trouver du fromage, par exemple, ou de l'huile d'olive, ou un nouveau mixeur électrique quand elle donnait un dîner officiel. Peu à peu, l'Inde millénaire s'ouvrait à la modernité et au monde extérieur.

Mais dans les années 1980, le pays continuait d'être une poudrière de conflits, et la tâche du Premier ministre pouvait se comparer à celle d'un pompier éteignant sans fin des départs d'incendie. Après le Pendjab, Rajiv s'employa à pacifier l'Assam, un État du Nord-Est où la paix civile était menacée par l'afflux de réfugiés musulmans venus du Bangladesh, quinze ans après la guerre, pour trouver du travail. Il se donna beaucoup de mal pour les réconcilier avec les communautés tribales de la région, comme les Bodos, les Ghurkas et les Mizos, et signa une série d'accords qui parvinrent à diminuer et même à suspendre les violences sécessionnistes. Au cours de ces visites, il n'hésitait pas à se coiffer d'un grand chapeau typique et à porter le costume local aux couleurs vives, en signe d'amitié, comme l'aurait fait sa mère. À se voir ainsi attifé, il riait de lui-même et acceptait de bon cœur les plaisanteries dont il était l'objet. Jamais il ne perdait son sens de l'humour, et il était tout étonné quand on ne comprenait pas ses boutades. Quand il rentrait chez lui, il s'empressait de montrer à Sonia et aux enfants les objets dont on lui avait fait cadeau au cours de son voyage : une vieille pipe de femme offerte par une paysanne mizo, un panier en osier tressé ou un coquillage sculpté, qu'il rangeait ensuite dans son bureau comme de vrais trésors. En son for intérieur, il savait qu'établir la paix entre les nombreux peuples de l'Inde signifiait aussi une garantie pour sa famille ; ou du moins, il le crut jusqu'au 2 octobre 1986, date où le conflit sikh se ralluma soudain.

Ce jour-là, alors que Rajiv et Sonia assistaient à une cérémonie pour célébrer le cent dix-septième anniversaire de la naissance de Gandhi au mausolée dédié à sa mémoire, ils entendirent distinctement le bruit d'une explosion.

« C'est le pot d'échappement d'un cyclomoteur », dit un membre du Special Protection Group, très sûr de lui.

Rajiv et sa femme s'assirent au sol tandis que les prêtres récitaient les oraisons en hommage au père de la patrie. Quand la cérémonie fut terminée et qu'ils se levèrent pour partir, ils entendirent de nouvelles explosions. Le garde du corps le plus proche de Sonia fut blessé au front. Un vent de panique souffla. La foule criait en se dispersant. Rajiv fit rempart de son corps pour protéger sa femme jusqu'à l'arrivée d'autres agents, qui les entourèrent et les éloignèrent. « Un cyclomoteur ! Et puis quoi encore ? » s'écria Sonia indignée. L'auteur de l'attentat manqué fut aussitôt arrêté. C'était un sikh, qui avait tiré du haut d'un arbre. Il n'y avait pas de blessés graves, mais l'incident rappela à Sonia qu'ils ne pouvaient baisser leur garde même une seconde. Elle rentra à la maison en proie à une grande agitation : elle avait très envie d'embrasser ses enfants pour vérifier qu'ils allaient bien. Il y avait toujours un risque que l'attentat fasse partie d'une conspiration plus vaste. Mais cette fois, ce n'était pas le cas. Le sikh avait agi seul.

37.

Tout à coup, Rajiv semblait avoir grossi. Les *penne all'arrabbiata* de Sonia, qu'il aimait tant, étaient-elles responsables de ce nouvel embonpoint ? se demandaient ses amis en souriant. Non, si son torse avait pris du volume sous sa chemise en coton, c'était à cause de l'épais gilet pare-balles qu'il était contraint de porter depuis le dernier attentat. Désormais, deux groupes de voitures identiques le transportaient dans ses voyages, pour éviter que quelqu'un ne repère celle où il se trouvait. À chaque fois qu'il se montrait en public, des centaines de policiers patrouillaient la ville, aussitôt placée en état d'alerte. Rahul et Priyanka ne voyaient plus qu'un petit groupe d'enfants, fils et filles d'amis de longue date, qui, bien que connus des agents de sécurité, devaient se soumettre à des contrôles minutieux avant de pénétrer dans la « forteresse », comme on appelait la résidence familiale. Sonia abandonna ses cours de restauration au Musée national, qu'elle avait repris pendant son temps libre, et entreprit de compiler la correspondance entre Nehru et Indira pour la publier un jour. C'était une tâche qu'elle pouvait mener à bien chez elle et qui, de surcroît, était utile à son mari qui cherchait toujours de bonnes formules pour ses discours. En se plongeant dans la mémoire familiale, elle retrouva la plupart des problèmes et des conflits auxquels Rajiv devait faire face, car, à leur manière et en d'autres temps, Nehru et Indira avaient déjà dû s'y confronter : les lenteurs de la bureaucratie, les tensions intercommunautaires, la misère des campagnes et des faubourgs… Le mépris de la sécurité personnelle semblait être un trait commun aux membres de la famille. Les mesures de protection n'avaient jamais inspiré de grand respect à Nehru, Indira ou Rajiv ; ils estimaient qu'elles les éloignaient du peuple et leur évoquaient une dictature plutôt qu'une démocratie. Pour eux, si quelqu'un était vraiment décidé à les tuer, il trouverait toujours le moyen d'y parvenir. Sonia n'était pas convaincue. Si Rajiv n'avait pas été Premier ministre et qu'il n'avait pas bénéficié de toute la puissance de l'État pour les protéger, ils seraient peut-être tous morts, se disait-elle. Cette seule pensée lui donnait des sueurs froides. Les circonstances de la vie les avaient jetés, son mari et elle, dans une spirale diabolique qui les obligeait à la fuite en avant. Comme ils ne pouvaient ni s'arrêter ni reculer, Sonia n'eut d'autre choix que de s'adapter, d'accepter son rôle et tout ce que cette vie lui offrait. Ce n'était pas facile, car cette situation particulière plaçait la famille devant des problèmes inattendus. Par exemple, Rahul et Priyanka devraient bientôt entrer à l'université. Où allaient-ils étudier ? La question devenait une source d'angoisse : Sonia savait qu'il ne suffisait pas de les envoyer à l'étranger pour les mettre à l'abri de la vengeance des sikhs. C'est alors que Rajiv suggéra de les envoyer à l'American College de Moscou. De tous les pays du monde, l'URSS était l'un des plus sûrs. Et il n'y avait pas de communauté sikhe. Mais l'idée ne plaisait pas à Sonia, et ils l'oublièrent pour le moment.

En tant que première dame, elle accompagnait son mari dans ses visites à l'étranger. Ils voyageaient à bord d'un Boeing 747 spécialement aménagé pour accueillir la suite du Premier ministre. Celle-ci était composée d'adjoints, de ministres, de journalistes et bien sûr d'une unité du Special Protection Group. Durant ces longs vols, Sonia se plongeait dans la lecture, sa grande passion depuis l'enfance, tandis que Rajiv révisait ses discours avec ses secrétaires, en ajoutant des touches de dernière minute ou des formules inspirées par les lettres de Nehru et de sa mère. Rajiv aimait ces voyages, au cours desquels il dormait peu et travaillait beaucoup. Il donnait parfois l'impression d'être plus à l'aise à l'étranger qu'en Inde. « C'est bon de se retrouver entre amis », dit-il un jour à Margaret Thatcher sitôt descendu de l'avion. Sonia, en revanche, s'efforçait de se rendre aussi invisible que possible. Mais il n'était pas facile d'éviter les réceptions et les interviews. « C'est une femme très réservée, qui n'aime pas être le centre de l'attention », disait son mari pour l'excuser. Il y avait une autre raison : sur le plan de la politique nationale, il n'était pas bon que Sonia fasse parler d'elle, car les commentaires mettaient systématiquement l'accent sur ses origines étrangères. Un point faible que Maneka d'abord, la droite fondamentaliste hindoue ensuite avaient tenté de mettre à profit pour discréditer le Premier ministre.

Mais Rajiv était dans son élément avec les dirigeants du monde. Au fond, il avait grandi parmi eux et parlait leur langage. Il ne donnait pas l'image d'un obscur politicien du Tiers Monde, mais d'un homme moderne et avancé, avec des idées fortes, qui le rendaient capable de se mesurer à n'importe quel leader international. Il pouvait s'appuyer sur les succès obtenus dans ses deux premières années de mandat : aucun Premier ministre n'avait obtenu de tels résultats dans le même laps de temps. Quand on le critiquait parce que sa politique d'ouverture économique le rapprochait des États-Unis, ou quand l'Occident l'accusait de complaisances envers l'Union soviétique, il aimait à répéter une phrase de sa mère : « Nous sommes un pays qui se tient debout, qui ne penche d'aucun côté. » Rajiv obtint du président Reagan qu'il revienne sur son refus de vendre à l'Inde des outils technologiques qui pourraient tomber ensuite entre les mains des pays de l'Est : il voulait faire l'acquisition d'un superordinateur qui aiderait les météorologues à prévoir avec précision l'évolution des moussons. Un outil qui serait d'un secours inestimable pour les paysans. Reagan le comprit et fit une exception.

Ces voyages à l'étranger conduisaient Rajiv à assister à d'interminables tables rondes, à des cérémonies, à des conférences et à des signatures d'accords. Mais ce qu'il préférait était les visites de laboratoires et d'entreprises de pointe qui produisaient les dernières avancées technologiques. Il se demandait toujours comment il pourrait les appliquer à l'Inde pour venir en aide aux plus pauvres. Au Japon, Rajiv fit l'éloge du « premier pays asiatique à avoir assimilé les nouvelles connaissances scientifiques », et souligna les progrès de son propre pays : « En 1947, nous ne produisions même pas de tournevis et aujourd'hui, nous bâtissons nos propres réacteurs atomiques et lançons nos satellites dans l'espace. » Il était particulièrement fier d'avoir su relever ce qu'il considérait comme le plus grand défi de son mandat : la sécheresse de 1987, considérée comme la plus sévère du XXe siècle, avait touché deux cent cinquante-huit millions de personnes et cent soixante-huit millions de têtes de bétail. Rajiv s'était battu comme un beau diable. Il avait été en contact permanent avec les fonctionnaires locaux responsables des programmes d'aide et de développement ; il s'était assuré en personne que les réserves étaient efficacement distribuées et veillait à ce que les excédents de l'aide d'urgence soient transformés en investissements, par exemple pour creuser un puits ou réaliser des travaux d'irrigation. Sa persévérance et le rythme quasi militaire qu'il imposa – qui rappelait à plus d'un la capacité d'organisation de sa mère – évitèrent au pays de devoir importer des céréales. Pour la première fois de son histoire, l'Inde traversa une sécheresse à l'échelle nationale sans subir de famine, d'épidémie et de mortalité excessive. Et son produit national brut était positif. « Ce fut pour lui une immense satisfaction », se rappellerait Sonia.

Sur d'autres fronts, les résultats n'étaient pas aussi réjouissants. En matière de politique étrangère, Rajiv avait hérité d'une situation très malsaine au Sri Lanka, dont sa mère était en partie responsable. L'ancienne île de Ceylan était un pays de dix-sept millions d'habitants, dont la plupart étaient de culture cinghalaise et de religion bouddhiste. Mais il existait une minorité au nord et au nord-est : les deux millions et demi de Tamouls, de religion hindoue, qui avaient de forts liens ethniques et linguistiques avec les cinquante-cinq millions de Tamouls qui peuplaient l'État indien du Tamil Nadu. Cette population s'était toujours sentie marginalisée par la majorité cinghalaise. Les Tamouls estimaient être traités comme des citoyens de seconde classe, surtout depuis que le gouvernement, dans les années 1950, avait déclaré le cinghalais comme seule langue officielle de l'île. De longues années de ressentiment avaient débouché sur la constitution d'une guérilla, les Tigres tamouls, qui réclamaient l'indépendance de leur territoire à la pointe nord-est du Sri Lanka. Des années durant, les Tigres avaient pu compter sur l'appui discret de l'Inde. En plus de leur envoyer des armes et de l'argent, le chef du gouvernement de l'État du Tamil Nadu, un ancien acteur de cinéma tamoul reconverti dans le populisme, leur accordait sa protection quand ils en avaient besoin. Indira avait fermé les yeux pour des raisons de politique intérieure : cet homme était son seul allié dans le sud du pays et elle avait besoin de son soutien.

En 1983, les Tigres étaient devenus assez forts pour intensifier la lutte armée. Le gouvernement du Sri Lanka réagit avec tous les moyens qui se tenaient à sa disposition. La réaction fut brutale, si bien que le conflit tomba dans un cercle vicieux de terrorisme suivi de répression. Lequel redoubla encore les velléités indépendantistes des Tamouls. Les exactions sauvages commises par les deux parties offraient un contraste saisissant avec la beauté paradisiaque de l'île ; l'expression sereine des bouddhas que les anciens avaient sculptés dans la pierre semblait désormais incongrue.

Quand Rajiv arriva au pouvoir, il se trouva confronté à la question des réfugiés qui traversaient par milliers le détroit entre le Sri Lanka et l'Inde pour échapper aux offensives de l'armée gouvernementale. En plus des difficultés logistiques pour nourrir et loger toutes ces populations, le mécontentement des Tamouls du Sri Lanka risquait de contaminer les voisins du sous-continent : il alimenterait alors les aspirations indépendantistes des citoyens indiens du Tamil Nadu, un des États à la personnalité la plus marquée. Et de nouvelles tensions sécessionnistes verraient le jour en Inde. Comme s'il n'y en avait pas assez.

« Tu me rappelles ta mère au moment de la première vague de réfugiés venus du Bangladesh, dit Sonia à Rajiv. Au début, elle ne savait vraiment pas quoi faire.

— Ce qu'il faut, c'est attaquer le problème à sa racine, comme elle l'aurait fait. Il faut éviter de donner aux Tamouls du Sri Lanka des raisons de venir se venger. La question doit se régler à Colombo. Comme ma mère, qui a réglé la question bangladaise à Dacca. »

Rajiv dépêcha plusieurs envoyés spéciaux au Sri Lanka. Il avaient pour mission de convaincre le gouvernement de l'île d'accorder un certain degré d'autonomie aux rebelles. Si le gouvernement sri-lankais trouvait un accord avec les Tamouls, l'Inde sous-entendait qu'elle s'engagerait à couper toute aide à la guérilla. Mais le gouvernement du Sri Lanka, embarqué dans une opération militaire, fit la sourde oreille. Il poursuivit son offensive et imposa un blocus à la péninsule de Jaffna, le berceau des Tamouls au nord-est du territoire. Essence, nourriture et médicaments commencèrent de manquer.

« Ils ne nous écoutent pas, soupira Rajiv. Mais ils doivent comprendre que l'Inde ne peut pas rester les bras croisés. S'ils ne nous proposent pas de collaborer à la résolution d'un problème qui nous menace directement, nous interviendrons sans leur demander la permission.

— Une autre guerre ? dit Sonia. Réfléchis bien. »

Rajiv programma soigneusement son opération. Dans le blocus, il vit une occasion pour l'Inde de s'imposer une fois pour toutes. Il envoya vers la péninsule de Jaffna cinq avions-cargos escortés par cinq chasseurs pour secourir la population et largua quarante tonnes de riz, de médicaments et de produits divers. C'était un geste d'inspiration profondément humanitaire, mais qui disait en même temps la volonté de l'Inde de s'affirmer comme la grande puissance régionale.

La pression porta ses fruits. Le président du Sri Lanka finit par signer un accord avec Rajiv, dans lequel le gouvernement cinghalais s'engageait à octroyer une autonomie considérable aux Tamouls. L'accord stipulait aussi qu'une force de paix indienne serait implantée sur l'île. L'armée sri-lankaise se replierait et les militants des Tigres tamouls seraient persuadés - ou contraints - de déposer les armes. « Cet accord ne met pas seulement un terme au conflit, déclara Rajiv. Il apporte aussi la paix et la justice aux communautés minoritaires du Sri Lanka.

— Ta mère serait fière de toi », lui dit Sonia.

Mais la situation n'était pas comparable à la victoire d'Indira au Bangladesh. On en était loin. Rajiv avait vendu la peau de l'ours avant de l'avoir tué.

De peur que les concessions accordées aux Tamouls aillent à l'encontre de ses intérêts, la majorité cinghalaise réagit de manière violente aux termes de l'accord. Quand, à la fin du mois de juillet 1987, Rajiv se rendit à Colombo pour le ratifier, les agents du Special Protection Group tentèrent de le dissuader de passer en revue la garde d'honneur, comme l'exigeait le protocole.

« Ce pourrait être dangereux, lui dirent-ils. Des éléments incontrôlés pourraient s'être infiltrés, il y a beaucoup de tension sur l'île...

— Comment ? Nous sommes ici pour signer un accord qui doit garantir la paix et la sécurité, et vous voudriez que j'aie peur de saluer la garde d'honneur ? »

Ses gorilles, qui savaient à quel point Rajiv pouvait se montrer têtu, n'insistèrent pas. Peu de temps auparavant, l'un d'eux avait essuyé sa colère : il avait osé se plaindre que Rajiv conduisait trop vite sa Range Rover – un cadeau du roi Hussein de Jordanie, qu'il utilisait pour se rendre de son domicile à son bureau au Parlement –, et qu'il n'arrivait pas à le suivre dans les rues de New Delhi. Rajiv l'avait jugé insolent et avait ordonné sa mutation. La pression qu'il sentait sur lui le poussait parfois à des crises d'entêtement, comme sa mère et son frère autrefois.

Il suivit donc le programme initialement prévu et passa en revue la garde d'honneur aux côtés du président sri-lankais, avec musique militaire, saluts martiaux, etc. Soudain, un soldat vêtu de l'uniforme blanc de la marine sortit du rang et s'élança vers lui pour le frapper à la tête avec la crosse de son fusil. Rajiv l'aperçut et eut tout juste le temps d'esquiver le coup qui lui aurait sans doute fracassé le crâne, et qu'il reçut en plein sur l'épaule. Tout se passa si vite que ceux qui étaient présents ne saisirent pas ce qui était arrivé. Rajiv préféra minimiser l'incident et refusa l'aide d'un médecin. Il écouta les hymnes nationaux de l'Inde et du Sri Lanka en taisant sa douleur et poursuivit son programme comme si de rien n'était. Il attendit d'être monté dans l'avion qui devait le ramener dans la capitale pour se laisser soigner par son médecin. Il aurait voulu attendre d'arriver pour parler à Sonia lui-même de sa mésaventure et lui éviter de s'inquiéter, mais les télévisions du monde entier l'avaient déjà retransmise sur les écrans. Sonia et les enfants avaient vu ces images dans le salon et ils étaient de nouveau anxieux. L'agression manquée du soldat sri-lankais venait leur rappeler le danger permanent dans lequel ils vivaient. « Longtemps, raconterait Sonia, il ne put bouger son épaule, ni dormir sur le côté gauche. »

Rajiv n'avait pas encore atterri à New Delhi que le gouvernement du Sri Lanka réclamait l'application de la clause d'assistance militaire mentionnée dans le traité. Une force de paix de plusieurs milliers de soldats indiens fut dépêchée sur l'île pour superviser le cessez-le-feu et le désarmement de la guérilla : elle ne rentrerait au pays qu'une fois cet objectif atteint. Mais les troupes furent accueillies avec défiance par les deux parties : la majorité cinghalaise les accusa de violer la souveraineté nationale et les Tigres constatèrent avec rage que l'Inde n'était plus de leur côté comme ils l'avaient cru jusqu'alors. Quand on leur demanda de déposer les armes, les Tamouls présentèrent des conditions inacceptables et dénoncèrent le traité. Ils repartirent dans la forêt, pour y lancer de violentes attaques contre les troupes indiennes. Contraintes de se défendre, celles-ci durent s'impliquer davantage encore dans le conflit et jouer le rôle qu'avait précédemment tenu l'armée sri-lankaise. Rajiv décida d'envoyer sur l'île près de soixante-dix mille soldats. Un vent de panique s'empara du Parlement de New Delhi : « Le Premier ministre est sur le point de faire du Sri Lanka un Vietnam indien ! » s'écriait-on sur les bancs de l'opposition.

Rajiv avait été naïf de croire que les Tamouls joueraient franc jeu. « Ils ont trahi chacune de leurs promesses, déclarerait-il plus tard. Soit ils ne pouvaient pas, soit ils n'avaient aucune intention de faire la transition de la lutte armée à un processus démocratique. Quelle qu'en ait été la raison, ils ont délibérément entrepris de rendre l'accord caduc. » Rajiv avait tout misé sur une seule carte mais les Tigres s'étaient joués de lui. Comme il leur avait retiré l'appui dont ils avaient toujours bénéficié en Inde, ils le considéraient comme un traître à leur cause.

La frustration, le désenchantement et l'exaspération étaient aussi le lot d'un Premier ministre : les résultats des élections dans les États semblaient confirmer les prédictions des barons du parti qui l'avaient mis en garde contre une politique qui ne donnerait pas de résultats à court terme pour les pauvres. En 1987, le Congrès perdit la majorité dans plusieurs États, ce qui accrut le mécontentement de la vieille garde. Celle-ci commença de mettre en question le leadership de Rajiv. Au problème du Sri Lanka et à la défaite électorale s'ajouta bientôt un scandale qui causa un dommage irréparable à son image de « Mr Clean ». Le 16 avril 1987, la radio suédoise annonça que des millions de dollars avaient été payés en commissions à des fonctionnaires indiens et à des membres du parti du Congrès par l'entreprise d'armement Bofors, l'ancienne firme d'Alfred Nobel, en échange d'un contrat pour la vente de quatre cent dix mortiers aux forces armées indiennes. Ce contrat faisait parti de ceux qu'avait signés Rajiv dans le but d'améliorer l'équipement de l'armée, la quatrième du monde après celles des États-Unis, de l'Union soviétique et de la Chine.

Rajiv et son gouvernement réagirent violemment aux allégations de la radio suédoise. Ils démentirent à plusieurs reprises. L'opposition sentit la peur se répandre dans les rangs du gouvernement et s'attaqua au Premier ministre avec tous les moyens dont elle disposait. La presse en vint à l'accuser à demi-mots d'avoir couvert des opérations douteuses en se servant de la famille de Sonia : puisque Turin et Genève étaient proches, on laissait entendre que des comptes numérotés en Suisse avaient été utilisés par les Maino ou leurs amis. Il y eut même des journalistes pour téléphoner aux parents de Sonia à Orbassano, et le pauvre Stefano se vit soudain mêlé à une histoire de trafic d'armes supposé et de commissions occultes. Le seul effet de ces appels fut d'alarmer encore davantage la famille, car la distance exacerbait l'angoisse. Au cours de ses recherches, la presse dénicha le nom d'un homme d'affaires qui avait supervisé divers contrats de ventes d'hélicoptères et d'armement italiens à l'État indien : Ottavio Quattrochi, l'ami exubérant qui appartenait au cercle des intimes de Rajiv et de Sonia depuis des années, avait sûrement touché une juteuse commission sur la vente des mortiers par Bofors. De là à insinuer qu'il avait partagé avec eux une partie de cette commission sur des comptes à l'étranger, il n'y avait qu'un pas, que les journalistes franchirent allègrement. Quel scandale croustillant !

Même si aucune publication ne pouvait apporter la preuve de ces allégations, le mal était fait. La naïveté et le manque d'expérience de Rajiv ne firent qu'aggraver la situation. Au lieu d'ignorer les accusations infondées, il monta à la tribune du Parlement pour se défendre : « Dans ce grand forum de la démocratie, j'affirme catégoriquement que ni ma famille ni moi n'avons jamais touché aucune commission à l'occasion des achats d'armes à la société Bofors. Voilà la vérité. » Mais la vérité, plus personne ne s'en souciait. Pour les adversaires de Rajiv, l'important était qu'il avait mordu à l'hameçon : au lieu d'ignorer d'emblée les accusations, il avait réagi avec tant d'impulsivité qu'il avait ouvert la boîte de Pandore des insinuations et des soupçons. De nouveau, il démentit que des commissions aient été payées et déclara qu'aucun citoyen indien n'avait bénéficié des transactions avec Bofors, mais ce faisant, il s'enfonça plus profondément dans la fange du scandale. Dans un pays où les facteurs recevaient un petit pourboire même lorsqu'ils apportaient son courrier à un pauvre des bidonvilles, où la pratique du pot-de-vin était présente à tous les moments de la vie et aussi ancienne que la civilisation indienne elle-même, il était difficile de croire que sur un contrat de mille millions de dollars, personne n'ait touché une roupie. Bien qu'une commission parlementaire ait démontré que le processus d'évaluation avait été objectif, qu'il s'était fait dans les règles, que la décision d'adjudication était fondée sur les seuls mérites de la société Bofors et qu'il n'existait aucune preuve que des intermédiaires aient interféré au moment de signer le contrat, Rajiv était déjà soumis au verdict de la population, qui l'accusait de cacher quelque chose. « Peut-être Rajiv n'est-il pas impliqué dans la corruption, reconnaissait la presse. Mais il est impliqué dans sa dissimulation ! » Quand un journaliste d'*India Today* demanda pourquoi le Premier ministre ne répondait pas à cette dernière allégation, il répliqua avec irritation : « Est-ce que je dois répondre à tous les chiens qui aboient ? » Plus tard, Rajiv admit que ni lui ni son cabinet n'avaient su traiter le problème. En réalité, il avait réagi en homme d'honneur, non comme un politicien – qui aurait cherché un bouc-émissaire pour le charger de la faute. Il n'avait pas pris en considération le contexte dans lequel cette affaire avait éclaté : dans le monde répugnant de la politique, l'important n'est pas la vérité, mais sa manipulation pour semer le doute sur l'adversaire. Sonia était triste pour lui, et furieuse aussi d'avoir été mêlée à cette histoire sans queue ni tête, de manière si ridicule et destructrice, à travers sa famille et le couple Quattrochi. Elle se rendit compte qu'elle était devenue la cible de toutes les critiques ; même son intimité n'était pas préservée. Ce fut la fin des *brunches* du dimanche. Ni Ottavio ni Maria Quattrochi, ni aucun des hommes d'affaires ou des diplomates avec lesquels ils s'étaient liés d'amitié, Rajiv et elle, ne leur rendirent plus visite. « Comme c'est injuste ! » pensait Sonia. D'autant plus qu'elle avait été un témoin de première main de la négociation. Celle-ci s'était tenue autour d'un plat de lasagnes qu'elle avait confectionné pour l'occasion. C'était en janvier 1986, et le Premier ministre suédois Olof Palme, de visite à New Delhi, était venu dîner chez eux. Rajiv et lui étaient devenus amis lors de conférences sur le désarmement qui s'étaient tenues au siège de l'ONU, à New York. Rahul et Priyanka étaient aussi présents à ce repas, au cours duquel les deux hommes d'État avaient discuté ouvertement du contrat avec la firme Bofors. Et Rajiv s'était opposé à l'intervention d'intermédiaires, justement pour diminuer le coût de la transaction.

Comment aurait-elle pu oublier Olof Palme, un homme si soucieux des problèmes du Tiers Monde et qui avait tant de points communs avec Rajiv, comme leur opposition au régime de l'*apartheid* ou leur solidarité avec les pays non alignés ? Le 18 février 1986, moins d'un mois après ce dîner, Sonia apprit avec stupeur par la télévision que le Premier ministre suédois avait été abattu en pleine rue en sortant d'un cinéma avec sa femme. Mon Dieu ! N'y avait-il donc aucun lieu sûr en ce monde ? Si un tel drame pouvait se produire dans la paisible Suède, que risquaient les dirigeants indiens et leurs familles ?

Bientôt, l'affaire Bofors se transforma en croisade de l'opposition pour chasser Rajiv de son poste. Cela malgré la frustration des patrons de presse qui ne parvenaient pas à apporter la preuve définitive des malversations commises. Personne ne semblait savoir qui avait touché de l'argent de la société suédoise, pas même le gouvernement, et encore moins Rajiv. Étaient-ce des membres du parti qui avaient agi à l'insu des ministres, et ces millions de dollars avaient-ils rempli les caisses du Congrès ? Ottavio Quattrochi aurait-il profité de sa proximité avec le pouvoir ? Tout cela était-il possible sans la complicité du plus haut responsable politique, le Premier ministre ? Rajiv clama toujours son innocence, mais le doute planait au-dessus de sa tête comme une épée de Damoclès. Le climat d'incertitude détruisit sa crédibilité. Durant les premières années de son mandat, entouré des faveurs de la presse, il avait paru incapable de commettre une mauvaise action. Même l'opposition avait du mal à le critiquer et se bornait à décrier son style : « La politique indienne ne sent plus le pauvre comme au temps de Gandhi, avait déclaré un célèbre journaliste sympathisant d'un parti adverse. Maintenant, elle sent l'after-shave. »

« Au début, rien de ce que je faisais n'était mal, devait plus tard commenter Rajiv. Soudain, rien de ce que je faisais n'était bien. Bien sûr, on avait tort dans les deux cas. » Après l'avoir surnommé « Mr Clean », on se mit à l'appeler dédaigneusement « The Boy ». On le comparait ainsi défavorablement à sa mère. « The Boy se montrera-t-il à la hauteur ? » Voilà ce que titrait une manchette.

En réalité, la plupart des problèmes que rencontrait Rajiv étaient causés par son manque d'expérience de la politique et son caractère candide. Il lui était difficile de fixer une limite entre sa loyauté envers ses amis et le bien public. Le nom des frères Bachchan, les camarades d'enfance chez qui Sonia avait passé ses premiers jours en Inde, se trouva associé à d'obscurs scandales financiers. Un Premier ministre plus prudent aurait pris ses distances avec eux. Mais Rajiv n'en fit rien, au contraire, il se fâcha quand on osa critiquer des gens qu'il aimait. Sa mère disait toujours qu'en politique l'amitié n'existait pas ; mais Rajiv était un ami trop fidèle pour être un bon politicien. Par principe, il refusait de croire que ses proches puissent commettre des fautes, et il préférait voir dans leurs ennuis une conspiration de l'opposition plutôt que la réalité. Pourtant, le comportement de beaucoup d'hommes de confiance qu'il avait nommés à des postes de conseiller aurait dû lui ouvrir les yeux. L'un d'eux, le pilote qu'il avait chargé de le prévenir à l'expiration de son permis et qui s'occupait de diverses affaires dans la circonscription d'Amethi, fut accusé par la presse de se faire construire une piscine en marbre importé d'Italie. De nouveau, au lieu de marquer sa distance, Rajiv prit ouvertement sa défense et fit un commentaire qui lui causa plus de tort qu'une erreur commise dans l'exercice de ses fonctions. Il déclara que beaucoup de pilotes disposaient d'une maison avec piscine : une phrase qui, en Occident, et dans la bouche d'un dirigeant ex-pilote de ligne, n'aurait suscité aucune indignation particulière. Mais en Inde, elle provoqua la fureur de ses concitoyens. On lui jeta au visage son manque de respect pour la « sensibilité indienne ». Il fut aussi très critiqué pour les quelques jours de vacances qu'il prenait habituellement avec sa famille à l'occasion du Nouvel An et dans des lieux exotiques, comme les îles Lakshadweep, un archipel de l'océan Indien, ou les îles Andaman, dans la baie du Bengale. En Occident, il aurait semblé raisonnable qu'un homme qui travaillait tant s'accorde un peu de repos et que ses enfants, qui vivaient cloîtrés toute l'année, jouissent de quelques jours de liberté et de sécurité. Mais dans un pays pauvre comme l'Inde, il était mal vu que le plus haut mandataire prenne du bon temps. En réalité, Rajiv et Sonia avaient toujours passé Noël et le Nouvel An en famille, mais en 1988 ils cessèrent de le faire en Italie. En octobre de cette année, Stefano Maino était mort foudroyé par un infarctus et ils avaient pensé qu'il valait mieux désormais inviter la famille dans un lieu qui ne lui rappellerait pas les anciennes retrouvailles autour du patriarche.

Sonia se rendit à Orbassano pour les obsèques et fit le voyage presque incognito, sans rendre visite à personne. Aux sempiternels problèmes de sécurité s'ajoutaient son profond chagrin et l'envie légitime de rester en famille, avec sa mère et ses sœurs, à évoquer des souvenirs et à se consoler les unes et les autres. Lorsque résonna le bruit de la première pelletée de terre qui tombait sur le cercueil, Sonia fut prise d'un tremblement. Une partie de sa vie était enterrée pour toujours. Elle n'entendrait plus les conseils du sage montagnard qui, elle s'en rendait compte à présent, l'avaient marquée plus qu'elle ne l'aurait jamais pensé.

De retour dans la grande maison de la via Bellini, elle conversa un moment avec Danilo Quadra, le vieil ami de Stefano, qui lui raconta les derniers moments de l'ancien maçon de Lusiana. La veille, ils avaient joué aux dominos dans le bar de Nino, sur la grand-place d'Orbassano, comme ils le faisaient tous les après-midi depuis des années ; le lendemain matin, chez lui, en ouvrant son journal dans cette maison qu'il considérait comme son triomphe contre l'adversité, Stefano était tombé, tout à coup. Il était mort sans souffrir. Quelques jours plus tard, Danilo lui dit aussi que Stefano était très irrité depuis qu'il avait appris la recrudescence des attaques contre Sonia dans la presse indienne :

« Il m'a dit : “Ces gens n'aiment pas ma fille parce qu'elle n'est pas de chez eux.” C'est vrai ?

— Je ne crois pas, répondit Sonia. Ceux qui ne m'aiment pas sont les adversaires de mon mari.

— Il était en colère que ta nationalité empêche le gouvernement indien de travailler avec des entreprises d'ici, continua Danilo. Quelques jours avant de mourir, il m'a dit que Fiat avait fait une offre très avantageuse pour vendre des tracteurs aux Indiens mais, qu'au bout du compte, le contrat avait été attribué aux Japonais parce que le gouvernement de ton mari avait eu peur d'être accusé de favoritisme envers les firmes italiennes. C'est vrai ? » demanda de nouveau Danilo.

Sonia le fixa de ses yeux sombres, gonflés par la fatigue et le chagrin, et hocha la tête. Une fois seule, elle monta dormir dans ce qui avait été sa chambre de jeune fille. Elle se sentait perdue et se demandait : suis-je vraiment d'ici ? S'il l'avait entendue se poser cette question, son père se serait retourné dans sa tombe ; mais elle éprouvait la sensation indéfinissable d'être étrangère à tout ce qui l'entourait, de ne plus appartenir à ce décor qui avait été celui de sa jeunesse. Comme si la mort de son père avait précipité son déracinement. Sonia ne reconnaissait plus qu'à grand-peine le pays de son enfance. Son esprit était trop éloigné des préoccupations quotidiennes des gens d'Orbassano pour s'identifier encore à eux. À vrai dire, elle avait vécu plus d'années en Inde qu'en Italie, plus d'années dans une atmosphère où l'on s'inquiétait sans cesse du sort d'un sixième de l'humanité que dans celle d'une petite ville européenne soucieuse avant tout de son bien-être individuel. Il y avait longtemps que son cœur avait cessé d'osciller entre ces deux mondes. Elle était indienne à présent, et la mort de son père venait le lui confirmer en secret, comme si la disparition de celui qui s'était le plus opposée à son destin lui dévoilait de quel côté elle avait penché.

Elle resta enfermée plusieurs jours dans la maison. Elle n'avait envie de rien, ni même la force d'aller rendre visite à Pier Luigi : elle ne voulait parler avec personne, et encore moins s'expliquer ou raconter sa vie. Était-il possible de la raconter ? Qui pouvait comprendre l'existence qu'elle menait ? Peut-être sa famille la plus proche, et encore. Et son père n'était plus là. Quand elle fermait les yeux, elle se rappelait le chatouillement de ses moustaches sur sa joue, son odeur de savon, ses sourires et ses froncements de sourcils, ses paroles toujours justes, empreintes de bon sens paysan. Elle se rappelait le temps où il l'emmenait voir un chantier qu'il avait terminé et le lui montrait avec la fierté du travail bien fait. « Pourquoi est-il parti si brusquement ? » se demandait Sonia. Elle se souvint d'Indira, dont le mari avait aussi été emporté par un infarctus. Comme si l'on avait tout à coup éteint la lumière. Ou si une bombe avait éclaté, laissant un cratère derrière elle. On disait qu'il valait mieux mourir ainsi, mais Sonia aurait aimé dire adieu à son père, lui dire combien elle l'aimait, même une seule fois. Au bout d'une semaine, elle repartit pour New Delhi. Plus jamais on ne la revit à Orbassano.

38.

L'histoire se répétait. Rajiv Gandhi ne pouvait être Premier ministre sans provoquer la même animosité qu'avaient suscitée en leur temps son grand-père et sa mère. En 1989, des partis de gauche et de droite s'allièrent avec des membres de l'ancien parti Janata, la coalition qui s'était formée pour renverser Indira, dans le but de présenter un front uni aux prochaines élections législatives et d'aboutir au même résultat : chasser, une fois de plus, un Gandhi du pouvoir. Pendant la campagne, un épisode de grande violence opposa musulmans et hindous dans l'État de Bihar et l'image de Rajiv, déjà très atteinte par les scandales financiers, s'en trouva encore plus dégradée. Les affrontements firent plus d'un millier de morts avant que le Premier ministre ait eu le temps de mettre fin aux troubles.

Il parcourut de nouveau le pays à la manière de sa mère, accumulant les meetings et les kilomètres, vantant les réussites de son gouvernement. À la différence près que sa mère, qui n'était pas l'objet d'une protection rapprochée, pouvait serrer des mains, embrasser des vieillards et des enfants et, en définitive, maintenir un contact physique avec la foule. En revanche, chaque déplacement de Rajiv entraînait la mobilisation de quelque trois cents agents de sécurité qui ne l'autorisaient à s'approcher de la foule que dans des situations absolument contrôlées. De temps à autre, il ignorait toutes ces précautions, quitte à en discuter d'abord avec ses gardes du corps ; mais en général chacun de ses mouvements impliquait une telle logistique qu'il se demandait si tout cela en valait vraiment la peine. Il savait que ces précautions lui donnaient l'image d'un leader éloigné du peuple, et il luttait donc pour s'en libérer. « Je n'ai jamais eu peur pour moi », déclara-t-il dans une interview. Comme toujours, Sonia était la plus consciente du danger.

En campagne, Rajiv voyageait dans un Boeing de l'armée, financé par le parti. Il décollait de New Delhi à l'aube et visitait ainsi trois ou quatre États en une journée. Pour atteindre les endroits reculés, il prenait un hélicoptère qui atterrissait sur des pistes de fortune aménagées la veille. Il achevait sa tournée après minuit et dormait quelques heures dans l'avion ou dans un immeuble du gouvernement. Seul un homme résistant et sportif comme lui pouvait supporter un tel rythme. Sans doute les Indiens n'éprouvaient-ils pas la même adoration pour lui que pour son grand-père, ou encore le respect presque révérenciel qu'ils vouaient à Indira, mais ils appréciaient cet homme honorable qui luttait pour se montrer digne de la charge dynastique dont il avait hérité. En plusieurs occasions, il se fit accompagner de son fils Rahul, un adolescent à lunettes qui lui ressemblait beaucoup. Le jeune homme reçut son baptême des foules. Les gens voulaient le toucher, comme si ce contact allait les faire profiter de la magie associée au nom de Gandhi. Priyanka, qui ne souhaitait pas être en reste, insista pour se rendre avec sa mère dans la circonscription d'Amethi, celle dont Rajiv était le député, afin que la famille tout entière soit engagée dans la bataille. Priyanka aimait beaucoup faire campagne aux côtés de sa mère. Toutes deux étaient très populaires et très aimées du million et demi d'habitants d'Amethi, qui jouissaient maintenant de la prospérité promise par Rajiv avant sa première élection. La région d'Amethi pouvait à présent se vanter d'avoir toutes ses routes goudronnées, de disposer d'électricité et d'eau potable dans chaque village et d'un chômage nettement en baisse depuis son petit boom industriel. Tels étaient les avantages d'avoir le Premier ministre comme député. La mère et la fille furent accueillies dans la joie. Sonia était l'attraction principale des paysans : ils voulaient parer de guirlandes cette curieuse étrangère qui portait toujours un sari et parlait l'hindi couramment. « Je suis peut-être une fille de l'Italie, mais je suis une bru d'Amethi », leur disait-elle pour expliquer son origine, et son sourire découvrait ses jolies fossettes. Sonia n'aimait pas parler en public ; aussi préférait-elle se rendre de maison en maison, ou de masure en masure, et encourager les habitants à voter pour son mari. Mais la mère et la fille improvisaient aussi de petits meetings au coin des rues. Elles expliquaient les arguments de la campagne à des assemblées de paysans encore plus pauvres que ceux auxquels s'adressaient, à plusieurs milliers de kilomètres de là, Rajiv et Rahul. Elles distribuaient aux jeunes des autocollants et des insignes, et aux femmes des *bindis* adhésifs (le point au milieu du front) portant le logo du parti du Congrès : la paume d'une main ouverte. « Je voudrais seulement que vous vous rendiez compte de tout ce qui s'est amélioré dans vos villages depuis que Rajiv a été élu au Parlement il y a huit ans », leur disait Sonia, avant d'ajouter : « Mes frères et mes sœurs, si vous voulez que nous continuions à travailler, votez pour mon mari. »

Son mari n'était plus l'homme politique sans expérience qu'il avait été cinq ans auparavant. Les flatteries ne lui faisaient plus le même effet, même s'il avait encore un peu honte des chansons qu'on lui dédiait et des adjectifs fleuris qu'on employait pour le décrire. Il désirait profondément faire comprendre les avancées mises en œuvre dans le pays et tout ce que sa politique et ses entreprises avaient de novateur. Il s'ingéniait à expliquer comment il avait résolu une grande part des conflits hérités de la terrible année 1984 et ce qu'il avait fait pour que l'économie bénéficie d'un taux de croissance de six pour cent, quatre points de plus que sous le gouvernement de sa mère. Mais, privé de son pouvoir de persuasion, toutes ses paroles semblaient emportées par le vent. Il avait le sentiment irritant d'avoir bien fait et, en même temps, de devoir se justifier constamment contre des attaques et des insinuations malveillantes. L'image du fils courageux qui avait assumé les responsabilités de sa mère avait disparu au profit de celle d'un fils à papa occidentalisé vivant aux crochets du peuple. Il ne pouvait l'ignorer. Après la pacification d'anciens conflits, de nouveaux avaient vu le jour. C'était inévitable. Mais l'important était que l'Inde reste unie, qu'elle soit un pays internationalement respecté, dont l'économie décollait enfin. Pourtant, l'opposition faisait pleuvoir sur lui des calomnies. Sonia en était la cible favorite : on la décrivait comme une étrangère manipulatrice qui détournait les ressources des Indiens pauvres vers des paradis financiers avec l'aide d'amis et de relations, dans le plus pur style mafieux qui avait cours dans son pays. Le problème de sa nationalité était si épineux qu'on lui déconseilla d'accueillir le pape lors de son escale à Delhi. On ne jugeait pas politiquement correct que des millions d'Indiens la voient s'incliner devant le souverain pontife de l'Église catholique et baiser son anneau. En réalité, ni les politiciens, ni les gens de presse et de télévision, ni la population n'étaient habitués au *glamour* d'un couple au sommet du pouvoir. La tradition des Kennedy n'existait pas en Inde, car tous les Premiers ministres antérieurs étaient veufs, à commencer par le grand-père Nehru.

Au terme de sa campagne, Rajiv était échaudé et déçu. Il commençait à douter que son travail et la sincérité de ses intentions finissent par s'imposer, comme il l'avait cru au début. « Le monde réel est une jungle, écrivit-il à sa fille Priyanka, mais même la loi de la jungle est détournée quand on est dans la vie publique. » Son allure trahissait son découragement. Il n'avait plus le visage serein et l'expression détendue du passé. Avec les années, ses traits s'étaient crispés, sa démarche était plus lourde, sa voix avait perdu de sa fermeté. Elle restait néanmoins chaleureuse car Rajiv était un homme aimable.

Dans l'opposition, Maneka exultait. À sa manière, elle aussi mettait en pratique tout ce qu'elle avait appris de sa belle-mère. Elle faisait campagne dans une circonscription voisine de celle de Rajiv, avec toute la fougue de sa jeunesse et de son désir de revanche. De l'au-delà, Indira devait être scandalisée de voir que sa bru était devenue une des secrétaires générales d'une nouvelle version de la coalition Janata, qui l'avait autrefois jetée en prison. De surcroît, Maneka écrivait abondamment dans la presse et s'était spécialisée dans les sujets environnementaux, comme la défense des animaux : un thème qui la rapprochait de la droite fondamentaliste hindoue, toujours très soucieuse de protéger les vaches sacrées. L'influent magazine *India Today* décrivit son style en ces termes : « Celle que nous voyons est la vraie Maneka : mûre, sûre d'elle, une politicienne infatigable qui sait exactement comment gagner le cœur de l'Inde rurale. Elle porte des saris aux couleurs safran et vert de son parti et elle a toujours la tête couverte : ainsi offre-t-elle au public l'image parfaite d'une veuve pudique, mais décidée. » Maneka n'avait aucun scrupule à utiliser ses liens avec la famille Gandhi pour soutenir le parti opposé. Ses slogans, inscrits sur les murs en pisé, offraient un curieux panégyrique de la « belle-sœur entre les belles-sœurs » : « La tornade de la révolution : Maneka Gandhi », ou « La vaillante bru d'Indira donnera son sang pour la nation », comme si le fait de s'appeler Gandhi suffisait à faire d'elle une martyre potentielle.

Les élections eurent lieu du 22 au 24 novembre 1989. La plus grande mobilisation volontaire d'hommes, de femmes et de matériel au monde se déroula sans difficultés particulières et les troubles furent négligeables. Trois millions et demi de fonctionnaires supervisèrent 548 449 bureaux de vote afin que cinq cents millions de personnes déposent leur bulletin dans l'urne. Pour la majeure partie de la population, l'ensemble du processus fut vécu dans l'allégresse et comme un motif de fierté : l'Inde fêtait son nouveau dieu, la démocratie, capable d'unir son peuple par-delà les différences de caste, d'ethnie ou de religion.

Rajiv remporta de nouveau la circonscription d'Amethi, mais le parti du Congrès n'obtint pas la majorité absolue au Parlement national. Les analystes s'accordèrent à dire que l'affaire Bofors avait joué un rôle important dans ce résultat. Ces élections marquèrent la fin de ce qu'on avait appelé le « système du parti dominant », car plus jamais aucun parti n'allait remporter une majorité absolue.

La rumeur avait couru que Rajiv avait réservé un avion pour gagner l'Italie en cas de défaite, mais elle n'avait pas été confirmée. Peu avant le scrutin, un de ses amis intimes, lui aussi passionné de musique, lui avait posé cette question :

« Supposons que tu perdes les élections…

— Alors je retrouverai la sérénité, avait répondu Rajiv. Je pourrai m'asseoir dans mon salon pour écouter de la musique avec les enfants. Je me replongerai dans mes vieux hobbies, comme la radio et la photo. »

Mais il avait répondu à la légère, sous l'effet de la fatigue. Après tant d'efforts, sa famille et lui se sentaient déçus. Priyanka, qui avait hérité du caractère combatif d'Indira, ne pouvait se résigner à la défaite :

« Papa, lui disait-elle, si le parti a obtenu une majorité relative, tu es en position de former le gouvernement… Pourquoi ne veux-tu pas le faire ? »

En effet, Rajiv était en droit de former le nouveau gouvernement, mais il décida de s'en abstenir. Il aurait eu suffisamment de soutien du côté des partis minoritaires, mais il jugea le moment mal choisi pour se maintenir au pouvoir.

« Il vaut mieux que je reste à l'écart, dit-il à sa fille. Je vais démissionner. Maintenant, ce sera aux nouveaux de se débrouiller ! Pour moi, ces résultats veulent dire que le peuple n'est pas satisfait. Du moins pas autant qu'on l'espérait. Au fond, il est assez normal qu'après avoir suscité tant d'espoirs, nous soyons aujourd'hui victimes d'un certain rejet... »

Écarté du pouvoir par l'alternance propre à la démocratie, Rajiv n'en éprouvait pas moins une grande frustration. Il ne regrettait pas tant le verdict des urnes que de ne pas avoir pu aller au bout de ses projets et de n'avoir su éviter les pièges de la politique indienne. À présent qu'il savait combien il était difficile de construire quelque chose de neuf dans ce pays, de changer les mentalités, il avait le vertige en songeant avec quelle facilité son labeur pourrait être détruit. Peut-être avait-il été la victime de sa propre naïveté : en cinq ans, il avait voulu que cette vieille nation, qui redoutait les changements autant qu'elle les désirait, entreprenne un voyage de plusieurs siècles vers l'avenir. N'était-ce pas trop demander à ce vieil éléphant indien ? Un moment, Sonia pensa qu'il abandonnerait peut-être la politique ; mais à le voir si abattu, ce fut elle qui l'encouragea à poursuivre le combat. À un journaliste qui lui demandait s'il avait enfin accepté que la politique soit devenue sa profession, Rajiv répondit :

« Oui, je l'ai accepté, mais par moments j'ai envie de prendre un peu de recul. »

Sonia savait qu'il était impossible de revenir à la vie d'autrefois. Quand son mari regardait en arrière, c'était avec la conscience qu'il contemplait un passé révolu. « Je suis celui que j'ai toujours été, déclara-t-il lors d'un entretien télévisé. C'est tout le reste qui a changé. J'avais une vie très confortable avec ma famille, un travail bien payé et beaucoup de temps libre... Mais tout cela est fini, bien fini. » Habité par un sentiment de fatalité, Rajiv pensait qu'un homme ne peut échapper à son destin. Les dernières années l'avaient grandi. Il était parvenu à un autre stade de sa vie. Aujourd'hui, les défis étaient beaucoup plus grands et les expectatives différentes. Surtout, la responsabilité d'améliorer l'existence de huit cents millions de personnes était devenue pour lui une priorité absolue. « Cette responsabilité pèse si lourd sur mes épaules qu'elle a changé tout ce que je faisais et ce que je fais maintenant. Ce qui ne changera pas est mon engagement en faveur du peuple indien : je me bats pour qu'il vive mieux et que notre nation ait sa place dans le monde. » La défaite n'avait pas entamé sa confiance dans l'avenir. Il savait que pour le parti, ébranlé par de lourdes défaites dans plusieurs États, son nom était le seul et unique recours. Son intention pour le moment était de continuer à le réformer pour en faire une organisation plus démocratique, comme il l'était au temps de son grand-père. Un parti laïc, capable d'embrasser toutes les tendances et toutes les croyances. Une maison commune, qui serait le meilleur antidote contre le sécessionnisme religieux croissant dans le pays. Pour réaliser ce travail, mieux valait être dans l'opposition.

« Il arrivera à cette coalition entre les communistes et la droite fondamentaliste hindoue, toujours très intéressée par les arcanes de la politique, ce qui est arrivé avec grand-mère et le parti Janata. Elle tombera d'elle-même, dit-il à sa fille. Il ne faudra pas longtemps avant que les chefs de partis se disputent le pouvoir, tu verras. »

Rajiv démissionna le 29 novembre 1989. « Les élections se gagnent et se perdent, mais le travail d'une nation n'est jamais achevé. Je veux dire ma gratitude au peuple de l'Inde pour l'affection qu'il m'a si généreusement dispensée. » C'étaient des paroles qui évoquaient le testament de son grand-père : Nehru y avait dit son émotion de se sentir aimé par les Indiens de toute classe, de toute ethnie, de toute confession. C'étaient aussi, déjà, des paroles qui sonnaient comme un adieu. Le rendez-vous de Rajiv avec son destin se rapprochait inexorablement.

Comme il l'avait prédit, les deux leaders les plus importants de la coalition se chamaillèrent à propos de la désignation du nouveau Premier ministre. C'était un mauvais début qui présageait un mandat tumultueux. Mais parmi les nouveaux membres du gouvernement, il y avait une femme singulièrement euphorique qui avait fait partie de la dynastie familiale des Nehru. Nommée ministre de l'Environnement et des Forêts, Maneka Gandhi voyait enfin s'accomplir son vieux rêve. Elle était au nombre des nouveaux puissants, elle avait pris sa revanche. Et elle était sûre d'aller très loin. Même si plus rien dans les tours et détours scabreux de la vie politique ne l'étonnait beaucoup, cette nomination fut pour Rajiv une humiliation supplémentaire. Pour le reste de la famille, qui avait vu comment Maneka se servait de son nom sans le moindre scrupule, elle fut une pilule amère que seule parvint à adoucir la certitude que ce gouvernement serait éphémère.

Pour Sonia, la perte des élections entraînait un nouveau déménagement. La famille dut quitter la résidence officielle du Premier ministre et occuper une autre villa blanche de style colonial, à un seul étage et entourée d'un vaste jardin. Elle se trouvait au numéro 10 de Janpath Avenue, l'ancienne Queen's Way ; cette grande artère de New Delhi était bordée de flamboyants et de margousiers, des arbres aux hautes frondaisons dont les feuilles amères sont capables, selon la croyance populaire, de « tout soigner ». Peut-être était-ce leur ombre protectrice qui guérit la mélancolie provoquée par la défaite, car à peine Rajiv et les siens furent-ils installés que l'atmosphère de la maison se remplit de gaieté. La vie devint un peu plus tranquille, plus légère, comme si tous s'étaient débarrassés d'un poids, le poids du pouvoir. Rajiv continuait d'être occupé par son travail au Parlement et dans le parti, mais son rythme s'était tout de même ralenti. « Il était détendu, presque soulagé, devait écrire Sonia. Il profitait à nouveau de plaisirs simples et quotidiens, comme prendre un repas sans être interrompu, passer ensuite un moment avec nous et regarder une vidéo de temps en temps au lieu de s'enfermer dans son bureau. » Le patron de l'excellent restaurant indien Bukhara, habitué à les recevoir en famille pour le buffet du samedi, les accueillit à bras ouverts quand, après si longtemps, ils revinrent dîner dans son établissement. Ils s'y retrouvèrent pour célébrer l'anniversaire de Rahul et son départ imminent pour les États-Unis. Les enfants n'étaient plus des enfants, mais de jeunes adultes qui dévoraient la presse et se passionnaient pour tout ce qui les entourait. Ils avaient déjà passé l'équivalent du baccalauréat et ne pouvaient continuer à étudier à domicile ; aussi Rajiv et Sonia avaient-ils décidé d'inscrire leur fils à Harvard, mettant ainsi un terme à la tradition d'envoyer les enfants étudier en Angleterre, comme l'avait fait trois générations de Nehru. Priyanka préféra rester à New Delhi pour étudier la psychologie au Jesus and Mary College. Son goût prononcé pour la politique inquiétait son père. Quand il retrouva Benazir Bhutto pour la dernière fois à Paris, suite à l'invitation du président Mitterrand pour assister aux célébrations du bicentenaire de la Révolution française, Rajiv lui dit :

« Je t'en prie, quand tu la verras, essaie de la convaincre de ne pas se lancer dans ce cirque. »

Si sa fille devait écouter quelqu'un, il savait que ce serait Benazir, dont le père avait été exécuté après une parodie de procès sous les ordres d'un dictateur militaire. C'était un exemple proche et terrible du sort qui pouvait frapper ceux qui se laissaient séduire par la politique. « Elle ne se rend pas compte à quel point c'est dangereux », insista Rajiv auprès de Benazir.

Il avait pensé qu'en quittant le pouvoir, le danger qui pesait sur lui et sur les siens s'atténuerait, mais les rapports qu'on lui faisait parvenir sur sa sécurité continuaient de le préoccuper. Les menaces sur sa vie s'étaient multipliées. En 1984, son nom était le premier sur la liste de trois groupes terroristes. Cinq ans plus tard, il l'était pour une bonne douzaine d'organisations, à commencer par les Tigres tamouls. Le problème du Pendjab semblait résolu, mais d'autres conflits avaient éclaté, entre hindous et musulmans pour la plupart, et ils étaient potentiellement tout aussi dangereux. « Vous avez tous les deux vécu très longtemps dans des conditions très difficiles. Cinq années passées entre la maison et le jardin, avait écrit un jour Rajiv à ses enfants. Or, c'est l'époque de votre vie où vous auriez dû vivre en liberté, connaître des gens de votre âge, découvrir le monde tel qu'il est vraiment. Malheureusement, les circonstances ne nous ont pas permis de vous offrir une existence normale. » Cette lettre exprimait un sentiment de culpabilité, et en même temps de fatalité. Rajiv avait conscience de n'être pas maître de son destin. Un accident avait décidé de son engagement en politique, un attentat l'avait propulsé au sommet du pouvoir, enfin, le scandale Bofors l'avait relégué dans l'opposition. Il n'avait pu changer le cours des événements, et dans cette lettre, il semblait s'excuser pour la souffrance qu'il avait pu causer à ses enfants.

À vrai dire, la défaite électorale fut une bénédiction pour Sonia. En août de l'année suivante, elle alla passer quelques jours à Mussorie, dans les montagnes, avec son mari. Rajiv conduisit sa propre voiture. C'était leur première escapade depuis dix-neuf mois et, sur fond d'Himalaya enneigé, ils célébrèrent ce qui devait être le dernier anniversaire de Rajiv.

Puis, à Noël, quand Rahul revint de Harvard, toute la famille alla passer une semaine de vacances dans la maison de campagne de Mehrauli, celle que Firoz Gandhi avait achetée autrefois pour y passer ses vieux jours avec Indira. Rajiv avait surveillé et financé sa construction pendant des années avec ses économies, mais jamais encore ils n'avaient pu y séjourner. « C'était la première fois que nous vivions dans une maison vraiment à nous », écrirait Sonia. Rajiv se chargea de l'aménager ; ses enfants l'aidèrent à emporter les vieux meubles de jardin et à nettoyer l'intérieur poussiéreux tandis qu'il préparait un barbecue, qu'il préférait aux repas autour d'une table. Ils lui cachaient le chocolat dont il était friand car, depuis qu'il avait quitté le pouvoir, il avait tendance à prendre du poids. Ils se rappelèrent les fêtes de Holi – la fête des couleurs à l'équinoxe de printemps – qu'ils avaient passées ici dans leur enfance, en se lançant des poudres colorées jusqu'à en être couverts de la tête aux pieds. Ils jouèrent au badminton et au scrabble et Sonia s'attaqua aux herbes folles d'une partie du jardin : elle projetait d'y planter un petit potager. Elle aimait la campagne depuis toujours, depuis son enfance à Lusiana. Comme elle aurait été heureuse d'avoir Stephano à ses côtés pour ces vacances ! Comme cette maison lui aurait plu ! Elle pensait très souvent à son père, et, lors de ses appels hebdomadaires à sa mère, elle manquait presque de lui demander des nouvelles de lui.

« Nous avons profité de chaque minute des six jours que nous avons passés là-bas, se remémorerait Sonia. Notre séjour nous rappelait notre vie telle qu'elle était autrefois, et nous laissait imaginer la saveur de celle que nous aurions eue si nous avions pu choisir. » Beaucoup de leurs amis s'étonnaient de les voir épris comme au premier jour. « Moi, cela ne me surprenait pas, car ils s'étaient toujours adorés, devait témoigner Christian von Stieglitz, l'ami commun qui les avait présentés à Cambridge et qui leur rendit visite au cours de ce séjour dans la maison de Mehrauli. Pour des raisons professionnelles, je me rendais souvent à Delhi à cette époque, et c'était un bonheur de les voir toujours aussi amoureux après tant d'années de mariage. En privé, ils n'arrêtaient pas de s'embrasser et de se prendre par la main. » Le 9 décembre 1990, jour de son anniversaire, Sonia reçut un cadeau de Rajiv accompagné d'un petit mot : « Pour Sonia, sur qui le temps n'a pas d'emprise et qui est encore plus belle que le jour béni où pour la première fois je l'ai aperçue, assise dans un coin du restaurant Varsity… »

39.

Mais comme toujours, la parenthèse de bonheur se referma : les événements politiques se précipitaient plus rapidement que Rajiv ne l'avait pensé. L'Inde s'engageait dans une pente dangereuse : elle y était poussée par un des partis de la coalition au pouvoir, le BJP (Bharatiya Janata Party), l'ancienne droite fondamentaliste hindoue qui avait tant vilipendé Indira. Le parti s'était développé au point de devenir l'adversaire le plus redoutable du Congrès et un danger potentiel pour l'unité du pays. Appuyé par le RSS, une organisation militante extrémiste, le BJP réclamait une « Inde hindoue » où les minorités seraient condamnées à vivre dans l'ombre de la majorité et non plus comme leur égale. Sa philosophie était diamétralement opposée à celle des Nehru et du Congrès. Elle remettait en cause la laïcité, c'est-à-dire la séparation des religions et de l'État. Ce principe fondateur de l'Inde moderne garantissait l'égalité de toutes les religions devant la loi. L'ascension du BJP coïncida avec une recrudescence de la violence intercommunautaire dans le nord du pays. Il s'agissait de troubles graves, qui ne disparaissaient pas d'eux-mêmes et se poursuivaient jusqu'à l'intervention des forces de police. Leur origine était toujours la même : ils étaient déclenchés par un incident insignifiant, comme une dispute sur les limites d'un terrain, sur un espace au bord de la chaussée, sur un porc qui avait uriné contre le mur d'une mosquée ou une vache morte trouvée près d'un temple hindou. Dans tous les cas, cette étincelle mettait le feu aux poudres ; la violence se propageait de manière fulgurante, alimentée par de fausses rumeurs qui gonflaient l'incident d'origine et transformaient une simple altercation entre deux individus en une guerre sainte. Les organisations communautaires et les partis qui interféraient avec l'une ou l'autre des factions jetaient de l'huile sur le feu, si bien qu'on passait des injures aux coups de poing, puis aux coups de couteau, aux cocktails Molotov et enfin aux tirs d'armes à feu.

En Inde, les conflits de castes et de religions avaient repris de la vigueur dès le début des années 1980, en particulier depuis que toute la population d'un village d'intouchables du Tamil Nadu avait décidé de se convertir à l'islam pour échapper au rigide système hindou des castes. Ces pauvres avaient changé jusqu'au nom de leur village : il ne s'appelait plus Meenakshipuram mais Rehmatnagar. Les fondamentalistes hindous poussèrent des cris d'orfraie – « L'hindouisme est en péril ! » – et accusèrent les pays du Golfe de financer les musulmans indiens. En réalité, les intouchables réagissaient enfin à des siècles passés sous le joug des propriétaires terriens qui, dans cette région, étaient des hindous de haute caste. Mais des conversions analogues, motivées par les mêmes raisons, se produisirent bientôt dans d'autres parties de l'Inde.

Puis un événement apparemment inoffensif enflamma encore davantage les esprits des fondamentalistes hindous : la diffusion, en 1987, d'une série fondée sur le *Ramayana*, l'épopée hindoue la plus populaire, ce que l'hindouisme a de plus proche des Saintes Écritures. L'adaptation pour la télévision, entre le feuilleton à rebondissements et le récit mythologique, comptait cent quatre épisodes diffusés le dimanche matin. Le succès fut si fulgurant que la télévision d'État chargea un autre producteur de Bollywood de réaliser l'épopée du *Mahabharata*. Les deux séries battirent les records d'audience du monde entier. Quatre-vingt-cinq pour cent des téléspectateurs indiens regardèrent l'intégralité de la série. Un chiffre unique dans l'histoire de la télévision.

Aux heures de diffusion, l'activité du pays entier était paralysée. Les taxis, les bicyclettes et les *rickshaws* disparaissaient des rues. Les téléphones cessaient de sonner. Les oraisons et les rites de crémation étaient reportés à plus tard. Les employés, les maîtresses de maison, les commerçants, les prostituées, les prisonniers, les vendeurs d'eau, les balayeurs, les enfants, les pauvres qui fouillaient les ordures, tous abandonnaient leur activité pour se planter devant un écran, dans un bar ou une boutique, sur la place du village – ou regarder par les fenêtres des familles privilégiées qui possédaient cette extraordinaire invention. Beaucoup de ces téléspectateurs croyaient naïvement à tout ce qu'ils voyaient, comme si les dieux et les déesses qui apparaissaient dans la lucarne magique s'étaient brusquement mis à vivre parmi eux. Quand le dieu Rama intervenait dans la série, ils allumaient des lampes à huile et se mettaient à prier, chez eux ou sur les trottoirs. En Inde, les couches les plus défavorisées de la population sont étrangères à la distinction occidentale entre histoire passée et actualité, entre vérité et mythe. Pour elles, tout est réel. Les politiciens les plus avisés, à commencer par Indira, avaient toujours su utiliser à leur bénéfice cette frontière ténue entre les hommes et les divinités.

Les deux séries déchaînèrent une véritable marée de ferveur hindouiste. En réalité, celle-ci avait toujours existé. Elle s'était même exacerbée au moment de l'indépendance en réaction à tant de siècles de domination moghole, puis britannique. Nehru et Gandhi, très conscients des dangers de ce type de fondamentalisme, d'autant plus périlleux en Inde que l'hindouisme était la religion majoritaire, s'étaient efforcés de prêcher les vertus de la laïcité et de mettre l'accent sur l'unité entre hindouistes et musulmans. Gandhi l'avait payé de sa vie : il avait été assassiné par des militants du RSS, l'organisation extrémiste qui devait plus tard s'affilier au BJP. Indira, qui connaissait bien le problème, avait dû affronter dans les premières années de son mandat les revendications de centaines d'ermites nus. Postés aux portes du Parlement, ils exigeaient qu'elle fasse interdire l'abattage des vaches.

Rajiv et d'autres membres du parti du Congrès voyaient clairement comment le BJP exploitait à des fins politiques l'exaltation religieuse suscitée par la diffusion des deux séries télévisées. En 1987, en accord avec deux puissantes organisations sociales et paramilitaires idéologiquement proches, le BJP lança une campagne qu'il qualifia de « restitution historique ». L'objectif était d'abattre une grande mosquée édifiée dans l'ancienne capitale hindoue d'Ayodhya par un général de l'empereur moghol Babar en 1528. Ils alléguaient (non sans raison, du reste) que la mosquée avait été construite sur l'emplacement d'un temple commémorant la naissance du dieu Rama.

Pour les musulmans indiens, la campagne du BJP et de ses alliés constituait une attaque directe contre leurs droits et leur religion. Dès lors, empêcher les hordes hindoues de détruire la mosquée d'Ayodhya devint le symbole de leur survie et de celle de leur foi. Étaient ainsi réunis les ingrédients pour un conflit aussi embrouillé que violent.

En 1989, après les élections qui coûtèrent son poste à Rajiv, une autre organisation fondamentaliste hindoue associée au BJP lança une campagne nationale pour que chaque village de plus de deux mille habitants offre une brique destinée à l'édification d'un temple en l'honneur de Rama, à moins de trente mètres de la fameuse mosquée. Pour les musulmans, c'était une provocation. Au Parlement, Rajiv exhorta le gouvernement à prendre d'urgence l'affaire en main. Le nouveau Premier ministre envoya les forces de l'ordre interrompre la construction du temple, mais il ne parvint pas à faire asseoir à la même table les différents leaders pour apporter une solution pacifique au conflit. Rajiv, quant à lui, prit l'initiative d'aller rendre visite sur les berges du Gange à un sage hindou très respecté, un homme qui croyait fermement que l'Inde était la terre commune de nombreuses religions et devait le rester.

Un an plus tard, le BJP hindouiste alla encore plus loin dans l'incitation à la haine. Un de ses chefs, Lal Krishna Advani, personnage de haute taille à l'air sérieux et au charisme important, émit un appel à l'attention des volontaires du pays tout entier pour se rassembler à Ayodhya, dans le but de galvaniser la passion enfiévrée des hindous. Il prit aussi la tête d'un pèlerinage vers l'ancienne capitale. Parti d'une petite ville du Gujarat, il fit le voyage à bord d'un camion découvert qui exhibait de grands portraits de divinités et dont les mégaphones déclamaient des versets du *Ramayana.* Les paysans se frottaient les yeux en voyant défiler ce cortège de volontaires vêtus exactement comme les héros des séries qu'ils avaient vues à la télévision. Cette marche échauffa si fort les esprits que le gouvernement, d'abord réticent à intervenir contre l'un des membres de sa coalition, fit interrompre la procession d'Advani avant qu'elle n'arrive à destination.

En représailles, des milliers de militants du BJP attaquèrent la mosquée d'Ayodhya armés d'arcs et de flèches. Un frisson de panique parcourut le pays tout entier. Que se passerait-il si dans chaque quartier, chaque village, chaque ville du sous-continent une guerre de religion se déclenchait ? La violence qui s'était déchaînée au temps de la Partition n'avait-elle pas suffi à vacciner l'Inde contre les affrontements intercommunautaires ? On osait à peine en imaginer les conséquences. Elles menaçaient d'être dramatiques : des atrocités commises contre des innocents, le pays démembré... on risquait même une guerre civile. Mais le chef du parti hindouiste restait sourd à ces considérations. Il était prêt à tout pour gagner des voix. Quitte à pousser une nation de huit cent cinquante millions d'habitants au bord de l'abîme.

La police n'eut d'autre moyen que d'employer la force pour sauver la mosquée de la destruction. On compta une douzaine de morts parmi les militants et les forces de l'ordre. Le parti hindouiste accusa celles-ci d'être à l'origine des violences, et son leader Advani annonça qu'il sortait de l'alliance gouvernementale. Bien avant que l'avait prévu Rajiv, le Premier ministre perdait déjà son poste et la coalition se fissurait.

« Tu vas demander la convocation d'élections ? lui demanda sa fille.

— Non, le parti n'est pas encore prêt. Je ne crois pas que nous soyons mieux placés que l'année dernière. Je préfère attendre. »

À la tête du parti le mieux représenté au Parlement, Rajiv se trouvait de nouveau dans une position clef. Un rival du Premier ministre qui venait de tomber sollicita son appui pour former le gouvernement. Rajiv accepta de le soutenir, mais de l'extérieur, sans faire partie du nouveau cabinet. C'était une manœuvre astucieuse, qui lui permettait d'exercer un certain contrôle sans devoir assumer la responsabilité de ce que décideraient les membres de la coalition. En vérité, Rajiv ne faisait guère confiance à cet homme ni à ses ministres (parmi lesquels Maneka Gandhi) et il ne voulait pas se voir associé à sa gestion, dont il prévoyait le désastre. Il était convaincu que d'ici quelques mois, la population appellerait désespérément au retour au pouvoir du parti du Congrès. Alors, le moment de convoquer des élections serait venu.

Les prédictions de Rajiv se vérifièrent. Le cabinet constitué par le nouveau Premier ministre était une collection de politiciens véreux des plus déprimantes, même pour un pays du Tiers-Monde : « Une ribambelle d'opportunistes aussi impitoyables que dénués du sens moral le plus élémentaire, comme on n'en avait jamais vu dans l'arène politique indienne », selon la description de l'écrivain anglais William Dalrymple, un résident de New Delhi.

La rupture ne se fit pas attendre, et elle se produisit de manière un peu étrange. Sonia était de nouveau très inquiète pour la sécurité des siens : lors de son accession au pouvoir, le nouveau gouvernement avait retiré à Rajiv les gardes du corps superbement entraînés du Special Protection Group. Comme si sa démission avait suffi à faire disparaître les menaces qui pesaient sur lui. Le changement avait été si brutal que Sonia et Priyanka vivaient dans une crainte permanente à chaque fois que Rajiv partait en voyage. Après avoir été protégé par des centaines d'agents à chacun de ses déplacements, il devait maintenant se contenter d'un seul gorille, un homme sympathique et très dévoué du nom de Pradip Gupta. « Pour que quelque chose arrive à Rajiv, il faudra d'abord me passer sur le corps », dit-il un jour à Sonia en la voyant rongée par l'angoisse. Mais c'était une piètre consolation. Rahul partageait les sentiments des deux femmes et téléphonait très souvent des États-Unis pour s'assurer que son père était en bonne santé. Ce que lui racontait sa mère sur la faiblesse des mesures de sécurité l'inquiétait au point qu'il insista pour venir à New Delhi passer les vacances de Pâques, à la fin de mars 1991. Il accompagna son père en voyage à travers l'État de Bihar et fut stupéfait de constater lui-même l'absence de précautions et de moyens. Son père était exposé à n'importe quelle agression. Parfois, les policiers étaient occupés à écarter la foule et le laissaient tout seul dans sa voiture. D'autres fois, ils ne parvenaient pas à la repousser suffisamment et Rajiv pouvait être la cible d'un assassin caché dans la cohue. Avant de reprendre l'avion pour les États-Unis, Rahul adressa à sa mère des paroles auxquelles il ne voulait pas croire, mais qui devaient se révéler prémonitoires : « Si on ne fait pas quelque chose, la prochaine fois que je reviendrai, ce sera pour les funérailles de papa. »

L'absence de protection de la part du gouvernement n'était pas le seul problème : Rajiv était obsédé par l'idée de rester proche du peuple. On lui avait dit qu'il avait perdu les élections parce qu'il avait donné l'image d'un homme inaccessible et presque hautain. La présence de gardes du corps était un obstacle s'il voulait être perçu comme un homme politique amical et accessible.

Or c'était ce qu'il recherchait. « Vivre sous la menace de terroristes qui en veulent à ma vie ne m'a jamais préoccupé, avait-il déclaré. Jamais je n'ai laissé la peur interférer dans mes actes et dans mes pensées. J'ai eu à en souffrir, bien sûr, à cause de tous les désagréments qu'implique la sécurité... Mais si je dois mourir pour mes convictions, je n'hésiterai pas. » Christian von Stieglitz passa quelques jours avec lui à cette époque. Il était accompagné de Pilar, son épouse espagnole. « Pilar ne connaissait pas New Delhi, et Rajiv nous a donc emmenés faire un tour de la ville. Nous sommes montés dans une petite Suzuki qu'il conduisait lui-même et il a démarré à toute vitesse. Son garde du corps le suivait à grand-peine au volant d'une Ambassador blanche, jusqu'à ce que Rajiv parvienne à le semer. Ça ne devait pas être facile d'être le gorille de Rajiv Gandhi ! Je ne pouvais m'empêcher de penser qu'il prenait vraiment trop de risques. Je me rappelle qu'un après-midi, nous sommes allés visiter le Qutub Minar, le monument le plus haut de la ville. C'est un ancien minaret au milieu d'édifices en ruine. Rajiv était entre ma femme et moi, il bavardait avec nous tandis que nous marchions parmi les vestiges. À un moment, je me suis retourné et j'ai vu que nous étions suivis par un millier de personnes. Ces gens avançaient à quelques pas de nous, sans oser trop s'approcher. Ils étaient ahuris de voir Rajiv se promener comme un touriste. Nous avons continué de marcher, et tout à coup Rajiv s'est penché pour cueillir deux petites fleurs blanches. Il s'est dirigé vers la foule et les a données à une fillette qui le regardait bouche bée, avec de grands yeux noirs. » Quand Christian lui fit observer qu'il courait de grands dangers en se déplaçant ainsi sans escorte, Rajiv lui répondit : « Je ne peux pas me méfier de l'homme de la rue. Il faut que je vive ma vie. »

Sonia, elle, ne vivait plus. Lors d'un week-end qu'ils passaient dans la maison de campagne de Mehrauli, c'est elle qui repéra deux individus en train de surveiller la maison. Il ne s'agissait pas des gardes du corps qu'elle connaissait. Elle en parla à Rajiv, et celui-ci sortit pour demander aux deux hommes qui leur avait demandé de les surveiller. Ainsi découvrit-il qu'ils procédaient sur ordre d'un édile local qui soutenait le parti du nouveau Premier ministre. Irrité et déconcerté par ce qu'il considérait comme une intrusion inacceptable dans sa vie privée, Rajiv appela le Premier ministre et exigea la fin de cette surveillance, ainsi que la démission du magistrat qui l'avait ordonnée. « C'est une question de confiance, déclara-t-il. Je soutiens votre gouvernement, et voilà que je découvre qu'on envoie des policiers pour nous observer dans notre maison de campagne ! Qu'est-ce que ça signifie ? » Le nouveau Premier ministre tenta de minimiser le problème et de calmer la colère de Rajiv. Il se trouvait en effet dans une impasse : par égard pour son propre parti, il ne pouvait limoger des fonctionnaires ou des magistrats à la demande du chef du parti du Congrès. Cependant, si Rajiv lui retirait son soutien, il perdrait le contrôle du Parlement. Or, Rajiv se montra intraitable et insista pour que le Premier ministre assume ses responsabilités. Comme l'homme n'accédait toujours pas à sa requête, Rajiv le menaça de boycotter le Parlement. Si bien que quatre mois après avoir prêté serment, le Premier ministre se vit dans l'obligation de présenter sa démission au président de la République.

À présent, le moment était venu de convoquer des élections législatives, que la commission électorale fixa aux 20, 23 et 26 mai 1991. L'Inde était en pleine crise et cela pouvait faciliter le retour au pouvoir du Congrès. En plus de l'affaire de la mosquée d'Ayodhya et du bouillonnement croissant des fondamentalistes hindous, le Cachemire vivait à son tour une escalade de violence. La gestion économique des derniers gouvernements avait été catastrophique. À la suite de la guerre du Golfe, l'augmentation du prix du brut avait causé une inflation galopante et risquait de provoquer de graves troubles sociaux. Rajiv proposa un programme fondé sur la stabilité et la réforme économique : il prévoyait de nouvelles privatisations et une baisse des contrôles sur le commerce et l'industric. L'ennemi à battre dans les urnes était le BJP, le parti hindouiste. Cette organisation semblait être en plein essor, portée par la fièvre identitaire qui avait saisi beaucoup d'hindous. Son programme représentait une menace pour l'unité du pays. Les autres partis, dont ceux de la coalition sortante, ne pouvaient espérer qu'un nombre limité de sièges.

Une fois encore, Rajiv partit en campagne, convaincu de l'emporter. Telle était la politique : un reflet de la vie même, où rien n'est acquis, où tout change sans cesse, parfois à une vitesse vertigineuse. Il voulut commencer sa campagne aux côtés de

Sonia et pilota lui-même l'avion qui, le 1er mai 1991, se posa à Amethi. C'était la première des six cents escales prévues en vingt jours. Une foule les attendait à la descente de l'avion, dont beaucoup de femmes venues souhaiter la bienvenue à Sonia. Son immense popularité à Amethi, Sonia la devait à sa prodigieuse mémoire qui lui permettait de se souvenir des noms et des visages de celles qu'elle avait croisées souvent à peine plus de cinq minutes lors de voyages précédents. L'Italienne s'identifiait pleinement à ces paysannes qui demandaient à la toucher : mues par une curiosité presque enfantine, elles voulaient vérifier qu'elle était bien faite de chair et d'os comme elles. Sonia avait l'intention de passer trois semaines à parcourir la circonscription de son mari, à faire du porte-à-porte pour recueillir des voix, tandis que Rajiv sillonnerait le sous-continent. À la fin de la journée, avant de remonter dans l'avion, Rajiv s'adressa à ses électeurs et leur dit une phrase très simple qui devait par la suite se vérifier : « Je ne crois pas que je pourrai revenir, mais Sonia restera pour veiller sur vous. » Sonia sentit un pincement au cœur. Non parce qu'elle restait seule : elle se sentait chez elle au milieu de la chaleur des gens et la sollicitude des membres locaux du parti du Congrès. Mais c'était la première fois en vingt-trois ans de mariage que Rajiv et elle allaient rester si longtemps séparés. Presque trois semaines.

Ce soir-là, allongée dans une tente sur un *charpoi* – un sommier de corde tressée –, elle essayait de trouver le sommeil malgré la chaleur et les moustiques. Elle se remémora alors sa dernière visite à Amethi. C'était en février, le mois de son anniversaire de mariage, et elle était venue pour l'inauguration d'une campagne de vaccination contre la poliomyélite. Elle songeait qu'elle ne pourrait célébrer son anniversaire avec Rajiv, car celui-ci avait prévu à cette date un voyage à Téhéran. Il projetait de lancer une initiative diplomatique pour en finir avec la guerre du Golfe. Même si la chaleur était moins étouffante, la soirée était semblable à celle-ci. Sonia avait alors reçu un message de Rajiv qui lui demandait d'annuler ses engagements à Amethi et de revenir tout de suite à Delhi pour l'accompagner en Iran. « J'ai envie d'être avec toi. Rien que toi et moi, sans les centaines de personnes qui tournent sans cesse autour de nous », disait le message. Quand Sonia regagna New Delhi à minuit, Rajiv s'inquiétait car il pensait qu'elle n'arriverait pas à temps pour prendre l'avion avec lui. Les valises étaient déjà prêtes, il n'y avait plus qu'à partir. À Téhéran, après les rendez-vous officiels, ils étaient allés dîner en tête à tête dans un restaurant. Depuis combien de temps ne s'étaient-ils pas permis un tel luxe romantique ? Ils ne se le rappelaient plus… Rajiv lui offrit un cadeau qu'il avait apporté de Delhi, des boucles d'oreilles belles et simples, comme elle les aimait. Quand ils furent de retour à l'hôtel, il saisit son appareil photo avec lequel il voyageait toujours, et fit leur double portrait en se servant du déclencheur automatique. Quelque chose qu'ils n'avaient jamais fait tous les deux auparavant.

« Madame ! Madame ! »

Un murmure à l'extérieur de la tente la tira de sa rêverie. Sonia se leva, enfila un peignoir et sortit. Un homme jeune, un sympathisant du parti, lui tendit une enveloppe. Elle venait de New Delhi. De nouveau, un message de Rajiv. Elle ouvrit l'enveloppe et y trouva une rose et quelques lignes écrites à la main. Elle lut et sourit en découvrant ses fossettes, puis retourna sur son *charpoi.* « C'était un message d'amour », devait-elle confier plus tard.

Priyanka vint rejoindre Sonia à Amethi au bout de quelques jours. Elle était bien décidée à faire la tournée avec sa mère. Elles visitèrent une moyenne de quinze villages par jour. Elles écoutaient les plaintes des gens, au sujet d'une pension qui n'arrivait pas, d'un enfant aveugle qui avait besoin d'une opération. Ou rassuraient une vieille dame mécontente qui estimait que les membres du Congrès l'avaient oubliée depuis les dernières élections. Sonia prenait des notes et donnait des instructions à ses adjoints. « Ayez confiance, disait-elle aux malheureux, je me charge de trouver une solution. »

Dans un des villages, Priyanka fut témoin d'un événement extraordinaire, au regard des difficultés qu'éprouvait sa mère à parler en public. Sans que Rajiv le lui ait demandé, Sonia osa prononcer son premier discours devant une foule de plusieurs milliers de personnes. « Mon mari a beaucoup travaillé pour votre bien-être et je travaille pour mon mari… Seul le parti du Congrès peut vous représenter dignement, tendez encore une fois la main à Rajiv Gandhi ! » Priyanka riait de la voir exhorter les gens à voter pour le Congrès, et de le faire avec aisance. Les phrases en hindi, teintées d'un léger accent, lui venaient avec facilité. Elle les prononçait avec le sourire et semblait heureuse, peut-être parce qu'il n'y avait pas de journalistes et que ces gens humbles ne l'intimidaient pas. Le plus étonnant était qu'elle ait pris la parole de sa propre initiative, comme une marque de dévouement à l'égard de son mari.

Toutes deux rentrèrent à New Delhi le 17 mai : elles étaient épuisées, en sueur et couvertes de poussière. Mais elles étaient optimistes quant au résultat final des élections. Le lendemain soir, Rajiv rentra de sa longue tournée. Alors qu'il franchissait le seuil de l'entrée principale, elles le regardèrent avec stupeur. « Il était à bout. Il pouvait à peine marcher ou parler. Il n'avait pas dormi ni mangé correctement depuis des semaines. Sa campagne l'avait occupé presque vingt heures par jour. Ses mains et ses bras étaient couverts de marques et d'éraflures. Il avait mal dans tout le corps. Des milliers d'admirateurs l'avaient touché, serré, embrassé et bousculé. J'eus le cœur brisé de le voir dans cet état. » Ses doigts étaient si gonflés par les poignées de main qu'il avait dû ôter son alliance. Mais il était content, le cœur en fête d'avoir vu tant de marques d'affection et tant d'enthousiasme. Les déficiences de son service de sécurité l'avaient aidé à rencontrer ce que son grand-père et sa mère appelaient « l'amour du peuple », et il rentrait profondément touché de cet immense sentiment partagé. « Dans le Kerala et le Tamil Nadu, les gens ont l'habitude de vous pincer les joues. Voilà pourquoi les miennes sont si rouges et si enflées », expliqua-t-il à Sonia tandis qu'elle plaçait un repose-pied devant son fauteuil pour qu'il puisse étendre ses jambes. « Dans les régions musulmanes, on vous embrasse comme du bon pain, tu sais, un baiser, deux baisers, trois baisers, et puis une bonne claque qui vous casse l'épaule en deux… J'ai mal partout, mais ça n'a pas d'importance. » Ils bavardèrent tranquillement un bon moment, partageant des impressions sur leurs expériences respectives. Rajiv était heureux d'avoir pu montrer combien les gens comptaient pour lui, et de s'être débarrassé de son image d'homme inaccessible. Mais il n'était pas sûr de gagner. « Le combat sera rude jusqu'au dernier moment », dit-il. Cette nuit-là, il dormit cinq heures – un vrai luxe – avant de repartir pour Bhopal, où il tint un meeting le

19 mai devant cent mille personnes. La ville restait traumatisée par la catastrophe de 1984. La multinationale responsable de l'accident était parvenue à un accord avec les autorités dans lequel elle s'engageait à indemniser les victimes. Mais détourné par des fonctionnaires corrompus et autres intermédiaires véreux, l'argent n'arrivait pas à ceux qui en avaient besoin. De nouveau, l'administration indienne montrait ses terribles faiblesses.

Après Bhopal, il ne lui restait plus que le Sud, un « territoire ami », comme disaient les gens du Congrès. Il rentra d'abord chez lui. Il était si fatigué qu'il s'endormit dans le salon, mais il était soulagé que la campagne touche à sa fin. Encore trois jours et ils seraient tous réunis dans ce même salon, car Rahul allait arriver de Harvard pour les vacances d'été. Il devait atterrir à Delhi le 23 mai. Sonia et Priyanka étaient heureuses aussi. À la différence de Rajiv, elles étaient sûres qu'il remporterait les élections avec une large majorité. La famille entière avait employé toute son énergie pour qu'un Gandhi, et le Congrès, se trouvent de nouveau à la tête du pays. Indira aurait été fière d'eux : c'était cela, la vraie solidarité familiale.

Le 20 mai, Rahul et Sonia quittèrent la maison à sept heures et demie pour déposer leur bulletin dans l'urne. À cette heure, la température était encore supportable. Depuis les branches des arbres, les corneilles semblaient les saluer avec leurs croassements. Rajiv, vêtu d'une *kurta* blanche, un foulard tricolore autour du cou, conduisit la voiture le long des larges avenues ; elles étaient presque désertes, mais à l'entrée du bureau de vote, ils étaient attendus par une petite foule de curieux et une équipe de télévision. Sonia était resplendissante dans son *salwar kamiz* rouge. Ils saluèrent à droite et à gauche en joignant les mains à la hauteur de la poitrine et Rajiv signa quelques autographes en attendant l'ouverture du bureau. Derrière lui, la file s'allongeait. Un jeune bénévole du parti s'approcha de Rajiv avec un plateau sur lequel il y avait de l'encens, du sucre et des pétales de fleur. Il avait l'intention d'effectuer ici même une *puja* (une offrande) pour ouvrir la journée sur une note de bon augure en l'honneur de Rajiv. Sonia, chaque fois qu'elle était au côté de son mari dans un lieu public, observait attentivement toute personne qui s'approchait de lui, à la recherche d'une intention cachée, une bosse suspecte, un geste inhabituel. Son inquiétude à propos de la sécurité de Rajiv ne lui laissait aucun répit. C'est sans doute pour cette raison qu'elle fut saisie de panique quand le jeune homme, intimidé par Rajiv, laissa tomber son plateau avec un bruit qui les fit tous sursauter. Elle se crispa et se mit à transpirer en abondance. Rajiv s'aperçut du malaise de sa femme et demanda qu'on lui apporte un verre d'eau. Quand ce fut son tour de voter, elle était si décomposée qu'elle eut beaucoup de mal à trouver son bulletin orné du logo du parti du Congrès. Un moment, elle crut qu'elle partirait sans l'avoir déposé. À la sortie, alors qu'ils regagnaient la voiture, elle l'avoua à Rajiv, qui se mit à rire. « Il m'a prise par la main, dirait-elle, avec cette douceur tendre et apaisante qui parvenait toujours à dissiper mon anxiété. » Ce fut la dernière fois que Rajiv fut en mesure de calmer sa femme, car après l'avoir laissée à la maison, il partit pour le voyage suivant. En fin d'après-midi, il avait prévu de revenir à New Delhi et de troquer son hélicoptère pour un avion qui l'emmènerait dans le Sud, où les élections se tiendraient deux jours plus tard.

Mais cet après-midi-là, il leur fit la surprise de repasser par la maison. Sonia et Priyanka étaient heureuses de le voir, ne serait-ce que quelques instants. Rajiv prit rapidement une douche, grignota un morceau et appela son fils aux États-Unis : « Je t'appelle pour te souhaiter bonne chance pour tes examens, et aussi pour te dire combien je suis content que tu reviennes bientôt parmi nous… Ce sera un bel été, mon Rahul… Je t'aime… À très vite ! » Ensuite, il donna un baiser à Priyanka. Il devait déjà repartir, mais heureusement, il s'agissait de la dernière étape de son marathon électoral. Il était calme, serein. Le Sud était un territoire sûr, à la différence du Nord, toujours dangereux et en proie à ses convulsions.

« Et si tu restais ? dit Sonia. De toute façon, ce voyage ne changera pas les résultats…

— Je sais, mais tout est organisé… Allons, un peu de courage ! C'est le dernier effort avant la victoire. Encore deux jours et nous serons de nouveau tous ensemble », répondit-il à Sonia avec son sourire toujours charmant.

« Nous nous sommes quittés tendrement, devait se rappeler Sonia. Il est parti. Je suis restée à le suivre des yeux à travers les stores et je l'ai regardé s'éloigner. J'ai fini par le perdre de vue et, cette fois, c'était pour toujours. »

40.

Le lendemain, le 21 mai 1991, Rajiv monta à bord d'un hélicoptère pour visiter plusieurs villes de l'État d'Orissa, à l'est du pays. La journée fut exténuante, et le soir venu il se sentait si fatigué qu'il songea à récupérer un peu de sommeil en retard et à annuler la dernière tournée prévue dans un village de l'État voisin du Tamil Nadu appelé Sriperumbudur. De surcroît, un rapport des services secrets du gouvernement central lui avait expressément déconseillé de prendre part à des meetings après la tombée de la nuit, car les Tigres tamouls disposaient dans cet État d'un soutien important parmi la population. Il avait faim, et la dirigeante locale du parti, une jeune femme énergique qu'il avait lui-même recrutée, l'invita à dîner chez elle ; mais il pensa aux gens qui l'attendaient à Sriperumbudur, à tous les efforts de ses camarades pour organiser le meeting, et après un instant de réflexion, il déclina l'invitation. Le parti méritait bien cet ultime effort.

« Je dormirai comme un bébé quand Rahul, Priyanka et Sonia seront autour de moi, dit-il à son accompagnatrice.

— Alors, tu ne tiens pas compte du rapport des services secrets ?

— Si je devais tenir compte de tous ces rapports, j'aurais abandonné la campagne depuis longtemps. Et puis, la violence politique est rare dans le sud de l'Inde, tout le monde le sait. Ici les élections ressemblent plus à des fêtes populaires qu'à des événements politiques sérieux. »

En montant dans l'avion, il eut l'agréable surprise de découvrir que la jeune dirigeante lui avait fait porter une pizza et des *samosas*. Mais, à la première bouchée, on lui annonça que l'appareil ne pouvait décoller en raison d'un problème technique. « Tant mieux, se dit Rajiv, qui mourait d'envie de dormir. Puisqu'il faut rester, restons. » Il descendit de l'avion et monta dans une Ambassador qui le conduisit vers une maison d'hôte du gouvernement où passer la nuit. Mais en chemin, une voiture officielle l'arrêta.

« Monsieur, lui dit un policier par la fenêtre, la panne est réparée. L'avion est prêt à partir. »

L'espace d'une fraction de seconde, Rajiv se demanda s'il devait continuer sa route ou retourner à l'aéroport. Puis il décida de se laisser guider par les événements et dit au chauffeur de faire demi-tour. De nouveau dans l'avion, il s'assit et attacha sa ceinture. Quand l'appareil commença à rouler sur la piste, il s'aperçut qu'il avait oublié son pique-nique dans la voiture.

Il arriva à Madras peu après huit heures et demie, donna une brève conférence de presse, but un rafraîchissement et poursuivit son voyage par la route. Il était assis devant, à côté du chauffeur, et respirait l'air un peu rafraîchi du soir par la fenêtre ouverte. Sur le tableau de bord de l'Ambassador, une petite lumière fluorescente éclairait son visage pour que les gens puissent le reconnaître dans l'obscurité. Il s'arrêta dans un village pour un meeting d'une vingtaine de minutes, et à neuf heures et demie il était déjà ailleurs et prononçait un autre discours. Il profitait de ces haltes pour échanger quelques mots avec des journalistes. Ce jour-là, il était accompagné de Barbara Crossette, la correspondante du *New York Times*, spécialiste des questions asiatiques. Dans les agglomérations, la voiture se frayait lentement un passage parmi la foule qui lançait des fleurs. L'allégresse se lisait sur les visages. « Nous espérons de bons résultats dans cette région », dit Rajiv aux journalistes. Dès qu'il descendait de voiture, ses sympathisants se bousculaient pour lui passer des guirlandes autour du cou, tandis que d'autres lui offraient des foulards et des châles. À un moment, il s'arrêta pour saluer une femme qui était à deux doigts d'être écrasée par la foule. Il lui mit une écharpe de soie autour du cou et lui adressa quelques mots. La femme se couvrit le visage avec les mains, puis serra l'écharpe contre sa poitrine. Barbara Crossette s'étonna du peu de protection qui lui était accordé : « Plus de cent fois, un des bras qui se glissaient dans la voiture pour toucher sa main ou son épaule aurait pu tenir un pistolet ou un poignard et le tuer. »

La voiture de Rajiv et la caravane qui la suivait continuaient leur route. Sur les bords de la chaussée, il y avait des lumières et des pancartes pour lui souhaiter la bienvenue. De temps à autre, Rajiv priait le chauffeur de rouler plus lentement ou de s'arrêter un instant afin de le laisser sortir serrer des mains, en exhortant les gens à voter pour le Congrès. Il leur parlait en anglais, car il ne connaissait pas le tamil. Quand il devait expliquer quelque chose d'un peu plus long, il avait recours à un interprète. Il plaçait les billets et les lettres qu'on lui tendait dans une sacoche grise d'Indian Airlines qu'il emportait toujours avec lui. Barbara Crossette réalisa alors sa dernière interview avec Rajiv. Elle lui demanda s'il prenait des comprimés vitaminés ou s'il suivait un régime spécial pour réussir à déployer tant d'énergie par une chaleur de quarante degrés en parcourant des routes si dures. Rajiv éclata de rire. « Ces Américains ! » pensa-t-il probablement. « La plupart du temps, je ne mange rien. Je me contente de ceci… », répondit-il en lui montrant deux bouteilles thermos, une de thé et une de café, avant d'ajouter que sa seule concession au confort était les chaussures de sport blanches qu'il portait. Puis il se lança dans ses sujets favoris : « Les Indiens sont frustrés parce que le système n'est pas efficace, il ne répond pas à leurs aspirations. Nous devons parvenir à l'améliorer de manière drastique. Mais surtout, je suis décidé à en finir avec toutes les controverses sur la religion. Nous avons besoin d'une séparation complète entre le religieux et le politique. Le mélange est explosif, non seulement ici en Inde, mais dans le monde entier. »

Un peu après dix heures du soir, les dirigeants locaux de Sriperumbudur, une bourgade agricole sans grand intérêt, annoncèrent l'arrivée du leader. Sur la place principale, les habitants regardaient un spectacle de danse typique de la région, un festival de bruit et de couleurs. Ce genre de divertissement précédait très souvent les meetings électoraux car les candidats importants n'étaient jamais ponctuels. Mais deux heures de retard n'avaient pas ôté aux gens l'envie de chanter en chœur et de lancer des pétards pour célébrer la visite de Rajiv. Celui-ci fut un peu effrayé en entendant les premières explosions, mais on lui expliqua que c'était la manière habituelle de recevoir un haut dignitaire au Tamil Nadu. Dans le Nord, il y aurait eu un portique détecteur de métaux à l'entrée de l'enceinte de la réunion. Mais ici, aucune mesure de ce genre n'avait été prise. Seul le fidèle garde du corps Pradip Gupta s'efforçait d'écarter les gens et d'éviter qu'ils ne touchent son protégé. Rajiv s'arrêta devant une statue de sa mère et lui passa cérémonieusement une guirlande d'œillets autour du cou. L'assemblée était surtout composée d'hommes à l'expression cordiale, vêtus de *longhis*, de longues bandes de toiles drapées autour de la taille, et de débardeurs ou de *kurtas* sans col. Après l'hommage à Indira, Rajiv marcha sur un tapis rouge vers l'estrade où l'attendaient les leaders locaux du parti, assis autour d'une longue table. Avec son éternel sourire, il acceptait les guirlandes dont on le parait, s'arrêtait pour serrer des mains, répondait à des saluts, ôtait les guirlandes amoncelées autour de son cou pour les lancer aux femmes, parlait avec les policiers locaux qui tentaient de faire reculer les admirateurs trop empressés, riait et plaisantait avec tout le monde. Il tirait son incroyable énergie du contact avec ces gens et suivait ainsi l'exemple de son grand-père et de sa mère.

Dans la foule, il y avait deux femmes d'une trentaine d'années. L'une d'entre elles était de petite taille, de peau sombre, et portait des lunettes. Elle s'appelait Dhanu. Elle portait un blouson en jean au-dessus d'un costume pendjabi de couleur orange. Contrairement aux femmes du Sud qui sont vêtues de saris, son costume consistait en une ample tunique tombant sur un pantalon large. Elle semblait enceinte. Et personne n'aurait pu soupçonner qu'elle cachait sous ses vêtements une batterie de neuf volts, un détonateur et six grenades à mitraille enveloppées dans du plastique. L'autre femme s'appelait Kokila, et c'était la fille d'un membre du parti. Rajiv lui passa affectueusement un bras autour des épaules tandis qu'elle récitait un poème en son honneur. Dhanu, une guirlande à la main, réussit à se frayer un passage et à se placer derrière Kokila. Quand la jeune femme eut terminé son poème, Dhanu fit un pas en avant, mais juste au moment où elle allait tendre sa guirlande à Rajiv, une femme policier la repoussa de son bras. Rajiv lui sourit : « Laissez chacun prendre son tour… Ne vous inquiétez pas, tout est calme. » La femme n'insista pas et s'éloigna, sans se douter qu'elle échappait ainsi à une mort certaine. Alors, Dhanu s'approcha de Rajiv pour lui passer sa guirlande autour du cou. C'était une guirlande en copeaux de bois de santal découpés en forme de fleurs. Rajiv la remercia chaleureusement et, comme de coutume, ôta la guirlande pour la tendre à un camarade du parti qui se trouvait derrière lui. À ce moment, Dhanu s'accroupit pour lui toucher les pieds. Rajiv s'inclina aussi avec humilité, comme pour dire qu'il n'était pas digne de ce salut. Mais la femme l'avait trompé : elle ne lui touchait pas les pieds en signe de vénération, mais elle tirait sur un cordon pour actionner le détonateur.

L'explosion fut apocalyptique. « Quand je me suis retourné, raconta Suman Dubey, un conseiller de Rajiv et vieil ami de la famille, j'ai vu les gens voler dans les airs comme au ralenti. » Barbara Crossette, qui était restée en arrière, vit « une explosion très intense, puis les gens qui tombaient tout autour, en cercle, comme les pétales d'une fleur. Il y avait un cratère à l'endroit où Rajiv aurait dû se trouver. » La mitraille avait coûté la vie à la meurtrière, à Rajiv et à dix-sept autres personnes. La panique s'empara de la foule et des policiers, qui ne savaient s'il s'agissait d'une explosion isolée ou si elle en annonçait d'autres. La poussière et la fumée se dissipèrent pour laisser apparaître l'ampleur du massacre : des corps démembrés, la terre noire et brûlée, des objets calcinés. Curieusement, l'estrade était restée debout. Seuls les gens avaient été déchiquetés.

« Je cherchais quelque chose de blanc, devait raconter Suman Dubey, car Rajiv était toujours en blanc. Mais tout ce que je voyais était noir, de la matière carbonisée. » D'autres camarades du parti s'approchèrent et trouvèrent Pradip Gupta, le fidèle garde du corps de Rajiv, encore vivant. Étendu sur le sol, les yeux grands ouverts, il souffrait dans sa chair la prédiction qu'il avait faite à Sonia : « Pour que quelque chose arrive à Rajiv, il faudra d'abord me passer sur le corps. » Il mourut quelques instants plus tard. Sous son cadavre, quelqu'un trouva une chaussure de sport blanche. C'était celle de Rajiv. Un collègue du parti voulut faire le tour de ce qui restait du corps, mais sans y parvenir tant il était en morceaux. Rajiv avait été littéralement éviscéré par l'explosion. Son crâne était brisé et il avait perdu presque toute sa masse cérébrale. Il était mort sur le coup. Quinze minutes plus tard, le téléphone sonna au numéro 10 de l'avenue Janpath.

41.

Le secrétaire de Rajiv décrocha le combiné. Il travaillait dans le bureau privé de son patron, dans une aile écartée de la maison. La famille dormait. Dans sa chambre, Sonia entendit le téléphone entre deux rêves, et il lui fit l'effet d'un cri.

« *Sir*, il y a eu un attentat à la bombe, dit une voix hachée par les interférences sur la ligne.

— Qui est à l'appareil ?

— Je suis des services secrets. J'appelle de Sriperumbudur. »

La gorge du secrétaire se noua.

« Comment va *Rajivji* ? » demanda-t-il.

L'homme ne répondit pas. Le secrétaire l'entendit se râcler la gorge avant de continuer.

« Eh bien, *Sir*... », commença-t-il sans réussir à terminer sa phrase.

Énervé, le secrétaire haussa la voix :

« S'il vous plaît, dites-moi tout de suite comment va Rajiv !

— Il... Il n'est plus de ce monde », révéla enfin l'homme, et il raccrocha aussitôt.

Le secrétaire resta pétrifié, le combiné à la main, le regard perdu, essayant d'assimiler ce qu'il venait d'entendre. Le faible espoir qu'il puisse s'agir d'une fausse alerte s'évapora quand il eut reposé l'appareil et que celui-ci se mit à sonner de nouveau. Un membre du parti du Congrès du Tamil Nadu lui confirma la nouvelle. Il n'y avait plus de doute. Dans les minutes qui suivirent, les autres lignes se mirent à vibrer dans une cacophonie insupportable. Le secrétaire quitta la pièce en toute hâte.

« Madame, madame… »

Il trouva Sonia dans le couloir. Elle venait de sortir de sa chambre et nouait la ceinture de son peignoir.

Ses cheveux étaient en désordre et elle avait peine à ouvrir les yeux. Elle savait qu'un appel en pleine nuit ne pouvait rien augurer de bon. Celui qu'elle avait reçu à l'aube, dans la maison familiale d'Orbassano, pour lui annoncer l'accident de Sanjay était resté gravé dans sa mémoire. Maintenant, elle était prise d'un sentiment similaire. Elle avait une boule d'angoisse à l'estomac. Mais l'expression terrifiée, presque hystérique du secrétaire de Rajiv, un homme habituellement calme et pondéré, la paralysa.

« Madame… Un attentat… Une bombe… », balbutia-t-il.

Sonia lui lança un regard sévère. Elle avait le visage gonflé de sommeil.

« Il est vivant ? »

Le secrétaire fut incapable de répondre. Les mots ne lui venaient pas. Mais cela n'avait pas d'importance car Sonia avait cessé de l'écouter. Tout son corps se contracta comme si elle avait reçu une décharge électrique et, du plus profond de son âme blessée à mort, jaillit un cri rauque, guttural. Sept ans après la conversation qu'elle avait eue avec Rajiv au bloc opératoire de l'hôpital, quand les médecins recousaient le cadavre d'Indira, cette conversation douloureuse où elle l'avait supplié de ne pas accepter le poste laissé vacant par sa mère parce qu'un jour ou l'autre on le tuerait, sa prédiction s'était accomplie.

« Nooooon… ! »

Son cri réveilla Priyanka, qui apparut dans le couloir, elle aussi enveloppée dans un peignoir, l'air hagard, les yeux hébétés. Elle était muette, incrédule, livide. Elle prit sa mère par les épaules et la conduisit au salon aussi doucement que possible. Jamais en ses dix-neuf ans de vie elle ne l'avait vue dans un tel état de désespoir. Personne, jamais, ne l'avait vue pleurer ainsi. Ses sanglots étaient si forts que les premiers collègues du parti qui arrivèrent un peu plus tard au 10 de l'avenue Janpath les entendirent de la rue.

Priyanka ne parvenait pas à la réconforter. Soudain, Sonia se mit à tousser et à s'étouffer de manière impressionnante, et le secrétaire craignit qu'elle ne perde connaissance.

« C'est une crise d'asthme », dit Priyanka.

La crise était si violente qu'elle fut prise de peur à son tour.

« Je reviens tout de suite », dit-elle.

Elle courut jusqu'à la salle de bains de sa mère et y chercha fiévreusement l'inhalateur et les antihistaminiques. Quand elle revint au salon, elle trouva sa mère assise dans un fauteuil, la tête en arrière, les yeux presque révulsés et la bouche ouverte, cherchant l'air comme un poisson hors de l'eau. Elle crut qu'elle était en train de mourir. En réalité, une partie d'elle était déjà morte avec son mari.

Les médicaments firent leur effet et parvinrent à calmer la toux. Les sanglots, en revanche, continuaient. Malgré tous les efforts de sa fille, Sonia était inconsolable. De ses sanglots naissaient d'autres sanglots, insistants et réguliers comme les vagues qui se brisent sur la plage. Priyanka se tourna vers le secrétaire :

« Où est le corps de mon père ? demanda-t-elle.

— En ce moment, on le transporte à Madras.

— S'il vous plaît, aidez-moi à faire le nécessaire pour qu'on le ramène ici. »

Priyanka prit la situation en main et fit preuve d'une maturité, d'un sang-froid et d'un sens de l'organisation admirables. Elle parla avec les premiers amis de son père et les dirigeants du Congrès : tous avaient une mine stupéfaite et désolée, certains pleuraient à chaudes larmes. Puis elle s'entretint par téléphone avec le président de la République et lui demanda de mettre un avion à la disposition de la famille. Au fond d'elle-même, quelque chose l'empêchait de croire que son père était vraiment mort. C'était comme un réflexe pour se protéger de la douleur et pouvoir agir. Inconsciemment, elle avait peine à accepter un tel malheur sans le vérifier de ses propres yeux, et elle avait donc besoin de voir le corps de son père au plus vite.

« Croyez-vous qu'il soit prudent de vous déplacer jusque-là ? demanda le chef de l'État.

— S'il vous plaît, monsieur le président, j'insiste. Ma mère et moi avons la ferme intention de nous rendre cette nuit même à Madras.

— Bien. Je vais parler à l'armée pour qu'elle mette un avion à votre disposition. Ensuite, je passerai chez vous pour vous présenter mes condoléances.

— Merci. Nous vous attendons. »

Maintenant, il lui fallait annoncer la nouvelle à son frère, qui était encore à Harvard. Là-bas, c'était l'heure du déjeuner. Comme il semblait introuvable, elle lui fit transmettre un message par un camarade pour qu'il rappelle d'urgence. Une heure plus tard, sa mère et sa sœur lui annonçaient la pire nouvelle de son existence.

« Je le savais, je le savais ! dit le jeune homme en pleurant et en se mordant la lèvre. J'étais sûr qu'un jour ou l'autre on finirait par le tuer. »

Ce sentiment de rage et d'impuissance accentuait la douleur de toute la famille.

« Nous avons fait ce que nous avons pu…

— Tu crois ?

— Bien sûr. »

Elles lui suggérèrent de prendre le premier avion, car elles l'attendaient pour commencer à organiser les funérailles.

Il n'était pas loin de minuit et la nouvelle s'était déjà répandue dans New Delhi. Une foule s'attroupait devant la grille de la maison. De l'intérieur, Priyanka et Sonia entendaient des cris hystériques et des lamentations. Elles continuaient d'accueillir des amis de la famille, des collègues et des ministres. Une véritable invasion. La presse s'installait sur les trottoirs. Les gens ne savaient pas encore contre qui diriger leur colère : les sikhs, les fondamentalistes hindous ou musulmans, les Tigres tamouls, les séparatistes de l'Assam ou du Cachemire, les intouchables révoltés… ? Les rancœurs étaient si nombreuses dans ce pays bigarré. Mais pour commencer, ils la déployèrent contre les équipes de télévision nationales et internationales et se mirent à les insulter. Au volant de leur voiture, les quelques amis qui tentaient de se frayer un chemin furent accueillis sans ménagement : les Quattrochi dans leur Ambassador essuyèrent invectives et jets de pierres, comme les chefs de l'opposition, venus présenter leurs condoléances. La fureur de la foule montait contre tous les adversaires de Rajiv. Un groupe nombreux tenta d'attaquer une maison voisine, où résidait l'un de ses plus sévères critiques du temps où il était à la tête du gouvernement, le leader d'une caste inférieure. Celui-ci l'avait accusé de favoriser les privilégiés. L'effervescence était si grande dans les rues que le président de la République ne put arriver jusqu'au 10 de l'avenue Janpath. Il se heurta à une multitude frénétique et désespérée. Les gens se jetaient sur le capot de sa limousine, en criant et en sanglotant.

« Nous les dispersons ? demanda un officier de sécurité.

— Non, faisons demi-tour. Inutile d'enflammer davantage les esprits », répondit le président.

De retour à sa résidence dans l'ancien palais du vice-roi, il téléphona à Sonia. Elle était un peu plus calme et put le remercier pour ses paroles chaleureuses et les facilités qu'il lui avait accordées pour ce singulier voyage.

Vêtue d'un *salwar kamiz* blanc, les cheveux réunis en chignon derrière la tête, elle sortit de la maison aussitôt après avoir raccroché, accompagnée de Priyanka. Dehors, une voiture les attendait pour les emmener à l'aéroport. Elle était conduite par l'oncle Kaul, celui qui avait tant incité Rajiv à marcher dans les pas de son frère. La voiture s'ouvrit un passage avec difficulté à travers la foule qui ne cessait de se masser autour de la maison. Les rues étaient de plus en plus agitées. Des groupes bruyants tournaient autour des ronds-points et surgissaient dans tous les coins, partagés entre la rage et la douleur.

« J'espère que le gouvernement agira assez rapidement pour empêcher que les horreurs qui ont suivi la mort d'Indira ne se reproduisent », commenta l'oncle Kaul.

Le vol dura trois heures et demie, le temps qu'il faut à un jet pour traverser le sous-continent du nord au sud. En bas, sur la sombre étendue de terre semée de petits points de lumière qui indiquaient les villes et les villages, l'Inde dormait. Dans quelques heures, elle s'éveillerait pour apprendre la tragédie d'un nouvel assassinat politique. Dans quelques heures, le pays serait plongé dans le chagrin. Personne ne parla durant le vol. On n'entendait que les sanglots de Sonia.

Il faisait encore nuit noire quand l'avion atterrit à Madras, à quatre heures et demie du matin. L'appareil roula jusqu'à un ancien terminal. Il était éclairé et entouré d'une foule immense. C'était là que se trouvait la dépouille de Rajiv. Sur ordre du président de la République, on l'avait transportée dans l'aéroport pour éviter à Sonia et à Priyanka de devoir se rendre en voiture dans le centre-ville. Une chaleur moite les enveloppa dès l'ouverture de la porte. Elles étaient très anxieuses, car le moment approchait. Le moment où elles le verraient pour la dernière fois. Qu'allaient-elles trouver ? Y étaient-elles préparées ? Le supporteraient-elles ? Elles se posaient ces questions tandis qu'elles descendaient la passerelle et saluaient les personnalités venues pour les accueillir. Ici aussi, les autorités craignaient que des troubles n'éclatent, leur confia le chef du gouvernement du Tamil Nadu. La foule cherchait un bouc émissaire et, en ville, les esprits étaient très échauffés. Aussi avait-on pris les mesures nécessaires pour que l'avion reparte avant le lever du jour. Quand elle reconnut Suman Dubey, le vieil et fidèle ami de la famille qui était miraculeusement sorti indemne de l'attentat, Sonia se remit à pleurer dans ses bras.

Mais les deux femmes ne virent pas Rajiv. C'était impossible. On leur expliqua que son corps était si déchiqueté qu'on n'avait pas pu l'embaumer. Elles n'aperçurent que deux cercueils. L'un contenait les restes de Rajiv, l'autre ceux de Pradip Gupta, son courageux garde du corps. Ensuite, tout alla très vite. Agrippées l'une à l'autre, la mère et la fille regardèrent les cercueils qu'on embarquait dans l'avion. Puis elles gravirent de nouveau la passerelle. Une fois à l'intérieur, Sonia demanda qu'on place celui de son mari à côté d'elle. D'une main, elle déposa une guirlande de fleurs sur le bois, de l'autre, elle se couvrait le visage avec un châle pour cacher ses larmes. Face au cercueil amarré au sol, Priyanka dut admettre ce que son subconscient refusait d'accepter : dans cette boîte se trouvait son père, ou plutôt ce qui en restait. Alors, elle ne put se contenir davantage et s'effondra. Elle prenait soudain pleinement conscience qu'elle ne le reverrait jamais, que jamais plus elle ne retrouverait l'affection chaleureuse de son père bien-aimé. Elle étreignit le cercueil et pleura longuement.

L'avion roulait déjà sur la piste. Suman Dubey et Sonia s'efforcèrent de calmer Priyanka, la firent s'asseoir et lui attachèrent sa ceinture. Puis Sonia eut un geste que Rajiv aurait sans doute apprécié. S'apercevant que le cercueil du garde du corps Pradip Gupta était resté nu, elle alla poser sur le couvercle une guirlande de jasmin.

Il faisait presque jour quand l'avion décolla pour regagner la capitale. Le dernier voyage de Rajiv Gandhi commençait.

ACTE IV

La main cachée du destin

Tu ne connais pas les limites de ta force,
tu ne sais pas ce que tu fais.
Tu ne sais pas qui tu es.

Euripide

42.

C'est fait. Tout est terminé. Bien que Rajiv n'ait occupé aucune fonction au gouvernement, soixante-quatre pays ont envoyé un représentant officiel pour assister à ses funérailles. Car Rajiv possédait un charisme bien à lui qui le faisait aimer de tous ceux qui l'approchaient.

Les cendres voyagent déjà vers l'océan, dissoutes dans le Gange, mêlées à celles de l'arrière-grand-père Motilal, à celles du grand-père Nehru et à celles de Sanjay, le frère. La douleur individuelle n'est qu'un fragment du vide immense qu'il a laissé. Le personnel de service et de sécurité est triste et désorienté. Même les chiens de la maison semblent moroses. Le pilier auquel tous pouvaient se raccrocher au milieu de la cohue et du chaos du monde n'est plus. Comment admettre sa disparition ? Sonia et ses enfants sentent sa présence à tout moment, surtout la nuit, dans leurs rêves. L'inconscient ne connaît pas la mort, il peine à l'assimiler ; aussi les réveils sont-ils particulièrement pénibles. Parfois, un sursaut les tire de leur sommeil ; alors ils se heurtent de plein fouet à la réalité, et s'aperçoivent que celle-ci est le pire des cauchemars.

L'important est que tout se soit passé dans le calme. On a évité le bain de sang, à la différence de ce qui s'était passé après l'assassinat d'Indira. Le gouvernement a envoyé l'armée dans les rues à temps et décrété sept jours de deuil national. Il n'a pu empêcher, en revanche, quelques-uns de ses compatriotes de se suicider ou de s'immoler par le feu. L'Inde éternelle continue de vivre dans les cœurs.

À présent, même ses adversaires politiques s'accordent à dire que Rajiv s'est toujours conduit en homme d'honneur. Dans la mort, ils louent celui qu'ils ont dénigré de son vivant. Même la presse, qui l'a d'abord encensé et plus tard vilipendé, fait son examen de conscience. Un matin, Priyanka montre à sa mère un article du *Hindustan Times* :

« Lis-le, maman. C'est un hommage avec des excuses pour la façon dont les journaux se sont conduits avec papa. »

Sonia est fière de ses enfants. Ils ont été à la hauteur. Heureusement Priyanka était à ses côtés pour tout organiser, pour garder la maison en ordre, aller accueillir Rahul et choisir le lieu de la crémation. Toute seule, elle n'y serait pas arrivée. Impossible de prendre des décisions quand on se sent plus morte que vive. Et elle se dit qu'Indira aussi aurait été fière d'eux.

Sonia met ses lunettes et commence à lire. Le texte a le mérite de la franchise : « Nous nous sommes moqués de ses chaussures Gucci, de ses lunettes Cartier, de ses jeans de marque, de ses voyages avec sa femme sur les jets d'Indian Airlines… Nous avons ironisé sur son hindi, même si le nôtre était pire… Mais à la vérité, nous étions surtout pleins de ressentiment et d'envie… En notre for intérieur, nous savions qu'il avait voyagé plus que nous tous réunis et qu'il avait une meilleure vision des problèmes de l'Inde que celle que nous étions capables de concocter, nous qui pontifions sans relâche dans nos colonnes. Son élégance naturelle, son allure, ses manières lui donnaient sur tout le monde un avantage qui nous semblait injuste. Il avait encore tant à vivre et tant à faire malgré nos persiflages et nos critiques ! » En rendant l'article à sa fille, Sonia pleure. « Pourquoi un homme de cœur qui avait bien fait son travail a-t-il dû payer un prix si élevé ? » se demande-t-elle. Les questions sont si nombreuses et les réponses si rares que Sonia se désespère. Ce qu'elle sait, c'est que son mari a été la victime d'un système qui exigeait de lui l'impossible. Ah ! s'il ne s'était pas lancé dans la politique, s'ils avaient laissé à Maneka le rôle d'héritière… Maneka, qui est apparue aux funérailles au côté de Firoz Varun et qui, les yeux mouillés de larmes, lui a murmuré quelques mots de condoléances.

Maintenant, Sonia et ses enfants veulent savoir qui a assassiné Rajiv. Les policiers parlent de terroristes du Front tamoul de libération nationale… Mais en sont-ils sûrs ? Quand pourront-ils le confirmer ? Et surtout, quand justice pourra-t-elle être rendue ? La justice est une piètre consolation, mais c'est la seule qui leur reste.

« Madame, le téléphone », interrompt un domestique.

Depuis que ses sœurs sont reparties en l'Italie, après une semaine passée à New Delhi pour s'occuper d'elle, Sonia parle tous les jours avec l'une ou l'autre. Aujourd'hui, elles sont toutes les deux au bout du fil. Et toutes deux insistent pour qu'elle rentre au pays. Elles pensent qu'avec le temps, elle comprendra qu'il n'y a plus de sens à vivre dans la capitale indienne. Sans compter que c'est dangereux. Mais Sonia sait ce qu'elle veut et l'a clairement dit à sa mère. L'Inde reste sa raison de vivre, même si l'Inde lui a brisé le cœur. C'est ici que sont enterrés ses rêves.

« C'est ma vie, répète-t-elle au téléphone. Je ne peux plus quitter ce pays. Ailleurs, je serais toujours une étrangère. Je m'en suis rendu compte quand papa est mort.

— Au moins, change de maison…

— Pourquoi ? Tu crois que celle-ci est maudite ? C'est ce que dit la presse populaire ici.

— Non, je ne crois pas à ces bêtises. Je le dis parce que tout dans cette maison te rappellera Rajiv.

— C'est justement pour ça que je ne veux pas en changer. Et puis, du point de vue de la sécurité, cette maison est pratique. »

La sécurité ! Comme ce mot sonne creux aux oreilles de ses sœurs… Deux assassinats, et Sonia continue d'y croire. Quelle obstination dans l'aveuglement ! Mais on ne comprend la peur que si l'on vit dans la peur. La menace qu'ont lancée les sikhs contre Indira, celle de supprimer sa descendance jusqu'à la centième génération, est restée gravée dans l'esprit de Sonia. Comment l'oublier, quand la mort de sa belle-mère n'a pas tardé à la confirmer ? Maintenant que le sang de Rajiv a lui aussi été versé, elle sait que la vengeance ne connaît pas de limite. Jamais ses enfants ni elle ne pourront vivre véritablement en paix. Jamais, ni ici, ni en Italie, ni nulle part ailleurs. Le plus sage est de l'accepter. Au moins, en Inde, ils disposent de tout l'appareil de l'État pour les protéger. « La sécurité de la famille Gandhi relève de l'intérêt national », a solennellement déclaré le président de la République une semaine après l'attentat. À la bonne heure, a pensé Sonia. Mais si seulement il l'avait dit plus tôt, et pris des mesures en conséquence ! Le Premier ministre en exercice leur a accordé la protection maximale sur ordre du président. Mais c'est un peu tard. Rahul, Priyanka et Sonia bénéficient à nouveau des services du Special Protection Group. Il avait montré son efficacité au temps où Rajiv était Premier ministre. Sonia n'a pu retenir un commentaire amer :

« La police m'a affirmé que si vous n'aviez pas retiré à Rajiv la protection du SPG à laquelle il avait droit, il aurait certainement échappé à l'attentat.

— Soniaji, lui a répondu le Premier ministre sans se troubler, vous savez très bien que si Rajiv avait insisté, le gouvernement la lui aurait rendue.

— Je n'en suis pas si sûre. »

Comment l'être ? Comment se fier à la parole d'un homme politique ? C'est vrai, Rajiv n'avait pas sollicité de protection supplémentaire, mais Sonia, elle, s'en était chargée. Elle avait insisté plusieurs fois, en vain. Priyanka aussi avait insisté. Et Rahul. La vérité était qu'aucun politicien ne voyait l'intérêt d'accorder à Rajiv un surcroît de protection : ceux de son parti, parce que les agents de sécurité le coupaient des masses et réduisaient donc ses chances de succès ; ceux de l'opposition, parce que s'il arrivait quelque chose à Rajiv, ils en auraient terminé avec la prépondérance du parti du Congrès. Tous avaient quelque chose à gagner à laisser Rajiv sans défense.

Après tant d'agitation, tant de visites plus ou moins bienvenues et tant de larmes, Sonia souffre du contrecoup. Peu à peu, la nouvelle situation s'installe. Elle suscite une question effrayante : comment continuer à vivre sans Rajiv ? Où puiser la force nécessaire ? L'heure est venue d'affronter le plus difficile : se réinventer une vie. La religion ne lui apporte pas beaucoup de réconfort ; Sonia dit qu'elle croit à toutes les religions peut-être parce qu'elles lui sont toutes indifférentes. La présence de son fils, qui doit rester à New Delhi tout l'été, la console davantage. Mais le jeune homme est accablé. À la tristesse d'avoir perdu son père s'ajoute un fort sentiment de culpabilité. Rahul se reproche amèrement de n'avoir pas remué ciel et terre, ni affronté son père pour l'obliger à exiger plus de protection. Sonia et Priyanka se sentent aussi un peu coupables, mais qu'auraient-elles pu faire contre la volonté de Rajiv et l'appareil de l'État ? En tout cas, la maison familiale est redevenue la forteresse d'autrefois : on a installé des barrières dans la rue, des portiques détecteurs de métaux, des caméras de surveillance, des miradors, des guérites. Et une centaine de policiers armés patrouillent le quartier. La sécurité.

L'attentat n'a pas interrompu les élections, il a seulement retardé les deux dernières journées de scrutin. En raison de la vague de sympathie provoquée par l'assassinat, le Congrès a remporté un triomphe dans le Sud. Mais il a perdu dans le Nord. Maneka a été défaite dans sa circonscription et perd son siège au Parlement. La grande surprise est la percée spectaculaire du BJP, le parti hindouiste que Rajiv avait désigné comme l'ennemi à abattre. Il a multiplié sa représentation par cent. Un essor sensationnel et terrifiant. Comment ne pas s'inquiéter quand le chef d'un groupe paramilitaire hindouiste, affilié à ce parti, rend hommage à l'assassin de Gandhi ? Une telle déclaration – une véritable incitation à la haine – ne serait-elle pas interdite dans la plupart des démocraties ? se demande Sonia, scandalisée comme la plupart des visiteurs qu'elle reçoit. Peut-on s'attaquer si facilement, et avec une totale impunité, aux piliers de la nation ? Sous prétexte de présenter leurs condoléances, de nombreux députés et membres du parti viennent la sonder, parfois à une heure avancée de la soirée. Qui doit être le successeur définitif de Rajiv à la tête du Congrès ? Ils n'osent pas encore lui dire qu'elle devrait prendre sa place, qu'avec elle on pourrait espérer lutter contre le sectarisme religieux. Ils savent qu'elle ne veut rien entendre. N'a-t-elle pas refusé catégoriquement la présidence du parti, qu'ils sont venus lui offrir sur un plateau d'argent alors que les cendres de Rajiv fumaient encore ?

Sonia, pourtant, les écoute avec attention : un tel représente trop les classes privilégiées et n'a pas une bonne image parmi les pauvres, tel autre n'est pas assez fiable, etc.

« Qu'est-ce que vous en pensez ? lui demandent-ils.

—Je pencherais plutôt pour Narasimha Rao, je crois que c'est celui que Rajiv choisirait… Mais pourquoi ne décidez-vous pas par vous-mêmes qui sera le prochain chef du parti ?

— Parce que ce parti, à force de compter des personnalités imposantes comme Nehru, Indira et votre mari, n'a jamais eu besoin de se créer un mécanisme de succession, et qu'il lui faut bien quelqu'un pour le diriger… Ce pourrait être vous, par exemple », hasarde un de ces hommes en la regardant fixement.

Sonia s'efforce de garder son calme. Ne comprendront-ils jamais qu'elle n'est pas intéressée ? Elle a dû le dire cent fois, qu'elle ne voulait pas faire de politique, qu'elle ne participerait à aucun événement en lien avec la politique. Si elle continue de les recevoir, c'est par fidélité à la mémoire de son mari : elle pense qu'il voudrait qu'il en soit ainsi. Garder ces relations, c'est le maintenir un peu en vie. Elle ne veut pas trancher ce qui la rattache encore au monde de Rajiv, d'Indira, de Nehru. À l'héritage de la famille. Elle le fait pour elle et pour ses enfants. Aussi une de ses amies prend-elle soin d'avertir ses visiteurs : « Ne fâchez pas Sonia en lui parlant de son entrée en politique. C'est très pénible pour elle. Rappelez-vous qu'elle porte le deuil d'un mari qui aurait préféré ne pas faire de politique. »

Beaucoup se souviendront d'elle telle qu'elle est aujourd'hui : vêtue d'un sari blanc et d'un corsage noir, elle ne porte aucun bijou excepté son alliance, comme il est de tradition en temps de deuil. Assise sur le bord d'un canapé, elle est entourée des portraits de membres de la famille qui l'observent depuis les murs du bureau de Rajiv. La table de travail est restée telle qu'il l'a laissée. Elle n'a voulu déplacer aucun objet et personne ne peut s'asseoir dans son fauteuil, recouvert désormais du drapeau qui enveloppait son cercueil. Personne ne le fera jamais, pas même elle. Malgré son port distingué et ses efforts pour garder contenance, il arrive que des larmes lui échappent, qu'elle dissimule derrière un mouchoir. À force de tant pleurer, ses yeux sont toujours cernés et son regard brille constamment. Elle a beaucoup maigri, la pâleur marmoréenne de son teint est veinée de gris et l'expression de ses yeux est d'une tristesse infinie.

Mais son opinion compte. Elle compte tant qu'elle-même en est surprise. Les députés l'écoutent avec la plus grande attention. Une fois convaincus que Sonia penche pour Narasimha Rao, ils organisent une élection interne pour le porter à leur tête. Le parti finit par choisir ce vieil ami de la famille Nehru comme Premier ministre d'un gouvernement de coalition : faute d'avoir remporté trente sièges supplémentaires, le Congrès reste minoritaire. Ce pouvoir d'influence n'échappe pas à la presse qui évoque le *Sonia factor*. Il arrive à l'Italienne ce qui est arrivé à Indira à la mort de Nehru, lorsqu'elle a hérité, comme par automatisme, de l'aura de la famille. Pour certains, il s'agit de charisme. Pour d'autres, c'est le nom qui exerce sa magie. Il est plus que probable que Rao n'aurait jamais été choisi si Sonia avait mentionné une autre personnalité. Il n'est pas si facile qu'on le croit d'échapper à la politique. Le pouvoir la poursuit, le pouvoir la veut. Le pouvoir a besoin d'elle.

Le gouvernement de Rao semble faible. La situation est telle que personne ne parierait sur sa survie, ni sur celle du parti : qu'est-ce que le Congrès sans un Gandhi à sa tête ? Une organisation vouée à disparaître. Et à permettre au parti hindouiste – le redoutable BJP – de s'emparer du terrain perdu. C'est grave, car ce parti défend l'idée dangereuse d'une « Inde hindoue », ce qui, pour bien des gens, est la recette du désastre. Et personne n'ose imaginer quelles conséquences pourrait avoir un désastre à l'échelle de l'Inde sur le pays et le reste du monde… Aussi les pressions sur Sonia redoublent-elles. Pour les responsables politiques d'un Congrès en déroute comme pour une grande partie de la population, elle représente la dernière sentinelle d'une dynastie frappée à mort.

« Avez-vous besoin de quelque chose, d'un service quelconque ? » Ainsi s'annonce, d'une voix pateline, le ministre des Affaires sociales en entrant au domicile familial des Gandhi.

À la direction du Congrès, on ne sait plus qu'inventer pour la gagner à la cause. Pour qu'elle revienne sur son refus et accepte d'entrer dans l'arène.

Ceux qui désirent la voir sont si nombreux qu'elle décide d'instaurer un horaire pour les visites, de cinq à sept heures du soir. Elle consacre les matins à répondre aux milliers de lettres de condoléances qu'elle et ses enfants continuent de recevoir du monde entier. Elle tient à toutes les lire, et s'efforce de répondre personnellement aux gens qu'elle connaît. Aux autres, elle envoie quelques lignes de remerciement imprimées et signées de sa main, en anglais ou en hindi. Les après-midi sont le moment où le sentiment de perte et de solitude est le plus pénible. Par moments, elle oublie que Rajiv ne rentrera pas ce soir. Il y a tant d'années qu'elle est habituée à son retour qu'elle a gardé le réflexe de l'attendre. En vain désormais. Par chance, elle est entourée de sa famille. Sa mère Paola est venue séjourner avec elle, et continue d'espérer en secret que Sonia se décide à rentrer en Italie. Mais elle ne veut pas insister davantage, car la dernière fois qu'elle en a parlé, Sonia s'est fâchée. Priyanka et Rahul se montrent très attentionnés. De temps à autre, un ami vient dîner et l'atmosphère s'égaie un peu pendant la préparation du repas.

Les intimes, les fidèles sont rares. Parmi eux, il y a les frères Bachchan (l'un d'eux, Amitabh, est devenu la plus grande vedette du cinéma indien), une décoratrice qu'elle a connue dès les premiers mois de son arrivée et son mari, un couple de journalistes, un ou deux éditeurs, d'anciens collègues d'Indian Airlines, de vieux amis de la famille comme Suman Dubey et son épouse... Les Quattrochi sont repartis pour l'Italie, et s'ils étaient restés, elle ne pourrait les fréquenter à cause du scandale Bofors, dans lequel Ottavio semble bien avoir trempé. Ses vrais amis ne parlent pas à la presse et ne racontent rien qu'elle pourrait interpréter comme une trahison à la confiance qu'elle leur accorde. Ils savent qu'elle est très attachée à sa vie privée, et qu'elle ne veut pas que sa douleur apparaisse sur papier glacé. Elle est très irritée contre la presse étrangère qui présente maintenant Priyanka comme l'héritière de la « dynastie ». Les reporters qui l'ont suivie durant la campagne d'Amethi n'ont pas manqué de remarquer le magnétisme de la jeune femme, son regard pénétrant. Beaucoup n'ont pas résisté à la tentation de la comparer à sa grand-mère.

De nombreux dirigeants étrangers de passage dans la capitale désirent aussi rencontrer Sonia. Elle est heureuse de les recevoir pour partager avec eux les souvenirs des nombreux voyages qu'elle a effectués aux côtés de son mari. Au ministère des Affaires étrangères, on ne comprend pas toujours pourquoi Yasser Arafat, Nelson Mandela ou le roi Hussein de Jordanie tiennent à s'entretenir avec une femme qui n'occupe aucun poste officiel. « Et le protocole ? » interrogent-ils. Mais le Premier ministre Rao n'écoute pas ces objections. Puisque tel est le désir des dignitaires étrangers, le gouvernement n'a qu'à s'adapter, protocole ou non. Le pouvoir les traite, elle et ses enfants, comme une famille royale. Les Gandhi morts ou vivants méritent la déférence, comme si l'Inde leur reconnaissait le droit divin de régner sur elle. Maintenant, à côté des grands portraits d'Indira qui ornent les édifices publics, on voit la photo d'un Rajiv souriant depuis l'au-delà. La famille reste constamment présente à l'esprit de centaines de millions d'Indiens.

Peu à peu, ses enfants et ses amis aident Sonia à trouver un sens à sa vie sans Rajiv. Elle a bien conscience qu'il lui faut organiser son existence au plus tôt, ne serait-ce que pour Rahul et Priyanka, qui doivent retourner à l'université. « Il ne faut surtout pas que ce qui est arrivé les empêche de mener une vie normale. » Elle est obsédée par cette idée. Toute sa vie, elle n'a jamais espéré autre chose. Elle n'a presque jamais été exaucée, mais elle continue d'en parler comme d'un objectif accessible. Puis elle se corrige et dit : « La vie la plus normale possible. » Oui, tel reste son but, le seul viable.

Et si elle ne peut plus vivre avec Rajiv, elle peut encore vivre pour lui. Pour sa mémoire. Pour que son rêve ne s'efface pas. Ses amis lui proposent de créer une fondation, un peu dans le style des fondations présidentielles américaines qui gardent le legs de chaque chef d'État. Ce serait une réponse aux terroristes qui l'ont assassiné, un moyen pour que ses idées et sa vision lui survivent. Sonia choisit la date du 20 juin pour signer l'acte de création de la Rajiv Gandhi Foundation, afin de marquer aussi l'anniversaire de Rahul, qui a vingt et un ans ce jour-là. Entourée de ses enfants et d'amis, elle appose sa signature sur le document qui consacre une institution destinée à promouvoir l'application de la science et de la technologie au service des pauvres. Et il lui semble qu'ainsi Rajiv reste vivant par-delà la mort.

Le 20 août, qui aurait été le quarante-septième anniversaire de Rajiv, ils vont lui rendre hommage au *samadhi*, le mausolée en forme de fleur de lotus érigé sur le lieu de sa crémation. Il est près des *samadhis* respectifs de Sanjay, d'Indira et de Nehru, symboles qui rappellent eux aussi le prix du pouvoir. Sonia porte un sari blanc bordé de noir, elle a le regard perdu et il semble que son esprit est très loin, en un lieu qu'elle seule connaît. Peut-être se laisse-t-elle emporter par ses rêves et fait-elle encore des projets de vie aux côtés de Rajiv pour avoir quelques instants l'illusion du bonheur. Dans l'air flotte l'odeur de l'encens que brûlent les prêtres sur des braseros improvisés. Elle est debout entre Rahul et Priyanka. Tous les trois paraissent recueillis et perdus dans leurs pensées, tandis que les chants hindous s'égrènent comme une litanie sans fin. Au fond, on entend les bruits de la ville. Soudain, se présente la dernière personne qu'ils auraient envie de voir en ce lieu et en cet instant. C'est Maneka. Sonia se crispe en voyant sa belle-sœur s'approcher du *samadhi* et déposer une offrande florale sur le marbre poli. Puis elle se conforme à la tradition et fait le tour du mausolée. Elle passe devant Sonia et ses enfants, mais ils ne se saluent pas. Sa présence a brisé la sérénité du cérémonial et Sonia, irritée, décide de retourner à la voiture.

43.

Cinq mois après l'attentat, la commission électorale annonce une élection partielle à Amethi, et de nouveau le chœur de voix se fait entendre. Ce chœur qui réclamait Indira après la mort de Nehru, et Rajiv après celle de son frère, sollicite maintenant Sonia. D'anciens compagnons de son mari lancent un appel au Premier ministre pour qu'il la convainque de se présenter à Amethi et de succéder à Rajiv. Ils savent qu'il existe un lien particulier entre Sonia et les habitants de cette circonscription. La flatterie est poussée à des extrêmes invraisemblables quand un membre du parti déclare sans honte : « Si Sonia voulait des chaussures faites avec ma peau, je la lui offrirais sans hésiter. » Mais la famille perd patience : « Qu'est-ce qu'ils nous veulent, ces militants ? s'exclame Priyanka hors d'elle. Que nous continuions à sacrifier nos vies ? Au diable la politique ! » Bien sûr, il lui semble aberrant que l'équilibre d'une nation de près d'un milliard d'individus repose sur une veuve née en Italie. Mais c'est ce qu'on pense au sommet du pouvoir, et du parti.

Faute de parvenir à la persuader, on tente de se rallier Sonia par d'autres moyens. Le gouvernement de Narasimha Rao décide d'octroyer une donation de dix millions de roupies, payable en cinq ans, à la Fondation Rajiv Gandhi. Sonia se met en colère et envoie une lettre à Rao : « Je vous remercie personnellement, ainsi que vos collègues, pour cette offre généreuse ; mais il vaudrait mieux que le gouvernement conçoive ses propres projets et programmes humanitaires et les finance directement, rendant ainsi hommage à la mémoire de mon mari. » Mais il est tard, et le scandale éclate. À peine la nouvelle de la donation supposée a-t-elle été rendue publique que l'opposition a engagé une attaque contre ce qu'elle appelle le *Rome Raj*, l'« empire de Rome » : « Un gouvernement qui peut voler aux pauvres dix millions de roupies pour en faire don à la famille de Rajiv Gandhi est capable de n'importe quoi. »

Lasse de tant de manœuvres et de manipulations, de ce nouveau scandale inutile que l'opposition exploite sans vergogne, de ces pressions qui ne respectent à aucun moment sa douleur, de la presse qui spécule sans répit sur son rôle à venir, Sonia décide de suivre le conseil de ses enfants et de partir pour un voyage en Europe et aux États-Unis. Ce voyage l'aide à se distraire du bruit et de la fureur de l'Inde, à se détendre mentalement et à mettre ses idées en ordre. Elle est plus décidée que jamais à garder vivant l'héritage de Rajiv, sans pour autant mettre le pied dans le marigot de la politique. Mais est-ce possible ?

À son retour, la police lui annonce qu'elle a identifié les auteurs de l'assassinat de Rajiv. L'enquête a été facilitée par le travail héroïque d'un photographe qui travaillait pour un journal local de la région de Sriperumbudur, un jeune homme du nom de Haribabu. Le soir de l'attentat, ce reporter avait attendu avec impatience l'arrivée de Rajiv. À peine celui-ci était-il descendu de son Ambassador blanche que Haribabu l'avait bombardé de flashes, au point que le bon gorille Pradip Gupta l'avait repoussé du bras pour qu'il cesse de l'importuner. Mais le photographe, peu soucieux d'économiser de la pellicule, avait continué son travail. Qui savait quand un personnage de la stature de Rajiv Gandhi reviendrait dans cette région perdue ? Sa persévérance lui avait coûté la vie. On avait retrouvé le corps de Haribabu disloqué par l'onde de choc. Ses restes gisaient à vingt mètres de l'endroit où il se trouvait au moment de l'explosion. Ce que la police avait découvert sur le lieu encore fumant de l'attentat était son appareil photo. Il était miraculeusement intact. En développant la pellicule, on avait eu tout loisir d'observer les derniers visages que Rajiv avait vus avant de mourir, parmi lesquels celui de Dhanu, la jeune femme qui avait commis l'attentat-suicide.

« Regardez bien cette photo, dit à Sonia le chef de la police. C'est celle de la meurtrière de votre mari. »

Au moment de prendre la photo pour l'examiner, Sonia a les mains moites. Il lui est profondément pénible de soudain découvrir le visage de celle qui lui a fait tant de mal. Elle n'était qu'une abstraction dans son esprit ; mais à présent, elle prend l'aspect d'une jeune femme apparemment normale. « Comment a-t-elle pu commettre une telle horreur ? » se demande Sonia en la regardant fixement, comme si elle cherchait un signe physique de sauvagerie, comme si elle pouvait pénétrer ses pensées, deviner ce qui l'a poussée à un tel crime et à y sacrifier sa propre vie. Le policier lui indique du doigt le visage d'un homme à la peau sombre, un homme du Sud, dans un coin de la photo.

« Nos enquêteurs ont réussi à l'identifier, dit-il. C'est un terroriste connu sous le nom de Shivarasam, l'un des chefs du LTTE (les Tigres pour la libération de la patrie tamoule). Madame, je viens vous confirmer ce que nous supposions depuis le début : votre mari est mort victime d'un complot des extrémistes tamouls.

— Une vengeance des Tamouls à la suite de l'intervention militaire sur l'île ? C'est ce que vous voulez me dire ? »

Le policier acquiesce.

« Les extrémistes ont réagi exactement comme des tigres qui se jettent à la gorge de celui qui s'aventure sur leur territoire », dit-il.

En y réfléchissant, Sonia prend conscience qu'il existe une sorte de règle, une règle atroce, qui régit les morts violentes de la famille. À croire que ses membres sont les artisans de leur propre destruction. Indira est morte à cause d'une crise que Sanjay avait déclenchée, en créant le monstre Bhindrawale pour gagner les suffrages des sikhs ; et Rajiv est mort à cause d'une crise suscitée par Indira, qui avait facilité durant des années le soutien aux Tigres tamouls pour engranger les voix des Indiens du Tamil Nadu. Pourtant, ne disait-elle pas que la pire politique consistait à ne pas faire ce qu'on estimait juste, par crainte de perdre des soutiens ? Les deux avaient fini par payer des erreurs commises dans des moments de faiblesse, de manque de confiance. À dire vrai, la grande erreur était de faire passer des considérations politiques à court terme avant les intérêts du pays à long terme. Et ce genre d'erreur coûte cher en politique. Sonia, Priyanka et Rahul ont le cœur qui se glace rien qu'à y penser. C'est la leçon la plus chère de leur vie.

Contrairement au parti du Congrès, les fondamentalistes hindous sont très satisfaits de leurs résultats électoraux. Il est clair que la campagne pour détruire la mosquée d'Ayodhya et la remplacer par un temple hindou consacré au dieu Rama leur a été très avantageuse. Les troubles dans les rues se sont transformés en voix dans les urnes. Alors, pourquoi ne pas continuer ? En octobre 1991, les organisations extrémistes hindoues affiliées au BJP s'arrangent pour acheter les terrains autour de la mosquée. Aussitôt après, les travaux de nivellement débutent. Comble de la provocation, elles annoncent qu'elles entameront la construction du temple le 6 décembre. Quand les musulmans protestent, le gouvernement envoie à Ayodhya une équipe chargée d'évaluer la situation. Celle-ci découvre une grande dalle en béton que les extrémistes ont fait couler juste à côté de la mosquée. Une violation manifeste de la loi qui, depuis les derniers affrontements, a interdit de changer la configuration des lieux, de quelque manière que ce soit. Les autorités locales ont choisi de fermer les yeux, l'équipe gouvernementale est consternée. Mais l'explication est très simple : elles ont à leur tête un membre du BJP.

Craignant une possible escalade de la violence, le ministre de l'Intérieur à New Delhi envoie vingt mille policiers qui s'installent dans différentes casernes, toutes situées à moins d'une heure de la mosquée. Mais son initiative provoque l'arrivée de cent mille militants hindouistes. Déguisés en héros de la mythologie, armés de tridents, d'arcs et de flèches, ils établissent un immense campement. Plusieurs chefs du BJP invoquent le caractère pacifique de ce rassemblement.

« Nous avons notre propre service d'ordre ! » affirment-ils face au gouvernement.

Le 6 décembre, date annoncée de la pose de la première pierre du temple, le gouvernement renonce à dépêcher ses hommes sur place. « Nous avons voulu éviter toute provocation », déclare plus tard un de ses porte-parole, quand apparaît avec évidence la gravité de cette erreur.

Aux alentours de la mosquée, seule la police de l'État est présente : peu nombreuse et peu motivée, elle est surtout très mal équipée pour contenir la frénésie de l'assistance. À onze heures et demie du matin, alors que des renonçant à demi nus et couverts de cendre commencent d'entonner des cantiques et des oraisons sur la dalle de béton, un groupe de militants s'approche de la mosquée, l'air menaçant. Le service d'ordre et quelques agents de police tentent de les arrêter, ce qui leur vaut de recevoir des jets de pierre de la foule en colère.

« Nous élèverons notre temple ici même ! » crient les hindouistes avec ferveur.

Un jeune intrépide réussit à contourner les forces de l'ordre et à escalader le mur de la mosquée, pour arriver au pied d'une de ses trois coupoles. La foule perçoit ce geste comme le signal de l'attaque. Armée de haches, de pioches et de pelles, une avalanche de militants s'élance sur la mosquée. La police, effrayée, prend la fuite.

Une demi-heure plus tard, les militants marchent sur le toit en brandissant des drapeaux couleur safran et en lançant des cris de victoire. Tandis que certains jettent des crochets attachés à des cordes pour les planter en haut des minarets, d'autres attaquent la base avec des masses, des marteaux et des pioches. À deux heures de l'après-midi, le premier minaret s'écroule. Avec lui tombe une douzaine d'hommes occupés à ravager le toit à coups de hache. Mais peu semblent s'en soucier, la vie humaine en ce moment n'a plus aucune importance : ce qui compte est d'en finir avec les symboles du voisin musulman. Une heure plus tard, c'est le deuxième minaret qui s'effondre. Puis le dernier, et pour finir la coupole centrale. En un seul après-midi, un monument qui avait été le témoin d'innombrables convulsions de l'histoire, qui avait supporté les pluies battantes de plus de quatre cents moussons, est réduit à l'état de décombres par la fureur de quelques fanatiques.

La plupart des hindous du pays ne sont nullement d'accord pour qu'une minorité d'extrémistes fasse plier l'État devant sa volonté. Si les forces qui auraient pu empêcher le sacrilège étaient présentes aux environs, pourquoi n'ont-elles pas reçu l'ordre d'intervenir ? En ces jours de terreur, nombreux sont les Indiens qui regrettent Indira : si elle avait été au pouvoir à New Delhi, jamais, pensent-ils, une telle catastrophe ne serait produite. Ils l'imputent à la lâcheté du gouvernement de Narasimha Rao, qui redoute de contrarier les hindous dans un pays où ils sont majoritaires.

La démolition cause six morts parmi les militants et une cinquantaine de blessés. Les chefs du BJP sont arrêtés par la police et placés sous bonne garde. Un prêtre local influent exprime le désir qu'Ayodhya devienne le « Vatican des hindous » et lance un appel à la violence. Le premier pas, proclame-t-il, sera de nettoyer la ville de ses minorités. Les militants répondent avec enthousiasme à ce cri de guerre et se lancent dans une orgie de violence : les maisons des musulmans, puis des quartiers entiers sont incendiés. Bientôt, la fureur assassine s'étend à l'Inde tout entière. Les musulmans descendent dans les rues, attaquent les commissariats de police et mettent le feu aux bâtiments officiels. Des hordes d'hommes surexcités utilisent toutes sortes d'armes, de l'acide au fusil de chasse en passant par le lance-pierres et le poignard. La presse rapporte des cas d'enfants brûlés vifs, de femmes abattues à bout portant par des policiers. Le spectre de la Partition a refait surface.

On compte des milliers de morts dans toute l'Inde. L'armée impose le couvre-feu. Le pays est paralysé par la peur. Les avions ne décollent plus, les trains ne circulent plus. Le cauchemar de Nehru et de Gandhi, l'explosion de la haine intercommunautaire, est devenu réalité sous les yeux affolés du peuple, qui voit la cohabitation entre voisins céder la place à l'hostilité et à la suspicion. Les enfants musulmans et hindous ne jouent plus ensemble comme ils l'ont fait pendant plus de mille ans. Leurs parents ne se parlent plus, ne font plus d'affaires ensemble et cessent toute relation. On commence à exiger des musulmans qu'ils prouvent leur loyauté à la nation indienne. Lors des matches de cricket qui opposent l'Inde au Pakistan, ils sont priés de déployer le drapeau national sur leur façade et d'encourager bruyamment l'équipe nationale, faute de quoi leur maison est attaquée à coups de pierre ou de fusil. Ils sont contraints d'être toujours sur leurs gardes. Mais au Cachemire, où ils sont majoritaires, les rôles sont inversés. Là, les extrémistes musulmans lancent un jihad contre les sages hindous, leurs adeptes, et toute la communauté des *pandits* dont sont issus les Nehru. Plus de cent mille personnes se trouvent forcées à l'exil. Les deux processus se nourrissent l'un l'autre. La plupart des Indiens, cependant, qui n'ont pas l'habitude de faire de la politique à coup de foi et de religion, se posent une foule de questions : Peut-on garder confiance dans un gouvernement qui ne tient pas sa promesse de protéger un lieu de culte séculaire ? Peut-on faire confiance à une communauté qui s'en prend avec tant de rage meurtrière à ceux qui professent une autre foi ? « Comme les minarets qui couronnaient cette vieille mosquée, écrit le magazine *Time*, les trois piliers de l'État indien – la démocratie, la laïcité et l'état de droit – risquent d'être terrassés par la fureur du nationalisme religieux. »

Pendant trois ans, Sonia est restée enfermée chez elle, absorbée par la tâche de classer les archives familiales. Elle a écrit un livre émouvant sur son mari, pour lequel il lui a fallu se plonger dans plusieurs centaines de discours, d'innombrables notes et quelque cent mille photos. En lectrice passionnée, elle a vécu son deuil parmi les livres, les dossiers et les documents de toute sorte. Elle a aussi édité le deuxième volume des lettres entre Indira et Nehru, une correspondance intense et bouleversante. « Tu ne peux te libérer de la tradition familiale, écrivait de sa prison Nehru à sa fille, car elle te poursuivra et, que tu le veuilles ou non, elle te donnera un certain statut dans la société que tu n'as rien fait pour mériter. C'est fâcheux, mais il te faudra l'accepter. Et puis, tout bien pesé, il n'est pas mauvais d'avoir une bonne tradition familiale. Elle nous aide à envisager l'avenir, à nous rappeler que nous devons garder vivante une certaine flamme et que nous n'avons pas le droit de nous rabaisser ou de nous avilir. » Sonia ne parvient pas à chasser cette lettre de son esprit. Écrite en d'autres temps et en d'autres circonstances, elle résonne en elle, car elle exprime une incontournable vérité.

À présent, ce qui se passe autour d'elle la révolte. Qu'un gouvernement dirigé par un Premier ministre du Congrès n'ait pas été capable d'empêcher la catastrophe d'Ayodhya lui fait vraiment mal. C'est une insulte aux idéaux du parti, à son essence même. Est-il possible que les sacrifices de Gandhi, d'Indira et de Rajiv n'aient servi à rien ? se demande-t-elle, déconcertée. Toute cette douleur a-t-elle été inutile ?

Lors d'une réunion des directeurs de sa fondation, elle propose de publier une critique sévère du gouvernement.

« La fondation est un organisme apolitique, lui objecte un des directeurs, un ancien membre du Congrès et un vieil ami de

Rajiv. Son rôle n'est pas de faire de commentaires en faveur ou contre le gouvernement. »

Mais Sonia secoue la tête :

« Rajiv et les autres membres de la famille sont identifiés à la laïcité, à la volonté de ne pas mêler politique et religion. J'ai l'impression que si la fondation ne condamne pas ce qui se passe, nous trahissons notre héritage.

— Mais si vous le faites, vous vous lancez en politique. Vous devez vous rendre compte que si vous vous opposez aux décisions du Congrès, vous apportez de l'eau au moulin de ses adversaires, c'est-à-dire des extrémistes hindous…

— Il ne s'agit pas de faire de la politique ou non. C'est une question de principes. On ne peut pas rester impassible face à des événements pareils ! »

Sonia n'a pas l'intention de se taire, et peu lui importe la couleur du gouvernement. Elle répète que son autorité et celle de la fondation sont morales et non politiques. Le Premier ministre Narasimha Rao n'a-t-il pas commis la même erreur dans sa gestion de la crise d'Ayodhya qu'en leur temps Sanjay avec les Sikhs, et Indira avec les Tamouls ? Les leçons du passé ne serventelles donc à rien ? Si Rao n'a pas envoyé l'armée à temps pour empêcher la destruction de la mosquée, c'est qu'il ne voulait pas s'aliéner les suffrages hindous. Il a sacrifié la paix du pays à un bénéfice électoral à court terme. Ce n'est pas la politique que Sonia est disposée à soutenir. Même si elle est menée par le Congrès.

Si bien qu'elle s'en tient à son idée et rédige une déclaration en termes sévères, dans laquelle elle impute une grande part de responsabilité au gouvernement Rao. Inévitablement, un orage se déclenche : « Elle entre en politique, et elle le fait contre nous ? » se demandent les ministres et les députés stupéfaits. Comme il fallait s'y attendre, l'opposition profite du spectacle de cette querelle interne au parti, qui vient s'ajouter toutes les précédentes. Car à l'intérieur du Congrès, les chefs se dévorent les uns les autres. Un véritable nid de vipères. Les extrémistes hindous applaudissent.

Mais Sonia sait ce qu'elle veut. Rester fidèle à sa promesse de préserver la mémoire de son mari et de la famille ne peut se confondre avec les ambitions politiques des hommes de Rajiv.

Surtout quand elle ne voit aucune raison de les soutenir. Elle estime que rester les bras croisés serait déloyal. Et Rajiv reste très présent dans son esprit. Tout ce qu'elle a fait dans sa vie, elle l'a fait pour lui. Et maintenant, elle continue, car la mort n'y a rien changé. Il vit en elle, il est sa raison d'être.

De surcroît, elle a un autre grief contre le gouvernement de Rao : le procès contre les conspirateurs arrêtés par la police semble devoir ne jamais commencer. Au cours des longs interrogatoires avec les détenus, la police a fini par découvrir un plan minutieusement élaboré pour assassiner Rajiv. Elle sait que ce plan a été conçu dans les profondeurs des jungles du Sri Lanka par la direction collégiale de l'organisation terroriste ; celle-ci s'est servie du vivier d'activistes présents dans le sud de l'Inde, car elle avait besoin de Tamouls locaux qui ne puissent être identifiés à leur accent sri-lankais. La police a découvert tout un réseau d'aide aux terroristes, une structure où les exécutants savaient seulement qu'ils se battaient pour la cause ; où les hommes et les femmes proches de la direction savaient seulement que la mission consistait à abattre un politicien « hostile à la lutte des Tigres » ; et où seuls les dirigeants connaissaient leur cible. Ces dirigeants craignaient qu'une fois Rajiv revenu au pouvoir, il n'envoie de nouveau l'armée indienne sur l'île. Ce qui aurait été un obstacle à leur guérilla.

Sonia et ses enfants sont déçus et agacés que tout ce travail d'enquête coure le risque de tomber à l'eau à cause de l'inertie du pouvoir judiciaire.

« Attendez encore un peu, il faut prendre patience..., leur disent les anciens camarades de Rajiv.

— Si la justice est trop lente, elle ne sert à rien. Tout le monde le sait, proteste Sonia, en répétant une phrase qu'elle a entendue mille fois du vivant d'Indira.

— Ce n'est pas le moment de s'en prendre au Congrès. Il est si affaibli qu'un nouveau coup lui serait fatal. Surtout s'il vient de vous.

— Ni mes enfants ni moi n'attendrons beaucoup plus longtemps », répond-elle avec fermeté.

Sonia, absorbée par son travail à la fondation, parcourt le pays comme elle ne l'a jamais fait auparavant. Elle redécouvre l'Inde profonde. Mais cette fois, elle est seule et le fait avec d'autres yeux. Qu'elle se déplace pour inaugurer le Lifeline Express, un train transformé en hôpital ambulant pour opérer la cécité, ou pour apporter du matériel de secours aux régions les plus affectées par les troubles, pour lancer des programmes d'alphabétisation ou pour ouvrir un hôpital oncologique dans une zone rurale et reculée, sa présence attire un nombre croissant de sympathisants qui lui réservent un accueil enthousiaste. À se sentir aimée ainsi, elle apprend à se montrer plus communicative, non avec la presse, dont elle continue de se méfier, mais avec les femmes qui lui offrent du thé, les enfants qu'elle embrasse, tous les gens auxquels elle prodigue son temps et son attention. Son travail la satisfait profondément. Elle assume avec énergie et efficacité la vieille promesse familiale faite aux pauvres de l'Inde, et elle le fait à sa manière.

Mais puisqu'elle est tenue par une promesse, puisqu'elle a aussi des principes et dispose du pouvoir que confère l'appartenance à la famille Nehru, peut-elle se taire devant l'inaction et l'incurie des autorités, quelle que soit leur couleur politique ? Le silence se signifie-t-il pas l'approbation de l'action du gouvernement, alors qu'il a conduit le pays au bord de l'abîme ?

Le 20 août 1995, lassée d'attendre et angoissée par la spirale de la violence entre hindous et musulmans, Sonia monte enfin au créneau, et elle le fait à Amethi. Elle a choisi la date d'anniversaire de Rajiv mort quatre ans plus tôt. Dix mille personnes en délire chantent en chœur : « Sonia, sauve le pays ! », tandis qu'elle monte lentement l'escalier de l'estrade, la tête couverte par le bord de son sari. Ses mains tremblent de nervosité et elle semble peu sûre d'elle, à la différence de sa fille Priyanka, qui salue la foule avec décontraction.

« Maman, regarde tout ce monde ! Tu ne crois pas que tu devrais les saluer ? »

Sonia écoute le conseil de sa fille et lève le bras. La réaction tonitruante de l'assemblée lui donne du courage. Flanquée de Priyanka, elle laisse libre cours à sa colère. « Depuis quatre longues années, le gouvernement s'est montré incapable de traduire en justice les assassins de mon mari, déclare-t-elle dans un hindi presque parfait. S'il faut tant de temps pour juger les meurtriers d'un ancien Premier ministre, qu'en est-il si le plaignant est un citoyen ordinaire ? Je suis sûre que vous comprenez ce que nous éprouvons. » Au milieu d'un ouragan de vivats, elle poursuit : « Aujourd'hui, les idéaux de Nehru, d'Indira et de Rajiv sont gravement menacés. La division est partout. L'heure est venue de restaurer leurs principes et je serai auprès de vous dans cet effort. » « Sonia, sauve le pays ! » lui répond la foule, débordant d'affection pour cette veuve courageuse et digne. Tous ceux qui sont venus admirent son abnégation, sa fidélité à la famille et son sens du sacrifice. Au moment où elle va remonter en voiture, un journaliste s'approche :

« Madame, votre discours marque-t-il le retour de la dynastie des Nehru-Gandhi sur la scène politique indienne ?

— Non, répond Sonia, je n'ai pas d'ambitions politiques. Je parle toujours en qualité de présidente de la Fondation Rajiv Gandhi. »

Mais l'Inde tout entière a entendu son message. Le lendemain, sa photo le bras levé, accompagnée de ses enfants, est en première page de tous les quotidiens nationaux. Aux yeux de millions d'Indiens, Sonia cesse d'être perçue comme la femme au foyer qui a vécu dans l'ombre de son mari et de sa belle-mère. Elle devient la figure publique responsable de l'héritage de la famille.

Il arrive à Sonia ce qui est arrivé à Rajiv et à Indira. Le contact avec l'« immense masse de l'humanité indienne » la réconforte et l'encourage. Il la tire de son angoisse existentielle, il lui fait oublier la contradiction qu'il y a à porter l'héritage d'une famille si politique lorsqu'on déteste la politique. Le résultat des élections suivantes, en 1996, ne la surprend pas. Elle est assez bien informée pour savoir que le Congrès n'obtiendra pas deux cents députés. Mais son score tombe au-dessous de cent quarante, une déroute historique. Rao dissout le gouvernement et démissionne de ses fonctions de Premier ministre et de leader du parti.

Quelques jours plus tard, Sonia reçoit la visite d'un groupe de dissidents du Congrès qui vient de nouveau lui demander conseil pour l'élection du prochain président de l'organisation. Mais elle refuse de donner son opinion. Cette fois, consciente de son pouvoir, du *Sonia factor*, elle décide de ne prononcer aucun nom. Elle ne veut pas être manipulée.

Maneka, en revanche, est sortie victorieuse de ces élections : elle a retrouvé un siège au Parlement. À force de se démener, la belle-sœur s'est construit une image bien à elle de protectrice des animaux. Elle est de nouveau nommée ministre de l'Environnement, mais sa joie est de courte durée. En raison des pressions des ennemis de la coalition, le nouveau Premier ministre se voit obligé de la relever de ses fonctions au bout de quelques jours. Il est paradoxal que la bru indienne d'Indira Gandhi, politicienne jusqu'au bout des ongles, doive tant se battre pour une parcelle de pouvoir alors que la timide bru étrangère, qui déteste la politique, ne cesse d'être courtisée pour prendre la tête des troupes.

Car les leaders du parti reviennent à la charge. Ils sont conscients que l'absence de la veuve de Rajiv pèse lourdement sur l'avenir. La situation est catastrophique, lui disent-ils, désemparés : le Congrès se désintègre et le pays se dirige tout droit vers une guerre de religions. Il ne se passe pas un jour sans qu'on vienne le lui répéter. Les querelles intestines au sein d'une des plus grandes organisations politiques du monde la vident de ses meilleurs militants, qui désertent en masse. Élu après d'âpres disputes, le nouveau leader n'est pas un homme qui inspire le respect. Allongé sur le sol, la tête sur un coussin, il passe ses après-midi chez lui, à boire du whisky, à fumer et à parler un peu de politique mais beaucoup de potins et de sexe. Sonia sait bien que cet homme n'apportera aucune solution, au contraire. Mais, malgré les pressions constantes, elle refuse de se laisser forcer la main. « Et Priyanka ? » lui demande-t-on, comme si à défaut de la mère on pouvait se contenter de la fille. N'importe qui, en somme, pourvu que ce soit un Gandhi : c'est le seul moyen de sauver le parti. Seul un Gandhi peut réconcilier les différentes tendances, et surtout les différents ego. Seul un Gandhi peut restaurer le moral en berne des sympathisants. Le Congrès jadis tout-puissant, ce parti qui pouvait se vanter d'avoir plus de cent ans d'âge, est plongé dans la consternation. « Sonia, des millions de militants sont prêts à donner leur vie pour vous. Comment pouvez-vous permettre que le Congrès s'effrite sous vos yeux ? » lui répète-t-on. Et on le lui répète tant que Sonia finit par éprouver un vague complexe de culpabilité, une sorte de remords. Peut-elle assister sans rien faire à la décomposition du parti pour lequel Rajiv a donné sa vie ? Cette question la perturbe. Tout d'un coup, c'est comme si la terre se dérobait sous ses pieds. De surcroît, elle est lassée de toutes les pressions auxquelles elle n'a cessé d'être soumise depuis la mort de Rajiv. Lassée aussi des flatteries. Mais surtout, elle est tourmentée. Si le Congrès se désintègre, l'héritage familial s'envolera pour toujours. Penser que le sacrifice de Rajiv pourrait avoir été vain lui fait perdre le sommeil. Sa fille partage son angoisse :

« Il faut faire quelque chose, lui dit-elle, sinon le BJP finira par détruire tout ce que nous avons construit, de grand-père jusqu'à papa. »

Un jour elle reçoit la visite d'Amitabh Bachchan, le vieil ami de la famille qui l'avait hébergée lors de son arrivée à New Delhi. Depuis, il est devenu l'acteur de cinéma le plus populaire de l'Inde. Sonia partage avec lui son désarroi :

« Je me demande si en commettant une faute à l'égard du Congrès, je n'en commets pas une aussi envers la mémoire d'Indira et de Rajiv, lui avoue-t-elle.

— Il ne faut pas les confondre avec les leaders actuels, lui répond Amitabh. Eux, ce sont une bande de vautours qui veulent profiter du pouvoir. Ils ne font appel à ta famille que pour satisfaire leurs ambitions personnelles. Ne te laisse pas embarquer dans leurs combines.

— Tu as raison », soupire Sonia.

Mais Priyanka n'est pas d'accord :

« Alors, dit-elle à sa mère quand elles sont de nouveau seules, nous allons laisser le pays courir à sa ruine sans lever le petit doigt ? »

Sonia lui répond par une autre question :

« Tu n'as pas l'impression que la famille en a déjà fait assez pour le pays ? »

Mais l'incertitude l'oppresse jour et nuit comme une étreinte lugubre, comme si elle devinait que sa résistance n'allait pas tarder à plier devant l'inévitable.

Quelques mois plus tard, une autre visite, celle d'un autre vieil ami, achève de semer le doute dans l'esprit de Sonia. L'un des chefs les plus respectés du Congrès, D. S., est un homme intègre. Du temps de Rajiv, l'opinion de D. S avait toujours compté.

« Nous courons au désastre, lui dit-il sans détour. Avec cette nouvelle direction, nous n'atteindrons pas cent sièges aux prochaines élections. Tu sais ce que ça signifie ? »

Sonia le regarde tristement. L'homme poursuit :

« Ça signifie la désintégration du parti, la fin du Congrès. Et peut-être de l'Inde comme nation. »

Un long silence suit. À couper au couteau.

« Je connais ta position et celle de tes enfants sur l'héritage de votre famille, mais devant l'extrême gravité de la situation, je suis venu au nom des compagnons de Rajiv pour te demander d'agir. Je sais ce que tu penses de la politique, nous le savons tous. Je sais que tu vas me répondre non, mais je manquerais à mon devoir si je n'insistais pas. Et je ne le ferais pas si j'estimais qu'il y a une meilleure solution.

— Et toi ? J'ai toujours pensé que tu en avais l'envergure, que tu pourrais faire un bon président du parti, lui rétorque Sonia.

— Je n'ai pas assez d'alliés. Je les aurai peut-être un jour, mais pas pour le moment. Dans ces circonstances gravissimes, la solution passe par toi et par tes enfants.

— Tu es en train de me dire que si je n'entre pas en politique, je fuis mes responsabilités ? »

D. S. n'ose pas répondre.

« Je dois te présenter un autre aspect du problème, poursuit-il au bout d'un instant. Supposons que le Congrès disparaisse… Qu'en sera-t-il de votre sécurité ? Que vous fassiez ou non de la politique, il y a beaucoup de gens qui voient en vous une menace en raison de ce que vous symbolisez. Ceux qui sont contre les principes fondateurs du Congrès sont aussi contre vous. Et malheureusement, ils sont légion. Leur nombre augmente de jour en jour. Même si tu n'as jamais voulu te lancer en politique, le seul fait d'avoir continué à vivre dans cette maison constitue en soi un acte politique. »

Sonia ne répond pas. Soudain, la tête lui tourne. D. S. continue :

« Si des extrémistes ont assassiné Rajiv, les mêmes ou d'autres sont prêts à s'en prendre à vous aussi, tu ne dois pas avoir le moindre doute sur ce point. Et si le Congrès disparaît en tant que force politique, qui va financer l'énorme déploiement de sécurité dont tes enfants et toi avez besoin ? »

Sonia frémit, car elle sait que son interlocuteur a raison. Osera-t-on les laisser sans protection ? Tout est possible dans le monde corrompu de la politique. Il y a des ennemis en dehors et aussi à l'intérieur du parti, ceux-là même qui ont exposé Rajiv à la haine des Tamouls et de tous les autres. Tous ont leurs raisons. Et il est clair que si le parti se disloque, les Gandhi seront sans défense. Mais si elle accepte, si elle entre en politique pour sauver ce vieux parti gangrené, n'est-ce pas tenter le diable ? N'est-ce pas s'exposer encore davantage aux balles de quelque fou ? Il n'y a pas d'issue dans le labyrinthe de sa vie. Tout finit par se mélanger dans sa tête : le sentiment de la responsabilité et la peur, la haine de la politique et le besoin de sécurité. Pour la première fois, Sonia prend conscience que ce n'est pas seulement le pouvoir qui a besoin d'elle ; sa famille aussi a besoin de la protection du pouvoir. Sinon, les choses sont claires : l'héritage cessera d'exister, le sacrifice d'Indira et de Rajiv sombrera dans l'oubli, et peut-être qu'eux-mêmes – Rahul, Priyanka et Sonia – cesseront aussi d'être de ce monde.

44.

Pendant que Sonia se débat dans un océan de doutes, la politique indienne poursuit sa course à la catastrophe. Créé par le parti du Congrès durant la lutte pour l'indépendance, le concept de nation qui recouvre l'idéal d'un pays pluriel, laïque, aux cultures multiples (à la différence du Pakistan, fondé autour d'une religion unique), continue de perdre du terrain à une vitesse alarmante. Les mêmes adversaires contre lesquels ont combattu Gandhi, Nehru, Indira et Rajiv gagnent de plus en plus de partisans. Leur vision d'une Inde aux mains des hindous, comme un écho involontaire du Pakistan islamique, séduit. Qu'arrivera-t-il s'ils s'emparent du pouvoir ? Assistera-t-on à une purification ethnique et religieuse ? Et puis, il y a le lamentable spectacle de la corruption. Une centaine de parlementaires ont maintenant un « passé criminel », ce qui signifie qu'ils ont été accusés d'une ou de plusieurs forfaitures sans être officiellement condamnés. Qu'en penserait Nehru ! Une fois ces gens élus, il est quasi impossible de les traîner en justice ; c'est pourquoi la politique attire comme un aimant les délinquants de tout acabit.

La corruption atteint de véritables sommets avec la dirigeante du principal parti d'« intouchables », une femme d'âge moyen du nom de Mayawati. Elle s'est enrichie du jour au lendemain – grâce à ses sympathisants qui seraient, d'après elle, très, « très généreux » – et a été prise en flagrant délit alors qu'elle octroyait des permis de construire à ses amis du bâtiment autorisant l'édification d'un immense parc à thème autour du Taj Mahal. Le scandale l'a contrainte à abandonner le projet, mais ne l'a privée d'aucune voix. La presse publie ses photos : on la voit recevoir ses interlocuteurs assise sur un authentique trône de bois ouvragé doré à la feuille, dans sa maison-palais de Lucknow. Elle a célébré son anniversaire avec faste en utilisant le matériel gouvernemental et les fonds publics. Et elle n'est pas la seule.

On dirait qu'au lieu de progresser, le pays recule vers l'époque des maharajahs débauchés par l'argent facile. Il retourne aux temps lointains où il était composé d'une myriade de royaumes, qui se battaient sans cesse et s'affaiblissaient mutuellement, facilitant les invasions mogholes ou britanniques. Une défaite du Congrès aux prochaines élections sonnera le glas du seul grand parti national. Maintenant, ce sont des fiefs qui tiennent le haut du pavé. Mus par leur seul intérêt, ils ne luttent pas pour des idées, mais pour engranger à tout prix les faveurs des électeurs, eux-mêmes de plus en plus divisés en castes ou en communautés régionales. La politique s'atomise. Jusqu'où ira cette fragmentation ? Jusqu'à provoquer l'éclatement de l'Inde ? Les analystes ne l'écartent pas. Certains disent que l'Inde, c'était les Nehru, et que sans eux l'Inde n'est plus une nation.

Au cours d'une de ses nuits d'insomnie, Sonia sent de nouveau une pression dans sa poitrine. Parfois, c'est le froid qui déclenche une crise d'asthme ; d'autres fois, c'est la tension nerveuse ; d'autres fois encore, la crise surgit sans aucune explication. Ses bronches semblent se rétrécir et ne plus laisser passer l'air. La sensation d'étouffement est angoissante. L'asthme chronique ne se soigne pas, on apprend à vivre avec la maladie, comme l'a fait Sonia au fil des ans. Elle reconnaît que le yoga lui est d'un grand secours, car c'est une discipline qui vous enseigne à respirer. Cette nuit-là, quand elle identifie les premiers symptômes, elle se hâte de chercher son inhalateur et ses médicaments. Mais elle ne les trouve pas à leur place habituelle, ils ne sont ni sur sa table de chevet ni dans l'armoire à pharmacie. « J'ai dû les laisser dans le bureau », se dit-elle. Elle enfile son peignoir et sort de sa chambre.

En effet, l'inhalateur est sur la table du bureau. Sonia s'assied, le place sur sa bouche, appuie au moment de l'inspiration et prend quelques profondes bouffées d'air. L'effet est perceptible aussitôt. Ça y est, elle peut respirer. Elle se détend. La maison est silencieuse. Elle n'entend que le bruit du vent dans les feuillages du jardin et celui de son souffle lent et régulier. La pièce sent encore l'encens froid, comme du vivant de Rajiv. Il aimait allumer quelques bâtonnets quand il travaillait, il disait que l'odeur l'aidait à se concentrer.

Soudain, Sonia lève les yeux et se trouve face à face avec la photo encadrée d'Indira. Puis avec celle de Nehru. Et avec celle de Rajiv. « Pourquoi me regardez-vous avec cette insistance ? Avec ce sourire énigmatique ? » Cette nuit-là, dans la pénombre, il lui semble qu'ils sont vivants. Elle glisse son inhalateur dans sa poche et, avant d'éteindre la lumière, regarde de nouveau les portraits. Elle ne parvient pas à soutenir leurs regards et baisse les yeux, comme si elle avait honte. Elle éteint la lumière et regagne sa chambre, mais ne trouve pas le sommeil. De peur de devenir dépendante, elle se refuse à prendre un somnifère. Elle tourne et se retourne dans son lit, s'emmêle dans le drap, allume la lumière, essaie de lire, se fatigue et éteint de nouveau. Elle ne peut chasser de son esprit les photos du bureau. « Je ne suis pas fidèle à leur mémoire, je les trahis, se dit-elle. Mon Dieu, que faire ? »

Il lui faut parler avec ses enfants. Rahul vient d'arriver de Londres, où il a trouvé du travail dans une société financière après avoir achevé ses études aux États-Unis. Priyanka a un fiancé, un garçon qu'elle connaît depuis l'enfance. Le lendemain, autour de la table du petit déjeuner, Sonia leur raconte l'étrange impression qu'elle a ressentie cette nuit :

« En passant devant les photos, il m'a semblé qu'elles me regardaient, comme si elles attendaient quelque chose de moi...

— C'est la vérité, maman, lui répond Priyanka. Il m'arrive d'avoir la même impression : j'ai honte de rester sans rien faire alors qu'autour de nous tout s'écroule. Que dirait grand-mère ? Je suis sûre qu'elle serait horrifiée. Nous devons éviter l'effondrement du parti.

— Mais comment ? demande son frère.

— En faisant campagne pour les prochaines élections ! »

Rahul hausse les épaules.

« Ne nous lançons pas dans ce guêpier.

— Nous devons bien y réfléchir d'abord, admet Priyanka, qui a les pieds sur terre. Tu sais, maman, je suis arrivée à la même conclusion que toi, même si c'est par un autre chemin. Nous ne pouvons pas rester spectateurs de ce qui se passe. C'est… c'est immoral ! »

Peu à peu, ils envisagent les bons et les mauvais aspects d'une décision qui bouleverserait leurs vies, mais qui finit par montrer sa logique profonde.

« Il faut parfois laisser de côté ses inclinations personnelles, vous ne croyez pas ? » dit Sonia, le visage sérieux.

Ses enfants s'abstiennent de répondre. Elle poursuit :

« Je serais prête à faire campagne pour le Congrès si c'est le seul moyen de le sauver, mais je ne veux avoir aucune responsabilité au gouvernement. Vous m'aiderez ?

— Bien sûr ! dit sa fille.

— Tu te souviens de ce que disait ton arrière-grand-père dans cette lettre à ta grand-mère Indira ? Qu'elle ne pourrait jamais échapper à la tradition familiale. Comme il avait raison !… Je crois que nous non plus, nous ne pouvons pas y échapper. C'est comme une seconde peau, que ça nous plaise ou non. »

Rahul a plus de mal à accepter la décision de sa mère, car il sent bien qu'elle ne la rend pas heureuse. Sonia va s'engager dans une voie pour laquelle, au fond, elle n'éprouve aucun attrait. Il sait qu'elle le fait parce qu'elle a hérité le même sens du devoir qu'Indira et Rajiv. Mais au bout du compte, le jeune homme comprend ce qui est en jeu.

« Maman, je prendrai un congé et je t'accompagnerai à tous tes meetings », lui dit-il pour l'encourager.

Sonia aime servir le thé à ceux qu'elle reçoit chez elle. Ce jour-là, il ne s'agit pas d'une visite habituelle : c'est elle qui a invité D. S., le dirigeant du Congrès. Ce vieil ami de la famille est celui-là même qui lui déclarait, il y a quelques mois, que le parti et le pays couraient tout droit au désastre. Un homme de haute taille, il a fière allure. Son élégance naturelle est rehaussée par le port d'une *kurta* blanche et d'un large pantalon, blanc lui aussi. Il a accouru sans délai, bien qu'il ait dû passer une nuit dans le train. Si Sonia appelle, il faut lui répondre, car elle n'appelle jamais d'ordinaire. L'Italienne lui tend une tasse de thé d'où monte un parfum de jasmin. Avant de s'asseoir, elle jette un rapide coup d'œil aux photos sur les murs, comme si elle leur demandait d'approuver son audace.

« Que se passerait-il si je faisais campagne pour le Congrès ? » interroge-t-elle sans plus de détours.

L'homme se brûle les lèvres et s'étrangle. A-t-il bien entendu ? Il n'avait aucune idée de ce qui l'attendait ; aussi la question de Sonia le prend-elle au dépourvu.

D. S. garde longtemps le silence. Sonia en profite pour lui tendre une petite serviette en lin brodée de la lettre G.

« Soniaji, lui répond-il en se séchant la commissure des lèvres, ta participation aurait évidemment un effet galvanisant sur nos troupes. Nous l'emporterions dans les urnes, sans aucun doute. »

Les yeux de D. S. s'éclairent. Sonia, quant à elle, est sérieuse, méditative.

« Tu crois vraiment ?

— J'en suis convaincu.

— Pour moi, c'est une décision très difficile à prendre.

— Je comprends parfaitement. Mais… »

Sonia l'interrompt :

« Je ne suis pas un leader-né, tu le sais. Tout ça ne m'est pas du tout naturel…

— Je ne crois pas que la capacité à être un leader soit innée. Regarde l'exemple d'Indira. Au début, elle était timide et elle s'exprimait mal en public. Tout s'apprend. Et en politique, on apprend plus vite qu'ailleurs.

— Tu crois vraiment que ces choses-là peuvent s'apprendre ?

— J'en suis sûr. Pense au nombre de gens qui accourent pour te voir à la première occasion. On dirait qu'ils boivent tes paroles… Et puis, tu as le temps de te préparer. Tu as l'avantage d'avoir à ta disposition le grand vivier de talents qui existe au parti du Congrès, à moins que le parti ne se désagrège si rapidement qu'ils aient tous fait leurs bagages avant les élections. Mais nous avons les meilleurs spécialistes dans des domaines comme l'économie, l'administration, les sciences et la technologie. »

Sonia le regarde longuement, sans rien dire. Elle a le visage impassible d'une femme qui s'est résignée à accepter son destin.

Peu de temps après cet entretien, Sonia accomplit un acte discret qui lui ressemble bien. Elle se rend au siège du parti, dans les bureaux d'Akbar Road, et remplit le formulaire d'adhésion. Munie de sa carte, cette carte qui la lie encore davantage à Nehru, à Gandhi et à tous ceux qui ont lutté pour les idéaux d'une Inde indépendante et libre, elle rentre chez elle. Elle s'installe dans le bureau et, avant de la ranger dans un tiroir, elle dirige son regard vers les photos encadrées sur les murs. Elle esquisse un timide sourire, comme si elle n'avait plus honte de les regarder en face.

Le 28 décembre 1997, Sonia annonce publiquement sa décision d'entrer en politique et de se présenter sous les couleurs du parti du Congrès aux prochaines élections. La nouvelle fait le tour du monde. Personne ne comprend les raisons de cette volte-face ; ni sa mère, ni ses sœurs, ni ses amis, ni la population en général. Les leaders du parti lui organisent une cérémonie de bienvenue spectaculaire, mais certains sont réticents, car ils savent que cette « néophyte » finira par prendre leur tête. Les mauvaises langues crachent leur venin : Sonia se lance en politique pour échapper au scandale Bofors, disent les uns. Elle veut devenir Premier ministre, disent les autres. Elle montre enfin son vrai visage, ironisent les troisièmes. Maneka Gandhi ne perd pas cette occasion d'ajouter son grain de sel : « Elle salue comme un essuie-glace », commente-t-elle après avoir vu Sonia agiter le bras vers ses partisans enthousiastes en sortant du siège du parti. Et elle affirme dans une interview à l'hebdomadaire *Panchjanya* : « Sonia ne sera pas élue parce qu'elle est étrangère… Tout ce qu'elle veut, c'est être un jour Premier ministre pour mener la vie de château. Cette fonction est comme un jouet pour elle, et elle n'a aucune conscience des sacrifices qu'elle suppose… »

Sonia refuse de faire le moindre commentaire au sujet des déclarations de sa belle-sœur. Elle est bien décidée à se blinder contre les critiques et les quolibets, d'où qu'ils viennent. Elle a toujours su qu'elle serait soumise aux regards scrutateurs du public, et que ceux-ci seraient plus malveillants que jamais. Cela fait partie de la vie d'un politicien. C'est pourquoi elle entend se préparer le mieux possible. Consciente de ses limites, elle s'entoure des meilleurs spécialistes : une historienne, un sociologue, un juriste expert en droit constitutionnel, un ancien directeur des services de renseignement, un professeur de sciences politiques… En général, elle se comporte en « étudiante appliquée », qui, par exemple, apprend rapidement les usages parlementaires. Mais elle commet quelques erreurs. Quand on lui présente le chef influent d'une caste de l'Uttar Pradesh, un homme brillant venu lui expliquer l'équilibre fragile des castes, Sonia répond avec candeur : « Au parti du Congrès, je souhaite qu'on minimise les considérations de caste. » L'homme se lève brusquement et déclare qu'il reviendra quand Sonia aura les idées plus claires sur l'importance du sujet. Les difficultés du métier…

Le moment de son entrée en politique est aussi celui du mariage de sa fille. Priyanka épouse un créateur de bijoux, le fils d'un magnat du laiton, originaire d'une ville proche de New Delhi. Sonia ne se réjouit pas trop de cette union : le jeune homme n'a pas terminé ses études universitaires et, pis encore, certains membres de sa famille entretiennent des liens avec des organisations extrémistes hindoues affiliées au BJP. Mais Priyanka ne semble pas y attacher d'importance. Elle est amoureuse d'un homme, non de sa famille, et sur ce point elle raisonne comme une Européenne, non comme une Indienne. Elle a pris sa décision et rien ne pourra lui faire changer d'avis.

« Priyanka est entièrement fidèle à la tradition familiale, observe Rahul avec une pointe d'ironie. Elle épouse quelqu'un avec qui elle n'a rien en commun. Où est le mal ?

— C'est précisément le problème. Ils n'ont rien en commun, dit sa mère.

— Un problème ? Et notre arrière-grand-père Nehru avec sa femme, qu'avaient-ils en commun ? Rien. Et Grand-mère Indira avec son mari Firoz ? Rien non plus. Et oncle Sanjay avec Maneka ? Et surtout toi avec papa ? C'est toi-même qui l'as dit, vous apparteniez à deux mondes totalement différents. Parfois ça marche, parfois non, personne ne peut le savoir d'avance.

— Si ta sœur et toi, vous vous liguez contre moi, je rends les armes ! » répond Sonia avec le sourire.

Au mariage de Priyanka, fille, petite-fille et arrière-petite-fille de Premiers ministres, la crème de la bonne société indienne se presse. Sonia, très élégante dans un sari en soie bordeaux et or, accueille le président de la République, le Premier ministre et tous les dignitaires du parti. L'atmosphère des festivités, que la presse qualifie de « mariage de l'année », est chargée d'expectative. Jamais autant qu'aujourd'hui la famille « régnante » n'a fait l'objet de tant de commentaires et de commérages. Depuis que Sonia a annoncé son entrée en politique, certains prédisent son échec imminent, tandis que d'autres expriment leur satisfaction d'avoir enfin trouvé une personnalité capable de sortir le parti de sa spirale autodestructrice. En mère dévouée, affirment-ils, Sonia a accepté ce sacrifice pour ses enfants, les héritiers naturels de la dynastie. Parmi les convives, on remarque aussi un jeune homme grand et beau que Priyanka a souhaité inviter. C'est son cousin Firoz Varun Gandhi, le fils de Maneka, qui étudie à la London School of Economics. Il est venu seul, sans sa mère. Que ce soit Priyanka, Rahul ou Firoz Varun, les hiérarques du parti ont une confiance absolue dans la jeune génération des Gandhi. Ils les considèrent tous les trois comme des leaders-nés, des personnalités charismatiques capables de décider du destin de plusieurs centaines de millions de gens. Maintenant que Sonia a fait le premier pas, ils sont convaincus que l'avenir du Congrès – et de la nation – doit passer par eux. Il ne leur échappe pas que Priyanka, radieuse, arbore le splendide sari taillé dans le coton que son grand-père Nehru avait tissé en prison. Le même que portaient Indira pour son mariage, puis Sonia pour le sien. Tout un symbole, ce sari rose.

Tout un symbole aussi, le fait que Sonia entame sa campagne là où son mari a terminé la sienne, dans la petite ville de Sriperumbudur. Elle doit surmonter l'émotion qu'elle éprouve à se retrouver sur les lieux où Rajiv a vécu ses derniers instants, surmonter aussi sa timidité, sa nervosité et l'asthme qui la reprend au moment de parler en public. « Je suis ici devant vous, entourée d'un fort déploiement de sécurité, à l'endroit même où Rajiv s'est trouvé seul et sans défense face à ses assassins. Sa voix a été réduite au silence, mais son message et les idées qu'il défendait restent plus vivants que jamais. » Elle ne parle plus des lenteurs de la justice avec la même amertume qu'autrefois. En janvier 1998, le président du tribunal devant lequel ont comparu les meurtriers de son mari a enfin prononcé sa sentence. Ce sera la peine de mort. Les condamnés ont fait appel devant la Cour suprême, mais leurs chances de voir leur peine commuée sont minimes. Ce n'est pas une consolation pour Sonia, qui a toujours été opposée à la peine capitale. Elle préférerait les savoir derrière les barreaux pour le reste de leur vie.

Pour ne pas esquiver le sujet de ses origines étrangères, le point faible dont ses adversaires se servent déjà contre elle, Sonia ajoute : « Il y a déjà trente ans que j'ai épousé l'Inde, lorsque je suis entrée dans le foyer d'Indira Gandhi. C'est à travers son cœur que j'ai appris à comprendre et à aimer l'Inde. » Ce sont des phrases simples, prononcées sur un ton naturel et aimable, entrecoupées d'un léger sourire. Elle les répète durant un mois, au cours duquel elle parcourt trente mille kilomètres, une épreuve à laquelle elle a vu se soumettre plusieurs membres de la famille. Dans ses discours, qu'elle lit directement dans l'alphabet hindi, elle parle aussi de sacrifice, de stabilité et surtout de laïcité. Elle explique qu'elle s'est décidée à entrer en campagne en raison du triste spectacle livré par certains politiciens sollicitant les suffrages au nom de la religion. « Vous devez choisir entre les forces de l'harmonie et du progrès et celles qui cherchent à exploiter nos différences pour s'emparer du pouvoir. » Elle ne perd aucune occasion de présenter ses excuses pour les fautes du passé, comme l'opération Blue Star au Pendjab ou la démolition de la mosquée d'Ayodhya, et assume les erreurs des autres avec une totale humilité. Elle parle avec le sentiment d'être investie d'une mission ; ainsi les foules qui se pressent à ses meetings ne le font pas uniquement pour satisfaire l'immense curiosité qu'elle suscite : elles sont attirées par un message à la fois teinté d'émotion et politiquement convaincant. La campagne de Sonia apporte une note de fraîcheur et de nouveauté dans le contexte général de la vie politique indienne. Les leaders les plus sceptiques sont étonnés de son efficacité quand il s'agit de remplir les salles où se tiennent les meetings et de galvaniser l'électorat. Le *Times of India* finit par titrer en première page : « Impératrice timide, puis veuve douloureuse et enfin femme politique puissante, la métamorphose de Sonia Gandhi semble achevée. »

Sonia ne triomphe pas aux élections, mais remporte quand même cent quarante-six sièges pour le Congrès. Une participation en nette hausse. Autrement dit, elle parvient à éviter la catastrophe. Reconnue comme celle qui a sauvé le parti, celle qui peut l'empêcher de disparaître à force de guerres intestines, Sonia est nommée présidente du Congrès conformément à la volonté de ses principaux dignitaires. Ainsi devient-elle le cinquième membre de la maison de Motilal Nehru à occuper cette fonction. Ah, si Stefano Maino pouvait la voir aujourd'hui !… Qu'ils sont loin, les monts Asiago, les veillées près de la cheminée avant la *zuppa* du dîner, les longues messes du dimanche à l'église de Lusiana, l'odeur de neige des fins d'automne, les rêves d'enfant où elle se voyait vivre en ville plutôt qu'à la campagne à garder les troupeaux de vaches… Et tout cela à cause d'un échange de regards dans un restaurant de Cambridge.

Onze mois après son mariage, Priyanka tombe sur une nouvelle dans le journal au sujet des assassins de son père. Une des terroristes est sur le point d'être exécutée par pendaison avec trois de ses complices. L'un d'entre eux est son mari. La terroriste, une certaine Nalini Murugan, s'est mariée dans la prison de Vellore, une ville du Sud, et elle a donné naissance à une fillette. Tous les après-midi, la petite, accompagnée de sa grand-mère, vient rendre visite à sa mère au parloir, où elle est autorisée à rester une demi-heure. Priyanka est ébranlée par la lecture de l'article. Elle en parle à sa mère et à son frère. D'autres morts sont-elles vraiment nécessaires ? Le sang n'a-t-il pas assez coulé ? Sonia et Rahul sont consternés aussi. Aucun des trois n'est en faveur de la peine de mort. Justice a été rendue, et dans une certaine mesure le procès les a aidés à accepter le drame qu'ils ont vécu. Mais qu'une action de l'État laisse une enfant orpheline à cause des méfaits de ses parents, voilà quelque chose qui leur semble injuste.

« Cela nous sera d'aucune consolation, dit Sonia.

— Plutôt le contraire, ajoute Rahul. Que pouvons-nous faire ?

— Obtenir la clémence pour la mère, suggère Priyanka, et nous arranger pour que l'exécution des autres soit reportée *sine die.* »

Quand le président de la République reçoit Sonia en audience spéciale dans sa résidence de l'ancien palais du vice-roi, il n'en revient pas de ce qu'elle lui demande après avoir tant protesté contre les lenteurs de la justice. « Mes enfants sont orphelins de père. Il y a eu assez de malheur, lui dit-elle. Nous ne voulons pas que d'autres enfants perdent leurs parents. Inutile que ce drame mène à d'autres drames. Je vous demande de faire le nécessaire pour qu'une grâce soit accordée à Nalini Murugan et qu'elle puisse élever sa petite fille. »

Quand on vient chercher la jeune terroriste dans sa cellule, elle est convaincue qu'elle va être exécutée. Mais on la conduit devant le juge de Vellore : il lui annonce que sa peine a été commuée en prison à vie. « Puisse cette décision servir à quelque chose, ne serait-ce qu'à attirer l'attention sur l'inutilité des actes terroristes, qui ne conduisent qu'à la destruction et à la mort », déclare Rahul à la presse. Puis, grâce à la médiation de Sonia, Nalini obtient un visa qui permet à sa fillette et à ses grands-parents paternels de partir s'établir en Australie, où ils sont accueillis par des membres de la communauté tamoule en exil. L'enfant pourra grandir dans un milieu où l'on ignore tout de la situation de ses parents.

45.

Sonia a rendu l'espoir au plus grand parti démocratique du monde, mais elle ne lui a pas offert le pouvoir. Elle n'a pu briser la montée en puissance des hindouistes du BJP dont les résultats permettent de diriger une coalition pour former le gouvernement. Continueront-ils d'exciter les rivalités entre communautés ? De pousser le pays vers l'abîme ? Heureusement, le nouveau Premier ministre, Atal Bihari Vajpajee, est un homme cultivé, modéré et très respecté des cercles politiques. Parviendra-t-il à contrôler les plus extrémistes ? Le pays entier se pose ces questions, surtout après avoir découvert le programme qui a de quoi en faire frémir plus d'un : une Inde hindoue, la réforme de la Constitution, la construction du temple de Rama à Ayodhya, etc.

Il est logique que beaucoup de gens placent leur confiance en Sonia. En tant que présidente du Congrès, il lui revient de prendre la tête de l'opposition. Là-bas, en Italie, les parents, les amis et les voisins se rassemblent devant leurs postes de télévision pour suivre l'histoire incroyable de cette enfant du pays. La Cendrillon d'Orbassano a cédé aux suppliques des courtisans et se lance dans la lutte pour le pouvoir... N'a-t-elle pas le vertige ? N'a-t-elle pas peur d'être assassinée à son tour ? Peur pour ses enfants, au moins ? Ne ferait-elle pas mieux de revenir et d'ouvrir une boutique de décoration ici pour vivre tranquille ? Personne ne comprend ce qui peut passer par la tête de cette femme qui est un jour tombée amoureuse d'un prince et pourrait devenir reine.

Huit ans après l'assassinat de Rajiv, les portes du Parlement s'ouvrent devant Sonia. En montant l'escalier, elle se souvient d'une phrase de sa belle-mère, qui disait que les Nehru n'étaient pas une famille normale « parce qu'on attend de nous des miracles ». N'est-ce pas un miracle de se retrouver dans cet édifice singulier, rond, immense, au cœur de New Delhi, où convergent les aspirations d'une nation qui compte maintenant mille millions d'habitants et où Nehru, Indira et Rajiv ont défendu leurs idées ? Où il lui incombe maintenant de défendre les siennes, alors qu'elle vient de si loin, qu'elle rougit de honte quand on la regarde, qu'elle a accepté ce défi, si contraire à sa nature, dans le seul but de protéger sa famille et de sauver le pays du joug intégriste ? Saura-t-elle réaliser ces miracles ?

Que de chemin parcouru, que de joies et d'espoirs, que de déceptions et de larmes versées !... Et surtout, que d'amour pour ce mari perdu, dont elle sent la chaleureuse présence dans ce lieu où il est si souvent venu. Elle se concentre sur sa mémoire et lui demande sa protection quand, le 29 octobre 1999, elle prononce son premier discours devant l'assemblée réunie. Tout son corps est tendu. Elle est allée cinq fois aux toilettes en pensant à l'épreuve qui l'attend. Elle a conscience que cinq cents paires d'yeux scrutent chacun de ses mouvements. Une torture pour une femme d'une timidité presque maladive. Mais elle est poussée par le même sens du devoir qui a conduit son mari à entrer en politique. Elle n'agit pas par plaisir, mais par amour. C'est de cet amour incommensurable qu'elle tire l'énergie nécessaire pour lutter contre l'adversité, pour vaincre ses réticences, pour supporter les regards de ceux qui occupent la tribune de presse, celui des visiteurs et des diplomates, qui sont venus en grand nombre. Sur le banc du gouvernement, Maneka a pris place. Elle vient d'être nommée ministre de la Culture de la coalition conduite par le BJP. Les deux belles-sœurs représentent les tendances les plus opposées du spectre idéologique, comme une métaphore des divisions dont souffre le pays. Si Indira voyait cela ! Sur les bancs du parti du Congrès, il y a au moins une douzaine de camarades prêts à voler au secours de Sonia s'il lui manque un chiffre, si elle se trompe, si elle s'embrouille. Elle est l'image même de l'élégance avec ses cheveux noirs brillants qui tombent doucement sur ses épaules, son sari de soie vert pastel, son port altier, son regard franc.

Elle porte ses lunettes. Elle est venue bien préparée : le texte de son discours est imprimé en grands caractères pour ne pas donner l'impression de lire, un vieux truc bien connu dans la famille. Dans son texte, elle accuse le régime actuel de s'attribuer des réformes dont l'initiative revient à des hommes et des femmes du Congrès, à commencer par Rajiv. Elle ne prête pas attention aux railleries et aux sifflets qui viennent des bancs de la coalition au pouvoir. Au contraire, elle insiste et dénonce les dernières manœuvres du gouvernement pour discréditer son mari dans l'affaire Bofors. « On ne peut faire courir des soupçons sur un homme innocent et qui, de surcroît, n'est plus là pour se défendre ! » s'écrie-t-elle avec passion. Son discours plein d'émotion produit un effet très favorable sur les députés de son parti, qui constatent que Sonia est capable de monter au front sur un sujet aussi délicat que le scandale Bofors. Soudain, c'est comme si les souvenirs d'un Rajiv souriant et jovial réapparaissaient. Mais tous se posent la même question : qu'adviendra-t-il quand elle devra attaquer ou défendre des orientations économiques bien précises ? Quand l'émotion ne sera plus de mise ?

Pendant plusieurs mois, Sonia se limite à de brèves interventions au Parlement sur l'actualité : elle évite de se prononcer sur les questions économiques. À cet égard, elle accorde toute sa confiance à un homme dont elle a fait la connaissance quand s'est formé le premier gouvernement après l'assassinat de Rajiv. Il s'agit d'un sikh nommé Manmohan Singh. Cet ancien de Cambridge, brillant économiste, artisan des réformes qui ont tiré le pays de la crise financière des années 1990, est réputé pour son intégrité irréprochable. Il a suivi le chemin ouvert par Rajiv et s'est consacré à la modernisation de l'économie qu'il a engagée sur le chemin du libéralisme. Son influence est si grande sur Sonia que les vieux socialistes et l'aile gauche du Congrès le considèrent avec méfiance : « N'écarterait-il pas nos principes traditionnels pour nous engager dans une dérégulation à l'américaine ? » se demandent-ils avec inquiétude.

Au début, le rôle que joue Sonia comme chef de l'opposition déroute autant ses camarades de parti que ses adversaires. Comme elle redoute d'affronter les sujets les plus épineux, elle les répartit entre différents députés qu'elle considère comme des spécialistes : tel politicien est chargé des relations internationales, tel autre de politique économique ou de questions parlementaires. Mais le parti d'en face attaque avec férocité cette opposition fragmentée, sans gouvernail, sans poids, sans front commun. Dans les rangs du Congrès, les députés en viennent à craindre les séances parlementaires autant ou plus que Sonia elle-même. Elle peine à se défendre des nombreuses accusations sans aucun fondement lancées contre elle. Les pires sont celles de Maneka, qui, en sa qualité de ministre de la Culture, est en position de superviser les institutions de bienfaisance qu'administre Sonia et qui, pour affirmer son pouvoir, ordonne une série d'audits en alléguant de probables irrégularités. Enfin, elle goûte au plaisir de la vengeance. Mais son acharnement est tel, sa rage et son aversion pour Sonia sont si criantes que les autres partis de la coalition protestent contre cette persécution gratuite. Si bien qu'un retournement de situation la prive soudain de son ministère et qu'elle est placée à la tête du département des statistiques, où est neutralisée son activité inquisitoriale.

Les insuffisances de Sonia comme chef de l'opposition (« une présidente qui se cache », comme la qualifient les membres du gouvernement) se voient compensées par son efficacité dans la direction du parti. Les vieux satrapes qui pensaient pouvoir la manipuler se rendent compte rapidement qu'elle ne se laisse pas faire. Elle a été trop proche d'Indira pour ne pas avoir appris quelques leçons salutaires. De surcroît, elle accomplit plusieurs réformes épineuses qui avaient été proposées par les directions précédentes. Par exemple, elle obtient que le Congrès soit le premier parti à réserver un quota de trente-trois pour cent aux femmes à tous les niveaux de la hiérarchie. Plus ardue est la lutte contre la corruption, mais Sonia ne faiblit pas. Elle parvient à imposer un nouvel objectif d'intégrité et de transparence dans le financement du parti : désormais, pour faciliter la comptabilité, seules les donations par chèques seront acceptées. Par ailleurs, tous les membres d'une certaine importance paieront ponctuellement leur cotisation, en fonction de la position qu'ils occupent. Les hiérarques les plus puissants sont contraints de payer l'équivalent d'un mois de revenus. Ce sont des changements profonds, que beaucoup perçoivent comme des triomphes personnels. « Le Congrès est prêt à subir un nettoyage complet », dit-elle d'un ton menaçant devant un groupe de députés sceptiques. Nombre d'entre eux sont corrompus jusqu'à la moelle, et conspirent déjà pour la chasser de son poste.

Pour cela, ils comptent bien profiter du fait que son action comme chef de l'opposition laisse beaucoup à désirer. Par gêne ou par timidité, Sonia n'ose pas s'adresser directement aux dirigeants d'autres partis, opposés au gouvernement. Un grand manque de coordination en découle. Il est clair qu'elle ne connaît pas grand-chose au jeu politique, et il lui est très difficile de dissimuler son manque d'expérience et de confiance en soi. Elle devient une cible facile pour les attaques de la coalition au pouvoir qui la défie et l'humilie chaque fois qu'une occasion se présente. « Ils ne savent pas de quel bois je suis faite ! » dit-elle un jour à ses enfants en sortant d'une séance où elle a été mise en déroute. Elle a passé un très mauvais moment : elle est restée silencieuse quand le Premier ministre l'a interrogée sur la position du Congrès en matière de dissuasion nucléaire, un sujet auquel elle ne connaît rien. Aussi se jure-t-elle qu'une pareille situation ne se reproduira pas et convoque immédiatement les meilleurs experts en sécurité nucléaire et en défense nationale – parmi lesquels des hommes qui ne font pas partie du *think tank* du Congrès –, pour comprendre tous les tenants et les aboutissants de la question. Quand elle se sent sûre d'elle, elle retourne au Parlement. On ne la reconnaît pas : « Lors de la séance précédente, monsieur le Premier ministre s'est moqué de moi parce que je ne répondais pas à sa question. Mais il s'agit d'un sujet trop important pour l'évoquer parmi les éclats de rire de certains députés. Maintenant, je vous le demande : votre position, quelle est-elle ? Vous n'avez prononcé que quelques mots : la dissuasion la moins coûteuse pourvu qu'elle soit crédible. Croyez-vous que ces quelques petits mots suffisent à définir une politique sérieuse ? »

En mai 1999, le gouvernement du BJP perd sa majorité au Parlement et les vieux chefs du Congrès pensent que l'heure de Sonia est venue. Ils croient pouvoir bâtir une coalition pour gouverner. Ils ont besoin du chiffre magique de deux cent soixante douze députés, et ils sont convaincus qu'ils les trouveront. Ils rêvent déjà de la répartition des portefeuilles : un tel se battra pour celui de l'Intérieur, tel autre pour celui des Affaires étrangères… Dans les rangs du parti, l'humeur est à la joie. Ses membres sont si sûrs de revenir au pouvoir qu'ils pressent Sonia d'annoncer qu'elle est en mesure de former rapidement un nouveau gouvernement. Pour Sonia, c'est l'occasion d'en finir avec les attaques qui la visent sans relâche. Enfin, elle va pouvoir clouer le bec à ses adversaires. Quand elle sort de l'ancien palais du vice-roi, où le président de la République a convoqué tous les partis pour les inviter à sortir le pays de la crise, elle se retrouve entourée de caméras de télévision. « Nous avons réuni deux cent soixante-douze soutiens », assure-t-elle aux journalistes. En réalité, elle a voulu dire que le BJP n'a plus la majorité et qu'un gouvernement alternatif est donc possible. Mais le soir même, la presse annonce déjà : « Sonia Gandhi va former un nouveau gouvernement. » Le pays paraît soudain s'enflammer à l'idée que l'Italienne prenne les rênes du pouvoir, mais le suspens ne dure pas longtemps. Sonia n'atteint pas le chiffre fatidique, car beaucoup de petits groupes opposés au BJP, en particulier les socialistes, refusent de la soutenir en raison de ses origines étrangères. Il existe aussi dans de nombreux partis un fort sentiment de méfiance à l'égard du Congrès. Le fiasco est à la mesure des espoirs suscités. Les sympathisants du parti sont amers, et la nation entière juge l'affaire assez ridicule. La précipitation de Sonia met en évidence une fois de plus son manque d'expérience du jeu politique et sa dépendance vis-à-vis de ses conseillers.

« Maman, laisse tomber tout ça, lui dit Rahul.

— Maintenant ? Tu crois que je peux ? Je ne m'en irai pas sans me défendre », réplique Sonia d'un ton déterminé.

Peu à peu, Sonia apprend. « Elle a une âme de guerrière, et c'est une excellente chose pour le parti », déclare un de ses camarades députés. À vrai dire, elle est bien obligée de se battre, car la presse et ses adversaires redoublent leurs attaques. Ils se moquent de l'accent de « l'Italienne », comme ils l'appellent avec dédain. Ils prétendent qu'elle est arrogante et froide, qu'elle ne connaît pas l'alphabet hindi et que ses discours sont transcrits en alphabet latin, ce qui est un pur mensonge. « Elle lit ses discours comme si elle lisait la liste des courses », écrit un journaliste célèbre. Mais ses ennemis lui sont utiles : elle tire d'eux des enseignements et s'y emploie avec ténacité. Peu à peu, Sonia met plus de chaleur et de passion dans ses discours, elle multiplie les voyages, les rencontres, les contacts personnels. À ses détracteurs, elle réplique qu'elle n'est ni arrogante ni froide, mais simplement timide. Mais le combat qu'elle mène est épuisant, stérile. Les reproches qu'on lui fait sont fondés sur des préjugés, sur des attitudes machistes et sur un nationalisme exacerbé qui masque les calculs de ses adversaires qui veulent à tout prix l'écarter du pouvoir. Dans les milieux les plus extrémistes, certains vont jusqu'à l'accuser d'être un agent de Rome, comme si Sonia se trouvait à New Delhi sur ordre du Vatican pour s'infiltrer dans le labyrinthe de la politique des Hindous... Son père a eu une vision prémonitoire le jour où il a dit qu'elle serait livrée aux tigres. Sa fille préférée est bien au milieu de l'arène, à tenter d'éviter les coups de griffe.

Rien ne l'affecte autant que la méfiance des siens, des membres de son parti. Un jour, elle reçoit une lettre signée du chef d'une commission parlementaire et de deux autres députés : les trois hommes appartiennent au Congrès et mettent en doute ses capacités. Ils se basent sur ses piètres prestations en qualité de chef de l'opposition. En d'autres termes, elle ne sera jamais à la hauteur des fonctions de Premier ministre. La lettre suggère qu'on amende la Constitution pour réserver les plus hautes charges de l'État – celle de Premier ministre et de président de la République – à des Indiens de souche. Après le fiasco de la tentative de coalition, c'est un coup bas que Sonia accuse avec amertume. Non parce qu'on veut l'empêcher d'être un jour la plus haute mandataire de la nation, car de toute façon elle n'en a aucun désir. Mais elle souffre du manque de confiance qu'on lui témoigne. Elle souffre d'être réduite au rôle de figure publicitaire. De réclame avant les élections, de pion qui prête son nom – et sa vie entière – à un parti qui au fond la méprise. Elle souffre de se rendre compte qu'elle est seule, alors qu'elle se croyait en terrain ami.

Cet après-midi-là, quand elle rentre chez elle, elle n'a qu'une seule envie, être avec ses enfants. Priyanka remarque aussitôt qu'elle est blessée. Rahul est très en colère :

« Arrête la politique une fois pour toutes, maman !

— Je crois que Rahul a raison, dit sa sœur. Il n'y a aucun sens à continuer contre vents et marées.

— C'est vrai. Le moment est peut-être venu de jeter l'éponge, reconnaît Sonia. S'il vous plaît, aidez-moi à rédiger une lettre au groupe parlementaire. »

Priyanka prend du papier et un stylo et, ensemble, ils écrivent un texte clair et concis : « Certains collègues ont exprimé l'idée que ma naissance en terre étrangère constituait un problème pour le parti du Congrès. Je suis attristée par ce manque de confiance en mes capacités d'agir dans l'intérêt du parti et du pays. Dans ces conditions, mon sens de la loyauté à l'égard de l'organisation et mon devoir envers la nation m'obligent à présenter ma démission de ma charge de présidente du Congrès. » Plus bas, elle ajoute : « Je mc suis mise au service du parti non pour acquérir une position ou du pouvoir, mais parce qu'il affrontait des défis qui mettaient en péril son existence même et que je ne pouvais rester impassible devant les événements. De même, dans les circonstances actuelles, je ne peux rester sans réagir. » Puis Sonia pousse un long soupir. « Enfin libre ! » se dit-elle.

La débâcle. Sa lettre provoque un véritable cataclysme dans les rangs du parti. Ses plus proches collaborateurs sont consternés par sa décision. Après tout le mal qu'ils se sont donné pour qu'elle prenne les rênes de l'organisation ! Et maintenant, quelques barons qui se sentent menacés sapent tout leur travail de persuasion. Quand les membres du groupe parlementaire la pressent de reconsidérer sa décision, Sonia leur répond qu'elle est écœurée par les manifestations de xénophobie que suscite la question de ses origines.

« Que ce genre de dénigrement vienne du BJP, un parti ultranationaliste, c'est déjà assez triste, dit-elle, mais j'étais prête à me défendre tant que je sentais que le parti m'épaulait. Ce que je n'aurais jamais imaginé, c'est que mes propres camarades m'attaqueraient sur ce terrain. Voilà pourquoi je m'en vais. »

Alors commence le défilé des ministres des États gouvernés par le Congrès. Ils viennent chez elle la supplier de reconsidérer sa décision et menacent de démissionner en masse. « Nous vous devons notre position. À quoi bon la conserver si vous n'êtes plus là ? » plaident-ils d'un air désemparé.

Le séisme provoqué par sa décision est tel que des milliers de sympathisants campent devant la grille du 10 de Janpath Avenue pour l'implorer de revenir. « Sonia, sauve le Congrès ! Sonia, sauve l'Inde ! » chantent-ils en chœur. Un après-midi où Rahul rentre avec un ami, il est arrêté à l'entrée par plusieurs leaders du parti : « Il faut absolument que vous convainquiez votre mère de retirer sa démission. » Parmi la foule qui bloque la rue, il y a des femmes qui pleurent en priant pour que Sonia ne les abandonne pas. Un matin, en sortant de chez elle, alors que son Ambassador se fraie lentement un chemin parmi cette multitude, Sonia est abordée par un vieux musulman :

« Avez-vous songé au sort des minorités sous un gouvernement dirigé par le BJP ? Vous ne voulez plus vous battre pour nous ? »

Sonia ne répond pas et remonte la vitre de la voiture. Mais ces paroles continuent de résonner dans son esprit.

Le désespoir de ses partisans est incarné par un jeune homme, un de ceux qui campent devant chez elle, et qui tente de s'immoler par le feu. L'émotion est considérable. Heureusement, les policiers se sont jetés sur l'exalté et ont réussi à éteindre les flammes avant qu'il ne soit brûlé vif. Mais les caméras de télévision ont enregistré la scène pour que le pays entier en soit témoin au journal télévisé du soir. Et pour que le sous-continent sache quelles passions éveille l'« Italienne », que tout le monde croit posséder. Car Sonia appartient à tous, puisqu'elle porte le nom magique de Gandhi. Voilà pourquoi elle ne peut pas s'en aller.

Le tragique incident précipite les événements. De nouveau, Sonia reçoit dans le bureau de Rajiv les grands pontes du parti, un groupe d'hommes d'un certain âge vêtus de *kurtas* et de larges pantalons de coton.

« Il n'y a pas de leader qui puisse préserver notre unité comme vous. Ni qui puisse remporter autant de suffrages que vous. C'est pourquoi nous vous implorons de rester notre présidente. Le parti est derrière vous. Et puis, écoutez la clameur de la rue ! »

Au loin, on entend des slogans à la gloire de Sonia que les sympathisants attroupés devant la grille chantent en chœur sans relâche. Un des chefs du parti poursuit :

« Ne méprisez pas les manifestations d'affection que vous prodigue la foule… Les trois hommes qui vous ont envoyé cette lettre odieuse ne sont même pas une minorité à l'intérieur du parti, ils ne représentent qu'eux-mêmes et leurs propres ambitions.

— Il n'y a pas de place pour eux au sein du Congrès, ajoute un autre. Nous les avons expulsés. Vous n'avez plus rien à craindre. »

De nouveau, on lui offre le pouvoir sur un plateau d'argent. De nouveau, elle entend les mêmes arguments, les mêmes flatteries, cette éternelle rengaine.

« Il faut que je consulte mes enfants », tranche Sonia.

Pour sa part, elle est prête à maintenir sa démission, car elle s'est mise à songer combien il serait agréable de revenir à sa collection de miniatures Tanjore, qu'elle aime tant, et à sa passion pour la restauration de tableaux et de meubles anciens. Mais Rahul et Priyanka sont émus par la soudaine vague d'émotion et de solidarité. Ils ne s'attendaient pas à une telle mobilisation. Tous trois ont le curieux sentiment que le nom qu'ils portent ne leur appartient pas, qu'il appartient à l'Inde, aux foules qui les réclament à leur tête, et qu'ils ne sont pas maîtres de leur destin. Sonia hésite ; mais elle sait désormais que si elle revient, elle doit le faire par la grande porte. Ses amis achèvent de la convaincre de rester. Elle ne peut partir à cause de l'attaque mesquine de trois rivaux qui ont voulu sa place. Sa démission, insistent-ils, ne ferait que renforcer ceux qui approuvent ces trois hommes et tous les xénophobes de l'Inde. De nouveau, Sonia pense à Rajiv, à ses enfants, à la famille, à la tragédie du pouvoir, au danger d'être privé de protection, au sens du devoir… et de nouveau, elle cède. Elle le fait à contrecœur, mais obtient un résultat de taille : elle retrouve la plus haute charge du parti et dispose de plus de force et d'autorité qu'auparavant. Dans un stade plein à craquer, elle annonce son retour. Il y a tellement de monde qu'un membre du parti dit à un de ses camarades :

« Tu imagines une telle foule sans une Sonia Gandhi ?

— Il n'y aurait tout simplement pas de meeting, lui répond l'autre. Sans Sonia, pas de meeting. Sans Sonia, pas de parti ! »

« Bien que je sois née à l'étranger, déclare Sonia quand la longue et bruyante ovation la laisse enfin parler, j'ai fait de l'Inde mon pays. Je suis indienne et je le serai jusqu'à mon dernier soupir. C'est ici que je me suis mariée, ici que j'ai eu mes enfants, ici que je suis devenue veuve. C'est dans mes bras qu'est morte Indira. Si j'ai décidé de revenir aujourd'hui, c'est parce que le parti m'a accordé une confiance et une espérance renouvelées. Je veux un parti qui soit prêt à me suivre, prêt à mourir pour les principes que j'ai décidé de défendre ! »

C'est ainsi, peu à peu et malgré de nombreux déboires, que Sonia s'habitue au jeu de la politique. Certains réflexes lui viennent inconsciemment, non par vocation mais par contagion : ils sont le fruit de plus de trente années passées à côtoyer le pouvoir. Elle a nettoyé le parti de ses brebis galeuses. Et elle dispose maintenant de plus d'influence sur l'organisation que n'en avait son mari. Elle y est parvenue sans réussir à gagner le pouvoir et avec le lointain espoir de le conquérir un jour. Ce qui montre à quel point les rangs du parti étaient démoralisés.

46.

Avec le temps, Sonia s'est fait une image de politique rebelle à la politique. Telle est celle que diffuse la presse. Mais elle vit dans une crainte permanente des journalistes. Chacune de ses paroles est minutieusement disséquée par ses adversaires qui espèrent y découvrir le signe qu'elle n'est pas aussi indienne qu'elle le prétend. Elle s'est construit une carapace et reste retranchée au 10 de Janpath Avenue, une forteresse où il est plus difficile de s'introduire que dans toutes les résidences qu'elle a connues. Elle n'a aucune liberté. Elle reçoit dès huit heures du matin des comités, des membres du parti, des émissaires venus de tous les coins du pays pour lui demander conseil, solliciter son opinion de « guide suprême », ce qu'elle n'a aucunement l'impression d'être. Seules les visites de ses enfants lui apportent un peu de chaleur. Il y a aussi sa mère, qui passe maintenant les hivers à New Delhi, et ses sœurs et ses vieux amis qui viennent périodiquement la voir. Mais ce sont des visites qu'elle reçoit presque en secret, pour qu'on ne la traite pas d'étrangère.

La seule mention de son nom peut animer le plus ennuyeux des dîners tant il divise ceux qui l'admirent et ceux qui la méprisent. Les deux camps s'opposent avec véhémence. Dans tous les cocktails, deux députés connus de son parti se lamentent d'avoir pour présidente « une femme au foyer italienne qui n'a pas fait d'études ». C'est peu de chose, comparé au venin de certains membres de la coalition au pouvoir, comme le fondamentaliste hindou Narendra Modi qui la traite publiquement d'« *Italian bitch* ». Sonia sait combien sa condition d'étrangère est son talon d'Achille : farouchement nationaliste et hindouiste, la coalition au pouvoir ne perd aucune occasion de mettre le doigt sur la plaie. Si elle refuse d'accorder des interviews, c'est pour ne pas affronter ce sujet qui l'exaspère. Elle pense qu'ainsi, elle privera ses adversaires d'arguments pour l'attaquer. Elle ne veut pas être obligée de dire qu'elle est catholique, même si elle ne pratique pas, ni de parler de son Italie natale, de ses souvenirs d'enfance ou de ses amis et de sa famille restés en Europe. Au contraire, il lui semble essentiel qu'on la voie à l'aise avec les traditions de son pays d'adoption. Elle prend l'habitude de rendre visite à des guides spirituels dans les grands temples hindous, comme le faisait Indira. Quand le BJP dirige ses attaques au Parlement contre ses origines étrangères, Sonia se réfugie au temple de la Mission Ramakrishna et passe des après-midi entiers avec le *swami* Gokulananda, un sage très respecté qui lui attache un cordon rouge autour du poignet en signe de fraternité. Sonia accorde beaucoup d'importance à ce cordon, car elle devient un peu superstitieuse, comme jadis sa belle-mère. Chaque fois qu'a lieu une célébration familiale, elle convoque un prêtre de Bénarès pour qu'il vienne accomplir les rituels de circonstance. Quand naît son premier petit-fils, l'enfant de Priyanka, le prêtre accomplit des offrandes compliquées au son des oraisons. De même qu'Indira avait été chargée de choisir les prénoms de ses petits-enfants, c'est maintenant au tour de Sonia de nommer le nouveau-né. « Rajiv ? » propose-t-elle. Mais Priyanka craint que ce prénom ne condamne son fils à être comparé toute sa vie à son grand-père. Sonia en suggère d'autres, qui commencent aussi par un R. À la fin, toute la famille se décide pour Rehan, un nom parsi, pour rattacher l'enfant au souvenir de son arrière-grand-père Firoz. Mais comme Sonia regrette son premier choix, le bébé est baptisé Rehan Rajiv. Grâce à Dieu, l'horoscope établi par le *swami* Gokulananda prédit renommée et fortune, mais aucun destin politique pour la sixième génération des Gandhi. La mère et la fille soupirent de soulagement.

Mais devant les provocations constantes du BJP et de ses alliés, le sage est contraint de prendre la défense de Sonia : « Mme Gandhi est aussi indienne que n'importe quelle femme de ce pays, affirme-t-il. Elle mène une vie disciplinée et je ne vois rien à redire à propos de ses origines étrangères. » Au Gujarat, l'État dont Narendra Modi, son farouche adversaire, est le chef de gouvernement, une vague d'attentats coûte la vie à plusieurs missionnaires chrétiens, accusés de prosélytisme par les hindouistes. « Ne vous laissez pas provoquer, disent ses conseillers à Sonia. Ils voudraient que vous preniez la défense des chrétiens, mais ne tombez pas dans leur piège. » Elle les écoute et choisit de se taire, mais alors les critiques changent d'orientation : « Pourquoi s'éloigne-t-elle du catholicisme ? demandent ses ennemis, perfides. Est-elle est gênée par sa propre foi ? » Sonia doit se rendre à l'évidence : quoi qu'elle fasse, ses origines et sa religion demeurent une tache indélébile. Elle voudrait tant s'en débarrasser et elle est si lasse des campagnes des hindouistes que, le 22 janvier 2001, elle décide d'accomplir un geste d'une grande portée symbolique. Elle choisit de prendre un bain rituel au cours de la Khumba Mela, la grande célébration hindoue qui réunit tous les douze ans des dizaines de millions de personnes. Celles-ci se retrouvent au confluent du Gange, de la Yamuna et du mythique Sarasvati à l'extérieur d'Allahabad, la ville des Nehru où l'on a dispersé les cendres de Rajiv. Sonia entre dans l'eau debout, tout habillée, et fait une offrande de pétales de fleurs au son des mantras et des conques marines. Elle est entourée de grands sages hindous mais aussi de représentants d'autres religions, comme le Dalaï Lama. L'esplanade sableuse qui sépare les deux fleuves fourmille de gens à perte de vue. La foule est impressionnante, mais l'ordre qui règne et l'absence de toute violence le sont tout autant. Le service de sécurité de Sonia est si strict que la police ne permet à personne d'approcher à moins de deux cents mètres de la rive où elle se trouve.

Dans les jours qui suivent, la photo qui la montre en train de faire son offrande aux dieux, est publiée dans les journaux et sur des tracts où peuvent la voir des centaines de millions de paysans, dans des dizaines de milliers de villages. Sonia espère neutraliser ainsi les critiques de ses adversaires. De toute manière, elle est convaincue que le peuple n'attache pas la moindre importance à ses origines italiennes. Sans compter qu'elle se demande ce que signifie vraiment être indien. Entre un habitant de l'Himalaya et un autre du Sud tropical, les différences sont abyssales. Non seulement ils vivent sous des climats opposés, mais ils ne parlent pas la même langue, ne mangent pas la même nourriture et ne vénèrent pas les mêmes dieux. Même leur couleur de peau est différente. Pourtant, tous partagent la fierté d'être indiens. La tolérance fait partie intégrante de la culture du sous-continent ; sinon, comment cet amalgame de peuples, de traditions, de cultures, d'ethnies, de religions et de castes qu'on appelle l'Inde aurait-il pu survivre tant de siècles ? Dans cette immense contrée qui a toujours su assimiler la diversité, la notion d'étranger perd son sens. Ses conseillers lui fournissent des arguments pour se défendre. À l'indépendance, lui font-ils observer, le premier chef d'État de l'Inde fut un Britannique, il s'appelait Lord Mounbatten, c'était le dernier vice-roi de l'empire. Les chefs du parti rappellent qu'en 1983 Sonia a rédigé un testament où elle exprimait le désir que son corps soit incinéré selon le rituel hindou. Par calcul ? Certainement pas. À cette époque, rien n'indiquait que Rajiv Gandhi deviendrait Premier ministre, et il était encore plus improbable que Sonia jouerait un jour un rôle politique. Elle a fait ce choix par conviction.

Au fond, Sonia le sait bien : est indien celui qui se sent indien. Et elle le répète sans cesse : « Je suis indienne. En entrant dans la famille Nehru, je suis devenue une fille de la terre de mon mari, une fille de l'Inde… » Elle est convaincue que le peuple est conscient de son amour profond pour le pays. Quand on lui demande sur quels principes moraux reposent les décisions qui touchent à sa vie privée ou à son engagement politique, elle ne veut pas mentir et répond avec candeur : « Je pense que ce sont les valeurs catholiques que j'ai toujours gardées au fond de moi. » Mais elle ajoute aussitôt : « Je tiens ardemment à ce que l'Inde reste un État laïque. Et l'Inde laïque est pour moi celle qui accueille toutes les religions. Ce n'est pas celle que défend l'actuel gouvernement. » La férocité de la campagne contre Sonia trouve un écho inattendu… à Orbassano. Un immigrant indien, un ingénieur sikh qui travaille pour Fiat, a été élu conseiller municipal de la petite ville piémontaise. Si un Sikh peut prendre part à la vie politique d'une commune italienne, pourquoi diable une Italienne ne pourrait-elle pas prendre part à la vie politique indienne ? demande un député du Congrès. La réponse du BJP fuse : « Est-ce que les Italiens laisseraient un Sikh devenir leur Premier ministre ? s'écrie un député nationaliste. Évidemment non ! » Et il cite le maire d'Orbassano, qui a déclaré à la presse : « Je me demande si nous, les Italiens, nous accepterions un étranger, une femme par-dessus le marché, pour diriger un parti qui a justement symbolisé la lutte contre la domination étrangère. Qui plus est, un parti qui continue de jouir d'un important soutien populaire, même s'il est moindre qu'autrefois. Le fait qu'une partie des Indiens soient prêts à confier leur destin à Sonia en dit long sur la tolérance qui règne dans ce pays. » Dans ce débat transcontinental, un journaliste italien arrive à sa propre conclusion : « Non, ses origines ne comptent pas, car elle s'est assimilée, indianisée, transformée. En ce sens, elle n'est plus italienne. » Peut-être Sonia s'est-elle vraiment muée en Indienne la nuit où, saisie d'une crise d'asthme, elle a regardé les portraits de la famille dans le bureau de Rajiv et a décidé d'entrer en politique. Car c'est cette nuit-là qu'elle a pleinement assumé l'héritage des Nehru-Gandhi.

À présent, le déluge de critiques au sujet de son manque d'expérience et la campagne haineuse sur ses origines la font mûrir à marche forcée. À mesure qu'elle gagne confiance en elle et s'engage à résoudre les problèmes du parti, sa personnalité change subtilement. Son combat l'occupe corps et âme. De 1998 à 2004, tandis que deux coalitions successives conduites par le BJP gouvernent l'Inde d'une manière étonnamment modérée grâce à l'influence du Premier ministre Atal Bihari Vajpayee, Sonia s'applique à régénérer le Congrès en simplifiant les processus de décision et en recherchant le consensus. Elle le fait d'une façon qui tranche avec le style de sa belle-mère, plus impérieuse, qui suscitait les attitudes courtisanes. Sonia s'entoure de ses enfants et des experts qu'elle trouve dans le parti, sans se laisser ébranler par ceux qui tentent de la diaboliser. Elle est trop occupée à choisir les bons candidats et à s'assurer qu'ils gagnent les faveurs du peuple, État par État. Elle refuse la précipitation mais avance sans relâche. Elle fonde nombre de ses décisions sur ce qu'elle a appris de sa belle-mère et de son mari, mais prend grand soin d'éviter les erreurs qui leur ont tant coûté. Par exemple, elle ne change pas les chefs de gouvernement des États au gré de son humeur, comme le faisait Indira. Au contraire, elle leur apporte son soutien inconditionnel et les laisse agir, si bien qu'ils la remercient en lui manifestant une loyauté sans faille. Une règle qui souffre une seule exception, quand le chef du gouvernement de l'Orissa, après l'assassinat d'un missionnaire, s'aligne sur les arguments des fondamentalistes hindous : « Il faut discipliner les missionnaires chrétiens », déclare-t-il haut et fort. Sonia le destitue aussitôt, signe que sa main ne tremble pas au moment de prendre une décision sévère. Mais, à part quelques difficultés ponctuelles, le parti redevient sous son mandat une force qu'il faut prendre en compte. En 2002, grâce au patient travail de reconquête de Sonia, le Congrès retrouve le pouvoir dans quatorze États qui rassemblent plus de la moitié de la population. En mars de la même année, il triomphe aux municipales de New Delhi en remportant les trois quarts des sièges. À tous les niveaux, les désertions cessent et la tendance vient à s'inverser : le nombre de membres augmente.

Le 11 mai de l'an 2000, l'Inde se vante d'avoir accompli une étrange prouesse. Le gouvernement désigne une fillette nommée Aastha Arora, qui vient de naître à New Delhi, comme le bébé numéro un milliard. La nouvelle que la population indienne a atteint ce chiffre magique provoque un élan de ferveur populaire teintée de nationalisme. Comme tout se célèbre en Inde, les gens sortent dans les rues pour fêter l'événement avec des chansons et des pétards. Des hordes de journalistes et des équipes de télévision se précipitent à l'hôpital, envahissent le pavillon, et montent sur les lits et les tables pour apercevoir la petite. Une journaliste de l'*Indian Express* exprime sa consternation : « Le bébé numéro un milliard a été photographié tant de millions de fois que les médecins craignent que les flashes n'aient endommagé sa peau. »

Mais en dépit de l'explosion démographique, l'espoir surgit enfin, à l'aube du nouveau siècle, que l'Inde sorte de la pauvreté. Les chiffres de l'économie, qui a continué de se libéraliser depuis l'époque de Rajiv, sont de plus en plus brillants. La nation vit dans l'optimisme et dans une fièvre patriotique encouragée par le gouvernement conduit par le BJP. La presse ne répète-t-elle pas qu'on est à l'aube du « siècle indien » ? Le pays semble désormais en passe de devenir une puissance majeure. Après tant d'années de contrôles et de restrictions, toute l'énergie et la vitalité contenues se sont mises à déborder. Les universités et les instituts techniques fondés au temps de Nehru produisent un million d'ingénieurs par an. Un chiffre conséquent, comparé aux cent mille des universités européennes et américaines. Une nouvelle génération d'entrepreneurs fleurit à l'ombre de la révolution informatique et technologique. Bientôt, l'Inde se réjouit de talonner de près la Chine dans la course à un autre record, celui du taux de croissance. Le vieil éléphant indien étire ses membres puissants. Le BJP et les hindouistes s'en attribuent tout le mérite. Depuis les bancs de l'opposition, Sonia dénonce l'injustice du progrès économique, qui ne bénéficie qu'à une nouvelle classe moyenne urbaine, adoratrice d'un nouveau dieu, celui de la consommation.

« Dans la prospère New Delhi, souligne-t-elle en s'appuyant sur les chiffres d'une étude publiée récemment dans la presse, un enfant sur quatre est obèse mais, dans les campagnes, la moitié des enfants de moins de trois ans souffrent d'une forme de dénutrition chronique. Et on appelle ça le progrès ? »

Elle répète partout que cette nouvelle richesse ne profite pas à l'énorme masse de la population qui vit dans les villages. L'Inde rurale continue à souffrir du chômage, des abus du système des castes, de la pénurie, du sous-développement. Circonstance aggravante : le développement de la télévision permet aux paysans de constater de leurs propres yeux comment vit l'autre Inde, celle qui s'amuse, prospère et consomme dans les grandes villes. Sonia ne manque pas de rappeler au gouvernement que l'Inde, ce pays doté de centres de recherche de pointe, abrite quarante pour cent des pauvres du monde.

« Ne nous laissons pas aller à l'euphorie orchestrée par la propagande gouvernementale sur les bienfaits des réformes. Quelque chose ne va pas quand l'économie progresse au même rythme que les suicides de paysans pauvres. Songez à ceux qui mettent fin à leurs jours parce qu'ils sont endettés auprès des usuriers locaux et se retrouvent dans l'impasse. »

Mais la majorité des députés semble ne pas vouloir la croire : ses paroles sont gênantes car elles remettent en cause leur rêve de prospérité et de nationalisme. Sonia prêche dans le désert ; mais elle ne se soucie guère d'être traitée de rabat-joie : Nehru et Indira, avant elle, se sont engagés toute leur vie auprès des pauvres. Elle est bien consciente que son parti doit sa survie à son engagement aux côtés des plus défavorisés, ceux dont personne ne veut entendre la voix. Elle, peut-être parce qu'elle conserve l'innocence essentielle d'une étrangère, reste sensible comme au premier jour au terrible spectacle de la pauvreté. De nombreux Indiens, en revanche, dès lors qu'ils ont accédé à un meilleur niveau de vie, préfèrent ne pas la voir. C'est comme un réflexe inconscient qui les rend aveugles à la misère environnante. Des yeux qui ne voient rien, des cœurs qui ne sentent rien… Ne pas regarder, c'est ne pas souffrir. Mais Sonia garde les yeux bien ouverts.

Et sa voix se fait entendre toujours plus haut et clair au Parlement, pour contester les prétendus succès dont le gouvernement se vante à tout propos. Celui-ci n'est pas responsable du retour de la paix dans les territoires du Nord-Est. Il le doit aux efforts de Rajiv qui ont permis que des leaders séparatistes, naguère des insurgés cachés dans les forêts, deviennent aujourd'hui de respectables politiciens élus par le peuple. Si la situation s'est calmée au Pendjab, le gouvernement n'y est pour rien non plus : les « accords du Pendjab » ont été l'œuvre de Rajiv. Si les nationalistes sikhs – tout au moins les modérés – se sont rendu compte des avantages d'appartenir à l'Union indienne et sont revenus sur le chemin de la démocratie, c'est encore un effet du patient travail de son mari.

Mais la plus mémorable de ses interventions a lieu en mars 2002. Sonia apparaît soudain comme une dirigeante qui parle sans peur et sans complexes, avec la force profonde de ses convictions. Elle accuse directement le gouvernement d'avoir fomenté une nouvelle explosion de violence religieuse qui a, une fois de plus, conduit le pays au bord de l'abîme. La tragédie d'Ayodhya, provoquée des années plus tôt par des membres de ce même gouvernement aujourd'hui au pouvoir, se poursuit. Après la destruction de la mosquée, les fondamentalistes hindous se sont heurtés à la décision des autorités judiciaires, soucieuses de ne pas jeter d'huile sur le feu, qui ont interdit en ce lieu toute velléité de construction du fameux temple de Rama. Mais les militants ne se sont jamais avoués vaincus. Plusieurs groupes appartenant à des organisations proches du gouvernement ont continué à se rendre régulièrement à Ayodhya. Ils y manifestent bruyamment pour que leur revendication soit satisfaite. N'était-elle pas inscrite dans le programme du BJP ? Au retour d'un de ces voyages, une dispute éclate entre un de ces groupes d'extrémistes hindous et des marchands musulmans de la gare de Godhra, dans l'État du Gujarat. Les marchands ont refusé de chanter des couplets à la gloire du dieu Rama, comme l'exigeaient les militants, et ceux-ci ont commencé à les insulter et à leur tirer la barbe. Les cris ont alerté de jeunes musulmans qui travaillaient dans les environs de la gare et qui ont accouru pour défendre leurs coreligionnaires. Les hindouistes sont remontés dans leur train et ont repris leur route sous une pluie de pierres. Quelques kilomètres plus loin, le convoi s'est arrêté. Une colonne de fumée noire s'élevait dans les airs. Un incendie s'était déclaré à bord et, dans les minutes qui ont suivi, cinquante-huit personnes sont mortes carbonisées. La plupart étaient des militants hindous.

Bien que l'enquête ultérieure ait démontré que le feu avait été provoqué par l'explosion accidentelle d'une bombonne de gaz, les extrémistes hindous n'hésitèrent pas à accuser les musulmans d'avoir incendié le train. La nouvelle que des hindouistes avaient été brûlés vifs souleva une vague de colère vengeresse dans une partie de la population. Le chef du gouvernement du Gujarat, le fondamentaliste hindou Narendra Modi, un allié du gouvernement et un grand ennemi de Sonia, déclara le 28 février journée de deuil national pour que les funérailles des victimes puissent être célébrées dans les rues de la ville. C'était une invitation nette à la violence. Les quartiers musulmans se transformèrent en piège à rats. Des milliers d'hindouistes fous furieux saccagèrent les boutiques et mirent le feu aux mosquées. Au lieu d'agir avec autorité pour faire cesser les troubles, Narendra Modi affirma : « Chaque action entraîne une réaction. » Les extrémistes venaient de recevoir la caution de leur leader pour se venger. Du moins, c'est ainsi qu'ils interprétèrent ses paroles qui marquaient le début d'une orgie de violence comparable aux événements tragiques de la Partition. Mais cette fois, grâce à la télévision, tout le pays fut témoin des atrocités. Dans les foyers des villes et des villages de l'Inde, on vit des militants surexcités brutaliser et violer des femmes avant de les forcer à boire du kérosène devant leurs maris et leurs enfants. Ceux-ci étaient ensuite obligés de les regarder brûler avant d'être à leur tour assassinés. Tout se déroulait avec la complicité d'une population qui semblait apprécier qu'on venge le crime du train de Godhra. Les journalistes qui couvraient les événements étaient convaincus que la tuerie n'avait pas été spontanée, comme le prétendait le gouvernement local, mais qu'on l'avait planifiée. Ils avaient vu des extrémistes, des listes électorales sous le bras, désigner des maisons musulmanes dans les quartiers mixtes de la ville. Ils les avaient vus montrer du doigt les commerces de musulmans qui avaient pris la précaution d'adopter un nom hindou. L'efficacité de la persécution et des assassinats donne à penser qu'ils avaient été orchestrés. Au total, ils firent plus de deux mille morts parmi les musulmans et quelque deux cent mille sans-abri.

Sonia est la voix qui dénonce ces horreurs avec le plus d'ardeur. Au Parlement, elle n'hésite pas à accuser le gouvernement d'avoir ourdi ce qu'elle appelle un génocide. « Madame, n'employez pas de mots si forts », lui répond le Premier ministre. Mais Sonia n'a pas l'intention de se taire. Elle évoque le rôle très trouble de la police. « Dans certains cas, on sait que les agents de la force publique sont allés jusqu'à aider les militants hindouistes à trouver les adresses qu'ils cherchaient. » Pour appuyer ses dires, elle cite les rapports de groupes de défense des droits de l'homme, dont l'enquête a montré que les policiers avaient reçu l'ordre de ne pas intervenir. « Ce que ce massacre a mis en évidence, monsieur le Premier ministre, c'est le visage sectaire et barbare de votre parti, lance-t-elle avec véhémence. Un visage que vous avez pris grand soin de dissimuler durant vos années au pouvoir, mais qui apparaît aujourd'hui aux yeux de tous ! Et puis, comment est-il possible que vous n'ayez pas daigné vous rendre immédiatement sur les lieux dévastés par la violence ? Comment est-il possible que vous ayez attendu plus d'un mois ? Nous savons que M. Narendra Modi est derrière ces atrocités, et nous craignons fort que le gouvernement central ne le soit aussi ! » Pour la première fois, Sonia prend la stature d'une grande femme politique. Elle dénonce le gouvernement avec passion, déploie son talent oratoire, et s'en prend au Premier ministre avec tant de vigueur qu'il en est ébranlé. Les abominations dont la télévision l'a rendue témoin l'ont bouleversée jusqu'au plus profond d'elle-même. « Ces crimes, ce n'est pas l'Inde. Ils ne représentent pas mon pays », déclare-t-elle à la presse étrangère. Ses interventions exaltent plus que jamais les valeurs du parti du Congrès. L'aspiration de la plus ancienne organisation politique de l'Inde à se faire le porte-parole des Indiens de toute caste et de toute religion, exerce un nouvel attrait. Beaucoup comprennent à nouveau que cette universalité est même indispensable. Et ces principes humanistes se mêlent dans l'imaginaire populaire à l'image de cette femme entrée en politique par accident et qui parle avec son cœur.

Mais le Premier ministre ne parvient pas à démettre son camarade de parti Narendra Modi, la mesure qu'il envisageait pour pacifier le pays. Ses collègues l'en empêchent. Mieux vaut attendre que le peuple décide, affirment-ils. Et il se laisse convaincre. À la surprise générale, deux mois après les événements qui ont ensanglanté l'État, le terrible Narendra Modi remporte un franc succès aux élections locales du Gujarat. Le Gujarat est majoritairement hindou, et les fondamentalistes y exercent une forte influence. Fondée sur un seul principe, l'hostilité contre les musulmans, la campagne de Modi semble confirmer la vieille conviction des hommes du BJP : les troubles causés par la haine religieuse, s'ils sont adroitement récupérés, se transforment en voix dans les urnes. Modi a aussi profité du fait que le Gujarat est frontalier du Pakistan, une proximité qui favorise une politique fondée sur la crainte de l'ennemi islamique.

Après les espoirs suscités par Sonia, la déception est énorme. Au siège du Congrès, les sourcils froncés et les lunettes sur le nez, Mme la présidente lit le rapport du secrétaire général du parti sur les élections au Gujarat. L'atmosphère est sombre. « Le Congrès n'a pas gagné un seul siège dans un rayon de cent kilomètres autour de Godhra, où un incendie s'est produit dans un train et a tué cinquante-huit personnes. Le Congrès a perdu tous ses sièges dans les régions proches des États du Madhya Pradesh et du Rajasthan… » La conclusion s'impose aujourd'hui comme à l'époque de la destruction de la mosquée d'Ayodhya : en termes électoraux, la politique d'affrontements intercommunautaires est profitable. Les hindous, en grande majorité, cèdent à la peur et au racisme religieux. Comment éviter que ce modèle ne gagne d'autres parties de l'Inde ? Personne ne connaît la réponse.

Alors que tout semblait sourire à Sonia, ces résultats sont une douche froide qui met en jeu son avenir politique. De son côté, encouragé par sa victoire au Gujarat, le gouvernement décide d'avancer les premières élections législatives du XXIe siècle : il les fixe au mois de mai 2004 afin de profiter du vent qui souffle en sa faveur et de renouveler son mandat pour cinq ans. Ceux qui, à l'intérieur du parti, critiquent Sonia font observer qu'elle ne parviendra jamais à neutraliser les forces coalisées autour du BJP si celles-ci continuent de gagner du terrain. Elle n'est pas perçue comme assez solide, même si, sous sa direction, quatorze États ont changé de couleur politique – une réussite considérée aujourd'hui comme presque insignifiante. Sonia est de nouveau vulnérable. On lui reproche de ne pas avoir su se faire reconnaître comme une figure politique dans la ligne d'Indira ou de Rajiv. Même les plus optimistes à l'intérieur du Congrès nourrissent des doutes sur sa capacité à conduire le parti à la victoire. « Avons-nous pris la bonne décision en lui confiant la présidence ? » se demandent maintenant ceux-là mêmes qui l'ont suppliée de l'accepter. Certains de ses partisans, loyaux jusqu'ici, déclarent à leurs camarades du parti que Sonia est compétente, mais pas suffisamment. Tous reconnaissent qu'elle a beaucoup progressé, mais ils estiment qu'elle n'a pas l'envergure nécessaire et ne l'aura jamais. Or, le Congrès est pressé de revenir au pouvoir. Le parti qui a gouverné l'Inde le plus longtemps en est écarté depuis plus de sept ans. Jamais au cours de son histoire il n'est resté si longtemps dans l'opposition. Or ces années de purgatoire correspondent à la présidence de Sonia. Peu à peu, une nouvelle conspiration se trame. La proximité des élections législatives attise les ambitions personnelles. Sonia ne doit sa survie politique qu'à un accident de la route, celui qui coûte la vie à l'homme qui tirait les ficelles du complot. Mais le mécontentement règne à différents niveaux du parti.

Alors que le débat se poursuit sur ses capacités de leader et sur son manque d'expérience, Sonia s'aventure à déposer une motion de censure contre le gouvernement. Celle-ci est nourrie de plusieurs chefs d'accusation qui vont de l'anarchie à la corruption. Elle attaque de front, avec véhémence et exemples bien choisis, s'exprime avec aisance. Comme le parti est minoritaire au Parlement, la motion est rejetée ; mais Sonia parvient à donner l'image d'une dirigeante capable de proposer une alternative au gouvernement actuel. Elle est loin, la députée novice qui cherchait ses mots, restait muette face à une question ou rougissait quand on l'attaquait. Les élections approchent à grands pas, et on ne voit pas d'autre leader capable de galvaniser les foules. Les dés sont jetés. Il n'y a plus de volte-face possible, ni pour Sonia ni pour le Congrès.

47.

New Delhi, 10 mai 2004. À cinquante-sept ans, Sonia reste une très belle femme, aussi belle que dans sa jeunesse. Mais sa beauté porte les marques des tragédies qui l'ont frappée ; aussi ce visage offre-t-il une expression qui peut parfois sembler dure. Elle, si rieuse dans ses jeunes années, semble maintenant toujours grave. Son sourire ne convainc pas tout à fait, car il surgit d'une épaisse forêt de tristesse. Non seulement son visage a changé, mais son langage corporel est aussi devenu différent. Son port altier, sa démarche rapide, sa manière de mouvoir les épaules sous l'étoffe de son sari, tout en elle rappelle Indira. Sonia s'est indianisée jusque dans ses attitudes.

Quand elle est fatiguée, une certaine tension se laisse deviner dans l'un ou l'autre de ses gestes. Et aujourd'hui, en ce lundi matin, tandis que Sonia Gandhi se maquille les yeux d'un fin trait de khôl devant le miroir de sa coiffeuse, elle se sent épuisée. Elle est arrivée au terme de plusieurs semaines d'une intense campagne électorale : elle a parcouru des dizaines de milliers de kilomètres à travers tout le sous-continent indien, presque la longueur d'un tour du monde, sous la canicule qui précède la mousson. La plupart du temps, elle a voyagé en voiture, en hélicoptère ou à pied, mais il lui a même fallu parcourir dix kilomètres à dos de chameau pour atteindre une petite communauté du Rajastan. Elle se rendait dans un village d'à peine deux cents habitants : ils l'ont accueillie à bras ouverts, car jamais un candidat n'avait pris la peine de venir jusqu'à eux auparavant. Tout au long de ces semaines, elle s'est souvenue de sa belle-mère, de sa détermination à toucher le cœur du peuple, à se rendre dans les villages les plus reculés, comme la fois où elle avait dû traverser une rivière de nuit à dos d'éléphant pour arriver à Belchi, ce petit bourg montagnard d'intouchables traumatisé par un massacre. Comme sa belle-mère, Sonia n'a pas ménagé ses efforts pour faire parvenir son message jusqu'aux endroits les plus reculés de l'immense pays. Et même si elle ne gagne pas ces élections, elle ne pourra jamais se reprocher de n'avoir pas mis toutes ses forces dans la bataille. Comme toujours, la rencontre avec les pauvres de l'Inde a été un bonheur pour elle. Dans ses moments d'hésitation, les paroles de Gandhi, qu'elle a lues un jour sur le mur d'un dispensaire de campagne, lui revenaient en mémoire : « Quand tu doutes ou que tu t'interroges, rappelle-toi le visage de l'homme le plus pauvre et le plus faible que tu aies jamais vu et demande-toi si le pas que tu vas accomplir lui sera de quelque secours. Y gagnera-t-il quelque chose ? Lui apportera-t-il un peu plus de contrôle sur sa vie et sur son destin ? Alors, tu verras que tes doutes se dissiperont. »

C'est dur, une campagne au niveau national pour quelqu'un qui n'a jamais caché son aversion pour le pouvoir. Vivre dans cette contradiction intensifie sa sensation de fatigue soudaine, brutale. Elle renonce même à changer de sari pour aller voter ce matin-là. Elle décide de garder celui qu'elle porte. Après tout, il est blanc, la couleur des veuves en Inde, et aujourd'hui, un jour de scrutin, arborer un sari blanc sera une manière de maintenir en vie le souvenir de Rajiv. Ce qui revient à se maintenir en vie elle-même. Car toutes ses actions ont pour but d'entretenir la mémoire de son mari, à défaut de pouvoir le caresser comme autrefois. Et sont aussi destinées à ses enfants, Rahul et Priyanka, qui l'ont tant soutenue dans sa campagne, dans sa vie. Rien n'unit autant que la douleur d'avoir perdu un être cher.

Elle qui déteste attirer l'attention et jouer les premiers rôles, elle qui n'a accordé que deux interviews dans toute sa vie, s'est soudain retrouvée devant des foules de cent mille personnes parfois, six fois par jour dans des lieux différents. Des foules dont elle a soulevé la ferveur. Malgré son léger accent, elle a prononcé des discours en hindi avec aisance. Dans le style d'Indira, elle s'est efforcé de convaincre six cents millions d'électeurs de voter pour le parti du Congrès. Par moments, elle a peine à croire qu'elle se trouve à la tête du plus grand parti démocratique du monde. Si quelque devin le lui avait prédit dans sa jeunesse, quand elle vivait encore en Italie, elle l'aurait traité de charlatan.

Que leur a-t-elle dit, à ces millions d'électeurs qui sont venus l'écouter ? Elle leur a parlé de sa famille politique, une famille qui a gouverné l'Inde durant plus de quatre décennies, mais qui depuis sept ans se trouve écartée du pouvoir. Elle leur a parlé des valeurs qu'ont toujours incarnées les Nehru-Gandhi : la liberté, la tolérance, la laïcité et l'union nationale. Elle a insisté sur le fait qu'il ne s'agissait pas d'élections ordinaires, mais d'un affrontement historique entre des principes irréconciliables, des idéologies diamétralement opposées. D'une lutte entre la lumière et l'obscurantisme, entre une Inde qui fait une place à tous, quelle que soit leur caste ou leur confession, et une autre Inde, médiévale, qui se fonde sur l'exclusion. Ce qui est en jeu, leur a-t-elle répété, c'est la cohabitation pacifique entre les innombrables ethnies, cultures et religions qui composent l'Inde. En somme, c'est l'existence du pays en tant que nation.

Les murs des villes sont couverts d'affiches électorales. Les hommes du BJP sont très contents de leur slogan : « L'Inde brille. » Un clin d'œil, bien entendu, à la bonne marche de l'économie. Ils sont confiants : la croissance est de neuf pour cent par an, l'Inde vient de connaître deux saisons consécutives de pluies abondantes, et les relations avec le vieil ennemi pakistanais sont enfin détendues. Ils pensent que leur rival, le parti du Congrès, est aujourd'hui à bout de souffle, incapable de renaître de ses cendres, écrasé sous le poids de sa bureaucratie. Ils ont la conviction que Sonia n'est pas un leader assez habile et expérimenté pour le ressusciter, et encore moins lui obtenir une majorité lors de ces élections. D'abord parce qu'elle est étrangère, ensuite parce que – pensent-ils – elle n'a ni le charisme de sa belle-mère ni le charme de son mari. Ils clament à tout propos qu'elle n'a jamais exprimé une opinion originale ni sur les grands événements internationaux, ni sur les orientations économiques de l'Inde. Enfin, ils croient être parvenus à créer l'image, auprès de l'opinion publique, d'une simple *gungi gundiya*, une poupée muette, manipulée sans scrupules par les dinosaures de son parti. Mais ne disait-on pas la même chose d'Indira Gandhi quand elle affrontait le scrutin populaire la première fois ?

Si ses adversaires l'avaient suivie de près durant ces semaines de campagne, peut-être leurs rodomontades baisseraient-elles d'un ton. Ils auraient assisté à l'accueil triomphal que d'immenses foules ont réservé à Sonia et à ses enfants, les couvrant de roses et d'œillets, scandant leurs noms en chœur dans une espèce de frénésie. « Tout ça n'a rien de politique, c'est purement émotionnel », a fait observer un journaliste européen à Rahul, qui, à trente-trois ans, se présente pour la première fois dans la circonscription d'Amethi, celle de son père. Si Sonia perd, son fils est déjà prêt à prendre la relève. Personne n'échappe au destin qui s'attache au nom de Gandhi.

« L'Inde brille ? Pour qui brille-t-elle ? a demandé Sonia dans ses discours. Pour les paysans qui se suicident en buvant des pesticides parce qu'ils ne peuvent payer leurs dettes ? » La foule a accueilli ses paroles avec des rugissements d'approbation.

Au slogan « L'Inde brille », qui concerne surtout une classe moyenne urbaine d'environ trois cents millions d'Indiens, Sonia en a opposé un autre, moins présomptueux, mais destiné aux sept cents millions qui n'ont pas encore goûté aux fruits de la prospérité économique : « Choisissez un gouvernement qui agisse pour vous », répète-t-elle. C'est un slogan d'Indira, qu'elle a utilisé dans plusieurs campagnes. Aux méthodes modernes du parti au pouvoir, qui a envoyé un message vocal du Premier ministre à cent dix millions de téléphones fixes et mobiles dans tout le pays (atteignant ainsi trois cent cinquante-cinq millions d'électeurs de moins de vingt-cinq ans, une authentique prouesse technologique), Sonia a opposé le style traditionnel : elle a parcouru le pays, serré des mains, embrassé des enfants et des vieillards, établi un contact direct avec les gens venus l'entendre, et s'est laissé submerger par l'adoration sentimentale des masses.

La Tata Safari dans laquelle elle se déplaçait a dû s'arrêter jusqu'à dix fois par heure parce qu'elle était entourée de paysans, dont les visages émaciés et les corps maigres se pressaient aux fenêtres. Sonia devait employer toute sa force pour ouvrir la portière arrière et se mettre debout sans descendre de voiture, tandis que les pauvres attroupés autour d'elle se serraient encore davantage, avec des cris de joie et les bras tendus, dans l'espoir fou de pouvoir la toucher.

Au cours de cette campagne, on a pu constater que les enfants de Sonia éveillent les mêmes passions, surtout Priyanka, qui a maintenant passé la trentaine. C'est une révélation de voir combien elle séduit les foules, qui accourent en masse pour l'écouter. Pourtant, elle ne s'est présentée dans aucune circonscription. Elle vient de donner naissance à une fille, Miraya, qui, avec son aîné, Rehan, l'occupe trop pour qu'elle puisse envisager de siéger au Parlement. C'est pourquoi elle s'est bornée à aider sporadiquement sa mère et son frère. Mais il suffisait qu'elle salue l'assistance pour qu'aussitôt des centaines de mains lui rendent son salut avec des cris d'allégresse. Rahul aussi a soulevé la ferveur des masses : à peine baissait-t-il la vitre de sa voiture qu'aussitôt celle-ci se remplissait de pétales de fleurs. Un jour, le moteur a calé, et le chauffeur n'arrivait pas à le faire redémarrer. L'homme est descendu et a ouvert le capot, tandis que Sonia répétait : « Quel chaos, quel chaos ! » « Maman, reste dans la voiture », a insisté son fils en lui donnant une petite tape sur l'épaule, inquiet à l'idée que sa mère puisse profiter de l'arrêt pour sortir sur la route malgré les mesures de sécurité. Finalement, le chauffeur est remonté sur son siège et est parvenu à refaire vrombir le moteur.

« Qu'est-ce que c'était ? a demandé Sonia.

— Les fleurs, madame, a répondu l'homme. Les marguerites avaient bloqué la courroie du ventilateur ! »

Rien de tout cela ne donnait l'image d'une dynastie politique qui courait droit à l'échec, comme le prédisaient ses adversaires et même certains camarades du parti. Cela faisait plutôt penser à une femme et une famille capables d'une syntonie avec le peuple. Même s'ils étaient peu nombreux à vouloir le reconnaître. Et il est indéniable qu'au terme de la campagne Sonia a su gagner l'affection et le respect de son pays d'adoption, qui, du fond du cœur, lui sait gré d'avoir bravé le sort qui a tué son beau-frère, sa belle-mère et son mari. Le peuple, bercé depuis des milliers d'années par les épopées du *Ramayana* et du *Mahabharata*, où les prouesses des hommes rivalisent avec celles des dieux, lui semble profondément reconnaissant de ce sacrifice et le lui montre chaque fois que l'occasion s'en présente. Sonia, pour sa part, lui rend aussi souvent que possible ses marques d'affection. Pendant la campagne, après quatre longues journées de canicule, on ne l'a vue détendue qu'une fois : au milieu d'une plaine poussiéreuse, elle a fait arrêter le cortège électoral et s'est dirigée seule, à pied, vers un groupe de femmes nomades abrité sous une baraque composée de pieux plantés dans la terre et de feuilles de plastique noir. Ces femmes n'avaient aucune idée de qui elle était. Sonia ne comprenait pas leur dialecte. Les photographes étaient restés en arrière et personne n'allait immortaliser cette rencontre. Mais là, loin de la foule, de la presse et de l'appareil du parti, Sonia Gandhi s'est accordé le bonheur d'embrasser les plus pauvres de l'Inde.

En réalité, Sonia ne croit pas qu'elle va l'emporter ; presque personne ne le croit dans le parti, et encore moins en dehors du parti. Les sondages sont unanimes : le Congrès est loin d'être favori. « *She has no chance* », titre la presse. Sonia n'a aucune chance, mais les gens continuent de lui demander si elle sera la première Indienne d'origine étrangère à occuper le poste de Premier ministre. En théorie, c'est possible, pour peu que le parti du Congrès et ses alliés atteignent la majorité des sièges au Parlement et la désignent comme plus haute mandataire. La loi ne l'interdit pas, car rien dans la Constitution ne stipule que seuls les individus nés en Inde puissent aspirer aux plus hautes fonctions gouvernementales. Conscients que le monde indien est plus vaste que la nation indienne, les hommes qui ont rédigé la Grande Charte deux ans après la Partition ont laissé la porte ouverte à tous : les terribles affrontements de l'époque ont provoqué un tel afflux de réfugiés du Pakistan occidental et oriental qu'ils ont préféré ne pas imposer de limites, ne rien inscrire dans la loi qui puisse encourager de nouvelles divisions.

Mais avec ces élections, la seule prétention de Sonia est de mettre des bâtons dans les roues des nationalistes hindous en renforçant l'opposition. Elle veut faire renaître l'espoir au sein du Congrès, le tirer du marasme dans lequel il est plongé. Cela suffirait pour qu'elle soit satisfaite. Elle aurait accompli son devoir envers la famille, envers les idéaux qu'ont toujours défendus ses membres et qui sont aujourd'hui si menacés. Le poids de l'immense héritage qu'elle porte sur ses épaules se ferait un peu plus léger, et peut-être pourrait-elle se reposer quelque temps.

Et puis, même si elle n'en dit rien, de bons résultats auraient un agréable parfum de revanche sur tous ceux qui la calomnient, l'humilient sans trêve depuis qu'en 1998 elle a décidé d'accepter la présidence du parti. À mesure que la date du scrutin approchait, les attaques ont redoublé de violence. Ses détracteurs lui ont réservé un coup bas : ils ont révélé au public que Sonia n'avait opté pour la nationalité indienne qu'en 1983, c'est-à-dire un an avant que Rajiv ne devienne Premier ministre. « Pourquoi ne l'a-t-elle pas fait plus tôt, elle qui était mariée depuis 1968 et qui affirme avoir épousé l'Inde en même temps que son mari ? Elle ne l'a fait que pour aider Rajiv à remporter les élections », dénoncent-ils avec perfidie. Et d'ajouter que « sa prétendue "indianité" n'est autre qu'une soif de pouvoir ». C'est un argument fallacieux, qui cherche à ternir son image en la présentant comme une ambitieuse. En réalité, Sonia a pris la nationalité indienne pour contrecarrer les attaques de Maneka, qui a été la première à agiter le spectre de son « italianité ». Et puis, peut-être qu'en 1983 Sonia ne se sentait pas encore entièrement indienne, peut-être son processus d'indianisation a-t-il été lent et s'est-il complété au fil des ans et des tragédies familiales… Mais qui se soucie de la vérité ? Pour ses adversaires, ses origines restent le meilleur des chevaux de bataille.

Les accusations sont si basses que, début avril, la Cour suprême a fini par intervenir avec une proposition de loi pour interdire les « calomnies » en période électorale. Mais il était déjà trop tard, les esprits étaient déjà trop échauffés. La paix des urnes reste un rêve inaccessible. Voilà deux jours, Sonia a tenté une dernière fois de faire taire les critiques sur ses origines. Dans un meeting de fin de campagne qui a attiré une foule considérable, elle s'est adressée à ses milliers de partisans dans la petite ville de Sriperumbudur, celle où Rajiv a été assassiné : « Devant vous, je foule cette terre mêlée du sang de mon mari. Et je vous assure que je ne souhaite pas de plus grand honneur que de partager son sort pour le bien de l'Inde et de tous les Indiens. » Le peuple, pour sa part, ne semble pas douter de la sincérité de ses déclarations, car il a compris que chez Sonia Gandhi les considérations politiques et personnelles sont intimement imbriquées. Au bout du compte, le sang-froid dont elle a su faire preuve dans ses réactions et son immense dignité face aux attaques les plus ignobles la font paraître encore plus indienne, encore plus digne de confiance.

Aujourd'hui, elle est aphone ; aussi ne répond-elle que par un geste et un sourire au majordome qui la prévient qu'on l'attend pour l'emmener au bureau de vote. Déjà prête, Sonia reste clouée devant le téléviseur, son sac sous le bras. Les informations du matin égrènent les nouvelles du monde : cela fait aujourd'hui dix ans que Nelson Mandela, l'homme qu'elle admire le plus et qu'elle connaît personnellement, accédait au pouvoir en Afrique du Sud ; dans une autre campagne électorale, aux États-Unis, le président sortant George W. Bush semble prendre l'avantage sur son concurrent démocrate John Kerry, bien que la guerre en Irak soit au plus bas dans l'opinion… Il n'y a pas qu'en Inde que la vie politique est pleine de contradictions et de surprises.

Mais ce que Sonia attend avec impatience est la prédiction électorale d'Ajay Bahambi, un astrologue très médiatique. Il s'est rendu célèbre quand Hillary Clinton lui a demandé de lire dans les lignes de sa main. Enfin, l'oracle barbu apparaît sur l'écran, et, du ton ferme et décidé d'un homme absolument convaincu de ses dires, il annonce que le parti actuellement au pouvoir renouvellera son mandat avec plus de trois cent vingt sièges au Parlement. Ce qui signifie une déroute humiliante pour le Congrès. La précision du chiffre et le ton suffisant de l'homme laissent Sonia pantoise. Elle ne craint pas la défaite (et même, elle s'y attend) ; mais ce qu'elle redoute, c'est que son parti ne soit balayé au point de sombrer dans le ridicule. Elle presse énergiquement le bouton de la télécommande pour éteindre l'appareil et se lève de son fauteuil. Avant de sortir, elle passe par la cuisine pour donner quelques instructions. Aujourd'hui, elle attend ses enfants et ses petits-enfants. Elle aurait préféré les emmener à La Piazza, le délicieux restaurant italien de l'hôtel Hyatt, comme elle a coutume de le faire le dimanche ou quand il y a quelque chose à célébrer. Mais comme elle n'a aucune envie d'attiser une fois de plus la controverse sur son « italianité », elle a décidé que le repas aurait lieu à la maison. Ce n'est pas le moment qu'on publie une photo qui la montre en train de manger des pâtes.

Elle attend qu'il soit neuf heures pour sortir. À force de vivre en Inde, certaines croyances locales l'ont un peu contaminée, et selon un député du parti qui l'a appelée tout à l'heure du Kerala, un État du Sud, le *Rahu Kalam* tombe aujourd'hui entre sept heures et demie et neuf heures du matin. C'est le moment de la journée que l'on considère comme le moins propice pour entreprendre une activité, de quelque nature qu'elle soit. Les astrologues le calculent avec minutie et le publient dans les calendriers hindous. Ce n'est pas que Sonia croie vraiment à ces superstitions, mais on ne sait jamais : au point où en sont les choses, mieux vaut mettre toutes les chances de son côté…

Dès qu'elle a franchi la porte qui ouvre sur le jardin, Sonia sent une bouffée d'air chaud sur son visage. Encore un mois à attendre avant que se déversent les pluies de la mousson, et d'ici là la température continuera de grimper. Elle passe ses grandes lunettes de soleil et jette un coup d'œil autour d'elle : la pelouse est jaunie, les parterres de fleurs de février sont maintenant fanés. Mais l'ombre des grands arbres protège le reste de la végétation. Aujourd'hui, le thermomètre indique quarante-trois degrés, ce qui n'empêche pas un groupe de sympathisants de passer des heures à attendre sur le trottoir pour capter son *darshan* de l'autre côté de la grille. Mais ils ne pourront la voir. Les mesures de sécurité interdisent à Sonia de faire ce que faisait Indira, qui causait chaque matin avec ces anonymes venus la voir à l'entrée de sa résidence. C'étaient d'autres temps. Aujourd'hui, les services de renseignement ont fait savoir qu'il existait une « menace permanente » contre Sonia et sa famille, en provenance de groupes marginaux et de xénophobes hindous. Pour sa part, Sonia s'est habituée à vivre avec cette peur et n'a trouvé d'autre remède que de l'accepter, après tant d'années et tant de frayeurs. Mais le plus dur, la réalité à laquelle elle ne s'habituera jamais, est de savoir qu'il peut arriver quelque chose à ses enfants, et maintenant à ses petits-enfants.

Les policiers de garde dans leur guérite ont à peine le temps de la saluer que son Ambassador blindée couleur crème démarre dans un crissement de pneus, suivie d'une autre voiture surmontée d'un gyrophare où ses gardes du corps ont pris place. Sonia baisse la fenêtre en verre fumé et, de l'intérieur du véhicule, fait un geste rapide de la main ; mais tout se passe si vite qu'elle n'est pas sûre que ses admirateurs aient le temps de la voir. Le trajet de chez elle à Nirman Bhawan, un complexe d'édifices gouvernementaux qui abrite son bureau de vote, ne prend pas plus de dix minutes, surtout aujourd'hui, qui est un jour férié comme toutes les journées électorales en Inde. La ville a beaucoup changé : depuis l'époque de l'arrivée de Sonia, elle est passée de trois à quinze millions d'habitants. On y voit des stations-service colorées avec des boutiques attenantes comme en Europe, des grands magasins, des centres commerciaux, des restaurants de toute sorte, des hôtels de luxe, des supermarchés où l'on trouve de tout, du saumon fumé d'Écosse jusqu'aux vins de la Rioja. Chaque carrefour, chaque rue, chaque commerce rappelle des souvenirs à Sonia : dans cette pâtisserie, elle achetait son gâteau préféré à Rajiv ; leur amie Sunita vivait sur cette place ; elle conduisait les enfants à la garderie par cette rue qui donne dans Akbar Road ; le petit avion de Sanjay s'est écrasé sur ce terre-plein… Et c'est par ces mêmes avenues qu'elle est passée dans une Ambassador similaire à celle-ci le jour qui a changé sa vie. Il lui semblait que la voiture n'arriverait jamais. Le sang d'Indira imprégnait la tapisserie du siège arrière et formait une grande tache noire.

Voilà pourquoi elle sent que son cœur appartient à ces rues, à cette ville, à ce pays. Pour se défendre contre les calomnies, elle a fait placarder des affiches dans la circonscription de son mari avec plusieurs photos qui la montrent à différents moments de sa vie en Inde, en commençant par son arrivée, quand elle n'était encore que la fiancée de Rajiv. « À quelle tradition indienne ne me suis-je pas conformée ? interroge le texte. En tant qu'épouse, que bru, que veuve, que membre du parti du Congrès, quel usage n'ai-je pas observé ? » Elle reste traumatisée par la virulence des attaques dont elle est l'objet.

Un important dispositif de soldats et de policiers a été déployé devant Nirman Bhawan en prévision de son arrivée. Ceux qui se tiennent à la grille la saluent en joignant les mains à hauteur de poitrine et murmurent le traditionnel « *Namasté* ». Tous lui sourient. Sa voiture est le seul véhicule officiel autorisé à entrer. Devant son bureau de vote, le numéro 84, des visages connus l'attendent, ainsi qu'une nuée de journalistes, de photographes et de sympathisants. « Comment se sent une Italienne qui vote en

Inde ? » lui demande un vieux chroniqueur malicieux qui ne fait pas mystère de ses inclinations politiques. « Je me sens indienne. Je ne me sens pas italienne, plus du tout », lui répond Sonia de sa voix rauque d'aphone.

Le directeur du bureau de vote l'accueille avec un large sourire et lui passe une guirlande d'œillets autour du cou.

« Quelques-uns de vos collègues du parti nous avaient dit que vous viendriez dès sept heures, lui dit-il.

— Ah oui ? Excusez-moi d'être en retard.

— Je vous en prie, ça n'a pas d'importance, répond l'homme, rougissant. Vous êtes la seizième votante dans ce bureau. C'est un bon chiffre, madame, il vous portera chance », ajoute-t-il en montrant à Sonia le fonctionnement de la machine électronique flambant neuve, fierté de la technologie indienne. Plus d'un million de ces boîtes en plastique, de la taille d'une petite valise et alimentées par des piles, ont été distribuées pour la première fois sur tout le territoire du sous-continent (dans les endroits les plus reculés, elles ont été transportées à dos d'éléphant). On espère ainsi accélérer le dépouillement et lutter contre la fraude. Maintenant, après avoir pressé la touche correspondant au nom et au logo du candidat choisi, un simple bip indique que le vote est enregistré par une unité de contrôle. C'est ainsi que Sonia accomplit son devoir de citoyenne, comme les centaines de millions d'électeurs qui, au cours de cette dernière journée de vote, entendront le même son.

Quand Sonia quitte Nirman Bhawan pour rentrer chez elle, tant de gens se pressent autour de sa voiture que celle-ci peine à se frayer un chemin : Sonia finit par prier le chauffeur de s'arrêter. Elle descend du véhicule et se trouve aussitôt entourée de ses gardes du corps qui lui font signe de remonter ; mais Sonia n'en a pas l'intention, et leur enjoint fermement de s'écarter. Elle ne veut pas partir sans saluer cette foule fervente qui scande son nom et répète des slogans à sa gloire. C'est le moins qu'elle puisse faire pour tous ces gens qui l'ont attendue dans une chaleur étouffante. Indifférente à l'inquiétude de ses gorilles, elle se dirige vers cet essaim d'hommes et de femmes, les salue de la tête, joint les mains, remercie avec le peu de voix qui lui reste, sourit… Tous voudraient la toucher et si elle le pouvait, elle les embrasserait un par un. Elle reconnaît le courant de sympathie qui est toujours passé entre les générations successives d'Indiens et les membres de sa famille. Ce courant presque électrique entre elle et le peuple, qui se traduit par des échanges de regards, parfois une poignée de main, une communication qui franchit toutes les barrières.

Quand elle reprend place dans l'Ambassador blindée, elle repense tout à coup à l'astrologue de la télévision et se demande s'il n'a pas exagéré avec ses prédictions négatives. Mais c'est une pensée fugace. Elle sait mieux que personne qu'on peut perdre les élections même quand une foule d'un million de personnes vous a acclamée la veille.

48.

Ces premières élections législatives du XXIe siècle attirent dans les isoloirs des villes et des villages de l'Inde plus de six cents soixante-dix millions d'électeurs : deux fois plus que le nombre d'Européens susceptibles de voter pour élire leur Parlement. Pour accomplir cette prouesse d'organisation et garantir la sécurité des citoyens, on a divisé le scrutin en quatre journées réparties sur trois semaines. La dernière se tient aujourd'hui, le 10 mai 2004. Quatre millions d'employés ont été mobilisés dans sept cent mille bureaux de vote pour établir les résultats qui décideront du sort d'un sixième de la population mondiale pour les cinq années à venir. La technologie a été la grande nouveauté de ces élections. Lors des précédentes, en 1999, il n'y avait que trois chaînes de télévision ; cette fois, il y en a plus d'une douzaine qui diffusent vingt-quatre heures sur vingt-quatre. Sans compter les chaînes de la télévision par satellite. Cinq ans plus tôt, il n'y avait qu'un million et demi de téléphones portables ; aujourd'hui, ils sont trente millions. La télévision a retransmis les sourires, les attitudes, les expressions de fatigue, de joie ou de surprise des candidats, leurs regards pleins d'expectative et même parfois un geste qui leur a coûté des voix. Mais au fond, personne ne sait quel parti bénéficiera le plus de cette nouvelle visibilité.

Le dépouillement aura lieu le 13 mai et les premiers résultats seront connus dans la soirée, grâce à la rapidité que permettent les nouvelles urnes électroniques. Mais pour les candidats, cette semaine sera longue. Sonia aimerait prendre quelques jours pour profiter de la fraîcheur des montagnes, mais elle ne peut donner l'impression qu'elle se désintéresse du combat. Ses camarades du Congrès eux-mêmes ne comprendraient pas qu'elle ne reste pas à son poste, dans la capitale, en première ligne, pour se défendre d'éventuelles attaques de dernière heure et encourager les siens, voire admonester l'un ou l'autre de ses députés turbulents.

Jeudi 13 mai 2004. Ce matin, on attend les premières estimations. Dans les villages, les paysans profitent de la chaleur pour interrompre leurs travaux dans les champs et se regrouper autour d'un transistor ou d'un téléviseur. Dans un pays où chacun participe aux célébrations du voisin, le grand spectacle de la démocratie est vécu comme une festivité de plus : le succès d'un individu acquiert d'autant plus de valeur dans une contrée si densément peuplée. Dans les nombreuses agglomérations qui restent hors de portée des ondes, il faudra attendre l'arrivée d'un voyageur pour avoir des nouvelles du scrutin. Il se passera parfois jusqu'à deux semaines avant que les résultats ne soient connus. À New Delhi, une grande impatience règne aux sièges des deux grands partis, chacun situé dans le centre, où se sont décidées les stratégies et d'où sont parties les directives. Ce sont des salles vitrées où on éprouve les bienfaits de l'air conditionné. Elles sont remplies de moniteurs de télévision et d'ordinateurs, de caméras vidéo, d'imprimantes et de tous les équipements technologiques. Des jeunes gens vêtus à l'occidentale s'affairent entre les bureaux, téléphone portable collé à l'oreille et, seule concession à la tradition, une tasse de thé au lait dans l'autre main. Au quartier général du Congrès, il y a plus de journalistes que de membres du parti ; ces derniers se terrent chez eux, angoissés par les spéculations de la radio et de la télévision qui prédisent leur défaite. Quelques-uns, les plus optimistes, coiffés du fameux bonnet popularisé par Nehru, discutent à grands gestes avec des journalistes, à l'affût des premières réactions.

Non loin de là, dans la résidence de Sonia, la tension s'est installée. Un silence épais enveloppe la maison. Celle-ci est décorée d'objets artisanaux provenant de l'Inde entière, de beaux tableaux contemporains et de quelques peintures anciennes auxquelles Sonia est très attachée. Il n'y a rien d'ostentatoire entre ces murs. Rien excepté le bureau, qui est resté comme au temps de Rajiv, n'évoque le fait qu'il s'agit du foyer d'une famille particulière. Les photos dans des cadres d'argent sur les tables montrent des moments partagés par les Nehru avec les grands de ce monde : les Kennedy, Gorbachev, de Gaulle et d'autres personnages illustres du XXe siècle. Et sur les murs blancs, les fameux portraits de Nehru, d'Indira et de Rajiv semblent avoir, encore aujourd'hui, une vie propre ; comme si, depuis l'au-delà, ils partageaient la gravité du moment.

Assis en tailleur sur les sofas, les collaborateurs de Sonia acceptent avec plaisir le thé à la cardamome que leur offre la maîtresse de maison. Tous gardent un silence embarrassé, car Sonia a choisi de ne pas allumer la télévision. Elle redoute les résultats et veut s'éviter le supplice d'apprendre des chiffres partiels. Elle préfère tout savoir d'un coup, quand le moment sera venu. Si près du verdict des urnes, elle craint de trahir la famille. Elle sait que si elle l'emporte, la victoire sera celle de Sonia Gandhi, qui a su se présenter devant les électeurs telle qu'elle est, une femme vulnérable, sincère et audacieuse. Mais si elle perd, la défaite sera attribuée à la « veuve de Rajiv », la « bru d'Indira », à l'« Italienne » qui n'a pas été à la hauteur des circonstances et qui manque autant d'ambition que de talent politique.

Le portable de son amie Ambika, la secrétaire générale du parti qui a passé dernièrement le plus de temps avec elle, se met soudain à sonner avec l'hymne du Congrès. Elle pose sa tasse de thé sur une table basse et colle l'appareil à son oreille. Puis elle esquisse un sourire et fait passer le message : « Sonia, nos alliés au Tamil Nadu ont gagné. » La bonne nouvelle détend un peu l'atmosphère. « Là-bas au moins, nous ne serons pas ridicules », pense Sonia. Le Tamil Nadu est un grand État, qui pèse dans le résultat final ; mais tous sont impatients de savoir comment ont voté des États clefs comme l'Uttar Pradesh, le Maharashtra ou le Karnataka. Sonia brûle d'en savoir plus, et en même temps elle craint les chiffres.

Quelques instants plus tard, un autre portable sonne. « Sonia, nous avons gagné au Maharashtra ! » annonce un autre membre de l'équipe. Le bruit du fax s'ajoute à celui des téléphones : la machine crache des fac-similés de journaux accompagnés de messages de diverses délégations du parti… et tous ces messages sont de bonnes nouvelles. En un instant, la pièce est envahie par une cacophonie de bruits divers, de sonneries et de conversations.

Sonia ne sait quoi penser. Puis elle reçoit un appel sur le téléphone fixe de la maison :

« Félicitations, Soniaji ! s'écrie un des stratèges du parti au bout du fil. Non seulement nous l'emportons, mais nous faisons un triomphe. En mon nom et en celui de tous les membres du Congrès, je vous exprime toute ma gratitude.

— Ne chantons pas victoire trop vite, il vaut mieux rester prudents, répond-elle.

— Oui, vous avez raison, mais la tendance est très claire. »

Sonia promène son regard sur les membres de son équipe, avec un sourire et ses fameuses fossettes qui n'ont jamais manqué d'apparaître chaque fois qu'elle se sentait heureuse.

« Je vais allumer la télévision », dit-elle en se levant.

L'image que montre l'écran est celle d'un endroit très familier : Akbar Road, où se trouvent les bureaux du parti, à moins de cinq minutes de sa résidence. Des sympathisants enthousiastes agitent des pancartes et crient des slogans : « Vive Sonia Gandhi ! », « Vive le Congrès ! », tandis que d'autres font éclater des pétards, dansent et boivent dans la rue. « On l'a traitée d'étrangère, mais le peuple a tranché, et massivement », dit un partisan qui porte un drapeau safran, blanc et vert, les couleurs nationales. « C'est un cadeau du Tout-Puissant ! » lance un membre connu du parti, des larmes dans les yeux. Tous sont étonnés et ravis de ces premières réactions de joie. Mais Sonia ne s'attendait pas à ce qu'elle entend à présent. Dans la foule, un cri est repris en chœur : « Sonia Gandhi, Premier ministre ! » Elle reste pétrifiée, comme si la réalité de sa nouvelle situation lui parvenait pour la première fois par l'écran du téléviseur. Étourdie par l'énormité de ce qui lui arrive, elle s'assied sur le bord du canapé. Elle voudrait dissimuler son trouble, mais elle est trop impressionnée et n'y parvient pas.

« Tu te sens bien ? » lui demande Ambika.

Sonia respire profondément et porte sa main à sa poitrine, comme si elle avait un début de crise.

« Tu veux que j'aille te chercher ton inhalateur ?

— Pas la peine… C'est déjà passé », répond Sonia.

En réalité, elle prie pour que l'asthme la laisse en paix. Mais ce dont elle souffre, c'est d'une soudaine et terrible anxiété, une anxiété que les cris de ses partisans massés dans Akbar Road ne font qu'aggraver : « Sonia Gandhi, Premier ministre ! »

Le présentateur revient aux résultats. À l'entendre les égrener État par État, elle a l'impression que les différents peuples de l'Inde pénètrent dans la pièce. L'annonce des résultats lui fait l'effet d'un écho venu de très loin, des villages qui se dressent sur les versants de l'Himalaya, des baraques en pisé des Bishnoïs du désert de Thar, des huttes des tribus des mangroves du Sud, des petits bourgs de pêcheurs sur les immenses plages du Kerala, des quartiers des musulmans du Gujarat qui ont survécu aux récents massacres des fondamentalistes hindous, des bidonvilles de Bombay et de Calcutta… Et la voix de ces peuples, de ce peuple enfin uni, se fait entendre encore et encore, à la stupeur de Sonia, de ses collaborateurs, de ses adversaires, de l'Inde et du monde entier. Une voix qui défie les prédictions des experts politiques, des magnats de la télévision et des instituts d'opinion. Une voix qui se révolte contre la prétendue domination des médias sur les masses. Pas un seul expert ne s'est révélé capable de prévoir la défaite spectaculaire du parti au pouvoir. Les résultats balaient aussi d'un coup la crédibilité des centaines d'astrologues, de chiromanciens et de mages supposés qui ont propagé l'erreur et le mensonge. Le fameux Ajay Bahambi, l'astrologue du petit écran, s'est vraiment couvert de gloire !

La surprise initiale se mue bien vite en euphorie quand le présentateur déclare d'un ton solennel que le parti du Congrès est sur le point de remporter cent quarante-cinq sièges, ce qui lui permet, avec ses alliés, d'atteindre le chiffre magique de deux cent soixante-douze et de former une coalition. C'est-à-dire de gouverner. Ces deux cent soixante-douze que Sonia avait prématurément annoncés en 1999, cette fois, elle les tient. À son anxiété se mêle un sentiment de profonde satisfaction. Et pour couronner cette journée triomphale, elle apprend que Rahul, en digne héritier de son père, a été élu haut la main dans la circonscription d'Amethi. Double victoire, qui ramène au pouvoir la famille la plus admirée et la plus vilipendée de l'Inde. Bientôt, les cris de la foule qui s'est approchée de la maison et qui acclame Sonia de la rue couvrent le bruit du téléviseur. Au siège d'Akbar Road, le responsable de la sécurité appelle la police de New Delhi pour qu'elle envoie des renforts au 10 de Janpath Avenue en prévision de possibles bousculades.

Le BJP perd dans vingt-quatre des vingt-huit États de l'Inde. Il perd même dans des bastions qu'il croyait imprenables, comme la ville sainte de Bénarès, sans parler de celle d'Ayodhya. Cette fois, son pari de transformer les troubles religieux en voix dans les urnes s'est avéré une erreur colossale.

« Le peuple a réagi », dit Priyanka quand elle arrive pour féliciter sa mère.

À chaque minute qui passe, le slogan des hindouistes, « L'Inde brille », apparaît de plus en plus ridicule, comme si les électeurs avaient dévoilé l'arrogance de cette propagande triomphaliste qui laissait la plus grande partie du peuple sur le bord de la route. Ce peuple qu'on ne voit pas dans les villes, mais qui aujourd'hui prend sa revanche du fond des plaines brûlantes et des villages perdus. L'expression de Sonia traduit le sentiment de tous ses camarades : la joie, le bonheur, une envie de rire, et, l'espace d'un instant, quelques larmes se devinent sur son visage. Pour celle qui s'est lancée dans la bataille électorale avec pour seul espoir de ne pas se faire écraser, cette victoire sans appel est une consécration.

49.

« Bouleversement impressionnant », titre la une du *Hindustan Times*, le quotidien en langue anglaise le plus lu de New Delhi le vendredi 14 mai, lendemain des résultats. Dans la résidence de Sonia, les très nombreux messages de félicitations et de soutien ont eu raison du fax. Des plis par porteur, des télégrammes, des SMS… De toutes parts et par tous les moyens, les compliments et les vœux à l'adresse du « futur Premier ministre » ne cessent de pleuvoir. Carlo Marroni, le maire d'Orbassano, lui a télégraphié au nom des vingt-cinq mille habitants de sa ville : « Nous sommes fiers de vous et nous vous souhaitons de continuer sur la voie du développement et de la solidarité dans la plus grande démocratie du monde. Nous partageons avec vous et avec votre Inde bien-aimée ces valeurs qui nous unissent tous. » Paola, la mère de Sonia, a appris le triomphe de sa fille dans sa maison de la via Bellini de la bouche d'un journaliste local. Bientôt, elle se met à recevoir un déluge de coups de fil. « Oui, bien sûr que je suis contente, répond-elle malgré son trouble, mais je me sens assiégée et je n'ai rien à dire. » Comment avouer en effet qu'elle craint qu'il n'arrive à sa fille la même chose qu'à son gendre ? Aussi Paola préfère-t-elle se taire et décide-t-elle de ne plus décrocher son téléphone.

À présent, la tâche de Sonia consiste à mettre sur pied une coalition assez forte pour gouverner. Elle n'hésite pas un instant à faire appel à son vieil ami, le brillant économiste Manmohan Singh, son gourou en matière de finances publiques et de développement. Avec lui, elle s'absorbe dans la rédaction d'un accord pour obtenir la franche adhésion des autres membres de la coalition, qui compte plus de vingt partis. Qu'il est loin, le temps d'Indira et de Rajiv où le Congrès gouvernait seul avec une majorité absolue ! La politique est maintenant comme une marmite géante où bouillent les rêves, les aspirations et les intérêts, de plus en plus divers et parfois contradictoires, d'un sixième de l'humanité. Et Sonia devra bientôt revêtir le tablier de la chef cuisinière. Elle doit peser avec soin les ingrédients de son délicat ragoût : contenter les communistes du front des gauches mais aussi les libéraux du centre droit, les partis régionaux et les représentants des castes… Mais la tâche ne la prend pas au dépourvu. Cela fait des mois qu'elle tisse des alliances, qu'elle s'entretient avec les uns et les autres, qu'elle aplanit le chemin. Son travail invisible et patient porte maintenant ses fruits. Comme le faisaient déjà remarquer les sœurs du pensionnat de Giaveno, où elle a fait ses études, elle possède un grand talent pour obtenir le consensus ; en cela, elle diffère de sa belle-mère Indira, qui était d'un naturel autoritaire. Ce qui intéresse vraiment Sonia, ce sont les grandes questions nationales, comme la lutte contre la pauvreté et le maintien de la croissance économique. Ou encore l'obtention d'une paix durable avec le Pakistan et la résolution du conflit au Cachemire. Ses alliés sont loin de lui ressembler. La plupart sont d'authentiques satrapes, des chefaillons de petits partis régionaux aux egos plus grands que leurs organisations. Et ils cherchent à tirer les marrons du feu en réclamant des portefeuilles ministériels, des politiques spécifiques de soutien aux membres de leur caste ou à leurs électeurs. En échange de son soutien, le dirigeant bien connu d'un des États les plus pauvres exige le ministère des Chemins de fer, un ministère très important puisqu'il emploie plus de dix millions de travailleurs. Tous pensent que Sonia sera Premier ministre. Certains, même, l'exigent, car ils ne veulent pas se priver d'une dirigeante qui leur permettra de récupérer une parcelle de pouvoir ; en effet, ils sont sûrs que, sans elle, la coalition aura une durée de vie très limitée.

Après l'annonce que le parti va nommer Sonia présidente de son groupe parlementaire, tout le pays tient pour acquis que l'Italienne occupera le poste de Premier ministre. S'il restait quelques doutes à certains, Sonia elle-même semble les dissiper quand un journaliste lui demande s'il est certain que la personne désignée pour prendre la tête du groupe parlementaire sera le prochain Premier ministre : « Normalement, c'est ce qui se passe », répond-elle. Quelques mots qui sont comme autant de soufflets à ses adversaires. Une douce vengeance, qui ne reste pas longtemps sans réponse puisqu'un dirigeant du parti vaincu déclare à la télévision qu'il lui semblerait tout simplement honteux que l'Inde soit gouvernée par une étrangère. Un autre chef du même parti ajoute qu'il boycottera la cérémonie d'investiture de la coalition si Sonia Gandhi devient Premier ministre. Un tremblement de terre nationaliste secoue le pays, et affecte jusqu'aux membres du propre parti de Sonia. La chef du gouvernement de l'État du Madhya Pradesh, une femme d'âge moyen du nom d'Uma Bharti, une extrémiste hindoue affiliée au BJP, annonce sa démission : selon elle, placer une étrangère au plus haut poste de la nation est une insulte à celle-ci et met en danger la sécurité nationale. Elle est rejointe par une autre femme, une certaine Sushma Swaraj. Dirigeante respectée du parti vaincu, elle sollicite un entretien avec le président de la République, le scientifique musulman Abdul Kamal, pour lui exprimer « la douleur et l'angoisse » que lui cause cette perspective. « Si Sonia Gandhi devient Premier ministre, je me raserai la tête, je m'habillerai de blanc, je dormirai sur le sol et je ferai la grève de la faim. Je mobiliserai la nation contre elle », menace-t-elle aux micros des journalistes en sortant du palais présidentiel.

Mais l'événement qui cause le plus d'émoi est sans doute le suicide, dans un village près de Bangalore, de Mahesh Prabhu, un activiste du BJP : ce père de famille de trente ans, a pris le temps, avant d'avaler une bouteille de mort-aux-rats, de rédiger un mot où il explique qu'il « ne peut supporter que dans un pays de mille millions d'habitants, on n'ait pu trouver un leader indien pour gouverner la nation ». L'homme laisse derrière lui une veuve et un enfant de dix-huit mois. Et une Inde plongée dans la perplexité.

Que de tumulte, de division, d'hystérie… Les conséquences de sa victoire commencent à effrayer Sonia. Elle a touché à la fibre nationaliste, un sentiment irrationnel qui peut rapidement confiner à la folie. Bien que les résultats des élections aient montré que ses origines n'importaient guère au peuple, le sujet reste explosif.

Sonia se montre si prudente qu'elle répond à un journaliste de la télévision italienne en anglais et non dans sa langue maternelle : l'homme est ahuri. Comment faire comprendre à quelqu'un qui s'entretient avec vous pendant cinq minutes que, même si vous le souhaitiez, vous ne pourriez lui parler dans sa langue ? Comment expliquer ce que cela signifie d'être une étrangère en Inde alors qu'on est si proche du pouvoir qu'on en sent déjà l'intense chaleur ? Comment raconter la violence qui a décimé votre famille et qui guette comme un fauve affamé ? Comment expliquer tant de deuil, tant de douleur, tant d'angoisse et d'effroi ? Comment dire tout cela, sans quoi personne ne peut comprendre vos réactions ? Il faudrait partir de zéro chaque fois qu'on parle avec un journaliste, et on n'en a évidemment jamais le temps.

Pour accroître encore l'inquiétude générale, l'indice de la Bourse de Bombay, le Sensex, accuse soudain la chute la plus spectaculaire de l'histoire financière de l'Inde. Elle s'explique par la crainte de voir arriver au pouvoir un gouvernement où les forces de gauche mettront un terme aux réformes libérales. Sonia presse son homme de confiance Manmohan Singh de faire une déclaration de nature à calmer les marchés, dans l'espoir d'apaiser la tempête au plus vite.

Elle a besoin de réfléchir. Le lendemain de la dégringolade boursière, Sonia, accompagnée de ses enfants, sort discrètement de chez elle ; mais la police est sur les nerfs, et ses gardes du corps encore plus. Elle aurait pu prévoir qu'après sa victoire électorale, les mesures de sécurité réduiraient encore sa liberté de mouvement, déjà presque inexistante. Maintenant, elle doit prévenir à l'avance de ses déplacements, afin que la police de New Delhi envoie des renforts à son escorte personnelle.

Une brume légère flotte dans les rues désertes à sept heures du matin. C'est le meilleur moment de la journée pour éviter la chaleur et circuler rapidement. La voiture de Sonia parcourt les larges avenues, jusqu'au moment où elle arrive à l'endroit où s'élèvent les mausolées de la famille. On entend le chant des oiseaux par-dessus le murmure rauque de la nouvelle voie express qui traverse New Delhi du nord au sud. Tous trois se recueillent quelques instants, puis chacun d'eux lance son offrande florale, quelques pétales de rose au pied du mausolée. Que dirait Rajiv de cette victoire inattendue qui remet toute la famille en selle ? Sonia, qui a toujours fui comme la peste l'attention médiatique, se rappelle soudain le jour où elle a planté là son Premier ministre de mari avec une équipe de la télévision française qui insistait pour filmer quelques images de la famille réunie… « Même moi, je ne peux pas lui faire changer d'avis », avait dit Rajiv aux photographes. Maintenant, son mari doit en rire depuis l'au-delà. Il doit être surpris, comme tous les Indiens ; et fier aussi, c'est certain ; mais surtout, il doit s'inquiéter pour elle, pour leurs enfants et pour les petits-enfants qu'il n'a pas connus. Méfiez-vous du triomphe, il peut se retourner contre vous et détruire toute votre vie. Gare à la face cachée de la victoire, car on ne sait jamais ce qu'elle dissimule. « Et toi, Rajiv, que ferais-tu à ma place ? »

Au cours de ses entretiens de la journée avec différents membres de sa coalition, elle évite de mentionner la question du choix du Premier ministre. Elle déclare même à un journaliste de la BBC : « Je n'ai aucun poste en tête. »

Le lendemain, le 15 mai, les hiérarques les plus respectés du parti, inquiets à la perspective de se retrouver orphelins de leur dirigeante, lui demandent, quelle que soit sa décision, de la laisser en suspens au moins quelques heures encore. Leur but est de gagner du temps, pour qu'arrivent tous les messages de soutien que leurs envoient les alliés de tous les coins de l'Inde. En temps normal, le candidat au poste de Premier ministre s'adresse au président de la République avec cet aval pour recevoir l'autorisation officielle de former le gouvernement. C'est un pas que Sonia devra accomplir sous peu, en apportant ces messages qui l'encensent et qui montrent qu'elle est le leader incontestable sans lequel la coalition perd tout son sens. Camarades et alliés espèrent que Sonia finira par céder : le parti doit prouver à sa base qu'en sa personne, elle a trouvé un guide. À cela s'ajoute la pression affective de ses amis, avec qui elle a partagé tant de déboires et de moments difficiles. Elle a l'impression qu'elle les trahirait si elle n'acceptait pas le poste. Il n'est pas facile de leur dire maintenant : je ne joue plus. Pourraient-ils le comprendre ? Pour la tranquilliser, ils lui assurent qu'ils accepteront sa décision finale. Sonia a encore trois jours pour réfléchir.

L'après-midi du 15, après avoir été élue à l'unanimité présidente du groupe parlementaire du Congrès, elle s'adresse à ses députés : « Me voici devant vous, à la place occupée avant moi par mes grands maîtres, Nehru, Indira et Rajiv. Leurs vies ont guidé mes pas. Leur courage et leur entière dévotion au peuple de l'Inde m'ont donné la force de poursuivre le chemin des années après leur martyre. Aujourd'hui, je veux me souvenir d'eux, aujourd'hui je veux leur rendre hommage. Le peuple a réaffirmé que l'âme de notre nation est assimilatrice, laïque et indivisible. Il a rejeté les attaques personnelles et les campagnes de dénigrement. Il a rejeté l'idéologie des partis fondamentalistes. Bientôt, nous aurons ici, au gouvernement central, une coalition conduite par le Congrès. Nous avons triomphé contre tous les pronostics. Nous avons prévalu malgré les prédictions de tous les mauvais prophètes. En votre nom à tous, je veux exprimer de tout mon cœur ma gratitude au peuple de l'Inde. Merci. »

Une ovation salue cette brève allocution, puis les députés se disposent à la féliciter personnellement. Tous veulent s'approcher de celle qui a suscité tant de joie et d'expectative, de celle qui tient les clefs du pouvoir. Dans cette immense salle qui a été le témoin de tant de drames nationaux, de tant de discussions enfiévrées, on goûte à présent une atmosphère festive. Sonia est radieuse. L'enthousiasme est tel que les députés doivent faire la queue pour lui serrer la main ou, mieux encore, lui adresser quelques mots suffisamment chaleureux pour qu'elle s'en souvienne… Car on ne sait jamais. Parmi ceux qui attendent leur tour se trouve un homme d'une trentaine d'années vêtu d'une *kurta* blanche et d'un large pantalon : il s'agit de son fils Rahul, qui à l'occasion de ces élections s'est révélé un jeune politique plein d'avenir. Sonia lui sourit affectueusement quand il lui tend la main, comme les autres.

Pourtant, les vétérans et les plus proches de Sonia demeurent soucieux : dans son discours, elle n'a pas dit un mot sur le rôle qu'elle tiendra dans la nouvelle coalition. Quand ils lui suggèrent de se rendre dès le lendemain chez le président de la République pour lui demander officiellement de former le gouvernement, Sonia esquive en faisant observer que le front des gauches n'a pas encore confirmé son soutien. Mais il ne s'agit que d'un prétexte. En réalité, elle veut prendre tout le temps dont elle dispose pour réfléchir.

Après avoir passé une journée entière chez elle à peser le pour et le contre avec ses enfants, elle réunit ses alliés les plus proches le lundi 17 mai. Elle a quelque chose d'important à leur annoncer. Ils la voient venir et ne se trompent pas : « Je pense que je ne dois pas accepter le poste de Premier ministre. » Elle ne prononce pas ces mots d'un ton tranchant, comme pour affirmer une décision inébranlable, mais comme si elle voulait tester les réactions. « Je ne veux pas provoquer la division du pays », ajoute-t-elle, laissant son auditoire mal à l'aise et perplexe. Et elle suggère alors une solution digne de Salomon, qui provoque une certaine irritation : elle pourrait rester présidente du parti… et Manmohan Singh serait Premier ministre. C'est une idée révolutionnaire, car elle suppose une direction bicéphale, une nouvelle expérience dans l'art de gouverner.

Un profond silence accueille ses paroles. Sonia poursuit : « C'est un homme d'honneur, un économiste hors pair, il a l'expérience de l'administration… Je suis convaincue qu'il fera un grand Premier ministre. » Mais sa suggestion laisse ses collaborateurs de marbre. Il est bien connu que Manmohan Singh manque de charisme. C'est un homme sérieux, un technocrate, mais pas un homme politique. « C'est comme si nous disions que ces élections n'ont servi à rien. La coalition ne tiendra pas sans une Gandhi, sans la seule dirigeante capable d'unifier des groupes si disparates », fait observer un des siens. L'idée n'enchante pas non plus les vétérans, dont quelques-uns comptent cinquante ans de militantisme au sein du parti. Manmohan Singh n'est membre du Congrès que depuis quatorze ans ; autant dire qu'il est presque novice. De surcroît, c'est un sikh, il représente une minorité qui ne rassemble pas plus de six pour cent de la population. Ce serait la première fois qu'un non-hindou occuperait le poste depuis l'indépendance. Comment la majorité hindoue prendrait-elle ce choix ?

« Le peuple a voté pour une Inde laïque, où la religion n'a pas d'influence pas sur la vie politique », leur rappelle Sonia.

Mais c'est surtout le fait de ne pas avoir une Gandhi au poste suprême qui les inquiète énormément. En ce moment, la charge mystique du nom compte plus que tout le reste. « Ce sera le gouvernement le plus bref de notre histoire », prédisent déjà certains. D'autres ne s'avouent pas vaincus et demandent à Sonia de reconsidérer sa décision. Même les deux membres de son parti qui naguère se plaignaient en privé d'avoir pour leader « une femme au foyer italienne qui n'a pas fait d'études », la supplient maintenant d'accepter de devenir Premier ministre. En une semaine, elle est passée du statut de femme au foyer et d'étrangère embarrassante à celui d'amie pour toujours, de guide, de chef né pour sauver la nation.

À la fin de l'après-midi, Manmohan Singh se présente au 10 de Janpath Avenue. Il est coiffé de son éternel turban bleu, arbore une barbe blanche, de petits yeux sombres pétillants d'intelligence et un air d'oiseau fragile. Il parvient à grand-peine à se frayer un passage parmi la foule des députés et des sympathisants. Ils ont tous répondu à l'appel de ceux qui sont réunis avec Sonia et bloquent l'entrée. Il y a tant de monde que la maison n'est pas assez grande pour tous les accueillir. Ils attendent dans le jardin ou dans la rue, sous un soleil écrasant et par une température de quarante-trois degrés à l'ombre, que leur dirigeante prenne sa décision définitive. Pour Sonia, cette situation est presque une habitude ; il lui semble l'avoir déjà vécue quand le parti faisait pression sur elle pour qu'elle accepte la présidence. Mais si à l'époque il était déjà difficile de refuser, le pouvoir qui est en jeu à présent rend un refus quasiment impossible. Elle a beau tenter d'argumenter, les autres n'acceptent pas la solution qu'elle propose. Ils ne comprennent pas qu'elle puisse refuser le poste de Premier ministre, qui est le rêve de tous les politiciens. Cela leur semble invraisemblable, même s'ils savent que pour Sonia le pouvoir n'a jamais été une fin en soi, même s'ils savent qu'elle est entrée en politique non par inclination, mais parce que le destin l'a voulu ainsi. « Ce serait un désastre pour le parti, pour la coalition, pour le pays, ne cessent-ils de répéter. Soniaji, ne nous abandonnez pas… »

Confrontée à une véritable rébellion dans ses rangs, Sonia demande qu'on lui donne encore du temps, tout son temps. Mais la situation devient si tendue et l'opposition si forte – un député menace de s'immoler par le feu comme un bonze si elle refuse le poste – que Sonia prend peur et fait marche arrière. Deux heures après avoir laissé entendre qu'elle n'accepterait pas le poste de Premier ministre, elle envoie Manmohan Singh annoncer dans le jardin de sa petite voix douce : « Mme Gandhi a accepté de se rendre demain matin à la résidence du président de la République. » Ouf ! Un murmure d'approbation s'élève de l'assemblée. L'annonce calme les esprits. Ceux qui s'en vont sont convaincus que la pression a porté ses fruits et que leur volonté a prévalu. Leur dirigeante a enfin accepté de prendre ses responsabilités. Le Congrès va de nouveau s'installer au pouvoir, et son visage sera celui d'une Gandhi. L'histoire se répète. Les députés se dispersent en paix.

Pour Sonia, le problème est de faire avaler cette pilule amère à ceux qui la vénèrent, ces gens qui attendent tout d'elle. Comment leur faire entendre raison ? Et eux, comment peuvent-ils croire qu'elle réussira à gouverner ce pays ? L'opposition ne lui laissera pas un moment de répit : jour après jour, on lui jettera au visage qu'elle est illégitime à cause de ses origines. Un fou finira par la tuer, elle en est certaine. En outre, elle n'a pas l'expérience qu'il faut et se brûlera très vite les ailes.

Ce dont elle a besoin pour le moment est d'être seule. Dans sa chambre, elle ouvre les fenêtres avant de s'étendre sur son lit. Elle respire profondément l'air chaud de ce soir de mai. Elle touche du bois pour ne pas avoir une crise d'asthme. Toute son enfance, elle a dormi avec les fenêtres ouvertes malgré le froid. Aujourd'hui, elle sent de nouveau une vieille oppression. C'est la sensation d'étouffement qui revient chaque fois qu'elle doit prendre une décision importante. Chaque fois qu'elle est soumise à une tension insupportable.

Elle éteint l'air conditionné et laisse les fenêtres ouvertes. La brise gonfle les rideaux, qui s'animent mollement comme des fantômes de coton. Mais la brise est chaude et n'apporte aucun soulagement. Une brume orangée éclaire le ciel de la ville. Les chiens aboient. Sur l'avenue, pétaradent quelques motocyclettes au pot d'échappement cassé.

Enfin, le silence, auquel elle aspirait tant, se fait. Ces derniers jours, la maison lui a fait l'effet d'une basse-cour. Le bruit lui donnait le tournis. Elle a besoin de silence pour se retrouver elle-même et s'écouter. Pour savoir que faire demain matin. Ou plutôt, comment le faire.

50.

Le mardi 18 mai est un jour que les membres du Congrès n'oublieront pas de sitôt. Quelque deux cents députés du parti attendent dans l'hémicycle du Parlement, la même salle qui a été témoin de l'élection de douze Premiers ministres de l'Inde, et à laquelle Sonia Gandhi doit annoncer sa décision.

Quand elle apparaît, suivie de ses enfants Rahul et Priyanka, qui arborent tous deux un visage sérieux et insondable, certains craignent déjà que les nouvelles ne soient pas bonnes. Elle entre sans le grand sac en tapisserie, censé contenir les lettres et les messages de soutien des centaines de leaders du Congrès dans le but de l'encourager à accepter la plus haute charge du pays : c'est une tradition à laquelle les anciens Premiers ministres n'ont jamais dérogé. Peut-être s'en dispense-t-elle par simple caprice, se hasardent à penser ceux qui refusent d'abandonner leurs derniers espoirs. Ce sont les optimistes, ceux qui croient qu'elle n'osera pas refuser le poste après avoir subi tant de pressions.

Un silence sépulcral envahit la salle au moment où Sonia, très élégante dans un sari couleur terre de Sienne, les cheveux soigneusement coiffés en arrière et retombant sur ses épaules, salue quelques camarades, les mains jointes à hauteur du visage, et se fraie un passage jusqu'au micro. Elle porte ses lunettes pour bien voir ses notes et déclare : « Depuis que, voilà six ans, je suis entrée à contrecœur en politique, j'ai toujours fait bien comprendre – et je l'ai déclaré en plusieurs occasions – que le poste de Premier ministre n'était pas mon objectif. Et j'ai toujours été certaine que si un jour je me trouvais dans la situation où je suis aujourd'hui, je suivrais la voix de ma conscience. » Elle marque une pause, et le silence s'alourdit encore. Sonia lève la tête, regarde ses enfants, puis le reste de l'assistance : « Aujourd'hui, cette voix me dit que je dois humblement refuser ce poste. »

Un tremblement de terre n'aurait pas produit plus d'effet. Une clameur assourdissante s'élève dans la vaste salle. Sonia hausse le ton ; elle fait un signe de la main pour obtenir le silence et se faire entendre : « J'ai été soumise à beaucoup de pressions pour reconsidérer ma position, mais j'ai décidé d'obéir à ma voix intérieure. Le pouvoir n'a jamais représenté une tentation pour moi… » Un chœur de lamentations et d'énergiques protestations l'interrompt : « Vous ne pouvez pas nous abandonner maintenant ! » clament certains. « Vous ne pouvez pas trahir le peuple indien ! s'écrie Mani Shankar Aiyar, un vieil ami de Rajiv et un politicien influent. La voix intérieure du peuple dit que vous devez être le prochain Premier ministre de ce pays !

— Je vous prie de bien vouloir respecter ma décision… », répond Sonia d'un ton ferme.

Mais on l'interrompt de nouveau :

« Si vous n'êtes pas à ce poste, madame, nous n'aurons plus personne pour nous inspirer ! »

Une douzaine de députés se lancent tour à tour dans des allocutions improvisées, où ils invoquent l'exemple de dévouement au service de l'État qu'ont donné le mari et la belle-mère de Sonia. « Faites-en autant ! lui répètent-ils. Montrez-vous à la hauteur ! »

Pendant plus de deux heures, l'affrontement fait rage : les députés expriment leur désespoir mais Sonia maintient sa décision. Les discours oscillent entre les réprimandes de ceux qui la traitent d'égoïste et l'expression d'une certaine admiration devant ce geste insolite de refuser le pouvoir quand il vous est offert ! Quelques-uns l'accusent de tourner le dos aux centaines de millions d'Indiens qui lui ont manifesté leur confiance. Sonia écoute tous ces orphelins, impassible, la mâchoire serrée. Pour finir, les députés présentent une résolution collective dans laquelle ils lui demandent de reconsidérer sa position ; mais elle, avec élégance et sang-froid, leur répond que c'est impossible. « Vous avez exprimé vos points de vue, votre douleur, votre angoisse devant la décision que j'ai prise. Mais si vous avez confiance en moi, permettez-moi de m'y tenir. »

Il suffit d'insister, pensent certains. Beaucoup se rappellent la crise de 1999, quand Sonia a annoncé sa démission de la présidence du parti. Elle a fini par céder devant les supplications et a repris son poste. Le problème est que maintenant, le temps presse. Selon la loi, le gouvernement doit être formé avant la fin de la semaine. Un député de l'Uttar Pradesh rappelle aux autres que la décision de Sonia a un précédent dans l'histoire indienne : « Madame, vous suivez l'exemple de Gandhi, dit-il en faisant allusion au refus du père de la nation de participer au premier gouvernement après l'Indépendance. Mais à l'époque, le mahatma pouvait compter sur Jawaharlal Nehru. Qui est le Nehru d'aujourd'hui ? »

Sonia s'abstient de parler de Manmohan Singh, l'as qu'elle garde dans sa manche, même si son premier cercle sait qu'il fait partie de son jeu. Lorsque, enfin, elle quitte la salle en laissant les députés plongés dans l'affliction et la frustration, la presse s'attroupe autour de ses enfants : « En tant que membre du Parlement fraîchement élu, déclare Rahul, j'aimerais que ma mère accepte d'être Premier ministre, mais en tant que fils, je respecte sa décision. » Priyanka est moins diplomate. Quand on lui demande s'il est vrai qu'elle a, avec son frère, influencé Sonia, en arguant qu'ils ont perdu un père et ne veulent pas perdre une mère, que tout cela est une affaire de famille, elle répond avec une grande franchise : « Nous n'avons jamais été maîtres de notre famille. Nous l'avons toujours partagée avec la nation. »

Les membres du Congrès ne jettent pas l'éponge si facilement. De retour à son domicile, Sonia est accueillie par une foule qui lui demande la même chose : de changer d'avis. On le lui réclame à grands cris, avec des larmes dans les yeux, en se jetant à ses pieds. Tant de flatterie l'irrite. C'est l'image inversée de la haine de ses détracteurs. L'une est aussi malsaine que l'autre. Chez elle, elle se trouve face à un autre défi : la montagne de lettres des membres du Comité de travail et d'autres affiliés qui menacent de démissionner si elle n'accepte pas la fonction de Premier ministre. Dehors, dans la rue, un sympathisant qui prétend se taillader les veines sur-le-champ est appréhendé par la police. Il semble que New Delhi ait sombré dans la folie.

Mais Sonia n'a pas l'intention de céder. Par bon sens, par conviction intime. Parce qu'elle est sûre que sa décision s'impose pour le pays, pour sa famille, pour elle-même. Jusqu'au dernier moment, ses partisans tentent l'impossible pour la faire fléchir avec des supplications, les appels au patriotisme, les menaces voilées ; mais Sonia reste forte et ne succombe pas. Au contraire, elle s'assure l'appui d'autres membres de la coalition pour qu'ils acceptent un Premier ministre qui ne porte pas le nom de Gandhi. Elle donne le tempo, et tous, jusqu'aux plus sceptiques, finissent par la suivre. Cette force est la récompense de son triomphe.

De surcroît, elle peut compter sur le soutien inattendu de la presse, qui semble la redécouvrir et se répand en éloges : « Sonia éteint les feux du pouvoir et allume ceux des cœurs », titre l'*Asian Times*. « En renonçant au pouvoir, elle accède à la gloire », écrit le *Times of India*. En disant non, Sonia a encore grandi en popularité. En « abdiquant », elle a introduit la notion de sacrifice dans le vocabulaire de la politique indienne. Et de leader du Congrès, elle se transforme en leader de la nation. Un authentique miracle.

Rashtrapati Bhawan, l'ancien palais du vice-roi, est le théâtre d'une cérémonie brève mais chargée de sens qui, au terme d'une semaine tumultueuse, règle enfin la crise du pouvoir. Le samedi 22 mai, après trois jours d'une résistance acharnée contre les chefs de son propre parti, Sonia Gandhi assiste à la prestation de serment de Manmohan Singh, le nouveau Premier ministre de l'Inde, en présence du président de la République. Le moment est historique car pour la première fois, un sikh est nommé à la tête du gouvernement. L'homme n'a pas fermé l'œil de la nuit, car une foule de ses coreligionnaires a fait la fête devant sa résidence. Comme les choses ont changé depuis les jours sombres où, après l'assassinat d'Indira, les sikhs étaient pourchassés comme des animaux dangereux !

Après avoir prêté serment, dans un geste qui souligne l'accord qu'ils ont passé ensemble, Manmohan Singh s'approche de Sonia et incline légèrement la tête. Comme pour indiquer qu'il gouverne, mais qu'elle règne.

Chargé d'un symbolisme à l'image de la diversité indienne, sa capacité à la cohabitation et sa croissante mobilité sociale, le moment est historique à plus d'un titre : Sonia Gandhi, qui a été élevée dans la religion catholique, cède le pouvoir à un Premier ministre sikh, né en 1932 dans une humble famille du Pendjab occidental, aujourd'hui rattaché au Pakistan, et connu pour son irréprochable intégrité. Quant à la cérémonie, elle a lieu devant un président de la République musulman nommé Abdul Kalam, un expert en physique nucléaire issu d'une famille misérable. Il y a moins d'un siècle, rien de tout cela n'aurait pu se produire dans un pays où, voilà quelques décennies, la naissance et non le mérite déterminait le cours de votre existence. Et il y a seulement un mois, avant les élections qui ont chassé du pouvoir les tenants de l'« Inde hindoue », qui aurait pu prédire que ce rite démocratique aurait lieu entre les représentants de trois religions minoritaires ?

En quelques jours, Sonia a provoqué une révolution silencieuse, dont les effets se feront sentir pendant de longues années. En renonçant au mandat le plus prestigieux, elle a montré que la politique ne rimait pas toujours avec la convoitise. Elle a aussi montré qu'on ne devait pas la citoyenneté indienne au simple hasard de sa naissance. Qu'on pouvait devenir indien par amour pour ce pays, en s'engageant corps et âme pour lui et en étant assez dévoué pour faire passer les intérêts de la nation avant les siens. Par son geste historique, Sonia Gandhi a rappelé aux hindous que la véritable force de leur nation résidait dans sa tolérance, dans son ouverture traditionnelle aux autres, dans sa capacité à appréhender toutes les religions comme une quête commune de l'humanité pour trouver un sens à l'existence. Les aléas de la vie ont fait d'une chrétienne la femme qui a rendu confiance et dignité à la grande majorité des hindous, qui ne se sont jamais sentis représentés par le gouvernement des fondamentalistes.

Ce soir-là, Sonia rentre chez elle avec la satisfaction du devoir accompli. Elle a préféré rester derrière le trône : elle est toujours prête à galvaniser le peuple, mais a cédé le pouvoir à son grand vizir enturbanné, à la barbe blanche.

Après cette semaine de folie, elle va enfin pouvoir se reposer. Mais avant de regagner sa chambre, elle passe par le bureau, pour sentir la présence de l'homme qu'elle continue à aimer comme au premier jour, ou peut-être plus encore, si tant est qu'on puisse mesurer l'amour. Avec la chaleur, les fleurs de la guirlande autour de la photographie de Rajiv sont un peu fanées.

« Demain, je les changerai », se dit-elle.

Elle continue de regarder l'image de son mari. Elle ferme les yeux et se concentre jusqu'à le faire revivre dans son esprit. Elle le sent si proche qu'il lui semble entendre sa voix veloutée, toujours bien modulée, avec son impeccable accent anglais, qui lui murmure à l'oreille des mots d'amour... Elle croit même sentir le parfum de sa peau, cette odeur de savon mêlée à son eau de toilette au jasmin. Et ce parfum la transporte tout à coup dans le passé, vers le temps perdu, vers ses plus beaux souvenirs, ceux que Sonia garde précieusement dans son cœur, car ils forment le trésor qu'ils ont réussi à préserver ensemble, Rajiv et elle.

La rêverie, douce et douloureuse à la fois, ne dure pas longtemps, mais elle est très intense, car les morts vivent dans le cœur des vivants qui les ont aimés. Quand elle rouvre les yeux, elle promène son regard sur les autres photos. Elle les a vues des millions de fois, mais aujourd'hui elle a plaisir à les détailler de nouveau, l'une après l'autre, peut-être parce qu'elles lui rappellent le sens de sa vie. Rajiv et son sourire continuent de faire tressaillir son cœur, et il en sera toujours ainsi ; Indira aussi, avec sa capacité de rire d'elle-même, de ne jamais oublier l'anniversaire ou la maladie d'un enfant malgré les soucis causés par les affaires d'État. Maintenant plus que jamais, Sonia est consciente d'avoir hérité de sa belle-mère la « mystique de la dynastie », et d'appliquer de son mieux tout ce qu'elle a appris à ses côtés : la patience, la ténacité, l'audace, le courage et le sens de l'à-propos... Son regard s'arrête sur une petite photo posée sur une table immortalisant Gandhi auprès de Nehru. Au cours des tristes jours qui avaient suivi la mort d'Indira, elle s'était réfugiée dans la correspondance de sa belle-mère comme si elle pouvait ainsi communiquer avec elle. Mais, sans le savoir, Sonia a aussi appris quelques vérités sur la manière de faire de la politique à cette occasion. Parmi les papiers d'Indira, elle est tombée sur un texte du mahatma adressé à Nehru : « N'aie pas peur, aie foi dans la vérité. Prête l'oreille aux doléances de ton peuple, mais assure-toi en même temps que tu acquiers assez de stature morale pour te faire respecter. Sois démocrate, mais valorise la seule aristocratie qui importe vraiment : la noblesse de l'esprit. »

Il n'a pas été facile, le voyage qui l'a transportée de sa vie de femme au foyer heureuse au centre du maelström de la politique. Comme elle l'a dit elle-même, c'est une histoire d'ombres et de lumière. Une histoire de mystère où elle a pu sentir la main cachée du destin. Une histoire de lutte intérieure et de tourments, qui lui a révélé comment l'expérience du deuil pouvait apporter un sens plus profond à l'existence. Et en dépit de toutes les tristesses, des humiliations, des difficultés et des moments pénibles, ce soir comme jamais auparavant, elle se sent une femme comblée. C'est comme si soudain elle comprenait clairement quelque chose dont elle a toujours eu l'intuition, mais qui lui échappait et qu'elle doit à présent voir en face. « La famille dans laquelle je suis entrée, écrira plus tard Sonia, était circonscrite aux limites d'un foyer. Aujourd'hui, ma loyauté embrasse une famille beaucoup plus vaste : l'Inde, mon pays, dont le peuple m'a accueillie si chaleureusement et qui a fait de moi l'une de ses filles. » Sonia est honnête quand elle affirme n'être plus italienne. Elle ne l'est plus, parce qu'après avoir été un simple membre de la famille Nehru-Gandhi, elle est devenue l'héritière de la dynastie. Et la dynastie Nehru-Gandhi, c'est l'Inde.

Épilogue

Paradoxalement, en renonçant au pouvoir, Sonia est devenue plus puissante que jamais. Le peuple, qui admire les idéaux d'altruisme et de renoncement si présents dans la religion et la philosophie hindoues, ne se borne plus à la considérer comme un dirigeant politique, mais la vénère comme une déesse. Ce qui fait d'elle la personnalité la plus influente de l'Inde. Dans le monde, sa stature ne cesse de grandir. La revue *Forbes* la range parmi les trois femmes les plus puissantes de la planète. Ce n'est pas mal pour quelqu'un qui a toujours méprisé le pouvoir.

Si elle est aimée du peuple, ce n'est pas seulement parce qu'elle a accompli le miracle de rendre ses valeurs laïques à un pays qui semblait engagé dans une dangereuse dérive, ni parce qu'elle a placé à la tête d'un système démocratique corrompu et chaotique un homme d'une grande intelligence et d'une profonde expérience, mais parce qu'elle a réussi à établir un lien intime avec l'homme et la femme de la rue. La femme admire son sacrifice de mère et d'épouse ; l'homme, son combat pour l'avenir du pays. Et tous célèbrent sa fidélité aux idéaux de sa famille. Ils comprennent ce qu'elle a enduré à la mort d'Indira, puis lorsqu'elle est devenue veuve, dans des circonstances si tragiques. Ils s'identifient à elle.

Mais si l'on aime les Gandhi, c'est moins parce qu'ils appartiennent à une famille exceptionnelle que pour ce qu'ils partagent avec les gens ordinaires. Par exemple, les rancœurs familiales : le mépris qu'éprouvait Nehru pour le mari d'Indira, les tensions entre Indira et la femme de Sanjay, ou l'hostilité entre les deux belles-sœurs. Ce sont des traits qui les rapprochent de la vie quotidienne, de l'homme de la rue. Si la plupart des familles rencontrent ces drames domestiques dans l'intimité de leur foyer, les Nehru-Gandhi les ont toujours vécus au grand jour tout en présidant au destin de la plus grande démocratie que le monde ait jamais connue. Comment ne pas se sentir fasciné par des personnages aussi « normaux » qui ont pourtant des existences extraordinaires ? Par cette famille aujourd'hui divisée, aux antipodes du spectre politique, avec Sonia et ses enfants liés corps et âme au parti du Congrès et Maneka et Firoz Varun toujours fidèles au BJP ? C'est le matériau même dont sont faites les grandes sagas mythologiques qui nourrissent l'imagination du peuple depuis la nuit des temps. Pour beaucoup d'habitants des villages et des campagnes de l'Inde, la saga des Nehru-Gandhi, qui dure depuis le XIXe siècle et semble destinée à se poursuivre au long du XXIe, est le pont qui relie leur passé féodal au présent démocratique, et, on doit le souhaiter, à un futur qui s'annonce plus prospère. Si jadis les dynasties servaient à préserver l'ordre social, leur utilité est aujourd'hui de renforcer le lien qui rassemble les membres d'une même nation. Elles aident à unifier le pays, à le cimenter dans l'imaginaire populaire. Elles jouent un peu le rôle des familles régnantes dans les monarchies constitutionnelles, comme au Royaume-Uni, dans les pays scandinaves ou en Espagne. C'est le cas des Bhutto au Pakistan, des Bandaranaike au Sri Lanka ou des Rehman au Bangladesh. C'est une tradition profondément ancrée dans les pays d'Asie du Sud, même si elle ne se limite pas à cette partie du monde. Aux États-Unis, les dynasties politiques ont produit des sénateurs, des gouverneurs et des présidents régulièrement, comme on l'a vu dans le cas des Roosevelt, des Kennedy, des Bush ou des Clinton. Dans d'autres pays, la famille ne gouverne pas, mais les responsabilités sont passées du père à la fille, comme pour Aung San Suu Kyi en Birmanie. C'est sans doute en Asie que les dynasties politiques rencontrent le terreau le plus fertile à leur reproduction.

En Inde, nombreux sont ceux qui critiquent la politique dynastique de « la famille » qu'ils jugent peu démocratique ; mais c'est oublier que si une grande partie de l'électorat est analphabète, il n'est pas pour autant ignorant. Dans les dynasties modernes des pays démocratiques, on n'hérite pas des postes automatiquement, qu'on soit né Kennedy, Bush ou Gandhi : il faut se faire élire et se maintenir au pouvoir, comme l'avait fait Indira et comme le fait aujourd'hui Sonia. Si les dynasties s'imposaient autrefois à leurs sujets, aujourd'hui ce sont les citoyens qui acceptent de continuer à être gouvernés par des clans ou des familles. Qu'est-ce qui motive ce choix ? Selon certains, c'est une certaine nostalgie qui pousse le peuple indien à recréer la classe gouvernante du passé, avec ses nombreux nababs, ses rajahs et ses ranas, et toute la panoplie des monarques et des satrapes. D'autres l'expliquent par des arguments de marketing : les noms sont des marques aussi reconnaissables que celles des dentifrices ou des détergents, et ils aident à s'orienter dans le labyrinthe de la politique nationale. D'autres encore pensent qu'il s'agit peut-être d'un réflexe pour se protéger des abus du pouvoir – ceux qui sont déjà au sommet se montreront peut-être plus compatissants et magnanimes, s'abstiendront de piller et de voler, contrairement aux parvenus.

En renonçant au pouvoir, Sonia a renforcé le prestige de la dynastie Nehru-Gandhi. En 2006, lors d'une conférence du Congrès à Hyderabad, les inconditionnels de Sonia demandèrent à ce que son fils joue un plus grand rôle à l'intérieur de l'organisation. Le chœur des voix, désormais si familier, réclamait la présence de Rahul. Sonia répondit qu'elle n'avait pas l'intention d'influencer son fils, libre de suivre sa voie. Et Rahul temporisa. Mais en septembre 2008, le flambeau a commencé de changer de main. Rahul a été nommé à l'un des postes de secrétaire général du parti : la manœuvre a été conçue pour rajeunir la direction du Congrès. À présent, Rahul fait partie du comité directeur, l'organe qui prend les décisions majeures. Pour la première fois depuis de nombreuses années, il existe dans l'organisation un numéro deux qui peut compter sur le soutien total du numéro un. Rahul parcourt le pays afin de galvaniser ses partisans, et, comme son père, il a tendance à se moquer un peu trop de sa sécurité personnelle. En plusieurs occasions, les agents chargés de le protéger se sont plaints qu'il les semait ou ne prêtait aucune attention à leurs recommandations. Mais comme son père, Rahul a conscience qu'il est impossible de faire de la politique sans sacrifier au rite des bains de foule. Bien des conflits qui ont ensanglanté l'Inde au temps d'Indira et de Rajiv ont trouvé leur issue, ou sont en passe d'être résolus ; mais un personnage public, surtout s'il appartient à « la dynastie », est toujours en danger d'être agressé par quelque fanatique. Sans remonter bien loin, en février 2007, la police a arrêté un homme armé d'un pistolet lors d'un meeting présidé par Sonia dans la ville d'Almora. Il s'est avéré que cet homme, un employé des postes, ne faisait partie d'aucun complot, mais souffrait seulement de troubles psychiques.

Récemment, l'assassinat d'une vieille amie de la famille dans le Pakistan voisin est venu rappeler aux Gandhi la fragilité de leur existence. Benazir Bhutto est morte comme Rajiv. Ni l'un ni l'autre n'étaient au pouvoir, mais ils étaient sur le point de le reconquérir. Tous deux avaient négligé leur sécurité pour rester plus proches du peuple. Les Gandhi savent que l'attentat qui a coûté la vie à Benazir est le reflet de ce qui peut leur arriver à tout moment s'ils commettent l'erreur de baisser leur garde. Rahul a-t-il appris à ne pas se laisser emporter par le sentiment de devoir suivre son destin ? Son oncle Sanjay serait toujours en vie s'il s'était montré plus prudent. Ses manœuvres politiques pour contrôler les sikhs avaient créé un monstre qui a dévoré sa mère ; et Indira n'a pas non plus voulu prêter attention à ceux qui lui conseillaient d'éloigner ses gardes du corps sikhs. Quant à Rajiv, Rahul lui-même avait bien pressenti ce qui risquait de lui arriver… Les membres de la nouvelle génération ont-ils appris les leçons de leurs aïeux ? Pour le moment, Sonia est là pour les leur rappeler jour après jour et s'assurer qu'ils ne les oublient jamais.

Priyanka vit à l'écart de la politique et mène une vie tranquille à New Delhi, où elle s'occupe de son mari et de ses enfants. En février 2008, elle a fait un voyage dans le sud de l'Inde qui l'a subitement placée sous l'œil des projecteurs. Elle aurait de beaucoup préféré l'anonymat, mais la presse l'a tout de suite repérée. Depuis longtemps, elle prévoyait de rendre visite à Nalini Mulagan, la femme condamnée à la prison à perpétuité pour avoir participé au complot contre Rajiv. Presque vingt ans se sont écoulés depuis l'attentat de Sriperumbudur, mais la souffrance d'avoir perdu son père ne s'est pas effacée. De telles blessures ne se referment jamais complètement. Priyanka a voulu rencontrer en tête à tête la femme qu'elle a aidé à sauver de la pendaison, grâce à sa mère qui a œuvré pour que sa peine soit commuée. Pourquoi tenait-elle à la voir ? « C'est une affaire purement privée, a déclaré Priyanka à la presse, une visite personnelle que j'accomplis de ma propre initiative. » Quand elles se sont trouvées face à face dans le lugubre parloir de la prison, les deux femmes ont éclaté en sanglots. On sait qu'au terme de la rencontre, elles ont évoqué leur expérience de l'accouchement, car toutes deux ont dû subir une césarienne. Elles ont donc parlé de la vie plus que de la mort, ce qui donne à penser que Priyanka a pardonné à Nalini. La justice et le pardon ne sont-elles pas des étapes nécessaires pour se réconcilier avec une tragédie ? Peu après, Nalini a confié à son propre frère qu'elle se sentait « comme si tous mes péchés avaient été lavés par la visite de Priyanka ». L'hindouisme enseigne que le pardon n'est pas un signe de faiblesse, mais de force. C'est une manière de se libérer, de trouver la sérénité. « Ma rencontre avec Nalini m'a permis de me réconcilier avec la violence et le deuil que j'ai subis. » Telle a été la déclaration de Priyanka. Aussi simple qu'héroïque, elle s'achevait par ces mots : « Je ne crois pas à la colère, ni à la haine, ni à la violence. Je me refuse à laisser ces sentiments dominer ma vie. » Les Gandhi ont toujours su être grands dans l'adversité.

Sonia vit une existence recluse dans sa forteresse du 10 de Janpath Avenue, même si Paola, sa mère, passe les hivers avec elle. Tous les dimanches, on peut la voir à la messe de dix heures à l'église de la nonciature. Hormis ses enfants, Sonia ne s'entoure que de rares amis intimes, les mêmes que du vivant de Rajiv. Elle ne se montre pas volontiers, sauf dans les cérémonies officielles. Elle ne se mêle pas à la bonne société de New Delhi, ni au milieu diplomatique. Elle tient des réunions avec les ministres du Congrès et avec leurs alliés au gouvernement aussi souvent qu'on le lui demande. En sa qualité de présidente du parti et chef de la coalition au pouvoir, il lui arrive de recevoir quelque trente personnes par jour et d'examiner des dizaines de rapports. Son petit bureau au comité du parti est toujours rempli de gens pauvres qui viennent lui demander de l'aide. Son secrétaire a reçu l'instruction de tous les laisser entrer.

Fidèle à l'habitude qu'elle a héritée de sa belle-mère, elle s'efforce de jeûner un jour par semaine et de faire des exercices de yoga tous les matins. Celle qui avouait jadis se sentir la femme la plus mal habillée de l'Inde est aujourd'hui une dame élégante qui ne porte que des saris. Elle est toujours aussi passionnée par les étoffes, comme par l'artisanat traditionnel et les antiquités. Elle aimerait avoir plus de temps pour lire. Elle profite des jours de vacances qu'elle prend chaque année en juin pour se reposer dans la maison d'un vieil ami de la famille, le journaliste Suman Dubey, dans la petite ville de Kosani, sur les contreforts de l'Himalaya ; c'est alors qu'elle emporte ses lectures en retard. Elle aime ces montagnes qui lui rappellent les Alpes de son enfance, elle rêve d'y acheter une maison à elle pour fuir les chaleurs précédant la mousson et y accueillir ses enfants et ses petits-enfants. Ses voyages à l'étranger sont l'occasion de déplacements officiels, en vue de réunions au sommet ou de conférences. Elle s'y montre moins crispée qu'autrefois. Elle a déclaré qu'elle se sentait maintenant « à l'aise » en politique, même s'il est certain qu'elle pourrait faire siennes les paroles de Benazir Bhutto : « Je n'ai pas choisi cette vie, c'est elle qui m'a choisie. » Sonia n'est peut-être pas maître de son destin, mais cela ne l'empêche pas de tenir fermement les rênes du pays. Même ses opposants reconnaissent qu'elle ne commet plus un seul faux pas. Tant ses détracteurs que ses partisans tombent d'accord pour saluer son habileté à s'accommoder des règles d'un gouvernement de coalition, ce que ni Indira ni Rajiv n'avaient eu besoin d'apprendre. Sonia s'est montrée capable de développer des relations harmonieuses avec ses collaborateurs proches, des relations fondées sur la loyauté mutuelle. Jamais Indira n'aurait su s'entendre aussi bien avec Manmohan Singh.

Une des grandes réussites de Sonia a été sa lutte contre la corruption. Rajiv ne calculait-il pas que quatre-vingt-cinq pour cent des dépenses engagées pour le développement de l'Inde finissaient dans les poches des bureaucrates et des intermédiaires ? Pour éviter ce terrible gâchis, Sonia et le Premier ministre Manmohan Singh ont obtenu que le Parlement vote une loi qui permet à tout citoyen d'examiner les contrats proposés en réponse aux appels d'offres publics et d'empêcher ainsi les collusions et la prévarication. Les gens au pouvoir sont désormais obligés de redoubler de prudence s'ils veulent escroquer l'État, car ils courent le risque non négligeable de tomber dans les mailles de la justice. Tant Sonia que le Premier ministre savent que c'est dans la capacité de réformer l'État, de le moderniser et de le libérer du fléau de la corruption que réside la clef du développement de l'Inde. En dépit de tout et au cours des quinze dernières années, celle-ci s'est hissée au rang de pays dont la croissance a été la plus forte au monde derrière la Chine. Si ces réformes sont menées à bien, on prévoit que dans deux décennies l'économie indienne sera la troisième de la planète. Le pays aura laissé loin derrière lui son passé archaïque et aura conquis un avenir prospère fondé sur la science et la technologie. Ainsi le vieux rêve de Nehru sera-t-il devenu réalité.

Pour le moment, les pauvres doivent encore se contenter des projections officielles qui leur promettent un revenu par tête trente-cinq fois supérieur à celui dont ils disposent aujourd'hui. En attendant, la misère continue de toucher au moins les trois quarts de la population. Ces gens sont la grande préoccupation de Sonia. Peut-être est-ce un effet de son éducation catholique, ou de ses souvenirs de petite fille née dans une famille humble des monts Asiago, mais elle reste choquée par les inégalités de condition qu'elle ne peut que constater jour après jour dans son pays. Indira n'affirmait-elle pas que tout ce qu'on disait de l'Inde était vrai, et son contraire aussi ? On trouve à Bombay le plus grand bidonville de toute l'Asie et la plus forte concentration d'enfants prostitués du monde ; mais Bombay est aussi devenue la quatrième ville de la planète pour sa densité de milliardaires au kilomètre carré : l'un d'eux vient d'ailleurs d'offrir un Airbus à sa femme pour son quarante-quatrième anniversaire. Comment s'habituer à de telles différences ? Comment est-il possible que l'État se montre incapable de construire des latrines dans les quartiers de taudis, ou de fournir en craie les écoles de village, ou en seringues propres les dispensaires ruraux, alors que son programme spatial est considéré comme aussi performant que celui des grandes puissances occidentales, sinon davantage ? Le jour où ces paradoxes cesseront de l'indigner sera le jour où elle devra renoncer à la politique.

Au gouvernement, l'idée prévaut que le développement touchera progressivement de plus en plus de monde et finira par vaincre la pauvreté. C'était celle que défendait Rajiv. « Mais quand ? » demande Sonia, qui n'oublie pas ses promesses aux pauvres qui ont voté pour elle. Elle se révolte devant les arguments trop techniques de ses propres alliés, les hommes qu'elle a elle-même hissés au pouvoir, y compris le puissant ministre des Finances. Pour lui, ces programmes s'éloignent de l'orthodoxie économique ; pour elle, ils sont indispensables pour donner un sens au mandat que le peuple lui a confié. Victor Hugo ne disait-il pas que « tout pouvoir est devoir » ? Sonia en est bien consciente, et poursuit son combat sans relâche. Dans les régions où elle a réussi à faire appliquer le programme qui garantit cent jours de travail par an, les paysans ont remarqué la différence. La différence entre la pauvreté et la misère. Le programme ne les tire pas de la pauvreté, mais il leur évite de tomber dans le désespoir. C'est la différence entre la vie et la mort. L'autre programme est plus difficile à réaliser. Il s'agit d'accorder aux paysans des crédits bancaires à des taux bas pour les affranchir de la tyrannie des dettes contractées auprès des usuriers locaux qui les acculent souvent au suicide. Le problème remonte à loin : Indira avait déjà voulu s'y attaquer à l'époque où l'état d'urgence était en vigueur. Il est difficile à résoudre parce que la majorité des habitants des campagnes sont analphabètes et ne sont jamais entrés dans une banque. Mais l'important est de leur montrer une issue, une lumière d'espoir, pour qu'ils sachent que nul ne doit mettre fin à ses jours parce qu'il ne peut pas rembourser une poignée de roupies.

Post-scriptum : l'histoire continue...

Comme si le pays entier la remerciait d'avoir permis qu'aucune altercation ne se soit produite entre les différents groupes religieux ces cinq dernières années, comme si les pauvres, qui forment quatre-vingts pour cent de l'électorat, voulaient lui témoigner leur reconnaissance pour sa politique d'emploi rural ou l'effacement des dettes des agriculteurs, l'Inde a renouvelé sa confiance en Sonia en mai 2009. De nouveau, contre toute attente, la coalition qu'elle a conduite a remporté haut la main les dernières élections législatives : elle n'a manqué la majorité absolue que de neuf sièges. Le parti du Congrès a remporté son meilleur résultat depuis vingt-cinq ans. Que de chemin parcouru depuis la timide entrée en politique de Sonia, voilà un peu plus d'une décennie ! De nouveau, elle a refusé le poste de Premier ministre que lui offrait son parti. De nouveau, elle a confié cette charge à Manmohan Singh. Et cette fois, elle n'a pas eu à conclure d'alliances avec des personnalités difficiles, comme les chefs de caste ou les dirigeants locaux. Cette fois, elle a les mains libres pour prendre des décisions, pour gouverner, pour apporter à l'Inde ce dont elle a le plus besoin : la stabilité.

Cet immense marathon électoral – cette fois, sept cent vingt millions d'Indiens ont voté – a mis en vedette un trentenaire un peu réservé, que beaucoup regardaient de haut, le trouvant trop lisse et trop gentil, comme son père à son âge. Rahul Gandhi a travaillé dans l'ombre à reconstruire le parti dans l'État de l'Uttar Pradesh, un État clef en raison de sa dense population et de sa réputation de berceau du Congrès. Il a su donner à l'organisation un souffle nouveau et la doter de nouvelles méthodes de démocratie interne. À ceux qui l'accusent de perpétuer un système dynastique archaïque, il répond : « Le fait que je sois le produit de ce système ne signifie pas que je ne puisse pas le changer. » Il ajoute que son nom lui a permis d'agir. En réalité, il a su établir une réelle communication avec les jeunes dans un pays de jeunes. Les quatre-vingt-sept mille kilomètres qu'il a parcourus pour prendre la parole dans cent vingt meetings devant des foules enthousiastes ont fait de lui un artisan de la victoire : il s'est présenté comme le candidat des pauvres, de la laïcité et de la réforme. Beaucoup le voient déjà comme le quatrième Premier ministre de la famille. Mais Rahul n'est pas pressé d'arriver au pouvoir, peut-être parce qu'au fond il sait qu'un jour son tour viendra, qu'il le veuille ou non. Manmohan Singh n'a pas réussi à le convaincre d'accepter un poste dans son gouvernement. Pour le moment, Rahul préfère rester dans l'ombre, travailler en coulisse et vivre sa vie. Il est presque aussi jaloux de son intimité que sa mère. Il fait régner autour de lui une espèce de conspiration du silence : quand on leur demande des nouvelles du dernier des Gandhi, les libraires de Khan Market (Rahul est un passionné de lecture), les patrons de restaurant, ses amis et ses compagnons de travail se taisent. De sa vie sentimentale, on sait simplement qu'il a entretenu pendant quatre ans une liaison avec une architecte espagnole prénommée Verónica, qui vit à Barcelone. Mais cette histoire est terminée. Pour le moment, il est seul, face à son destin, et déjà près du sommet. Il n'a pas pu, en revanche, cacher sa déclaration de revenus, qu'il a été contraint de rendre publique avant les élections, conformément à la loi indienne. Ainsi a-t-on découvert que Rahul ne possédait rien, à l'exception de quelques économies. Il n'a ni maison, ni actions, ni voiture, pas même une moto à son nom. La déclaration de Sonia montre qu'elle possède une maison en Italie, sûrement dans le village de Lusiana, où elle est née. Les Gandhi sont des gens austères, et ils ne se sont jamais servis du pouvoir pour s'enrichir. Le peuple le sait, et c'est peut-être pour cette raison qu'il continue de voter pour eux.

Ce n'est pas le cas de l'autre branche de la famille. La déclaration de revenus de Maneka et celle de son fils Firoz Varun ont révélé qu'ils étaient à la tête d'une petite fortune. Depuis qu'il a terminé ses études à la London School of Economics, Firoz

Varun vit avec sa mère et tous deux continuent de militer activement dans la coalition hindouiste du BJP. Plus jeune, le fils de Sanjay était passionné de poésie. Il a même publié un recueil de poèmes, dans lequel il voulait illustrer « la force du langage », pour le citer. Et le fait est qu'il l'a illustrée, cette force du langage, en lançant de violentes diatribes contre les minorités religieuses et contre sa tante Sonia, « une étrangère incapable de diriger l'Inde », comme il l'a déclaré lors des élections de 2004. Au cours de la dernière campagne, Firoz Varun a défrayé la chronique. À la faveur d'un meeting dans sa circonscription, il s'en est pris aux musulmans, qu'il a invités à « retourner chez eux, au Pakistan » avant d'ajouter, railleur : « Qui a envie d'avoir des amis qui s'appellent Mustapha ou Mohammed ? La seule mention de ces noms fait peur… » Il a accusé les chrétiens de « se montrer idiots en tendant l'autre joue : quand on vous frappe, il faut au contraire couper la main de l'agresseur pour qu'il ne recommence pas ». Même le mahatma Gandhi n'a pas échappé à ses attaques.

Mais, cette fois, sa verve lui a coûté cher. À la demande de la commission électorale, les autorités l'ont incarcéré pour « incitation à la violence intercommunautaire ». Même sa mère n'a pas été autorisée à lui rendre visite. De surcroît, la presse a révélé qu'il n'avait jamais été diplômé de la London School of Economics, faute d'avoir réussi ses examens. Priyanka s'est déclarée attristée par les propos de son cousin germain qu'elle juge « contraires aux principes pour lesquels les Gandhi ont vécu et sont morts ». Au bout de trois semaines, Firoz Varun, amaigri mais toujours aussi hâbleur, a été libéré. « À qui va-t-il s'en prendre maintenant ? » se dont demandé les Indiens, qui, aussitôt rentrés du travail, que ce soit dans leur taudis ou leur luxueux appartement, allumaient la télévision pour suivre en direct ce feuilleton offert par « la famille ». Bien que le BJP ait subi une déroute au niveau national, Firoz Varun et Maneka ont été élus députés dans leurs circonscriptions respectives. Si Nehru savait comment sa descendance a évolué ! Aujourd'hui, cent vingt ans après sa naissance, quatre membres de sa famille occupent un siège au Parlement, les deux belles-sœurs et leurs deux fils, mais sur des bancs opposés de l'hémicycle. La plus grande saga dynastique des temps modernes n'a pas dit son dernier mot.

Notes et citations

Chapitre 6

Pages 75-76 : « Confronté à leur misère et à leur gratitude débordantes, j'éprouvais un mélange de honte et de douleur, écrivit-il. J'avais honte de ma vie facile et confortable, de la politicaillerie des villes qui ignore tout de cette multitude de fils et filles de l'Inde qui vivent à demi nus. Et je souffrais devant tant de pauvreté et d'humiliation. »

Jawaharlal Nehru, *An Autobiography*, Oxford University Press, New Delhi, 2002.

Page 80 : « Au début, filer est très ennuyeux, mais on comprend au bout d'un certain temps que cette activité a quelque chose de fascinant [...]. »

Sonia Gandhi, *Two Alone, Two Together*, Penguin, New Delhi, 2004, p. 404

Chapitre 8

Page 100 : Firoz était le fils d'un parsi du nom de Jehangir Ghandy [...]. À la fin des années 1930, il avait modifié l'orthographe de son nom et adopté celle de Gandhi. Ce nom, celui d'une caste de parfumeurs, était répandu parmi les castes Bania des hindous du Gujarat d'où la famille du mahatma était originaire.

Ali Aruna Asaf, *Private Face of a Public Person*, Radiant Publisher, New Delhi, 1989, p. 35, note 11, cité dans Alex von Tunzelmann, *Indian Summer*, Henry Holt, New York, 2007, p. 86.

Page 106 : Nehru ne l'avait-il pas décrite comme « un antique palimpseste, où des couches conjointes de pensée et de rêverie ont laissé leur marque sans que personne n'ait pu les effacer ou occulter ce qui y avait été inscrit en premier lieu » ?

Jawaharlal Nehru, *The Discovery of India*, Penguin, New Delhi, 2004.

Chapitre 12

Page 156 : « Non, Sam. Allons de l'avant. J'ai toute confiance en toi. »

Scène entre Indira Gandhi et le général Sam Manekshaw extraite de Pupul Jayakar, *Indira Gandhi : A Biography*, Penguin, New Delhi, 1995.

Chapitre 13

Page 168 : « Nous n'avons pas été assez fermes avec cette maudite bonne femme, dit-il à Kissinger. Dire qu'elle a osé attaquer les Pakistanais malgré notre interdiction. Vieille chienne ! »

Cité dans Ramachandra Guha, *India after Gandhi*, HarperCollins, New York, 2007 (à partir de documents cités dans Louis Smith, *Foreign Relations of the United States, South Asia Crisis : 1971*, Department of State, Washington D.C. 2005).

Chapitre 14

Page 178 : « Tu verras qu'un enfant parcourt à toute vitesse les étapes fondamentales de sa race et qu'il assimile inconsciemment (et parfois consciemment) des millénaires d'histoire humaine. »

Cité dans Sonia Gandhi, *Two Alone, Two Together*, *op. cit.*, p. 476.

Chapitre 15

Page 179 : « Rajiv a un travail, mais Sanjay n'en a pas et il s'est lancé dans une entreprise coûteuse. Il est comme moi à son âge : nous avons même des défauts semblables. J'imagine ce qu'il endure et cela me fait de la peine. »

Correspondance d'Indira Gandhi. Collection de P. N. Haksar (cité dans Ramachandra Guha, *op. cit.*).

Page 188 : Peu de temps après ces moments de bonheur, aussi fugaces que profonds, Indira se promit de se consacrer entièrement à Firoz quand son père serait mort.

D'après Uma Vasudev, *Indira Gandhi : Revolution in Restraint*, Vikas, New Delhi, 1973.

Chapitre 19

Page 220 : « Ce doit être terrible pour vous que votre père soit en prison. J'en suis vraiment désolée. »

Cité dans Rasheed Kidwai, *Sonia*, Penguin, New Delhi, 2003, p. 34.

Page 224 : Un anthropologue du nom de Lee Schlesinger put raconter comment s'engagea la campagne après une visite éclair de Sanjay Gandhi […].

« The Emergency in an Indian Village », *Asian Survey*, vol. 17, n° 7 (juillet 1977), cité dans Ramachandra Guha, *op. cit.*

Chapitre 21

Page 236 : « V.I.P. ! lui répondit le policier. C'est Shri Sanjay Gandhi. »

Shri est un terme honorifique qui correspond à peu près à « Excellence ».

Page 237 : Lorsque à sa descente de l'avion, il perdit une sandale, le chef du gouvernement de l'Uttar Pradesh se pencha en personne pour la ramasser, et la lui tendit avec déférence.

Cité dans Ramachandra Guha, *op. cit.*, p. 508

Page 237 : « Je sentis que Maneka se montrait trop exigeante avec Sanjay, et qu'il souhaitait l'impliquer dans des activités qui réduiraient la pression qu'elle exerçait sur lui. »

Cité dans Kushwant Singh, *Truth, Love & A Little Malice*, Penguin, New Delhi, 2002, p. 286.

Page 240 : « Indira se montre très courageuse. C'est un grand pas qu'elle vient de franchir. »

Cité dans Pupul Jayakar, *op. cit.*, p. 314.

Page 242 : « Madame le Premier ministre, à quoi peut bien servir une rivière sans poissons ? »

Cité dans Pupul Jayakar, *op. cit.*, p. 318.

Chapitre 22

Page 247 : « Mais quand ? Quand je serai morte ? »

Cité dans Ali Aruna Asaf, *Indira Gandhi : Statesmen, Scholars and Friends Remember*, *op. cit.*, p. 41.

Page 250 : « J'ai été incapable d'arrêter mon frère dans ses folies. »

Usha Bhagat, *Indirachi through my Eyes,* Viking-Penguin, New Delhi, 2006, p. 239.

Page 252 : Une fois de plus, Rajiv lui avait lancé que Sanjay et Dhawan étaient ceux qui avaient provoqué sa chute.

Cité dans P. N. Dhar, *Indira Gandhi, the Emergency and Indian Democracy*, Oxford University Press, New Delhi, 2000, p. 355.

Chapitre 23

Page 265 : Pendant que les deux femmes s'affairaient, Indira emportait à la cuisine quelques documents qu'elle craignait de voir tomber aux mains de la police ou des services de renseignement. Le cuisinier se chargerait de les détruire d'une manière bien particulière : il utiliserait la machine à pâtes de Sonia comme déchiqueteuse.

Cité dans Bruce Chatwin, *What Am I Doing Here ?*, Pan, Londres, 1990, à la suite de l'entretien de Chatwin avec le cuisinier.

Pages 269-270 : Mais l'accueil n'était pas toujours triomphal ou affectueux. L'écrivain Bruce Chatwin, qui l'accompagna une partie de la tournée, circulait dans une voiture qui fut un jour confondue avec celle d'Indira [...].

Bruce Chatwin, *op. cit.*, p. 339.

Chapitre 24

Page 272 : « Souviens-toi, tout ce qui fait mal rend plus fort. Beaucoup ne la supportent pas, mais un petit nombre de gens grandissent dans la souffrance. Sois fort dans ton corps et dans ton âme et apprends l'endurance... »

Maneka Gandhi, *Sanjay Gandhi*, Vakis, Feffer & Simons, New Delhi, 1980

Page 274 : « Il est incroyable que dans ces conditions chaotiques, Sonia ait réussi à tenir la maison sans tomber malade. »

Pupul Jayakar, *op. cit.*, p. 355.

Page 275 : Et les adversaires de l'ancien Premier ministre lui facilitèrent la tâche par une maladresse telle qu'il n'en existe qu'en Inde [...].

India Today, 16-30 novembre 1978.

Page 276 : Au cours d'une de ces crises, Maneka arracha de son doigt la bague qu'Indira lui avait offerte le jour de ses noces et la jeta par terre.

Mohammed Yunus, *People, Passions and Politics*, Vikas, New Delhi, 1980, p. 45.

Page 277 : « Le chaos règne à la maison [...]. Elle s'attend à ce que Sanjay soit condamné à de longues années de prison. Il faut la comprendre et lui pardonner son hystérie. »

Pupul Jayakar, *op. cit.*, p. 384.

Chapitre 25

Page 286 : « J'ai deux options, avait déclaré Indira à Krishnamurti, lutter ou me laisser tirer comme un lapin. »

Pupul Jayakar, *op. cit.*, p. 376.

Page 292 : « Ce n'était pas l'Indira vigoureuse des jours qui avaient précédé l'état d'urgence, écrivit-elle. J'ai été surprise de voir combien elle était influencée par la superstition. De quoi avait-elle donc peur ? Quelle ombre marchait auprès d'elle ? »

Pupul Jayakar, *op. cit.*, p. 403.

Chapitre 26

Page 302 : En fouillant du regard les débris de métal calciné, Indira avait compris l'immensité de sa perte.

Katherine Frank, *Indira : The Life of Indira Nehru Gandhi*, HarperCollins, Londres, 2002, p. 446.

Pages 303-304 : « Le passé est le passé, laissons-le derrière nous. Mais je dois éclaircir certaines choses. Les mensonges, la campagne de calomnies malveillante et tenace doivent être réfutés... »

Indira Gandhi, *Letters to an American Friend*, HBJ, New York, 1985.

Chapitre 27

Page 308 : « Vraiment, pour qui se prend-elle ? », dit-elle au sujet d'Indira à l'un des plus proches amis de son mari.

Cité dans Rupa Chatterjee, *The Sonia Mystique,* Virgo Publications, New Delhi, 2000, p. 56.

Page 310 : « Personne ne peut occuper la place de Sanjay [...]. C'était mon fils, mais il m'aidait comme un grand frère. »

Pupul Jayakar, *op. cit.*, p. 417.

Chapitre 28

Page 316 : « J'ai lutté comme une tigresse pour lui, pour nous, pour nos enfants, pour la vie que nous avions construite, pour sa vocation de pilote, pour nos amitiés simples et sincères, et surtout pour notre liberté : ce droit fondamental que nous avions su préserver avec le plus grand soin et la plus grande constance. »

Sonia Gandhi, *Rajiv*, Viking-Penguin, New Delhi, 1992, p. 6.

Page 321 : « C'était mon Rajiv [...], nous nous aimions, et s'il estimait nécessaire de venir au secours de sa mère, j'étais finalement décidée à rendre les armes devant ces forces trop puissantes que je ne pouvais combattre. Et prête à le suivre là où elles l'entraîneraient. »

Sonia Gandhi, *Rajiv*, p. 7.

Page 322 : « En somme, je suis pris au piège de l'inévitable... »

Nicholas Nugent, *Rajiv Gandhi – Son of a Dynasty*, BBC Books, Londres, 1990.

Chapitre 29

Page 327 : « Auparavant, notre vie était réglée, familiale [...]. Désormais, le temps était compté et les rares heures que Rajiv passait avec nous n'en étaient que plus précieuses. »

Sonia Gandhi, *Rajiv*, p. 7.

Page 329 : « Tu as laissé tomber une phrase dans laquelle tu laissais entendre que j'avais surmonté ma douleur [...]. Il faut apprendre à vivre avec elle, à l'assimiler et à lui faire une place dans sa vie. »

Pupul Jayakar, *op. cit.*, p. 424.

Chapitre 31

Page 344 : « De temps en temps, on dira dans les journaux toutes sortes de bêtises sur grand-mère, sur maman ou sur moi [...]. Tu dois apprendre à tenir tête à ce genre de provocation, à ne pas t'en faire pour si peu. »

Sonia Gandhi, *Rajiv*, p. 8.

Page 347 : « Alors, je devrais ignorer ces informations qui me parviennent jour après jour ? Je ne sais plus que faire. »

Pupul Jayakar, *op. cit.*, p. 440.

Chapitre 32

Page 358 : « Si les autorités pénètrent dans ce temple, nous leur donnerons une telle leçon que le trône d'Indira s'effondrera. Nous les taillerons en pièces. Qu'ils viennent, nous les attendons ! »

Cette séquence est empruntée à Mark Tully et Jacob Satish, *Amritsar : Mrs Gandhi's Last Battle*, Cape, Londres, 1985, et à Kushwant Singh, *op. cit.*

Chapitre 33

Page 364 : « Il n'en est pas question. Je suis le chef d'un gouvernement démocratique, non d'une junte militaire. »

Inder Malhotra, *Indira Gandhi, a Personal and Political Biography*, Hodder & Stoughton, Londres, 1989, p. 304.

Page 367 : « Ils rentrèrent à Delhi le 28 octobre et Indira passa une soirée tranquille avec nous dans le salon. Comme elle en avait l'habitude, elle prit son tapis et sa chaise en osier dans son bureau et se mit à travailler sur ses genoux, en jetant de temps à autre un coup d'œil à la télévision et en bavardant avec nous. »

Sonia Gandhi, *Rajiv*, p. 8.

Chapitre 34

Page 371 : « J'ai fait mon devoir. Maintenant, à vous de faire le vôtre. »

Mark Tully et Jacob Satish, *op. cit.*, p. 2, cité dans Katherine Frank, *op. cit.*, p. 493.

Page 373 : Les balles lui avaient perforé le foie et les poumons et fracturé plusieurs os, dont la colonne vertébrale. « On l'a transformée en passoire », dit un médecin.

Katherine Frank, *op. cit.*, p. 494.

Page 375 : « Un accident s'est produit au domicile du Premier ministre. Annulez tous vos rendez-vous et rentrez immédiatement à New Delhi. »

Minhaz Merchant, *Rajiv Gandhi : The End of a Dream*, Penguin, New Delhi, 1991, p. 135.

Page 383 : « Je vous en prie, faites quelque chose, la situation est tragique ! »

L'ensemble de cet épisode est raconté par Pupul Jayakar dans Pupul Jayakar, *op. cit.*, p. 494.

Page 384 : « Ce qu'exigeait la foule, c'étaient les biens des sikhs, leurs téléviseurs et leurs réfrigérateurs, car nous sommes plus prospères que la plupart des Indiens. Tuer et brûler les gens était un divertissement. »

Jad Adams et Philip Whitehead, *The Dynasty – The Nehru Gandhi Story*, Penguin, New York, 1997, p. 319.

Chapitre 35

Page 387 : « Il semblait perdu et très seul. Il ne se passait pas un jour sans qu'il ressente cruellement son absence. »

Sonia Gandhi, *Rajiv*, p. 10.

Page 389 : « C'est surtout une conséquence de l'assassinat de ma mère… Personne ne me connaissait vraiment, et les électeurs se sont bornés à projeter sur moi les espoirs qu'ils plaçaient en elle. J'en suis devenu le symbole. »

Jad Adams et Philip Whitehead, *op. cit.*, p. 323.

Chapitre 36

Page 397 : « Parfois, je le laissais dormir quelques minutes de plus… Alors il protestait, mais au moins il s'était reposé. »

Sonia Gandhi, *Rajiv*, p. 12.

Page 398 : « Je voyais beaucoup d'amour, d'amitié et de confiance dans les yeux de ces gens, dit Rajiv. Mais surtout, je voyais de l'espoir. »

Sonia Gandhi, *Rajiv*, p. 101.

Chapitre 37

Page 407 : « Comment ? Nous sommes ici pour signer un accord qui doit garantir la paix et la sécurité, et vous voudriez que j'aie peur de saluer la garde d'honneur ? »

Jad Adams et Philip Whitehead, *op. cit.*, p. 337 (à partir d'une interview du journaliste Vir Sanghvi pour Brooks Associates).

Chapitre 38

Page 423 : « Il était détendu […], presque soulagé. Il profitait à nouveau de plaisirs simples et quotidiens, comme prendre un repas sans être interrompu, passer ensuite un moment avec nous et de regarder une vidéo de temps en temps au lieu de s'enfermer dans son bureau. »

Sonia Gandhi, *Rajïv*, p. 13

Page 424 : « Elle ne se rend pas compte à quel point c'est dangereux. »

Tariq Ali, *The Nehrus and the Gandhis : an Indian Dynasty*, Pan, Londres 1985, p. 324.

Chapitre 39

Pages 431-432 : « Une ribambelle d'opportunistes aussi impitoyables que dénués du sens moral le plus élémentaire, comme on n'en avait jamais vu dans l'arène politique indienne. »

Cité dans Tariq Ali, *op. cit.*, p. 320.

Page 436 : Quand ils furent de retour à l'hôtel, il saisit son appareil photo, avec lequel il voyageait toujours, et fit leur double portrait en se servant du déclencheur automatique. Quelque chose qu'ils n'avaient jamais fait tous les deux auparavant.

Sonia Gandhi, *Rajïv*, p. 14.

Page 439 : « Nous nous sommes quittés tendrement [...]. Il est parti. Je suis restée à le suivre des yeux à travers les stores et je l'ai regardé s'éloigner. J'ai fini par le perdre de vue et, cette fois, c'était pour toujours. »

Sonia Gandhi, *Rajïv*, p. 15.

Chapitre 42

Page 454 : « Nous nous sommes moqués de ses chaussures Gucci (...). Il avait encore tant à vivre et tant à faire malgré nos persiflages et nos critiques ! »

Sanjoy Hazarika, « For we shall never be young again », in *Hindustan Times*, 2 juin 1991, cité dans Rupa Chatterjee, *op. cit.*

Page 458 : « Ne fâchez pas Sonia en lui parlant de son entrée en politique. C'est très pénible pour elle. Rappelez-vous qu'elle porte le deuil d'un mari qui aurait préféré ne pas faire de politique. »

Cité dans Rupa Chatterjee, *op. cit.*

Chapitre 43

Page 463 : « Qu'est-ce qu'ils nous veulent, ces militants ? s'exclame Priyanka hors d'elle. Que nous continuions à sacrifier nos vies ? Au diable la politique ! »

Cité dans Rasheed Kidwai, *op. cit.*, p. 57.

Page 463 : « Je vous remercie personnellement, ainsi que vos collègues, pour cette offre généreuse ; mais il vaudrait mieux que le gouvernement conçoive ses propres projets et programmes humanitaires et les finance directement, rendant ainsi hommage à la mémoire de mon mari. »

Rupa Chatterjee, *op. cit.*, p. 141.

Page 467 : En un seul après-midi, un monument qui avait été le témoin d'innombrables convulsions de l'histoire, qui avait supporté les pluies battantes de plus de quatre cents moussons, est réduit à l'état de décombres par la fureur de quelques fanatiques.

Cité dans Ramachandra Guha, *op. cit.*, p. 630.

Page 469 : Pendant trois ans, Sonia est restée enfermée chez elle, absorbée par la tâche de classer les archives familiales. [...] Elle a vécu son deuil parmi les livres, les dossiers et les documents de toute sorte.

Sonia Gandhi, *Rajiv.*

Chapitre 44

Page 483 : « Sonia ne sera pas élue parce qu'elle est étrangère... Tout ce qu'elle veut, c'est être un jour Premier ministre pour mener la vie de château. Cette fonction est comme un jouet pour elle, et elle n'a aucune conscience des sacrifices qu'elle suppose... »

Cité dans *The Indian Express*, 14 mai 1999.

Chapitre 45

Page 493 : « Lors de la séance précédente, M. le Premier ministre s'est moqué de moi parce que je ne répondais pas à sa question. Mais il s'agit d'un sujet trop important pour l'évoquer parmi les éclats de rire de certains députés. Maintenant, je vous le demande : votre position, quelle est-elle ? Vous n'avez prononcé que quelques mots : la dissuasion la moins coûteuse pourvu qu'elle soit crédible. Croyez-vous que ces quelques petits mots suffisent à définir une politique sérieuse ? »

Cité dans Rasheed Kidwai, *op. cit.*, p. 92.

Page 497 : « Avez-vous songé au sort des minorités sous un gouvernement dirigé par le BJP ? Vous ne voulez plus lutter pour nous ? »

Cité dans Rasheed Kidwai, *op. cit.*, p. 165.

Page 498 : « Il n'y aurait tout simplement pas de meeting [...]. Sans Sonia, pas de meeting. Sans Sonia, pas de parti ! »

Cité dans Rasheed Kidwai, *op. cit.*, p. 170.

Chapitre 46

Pages 503-504 : « Je me demande si nous, les Italiens, nous accepterions un étranger, une femme par-dessus le marché, pour diriger un parti qui a justement symbolisé la lutte contre la domination étrangère. Un parti, qui plus est, qui continue de jouir d'un important soutien populaire, même s'il est moindre qu'autrefois. Le fait qu'une partie des Indiens soient prêts à confier leur destin à Sonia en dit long sur la tolérance qui règne dans ce pays. »

Cité dans Vaiju Naravane, « In Maino Country », dans *Frontline*, 8 mai 1998.

Page 505 : Une journaliste de l'*Indian Express* exprime sa consternation : « Le bébé numéro un milliard a été photographié tant de millions de fois que les médecins craignent que les flashes n'aient endommagé sa peau. »

Nirmala Ganapathy, « Billion baby put through hell », 12 mai 2000, cité dans Ramachandra Guha, *op. cit.*, p. 619.

Chapitre 50

Page 546 : Il n'a pas été facile, le voyage qui l'a transportée de la vie de femme au foyer heureuse au centre du maelström de la politique. Comme elle l'a dit elle-même, c'est une histoire d'ombres et de lumière. Une histoire mystérieuse où elle a pu sentir la main cachée du destin.

Sonia Gandhi, *What India Has Taught Me*, Nexus Institute, Tillburg 2007, p. 16.

Page 546 : « La famille dans laquelle je suis entrée [...] était circonscrite aux limites d'un foyer. Aujourd'hui, ma loyauté embrasse une famille beaucoup plus vaste : l'Inde, mon pays, dont le peuple m'a si chaleureusement accueillie et qui a fait de moi l'une de ses filles. »

Sonia Gandhi, *What India Has Taught Me*, p. 16.

Bibliographie

Je me sens particulièrement redevable à cinq livres qui m'ont été de la plus grande utilité :

Adams, Jad et Philip Whitehead, *The Dynasty – The Nehru Gandhi Story*, Penguin, New York, 1997.

Frank, Katherine, *Indira : The Life of Indira Nehru Gandhi*, HarperCollins, Londres, 2002.

Gandhi, Sonia, *Rajiv*, Viking-Penguin, New Delhi, 1992.

Jayakar, Pupul, *Indira Gandhi : a Biography*, Penguin, New Delhi, 1997.

Kidwai, Rasheed, *Sonia*, Penguin, New Delhi, 2003.

et aussi aux ouvrages suivants :

Alexander, P. C., *My Years with Indira Gandhi*, Vision Books, New Delhi, 1991.

–, *Through the Corridors of Power. An Insider's Story*, HarperCollins, New Delhi, 2004.

Ali, Tariq, *The Nehrus and the Gandhis : an Indian Dinasty*, Pan Books, Londres, 1985.

Ansari, Yusuf, *Triumph of Will*, Tara-India Research Press, New Delhi, 2006.

Asaf, Ali Aruna, *Indira Gandhi : Statesmen, Scholars and Friends Remember*, Radiant Publishers, New Delhi, 1989.

Bhagat, Usha, *Indiraji through my Eyes*, Viking-Penguin, New Delhi, 2006.

Bhanot, Arun *et al., Sonia Gandhi (A Biography)*, Diamond Books, New Delhi, 2005.

Carras, Mary, *Indira Gandhi : in the Crucible of Leadership*, Beacon Press, Boston, 1979.

Chatterjee, Rupa, *The Sonia Mystique*, Virgo Publications, New Delhi, 2000.

Chatwin, Bruce, *¿Qué hago yo aquí ?*, El Aleph, Barcelone, 2002.

Dhar, P. N., *Gandhi, the Emergency and Indian Democracy*, Oxford University Press, New Delhi, 2000.

Frankel, Francine R., *India's Political Economy*, Oxford University Press, New Delhi, 2005.

Gandhi, Indira, *Letters to An American Friend*, HBJ, New York, 1985.

–, *What I Am*, entretien avec Pupul Jayakar, Indira Gandhi Memorial Trust, New Delhi, 1986.

–, *My Truth*, Vision Books, New Delhi, 1980.

Gandhi, Maneka, *Sanjay Gandhi*, Vakis, Feffer & Simons, New Delhi, 1980.

Gandhi, Sonia, *Two Alone, Two Together*, Penguin, New Delhi, 2004.

–, *Living Politics*, Nexus Institute, La Haye, 2007.

–, *Rajiv's World*, Viking, New Delhi, 1994.

Gill, S. S., *The Dinasty – A Political Biography of the Premier Ruling Family of Modern India*, HarperCollins, New Delhi, 1996.

Guha, Ramachandra, *India after Gandhi*, HarperCollins, New York, 2007.

Khilnani, Sunil, *The Idea of India*, Penguin, Londres, 1997.

Lapierre, Dominique y Larry Collins, *Esta noche, la libertad*, Plaza y Janés, Barcelone, 1975.

Luce, Edward, *In Spite of the Gods*, Doubleday, New York, 2007.

Malhotra, Inder, *Dynasties of India and Beyond : Pakistan, Sri Lanka, Bangladesh*, HarperCollins, New Delhi, 2003.

Masani, Zareer, *Indira Gandhi*, Hamish Hamilton, Londres, 1975.

Mehta, Ved, *Portrait of India*, Farrar, Strauss & Giroud, New York, 1970.

–, *Rajiv Gandhi and Rama's Kingdom*, Yale University Press, New Haven, 1983.

Mehta, Vinod, *The Sanjay Story*, Jaico Pub. Co., Bombay, 1978.

Moraes, Dom, *Mrs Gandhi*, Jonathan Cape, Londres, 1980.

Nanda, B. R., *The Nehrus*, The John Day Co., New York, 1963.
Nath Mishra, Dina, *Sonia the Unknown*, India First Foundation, 2004.
Nehru, Jawaharlal, *An Autobiography*, Oxford University Press, Londres, 2002.
–, *The Discovery of India*, Penguin, New Delhi, 2004.
Nugent, Nicholas, *Rajiv Gandhi – Son of a Dinasty*, BBC Books, New Delhi, 1990.
Paul, Swaraj, *Beyond Boundaries*, Viking, New Delhi, 1998.
Prakash, Surya A., *Issue of Foreign Origin. Sonia under Scrutiny*, Indian First Foundation, New Delhi, 2004.
Singavarapu, sir Dr. Ravi, *Sonia Gandhi Through a Different Lens*, Fultus Publishing, Londres, 2004.
Singh, B. P. y Pavan K. Varma, *The Millenium Book on New Delhi*, Oxford University Press, New Delhi, 2001.
Singh, Darshan, *Sonia Gandhi : Tryst with Destiny*, United Children's Movement, New Delhi, 2004.
Singh, Kushwant, *Truth, Love & A Little Malice*, Penguin, New Delhi, 2002.
Thapar, Raj, *All These Years*, Seminar Publications, New Delhi, 1991.
Torri, Michelguglielmo, *Storia dell'India*, Laterza, Rome, 2000.
Tully, Mark, *No Full Stops in India*, Penguin, New Delhi, 1991.
Vasudev, Uma, *Indira Gandhi : Revolution in Restraint*, Vikas, New Delhi, 1973.
Von Tunzelmann, Alex, *Indian Summer*, Henry Holt, New York, 2007.
Yunus, Mohammed, *People, Passions and Politics*, Vikas, New Delhi, 1980.

Table

Achevé d'imprimer par GGP Media GmbH, Pößneck
en mars 2011
pour le compte de France Loisirs,
Paris

N° d'éditeur : 63362
Dépôt légal : février 2011
Imprimé en Allemagne